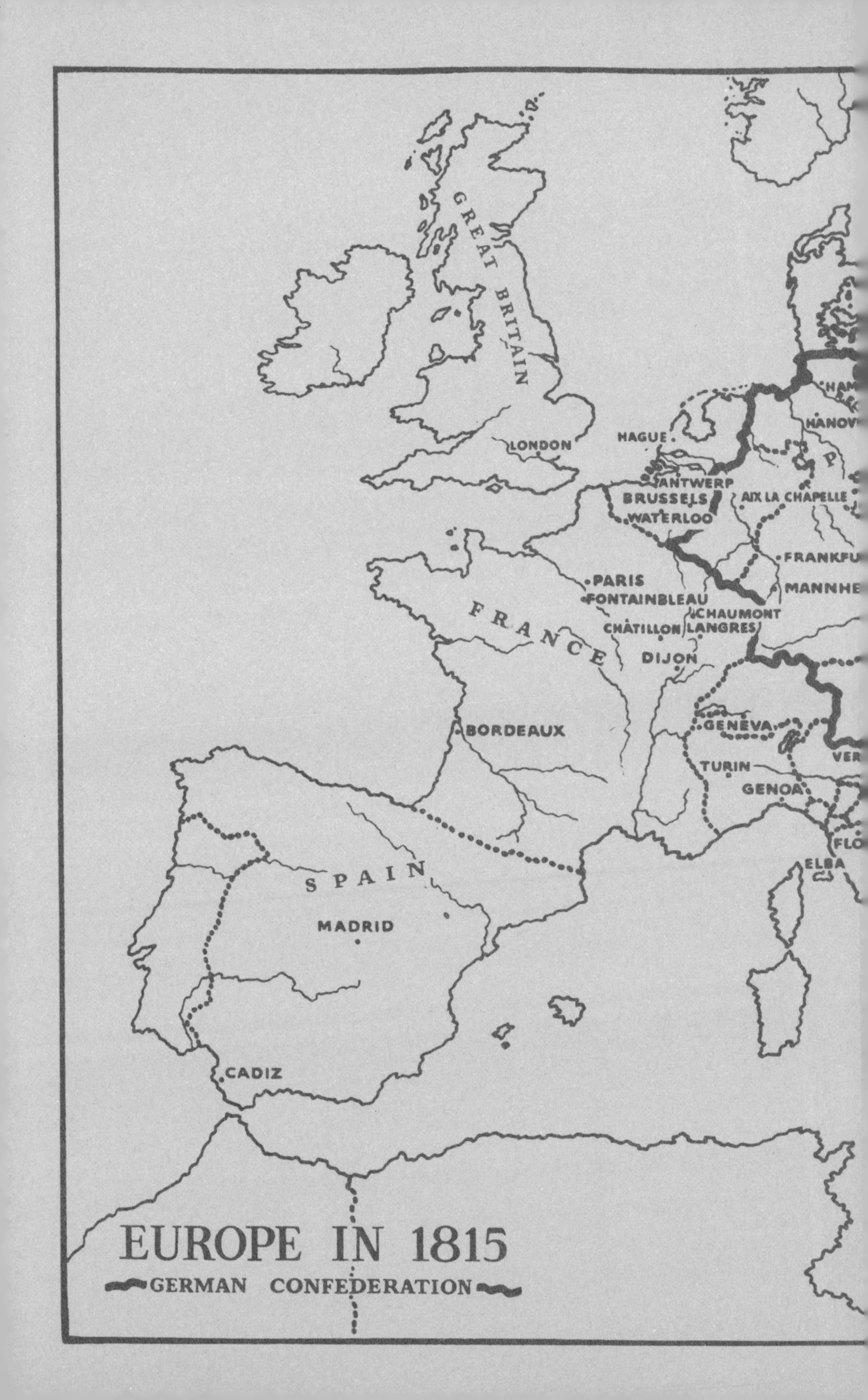
EUROPE IN 1815
GERMAN CONFEDERATION
GREAT BRITAIN
LONDON
HAGUE
ANTWERP
BRUSSELS
WATERLOO
AIX LA CHAPELLE
PARIS
FONTAINBLEAU
CHAUMONT
CHÂTILLON
LANGRES
DIJON
FRANCE
BORDEAUX
GENEVA
TURIN
GENOA
ELBA
SPAIN
MADRID
CADIZ

MOSCOW
RUSSIA
VISTULA
WARSAW
BRESLAU
REICHENBACH
TROPPAU
CRACOW
AUSTERLITZ
EMPIRE
JASSY
OTTOMAN
EMPIRE
CONSTANTINOPLE

헨리 키신저의

회복된 세계

헨리 키신저의

회복된 세계

ⓒJürgen Frank, 2010

헨리 키신저 지음 | 박용민 옮김

A World Restored

Metternich, Castlereagh and the Problems of Peace, 1812-1822

북앤피플

윌리엄 Y. 엘리어트 교수에게 바친다

한국어판 저자 서문

지금으로부터 2세기 전, 당시 국제관계의 무게중심이었던 유럽의 정치가들은 혁명적 격변을 겪고 난 뒤 한자리에 모였다. 프랑스 혁명은 그때까지 유럽 국가에서 정치적 권위의 기반을 이루고 있던 왕권의 신성함이라는 원칙에 치명적이라 할 정도로 큰 타격을 가했으며, 그에 이어진 나폴레옹 전쟁은 유럽의 국제 체제를 송두리째 뒤집어 놓았다.

본서는 대혁명과 나폴레옹 전쟁의 후과後果, 자신이 대표하는 나라와 그 대외정책의 목표, 구 질서가 무너진 잔해 위에 새로운 국제질서를 건설하는 데 기초가 될 원칙들을 다루는 지난한 임무를 맡았던 정치가들에 관한 연구다. 그들은 괄목할 만한 성공을 거두었으니, 승전국과 패전국이 공히 정통성이 있다고 받아들일 수 있는 공통의 원칙에 기초한 유럽의 균형상태를 수립했고, 그 원칙을 명분 삼아 유럽의 전반적인 평화가 한 세기 동안 유지될 수 있었던 것이다.

물론 오늘날의 세계는 본서가 서술하고 있는 세계와는 여러 면에서 다르다. 캐슬레이와 메테르니히의 시대에 강대국들은 저마다 군대를 동원함으로써 신빙성 있는 전쟁 위협을 가할 수 있었고, 서로 상대적 힘에 변화를 가하기 위해 주기적으로 그것을 실행에 옮기기도 하였다. 그러나 오늘날에는 훨씬 더 큰 파괴력을 가진 무기의 확산으로 인해, 강대국들 사이에서 통상적인 국가의 정책 수단으로서의 전쟁은 생각하기 어렵게 되었다. 당시에는 외교서한이 수신자에게 당도하기까지 수일 내지 수 주가 걸렸고, "궁정외교"역주1)는 대체로 이러한 통신수단의 우아한 속도에 맞추어 업무에 임하던 지성인들men of letters에 의해 시행되었다. 그러나 오늘날에는 신기술 덕분에 의사소통이 즉각적인 것이 되었고, 어떤 때는 출처조차 불분명한 국지적 충격이 전세계적 사건으로 비화하는가 하면, 정책은 때때로 이러한 변화를 따라잡는 데 애로를 겪게 되었다. 당시에는 국제 체제가 북대서양 지역의 국가들과 그들이 소유한 해외의 영토로 구성되어 있었다면, 오늘날에는 많은 신생국과 재탄생한 국가들, 특히 아시아 지역의 국가들이 세계적인 역할을 담당하게 되었다. 대한민국이 월드컵, G-20 정상회담, 서울 핵안보정상회의 등을 주최한 것이 이러한 사실을 잘 보여주고 있다.

그러나 이와 같은 차이점에도 불구하고, 오늘날의 정치가들이 직면하는 도전은 본서에서 다루고 있는 인물들에게도 낯익은 것이었다. 그것은 바로, 서로 상이한 경험을 지닌 국가들이 보호할 만한 가치가 있다고 여기기에 충분할 정도로 정의롭고 정통성이 있는 국제질서를 수립하는 일이다. 아마도 가장 중요한 사실은, 이러한 21세기의 국제질서는 아시아-태평양 지역 국가들의 다양한 관점과 열망을 서로 이어주어야 한다는 것, 그럼으로써 공통의 구조 속에 기존의 강대국들과 새롭게 부상하는 강대국들을 함께 아우르고, 더 희망적인 미래를 위해 과거로부터 교훈을 이끌어내야 한다는 것이다.

여러 나라가 공동으로 수락한 국제질서 원칙에 따라 작동하는 태평양 공동체를 수립하자면, 적어도 본서에 등장하는 정치가들이 지녔던 것 못지않은 정도의 선견지명과 창의성이 필요할 터이다. 그들을 배출한 국가들은 유럽 문화를 공유하고 있었지만, 오늘날 아태지역의 정치가들은 광범위한 정치적, 문화적, 종교적 전통을 대표하는 이들이다. 19세기 유럽의 질서를 수립한 사람들은 나폴레옹 전쟁의 충격에서 영감을 얻어 상호자제의 공동원칙을 확립하였지만, 오늘날의 정치가들은 자신들이 노력해야 할 필요성이 너무 명백하게 드러나기 이전에, 일정 부분 그들의 통찰력에 기대어 행동해야만 한다.

아시아-태평양 지역의 한가운데, 그리고 과거와 현재의 수많은 위대한 과업들 한복판에 한국이 위치한다. 한국은 역사, 지리, 국가정책으로 다른 모든 주요 강국들과 연계되어 아시아에서 벌어진 여러 격변으로 인하여 균형에 맞지 않을 만큼 크게 피해를 겪었고, 이후의 재건 과정에서도 국가의 규모를 초월하는, 큰 기여를 했다. 본서가 처음 출간된 이후 수십 년 사이에 대한민국은 전쟁으로 황폐해진 저개발 국가에서 주요한 모든 국제적 논의의 장에서 의견을 존중받고 문화적, 경제적 영향력이 이제 전세계에 미치는 나라로 변모했다.

숙련된 외교관이자 학자인 박용민 참사관은 한국의 독자들이 국제체제의 전환을 겪은 다른 시대의 교훈을 궁구窮究할 수 있도록 돕고자 이 책의 번역을 떠맡았다. 모쪼록 독자들이 이 책의 지면에서 영감을 얻어, 발전과 평화를 위한 새로운 국제적 과업에 저마다 자신이 기여할 바를 발견했으면 하는 것이 나의 소망이다.

2012년 10월, 뉴욕에서

헨리 A. 키신저

역주 1) 키신저 박사는 이 책에서 Cabinet Diplomacy라는 용어를 18-19세기 유럽의 궁정비밀외교를 지칭하는 의미로 사용하고 있다.

감사의 글

이 책을 쓰면서 나는 자신들의 관심사와 좋은 성품에 내가 의지하고 폐를 끼칠 수 있도록 양해해준 여러분의 조언과 도움을 얻었다.

특히 나는 자주 흥미로운 대화의 상대가 되어 주고 원고의 일부에 대하여 비평해준 맥조지 번디McGeorge Bundy역주1), 역사와 정치에 관한 연구를 결합하려는 나의 노력을 고무한 칼 J. 프레드릭Carl J. Friedrich역주2), 원고의 대부분을 읽고 역사에 관한 방대한 지식으로 나의 몇몇 일반화를 다듬어준 클라우스 엡스타인Klaus Epstein역주3), 원고의 일부를 읽고 여러 저녁나절을 자극이 될 만한 대화로 함께 해준 스티븐 그로바드Stephen Graubard, 그리고 보수주의의 본질에 대한 세련된 해석을 제시해준 존 콘웨이John Conway에게 많은 빚을 졌다.

코린 라이먼Corrine Lyman은 원고 전체를 교열하고 엄청나게 큰 도움이 된 많은 제안을 해 주었다. 낸시 자비Nancy Jarvi는 원고를 타자 해 주었다. 또한 아내의 인내와 도움이 없었다면 결코 이 책을 완성할 수 없었을 것이다. 나는 이 책을, 내가 지적으로나 인간적으로나 되갚을 도리가 없이 빚을 지고 있는 윌리엄 Y. 엘리어트 William Y. Elliott 교수[역주4]에게 헌정한다. 말할 필요도 없이, 이 책의 단점들은 나 자신의 것이다.

H. K.

역주1) 맥조지 번디(1919-1996)는 1953년에 불과 34세의 나이로 하버드대 인문과학부 학장에 취임했다. 그는 1961-66간 존 F. 케네디 및 린든 존슨 대통령의 안보보좌관을 역임했다.

역주2) 칼 프레드릭(1901-1984)은 독일 태생 미국 정치학자로, 전체주의 연구의 대가이다. 저서로 《The Modern Constitutional State》, 《Totalitarian Dictatorship and Autocracy》, 《Tradition and Authority》 등이 있다.

역주3) 클라우스 엡스타인(1927-1967)도 독일 태생의 미국 정치학자로 《The Genesis of German Conservatism》의 저자다.

역주4) 윌리엄 엘리어트(1896-1979)는 41년간 하버드대 역사학 교수로 재직하면서 여섯 명의 미 대통령의 자문 역할을 맡았다.

차례

A World Restored

Metternich, Castlereagh and the Problems of Peace 1821-1822

| 제1장 |

서론

외교의 한계—안정적 국제 질서의 요인들—정치의 도전

I

열핵熱核으로 인한 종말의 위협에 직면한 시대에, 외교가 지금보다는 덜 극심한 벌칙들을 수반하고 전쟁은 제한적이었으며 대재앙은 거의 상상할 수 없던 시기를 향수어린 눈으로 회고하게 되는 것은 놀라운 일이 아니다. 또한 지금 같은 상황에서 평화를 이루는 것이 최우선의 관심사가 되었다거나, 평화에 대한 필요가 평화를 달성할 계기를 제공할 것이라고 여기는 것도 이상한 일은 아니다.

그러나 평화를 달성하는 것은 그것을 소망하는 일처럼 쉽지는 않다. 역사가, 인간의 소망을 다른 방식으로 실현하거나 그 간구懇求를 너무 완벽히 이루어줌으로써 인간을 좌절시키는 복수의 신Nemesis에 비유되는 것도 다 까닭이 있는 것이다. 돌이켜 보건대 가장 평화롭게 보이던 시대에 사람들은 평화를 가장 덜 추구하였다. 평화를 향한 끝 모를 탐색이 이루어졌던 때는 평온함을 달성하기 가장 어려웠던 시기였던 것처럼 보인다. 전쟁의 회피라는 의미에서의 평화가 어떤 국가나 국가집단의 일차적 목표였던 시기에는 언제나 국제체제가 국제사회의 가장 무자비한 구성원의 처분 앞에 무력하게 놓여있었다. 설령 평화를 위한 것이라 할지라도 어떤 원칙들만큼은 타협되어서는 안 된다는 점이 인정되는 국제질서에서는 언제나 세력균형에 바탕을 둔 안정을 최소한 생각해볼 수는 있었다.

그렇다면, 안정은 평화 추구의 결과가 아니라 널리 수용된 정통성legitimacy으로부터 말미암은 것이라고 할 수 있다. 여기서 말하는 "정통성"이란, 정의와 혼동되어서는 안 된다. 그것은 이행 가능한 합의들의 성격과, 외교정책으로서 허용 가능한 목표와 수단에 대한 국제적 합의 이상의 그 무엇을 의미하는 것이 아니다. 그것은 모든 주요 국가들이, 적어도 베르사유 조약 직후의 독일처럼 변혁적인 외교정책으로 자국의 불만을 표현하지는 않을 만큼은 국제질서의 틀을 받아들이는 상황을 암시한다. 정통적 질서는 갈등을 불가능한 것으로 만들지는 않지만 그 범위를 제한한다. 전쟁은 일어날 수 있겠으되, 그 전쟁은 기존의 구조의 이름으로 치러질 것이고, 전후의 평화는 "정통성"을 갖춘 일반적 합의의 더 나은 표현으로서 정당화될 것이다. 고전적 의미의 외교, 즉 협상을 통해 상이점을 조정하는 행위는 "정통성" 있는 국제질서에서만 가능하다.

국제질서 또는 그 질서를 정당화하는 방식이 압제적이라고 느끼는 국가가 존재하면 그 국가와 다른 국가들 사이의 관계는 언제나 변혁적인 것이 된다. 그런 경우에 쟁점은 주어진 체제에서의 차이점 조정에 관한 것이 아니라, 체제 그 자체이다. 조정은 가능하지만, 그것은 불가피한 파국을 앞두고 입장을 공고히 하기 위한 전술적 계책이거나, 적국의 사기를 저하할 수단으로 인식될 것이다. 확실히 해 둘 것은, 변혁적 국가의 동기도 방어적일 수 있다는 점이다. 그 국가는 위협받는 느낌에 대해 거짓 없이 항의를 하는 것일 수도 있다. 그러나 변혁적 국가의 면모를 특징짓는 것은 위협을 받는다는 느낌—그런 느낌은 주권국가들이 기초를 이루는 국제관계의 속성에 본질적으로 내재된 것이다—을 받는다는 점이 아니라, 그 나라를 안심시킬 방법이 없다는 점이다. 적국의 무력화無力化와 같은 절대안보absolute security만을 충분한 보장으로 여기게 되고, 어느 한 국가의 절대안보에 대한 갈망이 다른 모든 국가들의 절대적 불안감을 의미하게 된다.

힘의 행사를 제한하는 예술인 외교는 이런 환경에서는 작동하지 않는다. "선의good faith"와 "합의에 도달할 의지"만 있다면 외교가 언제든지 국제분쟁을 해결할 수 있다고 믿는 것은 실수다. 변혁적인 국제질서에서라면 모든 국가들이 상대방에게 다름 아닌 바로 이런 자질들을 결여하고 있는 것으로 비춰질 것이기 때문이다. 외교관들은 계속 회합을 가지겠지만, 더 이상 동일한 의미를 가진 언어로 말하지 않기 때문에 서로를 설득할 수 없게 된다. 무엇이 합리적인 요구냐에 관한 합의가 없는 상태에서, 외교적 회합은 기본입장의 헛된 되풀이나, 악의에 대한 규탄, 또는 상대를 "불합리한 요구"와 "전복"으로 몰아세우는 주장들로 점철된다. 그러한 회합들은 서로 대항하는 체제들 중 하나에 그때까지는 갖지 못했던 힘을 실어주는 정교한 연극무대로 전락한다.

오랜 동안 평화에 익숙하고 재앙의 경험이 없는 국가들에게, 이것은 좀처럼 얻기 힘든 교훈이다. 영원히 지속될 것만 같은 안정된 기간에 취해서, 그들은 기존의 틀을 무너뜨리겠다는 변혁적 국가들의 주장을 액면 그대로 받아들이기란 거의 불가능하다고 느낀다. 그리하여, 현상유지의 수호자들은 초기에는 변혁적 국가의 주장이 단지 전술적인 주장일 뿐이라는 듯이, 마치 그런 국가가 내심으로는 정통성을 수긍하고 있으면서 협상 목적으로 자신의 입장을 과장한다는 듯이, 또는 마치 제한적 양보를 통해 누그러뜨릴 수 있는 특정한 불만에 의해 그런 행동이 유발된 듯이 취급하려는 경향이 있다. 그에 따르는 위험을 경고하는 사람은 쓸 데 없이 소란을 피우는 자alarmist로 간주되는 반면, 상황에 순응할 것을 권하는 사람은 온갖 훌륭한 "합리적 이치"를 자기편으로 끌어들여 균형감 있고 건전한 자로 간주되고, 그런 주장들은 기존의 틀에서 유효한 것으로 받아들여진다. 시간을 벌기 위한 수단이 아니라면, "유화정책appeasement"은 무제한적 목표를 가진 정책을 이해하는 능력의 부재로부터 초래되는 결과다.

그러나 자기의 확신에 대한 용기를 가지고 있고, 자신의 원칙들을 궁극적으로 달성하려는 의지와, 심지어 열의까지 가지고 있다는 것이 변혁적 세력의 본질이다. 그러므로 변혁적 국가가 성취하고자 하는 것은, 그것이 무엇이든지 간에 국제질서의 정통성 자체가 아니라면 적어도 그러한 질서의 작동으로 유지되고 있는 억지력restraint을 침식하는 경향이 있다. 안정적인 질서의 특성은 그 자발성에 있지만, 변혁적 상황의 요체는 자의식self-consciousness이다. 정통성이 인정되는 기간에는 의무에 관한 원칙들은 거론할 필요가 없을 만큼 당연시되기 때문에, 후세의 사람들은 그런 기간들이 마치 천박하고 독선적이었던 것처럼 여긴다. 변혁적 상황에서는 원칙들이 중심적 쟁점이므로 사람들은 지속적으로 그것에 관해 말한다. 그런 노력은 덧없는 것이기 때문에 조만간 원칙들의 의미는 모두 고갈되고, 쌍방이 동일한 표현을 사용하면서도 정통성의 "진정한" 본질에 관한 자신만의 견해를 주장하는 상황이 드물지 않게 된다. 변혁적 상황에서 서로 대항하는 체제들은 상이점을 절충하는 일보다는 충성심을 전복하는 일에 더 열중하기 때문에, 외교는 전쟁이나 군비증강에 자리를 내어준다.

II

이 책은 이러한 문제들이 선명하게 부각되는 기간인, 프랑스 혁명전쟁 종결 이후 십년간의 전후처리과정을 다룰 것이다. 변혁적 세력의 등장이 야기하는 양난兩難, dilemma이라든지, 시대의 의미를 변화시키는 조건들의 경향이나, 가장 익숙한 관계들조차 의미가 변질되는 추세 따위를 이보다 더 잘 드러내는 기간은 거의 없다. 새로운 철학이 기존의 의무 구조를 뜯어고치겠다는 대담한 주장을 펼쳤고, 혁명기의 프랑스는 그런 주장을 실현하려 하고 있었다. "권위를 정당하게 만드는 것은 과연 무엇인가?"라는 질문은 루소Rousseau역주1)에 의해 정치학의 핵심적 질문으로 자리를 잡았고, 그의 반대자들이 아무리 애를 써도 그 질문을 없애 버릴 수는 없었다. 그 이후로, 논쟁은 이미 받아들여진 틀에서의 차이점을 조정하는 데 관한 것이 아니라, 틀 자체의 타당성에 관한 것이 되었다. 정치적 투쟁은 교조적이 되었고, 18세기 내내 그토록 섬세하게 작동했던 세력균형은 갑자기 유연성을 잃었으며, 자신의 정치적 신조가 다른 나라들의 신조와는 양립할 수 없다고 선포해버린 프랑스와 맞닥뜨리게 된 국가들에게 유럽의 균형상태는 충분한 보호 장치가 되어줄 수 없을 것처럼 보였다. 프로이센과 오스트리아가 프랑스의 정통적 지배자를 예전의 지위로 복귀시키기 위해 마지못해 기울인 노력은 혁명적 열기를 오히려 가속화하는 결과를 초래했을 뿐이었다. 당시로서는 신의 은총을 입은 가장 절대적인 군주조차도 상상할 수 없었던 징병제에 기초한 프랑스 군대는 침략군을 격파하고 플랑드르 지역 국가들Low Countries역주2)을 짓밟았다. 그리고 그때, 프랑스 혁명의 도덕적 주장들을 현실로 옮겨놓으려 하는 정복자가 등장했다. 나폴레옹의 영향으로 18세기적 정통성의 체계만 붕괴된 것이 아니라, 그와 더불어 적어도 그의 동시대인들이 안정을 위한 필요조건으로 여겼던 물리적 안전장치들도 허물어졌다.

하지만, 나폴레옹 제국은 그 광활함에도 불구하고 피정복민이 수락하지 않은 정복의 취약성을 보여주었다. 나폴레옹은 비록 정통성에 관한 기존의 관념을 혁파하는 데는 성공했지만, 그 공백을 다른 대안으로 메우지는 못했다. 유럽은 니멘Niemen강[역주3)]에서부터 비스케이만Bay of Biscay[역주4)]에 이르기까지 하나로 통합되었지만, 강압이 의무감을 대체하였으며, 프랑스 혁명의 물질적 성취는 그 도덕적 기반의 범위를 초과했다. 유럽은 통일되었으나, 외래의 것으로 느껴진 권력에 대항하여 (이는 그 자체로서 확연히 정통성의 부재를 의미한다), 이내 도덕적 주장을 덧입고 민족주의의 기반으로 변신한 "타자성otherness"의 인식 속에서 부정적인 의미로 통일되었을 뿐이었다.

나폴레옹이 러시아에서 패배하자, 유럽은 정통적 질서를 구축하는 문제와 더없이 구체적인 형태로 맞닥뜨리게 되었다. 대항행위는 달성 가능한 가장 광범위한 합의를 창출해낼 수 있으나, 좋아하지 않는 것에 대항하여 단합한 구성원들은 그 다음에 와야 할 대안에 관해서는 극심한 의견의 대립을 겪기 마련이다. 1812년이 우리 논의의 출발점이 되는 것은 바로 이런 이유에서다. 1812년을 어떻게 인식하든지—민족자결의 도덕적 정당화에서부터 영웅의 비극적 운명에 이르기까지 다양한 해석이 거기에 덧붙었지만—그 해는 유럽을 강제력으로 조직할 수 없음이 명백해지는 순간으로 기록되었다. 그러나 그 대안은 그만큼 자명하지는 않았다. 정부에 대한 민중의 참여를 소리 높여 요구하는 새로운 세력이 세계에 퍼져 있다는 것은 확실했다. 그러나 사반세기에 걸친 소요에 대한 책임이 바로 이 세력에 있다는 점도 그에 못지않게 분명했다. 프랑스 혁명은 신성한 왕권에 아마도 치명적이었을 타격을 입혔는데, 바로 그 교조教條의 대표자들에게 유혈사태의 세대를 마감하는 과업이 주어졌다. 이런 상황에서 놀라운 것은 그 해결방안이 얼마나 불완전한 것이었는지가 아니라 얼마나 분별 있는 것이었는가이며, 또한 19세기 역사학의 독선적인 교조들이 주장하던 대로 얼마나 "반동적"이었는지가 아니라 얼마나 균형 잡힌 것이었던가이다. 그것은 이상주의적 세대의 모든 희망을 실현시키지는 못했을지도 모르지만, 아마 그보다 더 소중한 무언가를 이 세대에 선사하였다. 그것은 바로 큰 전쟁이나 영구적인 혁명 없이도 자신들의 소망을 실현할 수 있는 안정의 기간이었다. 혁명의 갈등으로부터 등장한 국제질서가 그 후 한 세대가 넘도록 유지될 형태를 갖추게 되는 시점인 1822년에 이 책의 설명은 종료될 것이다. 그때부터 이어지는 안정적 기간은, 모든 주요국들이 받아들이는 "정통적" 질서가 구축되었고 그 이후부터는 그들이 질서를 혁파하기보다는 그 틀에서의 조정을 추구했다는 사실을 보여주는 최상의 증거다.

유럽이 표면적인 혼란의 와중에서도 안정을 지켜낼 수 있었던 것은 일차적으로 두 위대한 인물이 기울인 노력의 결과다. 국제적 분쟁의 조정을 협상해낸 영국 외교장관 캐슬레이Castlereagh 역주5)

와 그것을 정당화한 오스트리아의 총리 메테르니히Metternich 역주6)가 그 두 사람이다. 국제질서가 개인적 직관으로부터 발현하였다는 의미는 아니다. 무릇 모든 정치가statesman는 정의롭다고 여겨지는 것과 가능하다고 여겨지는 것을 서로 조화시키려고 노력해야만 한다. 무엇을 정의롭다고 여기느냐는 그 국가의 국내적 구조에 달려 있고, 무엇이 가능한지는 그 나라의 자원, 지리적 위치, 결의나 다른 국가들의 자원, 결의, 국내구조 따위에 달려 있다. 그리하여 캐슬레이는 도서국가인 영국 특유의 안전에 대한 확신을 바탕으로 오직 공공연한overt 침략에 대해서만 반대하는 경향을 드러냈다. 반면 대륙의 중심에 자리 잡은 국가의 정치인이었던 메테르니히는 동란의 예방을 무엇보다 우선시하였다. 도서국가는 자국에 대한 침공이 불가능하다는 확신에 기초하여, 타국의 내정에 대한 "불간섭"의 원칙을 발전시켰다. 민족주의 시대에 국내구조의 취약성이라는 압박 아래에서 다국어를 사용하던 오스트리아-헝가리 제국은 사회적 소요가 어디서 발생하든 그것을 퇴치한다는 일반적인 개입의 권리를 고집하였다. 영국은 유럽이 단일한 강대국의 지배하에 놓일 때만 위협을 받으므로, 캐슬레이는 일차적으로 세력균형을 수립하는 일에 집중하였다. 세력균형은 침략의 범위를 제한할 뿐 그것을 예방하지는 못하므로, 메테르니히는 정통성의 원칙을 개발하고 그 수호자 역할을 자임함으로써 균형상태를 강화하려 했다.

이 두 사람 다 성공과 실패를 공히 경험했다. 캐슬레이는 영국을 유럽 협조체제Concert of Europe의 영구적인 일부로 만드는 일에서, 메테르니히는 자신이 그토록 열심히 구축한 정통성의 원칙을 유지하는 일에서 그러했다. 그러나 거의 백년간이나 지속된 평화의 기간, 너무 깊이 뿌리를 내린 나머지 오히려 재난에 기여했을지도 모를 정도의 안정을 만들어낸 그들의 성취는 하찮은 것이 아니었다. 그 이후 지속된 긴 평화의 기간 동안 비극에 대한 감각이 상실되어, 국가들이 멸망할 수 있다는 사실, 소요가 진정되지 못할 수도 있다는 사실, 공포가 사회적 응집을 위한 수단이 될 수 있다는 사실 등은 망각되었다. 제1차 세계대전 발발 당시 유럽을 휩쓸었던 병적인 흥분상태는 어리석은 시대의 증상이기만 했던 것이 아니라, 안전했던 시대의 증상이기도 했던 것이다. 그러한 흥분상태는 새로운 천년왕국의 신앙a millenial faith을 드러냈다. 에드워드 시대[역주7]의 온갖 축복을 누리던 세계가 품은 희망은 군비경쟁이나 전쟁에 대한 공포의 부재로 인해 한층 더 유쾌한 색채를 띠었던 것이다. 오늘날은 고사하고 1918년에 세계가 어떤 지경에 처할지 미리 알았더라면, 1914년 8월에 전쟁을 선포했던 그 어느 장관이 두려움에 떨지 않았으랴?[1]

1914년에 그러한 세계를 상상할 수 없었다는 사실은, 이 책이 다루려는 정치가들의 업적을 증명해 준다.

주

1) 물론 그런 직관을 가졌고, 그렇게 두려워했던 사람 중 하나는, 영국 외교장관 그레이 경(Lord Grey)이었다.

역주1) 프랑스의 철학자 장-자크 루소(Jean-Jacques Rousseau 1712-1778). 그는 사회계약론, 직접민주주의, 공화주의, 계몽주의의 옹호자였다. 소유권 제도와 사회 조직의 발전으로 생긴 불평등과 비참함을 자연 상태의 자유롭고 평등한 상태와 대비하여 설명했다.

역주2) 라인, 쉘트, 뫼즈강 삼각주 지역에 걸친 저지대로, 오늘날의 벨기에, 네덜란드, 룩셈부르크와 북부 프랑스 및 서부 독일의 일부를 지칭한다.

역주3) 벨라루스에서 발원하여 리투아니아를 거쳐 발트해로 접어드는 동유럽의 강으로, 네만(Neman)이라고도 부른다.

역주4) 스페인 북부 대서양의 만.

역주5) 이 책의 두 주인공 중 한 명인 캐슬레이 자작 로버트 스튜어트(Robert Stewart, Viscount Castlereagh 1769-1822). 영국의 외교장관으로 재임(1812-1822)하는 동안, 대불동맹을 성공적으로 이끌고 비엔나 체제 수립에 크게 기여하였으며, 비엔나 회의에서는 영국의 국익을 성공적으로 지켰다. 1821년부터 신경쇠약 증상을 보이던 그는 1822년 8월 자살로 생을 마감했다.

역주6) 오스트리아의 정치가이자 외교관인 클레멘스 벤첼 로타르 폰 메테르니히(Klemens Wenzel Lothar von Metternich 1773-1859). 드레스덴 주재 공사를 거쳐 프랑스 주재 대사가 되었으며, 1814년 나폴레옹의 패전 이후 비엔나 회의의 의장으로서 유럽의 전후 문제를 처리하면서, 능숙한 외교 정책으로 오스트리아의 위신을 회복했다. 1848년 프랑스 2월 혁명 이후에는 영국에 망명했다가 78세가 되던 해 귀국하여 프란츠 요제프 1세의 고문 역할을 하였다.

역주7) 에드워드 7세가 영국왕으로 재위하던 1901-1910년간의 기간.

| 제2장 |

대륙의 정치가

메테르니히의 성격—국제관계에 대한 그의 관점—그의 초창기 외교 경력—외교장관직 임명—"협력"의 성격—러시아에서의 나폴레옹의 패배가 가지는 함의

I

나폴레옹이 러시아에서 당한 패배로 인해 갑작스레 유럽에 떠맡겨진 새로운 국제질서 구축이라는 과업에서, 오스트리아 문제는 지리적으로나 역사적으로나 상징적인 의미를 지닌다. 자연적 경계도 없이, 잠재적 적국들 사이인 유럽의 중앙에 위치하고 있으면서, 게르만, 슬라브, 마쟈르, 이탈리아, 오스트리아 등 복합적인 다언어권으로 구성된 오스트리아는 유럽의 지진계였던 셈이다. 결속을 위한 유일한 끈이 공동의 왕관뿐인 나라에게 전쟁은 원심력을 띤 요소를 증가시킬 따름이므로, 그 어떤 소요가 발생하더라도 오스트리아가 첫 희생자가 되리라는 점은 분명했다. 오스트리아는 안정을 필요로 했고 법률은 현상유지의 표현이었으므로,

오스트리아는 법률에 대한 필요성과 조약의 존엄성 자체를 위하여 제한적 관념과 균형상태의 중요성을 지지했다. 그래서 탈레랑Talleyrand역주1)은, "오스트리아는 유럽의 상원Chamber of Peers"이라고 말했다.역주2)

그러나 오스트리아의 국내적 구조는 그 지리적 위치보다 유럽의 양난兩難을 한층 더 잘 상징하고 있었다. 18세기가 끝날 때까지, 오스트리아 제국은 유럽에서 가장 활기찬 국가들 중 하나였다. 프로이센의 지사志士인 슈타인Stein역주3)은 1795년까지도 오스트리아 왕실의 결집력과 번영을 프로이센에 비교하고 있었다. 그러나 러시아군의 서진西進과 아울러, 오스트리아 제국을 "민족들의 감옥"으로 탈바꿈시켜버릴 첫 조짐이 나타났다. 정부의 체제가 더 억압적으로 변했다는 의미가 아니라, 단지 그 정통성이 점점 더 의문시되었다는 점에서 그러했다. 감옥이란 물리적인 것일 뿐만 아니라 심리적인 것이기도 하기 때문이다. 18세기에는 합스부르크 황제가 단지 독일 왕조를 대표한다는 이유로 그를 "외국인"이라고 생각하는 사람은 없었을 것이다. 19세기에는 이것이 자명한 일이 되고 있었고, 방어는 적응을 어렵게 만들기 마련이라서, 오스트리아의 정책은 점점 더 완고하게 변해갈 운명이었다. 오스트리아 제국은 변하지 않았지만, 역사가 제국을 추월하기 시작하고 있었던 것이다.

그러므로 1812년 겨울에 중부 유럽에 출현했던 프랑스군*Grande Armée*의 너덜너덜한 잔해역주4)는 오스트리아에는 성공의 조짐인 동시에 위험의 조짐이기도 했다. 오스트리아가 나폴레옹 군대의 패망과 더불어 3년 만에 처음으로 생존이 오직 한 사람의 의지에 달려있다는 인식에 구애받지 않는, 진정한 의미의 독립적 정책을 추구할 수 있게 되었다는 점에서 성공이었고, 프랑스 세력의 붕괴라는 혼돈으로부터 어떤 결과가 빚어질지 아직 알 수 없었다는 점에서는 위험이었다. 복잡하고 섬세한 구조를 가진 봉건시대의 이 마지막 생존자에게, 민족주의의 새로운 교의들과 합리화된 행정이 미치는 효과는 흐릿할 수밖에 없었다. 게다가 서쪽으로부터의 압력 대신에 동쪽으로부터 유사한 위협이 닥쳐오게 될 것인지도 아직 확실치 않았다. 무기력과 붕괴를 어떻게 동시에 막을 수 있을 것인가? 평화와 비례proportion를, 그리고 승리와 정통성을 어떻게 동시에 달성할 것인가?

제국의 운명이 위태로울 때는, 그 나라 정치가들이 가지는 확신이 생존의 방편이 된다. 그리고 이러한 확신이 그 국가의 특별한 필요조건에 어떻게 부응하느냐에 성패가 달려 있다. 위기의 시절에 오스트리아를 인도한 것은 이러한 본질 그 자체의 축도라고 일컬을 수 있는 한 사나이였고, 그것이 오스트리아의 운명이었다. 클레멘스 폰 메테르니히의 성공이 그가 보존하고자 그토록 오랫동안 분투했던 국가의 궁극적인 붕괴를 불가피하게 만들었다는 것은, 그리스 비극에서처럼, 오스트리아에는 행운이 아니라 운명이었던 셈이다.

자신의 나라와 마찬가지로, 메테르니히는 뒤쳐지고 있던 시대의 산물이었다. 프랑스 혁명 이후의 시대를 산 사람은 누구도 인생이 얼마나 달콤하고 부드러울 수 있는지를 알 길이 없다고 탈레랑이 말했던, 바로 그 18세기에 그는 태어났다. 메테르니히가 젊은 시절에 지녔던 확신은 그를 떠난 적이 없었다. 그의 동시대인들은 건전한 이성의 공리에 대한 그의 호소라든지, 가볍게 철학자 연하는 그의 태도나 그가 구사하는 세련된 경구들을 비웃곤 했다. 그들은, 메테르니히를 그의 성향과는 전혀 어울리지 않는 혁명적 투쟁으로 내몬 것이 역사의 뜻하지 않은 우연이었다는 점을 이해하지 못했다. 자신을 형성한 세기와 마찬가지로, 그의 방식은 의지를 겨루는 일보다는 주어진 것으로 간주되는 요인들을 조작하는 일에, 또는 규모보다는 비율을 통한 성취에 더 잘 어울렸다. 그는 세밀하게 조각된 프리즘처럼 복잡한 인물이었고, 정교하게 새겨진 장식으로 뒤덮인 로코코 풍의 인물이었다. 그의 표정은 섬세했지만 깊이가 없었고, 그의 대화는 재기발랄했지만 근본적인 진지함이 없었다. 사교장에서건 내각에서건 똑같이 편안하고, 우아하고, 세련되었던 그는, 진리보다는 존재 자체로 스스로를 정당화했던 18세기 귀족계급을 이상적으로 구현하는 인물이었다. 그가 새로운 시대와 화해하지 못했다면 그것은 그가 그 심각성을 이해하지 못했기 때문이 아니라, 그것을 경멸했기 때문이었다. 그러한 점에서도 그의 운명은 곧 오스트리아의 운명이기도 했다.

젊은 시절부터 몸에 익힌, 태연자약에 가까운 교묘한 수법으로 한 세대가 넘도록 오스트리아를, 나아가 가끔은 전 유럽을 통치했던 사람이 바로 이 사나이였다. 그러나 아무리 속임수를 쓰더라도 그가 변혁적 투쟁에 개입하고 있다는 사실을 호도할 도리는 없었고, 그로 인해 메테르니히의 지극히 교묘한 책략들에는 그가 의도하지 않았던 긴장이 내포되었다. 그는 승리를 성취할 수는 있어도 이해를 얻을 수는 없었다. 그런 이유 때문에, 그는 이성적 공리의 보편성에 대한 믿음이라는, 계몽주의the Enlightenment의 가장 오만한 주장을 사용하기에 이르렀으며, 변혁적 투쟁에서 그가 무기로 삼은 것은 점증하는 자의식이었다. 메테르니히는 설령 50년 더 일찍 태어났더라도 보수주의의 본질에 관한 현학적인 논문을 쓸 필요는 없었겠지만, 여전히 보수주의자였을 것이다. 형체를 파악하기 어려운 이치를 모든 사람이 동일한 방식으로 이해하는 세계에서, 아마도 그는 확고함을 상징하는 완곡함으로 자신의 외교를 섬세하고 초연하게 수행하면서, 부인할 수 없는 매력과 품위를 지닌 채 사교계의 응접실을 드나들었을 것이다. 철학을 가지고 장난을 치는 것이 18세기의 유행이었으므로 그는 그때라도 그렇게 했을 터이지만, 그것을 정책의 도구로 여기지는 않았을 것이다. 그러나 끝이 보이지 않는 혁명의 세기에는, 철학이 부수적인 주의주장들로부터 보편성을 구출하기 위한 유일한 수단이었다. 바로 그런 이유 때문에 메테르니히는 자기 이름이 자신의 시대와 동일시되지 않도록 집요하게 애썼는데, 겉보기에는 그의 그런 태도는 그의 허영심과는 일관되지 않는 것이었다. "메테르니히 체제"라는 것이 존재했다면, 그의 성취는 사적인 것이고 그의 투쟁은 의미 없는 것이었으리라. 그는 "관념을 개인화하면 한 사람의 개인이 대의cause가 될 수 있다는 식의 위험한 결론에 도달하게 되는데, 그런 잘못된 관념을 적용하면 대의는 실존하는 것이 아니라 가장될 뿐이라는 뜻이 된다."[1]고 주장했다. 보수주의의 양난은 혁명과 익명으로 싸워야 하는 동시에, 주장이 아닌 실체로써 싸워야 한다는 데 있다.

그리하여 메테르니히는 혁명과의 끝없는 투쟁 과정에서 자신을 키워낸 시대의 원칙으로 회귀하게 되었는데, 그는 그 원칙들을 경직되게 해석했다. 그런 경직성은 원칙들이 여전히 당연한 것으로 간주되고 있었다는 점에서 불필요했고, 적용에 있어서는 원칙의 본질을 왜곡하는 것이었다. 그는 "위대한 시계장치great clockwork" 또는 "황금시대"가 단순히 한가한 백일몽을 넘어서는 뜻을 지니던 세대에 속한 인물이었다. 우주에는 인간의 가장 고상한 열망에 상응하는 합목적성이 존재하며, 우주의 합목적성이란 그것을 이해하면 성공이 보장되고 그 법칙을 위반하면 처벌받기 마련인, 질서 정연한 장치라고 여겨졌다. "인간과 마찬가지로, 국가들도 종종 법을 위반하는데, 유일한 차이점은 위반을 처벌하는 엄중함의 정도일 뿐이다."[2] "자연이나 인간과 마찬가지로, 사회는 법칙들을 가지고 있다. 노인이 그러하듯, 오래된 제도에서도, 법칙들은 결코 다시 젊어질 수 없다… 사회질서의 방식은 이러하니, 그것은 자연법이므로 달라질 여지가 없다… 물질적 세계와 마찬가지로 도덕적 세계에도 그 나름의 파란이 존재한다."[3] "세계를 폐허로 덮으면 반드시 인간을 그 밑에 짓이기게 된다."[4] 메테르니히는 이와 같은 18세기 철학의 경구들을 사용하여 혁명과 자유주의에 반대했는데, 그 이유는 혁명이나 자유주의가 사악하기 때문이 아니라 부자연스럽기 때문이었고, 자신의 적들이 창조하려는 세계에서 살고 싶지 않았을 뿐 아니라 그러한 세계는 반드시 실패할 운명이라고 생각했기 때문이었다. 혁명은 의지와 권력의 적극적 표현인 반면, 존재의 본질은 조화였고, 그 표현은 법이었으며, 그 장치는 균형상태였다.

이러한 이유로 이 보수적 정치가는 최고의 현실주의자였으며, 그의 적들은 "몽상가들visionaries"이었다. 메테르니히는 그의 정치적 유언을 통해, "나는 산문적 인간이지 시적 인간이 아니다"라고 주장했다.[5] "나의 출발점은 현세의 일에 대한 조용한 명상이지, 내가 전혀 모르고, 신앙의 대상이 되는, 지식의 정반대편에 있는 저 세상에 대한 것이 아니다… 사회적 세계에서는 증오나 편견 없이 관찰에 기초하여 냉철하게 행동해야 한다… 나는 역사를 만들기 위해 태어났지 소설을 쓰려고 태어난 것이 아니며, 내가 무언가를 옳게 *짐작*한다면 그것은 내가 그것을 *알기* 때문이다. 오로지 발견한 것만을 알고, 존재하는 것들만 발견될 수 있는 역사에게, 발명은 적이다."[6] 이것이 사적인 감정이 지배하는 영역보다 높은 곳에 냉철하고, 침착하고, 우월하게 서 있던 이상적인 18세기적 통치자, 철인왕哲人王의 신화였다. 경세經世, Statesmanship는 국가이익의 과학이었고, 물질세계의 법칙과 완전히 유사한 법칙의 지배를 받는 것이었다. 정치가는 이러한 공리公理를 아는 철학자로서, 진리의 묵상이라는 단 하나의 진정한 즐거움을 방해하는 과업을 마지못해 수행하는 사람이었다.[7] 그는 자신의 양심과 역사에 대해 책임질 뿐이었는데, 양심은 진리에 대한 자신의 통찰을 담고 있기 때문이었고, 역사는 진리의 타당성에 대한 유일한 검증이기 때문이었다.

지난 세기동안, 메테르니히의 우쭐거리는 자기만족과 경직된 보수주의에 반대하는 견해는 그가 성취한 내용의 현실성을 부인하는 형태를 취하는 경향이 있었다. 그러나, 자신이 참여한 모든 제휴를 지배하고, 두 명의 외국 국왕들이 자기네 대신들보다 더 신뢰할 만하다고 여겼으며, 삼년동안 실질적으로 유럽의 총리였던 사나이가 끼친 영향이 초라했을 리는 없다. 그가 자신이 취한 공리들의 도덕적 우월성에 공을 돌렸던 그의 성공은 실은 그의 비상한 외교적 기술 덕분이었던 적이 더 많았던 것은 확실하다. 그의 천재성은 창조적이라기보다는 실용적인 것이었으며, 그는 건설보다는 조작에 능했던 것이다. 18세기 궁정외교의 수련장에서 훈련을 받은 그는 정면공격보다는 정교한 책략을 선호했는데, 그의 합리주의는 종종 그로 하여금 잘 쓰인 선언문과 이미 성취한 행동을 동일시하는 착각을 하게끔 만들기도 했다. 나폴레옹은 그가 정책과 은밀한 술책intrigue을 혼동한다고 말했으며, 비엔나 주재 하노버 왕실의 사절이었던 하르덴베르크Hardenberg[역주5]는 1812년 위기의 정점에서 사용된 메테르니히의 외교적 방책을 다음과 같이 분석했다. "우수한 능력에 대한 높은 평가를 받은 가운데… 그는 정치적 책략을 사랑하고, 그것을 본질적인 것으로 여긴다. 그는 자국의 자원을 동원할 수 있는 충분한 힘을 소유하지 못했기 때문에… 교묘함으로 힘과 명성을 대체하려고 든다. 나폴레옹의 사망이나 러시아의 승리와 같은 우연한 행운 덕분에 그가 오스트리아로 하여금 중요한 역할을 하도록 만들 수 있는 상황이 조성된다면 그에게는 가장 좋은 일일 것이다."[8] 오랫동안 메테르니히의 가장 가까운 협력자였던 프리드리히 폰 겐츠Friedrich von Gentz는[역주6] 메테르니히의 방식과 개성에 관해 아마도 가장 정확하다고 여겨질 요지로 다음과 같은 묘사를 남겼다. "강한 열정과 대담한 조치의 인물이 아니며, 천재는 아니지만 위대한 재능의 소유자로서, 냉정하고 침착하며, 동요하지 않는 최고의*par excellance* 타산적 인물."[9]

이런 인물에게 1812년 오스트리아의 운명이 맡겨진 것이었다. 그는 교조주의자이기는 하되 18세기의 보편주의적 방식으로 교조적이고, 확고한 신념으로 인해서 수단의 선택에 극도로 유연할 수 있었기 때문에 교활하며, 사무적이고 초연한 자세로 냉정하게 치국治國의 기술the art of statecraft을 추구하던 사람이었다. 그의 개성이 지닌 특질은 기지機智였으며, 미묘한 의미 차이nuance에 대한 감각이었다. 그는 18세기를 지배했지만, 그런 사람은 어느 시대에서나 무서운 인물일 터이다. 평범한 전략가에 불과했지만 위대한 전술가였던 그는, 외부로부터 틀이 주어지고 목표를 강요받는 상황에서 벌어지는 제한적 전투의 대가였다. 바로 그런 시기가 1812년이었으며, 메테르니히에게 중요한 것은 유럽의 해방보다는 도덕적, 물질적 균형상태의 회복이었다.

II

가장 오스트리아적인 정치가였던 메테르니히는 정작 13살이 될 때까지 오스트리아를 보지도 못했고, 17살 이전에는 그곳에서 살지도 않았다. 라인란트에서 태어나 스트라스부르Strasbourg역주7)와 마인츠Mainz역주8)에서 교육을 받고, 부친이 플랑드르 지역 총독Governor-General으로 재직하던 브뤼셀에서 성장한 메테르니히는 18세기의 전형적인 귀족 가정교육을 받았다. 국제주의자이자 합리주의자였던 그는 언제나 독일어보다는 프랑스어를 편하게 느꼈다. 그러나 메테르니히가 18세기 귀족으로서 얼마나 전형적이었는지와는 무관하게, 그는 프랑스 혁명에 대한 그들의 희망 섞인 평가에 편승하지 않았다. 그에게 나폴레옹의 전쟁은, 의무의 기본 구조에 영향을 미치지 않는 유한한 목표를 위해서 제한적 전투를 통해 치러지는 18세기적 전쟁으로는 보이지 않았다. 또한 그는 타협으로 정복자를 만족시킬 수 있다거나, 양보로써 정복자를 순화시킨다거나, 동맹으로 정복자에게 의무를 지울 수 있다고 믿지도 않았다. 그는 1807년에 다음과 같이 썼다. "모든 국가는 다시금 전쟁에 즉각 대비하는 대신 프랑스와의 조약에 평화라는 가치를 부여하는 실수를 범했다. 성읍城邑을 상대로 전쟁을 선포하는 로베스피에르Robespierre역주9)건, 강대국을 상대로 전쟁을 선포하는 나폴레옹이건, 혁명적 체제와는 어떠한 평화도 가능하지 않다."[10] 국가간 연대의 원칙이 혁명의 원칙에 앞선다는 그의 확신이 이러한 신념을 지탱해 주었다. "고립된 국가는 소위 철학자들의 추상적 관념 속에만 존재한다. 국가들의 공동체에서 개별 국가는 그 나름의 이해관계를 가지고 있으며… 그것이 그 나라를 다른 나라들과 연결해 준다. 정치학의 위대한 공리는 모든 국가들의 진정한 이해를 인정하는 데서 출발한다. 생존에 대한 보장을 확고히 하는 것이 전체의 이익에 부합하며, 개별적인 이익—침착하지 못하고 근시안적인 시각을 가진 자들이 정치적 지혜로 여기며 추구하는—은 부차적인 중요성만을 지닐 뿐이다… 오늘날 역사는 결속과 균형의 원칙, 그리고 보편법common law으로의 복귀를 강제하기 위해 어느 한 패권세력에 대항하여 국가들이 연합을 이루는 원칙이 적용된다는 사실을 보여준다… 그렇다면 이기주의적 정책, 공상적 정책, 그리고 초라한 이득 따위가 과연 무슨 소용이란 말인가?"[11)]

그러나 1801년 메테르니히가 외교관의 경력을 시작하던 무렵 국가들 간의 결속은 성취가 요원해 보였는데, 그것은 "영원하고 논란의 여지가 없는 원칙들과 거기에 정면으로 대항하는 행동의 체계보다 더 서로 조화시키기 어려운 것은 없"[12)]기 때문이었다. 보편적인 평화를 보장하기 위해서가 아니라 참을 수 있을 정도의 정전停戰을 달성하기 위해서 세력균형을 달성하는 과제만이 남아 있었다. 메테르니히가 28세에 작센Saxony[역주10)] 주재 오스트리아 사절로 임명되었을 때 작성한 첫 외교 보고서에서 일평생 동안 그의 정책을 지배하는 이러한 균형상태의 개념을 엿볼 수 있다. 즉, 프랑스의 세력은 축소되어야 하고, 오스트리아와 프로이센은 실레지엔Silesia역주11) 지방의 영유를 둘러싸고 벌인 전쟁이라는 최근의 과거사를 잊어야 한다는 내용이었다. 양국 간에는 경쟁이 아닌 협력이 자연스러운 정책이었다. 통상通商에만 관여하는 세력과 전적으로 대륙적인 세력의 이해는 결코 대립으로 치달을 수 없으므로, 균형상태는 오로지 영국이 지지하는 강력한 중부 유럽을 통해서만 달성될 수 있었다.

그러나 힘에 대한 고려에 바탕을 두고 균형상태를 수립하기란 더 없이 어려운 일이었으며, 긴 평화 후에 찾아온 변혁의 기간에는 더더욱 그러하였다. 안정에 대한 추억으로 안일해진 국가들은 부작위에서 안보를 찾으려 하고, 무능력을 도발의 부재로 착각하는 경향을 보인다. 이성과 협력을 통해서, 즉 생존에 대한 위협이나 총체적 파괴를 초래할 수 없는 정책을 통해 정복자를 순화할 수 있다고 여긴다. 정통성과 현상유지를 대표하는 국가들은 자신들의 적이 "이성"에 순응하지 않는다는 점을 그가 몸소 증명해 보여주기 전에는 "알지" 못하기 때문에, 변혁에 대항하는 연합은 보통 장기간에 걸쳐 일련의 배신과 소요를 겪은 후에야 수립될 수 있다. 그들의 적이 스스로 이성에 순응하지 않는다는 점을 드러내는 시점은 국제 체제가 이미 전복된 이후일 터이다.

메테르니히는 1804년 프로이센과의 동맹 교섭을 위해 파견되었을 때 이런 사실을 경험하게 되었다. 그가 목격한 프로이센 왕실은 자위를 위한 준비를 확실한 전쟁 도발로, 협조적 행동을 대대적인 파멸의 시초로 간주하고 있었다. 여전히 프리드리히 대왕역주12)의 후광에 싸여있긴 해도 장기간의 평화로 패기가 꺾인 프로이센의 약점을 동시대인들 중에서는 거의 유일하게 이해한 사람이 메테르니히였다. 특유의 별난 어투로 그는 다음과 같이 썼다. "그 어떤 결정적 행동도 두려워한다는 공통점으로 뭉쳐진… 보잘 것 없는 자들의 모의가 여기 있다… 국왕에게 그의 군대가 베를린이나 포츠담의 평지에서보다 아마도 전쟁터에서 더 크게 활용될 수 있을 것이라고 일깨워 주는 자는 아무도 없다. 프리드리히 2세(대왕) 당시보다 규모가 세 배는 증가했지만 프로이센 국왕의 실질적 힘은 쇠락하였다. 언제나 군사 기지였던 수도의 성벽에 서 있던 프리드리히 2세에게는 낯설지 않았던 언어를, 광대한 영토의 중심에 있는 프리드리히 빌헬름 3세가 사용하지 않으리라는 것은 확실하다."[13]

따라서 균형상태의 수립은 힘만이 아니라 그것을 사용하겠다는 결의에 달려있는 것이었다. 만일 집단행동을 방해한 것이 프랑스에 대한 공포였다면, 어쩌면 러시아에 대한 공포가 그것을 가능케 할 수도 있었다. 메테르니히는 "우리는 오직 러시아를 통해서만 프로이센을 정복할 것"이라고 말하고, 러시아군으로 하여금 동맹이 아니면 전쟁을 택하라는 최후통첩을 가지고 프로이센의 국경으로 이동하게 만드는 외교작전을 개시했다. 그러나 프로이센 국왕은 국가간의 "정상적 관계"를 그토록 명백히 침해하는 것을 받아들일 수 없다고 거절하면서 무력으로 저항하겠다고 선언했다. 전쟁은 나폴레옹의 성급한 행동 덕분에 간신히 막을 수 있었는데, 그는 자신의 군대를 프로이센 영토의 일부를 통과하여 진군시켰고, 그렇게 함으로써 프리드리히 빌헬름 국왕의 분노를 사게 되었던 것이다. 그것은 유럽을 지배하려는 정복자가 다른 곳에서는 일찍이 받아보지 못한 올곧은 분노였다. 모든 면에서 성공한 것처럼 보였다. 동맹조약의 최종 준비작업을 위해 프로이센의 협상가들이 비엔나로 파견되었고, 프로이센군은 보헤미아Bohemia역주13)를 침략중인 프랑스군의 측면으로 이동하였으며, 러시아군은 폴란드를 가로지르고 있었다. 나폴레옹에게 결정적 패배가 안겨질 것처럼 보였다.

그러나 겁이 많은 자들은 큰 기회를 담대함 대신 불안으로 맞이한다. 한 세기에 걸쳐 중단 없이 지속된 확장의 전통과, 최대의 협상은 가장 필요한 시점에 이루어져야 한다는 궁정외교의 "규칙"이 함께 작용하여, 프로이센은 최종적 실행을 뒤로 미루고 있었다. 보이지 않는 지위의 획득보다 눈에 보이는 이득을 선호하는 것이 범속凡俗의 본질이다. 그리하여 프로이센은 하필 그 순간에 베세르Weser 강역주14)의 군사적 경계선에 관해 옥신각신하면서, 나폴레옹의 불성실한 행위에 관한 한조각 증거를 더 얻기 위해 "합리적인" 조건으로 무장 중재를 제안하는 쪽을 선택했다.[14] 메테르니히는 균형상태에 관하여, 그리고 영토 확장이 아닌 국제관계에 바탕을 둔 안보를 설파하였으며, 국가가 스스로를 대신하여 중재하는 것이 어떻게 가능하겠느냐는 의문을 제기했지만, 허사였다.[15] 이것은 논리의 문제가 아니었다. 프로이센이 주저하는 동안, 프랑스군은 남쪽으로 선회하여 아우스테를리츠Austerlitz역주15)에서 오스트리아와 러시아군을 격파했다.

혁명전쟁이라는 현실은 지속될 조짐이었지만, 제한전쟁의 이론으로 평화를 주장해야 하는 지점에 다시금 도달한 것이다. 이제 메테르니히의 투쟁은 자신의 정부를 향한 것이 되었다. 그는 나폴레옹이 전능한 것처럼 보이는 것은 그에 대항하는 진영의 분열을 반영하는 것일 뿐이며, 동맹 측 병력을 합하면 나폴레옹군을 수적으로 훨씬 능가한다고 주장했다. 그는 패배를 솔직히 자인해야 하며, 그렇게 하는 것이 새로운 노력을 위한 도덕적 기반이 되어줄 것이라고 촉구했다.[16] 그러나 프로이센이 자국이 얻은 것을 보호하는 데 위기를 사용했다면, 오스트리아는 위기 속에서 손해를 만회할 기회를 보았고, 별도의 강화講和를 위한 협상에 임했다. 그러는 동안 나폴레옹은 프로이센에 대항하여 병력을 배치했는데, 이것은 프로이센을 괴멸시키기 위한 것이 아니라, 프로이센으로 하여금 하노버를 병합함으로써 스스로를 영국으로부터 고립시키고 프랑스의 공범이 되도록 협박하려는 것이었다.[역주16] 러시아군은 폴란드로 복귀했다. "10만명이 그 다섯배의 병력을 무찔렀다"고 메테르니히는 탄식했다. "만나[역주17]는 어디에 있는가? 신은 언제 날개를 달고 나타날 것인가?" 그는 자신이 조건부의 절망상태에 있으며, 오로지 모든 희망을 파괴하는 죽음만이 그의 절망을 무조건적인 것으로 만들 것이라고 덧붙였다.[17] 그 이후부터 메테르니히가 오스트리아의 개입을 모든 잠재적 동맹국들의 개입 이후로 늦추려고 애쓴 것이라든지, 장래에 이행하겠다는 약속에 바탕을 둔 충성 서약을 그가 불신했던 것, 또는 오스트리아의 협조를 목말라했던 사람들로서는 미칠 지경이었을지 몰라도 동맹의 도덕적 강도를 시험하기 위해서는 필수적이었던 일정 기간 동안의 심사숙고 이후에야 그가 동맹 결성에 착수했다는 등등의 사실은 그다지 놀랄 만한 일이 아니다.

III

우유부단하게 대안적 행동을 탐색하면서 사소한 이득을 추구하는 정책을 시행하는 것이 정치가의 본성이다. 사건들이 상황에 영향을 미치도록 내버려 두는—좀 더 형식적인 표현으로는 "사태를 관망하는"—정책은, 실책으로 드러난 결정에 대한 대책을 추구할 때 중도적인 해결책이 가능한지를 검토하지도 않고, 극단적인 정반대의 대책을 채택하는 것으로 귀결될 가능성이 많다. 그와 같이, 스스로 머뭇거림으로써 1806년의 재앙을 야기했던 프로이센은, 하노버를 합병했음에도 불구하고 자국의 상대적 지위는 오히려 약화되었으며, 수년간 그토록 피하려고 애쓰던 프랑스와의 전쟁에 어리석게 뛰어들었다는 사실을 뒤늦게 자각했다. 그러나 나폴레옹은 단번의 전투로 격퇴할 수 있는 상대가 아니었다. 예나Jena와 아우어슈테트Auerstedt[역주18]에서 프로이센은 일찍이 오스트리아가 아우스테를리츠에서 겪었던 운명을 경험하게 된다. 러시아가 약속했던 지원은 다시 한 번 허망한 것으로 드러났다. 프리들란트Friedland에서 러시아가 패배한 후[역주19)], 나폴레옹과 알렉산드르[역주20)]는 틸지트Tilsit[역주21)]의 니멘 강 위 부교浮橋에서 만나 유럽의 분할을 완성하게 된다.

그러나 기존 구조의 최종적인 전복은, 역설적으로, 메테르니히에게 궁극적인 승리에 대한 확신을 회복시켜준 듯하다. 이제 나폴레옹이 가진 물질적 기반과 도덕적 기반 사이의 불일치incommensurability가 명백해졌고, 어중간한 세력들이 제거되었으며, 제한전쟁으로 무제한적 승리를 쟁취하는 시절이 종말을 고했기 때문이었다. 이제부터 승리는 국력에 의해 좌우될 터였고, 나폴레옹은 자신의 정복을 유지하기 위한 의무의 원칙을 수립하는 데 실패했기 때문에 그의 권력은 강압을 지속적으로 사용할 필요성으로 인해 서서히 약해질 것이었다. 이러한 와중에 메테르니히는 파리 주재 대사가 되어, 그곳에서 본국을 향해 공손하고 섬세하며, 정중하되 끈질기게, 국내를 재조직하라든지, 지속적인 군사개혁을 추진하라든지, 나폴레옹의 군축 제안을 외면하라든지, 또는 국가적 응집력을 강화하라는 등의 건의를 쏟아냈다. "여론이라는 것은 마치 종교와도 같아서, 행정적 조치가 영향력을 미치지 못하는 구석구석까지 침투하는 강력한 무기이므로, 여론을 무시하는 것은 도덕적 원칙을 멸시하는 것과 같습니다… (여론은) 그 자체로서 존중될 필요가 있습니다… 후세의 사람들은 말의 세기인 오늘날 우리가 침묵을 효과적인 무기로 여겼다는 사실을 도저히 믿지 못할 것입니다"라고 메테르니히는 1808년에 썼다.[18)] 그는 1807년

틸지트의 소식이 전해진 직후에 써 보낸 서한에서 자신의 목표를 다음과 같이 웅변적으로 요약했다. "우리 정부의 지혜에 의해 30만 명의 병력이 전체적인 무정부상태 속에 빠진 유럽에서 으뜸가는 역할을 수행하는 날이 오리니, 큰 침략이 있은 뒤에 늘 찾아오곤 하는 그런 순간과 같을 것입니다. 아무도 그 날이 언제일지 예견할 수는 없습니다. 다만, 그 날이 미루어지고 있는 것은 필연적인 혼란을 예방하기 위해서 아무런 조치도 취하지 않았던 한 사람[역주22)]이 단지 살아있다는 사실로 인한 것일 뿐입니다."[19)] 무력은 세계를 정복할 수는 있지만 무력 자체를 정당화할 수는 없다. 남아있는 모든 오랜 원칙과 오랜 형식들의 보관소로서 스스로를 보전하는 것이 오스트리아의 과업이었으며, 때가 오면 그 덕분에 오스트리아는 강한 동맹국들을 반드시 얻게 될 것이었다.[20)]

나폴레옹이 스페인에서 벌인 전쟁은 메테르니히의 기대를 확인해 주는 것처럼 보였다. 전쟁에서 졌는데도 항복하지 않고, 프랑스의 자원에도 보탬이 되지 않는 적을 상대하기란 나폴레옹으로서는 처음이었다. 나폴레옹의 지원부대가 조기에 역전을 당함으로써 그의 불패신화는 깨졌다. "우리는 큰 비밀을 알게 되었습니다. 나폴레옹도 하나의 군대만을 가지고 있을 뿐이며, 그의 대군 *Grande Armée*과 프랑스 징집병도 여느 국가의 군대보다 나을 것이 없다는 사실입니다."라고 메테르니히는 1808년에 썼다. 그는 스페인이 군사적으로는 패배하겠지만 평정되지는 않으리라는 점을 기정사실로 여겼다. 나폴레옹은 성격상 후퇴를 생각할 수 없을 것이기 때문에, 스페인은 프랑스의 인적, 물적 자원을 계속 고갈시키게 될 것이었다. 그보다 더 중요한 것은 정신적인 수확이었다. 아우스테를리츠는 나폴레옹의 적이 되는 것이 위험하다는 점을 보여주었고, 예나는 중립으로 남는 것이 재난을 초래할 수 있다는 점을 보여주었지만, 스페인은 나폴레옹의 친구가 되는 것은 치명적이라는 점을 의심의 여지 없이 증명했다.

그렇다면 그 대안은 무엇인가? 자제력을 잃지 말고, 과거의 손해를 만회하는 데 한 순간도 낭비하지 말아야 한다고 메테르니히는 주장했다.[21] 규모로 보나 원칙으로 보나 오스트리아의 존재는 나폴레옹의 보편적 지배와 양립할 수 없었으므로, 나폴레옹이 오스트리아의 파괴를 염두에 두고 있으리라는 데는 의심의 여지가 없었다.[22] 그러나 스페인의 경우가 보여주었듯이, 다른 나라를 침탈하는 데는 한계가 있는 법이었다. 더구나 굳은 결의를 가진 대항세력이라면 이제 프랑스 내부에서조차, 영광에 배불러 하면서 방해 받지 않고 보상을 누리고 싶어 하는 사람들 가운데서 협력자를 구할 수 있었다. 막무가내인 선장에 반란을 일으키고 싶어 안달하면서 배가 암초에 부딪히기만을 기다리는 선원들 같다고 메테르니히가 비유한 탈레랑과 푸쉐Fouché[역주23]가 특히 그러한 대상이었다.[23] 메테르니히는 라인, 알프스, 피레네의 자연적 경계 밖에서 일어나는 어떤 전쟁도 프랑스의 전쟁이 아니라 나폴레옹의 전쟁이라는 탈레랑의 말을 인용했다.

메테르니히가 프랑스 안에서만 동맹세력을 구한 것은 아니었다. 그는 재차 오스트리아-러시아 간의 양해에 기초한 계획을 구상했다. 그는 군사협력에 관한 구체적 제안을 가지고 차르에게 접근하여 오스트리아의 결의와 애로에 대해 진솔하게 설명하자고 건의했다.[24)]그는 당시 파리에 있던 러시아의 루마조프Roumazoff 외교장관에게, 러시아와 프랑스간의 동맹이 얼마나 부자연스러운 것인지와, 강력한 중부 유럽 없이 유럽의 평화를 달성하는 것이 왜 불가능한지를 설명했다.[25)] 그러나 균형상태의 본질에 대한 훈계는 헛된 것으로 드러났다. 1805년과 1806년에 그랬듯이, 1809년에도 러시아는 정복자가 국경으로 진격해 오는 동안 소극적인 입장에 머물러 있었다.

그리하여 1809년 오스트리아는 생존을 위한 전쟁에 말려들었다. 그것은 메테르니히의 시대에 최초이자 최후로 민족적 정체성national identity의 이름으로, 징병제에 기초한 군대에 의해 치러진 전쟁이었다. 메테르니히조차 자신의 국제주의자적 면모와 상반되는 민족적 열정에 휩쓸렸다. 그는 자신의 상사인 슈타디온Stadion[역주24)] 에게 다음과 같이 썼다. "(나폴레옹은) 지체될 우리의 행동, 초기의 성공 이후에 우리가 취할 휴식, 또는 첫 패배에 따르게 될 우리의 실망과… 무기력상태에 자신이 성공할 것이라는 희망을 걸고 있습니다… 그러므로 우리도 그의 원칙을 채택합시다. 우리도 전투가 끝난 다음날까지 우리가 승리한 것으로 간주하지 말고, 나흘이 지나기 전까지 패배한 것으로도 간주하지 맙시다… 우리도 항상 한 손에는 검을, 다른 한손에는 올리브나무 가지를 들고, 항상 협상할 태세를 갖추되 전진하는 동안에만 협상에 임합시다… 우리는 고대의 제국처럼 모험을 할 수는 없습니다. 우리는 처음으로 *자력으로 강력*하게 되었으니, 거기에 걸맞게 행동합시다… 1809년이 구시대의 끝이거나 새 시대의 시작이 되리라는 점을 결코 잊지 맙시다."[26)]

그러나 1809년은 그 둘 중 어느 것도 아니었다. 우주에 사물 본연의 합리성이 존재할 수는 있겠으나, 그것이 유한한 시간, 특히 짧은 시간에 작동하는 것은 아니다. 오스트리아가 그때껏 가져본 최고의 군대가 패배하자, 자기가 가진 모든 것을 모험에 걸 뜻이 없었던 황제는 강화를 요청했다. 그 후로는 메테르니히가 권좌에 있는 동안 오스트리아는 결코 다시는 독자적 행동을 하거나 국민들의 도덕적 성향에 운명을 걸지 않았다. 1809년의 전쟁은 어떤 시대의 끝도 시작도 아니었고, 계속되는 시대의 전환점일 뿐이었다. 제국을 구성하고 있는 여러 언어를 사용하는 민족들의 지지에 의존하기를 진작부터 매우 주저하고 있던 황제의 생각을 굳혔다는 점에서 그것은 전환점이었다. 그 후로, 황제는 기존의 관례들을 변화시킬 가능성이 가장 작은 안정 속에서 안보를 추구하였다. 그리고 그것은, 예기銳氣와 자신감을 상실하고, 특히 국내 문제에 관해 한계는 잘 알지만 목표에 대해서는 아는 것이 거의 없으며, 가능한 많은 수의 동맹에 신중하게 가담함으로써 위험을 피하려는 정부의 행태가 지속됨을 의미했다. "메테르니히 체제"의 기초는 1809년에 놓여진 것이다.

그 해는 또한, 프란츠 황제[역주25]가 메테르니히에게 외교장관직을 맡아 달라고 요청한 해이기도 했는데, 메테르니히는 이후 39년간 이 직위를 떠나지 않는다. 전면적 개입으로 말미암아 빚어진 손해를 교활함과 인내와 책략으로 만회하려는 사람, 다른 누구보다 전쟁을 촉구했던 그 사나이가 이제 평화의 설계자가 되었다는 사실은 오스트리아가 그 전쟁으로부터 도출한 교훈이 무엇이었는지를 상징적으로 보여준다.

IV

전쟁에 패하고 붕괴의 위협에 처한 국가가 취할 수 있는 대략 두 가지의 선택은 공개적인 대항이나 설득이다. 만약 패배를 국력이 아닌 국가적 결의가 반영된 결과로 취급한다면, 그 국가는 다시 무력으로 경쟁할 수 있는 좀 더 유리한 다른 기회가 올 때까지 자국의 자원을 더 많이 동원하고 사기를 더 진작하여, 전장에서 자국의 결함을 만회하려고 들 것이다. 이것이 1805년 이후의 오스트리아가 취한 태도였다. 그렇지 않고, 자국의 물질적 무능력을 확신하게 된다면, 승리자에게 적응함으로써 국가적 실체를 보전하려고 들 수도 있다. 이것을 반드시 영웅적인 정책이라고 부를 수는 없겠지만, 어떤 상황에서는 다른 어느 행동보다 영웅적인 것일 수도 있다. 영혼을 잃지 않고 협력하는 것, 정체성을 잃지 않고 협조하는 것, 속박의 가면과 강요된 침묵 속에서 해방을 위해 노력하는 것보다 더 어려운 도덕적 강도의 시험이 어디 있겠는가?

어찌 되었든, 이것이 1809년 이후에, 부분적으로는 그 물질적 무능력으로 인해 강요된, 오스트리아의 정책이었다. 강화가 오스트리아로부터 영토와, 방어 거점들과, 해상 출구 등의 3분의 1을 앗아갔기 때문이었다. 아드리아 해안선을 따라 생겨난 일리리아Illyria역주26)라는 프랑스의 새로운 주province가 장차 헝가리가 될 설계의 전조를 드리웠으며, 북쪽의 바르샤바 공국은 오스트리아의 올바른 행동을 보장할 일종의 담보를 상징했다. 오스트리아 제국은 재정적으로 피폐하였으므로, 오스트리아가 실속 있는 무력을 유지할 만한 자원을 보유하고 있지 않다는 점을 잘 알고 있던 나폴레옹은 그 군대의 규모를 제한조차 하지 않았다. 메테르니히는 황제에게 자신의 첫 정책 소견을 다음과 같이 밝혔다. "1805년 직후 오스트리아는 전면적인 해방general deliverance을 도모하기에 충분할 만큼 강했지만… 이제는 프랑스가 주도하는 체제에서의 적응을 통해 안보를 유지하지 않을 수 없습니다. 현 체제는 정당하게 수립되는 정책의 모든 원칙에 정면으로 위배되는 것입니다. 우리가 그러한 체제에 얼마나 안 어울리는지는 두 말 할 필요가 없을 것입니다… 그러나 우리는 이제 러시아의 도움 없이는 다시는 저항을 생각할 수 없게 되었습니다. 그 변덕스러운 궁정은 초라한 정책을 통해 배타적인 이익을 더는 얻을 수 없게 되면 좀 더 빨리 각성하게 될 지도 모르겠습니다… 우리에게 남아있는 유일한 출구는, 더 나은 내일을 위해 힘을 기르고, 좀 더 부드러운 수단으로 국가의 보존을 꾀하면서, 뒤를 돌아보지 않는 것뿐입니다."[27)]

메테르니히의 정책을 이루는 모든 요소가 거기에 집약되어 있었다. 그것은 정복에 의한 체제와 조직화된 국제공동체는 양립할 수 없다는 확신, 러시아에 대한 불신, 동맹의 실패, 비록 달성이 요원해 보이지만 보편적 법칙을 반영하고 있기 때문에 필연성을 지닌 목표를 성취하기 위한 전술적 유연성 등이다. 메테르니히는 오늘날 우리가 "적과의 제휴collaboration"라고 부르고 있는 정책을 제안하고 있었던 것이다. 이런 정책은 스스로의 도덕적 권위에 대해 확신을 가지고 있거나 도덕적 무력감에 짓눌린 국가만이 추구할 수 있다. 이런 정책은 그 진정한 동기를 밝힘으로써 정당화할 수 없기 때문에, 국내적인 의무의 원칙에 특이한 긴장을 유발한다. 그 정책의 성공은 성실해 보이는 외양과, 메테르니히가 언젠가 말했듯이, 바보가 되지는 않으면서 바보처럼 보일 수 있는 능력에 달려 있다. 정책의 목적을 공개하는 것은 재앙을 자초하는 것이나 다름없고, 너무 완전하게 성공해 버리면 분열이 초래된다. 그 정책이 시행되는 동안에는 무뢰한과 영웅, 배신자와 경세가經世家는 행동이 아닌 동기로써 구별된다. 어떤 단계에서 적과의 제휴가 국가적 실질을 손상하는지, 어느 시점에 그것이 손쉬운 해결의 핑계가 되는지 등의 질문들에 대해서 추상적인 추측으로는 답할 수 없고, 오로지 그 시련을 직접 겪었던 사람들만 답할 수 있다. 적과의 제휴는 반역을 꿈꿀 수 없도록 만드는 지도력에 대한 어느 정도의 확신을 전제로 하기 때문에, 오직 큰 응집력과 높은 사기를 가진 사회적 조직만이 성공적으로 추진할 수 있다. 메테르니히가 전쟁을 승리로 이끌 요인으로 꼽았던 오스트리아의 도덕적 권위는 비록 그 목표를 이루는 데는 실패했지만, 굴욕적 평화의 기간 동안 오스트리아를 구원했다.

메테르니히의 정책은 모든 대안들을 열어두고, 행동의 자유를 최대한 유지하면서도, 프랑스의 신뢰를 얻기 위해 필요한 정도만큼 모든 행동에 한계를 두는 것이었다. 오스트리아는 영국에 대항하는 대륙봉쇄(Continental System역주27))에 합류했지만 결코 영국과의 관계를 단절하지는 않았다. 메테르니히는 하노버의 사절인 하르덴베르크와 가까운 관계를 유지했고, 그럼으로써 영국의 섭정왕세자와도 간접적으로 관계를 유지했다. 그는 하르덴베르크를 통하여, 오스트리아는 영국과의 관계를 우호적으로 지속함은 물론 서로 조언을 주고받는 단계까지 나아가기를 희망한다는 의사를 표현하기까지 하였다. 러시아와는 원만한 관계를 유지했으나, 오스트리아의 정책적 근간은 러시아의 조력이 아닌 프랑스의 관용이라는 점이 분명히 드러나도록 하였다. 오스트리아의 생존을 위한 조건은 프랑스가 가하는 압력의 이완이었다. 그러나 신뢰라는 틀이 없다면 압력도 줄어들 리가 없으려니와 협상도 무의미할 터였다. 게다가 신뢰는 나폴레옹이 동의할 수 있고, 오스트리아와 프랑스의 이익이 최소한 어느 정도는 겹칠 수 있는 원칙을 전제로 하고 있었다. 보편적인 지배의 주장을 어떻게 균형상태의 주장과 조화시키고, 모든 한계를 도전으로 보는 국가의 주장을 어떻게 한계가 곧 생존의 조건인 국가의 주장과 조화시킬 것인가?

그러나, 나폴레옹의 체제에는 메테르니히가 지칠 줄 모르고 지적하던 약점이 있었다. 그것은 무릇 정통성이란 강요가 아닌 수락에 달려있다는 점과, 프랑스 제국은 그 모든 정복의 성공에도 불구하고 한 사람의 생존에 의지하고 있다는 점이었다. 그래서 메테르니히는 벼락출세한 사람*parvenu*의 불안감에 호소함으로써 나폴레옹이 "권리claim"로 받아들일 유일한 결속을 만들어 냈다. 그는 시대의 정통성과 영속성에 대한 희망을 생존의 약속과 맞바꾼 것이다. 그는 기독교 세계의 통치자로 5백년 간 군림해 온 신성로마제국의 마지막 황제이자 오스트리아의 황제인 프란츠의 딸과, 불과 십 년간 통치자 노릇을 한 코르시카인 나폴레옹의 결혼을 주선했다. 메테르니히는 1810년 황제에게 다음과 같이 썼다. "나폴레옹은 뭔가를 파괴할 때마다 보장에 대해 이야기합니다. 통상적 의미의 보장이라는 표현은 그의 행동과 양립되기 어렵습니다. 보통 보장이라는 것은 정치적 관계의 상태에 기초를 두는 법입니다… 그러나 나폴레옹은 보장의 정치적 측면은 헤아리지 않고, 현실과 확실성만을 겨냥합니다. 그래서 그에게는 매번의 침략이 자신의 힘과 존재에 대한 보장이 됩니다… 이런 의미에서 그는… 자기방어와 유사한 개념으로… 매번 왕권의 전복에 동기를 부여하고 있습니다… 폐하의 따님과의 결혼을 통해서 나폴레옹은 그간 얻어내려 애썼지만 얻지 못했던 보장을 얻게 되었으니… 오스트리아 왕권을 전복시켜서는 그런 보장을 얻을 수 없었을 것입니다."28) 메테르니히는 대담하게도 나폴레옹이 유일하게 인정했던 정통성의 관념을 그에게 불리하게 사용함으로써, 변혁적 상황에서 나타나기 마련인 상충하는 정통성들 간의 틈새를 뛰어넘었다. 나폴레옹에 대항하던 세력들이 무제한적 목표를 지닌 정책을 이해하지 못했던 덕분에 그의 정복이 가능했던 것과 마찬가지로, 나폴레옹은 왕실들 사이의 불안정한 관계를 이해할 능력이 없었기 때문에 최종적 파멸을 맞게 되었다.

메테르니히는 자신의 새로운 입지를 이용하는 데 긴 시간을 끌지 않았다. 그는 새로운 황후의 적응을 돕고 나폴레옹의 다음 수순을 간파하고자 파리를 방문했다. 그는 오스트리아의 배상에 대한 약간의 삭감과, 벨기에에서 채권을 발행하고 교황과 나폴레옹 사이를 중재할 권리라는, 작은 양보를 얻어냈다. 한편, 그는 러시아에 대한 프랑스의 공격이 불가피하고, 아마도 그것이 1812년의 여름 중에 일어날 것이며, 딴 이유가 아니라면 바로 이 때문에라도 오스트리아는 유예 기간을 얻게 되리라는 소중한 확신을 얻고 파리를 떠났다. 오스트리아는 그때까지의 휴전기간을 이용하여 재원을 보충해 왔지만, 임박한 전쟁은 새로운 양난을 초래했다. 왜냐 하면 그토록 오래도록 간절히 추구하던 러시아와의 동맹이 이제 요청만 하면 성사될 수 있을 것처럼 보였고, 대륙의 균형상태가 또다시 달성 가능한 목표 범위에 들어왔기 때문이었다. 틸지트 이후 이류 세력으로 전락한 프로이센조차도 동맹 체결을 타진해 왔다. 그러나 메테르니히는 1809년의 패배로 인해 오스트리아에는 실수의 여지가 단 한 치도 없다는 점을 잘 알고 있었다. 그는 전쟁에서 다시 패배하거나, 또는 전쟁이 장기화되면 곧바로 제국의 와해로 이어질 것임을 알고 있었다. 그는 프로이센의 물리적 국력도, 러시아의 도덕적 활력도 신뢰하지 않았다. 한편, 그는 황제에게 보낸 서한에서, 오스트리아의 힘의 원천에 해당하는 도덕적 우위를 손상시킬 프랑스와의 동맹은 논의할 가치도 없으며, 중립은 프랑스의 호의를 얻지도 못하면서 러시아의 적의를 살 우려가 있다고 주장했다. 중립을 주장한다면 오스트리아는 향후의 강화 협상과정에서 어떠한 목소리도 내지 못하고, 이등국가의 역할로 전락하게 될 것이기 때문이었다.[29]

연속되는 역설은 철학자들에게는 흥미 있는 대상이겠지만 그것을 숙고하는 데 그치지 않고 해결까지 해야 하는 정치가들에게는 악몽이다. 러시아와의 동맹은 나폴레옹의 패배로 귀결될 수도 있지만, 공격의 예봉이 오스트리아에 돌아오는 상황을 초래하거나 다시 한 번 러시아의 배반으로 끝날 수도 있었다. 프랑스와의 동맹은 오스트리아의 도덕적 입장을 손상시키고, 무장중립은 오스트리아의 물적 자원을 소진시킬 터였다. 그리하여 오스트리아는 소극적 투쟁과 의지의 상실 사이의 경계선에 이르렀는데, 그곳은 적과의 제휴로부터 얻는 수확이 체감하기 시작하는 정확한 지점이었다. 메테르니히는 다른 국가들이 개입을 강화하는 것과는 반대로 제한적인 입장만을 취함으로써 양난을 탈출하려고 시도했다. 그는 오스트리아의 국력을 키우는 데 위기를 활용하면서,

오스트리아의 행동의 자유를 어느 정도 회복할 수 있기를 기대했다. 그가 선택한 방식은 프랑스에 동조하는 노선으로 한 발 더 나아가되, 유보하는 자신의 속내를 증명할 수 있는 방식으로 빠져나갈 길을 만들어 두는 것이었다. 3만 명의 오스트리아 보충병력이 나폴레옹의 직접 지휘하에 투입되고 프랑스의 병참을 이용한다는 조건으로 프랑스와의 동맹이 협상되었다. 그 대가로, 나폴레옹은 오스트리아 제국의 보전을 보장했으며, 오스트리아의 수고에 상응하는 영토적 보상만이 아니라, 프랑스와 오스트리아 양국간의 영원한 협조를 상징하는 "기념물"로서 추가적이고 "상응하는 정도 이상"으로 여겨지는 영토의 할양도 약속했다. 이 조치의 도덕성에 관해 누가 뭐라고 생각하든지, 메테르니히가 목표를 달성했다는 데는 의심의 여지가 없다. 오스트리아는 단순히 프랑스의 반대가 없는 상태에서가 아니라, 도리어 프랑스의 격려를 받으며 무장을 할 수 있었다. 오스트리아는 강화 체결 과정에서의 발언권을 보장받았고, 상징적이나마 프랑스 체제에서 특혜적 지위를 획득했다. 영토의 할양은 프랑스의 승리에 따라 주어질 경우에는 프랑스에 대한 균형추counterweight의 역할을 해 줄 것이었고, 프랑스가 패배하는 경우는 무의미해질 약속에 불과했다. 타당하게도, 메테르니히는 오스트리아의 전쟁노력을 가리켜 정복전쟁이라고도 방어 전쟁이라고도 부르지 않고, 보존 전쟁이라고 표현했다. 그것은 *한없이 제한적인infiniment limité* 동맹이었다.

이제 오스트리아의 참여의 한계를 명백히 하는 일이 남아 있었다. 메테르니히는 하르덴베르크에게 오스트리아로서는 다른 대안이 없으며, 오스트리아는 스스로를 나폴레옹에 대한 저항의 핵심으로 여기지 않은 적이 결코 없다고 말했다. 그러나 그는 오스트리아가 더 강력해질 때까지는 공개적 저항은 어리석은 일이라고 덧붙이면서, 영국이 스페인에서 양동작전을 강화할 것을 촉구했다.[30] 동시에 러시아에는 오스트리아가 아무런 침략적 의도도 갖고 있지 않다는 점을 확신시켰으며, 오스트리아의 보충부대[역주28]를 보전하고 그것을 주요 전장에 본격적으로 투입하지 않는 방식으로 전쟁을 수행하기로 오스트리아와 러시아가 합의하자는 놀랄만한 제안을 했다. 그는 오스트리아의 부작위를 정당화하면서 군대를 증설할 구실을 만들기 위해 러시아가 병력을 갈리시아Galicia[역주29]에 집중할 것을 제안했다.[31] 그러나 그는 자신의 이러한 제안을 서면으로 작성하자는 러시아측의 요청은 회피했다. 최초의 전투에서 오스트리아의 존망을 위험에 빠뜨리지 않겠다는 굳은 결심 하에, 메테르니히는 각국 병력의 전반적인 배치상황을 가늠할 때까지, 그리고 오스트리아가 동맹을 조직하고 평화에 정통성을 부여하는 현실적이고 전통적인 역할을 수행할 수 있게 될 때까지는, 뛰어난 수완으로 마치 도서국가의 유리한 지리적 입지에서 비롯되는 것과도 같은 고립을 성취하려고 애썼다.

V

이상이 러시아에서 프랑스가 당한 패배의 소식이 메테르니히에게 당도했을 때 그가 취한 입장이었다. 1805년의 전쟁은 그에게 동맹의 미약함에 대해서, 1809년의 전쟁은 동맹의 필요성에 대해서 가르쳐 주었다. 1805년의 사건들은 임박한 위험은 동맹뿐 아니라 고립도 정당화할 수 있으며, 임시적인 방편ad hoc으로는 대륙정책을 추진할 수 없다는 점을 그에게 확신시켜 주었다. 1809년의 재앙은 그에게 민족적 열정으로 물질적 기반을 대체할 수 없다는 점을 깨닫게 해 주었다. 이 기간에 러시아의 행동은 모호했다. 러시아는 프랑스에 대한 방벽이 되어줄 수 있는 세력들을 파괴하는 데 도움을 주었으며, 자국의 영토가 위협을 받기 전까지는, 최초의 패배 이래 줄곧 전투를 회피하고 있었다. 이제 러시아 군대가 서유럽으로 진출하자, 메테르니히는 러시아의 우유부단함 못지않게 러시아의 성공도 두려워하였다. 거의 십 년 간에 걸친 그의 싸움이 고작 서쪽의 우위를 동쪽의 지배로 바꾸기 위한 것은 아니었다. 그가 오스트리아를 치유하여 미약하나마 힘을 갖도록 만든 것이 발작적 열광에 모험을 걸기 위한 것도 아니었다. 이제는 편을 바꿀 시점이 도달하지 않았느냐고 러시아가 지적했을 때, 메테르니히는 오스트리아의 현 입지는 스스로 선택할 수 있는 것이 아니며, 조약의 신성함에 대한 인정에 존재 자체를 의지하고 있는 국가로서는 동맹을 간단히 폐기할 수도 없을 뿐더러, 오스트리아의

정책은 감정이 아닌 냉정한 계산에 기초하고 있다고 답하였다.[32)]

메테르니히가 내다보았듯이, 30만의 병력이 전체적인 무정부 상태 속에 빠진 유럽에서 으뜸가는 역할을 수행할 순간이 정말 다가온 것이다. 그러나 실제로 오스트리아는 그 오분지 일이 될까 말까한 병력만을 보유하고 있었으며, 그나마 그 절반은 나폴레옹과 함께 러시아에 가 있었다. 보다 중요하게는, 오스트리아는 러시아의 결의만이 아니라, 장차 수행할 전쟁의 종류도 시험해 보아야 했다. 오스트리아의 관심은 민족의 해방freedom of nations이 아니라 역사적 국가의 자유liberty of historical states에 있었기 때문이다. 민족전쟁은 다언어 제국인 오스트리아를 와해시킬 수도 있었으며, 민족적 성전聖戰은 독일 내에서 오스트리아가 차지하는 입지의 기반이 되어주고 있던 여러 왕조들을 무너뜨릴 수도 있었다. "위대한 인간을 몰락시키기란 얼마나 번거로운 일인가!(*Que la chute d'un grand homme est lourde.*)"라며 메테르니히는 탄식했다. "… 가엾은 중부 유럽 국가들의 모든 계획은 철저히 분쇄되는*zermalmt* 상황을 면할 목적으로 수립되어야만 한다."[33)] 그러므로 모든 것은 단순히 나폴레옹의 패배가 아니라 그 패배가 어떤 방식으로 이루어지느냐에 달려 있었고, 동맹의 수립만이 아니라 그 동맹이 어떤 원칙을 명분으로 삼아 싸우게 될 것이냐에 달려 있었다.

메테르니히는 후일 1813년의 상황과 유사하다고 줄곧 여기게 될 크림전쟁의 상황 속에서, "만일 큰 나라가 거대한 위험 속에서 행동하도록 강요당한다면, 최소한 지배적인 지도력의 지위를 확보해야만 한다"고 말했다.[34] 이 점은, 배후가 바다나 초원지대로 보호되고 있는 여러 국가들로 둘러싸인 거대한 중앙제국[역주30]에는 한층 더 중요하였다. "오스트리아는 전쟁에 돌입하기 전에 군사적 입지뿐 아니라 도덕적 입지까지도 확보해야 한다"[35] 오스트리아의 도덕적 입지에 필요한 것이 무엇인지는 명백했다. 그것은 민족이 아닌 국가 간의 전쟁, 보수주의와 안정의 원칙에 의해, 또한 그럴 수 있다면, 기존 조약의 파기보다는 기존 조약의 이름으로 정통성을 부여받은 동맹이었다.

거기에 더하여, 국력에 대한 고려도 메테르니히를 신중하게 만들었다. 비록 러시아에서 패배했어도 나폴레옹은 아직 플랑드르 지역과, 이탈리아와, 일리리아의 주인이었다. 라인연방을 구성하는 독일 내 군소국들은 아직도 그의 위성국가들이었으며, 프로이센은 그의 동맹국이었다. 메테르니히는 자신이 나폴레옹의 성격을 잘 알고 있다는 점을 제대로 활용할 기회가 왔다고 확신하고, 자신의 신중한 정책을 확고히 해 나갔다. 그는 1820년에 다음과 같이 썼다. "나폴레옹과 나는 마치 체스 경기에서 서로를 주의 깊게 관찰하듯이 수년을 함께 보냈다. 나는 그에게 장checkmate을 부르기 위해, 그는 나를 체스의 말들과 함께 짓밟기 위해."[36] 이것은 의지의 인간 대 이성의 인간, 보편의 원칙 대 한계의 감각, 권력의 주장 대 정통성의 요구 등과 같은 시대의 쟁점을 상징적으로 표현한 것이었다. 그러나 1812년의 사건들은, 그것이 증명한 것이 무엇이건 간에, 이제 경기는 더 이상 상대방이나 그 장기말들을 박살냄으로써 이길 수 있는 것이 아니며, 무자비한 힘 보다는 정치精緻함에 가산점을 주는 모종의 규칙에 따라 진행되어야만 한다는 점을 보여주었다. 이런 사실을 인정하는데 나폴레옹이 주저하면 할수록, 그의 궁극적인 패배는 확실해졌다. 보편적 지배의 주장은 충분한 힘으로 뒷받침되거나 그에 대항하는 결의가 불충분한 경우, 그 자체의 거대함으로써 국제관계의 구조를 해체할 수 있다. 그러나 수단이 제한적이고 대항세력의 결의가 굳은 경우라면, 위대한 성공의 추억이 착각을 유발하고, 그 착각은 실패의 전주곡이 되고 말지도 모른다.

더구나 메테르니히가 시작하려고 결심한 경기의 종류는 신속한 외통수checkmate에 모든 것을 거는 종류의 대담한 작전이 아니었다. 그것은 신중하고 교활한 경기로, 경기자가 가용한 자원을 집결하는 동안 상대방으로 하여금 그가 두는 수가 처음에는 그 자신을 마비시키고 나중에는 그를 파괴하도록 만드는 식으로 입지를 점진적으로 변형시키는 데 중점을 두는 경기였다. 그 경기의 대담성은 동지와 적 모두의 몰이해와 비방 속에서 진행되는 그 고독함 속에 깃들어 있었으며, 그 경기의 용기는 잘못된 한 수가 재난을 초래하거나 신념의 상실이 고립을 초래할 수 있다는 그 엄정함 속에 있었고, 그 경기의 위대성은 어떤 수를 착상시킨 영감이 아니라 그 수를 두는 기교에서 비롯되는 것이었다. 궁극적으로 오스트리아가 대불동맹의 지배적 지휘권을 획득하게 되는 그 경기의 결과로, 오스트리아의 영토에서 전쟁이 벌어지지 않도록 막아냈고,

동맹을 인민이 아닌 내각에 기초시킴으로써 평화를 보장하게 되었으며, 그 평화의 정통성은 오스트리아의 지속적인 존속에 부응하는 것이었다. 그것은 비록 영웅적인 것은 아니었지만, 한 제국을 구해냈다.

메테르니히의 첫 번째 도박은, 나폴레옹이 패배했다는 사실만 알려졌을 뿐 그 패배가 얼마나 심각한지는 아직 알려지지 않았던 12월 9일[역주31]에 빌나Vilna[역주32]의 프랑스 본영에 있는 오스트리아 대리대사에게 보낸 서한이었다. 섬세하고 냉소적이면서, 동시에 회유적이면서도 위협적인 이 서한은 그 뒤에 일어나는 노력들의 분위기를, 그리고 경기의 종류를 결정했다. 이 서한은 그 후로 7개월 동안 함의가 명백히 드러나지는 않은 복잡한 책략의 첫 단계에 불과했다. 서한의 내용 자체보다도 그 어조에 중요성이 있었고, 메테르니히가 개인으로 치자면 건강에 해당하는 것으로 간주했던 국가의 독립을 확인한 데 의의가 있었다.[37] 서한은 당시의 상황을 비꼬는 요지로 시작된다. "오스트리아는 금세기의 가장 위대한 지도자의 군사적 자질에 대해 어떤 견해를 스스로 갖기에는 그에게 너무나 큰 존경심을 품고 있습니다. 상트페테르부르크 St. Petersburg의 내각이 수많은 변덕의 증거를 보여준 나머지, 냉철한 계산에도 *불구하고*(저자 이탤릭) 모스크바 점령이라는, 가능성이 전무한 시도가… 알렉산드르를 협상에 임하게끔 만들어 주리라는 추정을 낳았다는 점은 기이한 현상이었습니다. 그러나 그러한 희망은 좌절되었습니다. 러시아는 동맹국들의 이익을 저버리는 것은 손쉽게 여겼지만, 자국의 이익을 저버릴 수는 없었습니다."

이 단락을 서문으로 하여, 프랑스군은 모든 승리에도 불구하고 성취한 것이 아무 것도 없으며, 러시아의 정복은 불가능하고, 단독 강화의 동기는 존재하지 않는다는 등등의 내용이 담긴, 군사적 및 심리적 가능성에 대한 장문의 분석이 이어진다. 그렇다면 해결책은 무엇인가? 메테르니히는 전면적 강화 협상을 위한 오스트리아의 주선good offices이라고 답했다. 오직 오스트리아만이 인척관계의 결속으로 프랑스와 연결되어 있으면서, 다른 국가들의 존엄성을 거스르지 않고 그들에게 접근할 수 있다고 그는 주장했다. 유럽의 중앙에 5천만 명의 인구를 보유하고 있는 국가는 체면을 지키기 위해서라도, 그리고 상대가 프랑스라 하더라도 평화에 관해 설파할 의무가 있었다. 오스트리아의 주선에 관한 이러한 위협적인 주장 뒤에는 또 다른 모호한 설명이 이어진다. "예전에 프랑스의 황제가 (마리 루이즈Marie-Louise역주33)와의) 결혼이 유럽의 형세를 바꾸었다고 나에게 종종 말했을 때, 그는 오늘날 벌어질 일을 내다보고 있었던 것이 아닐까 하는 생각이 듭니다. 나폴레옹이 이렇게 상서로운 동맹으로부터 *진정한* 이득을 취할 순간이 다가왔고, 그 순간은 어쩌면 이미 당도했는지도 모릅니다." 메테르니히는 그가 밑줄을 그어가면서 강조한 구절을 통해, 섬세한 둔감성과 교활한 대담성이 담긴 표현으로 결론을 내렸다. "우리 황제폐하께서는 모스크바로부터의 철수evacuation 소식을 접하시고, 폐하께서 취하실 태도의 핵심을 몇 마디로 이렇게 요약하신 바 있습니다. '프랑스의 황제에게 내가 누구인지를 보여줄 순간이 왔다.' 나는 간명하면서도 활기찬 황제폐하의 이 말씀을 되풀이 하는 데 그치겠습니다. 그리고 나는 귀직에게 이 뜻을 바사노Bassano역주34) 공(프랑스 외교장관)에게 전달할 권한을 부여하는 바입니다. 황제의 말씀에 대한 어떠한 해설도 그 강렬함을 감소시킬 따름입니다."38)

그런 식으로 메테르니히는 자신의 적에게 평화를 선사함으로써, 나폴레옹에 대항하는 동맹으로 귀결될 운동을 시작했다. 그는 이러한 방식으로 동맹을 중립으로, 중립을 중재로, 다시 중재를 전쟁으로 변형시키는 데 대해 프랑스의 승인을 얻는 첫 걸음을 내딛었다. 이러한 모든 행동은 기존의 조약의 이름으로 취해졌으며, 당초에는 위대한 동맹국에 대한 배려의 일환으로 시작된 것이었다. 왜 메테르니히는 그토록 난해하고 정당화하기 곤란한 방법, 그토록 간접적인 절차를 선택했을까 라고 질문할 수 있을 것이다. 왜 오스트리아의 국내구조를 당시 유럽을 휩쓸고 있던 민족적 열정에 맞추려고 하지 않았던 것일까? 무릇 정치가는 사용가능한 재료로 작업을 하는 법인데, 오스트리아의 국내구조는 융통성이 작았고, 역설적이지만 국제적 구조보다 완고하였다. 그러나 메테르니히의 외교정책에 오스트리아의 국내구조가 미친 영향을 살펴보기에 앞서서, 우리는 나폴레옹과 가장 끈질기게 다투었던 국가의 외교장관인 다른 한 정치가에게로 눈을 돌려 보아야 한다. 그 사람 또한 동맹에 생기를 불어넣으려고 애썼고, 평화를 위한 계획을 추진하면서 무대에 등장하고 있었다.

주

1) Metternich, Clemens, *Aus Metternich's Nachgelassenen Papieren,* 8 Vols. Edited by Alfons von Klinkowström. (Vienna, 1880) Vol. VIII, p. 186. Hence-forward referred to as N.P.
2) N.P., I, p. 35.
3) N.P.III, p.322.
4) N.P. VIII, p. 184.
5) N.P. VII, p. 635.
6) N.P. VIII, p. 184.
7) 다수의 사례 중 N.P. III, p. 342, or N.P. III, p. 357을 보라. 메테르니히의 정치 사상에 대한 상세한 논의는 제 11장을 참조하라.
8) Oncken, Wilhelm, *Oesterreich und Preussen im Befreiungskriege,* 2 Vols. (Berlin, 1880). Vol. II, p. 88. 영국의 섭정왕세자(물론 그는 하노버의 선거후이기도 하였으며, 오스트리아가 나폴레옹에 대항하도록 만드는 일에 열성적이었다) 앞으로 쓰인 이 보고서는 아마도 메테르니히의 방법론에 관한 서술을 담고 있다는 사실 못지않게, 메테르니히의 조심스러운 책략이 그의 동시대인들에게 안겨준 좌절감을 밝히는 측면에서도 의미가 있을 것이다. (역주: 영국의 섭정왕세자는 부왕 조지 3세가 정신이상 상태가 되자 1811-1820년간 영국 왕세자로서 섭정을 맡아 보다가 왕위에 올라 하노버 왕조의 마지막 영국왕이 된 조지 4세를 가리킨다.)
9) Srbik, Heinrich von, *Metternich der Staatsmann und der Mensch,* 2 Vols. (Munich, 1925). Vol. I, p. 144.
10) N.P. III, p. 147.
11) N.P. I, p. 34.
12) N.P. II, p.236.
13) Oncken, II, p.68f.
14) 무장 중재가 바로 1813년 메테르니히의 정책이라는 사실을 상기하는 것은 흥미롭다. 제 4장과 제 5장을 보라. 프로이센의 역사가들은 무장 중재가 프로이센이 군대를 동원할 기회를 갖기 위해 고안되었다고 주장했다.
15) N.P. II, p. 64.
16) N.P. II, p.92f.
17) Srbik, Metternich I, p. 111.
18) N.P. II, p. 192. 이것을 예컨대 N.P. III, p. 440이나, N.P. VIII, p. 238등과 같은 메테르니히의 그 후의 언급들과 비교해 보라.
19) N.P. II, p. 122f.
20) Srbik, Metternich, I, P. 129.

21) N.P. II, 248f.
22) N.P. II, 178f.
23) N.P. II, 268f.
24) See, for example, N.P. II, 171f., 286f.
25) N.P. II, 270f.
26) N.P. II, 295f.
27) N.P. II, p. 311.
28) N.P. II, p. 411.
29) 황제를 위한 메테르니히의 긴 분석을 보라, N.P. II, 410f.
30) Oncken, II, p. 824.
31) Oncken, II, p. 93, Luckwaldt, p. 39도 참조하라.
32) Oncken, I, p. 47.
33) Luckwaldt, p. 41.
34) N.P. VIII, p. 371.
35) N.P. VIII, p. 364f.
36) N.P. III, p. 332.
37) Text, Oncken, I, P. 17.
38) 이 서한은 Oncken, I, p. 36f.에 포함되어 있다.

역주1) 프랑스의 외교관 샤를 모리스 드 탈레랑 페리고르(Charles Maurice de Talleyrand-Périgord 1754-1838). 그는 루이 16세의 왕궁은 물론 혁명 이후 나폴레옹 1세, 루이 18세, 샤를 10세, 루이 필립의 정부에서도 외교의 수장 역할을 했다. 그의 최대 업적은 나폴레옹의 패망 후 대불동맹을 무력화시키고 프랑스의 영토와 위신을 보전한 점이다. 그에 관해서는 최고의 외교관이라는 평가와 기만과 배신과 부패의 화신이라는 평가가 공존한다.
역주2) 나폴레옹 전쟁 후 프랑스에서 재집권한 부르봉 왕가는 1814년 영국의 상원을 본떠 'Chambre des pairs'라는 상원을 만들었다. 1848년까지 유지되었던 이 기관의 대표는 국왕이 지명하고, 세습이 가능한 종신제였으므로 귀족적이고 보수적인 경향이 강했다.
역주3) 독일 통일의 기틀을 닦은 개혁의 주창자로 평가되는 프로이센의 정치가 하인리히 프리드리히 카를 폼 슈타인(Heinrich Friedrich Karl vom Stein 1757-1831). 그는 망명 기간 중 러시아의 차르 알렉산드르 1세의 고문 역할도 했다.
역주4) 제6차 대불동맹에 대항하여 나폴레옹이 시도한 러시아 침공의 실패를 의미한다.
역주5) 영국 하노버 왕가의 외교관. 이 책의 제 6장부터 등장하는 프로이센의 총리 카를 폰 하르덴베르크(Karl August Fürst von Hardenberg)와는 별개의 인물이므로 주의가 필요하다.
역주6) 오스트리아의 정치가 프리드리히 폰 겐츠(Friedrich von Gentz 1764-1832). 〈반프랑스 혁명전쟁의 기원과 성격에 대하여(*Über den Ursprung und Charakter des Krieges gegen die französische Revolution*)〉(1861)라는 저서를 남겼다. 당초에는 프랑스 혁명의 정당성을 주창한 자유사상가로 프로이센의 군사고문관이 되어 프리드리히 빌헬름 3세에게 자유주의적 개혁을 진언하기도 하였으나, 혁명의 비이성적 현실을 목격하고 보수주의자가 되었고, 오스트리아 궁정에서 메테르니히와 협력하였다.

역주7) 라인강 서안 프랑스 북동의 도시로, 현재는 알자스의 주도이며, 유럽 의회 소재지다.
역주8) 기원전 1 세기에 로마의 군사기지로 건설된 도시로, 현재는 독일 라인란트팔츠의 주도이다.
역주9) 프랑스 혁명을 주도한 혁명 정치가 막시밀리앙 프랑수아 마리 이지도르 드 로베스피에르(Maximilien François Marie Isidore de Robespierre 1758-1794)을 말한다. 그는 공포정치를 시행하다가 테르미도르의 쿠데타 직후 반대파에 처형당했다.
역주10) 이 책에서 언급되는 작센은 현재 독일 내륙 동부의 니더작센(Niedersachsen), 작센안할트(Sachsen-Anhalt) 및 베스트팔렌(Westphalia) 지역에 해당하는 독립왕국. 작센이라는 명칭은 당초 이 지역에 색슨족이 거주했던 데서 비롯되었다. 대략 서기 700년 경 이 지역에는 캐롤링거 왕조 계통의 공국이 수립되었다가, 10세기경에는 신성로마제국의 일부가 되었다. 1756년 작센은 오스트리아, 프랑스, 러시아와 동맹을 맺고 프로이센에 대항했으나 프로이센의 침략을 받았다. 1806년 나폴레옹은 신성로마제국을 해체하고 작센 왕국을 수립했다. 당시 프로이센은 작센의 합병을 희망하였고, 1815년 비엔나 회의 결과 북부 작센 지역의 프로이센 합병이 이루어졌다.
역주11) 현재는 대부분이 폴란드 서남부의 실롱스크 지역에 해당하는 프로이센 지역의 역사적 명칭이다. 옛부터 여러 민족이 뒤섞여 살았고, 석탄 등 자원이 풍부하여 이 지역의 귀속을 두고 다툼이 잦았다. 오스트리아의 지배를 받다가 1742년 대부분이 프로이센 제국의 소유로 넘어갔고, 양차 세계대전의 결과로 대부분이 폴란드에 귀속되었다.
역주12) 프로이센의 제3대 국왕으로 1740-86년간 재위한 프리드리히 2세(1712-1786). 그는 대표적인 계몽군주로서, 프리드리히 대왕(Friedrich der Groβe)이라고 불린다. 그는 프로이센을 유럽 최강의 군사대국으로 만든 군사 전략가였고, 신성로마제국의 해체에도 주도적인 역할을 했다.
역주13) 현재 체코의 서부 지역. 14세기 초부터 독일계 룩셈부르크가의 지배를 받다가 1526년에는 합스부르크가에 귀속되었으며, 제1차 세계대전이 끝난 후 1918년에 탄생한 체코슬로바키아의 일부가 되었다. 1993년부터 체코에 속하게 되었다.
역주14) 독일 북서부를 지나 브레멘 항에서 북해로 흘러드는 강이다.
역주15) 1805년 12월 2일 나폴레옹은 오스트리아 영토인 아우스테를리츠(오늘날 체코의 슬라프코프 우 브라나 : Slavkov u Brna)에서 러시아-오스트리아 연합군을 격파했다. 이 전투는 나폴레옹이 전장에서 거둔 최대의 승리였다.
역주16) 영국의 조지 1세는 하노버 선거후로, 영국은 1714년부터 1820년(조지 3세)까지 하노버의 지배자였다.
역주17) 성서에 등장하는 하늘에서 내려온 음식.
역주18) 독일 튀링겐 지방의 예나 및 아우어슈테트에서 나폴레옹은 프리드리히 빌헬름 3세가 이끄는 프로이센군을 격파하고, 추격전에서 완전히 궤멸시켰다. 이로써 프로이센 전 영토가 프랑스군에게 제압당했으며, 사실상 독일 전역에서 나폴레옹의 승리가 결정되었다.
역주19) 1807년 6월, 나폴레옹은 프리들란트에서 러시아군에 승리를 거둠으로써 제4차 대불동맹은 실패로 끝났다. 프리들란트는 오늘날 발트해 연안의 러시아 도시 프라브딘스크(Pravdinsk).
역주20) 러시아의 차르 알렉산드르 1세(1777-1825).
역주21) 틸지트는 오늘날 발트해 연안의 러시아 영토인 칼리닌그라드 오블라스트주에 위치한 니멘 강 남안의 도시 소베츠크(Sovetsk).

역주22) 나폴레옹을 가리킨다.

역주23) 프랑스의 정치가 조제프 푸쉐(Joseph Fouché 1759-1820). 혁명 당시 자코뱅 당 소속이던 그는 기독교를 없애는 문제로 로베스피에르와 맞서면서 1794년 테르미도르의 반란을 계획하였다. 나폴레옹 치하에서는 임시 정부의 총리가 되었으나, 루이 18세를 다시 왕으로 앉힐 계획을 세웠다가 1816년에 반역자로 추방되어 오스트리아로 망명하였다.

역주24) 메테르니히의 전임 오스트리아 외교장관이던 요한 필립 카를 요셉 그라프 폰 슈타디온-바르토이젠(Johann Philipp Carl Joseph, Graf von Stadion-Warthausen 1763-1824).

역주25) 신성로마제국의 마지막 황제 프란츠 2세(1768-1835)는 1805년 아우스테를리츠 전투에서 제3차 대불동맹이 나폴레옹에게 대패한 후 신성로마제국을 해체하고 오스트리아의 초대 황제 프란츠 1세로 즉위했다.

역주26) 발칸반도의 서부 해안일대.

역주27) 나폴레옹은 1806년과 1807년 칙령으로 중립국이나 프랑스의 동맹국들의 영국과의 무역을 금지했다. 영국은 이에 맞서 추밀원령(Orders in Council)으로 프랑스의 지배를 받거나 나폴레옹과 동맹을 맺은 모든 국가를 역으로 봉쇄했다. 이러한 상호 봉쇄작전은 교전국들은 물론 중립국에게도 큰 어려움을 초래했으며, 나폴레옹은 해상에서 더 큰 힘을 발휘하던 영국을 굴복시키는데 실패했다.

역주28) 나폴레옹의 본대를 보충하기 위해 러시아에 참전한 오스트리아의 주력부대를 의미한다.

역주29) 현재는 우크라이나와 폴란드로 나뉘어 갈리치나, 또는 갈리치아라고 불리는 동유럽 지역.

역주30) 저자는 이 책에서 오스트리아의 지정학적 의미를 강조하는 의미에서 '중앙제국(Central Empire)'라는 표현을 사용하고 있다.

역주31) 1812년,

역주32) 현재 리투아니아의 수도인 빌니우스(Vilnius).

역주33) 합스부르크 왕가의 신성로마제국 황제 프란츠 1세와 나폴리 시칠리아의 마리아 테레지아 사이의 맏딸이며, 프랑스의 왕비 마리 앙투아네트의 조카였다. 정략결혼으로 나폴레옹의 두 번째 부인이 되어 그의 아들을 낳았다. 나폴레옹이 1814년 퇴위한 후 아들을 데리고 빈으로 돌아갔다가 나폴레옹 사후에는 이탈리아의 나이페르크 백작과 결혼했다.

역주34) 1811-1813간 나폴레옹 휘하에서 프랑스 외교장관을 역임한 언론인 출신 정치가 위그-베르나르 마레 바사노(Hugues-Bernard Maret, 1st Duc de Bassano 1763-1839).

| 제3장 |

도서국가의 정치가

캐슬레이의 성격—국제관계에 대한 그의 관점—캐슬레이와 영국의 국내 체제—메테르니히의 중재 제안에 대한 캐슬레이의 반응—피트 구상

I

국가의 기억은 그 국가의 정책의 진정성에 대한 시금석이다. 어떤 국가가 겪는 경험이 근본적일수록, 그 국가가 과거에 비추어 현재를 이해하는데 있어서 경험이 미치는 영향은 심대하다. 한 국가가 너무나 파괴적인 경험을 하게 되면, 자국의 과거에 갇혀버리는 일조차 벌어질 수 있다. 그러나 1812년의 영국이 그런 경우에 해당되었던 것은 아니다. 영국은 그 나름의 충격을 겪었지만 살아남았다. 다만, 영국의 도덕적 구조가 손상을 입지 않았음에도, 영국은 거의 십 년 간의 고립이라는 시련에서 벗어나면서 이제 다시는 외톨이가 되지는 않겠다는 결의를 다지게 되었다.

만약에 이런 결심을 조장할 누군가를 임의로 찾는다면, 프랑스

군이 니멘에 집결하고 있던 순간에 영국 외교장관에 취임한 캐슬레이 경보다 선택될 가능성이 더 적은 사람은 드물었을 터이다. 대륙과의 접촉이 미미하고 외교란 혁명의 물결에 대항하는 임시변통의 동맹관계만을 의미하던 시대에, 아일랜드에서 그리 유명하지는 않지만 오래된 가문에서 태어난 그는 전형적인 영국 귀족층의 교육을 받았다. 그의 경력은 견실했지만 화려한 것은 아니었다. 그의 첫 번째 공식 활동은 아일랜드의 반란을 진압하고 아일랜드 의회를 폐지하는 일과 관련된 것이었는데, 이 때문에 그는 자유주의를 해치는 괴물이라는 평판을 얻게 되었다. 그는 피트Pitt 역주1) 총리의 내각에서 육군부 장관을 역임했고, 이러한 인연은 후일 그의 정책의 토대를 이루게 된다. 이 시기의 대부분 그는 캐닝Canning역주2)의 눈부신 활약의 빛에 가려져 있었다. 1809년의 불운한 대결 이후에는 두 사람 다 공직에서 물러났다. 1812년 캐슬레이는 기껏 몇 달 이상 유지되리라고는 기대되지 않았던 리버풀 백작Lord Liverpool역주3)의 내각에 외교장관 겸 하원의장으로 복귀한다. 외교에 있어서 캐닝의 '전문성'은 확고한 것으로 인정받고 있었으므로, 캐슬레이는 자신이 하원의장의 지위를 유지하는 조건으로 그에게 외교장관직을 물려주겠다고 제안하였다. 그러나 리버풀 내각의 장래가 워낙 어두웠으므로 캐닝은 이를 거절했는데, 그렇게 함으로써 그의 목표 성취는 결국 십여 년 뒤로 미루어지고 말았다. 그리하여, 역사에서 캐슬레이가 차지하는 자리는 거의 덤처럼, 그의 성품과도 어울리게 조용히 주어졌다.

그럼에도, 영국과 유럽을 다시 연결하고, 대불동맹을 유지하고, 50년 이상 골격이 유지될 합의를 협상해 낸 사람은 다른 그 누구도 아닌 바로 이 사람이었다. 심리학자들은 그 어떤 심오한 관념의 흔적도 보이지 않는 경력을 가진 이 아일랜드인이 어떻게 영국에서 가장 유럽적인 정치가가 되었는지 궁금해할 지도 모른다. 그의 위대한 협력자인 메테르니히보다 캐슬레이와 더 대조적인 누군가를 상상하기란 어렵다. 메테르니히는 우아하고 상냥하고 합리적이었지만, 캐슬레이는 견실하고 사려 깊고 실용적이었다. 전자가 좀 현학적이기는 했지만 재치 있고 달변이었다면, 후자의 언변은 토론에서 효과적이기는 했지만 표현이 매끄러운 편은 아니었다. 메테르니히는 교조적이고 우회적이었지만, 캐슬레이는 사무적이고 직설적이었다. 캐슬레이처럼 회고담을 적게 남긴 사람도 드물다. 차갑고 내성적인 캐슬레이는 자신의 정책이 대다수의 영국민들에게 이해받지 못했던 것과 마찬가지로 인간적으로 경원시되는 외로운 길을 걸었다. 사람들은 그가 마치 닦아놓은 얼음의 빛나는 표면처럼 냉랭하고, 아름답고, 초연해서 아무도 다가갈 수 없을 뿐더러, 다가가고 싶어 하는 사람도 없을만한 성품을 가졌다고들 이야기했다. 그가 비극적인 죽음을 맞이하고 나서야 세상은 그 고독의 값어치를 알아차리게 되었다.

하지만 캐슬레이보다 영국적 경험의 상징이 되기에 더 적합한 사람도 없었다. 영국은 혁명적 교조에 대항해서 전쟁에 임한 것이 아니었고, 어떤 대안적 원칙의 이름으로 싸운 것은 더더욱 아니었으며, 보편적인 주장에 대항해서 싸웠던 것이다. 영국은 자유가 아닌 독립을 위해서, 그리고 사회적 질서가 아닌 균형상태를 위해 전쟁에 임했다. 이 점은 대륙의 국가들, 특히 오스트리아와의 지속적인 오해의 원천이 되었다. 대륙의 국가들로서는 전쟁은 단지 독립을 위한 것이 아니라 자신들의 역사적 경험의 맥락에서 *자신들의* 독립을 위한 것이었다. 반면 영국에 있어서 그 전쟁은 보편적 지배가 불가능한 유럽을 이룩하기 위한 것이었다. 오스트리아에는 사회적 질서의 존속을 위한 것이었던 전쟁이 영국에는 프랑스를 봉쇄하는 데 필요한 "거대 연합great masses"을 창출하기 위한 것이었다.[1] 1821년, 메테르니히가 세계혁명의 위험으로 간주하던 대상[역주4]과 싸우기 위해 보편적 개입의 원칙을 만들고 있을 때, 캐슬레이는 그에게 영국은 어떤 막연한 원칙의 선언 때문이 아니라 영국의 이해가 명백히 걸려 있는 구체적 고려에 따라 나폴레옹 전쟁에 임했다는 점을 상기시켰다.[2]

그런 연유로, 영국의 목표는 긍정형으로보다는 부정형으로 설명하기 쉬운 것이었다. 그것은 단일한 통치자 아래 통일된 대륙이 치명적인 위협을 의미하는 도서국가의 정책을 반영한 것이었으며, 타국의 국내적 변화가 *강제로* 국경을 넘어 확장될 때만 그런 변화를 위협으로 느끼는 특성에 대한 인식에 기초를 둔—그리고 그런 특성 자체보다 그에 대한 인식이 더 중요한—사회구조를 반영한 것이었다. 영국의 역할을 유럽의 균형상태를 유지하기 위한 균형자balancer로 간주한 것은 외교정책의 방어적 개념이었다. 게

다가 균형상태는 사회적 의미보다는 정치적 의미로 받아들여졌기 때문에, 그 성패는 정통성의 원칙이 아니라 세력이 대체로 비슷한 국가들 간의 균형에 달려 있는 것으로 여겨졌다. 프랑스 혁명의 *외부적 투사*投射에 맞서 싸웠던 영국은, 정복을 금하는 구조를 지닌 유럽을 만들기 위해 싸웠던 것이다. 반면에, 프랑스 혁명이라는 *사건* 때문에 해체의 위기에 직면했었고, 지리적으로든 심리적으로든 고립이 불가능했던 오스트리아를 비롯한 여타 대륙 국가들은 유럽에서 보편적 정복을 생각할 수 없도록 만들어줄 "정통성"을 위해 싸웠다. 국가들 간의 차이가 그들 모두와 균형자 사이의 차이보다 크지 않으면 균형자는 기능을 수행할 수 없었으므로, 영국의 악몽은 영국을 배제한 대륙의 강화 체결이었다. 한편, 어느 사회가 그 기틀이 되는 신화神話를 공격하는 세력들에 대해 수세적 태도로만 일관한다면 그 사회는 제대로 기능할 수 없다는 점에서, 유럽의 악몽은 영구적 혁명이었다.[3)]

이것은 영국의 정치가들이 특정한 국내적 구조를 다른 것보다 선호하였음을 뜻하는 것은 아니다. 그러나 그들의 선호는 어디까지나 유럽의 정부들이 유럽적 균형상태를 유지한다는 커다란 가정에 기초하고 있었다. 리버풀 내각은 나폴레옹의 지속적 통치에 대해 오히려 오스트리아 정부보다도 훨씬 더 강경한 반대자였다. 그러나 이 반대는 부르봉 왕가의 "정통성"과는 아무런 상관이 없는 것으로, 나폴레옹과는 어떠한 평화도 영속적일 수 없다는 확신에서 비롯된 것일 뿐이었다. 나폴레옹이 엘바 섬을 탈출한 후에 캐슬레이는 이렇게 말했다. "만약 (나폴레옹이) 또다시 프랑스의 운명을 지배한다면 유럽이 조용하고 안전하고 독립적일 수 있다고 누가 말할 수 있을 것인가. 현재 프랑스에서 쟁점이 되고 있는 문제는 유럽이 도덕적 체제로 복귀하여… 인류의 이익을 보전할 수 있을 것이냐, 아니면 우리가 지난 20년간처럼 군사적 정책의 체계를 유지할 필요성 속에 놓이느냐, 나아가, 장차 유럽에서 보게 될 광경이 자유로운 국가들의 회합이냐, 아니면 무장한 국가들의 회합이 될 것이냐와 같은, 긴요한 문제와 관련되어 있다."[4)]

캐슬레이가 혁명에 반대한 것은 메테르니히에게처럼 그것이 "부자연스러운" 것이기 때문이 아니라, 평정을 어지럽히는 것이기 때문이었다. 캐슬레이에게 퍼부어진 자유주의자들의 악담은 그의 의도를 오해한 데서 비롯된 것이었다. 안전하게 그렇게 할 수 있다고 느끼는 한, 그는 언제나 진정으로 "자유주의적"인 조치들은 아니더라도 온건하고 회유적인 조치들을 옹호하였다.[5)] 그러나 가장 중요한 것은 유럽의 평정이었으므로, 정부의 원칙들은 국제적 안정보다 후순위로 밀려나야만 했다. 머뭇거리고 있던 시칠리아인들에게 대영제국의 축복을 부여하려는 계획에 관여하고 있던 윌리엄 벤팅크 경Lord William Bentinck[역주5)]에게 1818년 그는 "우리가 이탈리아에서 바라는 것은 봉기가 아니라 우리가 신뢰할 수 있는 지배자의 치하에서 통제되는 세력"이라고 썼다.[6)] 덧붙여, 그는 국내정책에 대한 외교정책 우위의 원칙과, 사회구조의 균형에 대한 세력균형 우위의 원칙에 관해 다음과 같이 썼다. "…유럽 전역에서 이미 지나치게 광범위한 통치술의 실험이 성행하고 있는 마당에 이탈리아에서도 유사한 사태들이 야기되기를 저는 바랄 수 없습니다. 유럽에서 거대한 도덕적 변화가 일어나고 있음을 인지하지 못하기란 불가능하며, 자유의 원칙들은 이미 완전히 작동하고 있습니다. 위험은, 그러한 변화가 세계를 더 낫고 행복하게 만들기에는 너무나 급작스레 일어날지도 모른다는 점에 있습니다. 프랑스, 스페인, 네덜란드[역주6], 시칠리아에서 새로운 헌법이 제정되었습니다. 더 이상의 시도를 독려하기 전에 우선 그 결과를 지켜보도록 합시다… 만일 우리가 오스트리아나 사르디니아와 협조하여 행동하기 원한다면 이탈리아에서의 절제는 더더욱 필요합니다….” 이것은 급작스럽고 교조적인 변화에 대해 영국 토리당원이 갖는 불신의 표현이기도 했고, 동맹의 통제적 속성에 대해 영국 정치가가 품고 있던 신념의 표현이기도 했다.

캐슬레이가 균형상태의 영구적 표현으로 보았던 것은 전쟁으로부터 탄생한 대불동맹이었다. 그는 전쟁을 패권에 대한 방어로 보았기 때문에, 그가 동맹을 장래의 침략에 대한 방어책으로 인식한 것은 당연했다. 나폴레옹이 보편적 지배의 권리를 주장함으로써 모든 신뢰를 훼손했기 때문에 혁명전쟁의 범위가 그토록 넓어진 것이었으며, 따라서 국제관계상의 신의를 회복하는 일이 영구적 평화를 위한 선결과제였다. 1814년 그는 문제아 윌리엄 벤팅크 경에게 이렇게 썼다. “시기심을 억누를 수 없다면… 우리가 준비해야 하는 것은 군사적 협조가 아니라 우리들 내부의 전쟁입니다. 관련국들이 비단 우호관계만이 아니라 신뢰관계도 만들어내지 않는다면, 그들은 자기들이 피하고 싶어 하는 최악의 상황을 스스로 초래하게 될 것입니다."[7] 요컨대, 대륙에 대한 영국의 유일한 이해는 대륙의 안정에 있으므로, 영국은 경쟁의 중재자로 기능해야만 한다는 것이었다. 대륙 국가들의 편협한 주장들과 상대적으로 무관했던 영국은, 보편적 안정을 가져올 수 있는 해결책을 주창할 수 있었다. 그러나 영국은 이기적인 동기로 의심받지 않을 때에만 그렇게 할 수 있었다. 그런 이유 때문에 캐슬레이는 지속적으로 온건노선을, 힘의 우위가 아닌 균형상태에 의한 평화를, 보복을 목표로 삼지 말고 화합을 목표로 삼을 것을 주장했다. 동맹국 사령부가 있는 바젤Basel역주7)로 여행하면서 그는 동행했던 리폰Ripon역주8)에게 다음과 같이 말했다. "앞으로의 협상 과정에서 부딪힐 것으로 예상되는 어려움들 중 한 가지는 강대국들 사이에 *하나의 통일체*a body*로서의* 내밀한 교섭이 결여되었기 때문에 발생할 겁니다. 관련 국가들이 제한 없는 의사소통을 통해 모든 중대 현안들에 관해 내밀한 논의를 하도록 유도하면 많은 요구들이 조정될 수도 있을지도 모릅니다."[8] 대륙에 관여하는 일에 대해서라면 언제나 불신감을 가지고 있던 내각과 주기적인 논쟁을 벌이던 중에, 그는 "대륙에서 우리의 힘과 능력과 확신의 징표가 되어줄 우리의 평판은 다른 어떤 전리품보다도 더 현실적"[9]이라고 썼던 적도 있었다.

도서국가가 양보할 수 없었던 단 하나의 쟁점은 해양에서의 권리였다. 영국이 10년간의 고립을 견디고 살아남을 수 있었던 것은 제해권 덕분이었으므로, 해양에서의 권리는 실제의 중요성보다 턱없이 비중이 큰 의미를 지니게 되었다. 그러나 한 나라의 국민이 자신의 과거에 대해 내리는 해석에 관하여 그들과 언쟁을 벌일 수 있는 사람이 어디 있으랴? 그 해석은 그들이 미래를 맞이할 유일한 수단이며, 때로는 "실제로" 일어났던 일들이 일어났던 것으로 생각되는 일보다 덜 중요할 수도 있다. 봉쇄와 중립선박에 대한 수색권은 나폴레옹의 지배를 종식시키기 위한 주요한 요소로 여겨졌으며, 차르에게 파견되는 영국 사절 캐스카트Cathcart역주9)에게 캐슬레이가 다음과 같이 썼을 때 그는 단지 영국의 정책에 내포된 자명한 원칙을 언급했을 뿐이었다. "대영제국은 회합에서 쫓겨날지언정 해양의 권리를 빼앗길 수는 없으며, 만일 대륙의 국가들이 스스로의 이익이 무엇인지 안다면, 이것을 위태롭게 하지는 않을 것입니다."[10]

이때까지만 해도 대외관계에 관한 캐슬레이의 시각은 국가의 관점과 조화를 이루거나, 적어도 국가의 입맛에 맞출 수 있는 것이었다. 그러나 캐슬레이가 나폴레옹에 대항하는 동맹을 평화유지용 국제기구로 변모시키려고 했을 때, 그는 조국과 내각 뿐 아니라, 그의 동맹들로부터도 유리되었다. 사실상 프랑스의 침략에만 한정된 개입에 기초한 협력은 대륙 국가들로서는 부족한 것이었고, 영국의 국내구조에는 과한 것이었다. 대륙 국가들은 자국의 안전이 위태로웠으므로 그토록 제한적인 동맹에는 만족할 수 없었다. 캐슬레이로서는 메테르니히에게 외교정책을 예방적인 기조로 시행하지 말라고 경고한 것이 지당했다.[11] 하지만 메테르니히에게는 사태의 진전을 관망하면서 건너편에 물러나 있다가, 최대한의 이득을 거둘 수 있는 순간이 오면 개입하기 위해 건너갈 수 있는 영불해협이 없었다. 그의 안보는 최후의 전쟁이 아니라 최초의 전쟁에 달려 있었으며, 예방이 그에게는 *유일한* 정책이었다. 한편, 아무리 제한적으로 개입한다 하더라도 유럽을 다스린다는 것은 영국의 국내구조로는 지나치게 버거운 일이었다. 유럽의 회의에 상시적으로 참여하겠다는 공약은 영국을 새롭고 의문스러운 정책에 말려들게 만들 것이라고 다음과 같이 경고함으로써 국민의 입장을 대변한 사람은 캐슬레이가 아니라 캐닝이었다. "그렇게 한다면 (영국은) 대륙의 모든 정치에 깊숙이 말려들 것이다. 언제나 우리의 올바른 정책은 중대한 긴급사태가 발생했을 때만 압도적인 힘으로 개입하고, 그 외에는 개입하지 않는다는 것이었다."[12)]

이것이 바로 불간섭원칙the doctrine of non-interference이었으며, 그 이면에는 영국적 제도의 독특함에 대한 확신이 자리잡고 있었다. 불간섭 원칙은 외국 정부의 변화가 영국의 제도에 영향을 미칠 수는 없으며, 영국의 안보에 대한 위협은 본질적으로 사회적인 것이 아니라 정치적인 것이라는 확신에 기초하고 있었다. 쉘트Scheldt강[역주10)] 하구를 누가 소유하느냐는 문제는, 도전받지 않는 해협의 통제권이 달려있는 문제였기 때문에 영국에 중요했다. 반면 누가 나폴리의 왕관을 소유하느냐는 문제는—적어도 뮈라Murat[역주11)]의 퇴위 이후로는—중요한 것이 아니었다. 이러한 시각의 자연스러운 귀결은 영국사회의 정치적 신념에 기초해서 국제 문제를 해석하는 것이었다. 정부의 형태에 대한 각국의 권리는 하원의 여야로부터 공히 자명한 것으로 인정되는 이치였다. 다른 나라의 국내정치에 대한 해외로부터의 간섭은 비록 승인할 수는 없지만 압도적인 필요성이 있다면 정당화할 수는 있는 것이었다. 즉, 그러한 간섭은 참아줄 수 있는 것일망정 결코 보편적 권리로 인정될 수는 없었다. 캐슬레이의 외교정책에 제한적 조건을 부과한 것은 의회와 여론이었다. 그는 이렇게 말했다. "우리에게는 어떤 상황이 의회에 제시되었을 때, 우리의 경계심이 정당함을 증명할 수 있는 형태로 상황을 항상 유지할 필요성이 있으며, 우리는 그 필요성에 따라 행동합니다."[13] 스페인 혁명에 대한 유럽의 간섭을 제안하는 차르에게 다음과 같이 답하면서, 캐슬레이는 자기 자신은 물론 의회도 대변하고 있었다. "유럽에서 영토적 균형이 교란되는 경우라면 (영국으로서는) 효과적으로 개입할 수 있겠으나, 영국은 무조건적인 성격을 띤 그 어떤 문제에 관해서도 개입을 기대하거나 감행하기가 유럽 전체에서 가장 어려운 정부입니다… 우리는 *실제적 위험*(저자 이탤릭)이 유럽의 체제를 위협할 때 우리가 있어야 할 곳에 있을 것입니다. 그러나 영국이라는 나라는 예방이라는 추상적 원칙에 근거해서는 행동할 수도 없고, 그렇게 하지도 않을 것입니다. 현존하는 대불동맹은 당초 수립될 때 그러한 목적을 가지지 않았습니다. 의회에 그렇게 설명한 적도 없었으며, 만일 그렇게 설명했다면 의회의 승인은 얻을 수 없었을 것이 확실합니다."[14]

캐슬레이의 정책의 모든 요소가 이 서한에 들어 있다. 유럽의 균형상태는 본질적으로 정치적인 것이며, 영국은 그것을 교란하려는 어떠한 시도에도 맞서 싸울 것이라는 점, 그러나 위협은 추정적인 것이 아니라 명백한 것이어야만 한다는 점, 그리고 행동은 예방적인 것이 아니라 방어적인 것이어야만 한다는 점 등이 그것이다. 혁명은 비록 바람직하지는 않지만 실제적 위험에 해당하는 것은 아니었다. 캐슬레이는 나폴리 혁명을 분쇄하는 데 대불동맹을 사용하려는 시도에 대해 답하면서 러시아 대사 리벤Lieven역주12)에게 이렇게 말했다. "황제의 정책은 우선 영국으로서는 추구할 수 없는 허황된 소망이고, 아름다운 환상입니다…. *혁명*을 타도하자고 제안하셨지만, 이 혁명이 좀 더 분명한 모양을 갖추게 되지 않는 이상 영국은 그것과 싸울 준비가 되어 있지 않습니다. 순수하게 정치적인 다른 모든 문제에 관해서라면 영국은 언제나 여느 나라의 정부들과 같은 방식으로 검토하고 행동할 것입니다."[15]

"*순수하게* 정치적인 *다른* 모든 문제"—이것이야말로 자국 국내 기구들의 불가침성을 확신하는 도서국가가 지닌 외교정책의 원칙이었던 것이다. 정치적 요소와 사회적 요소에 대한 이러한 구분은 대륙의 정치가인 메테르니히에게는 여전히 허용되지 않았다. 그러나 그런 차이는 1812년에는 아직 분명하지 않았다. 균형상태에 대한 위협이 명백했고, 동맹의 필요성이 자명했기 때문이다. 군사독재의 가면 뒤에 감춰진 혁명은 사회적 균형상태의 이름으로든 영토적 균형상태의 이름으로든 진압되어야만 했다. 따라서 메테르니히가 도덕적 틀을 창출할 목적으로 강화를 제안함으로써 자신의 대응을 개시했던 반면, 캐슬레이가 물리적 균형상태를 성취할 목적으로 영토문제의 해결을 추진했던 것은 당연한 일일 따름이었다.

II

목표가 확정적일 때이거나, 유지해야 할 동맹, 협상해야 할 사건, 또는 해결해야 할 분쟁이 있었을 때 캐슬레이는 최상의 능력을 발휘했다. 1813년의 상황이 바로 그러하였으며, 그의 목표는 유럽의 해방과 세력균형의 회복이었다. 그러나 유럽은 나폴레옹의 패배 없이는 해방될 수 없었다. 캐슬레이에게는 이 점이 너무도 명백했기에, 메테르니히의 섬세함이 그에게는 핑계나 책임회피처럼 보였다. 해협의 안전과 십여 년의 상대적 고립 속에서 유럽을 조망하는 "솔직담백한" 정치가가, 속으로 전쟁을 준비하면서 겉으로는 평화를 말하는 정책에, 더구나 믿을 만한 외양을 갖추는 데 그 성공 여부가 달려 있는 정책에 동조하기를 기대하기란 어려운 노릇이었다. 그리하여 그는 메테르니히의 제안에 매우 날카롭게 응했다. 그의 답신은 겉으로 드러나는 것만을 현실로 인정하는 외교정책의 관념을 법률주의적으로 표현한 것이었다. 또한 그것은 메테르니히가 추진하던 정책의 성공 여부가 달려 있던, 얼버무리는 듯한 모호성을 거칠게 드러내는 것이었다. 그는 오스트리아가 프랑스의 보조적 조력자라고 주장했다. 오스트리아는 필요성 또는 정의라는 명분으로만 러시아와의 전쟁에 참여할 수 있다. 만약 필요성에 따른 것이었다면, 오스트리아는 필요의 압박에서 벗어날 때 프랑스와의 결속을 종식하고 스스로의 국익을 추구할 것이다. 만일 오스트리아가 나폴레옹의 전쟁을 정의로운 것으로 여긴다면, 그것은 사실상 영국에게 대륙봉쇄체제에 동의하도록 요구하는 것을 의미한다. 그러므로 영국으로서는 오스트리아가 독립적 태도를 보일 때까지는 강화를 위한 오스트리아의 노력에 협조할 수 없다는 것이었다.[16)]

그러나 캐슬레이는 영국이 성급히 협상에 임하도록 강요하려는 오스트리아의 노력보다 영국을 배제한 대륙의 강화를 더 두려워하였다. 균형자가 세력균형으로부터 지속적으로 배제되는 상황보다는, 불만족스러운 합의라도 타결하는 편이 어쨌든 더 바람직했다. 그러므로 캐슬레이가 가장 포괄적인 형태로 영국의 목표를 설정하여 대륙 국가들의 활기를 조장하는 한편, 자신의 스승인 피트를 찾아가 영감을 구했던 것은 적절했다고 말할 수밖에 없다. 1804년에 피트는 1813년의 캐슬레이와 별반 다르지 않은 상황을 겪었었다. 비록 위협의 본질은 아직 널리 이해되지 못하고 있었고, 개별적인 원만한 조정이 가능하리라는 환상도 지속되고 있기는 했지만, 그때도 유럽은 1813년처럼 보편적 지배의 시도에 맞서 균형상태를 회복하려고 분투하고 있었다. 메테르니히가 동요하고 있는 프로이센 측에 나폴레옹 치하의 프랑스와는 평화공존이 불가능함을 확신시키려고 애쓰고 있는 동안, 러시아의 젊은 차르 알렉산드르는 동맹 협상과 영국의 보조금 교섭을 위해 영국으로 사절을 파견하였다. 아직은 자유주의적인 단계에 있던 차르는 나폴레옹 제국을 약화시키거나 전복시키기 위한 동맹에 만족하지 못하고 있었다. 동맹은 십자군이어야 했으며, 그 목적은 보편적 평화여야만 했다.

러시아 특사가 설명하는 계획을 듣고는 침착한 피트도 적잖이 놀랐을 것이다. 알렉산드르는 주장하기를, 구 유럽은 이제 영원히 사라졌고 새로운 유럽을 창조해야 한다고 했다. 봉건주의의 최후의 잔재들을 청산하고 자유주의적인 헌법을 부여함으로써 국가들을 개혁하지 않고서는 안정을 회복할 길이 없다는 것이었다. 그는 오스만 제국조차도 구원의 대상이 될 수 있다고 보았다. 그 어떤 세력도 입헌국가의 조화를 교란하지 못하도록 만들기 위해, 알렉산드르는 여러 가지 안전조치를 덧붙였다. 국가들은 분쟁시 제3자에게 중재를 의뢰하도록 했으며, 새로운 유럽에 도전하는 국가들은 즉각 모든 나머지 국가들의 동맹을 적으로 맞이해야 했다. 그리고 영국과 러시아는 그 지리적 입지에 힘입어 합의의 보장자가 된다는 계획이었다.[17] 영토와 관련된 조치들, 특히 사르디니아에 관한 것이라든지 독일의 조직화에 관한 막연한 계획 등에 대한 언급도 있었지만, 알렉산드르는 그런 것에 큰 관심을 가졌던 것은 아니었다. 평화는 사회의 조화를 통해 확보해야 했으며, 전쟁은 전쟁을 상상할 수 없도록 만듦으로써 예방해야 했다.

그러나 피트는 입헌적 자유를 위한 십자군 운동에 뛰어들 뜻이 없었다. 차르는 영국이 해양에 관한 권리를 포기하는 것이 국제적 친선에 대한 영국의 공헌이 될 것이라고 제안했지만, 피트로서는 그럴 의사도 없었다. 한편, 그는 대불동맹이 정치철학에 관한 논쟁 속으로 빠져들기를 바라지도 않았다. 이런 양난으로부터 벗어나는 한편 차르로 하여금 자신의 사회개혁 제안을 평화회담 때까지 미루도록 유도하기 위해서, 피트는 프랑스 국력의 축소라는 영국의 우선적 목표를 구체적으로 표현하였다. 그 결과로 탄생한 것이, 1805년에 무산되었다가 1813년에 부활하여 전후 정리의 기초가 된 피트의 평화구상이다.

피트의 구상은 러시아 측의 제안을 그가 동의하는 세 가지의 기본적 목표로 축소시키는 데서 출발하였다. "첫째, 프랑스가 혁명 초기 이래 정복한 나라들을 프랑스의 지배로부터 구하고, 프랑스를 과거의 판도로 축소할 것. 둘째, 프랑스로부터 회복한 영토에 관한 조치는 그곳의 안녕과 행복을 제공하는 동시에 향후 프랑스의 침공에 대한 더욱 효과적인 장애물을 조성하는 방향으로 시행할 것. 셋째, 평화의 회복과 아울러, 여러 국가들의 상호 보호와 안보를 보장하고 유럽에 보편적인 공법적 체제를 재구축할 일반적 합의를 형성할 것."[18]

이러한 제안들은 바람직한 목표들을 추상적으로 표현한 것에 불과했다. 따라서 피트는 거기에 현실성을 덧입힐 구조를 그리기 시작했다. 영국과 러시아는 공히 영토적 야심이 없고 전체적인 조망을 가질 수 있으므로, 유럽적인 균형상태의 본질에 관해 합의하고 그것을 다른 국가들이 받아들이도록 보장하는 일은 이 두 나라가 맡아야 한다고 그는 주장했다. 또한, 프랑스의 패권은 약한 나라들이 위성국가로 전락함으로써 형성된 것인 만큼, 새로운 세력균형은 강대국들의 영향력에 대한 통제에 기초해야 한다고 보았다. 국가적 독립의 회복이 동맹의 일차적 목표이긴 했지만, 신속하게 붕괴하거나 프랑스를 추종함으로써 스스로 자립에 부적격함을 드러낸 몇몇 국가들이 존재한다는 점도 확실히 해 두었다. 이런 국가들의 영토는 강대국들이 동맹에 가입하여 프랑스를 봉쇄할 "대연합"을 형성하게끔 만들어줄 유인으로 사용될 터였다. 사멸될 표식을 받은 국가의 명단에는 제노바, 라인강 좌안의 교회영지, 북부 이탈리아의 스페인 영토 등이 포함되었다. 오스트리아와 프로이센이 가장 큰 수혜자가 되었는데, 오스트리아는 이탈리아에서, 프로이센은 독일에서 혜택을 누렸다. 오스트리아가 이탈리아의 주요 세력이 되도록 유도함으로써, 피트는 프랑스에 그토록 많은 침략의 구실을 제공해 주었던 독일 내에서의 오스트리아와 프로이센의 경쟁을 제거하기 바랬다.

그러면 유럽은 영국, 프랑스, 러시아, 오스트리아, 프로이센 등 5개국의 모임으로 조직된다. 프랑스는 프랑스의 일차적 습격을 흡수할 성채의 울타리를 가진 약소국과 이들을 지원할 각각의 강대국으로 구성된 고리로 둘러싸이게 된다. 프로이센이 지원하는 네덜란드가 북쪽을 지키고, 오스트리아가 뒷받침하는 사르디니아가 남쪽을, 오스트리아와 프로이센의 동맹이 중부 유럽을 보호하도록 되어 있었다. 이러한 조치 전반은 모든 주요국들이 영토적 조정을 보장하는 일반적 조약과, 사실상 그 보장을 재보장하는 러시아와 영국 사이의 별도 조약을 통해 보호될 터였다.

그 몇 안 되는 성긴 지면 위에 기록된 지루한 언어 속에 영국적 개입의 본질에 관한 상징이 담겨 있었다. 전쟁은 원칙을 위한 것이 아니라 안보를 위한 것이어야 했으며, 혁명에 대항하는 것이 아니라 보편적 지배에 대항하는 것이어야 했다. 그 목표는 프랑스의 축소와 중부지역 국가들의 강화를 통한 안정적 세력균형이었다. 그것은 균형상태의 표현인 *영토적* 보장과, 국제적 친선의 상징인 "사심 없는unselfish" 국가들의 특별한 보장으로 지켜져야 했다. 영국은 단 두 가지 점에서만 완강하게 굴었는데, 첫째는 의미심장하게도 피트의 평화안이 언급하지 않았던 해양의 권리였고, 두 번째는 네덜란드가 강대국의 통제로부터 자유로워야 한다는 점이었다.

이 계획의 실용주의는 강점이기도 했고 약점이기도 했다. 그것은 영국이 다른 어느 국가들보다 앞서 자국의 주요 목표를 확보하는 데 전념할 수 있게 해 주었다. 그러나 동시에 거기에는 국가 간의 관계에 어떠한 변화도 허용하지 않는 기계적 국제관계의 관념이 내포되어 있었다. 목표로 삼은 균형상태는 공격적인 프랑스의 위협이라는 방어적 개념에 기초하고 있었다. 이 위협이 보편적으로 인정되는 한 세력균형을 정당화하기에 충분했다. 그러나 새로운 문제가 발생하고 다른 위협이 나타나면 균형상태의 본질도 다시 정의해야만 했다. 이처럼 새롭게 정의하는 과정에서는 종전의 만장일치는 좀처럼 재현하기 어려울 터였다. 위협은 변혁적 시기에만 보편적인 범위를 지니며, 그 때에만 방어적 동맹을 일반화시켜 줄 수 있기 때문이다. 만일 공동의 위험에 관한 기억 이외의 그 어느 것도 동맹을 결속시키지 못한다면, 평화의 안정성 자체가 전시 동맹을 와해시키는 원인이 될 것이다.

그러나 이런 일은 아직 먼 곳에 있었다. 나폴레옹의 군대가 패배하고 영국의 고립이 끝날 것처럼 보이자, 캐슬레이는 캐스카트에게 다음과 같은 내용의 편지를 보내어 피트의 구상을 부활시켰다. "아마도 유럽을 정치적으로 정리하는 방안을 지금처럼 이른 시점에 결정하기는 매우 어려울 겁니다… 프랑스를 유지하기 위해 우리에게 대연합이 필요하다든지, 프로이센과 러시아와 오스트리아가… 예전보다 강해져야 한다든지, 군소국들에게 우리를 지원하거나 그렇지 않으면 저항을 포기한 대가를 치르도록 요구해야 한다는 것이 우리가 합의한 주요 내용입니다… 설득을 돕기 위한 개요로서, 1805년의 연합이 기초하고 있던 근거를 적어 보냅니다. 러시아 황제는 아마도 본부에 이토록 흥미로운 문서를 가지고 있지 못할 것입니다. (…본인은 피트 총리가 *그것을 쓰기 이전에* [캐슬레이의 이탤릭], 그 세부 내용에 관해 피트 총리와 한 차례 이상의 대화를 가졌던 것을 또렷이 기억하고 있습니다.) 그 중 몇 가지 제안은 이제 적용하기 어렵게 되었지만, 그 대강의 내용은 유럽의 회복을 위한 훌륭한 구상을 담고 있으므로, 귀공께서 이를 명확한 제언으로 요약해서 그 내용에 관한 황제의 생각을 타진해 주실수 있다면 기쁘겠습니다."[19] 이런 식으로, 피트의 구상은 캐슬레이의 정책적 청사진이 되었다. 그는 그 목표를 성공적으로 성취하여, 1815년에는 비엔나 합의를 정당화하는 수단으로 하원에 피트 구상을 설명할 수 있었다.

그러나 1813년 4월은 아직 시기상조였다. 평화가 다가올지 전쟁이 다가올지, 또 전쟁이라면 어떤 종류의 전쟁이 될지 아직은 분명치 않았기 때문이다. 동맹은 아직 형성되지 않았고, 나폴레옹의 새로운 군대는 아직 시험을 거치지 않은 상태였다. 오스트리아는 아직도 복잡한 조치들에 몰두하면서 중재를 논하고 있었고, 캐슬레이는 거의 인내심을 유지하지 못할 지경에 도달하고 있었다. 제 아무리 대불동맹의 위대한 수호자라 해도 동맹이 결성되기 전까지는 활동할 수가 없었다. 바로 이 과제에 메테르니히가 몰두하고 있었고, 다른 이들은 모두 그가 그 일을 마칠 때까지 기다려야만 했다.

주

1) Castlereagh, Viscount, *Correspondence, Dispatches and Other Papers,* 12 Vols. Edited by the Marquess of Londonderry. (London, 1848-52). Vol. VIII, p. 355. Henceforward referred to as C.C.
2) Webster, Sir Charles, *The Foreign Policy of Caslereagh,* 2 Vols. (London, 1931 and 1925). Vol. II, p. 554 (Appendix).
3) 더 상세한 설명은 제 11장과 제 14장을 보라.
4) Hansard (Commons), 20 March, 1815.
5) 예를 들어, 프랑스 국왕에 대한 그의 조언에 관해서는 Webster II, P. 504 (Appendix)를 참조하고, 스페인 국왕에 대한 조언에 관해서는 C.C.x,p. 26을 보라.
6) C.C. IX, p. 434.
7) C.C. IX, p. 431, 1814년 4월 3일.
8) C.C. I, p. 128.
9) C.C., IX, p.474, 1814년 4월 19일.
10) C.C. IX, p. 39, 1813년 7월 14일.
11) Webster, II, p. 106.
12) C.C. XII, p. 56, 1818년 10월 20일.
13) C.C. XII, p. 90, 7 December, 1813.
14) Webster, II, p. 240.
15) Webster, II, p. 283.
16) C.C. VIII, p. 276f. 이 답신은 쿡(Cooke)이 기초한 것이나, 의심할 바 없이 캐슬레이의 논점을 반영하고 있다.
17) Webster, I, p. 54f.
18) Text in Webster, Sir Charles, British Diplomacy, 1813-15, (London, 1921), p. 389f. Henceforward referred to as B.D.
19) C.C. VIII, p. 356, 8 April, 1813.

역주1) 1783년에 24세의 나이로 영국의 총리가 되었던 소(小)피트(William Pitt the Younger 1759-1806). 1801년에 총리직을 사임했다가 1804년에 재차 총리직을 맡았던 그는 대륙에서 프랑스를 봉쇄하는 동맹정책을 추구했다. 캐슬레이는 피트 총리의 열렬한 지지자였다.
역주2) 1807-1809, 1822-1827간 영국의 외교장관을 역임한 조지 캐닝(George Canning 1770-1827). 그는 1809년 당시 육군부 장관이던 캐슬레이와 대륙에서의 병력배치 문제를 두고 심하게 논쟁을 벌였으며, 결국 캐슬레이와 결투를 벌여 허벅지에 총상을 입기도 하였다. 1827년에는 잠시 총리직을 맡았다.

역주3) 1812-1827간 영국 최장기 총리직을 역임한 제2대 리버풀 백작 로버트 뱅크스 젠킨슨(Robert Banks Jenkinson 1770-1828).

역주4) 오스만 제국의 해체를 초래하는 단초가 된, 그리스 독립전쟁을 둘러싼 '동방 문제'를 의미한다.

역주5) 영국의 군인이자 정치가인 벤팅크 경(Lord William Henry Cavendish-Bentinck 1774-1839)은 부르봉 왕가가 지배하던 시칠리아에 대한 영국의 간섭을 주장하였으며, 수년 간 유지된 시칠리아 헌법 제정에 기여했다. 1828-1835에는 인도 총독으로 근무했다.

역주6) 키신저는 네덜란드를 홀란드(Holland)로 표기했지만, 역자는 현재의 명칭과 같이 네덜란드로 번역하였다. 과거 홀란드는 지금의 네덜란드의 서부지역을 일컫는 명칭이었으나, 경우에 따라서는 네덜란드 전역을 가리키는 의미로 사용되기도 하였다. 네덜란드 왕국이 출범한 것은 1815년이었다.

역주7) 스위스의 북서쪽 라인 강변에 위치한 도시로, 독일과 프랑스의 국경과 접해 있으며, 오늘날은 화학과 제약 산업의 중심 도시다.

역주8) 후일 1827-1828년간 영국 총리를 역임한 영국 정치가 리폰 백작(Earl of Ripon) 프레드릭 존 로빈슨(Frederick John Robinson 1782-1859).

역주9) 스코틀랜드 출신의 영국 외교관이자 정치가인 백작 윌리엄 쇼 캐스카트(William Schaw Cathcart 1755-1843).

역주10) 네덜란드의 남서부, 벨기에 북부, 프랑스 북부를 거쳐 영국해협 쪽으로 흘러드는 350km 길이의 강이다.

역주11) 나폴레옹의 여동생 카롤린(Caroline Bonaparte)의 남편이자, 1808년부타 1815까지 나폴리 왕이었던 프랑스 장군 조아셍 뮈라(Joachim Murat 1767-1815).

역주12) 1812년부터 22년간 주 영국 대사를 역임한 러시아 외교관 흐리스토포르 안드레비치 리벤(Христофор Андреевич Ливен 1774-1839).

| 제4장 |

메테르니히와 정치적 균형상태의 정의

메테르니히의 중재 정책—오스트리아의 전술에 대한 그의 정의—크네제베크 보고서—런던 및 대불동맹 사령부에 파견된 사절에게 내린 메테르니히의 훈령—알렉산드르와의 협상—정치적 균형상태에 관한 메테르니히의 관념—슈바르첸베르크 훈령—전쟁의 원인과 평화의 성격

I

메테르니히는 이렇게 쓴 적이 있다. "(정책이란) 일단 막이 올라가면 불가피하게 전개되어야 하는 여러 막acts의 연극과 같다. 일단 막이 오르고 나서 연극을 공연하지 않겠다고 선언하는 것은 말도 안 되는 짓이다. 배우들에 의해서건, 무대를 점거한 관객들에 의해서건 연극은 계속될 것이다… 그러나 지성적인 사람들이라면 결코 이런 상황을 본질적인 문제로 여기지 않을 것이다. 그들에게 본질적인 문제는 당초에 막을 올릴 것인지, 또는 관객들을 모을 것인지에 대한 결정이라든지, 연극 자체의 품질과 같은 데 있다."[1] 1812년 말경 막은 올라갔지만, 거기에 드러난 무대는 아직 어지러웠고, 조심스러운 연출가는 자신이 좋아하는 형태가 만들어질

때까지 무대장치들을 거의 알아차릴 수 없을 만큼씩만 움직이고 있었다. 게다가 그 연출가는 당장은 자신이 의도하는 무대배치의 진면목을 드러낼 의사가 없었기 때문에, 서두르라는 모든 외압에 대해 때로는 통명스럽게 저항하고 있었다.

메테르니히가 나폴레옹에게 *전면적* 강화를 자신이 주선하겠다고 제안했을 때, 그는 자신이 돌이킬 수 없는 정책에 착수하고 있다는 사실을 인식하고 있었다. 만일 메테르니히가 부담스러운 프랑스와의 동맹으로부터 벗어나기만을 원했다면, 그는 러시아와의 단독 강화를 위한 조력을 제공하고 그것이 실패했을 때는 중립으로 물러설 수도 있었다. 그러나 *전면적* 강화를 추구함으로써 그는 가장 직접적인 방식으로 오스트리아 제국의 이익을 끌어들였다. 만일 메테르니히가 계획하고 있던 제안을 나폴레옹이 받아들이지 않는다면 나폴레옹의 적의 대열에 서는 것 이외의 대안은 없었다. 왜냐하면 그 제안의 조건은 정의상, 오스트리아가 스스로의 안전과 양립할 수 있다고 판단하는 유일한 유럽의 외형이기 때문이었다. 나폴레옹을 잘 안다고 자부하던 메테르니히로서는, 조건이 인색했기 때문이라기보다는 조건은 어디까지나 조건이기 때문에, 나폴레옹이 수락할 리가 거의 없으리라고 예상했을 것이다.

메테르니히는 프랑스와의 동맹의 이름으로 외교 활동을 전개했지만, 종국에 가서는 대불동맹 내에서 오스트리아의 도덕적, 군사적 주도권은 이론의 여지가 없는 기정 사실이 되었다. 그러므로 그러한 외교 활동을 개시하는 단계가 중요하다는 데는 의심의 여지가 없었다. 이러한 외교적 행동의 성공은 성실해 보이는 데 달려 있었기 때문에, 오스트리아의 동기에 관해 의심을 살 수 있는 그 어떤 행동도 회피해야만 했다. 정책을 명백히 밝혀달라는 러시아의 요청은 회피하거나 묵살했고, 캐스카트 경이 오스트리아의 참전을 종용하는 사절을 파견했을 때, 메테르니히는 자신은 캐스카트 경이라는 인물을 모르며, 준비가 되면 자신이 런던에서 영국과 협의를 할 것이라고 답변했다. 또한, 오스트리아의 협상 입지는 독립적으로 보이는 데 의존하고 있었기 때문에 메테르니히는 행동의 자유를 일차적 목표로 삼았다. 1813년 1월초에 메테르니히는 다음과 같이 썼다. "모든 관심사항 중 최우선은 독립이다. 서로 다투는 두 나라 중 어느 측이건 군사력을 소진하지 않고 큰 승리를 거두게 된다면 오스트리아는 다시금 좌절할 수밖에 없는 상황이 초래될 것이다… (그러나) 1813년 초의 오스트리아는 다른 두 왕실의 전력이 소모된 결과 강력하다… 우리가 프랑스에 대한 우리의 모든 조치에 독립의 기운을 각인시켜 프랑스가 날이 갈수록 더 긍정적인 느낌을 갖도록 만든 것은 바로 그런 이유에서 였다."[2)]

그러나 그 독립은 수단의 간접성이나, 표현의 어조, 나폴레옹의 요청에 따르기를 주저하는 태도 등에서 드러나듯이 역설적인 성격의 독립이었다. 그것은 예속의 명분으로 성취되기 때문에 한결 더 효과적인 독립이었다. 그것은 나폴레옹에게 파견된 오스트리아의 사절 부브나Bubna[역주1)]에게 지시된 훈령의 형태로 최초로 표현되었다.[3)] 부브나는 표면상으로는 프랑스와의 동맹을 새로운 상황에 적응시킨다는 명목으로, 그러나 실제로는 나폴레옹의 의도를 염탐하고 프랑스로부터 제기될 수 있는 부담스러운 제안을 사전에 탐지할 목적으로 파견되었다. 그가 나폴레옹에게 전달하도록 지시받은 내용은, 오스트리아의 중재 문제를 재차 제기하면서, 그 문제를 오스트리아 군사력의 중핵을 이루는 오스트리아 보충부대의 처리와 연계하는 것이었다. 그 훈령은 나폴레옹의 패배에 관해, 메테르니히가 자주 그러듯이, 여러 가지로 해석될 수 있는 모호한 언급을 하는 것으로 시작한다. 그 도입부는, 러시아가 끊임없이 일련의 실수를 저질렀고 군사적 재능이 전무함에도 불구하고 승자로 부상했으며, 러시아의 승리는 이루 가늠하기 어려울 만큼 큰 의미를 지닌 것이었다는 내용이었다. 그리고 메테르니히는 다음과 같이 모호한 주장을 이어갔다. "유럽 사람들은 지난 20년간 군사력을 판별하는 법을 배워 왔습니다. 최근의 사건들이 초래할 결과에 대해 그들을 속인다는 것은 불가능합니다." 나폴레옹에게 많은 의무를 지고 있으며, 자국민에게는 더 큰 의무를 지고 있기도 한 오스트리아가 중재하는 강화가 유일한 해결책이라는 것이었다. 그러나 전쟁이 계속된다면, 오스트리아 보충부대는 갈리시아로 철수하여 그곳의 감시부대corps of observation와 합류하는 것이 *공동의 명분*common cause(저자 이탤릭)에 가장 잘 부합할 것이 확실하다고 메테르니히는 주장했다. 그 감시부대는 메테르니히가 1812년 러시아의 "위협"에 대비한다는 명목으로 허락을 얻어 조직한 부대이기 때문이었다.[4] 메테르니히는 그렇게 독립을 위한 도덕적 여건을 조성하는 한편, 그것을 보다 효과적으로 만들 자원을 조심스럽게 결집했다. 너무 열렬히 포옹하다 보면 뭔가가 으깨져 버릴 수도 있는 법이라는 사실을, 나폴레옹은 배우게 될 터였다.

그 뒤로는 마치 일본의 전통극처럼 양식화되고 복잡한 법도에 따른 경연이 벌어졌다. 왜냐 하면, 양측 다 외양은 그대로 둔 채 선택의 여지를 유지하기 위해 쟁점의 진정한 본질을 흐리는 데 열중했기 때문이다. 나폴레옹은 자신의 군대를 재조직하고 오스트리아를 끌어들여 프랑스군이 붕괴하면서 생긴 공백을 대신 메우도록 꼬드기거나 위협하려고 했다. 한편 메테르니히는 잠재적 동맹국들의 결의를 시험할 시간을 벌고, 그들의 역량이 부족한 것으로 드러나는 경우 은밀히 퇴로를 만들기 위해, 그리고 오스트리아를 최초의 공격에 노출시키지 않으면서 나폴레옹에 대항할 수 있는 힘을 기르려고 했다. 그것은 공격을 가할 때는 최고의 예의를 갖추고, 공격을 받을 때는 겉보기와 실제 사이에 아무런 불일치가 존재하지 않는다는 듯이 받아들여야만 하는 지구력의 시험이었다. 또한 그것은 가시방석 같은 괴로움을 우아한 미소로 넘기고, 모호한 상황은 세상살이에 무슨 큰 지장이 있겠냐는 듯한 태도로 무시해야 하는 인내력의 시험이기도 했다. 무릇 타협이란 힘의 한계를 인정하는 일이기 때문에, 명령을 내리는 데 익숙한 사람은 타협을 배우기란 거의 불가능하다고 느끼기 마련이다. 그러나 유럽의 중앙에 위치한 국가는 타협이 관계의 통상적인 양식인 세상에서가 아니고서는 안보를 확보할 도리가 없었다. 나폴레옹에게는 자신의 전능함을 지속하는 데 모든 것이 달려 있었고, 메테르니히에게는 프랑스의 힘의 한계를 드러내는 데 모든 것이 달려 있었다.

이런 상황으로 인해, 회견은 기묘하고 결론이 나지 않는 대화가 되었다. 양측 다 자신들의 입장이 의미하는 바를 완전히 밝히기는 주저했기 때문이다. 나폴레옹은 12월 31일 부브나와의 첫 면담에서, 프랑스의 자원이 우위에 있으며, 자신은 러시아를 재차 공격할 의지가 있다고 강조하면서, 오스트리아가 보충부대를 두 배로 증원할 것을 요구했다. 비엔나 주재 프랑스 대사가 이와 비슷한 제안을 제시해 오자, 1월 3일 메테르니히는 그토록 "비정치적인" 전쟁을 지속하는 것은 그 군주체제의 도덕적 쇠락을 보여주는 일일 것이라고 대답하였다. 그리고 그는 불길하게 덧붙여 말하기를, 오스트리아로서는 프랑스의 자원을 정확히 평가하는 일에 너무나 많은 것이 걸려 있기 때문에 그 *실상*을 오판할 수가 없으며, 오스트리아는 징집병들의 집단과 군대를 구분할 줄 안다고 했다.[5] 프랑스 외교장관 바사노 공작은 메테르니히가 프랑스의 진정한 힘을 평가하지 못하는 실수를 범하고 있으며, 파리에 주재하는 좀 더 노련한 오스트리아의 관찰자가 조만간 나폴레옹의 막대한 힘을 그에게 깨우쳐줄 것이라고 주장했다. 12월 9일자 서한[6]에서 오스트리아의 선의에 의해 5천만 인구의 동요가 억제되고 있다고 쓴 메테르니히의 위협이 주목받지 못한 것은 아니었으나, 바사노 공작은 오스트리아와 프랑스간의 전쟁은 정치적인 전쟁이 아니라 생존을 위한 전쟁이 될 것이라고 경고했다.[7] 그러나 이러한 사실을 너무나도 잘 알고 있던 메테르니히는 경고에 대한 맞대응으로 말싸움을 벌일 생각은 없었으며, 힘을 시험하는 일에는 더더욱 관심이 없었다. 오스트리아는 러시아로부터 쇄도해 올 대군에 대항해서 프랑스의 동맹인 자국의 영토를 방어하려고 애쓰고 있을 뿐이거늘, 어째서 오스트리아가 자국의 자원을 프랑스의 자원과 비교한다는 당치 않은 혐의를 받을 수 있겠느냐고, 그는 상대를 달래듯이 말했다. 메테르니히가 마치 자신의 권한을 행사하기라도 하려는 듯이 완곡하지만 끈질기게 주장한 결론은, 5천만 인구의 동요를 막고 있는 오스트리아는 프랑스로부터 불신이 아니라 성원을 받을 자격이 있다는 것이었다.[8] 한편, 1월 7일 나폴레옹은 오스트리아 황제에게 또다시 과장스런 편지를 보내어 자신이 보유한 자원을 나열하면서, 오스트리아의 보충부대를 배가倍加할 것과 프랑스가 제공하는 보조금의 대가로 프랑스군이 오스트리아 영토를 통과할 권리를 달라고 요구했다.

이제 모든 것은, 의도적으로 기간요원 위주로 충원되어 앞으로 무력을 동원하는 열쇠가 될 오스트리아 보충부대의 운명에 달려 있었다. 오스트리아의 정책이 일차적인 목표로 삼았던 정치적 유동성은 확보되었다. 나폴레옹이 12월 31일 부브나와의 면담에서 오스트리아의 강화 노력을 수락할 의사가 있음을 확인해 주면서, 보충부대의 증원을 통해 그런 노력을 뒷받침하라고 촉구하였기 때문이다.[9] 이로써, 나폴레옹은 자신이 얼마나 큰 오해를 하고 있는지를 드러내고 말았다. 그는 오스트리아의 주저하는 태도를 비겁한 탓으로 돌렸고, 오스트리아에 힘에 대한 자각을 불어넣어 줌으로써 자신이 오스트리아의 두려움이라고 여겼던 무언가를 극복하려고 했다. 하지만 메테르니히는 필요하다면 나폴레옹에게 공공연히 반항할 능력을 갖기 위해서 힘을 추구하고 있었던 것이다. 나폴레옹은 보충부대를 자신의 군대를 재조직하기 위해 앞세울 방패막이로 보았던 반면, 메테르니히는 그것을 오스트리아 독립의 핵심으로 간주했다. 시골에 불과한 코르시카 출신으로서 벼락출세한 나폴레옹은 의무와 사적인 관계를 동일시했기 때문에, 그로서는 장인이 자기 사위와 전쟁을 벌인다는 것을 상상할 수 없었다. 반면에, 합스부르크 왕가는 500년간의 통치기간을 거치면서 역사는 개인을 초월한다는 사실을 배웠으며, 단지 왕실의 영속을 보장할 수 있는 방법만을 염두에 두고 있었다.

보충부대의 사령관이었던 슈바르첸베르크Schwarzenberg역주2)는 러시아 측 사령관과 직접 협상할 수 있는 권한을 승인받았고, 그는 자신의 그러한 권한을 활용하여 중국의 장군조차 자랑스럽게 여겼을 법하게 복잡한 "이론적" 전투를 준비했다. 그는 러시아군 사령관에게 오스트리아 부대의 남측으로부터 북측으로 작전을 전환할 것을 촉구하면서, 측면공격을 통해 갈리시아로 후퇴할 수밖에 없도록 만드는 방안을 시사했다.[10] 메테르니히는 이러한 책략을 승인했고, 결국 보충부대에 크라코프Cracow역주3)로 후퇴할 것을 명령했다. 1월 30일 슈바르첸베르크는 무기한의 휴전협정에 서명할

권한을 부여받았다.[11)]

이런 방법으로 보충부대를 보호하면서, 오스트리아는 극도로 섬세한 궁정외교의 책략을 통해 행동의 자유를 다시 확보했던 것이다. 메테르니히가 기안하고 프란츠 황제의 명의로 쓴 두 통의 서한이 나폴레옹에게 발송되었는데, 첫 번째 서한은 나폴레옹의 1월 7일자 요구에 대한 답신이었고, 두 번째는 비스툴라Vistula 강역주4)으로부터 슈바르첸베르크의 후퇴를 선언하는 서한이었다. 1월 23일자로 된 첫 번째 서한은, 이때쯤 와서는 거의 의무적으로 언급할 내용처럼 느껴지게 된 오스트리아의 우의를 다시 한 번 주장하는 것으로 시작하여, 프랑스의 실패에 관해 상세히 언급함으로써 오스트리아가 상대적으로 강력함을 암시하였다. "본인은 그간 본인이 그토록 여러 차례 표한 우의에 비추어 받아 마땅하다고 느끼는… 신뢰를 폐하로부터 받지 못하고 있다는 사실을 비통하게 느낍니다… 본인은 자신을 속이려 들지 않으려니와, 다시 말하자면, 그 어느 인간의 힘으로도 어쩌지 못하였을 상황에서 비롯된 불운을 적들의 군사적 공로라고 여기지 않습니다… 본인은 프랑스의 군사적 능력을 추호도 의심하지 않습니다. 오히려 본인은 바로 거기에… 평화의 희망을 걸고 있는 것입니다."[12)] 이처럼 비꼬는 듯한 구절로써 메테르니히는 프랑스의 힘을 나열하면서, 그로부터 나폴레옹의 의도와는 정반대인 결론을 도출하여 강화를 위한 또 하나의 논거로 삼았다.

이 서한은 오스트리아가 사실상 나폴레옹의 기대를 초과 달성했다는 내용으로 이어진다. 6만 명이 아닌 10만 명이 동원될 터였는데, "이들은 적의 측면에 배치되어 러시아를 위협하는 동시에, 영국조차도 조심해야겠다는 생각을 갖도록 만들 것입니다." 오로지 평화에 대한 희망만이 오스트리아 국민으로 하여금 병력을 증원하는 데 필요한 희생을 감수하도록 유도할 수 있었다는 점에서, 이러한 호언장담조차 평화를 위한 주장에 보탬이 되었다. 그러므로 이 서한은 도피수단인 동시에 올가미였던 셈이다. 이 서한은 공동노력이라는 명분으로 나폴레옹이 요구하는 모든 사항들을 배격하면서, 그러한 회피 자체를 통해 나폴레옹이 오스트리아의 중재에 좀 더 깊이 관여하게끔 만드는 수단이었던 것이다. 메테르니히가 장래를 위해 굳이 말로 설명하지 않고 남겨둔 추론은, 새롭게 형성된 오스트리아의 힘이, 이를테면 그 정의상, 오스트리아 정부의 관점에서 문제의 해결을 방해하는 것으로 보이는 세력에 대항해서 사용될 것이라는 점이었다.

1월 24일자의 두 번째 서한은 오스트리아 측 입장의 핵심을 담고 있었다. 그토록 너그럽게 마련한 10만의 군사력이 프랑스를 위해서가 아니라 오스트리아의 방어에 집중될 것이라는 점을 분명히 했기 때문이다. 그 어투는 공손한 것이었지만, 이제 폴란드를 횡단하는 길이 열렸다는 사실을 감출 수는 없었다. *자신이야말로* 궁정외교의 대가라는 메테르니히의 확신이 점점 강해지는 것을 증명하듯, 이 서한은 냉소적으로 프랑스 대육군—그렇게 불리는 군대라고, 메테르니히가 동봉한 서한에서 악의적으로 묘사했던—

사령부가 철수한 탓에 슈바르첸베르크가 연락을 취할 수 없었다고 설명했다. "폐하의 대리인이 자신의 사령부를 떠나버린, 그런 중대한 비상사태 하에서 본인은 본인의 보충부대의 안전을 위해 직접적인 조치를 취하지 않을 도리가 없었습니다… 본인은 본인의 명령이 폐하의 의도와도 합치된다는 점을 믿어 의심치 않습니다."[13] 부브나의 보고에 따르면, 부브나가 이 구절을 나폴레옹에게 읽어주었을 때, 나폴레옹은 격심한 감정의 기복을 드러냈다고 하나, 그것은 분노가 아니라, 기대치 못했던 사태의 전개와 나폴레옹이 그제야 비로소 완전히 알아차리게 된 상황의 심각성에 대한 당혹감이었다.[14] 오스트리아 부대의 철수와 메테르니히의 무례한 서한은 단순히 독립적 행동을 넘어서는 것이었으며, 나폴레옹의 무력함을 입증하는 것이었다. 나폴레옹으로서는 예전 같았으면 전쟁의 선포로 응수했음직한 조치들을 처음으로 그냥 받아들일 수밖에 없었다.

프로이센의 변절과 오스트리아의 변절의 차이는 이 시기에 존재하던 쟁점의 특징을 보여주는 징후들이었다. 프로이센 보충부대의 사령관이었던 요르크Yorck가[역주5] 타우로겐Tauroggen[역주6]에서 체결한 휴전협정은 국가의 독립과 대외적 종속으로부터의 자유를 상징하게 되었다. 예나와 아우어슈테트의 승자였던 나폴레옹을 기억하던 프로이센 국왕은 즉각적으로 이 협정의 승인을 거부했다. 오스트리아 부대의 철수는 국가의 행위로서 이루어졌으며, 나폴레옹에게도 그렇게 통보되었다. 프로이센은 기존의 조약을 위반하면서 나폴레옹과 결별하였지만, 오스트리아는 기존의 조약들의 이름으로 행동의 자유를 확보한 것이었다. 애국적 열정에 기초한 정책이냐 아니면 궁정외교 정책이냐, 인민들 간의 전쟁이냐 아니면 국가 간의 전쟁이냐 하는 선택지가 1813년에 존재하던 대안들이었다. 메테르니히는 오스트리아가 어떤 대안을 선택해야 할지에 관해 추호도 의심치 않았으며, 그것을 위한 틀을 만들어 내는 것이 그의 다음 목표였다.

II

만일 캐슬레이가 메테르니히의 활동 전모를 알았더라면 그는 프랑스와의 단독 강화 가능성에 대해서 그토록 우려하지는 않았을 것이다. 메테르니히는 일단 행동의 자유를 다시 확보한 후에는 상황을 유동적으로 유지하는 한편, 다른 국가들을 끌어들이고 나폴레옹을 무력화하는 데 전력을 기울였다. 메테르니히는 자신의 행동으로 인해 오스트리아로서는 프랑스의 완전한 승리를 또 다시 허용할 수 없게끔 되어버렸다는 점을 인식하고 있었기 때문이다. 힘을 거세당한 나폴레옹이라면 달리 선택의 여지가 없기 때문에 오스트리아의 자주적 의지를 도리 없이 수락할지도 몰랐다. 하지만 정복자 나폴레옹이라면 이런 식으로 상대를 무력화하는 우의나 고립을 초래하는 중재를 용납할 가능성이 적었다.

사실상 오스트리아 부대의 철수는 이중의 목적을 가진 것이었다. 철수를 통하여 제국의 병력을 집중시킬 수 있었으며, 폴란드를 가로지르는 길을 열어 러시아의 결의를 시험해볼 수도 있게 되었던 것이다. 메테르니히는 쿠투소프Kutusoff역주7)를 비롯한 러시아군의 주요 지휘관들이 프랑스군에 대한 추격을 러시아 국경에서 멈추고 싶어 한다는 점을 잘 알고 있었다. 일단 러시아군이 비스툴라 강을 건너 진격하기 시작하자 그런 걱정은 사라졌으나, 러시아군의 작전은 부분적으로는 프로이센의 지원에 의존하고 있었다. 그 전해의 패배 이후로 러시아는 외부의 지원 없이 중부 유럽으로 진격을 이어나갈 능력이 없었기 때문이다. 메테르니히는 프로이센을 전쟁에 끌어들이는 한편 러시아로 하여금 국경을 넘어서는 군사작전을 감행토록 만들고자 애썼다.

메테르니히는 자신이 새롭게 획득한 "기동력"을 활용하여 일련의 사태가 오스트리아의 국경을 침범하지 않도록 하면서, 러시아가 목표를 좀 더 확고하게 결정할 때까지 초연하게 행동했다. 메테르니히로서는 러시아의 성공을 그 우유부단함 못지않게 두려워할 이유가 있었기 때문이다. 메테르니히는 "특별한 상황"—아마도 추측컨대 오스트리아 비밀경찰이 즐겨 사용하던 방식인 "노상강도"의 공격—을 통해서 폴란드 애국자 차르토리스키Czartorisky역주8)가 작성한 문서를 수중에 넣었다. 이 문서는 폴란드의 모든 지방이 결집하여 오로지 군주 개인을 통해서만 러시아와 연결된 폴란드 왕국을 수립하자고 촉구하고 있었다.[15] 그러나 예전에 나폴레옹이 폴란드 민족주의의 상징으로 바르샤바 공국을 수립하는 데 저항했던 메테르니히로서는, 나폴레옹의 패배가 결과적으로 폴란드 민족주의를 충족시켜주도록 만들어줄 마음도 없었다. 그가 이 문제를 다루기 위해 선택한 방식은 그의 책략의 풍성함 못지않게 그의 전술의 교활함을 잘 드러내 주는 것이었다. 그는 자신이 확보한 문서를 나폴레옹에게 전달했던 것이다. 이렇게 함으로써, 그는 오스트리아 언론에서보다 프랑스 언론에서 공론화되는 것이 더 안전한 쟁점을 활용하여 자신의 충성심의 증거를 확보하는 동시에, 러시아와의 단독 강화에 대한 어떠한 희망도 허황된 것이라는 점을 나폴레옹에게 보여준 셈이었다.[16] 러시아로서는 결정적인 승리를 성취하지 못하는 한, 나폴레옹이 개인적으로 건립한 바르샤바 공국의 전복을 꾀할 수 있는 처지가 아니었다. 그 후로 2년간 간단없이 지속되어 유럽을 또 한 차례 전쟁 속으로 몰아넣을 뻔했던 폴란드 쟁탈전은 이렇게 시작되었다.

하지만 폴란드의 처리를 둘러싼 논란은 아직은 시기상조였다. 프로이센은 아직 자국의 의도를 명백히 밝히지 않았고, 러시아는 지원을 받지 않고는 멀리 진격할 수 없었다. 이러한 순간에 프로이센은 협상가인 크네제베크Knesebeck역주9)를 비엔나로 파견하여 동맹을 제안하고 조언을 구해 왔다.

프로이센은 절망적인 양난에 처해 있었다. 1806년의 패배로 인해 이등 국가의 처지로 전락해 있었고, 영토도 예전의 3분의 1에 불과한 상태였다. 게다가 러시아와의 전쟁에서 프로이센이 보여준 역할은 프로이센이 나폴레옹에게 예속되어 있다는 사실을 두 드러져 보이게끔 만들었다. 프로이센은 프랑스군의 보급기지로 봉사했으며, 프로이센군은 프랑스 육군원수의 지휘 아래 싸웠다. 이제 러시아군이 서쪽으로 진격해 오자, 과거 프리드리히 대왕이 굳은 의지에 바탕을 둔 행동으로 주요국의 지위로 격상시켰던 프로이센에게도 폴란드와 동일한 운명이 닥쳐올 것처럼 보였다. 사국이 무력하다는 인식에 바탕을 두고 사태의 진전을 바라보던 프로이센 내각은, 프랑스의 새로운 승승장구든, 러시아의 대승大勝이든, 대중의 열광이든, 또는 오스트리아의 중립화든, 어떠한 상황이 벌어지더라도 거기에는 위험이 내재되어 있음을 깨닫고 마비되어 버렸다. 그들은 자신들이 두려워하는 대상은 알고 있었지만, 자신들이 세운 목표의 성격이나 자국이 가진 힘의 범위는 알지 못했다. 그런데 러시아의 진격으로 문제가 더 커진 것이었다. 러시아의 사절들은 승리를 거두면 동프로이센을 병합하겠다고 위협하면서 나폴레옹에 대한 선전포고를 요구했으며, 그런 와중에 민족주의 열기가 온 나라를 휩쓸어 프로이센 전직 장관이었던 슈타인Stein역주10)은 국왕에게 반기를 든 동프로이센 지역을 규합하고 있었다. 절멸을 향한 전쟁이나 국가의 해체가 프로이센에 주어진 유일한 대안인 것처럼 보였다. 크네제베크의 임무는 러시아와 프랑스라는 거대한 두 주변 국가에 둘러싸인 프로이센을 유럽에 홀로 버려두지 말아 달라고 청원하는 것이었다.

이것이 메테르니히를 곤란한 처지에 빠뜨렸다. "오스트리아 파"역주11)라고 불리는 편파적인 정치인들과는 대조적으로, 언제나 그는 강력한 프로이센을 오스트리아의 안보와 유럽의 균형상태를 위한 전제조건으로 여겨 왔었다. 그러나 1813년 1월의 프로이센은 오스트리아와의 동맹을 통해서가 아니라, 프랑스가 사라져야만 강해질 수 있는 상태에 있었다. 오스트리아와 프로이센 간의 동맹이 체결되면 오스트리아의 중재가 본격적으로 채 시작도 하기 전에 끝나게 되는 문제가 있을 뿐 아니라, 마치 중립성이라는 것이 중립을 효과적으로 만들 힘에 의존하는 것이 아니라 단지 마음먹기에 달려 있기라도 하다는 듯이, 거대한 경쟁자들을 서로 떼어놓는 중립적 중앙세력이 되기를 꿈꾸고 있던 프로이센 궁정에서 주화파主和派들의 입지가 강화될 터였다.[17] 그러나 동맹을 거부하면 프로이센은 러시아의 품으로 내던져질 것이고, 러시아의 영향력이 중부 유럽 깊숙이 침투할 터였다. 어떻게 하면 프로이센을 전쟁에 끌어들이면서도 향후 협조의 가능성을 열어둘 것인가? 러시아를 개입시키면서 러시아의 우위를 회피할 수 있는 방법은 무엇인가?

메테르니히는 오스트리아와 프로이센 양국 간 이해의 일치가 너무도 자명한 나머지 그것을 따로 명확히 밝힐 필요조차 없다는 듯이 다룸으로써 이러한 양난을 탈출했다. 오스트리아의 독립적 경향이 점점 커지고 있음을 보여줄 목적으로, 파리로 보내는 모든 공문서의 사본을 프로이센 내각에도 전달했다. 그리고 메테르니히는 거기서 한 걸음 더 나아갔다. 크네제베크와의 첫 면담에서, 그는 오스트리아가 프로이센과 러시아 간의 동맹을 두려워하기는 커녕 러시아의 결의를 시험할 기회로 환영한다고 주장했다.[18] 그런 다음 베를린 주재 오스트리아 대사에게 보낸 서한에서, 그는 프로이센이 오데르Oder 강역주12)을 방어한다는 구실로 실레지엔에서 군대를 재건하는 편이 좋을 것이라고 시사하면서, 요르크Yorck 장군의 치명적인 전철역주13)을 밟아서는 안 되지 않겠냐고 비꼬는 투로 덧붙였다.[19] 이런 식으로 유럽의 두 중부 국가가 오스트리아의 방식으로 함께 대처할 수 있다는 점을 프로이센에게 보여주면서, 메테르니히는 오스트리아의 이해와 프로이센의 대의명분을 일치시켰다. 그는 아직 프로이센이 목표를 달성하도록 도와주겠다고 약속한 적은 없었지만, 이제 와서 나폴레옹의 분노가 초래할 결과를 프로이센이 고스란히 당하도록 방치할 수는 없었다.

그러나 메테르니히는 프로이센을 활용하여 전선을 변화시킴으로써 러시아를 중부 유럽으로 끌어들이기를 원하고 있었던 동시에, 특히 폴란드 문제에 관한 향후의 협력 가능성을 열어두기 위해 프로이센이 제한적으로만 개입하기를 원하고 있기도 했다. 오스트리아의 지원을 받는 이상, 프로이센은 러시아의 정책을 연장하는 역할이 아니라, 러시아의 야망을 저지할 장애물의 역할을 맡아주어야 할 터였다. 그러므로 그는 오스트리아의 유보적 태도는 임시적이고 전술적인 것이며, 공공의 목표를 보다 확실하게 성취하기 위한 것이라는 점을 보여줄 수 있어야 했다. 그가 선택한 방법은 그의 성격에 어울릴 만큼 간접적인 것이었다. 1월 14일 크네제베크가 오스트리아의 의도를 분석한 보고서를 쓰고 이를 메테르니히 자신이 수정하여 베를린으로 보냈는데, 만에 하나 이 문건이 프랑스의 수중에 들어갈 경우 스스로를 보호하기 위해 문건의 내용을 승인하지 않는다는 첨부서한을 그 앞에 덧붙이기까지 했다. 이 문건은 프로이센과 오스트리아의 입장을 다음과 같이 비교하는 것으로 시작한다. 명백하게 무력에 의한 강압으로 프랑스와의 동맹조약에 서명한 프로이센은 외국의 압력이 제거되는 즉시 그 속박을 파기할 권리를 가지고 있다. 그러나 왕실 간의 혼인관계와 외견상 자유롭게 체결된 조약을 통해 프랑스와 맺어진 오스트리아의 경우는, 만일 쉽사리 프랑스를 저버린다면 통치자의 위신이 훼손될 수밖에 없다. 오스트리아의 과업은 나폴레옹의 동의하에 자유를 되찾는 것, *즉 프랑스 스스로가 속박을 풀도록 하는 것이어야만 한다.* 이 목표는 성취되었다. 나폴레옹이 오스트리아의 중재를 받아들이는 순간부터 오스트리아의 상황은 완전히 변했다.

그러나 크네제베크의 서한은 비록 오스트리아가 행동의 자유를 되찾기는 했지만 러시아의 의도가 명백히 밝혀지기 전에는 거기에서 더 나아가려 들지는 않을 것이라고 경고하고 있었다. 러시아가 목표를 명확히 천명하기 전까지 오스트리아가 취할 조치들은 다음과 같은 몇 가지에 국한되리라는 것이었다. 자국의 보충부대를 실레지엔 방면으로 서서히 이동시킨다든지, 러시아군과 접촉하게 되면 각 지방을 러시아의 진격규모와 동일한 비율로 무장시키는 일, 그리고 프랑스의 원조 요구가 거절될 수 있고, 나아가 거절되어야 한다는 점을 본보기로 보여줌으로써 프랑스의 동맹국들을 마비시키는 조치 등이 그것이었다. 따라서 오스트리아의 소극적인 활동은 러시아가 그로부터 이득을 취하도록 강요하는 동시에, 독일이 오스트리아의 외롭고 영웅적인 노력에 의지하지 않고 스스로의 해방을 위해 노력하도록 유도하기 위해 고안된 것이었다.

이점은 메테르니히가 1805년의 경험으로부터 얼마나 큰 교훈을 얻었는지를 보여준다. 동맹은 오스트리아가 가능한 한 광범위한 기반을 갖추면서도 위험이 최소화될 때까지 자국의 개입을 미루기 위한 방편이었다. 그리고 서한의 그 다음 대목에서는 그가 1809년의 경험도 잊지 않고 있다는 점이 드러난다. 거기에서 그는 오스트리아의 궁극적인 목표가 "*국가의 독립*과 영토의 보장에 바탕을 둠으로써 기존의 *강요된* 동맹 체제를 대체하고… *그 어떤 방면에서의* 팽창 야욕에도 대항하는 정의로운 체제의 기반이 될 위대하고 *자발적인*… 동맹을 유럽의 중앙에 수립하는 것"이라고 규정했다. 이 서한의 모든 단어는 정통성의 원칙을 선언하는 데 있어서 최대한의 효과가 나타나도록 선택되었다. 오스트리아가 제안한 것은 정통성 원칙의 이름으로 나폴레옹과 싸우는 것이었기 때문이다. 국가들의 *자발적인* 동맹이란, 민족자결에 바탕을 둔 독일의 통일을 저지하려는 메테르니히의 결의를 암시했다. 나폴레옹이 무력으로 강요한 체제를 대체할 정의의 체제란 영토의 보존에 바탕을 두고 있었으며 북부 지역[역주14]에서 민족적 열정에 기반을 두고 구상된 광범위한 개혁의 바람을 제압하기 위해 고안된 것이었다. 무엇보다도, 오스트리아는 나폴레옹 개인에 대해서가 아니라 프랑스의 패권과 싸우는 것이었으며, 하나의 보편적 지배를 다른 보편적 지배로 대체하려는 것이 아니었다.

이처럼 폴란드에 대한 러시아의 구상이나 독일에 대한 프로이센의 야망을 경계함으로써, 메테르니히는 오스트리아의 의도가 어떤 성격의 것인지를 분명히 했다. 오스트리아는 성공을 희망하는 근거를 성급한 세대의 이상에 둔 것이 아니라 역사적 경험에서 우러난 지혜에 두었고, 대중적 열정이 아니라 정복자의 심리상태에 대한 분석에 두었다. 메테르니히는 서한의 여백에 다음과 같은 내용을 기입해 두었다. "오스트리아의 모든 정책은 나폴레옹의 성격에 기초하였으며, 오스트리아가 이 인물에 대해서, 그리고 외국의 정부, 특히 남부 독일의 여러 국가들에 대해서 겪은 경험에 비추어 판단되어야만 한다."[20] 이런 식으로, 메테르니히는 러시아의 도덕주의적 열정과 프로이센의 민족주의적 충동의 물꼬를 돌려 정교한 조치들에 관한 협력을 이끌어냈는데, 그러한 조치들은 쉽사리 알아차리기 어려운 방식으로 그들 노력의 도덕적 기반을 변모시키는 것이었다. 이러한 정책은 기회주의opportunism적으로 보였기 때문에, 만약에 즉시 전모를 드러냈더라면 거센 반발에 직면했을 목표들을 단계별로 달성하는 것이 가능할 수 있었다. 극적인 태도를 멸시하고 무관심을 가장함으로써 정책의 달성은 더욱 확실하게 보장되었다. 메테르니히는 자기 목표의 정통성을 교활하리만치 잘 이식移植했으므로, 오스트리아의 정책목표들이 거의 전부 다른 국가들에 의해 제시되는 지경이었다. 크네제베크의 서한과 실제로 벌어진 사건들의 경위를 비교하면 차이점을 거의 찾아볼 수 없을 정도다. 수많은 원대한 꿈들이 무산되고 엄청난 활력이 낭비되었지만, 그것은 별개의 문제였다.

비록 오스트리아를 동맹으로 얻으려는 크네제베크의 임무는 실패했지만, 그로써 프로이센은 필요로 하던 보장을 얻을 수 있었다. 오스트리아 황제는 프로이센의 사절에게 그 어떠한 것도—심지어 황제 자신의 사위[역주15]에 대한 프로이센의 배신조차도—오스트리아와 프로이센의 친밀한 관계를 저해할 수는 없다고 말했다.[21] 그런 다음 메테르니히는 오스트리아의 의도를 명백히 했다. 2월 6일[역주16], 프로이센 국왕은 지원병 대대의 편성을 명했다. 2월 8일, 크네제베크는 후일 칼리쉬Kalish[역주17] 조약이라고 알려지게 될 조약을 협상하라는 또 하나의 임무를 맡아, 이번에는 차르를 만나러 갔다. 이 조약은 프로이센을 러시아와 한 편으로 묶음으로써 러시아를 중부 유럽의 전쟁에 끌어들였다.[역주18]

III

메테르니히가 프로이센에 러시아와 동맹을 맺도록 권장했을 때, 그는 이미 오스트리아가 프랑스의 완전한 승리를 허용할 수 없는 상황을 만들어버린 셈이었다. 이제 평화 교섭을 빌미로 프랑스의 패배를 확실하게 만들 동맹을 결성할 순서였다. 크네제베크가 차르와의 협상임무를 안고 파견되던 2월 8일, 메테르니히는 두 명의 사절에게 하달할 지시를 준비했다. 베센베르크Wessenberg 남작[역주19)]은 런던으로, 렙첼테른Lebzeltern 남작[역주20)]은 차르의 사령부로 파견되어 영국과 러시아에 오스트리아의 중재를 수락할 것을 설득하였다. 그것은 대단히 어려운 임무였다. 영국에 대해서는, 나폴레옹에 대항하는 동맹이 수립되는 형식이 그러한 동맹이 수립된다는 사실 자체 못지않게 중요하며, 승리는 전투에서만 얻어지는 것이 아니라 전장의 선택에 의해서도 얻어질 수 있다는 대륙 국가들의 문제의식을 이해하게끔 만들어야 했다. 알렉산드르에게는 원대한 꿈이 세력균형의 대체물이 될 수 없다는 점을 설득해야 했다. 대불동맹의 수립 여부는 영국으로 하여금 균형상태에 정통성을 부여하는 일의 중요성을 이해하도록, 그리고 러시아로 하여금 한계의 정의를 받아들이도록 만들 수 있느냐에 달려 있는 셈이었다.

두 사절에 대한 지시의 도입부는 동일했다. 그것은 다음과 같은 논리적인 견강부회로 시작하고 있었다. 오스트리아는 조정자mediator가 아니라 중개자intermediary일 뿐이다. 강화조건을 제시하는 것이 조정자의 역할이라면, 중개자의 기능은 강화조건을 한쪽 진영에서 다른 쪽으로 전달하는 것일 따름이다. 만약 영국과 러시아가 자국의 진정한 이익을 이해한다면, 오스트리아를 중개자가 아닌 조정자로 변모시키려고 시도할 것이다. 그러나 강화조건들을 결정하기에 앞서, 그 조건들을 도출할 일반적인 원리에 대한 합의가 존재해야 한다.

이러한 언급의 취지는 명백한 것이었다. 비록 나폴레옹은 오스트리아가 스스로의 책무를 수행함에 있어서, 필요한 희생을 치를 입장에 처한 유일한 국가였던 프랑스에 불리한 방향으로 행동할 수도 있으리라는 사실을 간과했었지만, 오스트리아는 프랑스에 대해서 조정자로 행세하였으며, 그럼으로써 자국이 제시하는 강화조건을 달성하기 위해 싸울 준비가 되어 있음을 암시한 것이었다. 반면에 메테르니히는 영국과 러시아에 대해서는 *중재를 가치 있는 것으로 만들 것을* 요구했다. 그것은 강화조건이 아니라 오스트리아의 행위를 정당화시켜줄 일반적인 틀을 만들어 달라는 요구였다. 요컨대 중앙제국은 전쟁에 참여하는 대가로 정통성을 요구했던 것이다.

이 대목에서 영국과 러시아로 보낸 지시 서한의 내용은 갈라진다. 영국에 보낸 내용에는 이해를 호소하고 대륙국가와 도서국가의 관계를 설명하는 내용이 담겨 있다. "냉정하게 계산된 조치보다 성급한 대응을 원하는 사람들이라든지, 우리가 보유한 자원이나 우리와 타국 간의 관계를 잘 알지도 못하면서 분쟁 속으로 뛰어들고 싶은 욕망에 불타오르는 몽상가들은, 우리 정치 체제의 진가를 식별할 능력이 없습니다… 현재의 위기에 고려해야 할 가장 중요한 사항은 우리에게 주어진 모든 수단을 동원하여 전쟁이 우리 국내로 번지는 것을 막아야 한다는 필요성일 것입니다… 북부에서 벌어진 전쟁이 남부의 전쟁으로 전이된다면… 그것은 피폐해진 영토에서 전쟁을 계속해야 하는 나폴레옹의 곤혹스러움을 해소시켜주고, 그가 다시 한 번 상황을 장악하도록 도와줄 뿐입니다… 만일 영국이 대륙과의 연결에서 오는 이익을 고려한다면, 그리고 유럽의 균형상태가 지니는 진정한 가치를 인식한다면, 영국은 러시아와 프랑스의 야심을 공히 제어할 수 있는 *유일한* 이 나라를 보전하기 원할 것입니다… 아무것도 완전한 성공을 보장해주지 못하는 반면 실패는 최악의 결과를 낳게 될 이 순간에 영국은 오스트리아를 국력을 다 소진해버린 나라로 간주해서는 안 될 것입니다… 만일 우리나라가 지금과 다른 조치들을 취했다면 우리는 중심적 위치에서 오는 이득을 모두 상실하고 말았을 것입니다"[22]

런던으로 보낸 서한이 상대방의 이해를 구하는 내용이었다면, 차르에게 파견된 사절에게 주어진 훈령 속에는 십여 년에 걸친 러시아의 모호한 태도에서 비롯된 불신이 담겨 있었다.[23] 러시아와 대영제국의 차이는 도서국가가 더 신뢰할 만한 데 있다고 메테르니히는 주장했다. 러시아가 거둔 최근의 성공은 비록 심대한 효과를 거두었음에도 불구하고 예기치 못한 것이었고, 러시아 왕실에 언제나 있었던 우쭐하는 경향을 강화시켜 주었을 뿐이었다. 능란한 외교란 러시아의 불안정을 이용하는 것을 의미함이 분명했다. 그러나 동시에, 러시아의 정복야욕으로 인한 위험성, 러시아가 혁명적 운동을 이용할 위험성, 전세가 역전되자마자 러시아가 오만한 고립으로 돌아설 가능성 등을 간과해서도 안 되었다. 이런 모든 이유 때문에, 렙첼테른의 여정은 기회가 무르익을 때까지 미뤄져 왔었다. 그러나 이제야말로 메테르니히는 마치 자신의 작품에 마지막 손질을 가하는 장인과도 같은 자부심을 가지고, 결정적인 순간이 도래했다는 결론을 내렸다. "프로이센은 아마도 정책을 변경하기로 이미 결정했을 것이다. 러시아군은 며칠 안에 오데르 강에 도착할 것이다. 그러면 우리 기동 부대가 그들의 측면에 전개되고 후면에도 위치하게 된다. 향후 그들의 작전은 우리의 선의에 의존하게 될 것이다. 우리는 그들을 지원할 수도 있고 저지할 수도 있다. 그러므로 협상의 시점이 도래한 것이다." 마치 유럽 북부의 열정 따위는 들어본 적도 없다는 듯이, 메테르니히는 이처럼 무미건조하고 산문적이고 단조로운 표현을 통해서 자기 정책의 첫 단계가 종료되었음을 선언했다. 여타 주역들은 선택의 자유를 상실한 채 무대에 올랐다. 오스트리아는 다른 국가들을 속박하는 제약으로 인해서 자유로웠으며, 다른 국가들이 오스트리아를 필요로 했기 때문에 강력하였다. 이제야말로 협상의 순간이었다.

여행 도중의 이러저런 "병"을 핑계로 렙첼테른이 3월 5일에야 폴란드의 칼리쉬에 위치한 러시아의 본영에 도착했을 때, 거기서 그가 목도한 상황은 메테르니의 진단이 옳았음을 입증해 주는 것이었다. 그의 도착보다 며칠 앞서 프로이센과의 대불동맹 조약이 체결되어 있었다.[역주21] 그 조약은 프로이센에게 1806년 이전 규모의 영토를 보장했지만, 이 영토의 위치에 대해서는 아무런 내용도 포함하고 있지 않았다. 바로 그 조약문의 모호성, 즉 독일 북부에서 점령하는 영토를 프로이센 확장을 위해 사용한다는 조항은 차르가 폴란드에 관한 자신의 계획을 실현하기 위해 프로이센령

領 폴란드를 이용할 생각이었다는 한 가지 결론만을 뒷받침해주는 것이었다. 그러나 메테르니히는 폴란드에 대한 차르의 계획을 알고 있었음에도 불구하고 렙첼테른에게는 최대한 도착을 늦추라고 명령함으로써 프로이센의 협상가들이 그토록 절실하게 원했던 협조를 회피하였다. 그의 주목적은 러시아를 끌어들이는 데 있었다. 그는 추후에 폴란드 문제를 다루는 데 있어서 알렉산드르의 수완을 능가할 자신이 있었다. 렙첼테른이 도착했을 때는 상황의 결정적인 반전으로 축하 분위기가 무르익고 있었다. 군주들은 서로의 영원한 우정을 맹세하고 애국지사들은 독일 국민에게 고하는 선언문을 기초하고 있었다. 오스트리아가 이러한 민족적 열광으로부터 동떨어져 있기란 불가능한 것처럼 보였다.

그러나 열광이란, 협상가들로부터 가장 효과적인 협상 수단인 선택의 자유를 구사할 구실을 앗아가 버리기 때문에 동맹 협상에 있어서는 위험한 것이다. 프로이센의 전권대표는 사실상 자국민의 애국주의적 도취에 속박당한 상태로 칼리쉬에 도착했다. 그가 폴란드 문제에 관해 주저하자, 차르는 자신의 선의를 주장하면서 프로이센 국왕에게 직접 호소함으로써 동맹을 체결하였다. 프로이센의 선택은 조약 체결을 원하는 여론의 열정 때문에 제약을 받았지만, 오스트리아는 국민 다수의 여망으로 인해서 지장을 받지 않았고, 혁명의 위협으로 인한 제약으로부터는 더더욱 자유로웠다. 언젠가 메테르니는 "곰곰이 살펴보면 허공으로 사라져버릴, 예컨대 문명의 수호 같은 표현을 가지고는 실체적인 그 무엇도 정의할 수 없다"[24]고 말한 적이 있다. 차르가 실체적인 언급을 하게끔 만드는 것이 렙첼테른의 과제였다.

그는 훈령 외에도 차르에게 전달할 오스트리아 황제의 서한을 두 통 휴대하고 있었다. 그 서한의 우호적인 문투로도 구체적 제안은 모조리 회피하고 있다는 사실을 감출 수는 없었고,[25] 내용상 오스트리아는 도덕적 성전聖戰이라는 막연한 약속에 휩쓸리지 않을 것이라는 데 의심의 여지가 없었다. 렙첼테른 역시 똑같이 유보적인 태도를 보였는데, 그는 메테르니히로부터 제안을 *수령하는* 것이 유일한 임무라는 지시를 받았던 것이다.[26] 3월 8일에 이르러 차르가 격노하면서 오스트리아가 정말로 원하는 것이 무엇이냐고 묻자, 렙첼테른은 협상의 기초가 될 전반적인 제안을 성안하는 것은 차르가 결정할 문제라고 태연히 대답하였다. 차르가 전쟁의 목적을 정의한 것은 그러고 난 후였다. 거기에는 오스트리아의 모든 예전 영토의 회복, 프로이센의 독립과 확장, 프랑스의 속박으로부터의 독일 해방, 오스트리아의 신성로마제국 복원 등도 포함되어 있었다.[27]

그리하여 프로이센이 요구를 통해서도 얻을 수 없었던 것을 오스트리아는 러시아의 제안으로 획득하였다. 오스트리아는 혁명 이전의 영토 뿐 아니라 더 오래 전의 영토까지 보장받았다. 차르는 자신의 대답으로 말미암아 오스트리아에게 돌아갈 폴란드 영토의 삼분의 일에 대한 권리를 스스로 포기하였으므로, 차르의 폴란드 계획에는 차질이 생겨났다. 메테르니히는 신성로마제국의 복원에만은 흥미를 느끼지 않았다. 그는 하노버의 사절인 하르덴베르크에게, 완전한 독립을 경험한 독일의 군주들을 지배하게 되면 오스트리아의 입지가 취약해질 뿐이라고 말했다.[28] 나폴레옹은 자신의 라인 연방[역주22]을 불패의 광휘와 무력의 위협으로 유지하였다. 그러나 진작부터 프랑스에 필적할 수 없었던 오스트리아로서는, 장차 불만을 품은 독일의 군주들이 지원하는 프랑스와 전쟁을 벌이게 될 가능성에 스스로를 노출시킬 수는 없는 노릇이었다. 독일이 조약이나 법률을 통해 연합된 독립국들로 이루어진 편이 훨씬 더 바람직했다. 메테르니히는 그러한 설정이 독일에 대한 오스트리아의 우위를 보장해줄 것이라고 덧붙일 법도 했는데, 그러지는 않았다. 질시하는 종속관계보다는 차라리 무력한 독립이 훨씬 더 강력한 결속을 제공할 터였다. 오스트리아의 우위를 위해서라면, 프로이센의 패권, 프랑스의 침공, 국내의 동란 따위에 대한 두려움이 신성로마제국의 유물보다 훨씬 효과적인 도구였다.

3월 29일, 차르는 렙첼테른에게 일전의 제안을 재확인해 주었을 뿐 아니라, 거기에 더하여 오스트리아가 자국의 국경을 스스로 결정할 수 있다는 조건까지 추가로 제시했다. 차르는 오스트리아에 남부 독일에 관한 자유 재량을 주었고, 메테르니히가 그곳에서 취하는 그 어떤 조치도 지지하겠다고 약속했다.[29] 이로써 메테르니히는 1813년 3월 말까지 자신의 일차적 목표를 성취했다. 러시아군은 중부 유럽에서 프랑스와의 결전에 참가했다. 프로이센도 공동전선에 가세하였다. 오로지 오스트리아만이 태도를 정하지 않고 있었다. 동맹국들은 오스트리아의 주요 목표를 수락했고, 나폴레옹은 오스트리아의 중재를 수용했다. 오스트리아의 힘은 나날이 커지고 있었는데, 정확히 말하면 그것은 국민들의 열정 덕분이 아니라 국가의 기강과 집요한 지도력 덕분이었다. 투쟁의 목표는 균형상태를 위한 전쟁, 민족이 아닌 국가들의 공동체를 위한 전쟁, 여러 개의 주권국가로 나뉜 독일을 위한 전쟁, 보수적인 유럽을 위한 전쟁으로 정의되었다. 오스트리아의 정통성 원칙이 인정되었으므로, 비로소 메테르니히는 자신이 이해하는 유럽의 균형상태가 어떤 것인지를 정의할 준비가 되었다. 오스트리아의 사리사욕으로 간주될 수도 있었던 주장이 단순히 정의의 표현으로만 비치게 된 것은 메테르니히의 능란함과 끈기 있는 준비 덕분이었다.

IV

바야흐로 프랑스와의 동맹으로부터 거의 알아채기 어려운 이탈이 시작되었으며, 중부 유럽은 조금 더 러시아군에 노출되었는데, 이러한 일은 여느 때처럼 기존 조약의 이름으로 이루어졌다. 오스트리아의 보충부대가 비스툴라에서 철수한 후, 그 다음 저지선인 오데르 강의 방어는 그 부대의 배치 여하에 달려 있었다. 만일 그들이 실레지엔 방면으로 후퇴한다면 오데르 강 중류지역에 집중되어 있던 프랑스군의 잔여병력은 나폴레옹이 새로운 병력을 이끌고 도착할 이듬해 봄까지 러시아군의 진격을 저지할 기회를 얻을 수도 있었다. 만약 그들이 남쪽으로 후퇴한다면 오데르 강 전선은 측면을 포위당하게 되어 전장은 중부 유럽의 엘베Elbe역주23) 강 쪽으로 150마일 가량 더 깊숙이 이동할 터였다. 메테르니히는 슈바르첸베르크 장군에게 군대를 크라코프 방면을 향해 남쪽으로 철수시키라고 지시했다.

그는 부브나 백작에게 서한을 보내 마치 다른 대안은 생각조차 할 수 없다는 투로 이러한 결정을 알렸다. 그 서한은 축하할 만한 일을 알려주겠다는 구실로 쓴 것이었는데, 전임 프랑스 주재 대사였으며, 대불동맹조약을 협상한 후 보충부대를 지휘하도록 발령을 받았던 슈바르첸베르크 공작이 그를 절실히 필요로 하고 있는 파리로 복귀한다는 것이었다. 그가 중부 유럽의 객관적인 역학관계를 나폴레옹에게 설명할 것이라고 했다. 메테르니히는 냉소적으로 덧붙이기를, 폴란드 하천의 전선들을 방어할 수 있으리라는 환상은, 프랑스 망명자émigre 역주24)를 쏙 빼닮은 폴란드 망명자들이 조장한 것이라고 썼다. 그들은 잃을 것이 없고 얻을 것은 많은데다 지킬 것은 아무것도 가지지 않았으므로 자신의 목적을 위해 남의 자원을 소모하는 데 주저함이 없다는 것이었다. 게다가, 폴란드 내부의 러시아군에 관한 대단한—현실과 완전히 괴리된 것 치고는 정확하고 상세한—평가도 덧붙였다. 그것은 슈바르첸베르크의 군대가 이 인상적인 군대의 전진을 실제로 4주 이상 지연시키고 있다는 의미였으며, 요컨대 오스트리아가 취한 조치들이 동맹의 힘을

보존하기 위해 치밀하게 계산된 것이었다는 주장이었다.[30]

그러나 슈바르첸베르크는 파리로 즉시 부임하지 않았다. 그의 출발은 4주 이상 지연되었다. 메테르니히가 3월 18일 슈바르첸베르크 앞으로 보내는 훈령을 작성했을 때 이미 프로이센은 자국이 속한 편을 바꾸었고, 차르는 오스트리아의 목표를 보장한 상태였다. 출발한 후에도 슈바르첸베르크는 파리로 곧장 가지 않았다. 그는 아직 동맹 조약으로 프랑스와 연계되어 있는 남부 독일 국가들의 수도에 들려, 프랑스의 군사 원조 요청을 회피할 것을 설득했다. 슈바르첸베르크는 4월 9일 전까지는 나폴레옹과의 첫 면담을 갖지 않을 작정이었으며, 그때면 폴란드는 벌써 러시아 군대의 후방 깊숙이 자리 잡은 곳이 되어 있을 터였다.

슈바르첸베르크에게 부여한 임무 덕분에 메테르니는 균형상태에 관한 자신의 개념을 더욱 정치하게 다듬을 기회를 얻었다. 슈바르첸베르크에게 보낸 그의 훈령은 세력균형의 필요성을 부각시킨 역사적 개요로 시작된다.[31] 일련의 전쟁으로 인해 균형상태의 본질에 관한 과거의 관념이 허물어졌다. 1807년 이후 대륙에는 오로지 프랑스, 러시아, 오스트리아 세 강대국들만 남았고, 그중 둘은 사실상 나머지 한 나라에 대항하는 동맹관계를 맺었다. 그러나 1809년의 전쟁은 물질적으로는 큰 타격을 가져왔음에도 불구하고 오스트리아를 도덕적으로 강화시켜 주었다. 그것은 프랑스와 오스트리아 사이의 긴밀한 관계 구축으로 이어졌으며, 나아가 러시아와 프랑스 사이에 불화의 씨앗을 심었다. 계속해서 메테르니히는 러·불간 긴장의 여타 원인들을 개략적으로 설명하고, 전쟁의 발발과 그것을 저지하기 위한 오스트리아의 노력을 설명했다. 이 모든 설명은, 프랑스의 패배로 인해서 모든 계산이 틀어졌고, 새로운 균형상태를 구축해야 한다는 명제로 집약되었다. 오스트리아가 중재를 제안한 것은, 지리적 위치상 어느 두 나라가 전쟁을 벌이더라도 자국이 황폐화되는 결과를 당하게 되어 있는 오스트리아보다 균형상태의 복원에 더 많은 관심을 가질 나라는 없기 때문이라는 이유를 들었다.

그러나 하필이면 오스트리아가 나폴레옹에게 중재안을 제시한 바로 그 순간에 프로이센과 러시아 사이의 동맹이라는 예기치 못한, 그리고 심각한 결과를 초래할 사건이 벌어졌다고 메테르니히는 짐짓 몰랐던 일인 양 설명했다. 그러면서 메테르니히는 프로이센을 규탄하기는커녕, 그것을 프로이센이 1806년 이래 당해온 고통의 논리적인 결과라고 설명했다. 그리고 나폴레옹이 얼마 전까지의 동맹국을 격파함으로써 자신의 운을 반전시키려는 시도를 하지 못하도록, 메테르니히는 프로이센의 운명과 오스트리아의 운명을 동일한 것으로 설명했다. "(유럽) 각국의 태도는 그들의 지리적 위치에 따라 달라집니다. 프랑스와 러시아는 한 개의 국경만을 가지고 있으므로 취약하다고는 말하기 어렵습니다. 삼중의 방어선을 갖춘 라인 강은 프랑스의… 안전을 지켜주고, 사나운 기후로 인해서… 니멘 강은 그에 못지않게 러시아에게 안전한 국경이 되어줍니다. 오스트리아와 프로이센은 이웃나라들의 공격에 전방위로 노출되어 있습니다. 인접한 두 강대국의 우세한 힘에 끊임없이 위협을 당하는 오스트리아와 프로이센은 현명하고 절제된 정책, 두 나라 서로를 포함한 여타 이웃나라와의 선린관계에서만 평온함을 누릴 수 있습니다. 두 나라의 독립은… 장기적으로는 자국의 국력을 통해서만 확보할 수 있습니다. 중부 유럽 두 나라 중 어느 하나의 약화는 다른 한 나라의 존속에 가장 치명적인 타격이 될 것입니다….”

이 서한은 차분한 문체에도 불구하고 일종의 도전이었으며, 한계에 대한 정의를 내포하고 있었다. 만일 메테르니히의 분석이 옳다면, 나폴레옹이 준비하고 있던 전쟁은 아무런 목표도 없는 짓이었다. 프로이센이 보전될 수 있고, 나아가 더 강해지기까지 할 수 있다면, 프랑스의 라인 강 국경에 관한 앞의 구절은 한가한 수사에 그치는 것이 아니라, 메테르니히가 유럽의 평화와 양립 가능하다고 보는 프랑스의 국력의 범위에 대한 정의에 해당될 터였다. 슈바르첸베르크에게 전달한 훈령은, 환상을 갖지 말라는 경고를 나폴레옹에게 주는 것이기도 했다. 프랑스와의 동맹에 대한 오스트리아의 충성심은 영토 확장이라는 전망을 주고 살 수 있는 물건이 아니었다. 중앙제국의 관심은 승리가 아니라 안정에 있었다. 오스트리아의 안보를 보장해 주는 것은 영토의 규모가 아니라 상대적 국력, 규모가 아닌 비율이었다. “황제께서는… 우호국의 파멸로부터 이득을 취할 환상을 결코 추구하지 않으실 겁니다. 오스트리아가 중재 역할을 할 수 있는 다른 국가의 파멸을 지원한다면 스스로에게 사망 선고를 내리는 격이 됩니다." 메테르니히는 슈바르첸베르크에게 보낸 훈령이라는 수단을 통해서, 혁명적 정복의 시기는 끝났고, 의지의 인간인 나폴레옹이라도 한계를 인정함으로써만 평화를 얻을 수 있으며, 지배를 통한 안보를 추구하던 프랑스도 그것을 체념함으로써만 안보를 성취할 수 있다고 선언한 셈이었다. 오스트리아는 필요하다면 나폴레옹에 *대항해서라도* 균형상태를 회복시킬 각오를 가지고 있었다.[32)]

불과 며칠의 간격을 두고 캐슬레이와 메테르니히는 각각 자신이 만들고자 하는 유럽의 성격에 대한 정의를 내렸다. 그들은 균형상태를 이루기 위해서는 강한 중부 유럽이 필요하다는데 일치했으며, 이런 생각은 강력한 오스트리아와 프로이센을 전제로 하는 것이었다. 비록 메테르니히가 캐슬레이에 비해서 프랑스에 가할 제한의 내용에 관해서 훨씬 더 모호한 입장이기는 했지만, 그들은 프랑스의 힘이 축소되어야 한다는 데도 같은 의견이었다. 이것은 우연이 아니었다. 캐슬레이는 프랑스에 *대항하는* 동맹을 결성하려는 중이었다. 호된 시련에서 간신히 살아남은 기억 때문에 도서국가의 정치가는 전쟁의 원인인 평화의 방해자를 무력화하려고 시도했다. 그러나 메테르니히에게는 나폴레옹의 패배가 문제의 종료가 아니라 지속적 관계를 정립할 기회를 의미했다. 그러므로 그는 프랑스의 봉쇄보다는 힘의 배분에, 방어용 요새보다는 각국의 상대적 국력에 더 관심이 있었다. 캐슬레이에게 프랑스의 축소가 유럽의 안정을 의미한 반면, 메테르니히에게 프랑스의 한계란 러시아의 힘이 어디까지 미치느냐에 따라 결정될 문제였다. 캐슬레이는 대륙과의 관계가 재건되자 첫 조치로서 피트 구상을 제시했지만, 메테르니히는 복잡하고 신중한 외교를 통해 동맹의 도덕적 틀이 갖추어지기 *전까지는* 균형상태에 관한 자신의 구상을 제시하지 않았다. 캐슬레이에게 있어서 나폴레옹의 우위라는 *현실*은 동맹을 수립하기에 충분한 유인이었으므로, 남은 문제는 침략자를 제어하기 위한 최상의 방안이 무엇이냐는, 본질적으로 기술적인 문제뿐이었다. 반면, 메테르니히에게는 평화의 *성격*이 일차적인 문제였으므로, 그는 합의사항에 어떻게 정통성을 부여할 것이냐는, 본질적으로 도덕적인 문제를 고민했다.

V

1813년 3월말의 상황을 보면서 메테르니히가 만족감을 느낀 것도 무리가 아니었다. 프랑스의 보조적 조력자에 불과하던 오스트리아는 유럽의 중추적 국가로 변모했고, 장차 동맹국이 될 상대로부터 오스트리아의 강화 조건을 무조건 수락하겠다는 입장을 확보했다. 오스트리아는 양측에 단독강화는 불가하며, 모든 협상이 자국을 통해서 이루어지는 것이 기본적인 사항으로 받아들여져야만 한다고 집요하게 주장했다. 그런 식으로 사건들이 진행되는 과정의 실마리를 계속 손에 쥠으로써 메테르니히는 자신이 취하는 조치들을 오스트리아의 강화와 연계시킬 수 있었다. 12월에 메테르니히는 간신히 5만 명의 병력만을 배치할 수 있었지만, 1월이 되자 황제는 나폴레옹에게 10만 명의 병력을 거론했고, 슈바르첸베르크는 나폴레옹과의 첫 회견에서 그보다 무려 두 배나 많은 병력의 전망을 암시했다. 기습공격으로 인한 파국의 위험은 줄어들고 있었다. 이 모든 것은 나폴레옹의 축복까지는 아니더라도, 최소한 그의 묵인 아래 이루어졌고, 다른 국가들의 신뢰를 잃지 않는 가운데 이루어졌다.

그러나 아무리 성공적인 정책이라도 저절로 성과가 달성되는 법은 없다. 메테르니히는 여전히 자신의 강화조건에 대한 동맹국들과의 합의를 정치적 현실로 만들어야 하는 처지였고, 균형의 원칙만이 아니라 균형의 실체도 창조해야 하는 처지였다. 그도 그것이 전쟁 없이 가능한 일이라고 생각하기는 거의 어려웠을 것이다. 나폴레옹이 독일 내 대부분의 점령지를 포기하고, 거기에 덤으로 앤트워프Antwerp역주25)까지 포기한다는 것은 거의 실현가능성이 없는 일이었다. 앤트워프가 없이는 영국은 강화에 참여하지 않을 터였다. 그러나 이러한 점이 오스트리아 정부의 다른 각료들에게까지 명백하게 보였던 것은 아니다. 다른 나라들이 메테르니히의 속셈을 짐작하는데 어려움을 느꼈다면, 그의 동료들도 마찬가지였다. 일부는 메테르니히의 정책을 지나치게 위험한 것으로 보았고, 일부는 유럽의 전반적인 열정에 비추어 불명예스럽고 초라하다고 비난했다. 네 차례의 패전을 기억하고 언제나 성취보다는 보존을 원했던 황제는 어떤 희생을 치르더라도 평화를 유지하겠다는 희망에 집착했다. 그 동안 다른 국가들은 오스트리아의 초연한 태도를 종식시키기 위해 호소하고, 회유하고, 위협했다.

다시 한 번 메테르니히는 균형을 절묘하게 조정하기 시작했는데, 어찌나 절묘했던지 그가 저울의 기울기를 바꾸고 있다는 사실은 거의 알아챌 수 없었다. 마치 능숙한 곡예 덕분에, 어느 순간 갑자기 공중에 공이 하나만 남아도 알아채고 지적하는 이가 없는 것과 마찬가지였다. 황제의 망설임에도 불구하고 메테르니히는 오스트리아를 주요 국가로 부상시킬 작정이었다. 그러나 다른 동맹국들이 뭐라고 호소하든, 오스트리아는 스스로 원하는 시간에 자국의 국내 구조에 합치되는 방식으로 부상해야 한다는 것이 그의 생각이었다. 모든 것이 전쟁의 명분에 달려 있었다. 그것만이 황제의 의구심을 제거시켜 주고, 강화에 정통성을 부여하는 원칙을 확고히 정착시킬 수 있기 때문이었다. 그 점을 염두에 두면서, 메테르니히는 오스트리아를 중개자intermediary가 아닌 조정자mediator로 변모시키는 일에 착수했다. 민족주의의 열기가 전 유럽을 휩쓸고, 애국적 집단들이 인간성을 개조할 계획에 골몰하는 동안에도, 비엔나의 냉정한 계산자는 이 모든 것들을 헛된 환상으로 만들어 버릴 *개전 사유*casus belli를 준비하고 있었다. 메테르니히는 본질상 논리적인 추론을 통해서 오스트리아를 전쟁으로 이끌고, 동맹의 정통성을 확보하는 길을 제시했다. 그는 강화가 불가능함을 증명함으로써 전쟁의 필요성을 보여줄 셈이었다.

주

1) N.P. VIII, p. 190.

2) Oncken, I, p. 80f., 3 January, 1813.

3) Luckwaldt, p. 62.

4) Text. Oncken, I, p. 390f., 1812년 12월 20일.

5) Oncken, I, p. 69f.

6) 제2장, p. 26f를 보라.

7) Luckwaldt, p. 72.

8) Text, Oncken, I, 400f.

9) Oncken, I, p. 66.

10) Oncken, I, p. 99. Also Luckwaldt, p. 68.

11) 휴전협정의 상세한 함의는 Luckwaldt, p. 83f를 보라.

12) Text, Oncken, I, p. 405f.

13) Text, Oncken, I, p. 407.

14) Oncken, I, p. 107; Luckwaldt, p. 86.

15) Text, Oncken, I, p. 219f.

16) 그리고 나폴레옹의 심중에 자신의 고립과 오스트리아의 중요성에 대한 어떤 의심도 남기지 않기 위해, 메테르니히는 비엔나 주재 러시아 대사인 스타켈베르크(Stackelberg)로 하여금 나폴레옹 앞으로 러시아와 프랑스간의 개별 강화가 불가능함을 논하는 공동서한에 서명하도록 유도했다. Luckwaldt, p. 133

- 그라프 구스타프 에른스트 폰 스타켈베르크(Graf Gustav Ernst von Stackelberg 1766-1850)는 사르디니아, 스위스, 네덜란드, 프러시아, 오스트리아 등지에서 근무한 러시아 외교관이다. 후일 비엔나 회의에 러시아 대표로 참석해 러시아가 바르샤바 공국의 대부분을 합병하도록 만드는 데 기여했다. 역자 주.

17) 프로이젠 평화당에 관해서는 Luckwaldt, p.97을 보라.

18) Oncken, I, p. 132, 크네제베크 보고서.

19) Oncken, I, p. 135.

20) Oncken 1, p. 141.

21) Text, Onchen, I, pl 154, See also Luckwaldt, p.105.

22) Text, Oncken, I, pl 416f.

23) Text, Oncken, I, 421f.

24) N.P. VIII, p. 365.

25) Text, Oncken, 1, p. 448.

26) Luckwaldt, p. 135.
27) Oncken, I, p. 354.
28) C.C. IX, p. 60. See also Luckwaldt, p. 112f.
29) Oncken, I, p. 259.
30) Text, Oncken, I, p.306f. (German), p. 430f (French), 2월 18일.
31) Text, Oncken, I, 439f.
32) 메테르니히는 영국을 제외한 대륙의 강화를 배제하지 않았다. 그러나 그렇게 되려면 나폴레옹은 전쟁을 지속하는 것이 오로지 영국만 이롭게 할 뿐이라는 점을 보여주어야 했을 것이다. 요컨대, 그는 영국의 지원 없이도 유럽이 안보를 누릴 수 있을 만큼 프랑스의 국력에 충분한 제한을 가하는 데 동의해야 했다. 대륙의 강화라는 제안은 도달할 수 없는 신기루였다.

역주1) 오스트리아의 야전 장군 페르디난트 그라프 부브나 폰 리티츠(Ferdinand Graf Bubna von Littitz 1768-1825).
역주2) 오스트리아 야전 장군 카를 필립 휘르스트 쥐 슈바르첸베르크(Karl Philipp Fürst zu Schwarzenberg 1771-1820).
역주3) 비스툴라 강변에 자리 잡은 폴란드 제2의 도시인 크라쿠프(Kraków). 11세기에서 16세기 말까지 500여 년 간 폴란드 수도였다.
역주4) 폴란드의 중앙을 가로지르며 폴란드어로 비스와(Wisla)라고 불리는, 폴란드에서 가장 긴(1,047km) 강이다.
역주5) 프로이센의 육군원수이던 요한 다비트 루드비히 그라프 요르크 폰 바르텐부르크(Johann David Ludwig Graf Yorck von Wartenburg 1759-1830).
역주6) 현 리투아니아의 공업도시 토라게(Taurage). 발트해에서 가까운 이 도시에서 1812년 12월 프랑스의 동맹이었던 프로이센과 러시아 사이의 휴전협정인 타우로겐 조약(The Convention of Tauroggen)이 체결되었다.
역주7) 아우스테를리츠 전투에서 나폴레옹군과 싸운 러시아의 육군 원수 미하일 쿠투소프(Mikhail Kutusoff 1745-1813).
역주8) 정치가이자 문인이었던 리투아니아계 폴란드 귀족 아담 제즈지 차르토리스키(Adam Jerzy Czartoryski 1770-1861). 그는 차르 알렉산드르 1세 치하에서 러시아 외교장관을 역임하고 1805년 러시아를 떠났으나, 알렉산드르 1세와는 원만한 관계를 유지했다. 1830년 폴란드의 대러투쟁 당시에는 폴란드 대통령직을 맡았다.
역주9) 프로이센의 야전 장군 겸 군사 고문 카를 프리드리히 폰 뎀 크네제베크(Karl Friedrich von dem Knesebeck 1768-1848).
역주10) 제2장에서 언급한 프로이센의 정치가 하인리히 프리드리히 카를 폼 슈타인(Heinrich Friedrich Karl vom Stein 1757-1831)을 가리킨다.
역주11) 오스트리아의 배타적 국가이익에 집착하던 국수주의적 정치인 및 외교관 집단.
역주12) 독일과 폴란드 접경지역을 흐르는 강으로, 석탄 · 철광석과 공업제품을 수송하는 내륙 교통로다.
역주13) 나폴레옹의 요구로 프로이센이 참전한 1812년 전투에서 프로이센군의 사령관이었던 요르크 장군이 러시아와의 전투에서 형세가 불리하자 국왕의 동의 없이 프로이센군의 중립을 주장하면서 타우로겐 조약을 체결한 것을 가리킨다. 이 일로 인해 요르크는 사령관직에서 해임되었으나, 후일 그의 추종세력은 동프로이센군의 핵심을 이루게 되고 요르크는 이들을 이끌고 나폴레옹에게 전쟁을 선포했다.

역주14) 프로이센을 암시한다.

역주15) 오스트리아 황제 프란츠 1세는 1810년 자신의 딸 마리 루이즈를 나폴레옹과 정략 결혼시켰다.

역주16) 1813년.

역주17) 프로스나(Prosna) 강변에 위치한 폴란드 중부 도시로, 폴란드어로는 Kalisz로 표기한다.

역주18) 1813년 2월 28일 체결된 칼리쉬 조약을 통해 프로이센은 프랑스와의 동맹관계를 청산하고 러시아와 동맹을 맺었다. 이 조약은 그 후 영국, 러시아, 프로이센, 오스트리아 4개국의 합의로 발전했는데, 당시 오스트리아는 명목상 아직 프랑스의 동맹국이었지만 대불동맹과 프랑스 사이의 조정자 역할을 했다.

역주19) 드레스덴 태생의 오스트리아 외교관으로서, 빈 회의 당시 오스트리아의 차석대표를 맡았고 1848년 외교장관의 지위에 오른 요한 폰 베센베르크-암프링엔 남작(Baron Johann von Wessenberg-Ampringen 1773-1858).

역주20) 오스트리아의 외교관 루드비히 그라프 렙첼테른(Ludwig Graf Lebzeltern 1774-1854).

역주21) 러시아와 프로이센이 1813년 2월 28일 칼리쉬에서 체결한 대불동맹조약을 말한다.

역주22) 1806년 7월 나폴레옹의 후원으로 조직된 남서 독일 16개국의 동맹을 말한다. 이 동맹은 나폴레옹이 패배하자 1813년 해체되었으며, 가맹국은 대불동맹으로 전향했다.

역주23) 폴란드와 체코의 접경지대에서 발원하여 체코 북부와 독일 동부를 지나 함부르크 부근에서 북해에 흘러드는 강이다.

역주24) 혁명 후 프랑스 국외로 망명한 왕당파 인사들을 가리킨다.

역주25) 벨기에 북부의 항구도시로, 대륙 봉쇄를 경험한 영국은 앤트워프를 기점으로 하는 네덜란드의 확보를 안보의 필수조건으로 여기고 있었다.

| 제5장 |

동맹의 성립

메테르니히와 오스트리아의 국내 체제—정통적 질서와 변혁적 질서의 관계—현상유지 정책의 선포—오스트리아의 중재 개시—정통적 및 변혁적 질서에서 협상의 기능—드레스덴 면담—프라하 회의—메테르니히 외교의 본질

I

메테르니히가 동맹을 준비하고 두 개의 대군大軍이 중부 독일을 향해 진군하고 있을 때, 그가 주장한 것은 강화였다. 그의 정책은 이제 전환점에 도달했다. 그것은 프로이센 방식의 해방전쟁을 선호하던 "오스트리아 파" 귀족들이 환영하는 바는 아니었다. 실제로 3월에 메테르니히는 요한 대공Archduke Johann역주1)이 황제를 압박할 목적으로 주도하여 티롤에서 소요를 일으키려는 음모를 진압했다. 그러나 황제는 비록 다른 목적을 위해서이기는 했지만, 메테르니히를 지지했다. 십여 년에 걸친 패배는 황제의 마음 속에 향후 한 세기 동안 합스부르크 왕가의 주요한 미덕이 될 인내심과 완강한 지구력을 심어 주었다. 그는 인내 그 자체를 위한 인내심

을 높이 평가하고 있었고, 그의 지구력의 목표는 단지 생존에 있었다. 현학적이면서 상상력이 부족한 황제는 안정과 침체를 혼동하고 있었고, 평화와 부작위를 혼동하고 있었다. 이때까지 메테르니히의 모든 조치들은 예컨대 보충부대를 철수시킨 것처럼 보존을 위한 것이었거나, 아니면 오스트리아 영토 통과에 대한 나폴레옹의 요청을 거부한 것처럼 행동을 회피하는 것이었다. 그런데 과연 황제로 하여금 능동적인 조치에 관여하도록 유도할 수 있을 것인가? 그간 메테르니히의 복지부동이 총체적인 개입을 가능케 하기 위한 것이었음이 명백해지면, 황제는 뒤로 물러설 것인가?

메테르니히가 강화를 입에 담은 데는 나름대로 이유가 있었다. 위기의 순간에 국가의 국내 구조에 대한 불평을 제기할 수는 없으며, 메테르니히는 어떤 일이 있어도 그런 짓을 할 사람이 아니었다. 메테르니히의 강점은 창의성에 있는 것이 아니라, 가용한 모든 요소들을 사용하고, 그것을 적절한 형태로 배치하며, 아무렇게나 하는 것처럼 보이면서도 상황에 가장 적절하게 대응하는 능력에 있었다. 메테르니히가 보기에는 황제의 성격이 동맹국들의 격앙된 태도보다 오히려 더 완고한 것으로 보였다. 그러므로 오스트리아가 시대의 정신에 순응하는 것이 아니라 시대가 오스트리아의 정신을 섬기는 격이었다. 하르덴베르크는 5월 2일 서한에 이렇게 썼다. "메테르니히 백작은 황제의 그런 독특한 성품을 부추겨야 했습니다. 황제는 전쟁의 발발을 촉진할 수 있는 모든 사항을 반대했지만, 한 걸음씩 이끌려 마침내 개전이 불가피한 지점까지 도달한 것입니다… 그러나 그 지점에 도달하기 위해 메테르니히는 야심처럼 보일 수 있는 모든 것을 감추고, 전쟁을 감수할 의지조차 감추어야 했습니다. 이제 그는 나폴레옹이 평화의 균형상태를 거부하는 경우에 한해서만큼은 전쟁이 필요하다는 생각에 황제가 익숙해지도록 만드는 데 성공했습니다…"[1] 마치 유도 고단자처럼, 메테르니히는 굴복하는 척 하면서 자신의 황제를 끌어들였고, 황제로 하여금 우선 중립을 지키기 위한 군대를 창설하도록, 그런 다음에는 평화를 지키는 데 그 군대를 사용하도록 유도했다.

나폴레옹은 새로운 상황을 이해하지 못함으로써 그를 도와주었다. 카리스마나 무력으로 정통성을 획득한 지배자는 자신이 종전과는 달리 자제력 속에서 안전을 모색해야 한다거나, 사건들이 더 이상 자신의 의지에 따라 전개되지 않으며, 평화가 자신의 힘이 아닌 타국의 힘을 인정하는 데 달려 있다는 사실을 쉽사리 받아들이지 못하는 법이다. 적들이 "정통성"으로 간주하던 무언가에 아직 속박되어 있던 과거의 상태를 기억하는 혁명가는 그들이 마침내 자신들에게 닥친 위험의 크기를 알아챘을 때 가지게 되는 결의를 좀처럼 심각하게 여기지 못한다. 그들이 제한된 목표를 위해 전쟁에 임했던 과거에 쉽사리 항복했기 때문에, 혁명가는 앞으로도 성공적인 전투가 적들의 비겁함을 드러낼 것이라고 확신하게 된다. 그는 자기 힘이 축소되었다는 것을 인정하지 못하기 때문에 자신이 동맹을 잃었다는 것을 믿지 못한다. 나폴레옹이 1813년 4

월 자신의 군대를 향해 출발할 채비를 하고 있을 당시 그의 심리 상태가 그랬다. 단번의 성공적인 전투만으로도 대불동맹을 와해시킬 수 있을 것이라고 확신한 채, 그는 결국 오스트리아가 자신의 편으로 돌아설 것임을 의심치 않았다. 그의 위대한 승리들은 그의 군사적 성공 못지않게 그의 적들이 패배를 쉽게 받아들인 덕분이었다는 것을 그는 몰랐거나, 알았었다면 이제는 잊고 있었다. 메테르니히가 대불동맹 측 군대의 상태보다 오히려 그들의 결의에 더 많은 신경을 썼던 것에는 그럴만한 이유가 있었던 셈이다.

나폴레옹이 어느 정도로 오해를 하고 있는지가 4월 9일 슈바르첸베르크와의 회견에서 드러났다.[2] 설사 나폴레옹이 실제로는 오스트리아의 의도를 의심하고 있었다 하더라도, 적어도 그가 제시한 제안에서 그런 흔적이 나타나지는 않았다. 그는 심지어 오스트리아가 보헤미아에 십만 명의 병력을 집결시켜, 이 부대와 갈리시아에 주둔하는 보충부대를 합동 작전에 투입해 달라고 요청하기까지 했다. 이제 프랑스의 요청에 따라 후일 프랑스에 대항하게 될 군대를 보헤미아에 조직할 수 있게 되었으므로, 메테르니히는 또 하나의 간절한 소망을 이루게 되었다. 슈바르첸베르크는 보충부대에 관한 요청에 답하지 않았는데, 그 문제에 관해서는 "더 적당한" 시간과 장소에서 설명할 수 있을 때까지 즉답을 미루기 원했기 때문이었다. 보충부대의 사령관이 보충부대가 더 이상 존속하지 않는다는 사실을 설명하는 것은 그야말로 적절치 못할 터였다.

메테르니히는 대불동맹군이 엘베 강에 접근할 때 오스트리아군을 주둔시킬 장소로, 아직도 위험에 노출되어 있는 유일한 지역이자 진군하는 프랑스군의 측면을 위협할 수 있는 최적의 장소인 보헤미아를 선정했다. 메테르니히는 차르의 호의적인 의향에 관한 렙첼테른의 첫 보고를 접하는 즉시, 러시아의 진군을 막고 있던 마지막 장애물인 갈리시아로부터의 측면공격 위협을 제거하기 시작했다. 이러한 조치 또한 이미 존재하는 조약의 이름으로 실시되고, 가능하다면 나폴레옹의 재가를 받아 시행될 터였다. 3월 25일, 메테르니히는 렙첼테른에게 서한을 보내 러시아가 휴전협정을 파기하고 오스트리아 보충부대의 양 측면으로 진군해 오면 보충부대는 상황에 굴복하겠다고 제안했다.[3] 4월 11일, 메테르니히는 재차 서한을 보내 러시아가 폴란드로 진군하지 않는 데 대해 분연히 항의했다. "프랑스의 동맹으로서 우리의 역할은 끝나가고 있으며, 우리는 주요한 세력으로 전면에 나설 준비를 하고 있습니다… 그러므로 휴전협정의 파기 소식을 접할 수 없다는 점은 설명할 길이 없습니다."[4] 메테르니히가 자신의 욕망을 마침내 달성한 다음 차르에게 항의하는 분노의 서한을 작성하면서 심술궂은 미소를 짓는 모습을 상상할 수 있다. 그는 자신의 불쾌감과 놀라움을 강조하기 위해 "새벽 두시에"라는 표현으로 서한을 시작했으며, 이 서한은 동맹국인 프랑스에 대한 자신의 지속적인 충성심을 과시하려는 것 외에는 다른 목적도 없었다.

프랑스와의 관계가 모진 시험을 받고 있었기 때문에, 메테르니히로서는 자기 충성심의 증거를 확보해야 할 이유가 얼마든지 있었다. 4월 7일 프랑스 대사 나르본Narbonne역주2)은 오스트리아가 군대를 증원하여 프랑스군과 보조를 맞추어 달라는 나폴레옹의 요청을 전달해 왔다. "나폴레옹은 다시 한 번 자신이 환상 속의 정책을 추구하고 있다는 증거를 보여주었다"고 메테르니히는 하르덴베르크에게 말하고, 상대방의 실수를 활용하는 일에 착수했다. 오스트리아에 본격적인 동반자로 나서 달라는 요청을 함으로써, 나폴레옹은 그 전 해의 제한된 동맹은 더 이상 적실성이 없음을 자인한 셈이었다. 만약 오스트리아의 영토 회복이라는 명분으로도 황제로 하여금 현상유지를 타파하도록 유도할 수 없다면, 황제가 사위 대신에 자신을 끌어들이려는 모든 시도에 저항할 것임은 확실했다. 그러나 황제는 균형상태에 기초한 강화를 강요할 목적으로는 오스트리아군의 동원에 동의하지 않더라도, "부당한" 지원 요구에 대한 항의의 일환으로는 동의할 가능성도 있었다. 메테르니히는 황제에게 이렇게 말했다. "이제부터 모든 것은 우리가 어떻게 하느냐에 달려 있습니다. 우리는 더없이 기묘한 이 순간에 행복한 결과를 도출할 수단을 자력으로 찾아내야만 합니다…."[5]

그 다음에 벌어진 것은 메테르니히와 나르본 사이의 투쟁이었다. 그것은 양식화된 정치함과 필사적인 책략으로 이루어진 투쟁이었으며, 섬세한 품위를 갖추었음에도 치명적인 투쟁이었다. 그러나 이제 심리적 우위는 메테르니히 편에 있었다. 당초 나폴레옹의 성공은 그의 적들이 나폴레옹의 목표가 얼마나 거대한지 이해하지 못한 반면 나폴레옹은 그들의 시각이 지닌 한계를 이해한 데서 비롯된 결과물이었다. 메테르니히가 이 시점에 누린 우위는, 그의 반대자들이 나폴레옹이 전능하다고 추정하고 있는 동안, 그가 나폴레옹의 힘의 한계를 이해한 데 있었다. 1805년과 1806년에 나폴레옹은 그의 적들이 제한적 목표를 지닌 외교를 시행하고 있었기 때문에 승리할 수 있었던 반면, 1813년에는 자기가 마치 무제한적인 힘을 가진 것처럼 굴었기 때문에 패배했다. 메테르니히와 나폴레옹의 위치는 이제 뒤바뀌었다. 나폴레옹이 언제나 긍지를 느꼈던 기동성의 우위는 실제로는 그의 적들이 유연성을 갖추지 못한 데서 비롯된 것에 불과했으며, 이제는 메테르니히가 그것을 누리고 있었다. 다만 나폴레옹의 기동성이 전장에서 발휘된 반면 메테르니히의 기동성은 궁정외교에서 발휘되었다는 차이뿐이다. 나폴레옹은 신속한 움직임으로 자신의 적들을 혼란시켰는데, 그들이 고수하고 있던 방식에 따르면 그런 움직임은 "불가능한" 것이었다. 그와 마찬가지로, 메테르니히는 상대방이 멸시하던 교묘한 수법을 통해 상대를 고립시켰다. 나폴레옹은 자신의 힘의 실체에 모든 것을 걸고 있었던 반면, 메테르니히는 그 착시성 illusoriness에 모든 것을 걸었다. 혁명의 시대에 외교의 효용에 의지한다는 것은 결국 재난으로 끝날 가능성이 다분한 선택이지만, 불충분한 수단을 가지고 힘에 의존한다면 그것이야말로 자살행위에 해당한다.

그러므로 메테르니히의 조치들은—비록 그가 술책을 매우 즐겼던 것은 사실이지만—단순히 교활함만으로 설명할 수 있는 것은 아니었으며, 의식적으로 선택한 무기인 셈이었다. 조치들이 정교할수록, 싸움은 애국적 열정의 장으로부터 궁정외교의 장으로 멀리 옮겨질 터였다. 메테르니히와 나르본 사이의 투쟁처럼 보였던 그 무엇은 실상은 전쟁의 이유를 도덕적인 문제에서 법률적인 문제로, 민족의 자유에서 국가의 균형상태로 변모시키는 과정이었다. 나르본이 대불동맹에 대항하는 오스트리아의 군사 행동을 요구함에 따라 4월 7일에 협의가 개시되었다. 메테르니히는 그에 대한 답변으로서 동맹조약이 오스트리아의 군사력에 부과한 제한을 해제할 것을 제안했다. 그리고 그는 황제가 제시한 "합리적인" 강화안이 거부되더라도 황제는 어차피 조약에 규정된 보충부대의 규모에 구애받지는 않을 것이라고 애매하게 덧붙였다.[6] 메테르니히가 "무장 중재"를 계획했다는 것이 처음으로 드러났고, 이로써 동맹은 종식되었음이 명백해졌다. 그러나 나르본은 주장을 굽히지 않았고, 4월 20일에는 오스트리아의 전면적 군사 지원을 요청했다. 그때 메테르니히는 보충부대가 갈리시아로부터 철수했다는 사실과, 황제가 중재자이면서 동시에 전투원처럼 행동할 수는 없는 노릇이므로 군사적 지원은 고려의 대상조차 될 수 없다는 사실을 알려주었다. 나르본은 이는 선전포고나 마찬가지라고 답변했다. 그러나 무력을 사용하겠다는 나폴레옹의 위협은 이제 효과가 없었다. 메테르니히는 오스트리아의 목표가 전쟁이 아니라 평화이지만 평화를 위해서라면 싸울 준비도 되어 있다고 주장했다. 그리고 이들의 면담은 힘의 환상과 교활함의 힘 사이에 벌어지는 갈등의 성격을 선명하게 보여주는 대화로 마무리되었다. 나르본은 "하지만 당신들은 준비가 되어 있지 않잖소. 나는 직무상 그 사실을 알 수밖에 없는 위치에 있습니다"고 말했다. 그러자 메테르니히는 "내 직무는 그것을 감추는 것이오. 누가 자기 직무를 더 잘하는지 어디 한 번 보기로 합시다"라고 답했다.[7)]

그러나 나르본은 포기하지 않았다. 세계 질서는 설사 무력에 기초해 수립된 것이라 하더라도, 마치 인간이 자신의 죽음을 직시하지 못하는 것처럼, 스스로의 붕괴를 믿지 못하는 법이다. 영속성의 환상은 아마도 우리에게 가장 중요한 신화이며, 어떤 경우에도 삶을 유지할 수 있게 만들어주는 원동력일 것이다. 그보다 10년 전에 나폴레옹의 반대자들이 18세기의 구조가 붕괴했다는 사실을 믿을 수 없었던 것 못지 않게, 나르본은 메테르니히가 프랑스의 위협 앞에서도 평정을 잃지 않는 것이 "진심"이라고는 믿어지지 않았다. 그러나 4월 23일 황제와의 면담은 그로 하여금 다시 생각하지 않을 수 없게 만들었다. 그때까지는 프랑스가 강요함으로써 황제를 부작위 속에서 끈질기게 버티는 영웅적 역할밖에 할 수 없는 위치로 몰아넣는 것이 가능했다. "나르본과의 대화에 관한 메테르니히의 보고를 듣고 놀란 황제는 보헤미아군을 8만5천명으로 증원하도록 지시했다"[8)] 그리고 황제는 나르본에게, 중재에 관여하고 있는 동안 러시아를 공격할 수는 없으며, 프랑스와의 제한적인 동맹은 어쨌든 새로운 상황에는 적용되지 않는다고 말했다. 만약 나폴레옹이 이 거절을 조약의 위반으로 간주한다면, 결렬의 책임은 나폴레옹에게 있다는 것이었다. 황제는 재차 말하기를, 자신은 20만의 병력으로 뒷받침되는 자신의 정책을 지켜 나갈 것이라고 했다.[9)]

나르본은 다시 한 번 공격적으로 다그쳤지만, 이제 환상의 시대는 막을 내리고 있음이 분명했다. 4월 29일, 그는 메테르니히를 한 번 더 면담하여 나폴레옹이 자신의 군대와 합류했음을 알리면서, 이것은 곧 전장에서의 승리를 뜻하는 것이나 다름없다고 말했다. 이것이 오스트리아의 의향에 영향을 미칠 것인가? 메테르니히는 오스트리아의 행위는 대불동맹의 승리가 아닌 패배에 대한 예측에 바탕을 둔 것이며, 그러한 예측이야말로 오스트리아가 배전의 노력을 기울이도록 만들어줄 것이라고 냉담하게 대답했다. 5월 1일, 메테르니히는 프랑스의 요구에 대한 최종 답변으로, 균형상태를 위한 경쟁자로서의 오스트리아의 출현을 선언했다. "오스트리아의 황제께서는 중재 역할이라는… 가능한 가장 숭고한 태도를 선택하셨습니다. (황제께서는) 어떤 목표를 갖고자 원하시면 그 즉시 수단 또한 갖고자 하십니다. 수단은… 완벽한 불편부당성과 큰 힘의 확보로써 이루어집니다… 황제께서는 평화를 원하시며, 평화 이외의 그 어떤 것도 원치 않으십니다. 황제께서는 허약한 무력으로 평화의 메시지를 뒷받침하지 않으실 것이며, 비록 프랑스의 이익이 자신의 제국의 이익과도 불가분의 관계이기는 하지만 *프랑스의 이익을 대적하는 자들과 싸우지 않으실 것입니다.* (저자 이탤릭)"[10)] 위협적일 만치 평화적인 이러한 구절로써, 메테르니히는 오스트리아를 동맹에서 무장 중재자로 변모시키는 과업을 완료했다. 그 모든 모호성에도 불구하고, 나르본에 대한 메테르니히의 대답은 그의 진정한 목표를 의심의 여지없이 드러내주었다. 프랑스도 유럽의 균형상태에 필요한 구성부분이었으므로, 오스트리아의 중재는 프랑스를 적대시하는 것이 아니었다. 유럽의—그러므로 오스트리아는 물론 프랑스의—진정한 이익에 대한 적은 나폴레옹이었다. 이러한 가정의 증거를 제시하는 것이 메테르니히의 다음 단계 작업이었다.

II

전쟁은 평화의 불가능태다. 메테르니히의 구상은 이 명제만큼 단순하기도 했고, 그만큼 복잡하기도 했다. 여전히 과거의 성공이라는 후광에 둘러싸인 인물과 머지않아 전쟁을 치르게 될 러시아나 프로이센이 메테르니히가 추진하는 정책의 신중한 정교함을 이해하리라고 기대할 수는 없었다. 모든 책략을 무용한 것으로 만들어버리는 상황에 직면했을 때 책략의 중요성을 이해하기란 어려운 법이다. 호의적 중립의 역할은 언제나 미약하다. 우방을 동요하게 만들기에 부족함이 없을 정도의 구실이 필요하고, 그 구실이 적을 안심시키기에는 충분치 않을 수도 있기 때문이다. 지나치게 완벽한 성공은 동맹의 상실로 귀결될 수도 있고, 지나치게 때이른 실패는 기습공격을 유발할 수도 있다. 대불동맹국들이 믿음을 잃어버리면 메테르니히는 완전히 고립될 것이고, 오스트리아의 배신이 돌이킬 수 없이 분명해진다면 오스트리아는 분노가 가득 담긴 나폴레옹의 대응을 감당해야 할 터였다. 벌써부터 차르는 자신의 개인적인 면담 요청을 회피하는 황제에게 감정이 상해서, 오스트리아에 기대한 것은 외교적 행동이 아니라 군사적 행동이었노라고 음침하게 투덜대고 있었다. 게다가 차르는 보충부대와 관련된 메테르니히의 교활한 조치에 대해 완전히 만족스러워 하고 있는 것도 아니었다.[11] 한편, 메테르니히는 상황이 예기치 못하게 반전되면 알렉산드르의 변덕스러운 성품이 발동하여 동맹이 채 온전히 결성되기도 전에 해체될까봐 우려하고 있었다.

여타 대불동맹국들의 불신을 극복하고 오스트리아가 결국 지원에 나설 것이 틀림없다는 확신을 심어주기 위해, 메테르니히는 4월 29일 차르에게 서한을 보냈다. 그 서한은 이해를 호소하고 지원을 서약하는 내용을 담고 있었다. 또한 오스트리아가 러시아에 이제껏 제시한 가장 명료한 설명과 담백한 제안을 담고 있었다. 그 내용은 이러했다. 전쟁은 열정적 발작이 아니라 굳건한 결의로써 이겨야 한다. 고로, 극적인 정책의 선포보다 병력의 원활한 운용이 훨씬 더 중요하다. 오스트리아는 대불동맹국들의 곁에 나타날 것이지만, 스스로 적절하다고 판단하는 시점에 그렇게 할 것이다.[12] 이 서한은 세 개의 기본 요건을 상정하는 것으로 시작하고 있었다. 첫째, 위기가 발생하더라도 대불동맹국들이 유지해야 할 최대한의 견고함, 둘째, 오스트리아와 대불동맹국들 사이의 최대한의 소통, 셋째, 오스트리아의 최대한의 군사적 자원 확보 등이 었다. 오스트리아로서는 설령 대불동맹이 패배하더라도 나폴레옹의 움직임을 봉쇄하기 위한 노력을 배가할 것이라고 주저 없이 선언할 준비가 되어 있었다. 그러나 차르 앞으로 보낸 서한 중 비밀에 해당되는 부분에는, 오스트리아 내각은 러시아 궁정의 명백한 불신을 슬프게 여긴다고 썼다. 그럼에도, 오스트리아의 조치는 오스트리아가 처한 특수한 상황에 비추어보면 적절한 뿐이라는 내용이었다. "우리는 추상적인 생각을 선호하지 않으며 사물을 있는 그대로 받아들이고, 현실에 대한 잘못된 망상으로부터 우리 자신을 보호하고자 능력이 닿는 한 노력할 것입니다."

흥분의 주체가 민중이든 왕실이든, 분출되는 흥분에 휩쓸리지는 않겠다는 오스트리아의 결의를 이런 식으로 다시금 보여준 다음, 메테르니히는 자신이 보는 "현실"을 진단하였다. 1809년 오스트리아의 군대는 완전한 붕괴를 겪었다. 1811년이라면 6만 명을 동원하는 것조차 불가능했을 것이다. 그러나 이제 오스트리아는 보충부대와 관측부대를 창설한다는 구실로 무시할 수 없는, 그리고 점차 성장하는 군사력의 토대를 만들었다. 나아가, 오스트리아는 프랑스에 중재를 제안했고, 러시아-프로이센 동맹에 참가하기를 거부했다. 메테르니히는 바로 이러한 조치들이 오스트리아라는 국가의 성격에 내재된 것이라고 주장했다. 조약 관계의 신성함에 국가의 존망이 걸려 있는 오스트리아로서는 단지 동맹국이 불운을 겪었다는 동기만으로 편을 바꿀 수는 없으며, 성공에 필요한 재정적 조치는 평화가 유지된다는 조건에서만 시행할 수 있는 것이었다. 뿐만 아니라, 오스트리아는 결정적 전투가 엘베 강과 오데르 강 사이에서 벌어지리라는 것을 미리 내다보았으므로, 자국의 군사력을 보헤미아에 집중해 놓고 나폴레옹의 계획을 최대한 교란하기 위해 자국의 최종적 의사표시는 미루고 있었다. "지난 번 전투 이래 나폴레옹의 특징이 되어버린, 완전히 망상에 사롭잡힌 사고체계에 따라, 그는… 우리가 *예전의* 보충부대로 적극적인 지원을 제공하리라고 기대했습니다. 더더욱 불가해한 것은, 우리가 우리 병력 *전체를* 그의 처분에 맡길 것으로 생각할 만큼 그가 자만했다는 점입니다. 실제 상황은 그 반대입니다. 보충부대는 해체되었고… 6만 이상의 병력이 프랑스군의 측면에 배치되어 있습니다. 설령 나폴레옹이 전투에서 이긴다 하더라도 그가 얻는 것은 아무 것도 없을 것입니다. 오스트리아군은 그가 승리를 이용하도록 허락하지 않을 것이기 때문입니다. 만일 그가 전투에서 패배한다면 그의 운명은 좀 더 빨리 결정될 테지만, 그렇다고 해서 그의 운명이 그 때문에 더 확실해지는 것은 아닙니다… 지든 이기든 오스트리아는 공격을 정면에서 맞이할 것입니다. 우리는 그러한 전망을 두려워하지 않습니다. 지난 20년간 우리는 그 점에 관해서 이미 충분한 증거를 보여드린 바 있습니다. 그러나 만약 우리가 필요한 군사력을 잘못 계산하고 시작한다거나, 우리가 병력을 전장에 배치하기 *이전에* 면밀한 계획을 세우지 않는다면, 그것은 변명할 수 없는 일이 될 것입니다…"[13]

이것이야말로, 수없이 좌절된 열정 덕분에 현명해지고, 무수히 부서진 꿈들 덕분에 신중해졌으며, 헛되이 싸운 허다한 전투들 덕분에 지쳐버린 노대국老大國이 선포하는 정책이었다. 또한 그것은 안전을 확보할 여지가 작은, 불리한 사정을 정확한 계산으로써 보완해야만 하는 국가가 선포하는 정책이기도 했다. 그토록 자주 외세의 침입을 초래한 원인이 되어 왔던 중부 유럽이라는 입지조건을, 이제는 최대한 자유로운 행동을 위해 활용할 차례였다. 위험에 가장 많이 노출된 국가는 당연히 해야 할 일을 하면서도 생색을 내고, 일시적인 고립을 달성하기 위해서는 위기시에 자국이 필요하리라는 점을 활용한다는 것이 새로운 하나의 원칙이었다. 다른 나라들이 지리적 거리라는 혜택을 통해 받은 것을 오스트리아는 외교의 수완으로 달성해야만 했다. 오스트리아가 병력을 결집하는 동안, 메테르니히는 모든 대안이 가용한 것처럼 보이도록 만들면서 실제로는 오스트리아를 대불동맹 진영으로 조금씩 접근시키는 외교의 가닥들을 엮어내고 있었다. 다른 모든 국가들이 확실한 태도를 표명한 이후에 가장 마지막으로 등장한 것이 중앙제국이었다는 사실, 그리고 그 나라가 강화를 조건으로 자국 군대를 동원한 유일한 국가였다는 사실은 역설적이었다.

이 정책의 성공은 경쟁세력의 상대적 힘에 대한 정확한 평가와 효과적인 외교라는 두 가지 요소에 달려 있었다. 메테르니히는 어느 편도 오스트리아의 지원이 없이는 결정적 승리를 성취할 수 없으리라고 확신했기 때문에 오스트리아가 중추적인 국가라고 인식했다. 그리고 모든 경쟁국들 중 오스트리아만이 외교를 전개할 능력을 갖추었기 때문에 그는 자신의 그러한 계산을 실현할 수 있었다. 프랑스와 대불동맹 사이의 관계는 "변혁적인" 것이었다. 그들은 정통성 원칙의 성격에 관한 싸움을 했던 것이고, 외교는 필경 도움이 되지 못할 터였다. 그러나 오스트리아는 양측이 각각 "정통성"이 있다고 여기는 근거를 바탕으로 양측 모두에 호소할 수 있었다. 대불동맹 측에 대해서는 유럽의 균형상태라는 필요성에, 나폴레옹에 대해서는 인척관계의 책무에 근거해서 호소하는 방식이었다. 분명한 사실은, 메테르니히의 섬세함도 나폴레옹의 망상이 아니었다면 소용이 없었을 것이라는 점이다. 나폴레옹의 망상 가운데서도 자신에게 가장 큰 손해를 끼친 것은 장인이 사위를 상대로 전쟁을 치를 수는 없다는 그의 믿음이었다.

III

이제 중부 유럽의 양쪽에서 두 군대가 서로 다가옴에 따라, 메테르니히는 오스트리아가 나폴레옹에 대항하는 동맹에 가입할 때까지 지속될 무장 중재를 개시했다. 그는 마치 양 진영 사이의 간격은 직접적인 접촉으로 메워지기에는 너무나도 심대하다는 듯이, 그리고 마치 임박한 전투가 오스트리아의 필요불가결함을 드러낼 수밖에 없게끔 되어 있기라도 하다는 듯이 양측 본부에 두 명의 전권사절을 파견했다. 슈타디온이 대불동맹 진영의 본부로 파견되었을 때 지니고 간 오스트리아의 제안은 강화조건이 너무나 온건한 나머지 오스트리아의 동기에 대한 의심에 기름만 부은 격이었다.[14] 그러나 강화조건에 관한 논의는 어차피 시기상조였다. 5월 2일 대불동맹군은 뤼첸Luetzen[역주3]에서 패배했으며, 5월 16일에는 바우첸Bautzen[역주4]에서도 패했다. 당면한 재난을 피하는 것이 승리의 전리품에 관해 논란을 벌이는 것보다 급선무가 되었다.

대불동맹의 패배는 황제[역주5]를 공황상태에 빠뜨렸다. 천하무적인 것처럼 보이는 나폴레옹과 맞닥뜨리게 되자, 1805년과 1809년의 기억에 압도된 황제는 프랑스군이 당장에라도 남쪽으로 말머리를 돌려 자신의 영토를 침략해올 것처럼 두려워했다. 메테르니히의 대영국 창구 역할을 하고 있던 하르덴베르크는 이렇게 보고했다. "만일 나폴레옹이 이 순간 (오스트리아의 의도에 대한) 명확한 설명을 요구한다면, 분명히 황제는 무조건적인 중립을 약속할 것입니다… 저는 오스트리아의 목표를 추구하는 데 얼마만큼의 노력을 기울일지에 관해 메테르니히와 황제 사이에는 이미 심각한 의견충돌이 있었다는 사실을 알고 있습니다."[15] 그런 연유로 메테르니히는 다시금 강화를 거론하게 되었고, 부브나를 나폴레옹의 사령부로 파견했다. 원래 부브나에게는 그저 "대칭적 외교"를 위해 모호한 지침만을 주어 파견할 생각이었다. 그러나 이제 황제의 주장에 따라, 부브나는 슈타디온이 대불동맹 측에 전달한 것과 동일한 강화조건을 나폴레옹에게 전달하라는 지시를 받았다.[16] 그리고 부브나에게 주어진 추가적 훈령은 중재자로서가 아니라 오스트리

아의 사절로서 행동하라는 점을 강조하고 있었다.[17]

그러나, 나폴레옹은 세 가지 환상을 가지고 작전을 개시했다. 그는 대불동맹을 해체시킬 만큼 위력적인 타격을 생각하고 있었다. 그는 자신이 택하는 어떤 시점에라도 러시아와는 단독 강화를 교섭할 수 있을 것으로 믿었다. 또한 그는 오스트리아로부터 지원까지는 아니더라도 최소한 중립을 기대하고 있었다. 그러나 그가 두 전투에서 이긴 후 5월 말이 되었는데도 그는 승리를 거둘 수 없었다. 기병대의 부족으로 인해 근접 추격전을 벌일 수 없었다는 이유도 있었지만, 더 중요한 원인은 이번 전쟁의 "규칙"이 항복도 단독 강화 교섭도 배제하고 있기 때문이었다. 5월 18일, 나폴레옹은 러시아 전초기지에 사절을 파견해 차르와의 면담을 요청했다. 그러나 차르는 협상은 일체 오스트리아를 통해 시행할 것을 주장하면서 면담을 거절했다.[18] 메테르니히는 이제 나폴레옹의 남은 한 가지 환상, 즉 오스트리아의 선의에 대한 그의 기대를 이용해 그가 전투에서 승리하여 거둔 성과를 빼앗아 오는 데 착수했다. 동맹군이 실레지엔으로 철수하는 동안, 슈타디온은 오스트리아가 중재의 기회를 갖기 위해 휴전협정을 요청하라는 훈령을 받았다.

모든 당사자들이 휴전을 필요로 하고 있었다. 나폴레옹은 기병을 재건하기 위해, 러시아와 프로이센은 군대를 재조직하기 위해, 메테르니히는 동맹을 재결집하고 오스트리아군의 동원을 완성하기 위해서였다. 나폴레옹의 승리로 인해 오스트리아는 작전계획을 불가불 수정해야 했다. 바이에른 북부를 공격하려던 병력은 이제 보헤미아에 이르는 회랑을 보호하도록 배치되었다. 게다가, 5월 16일 슈타디온은 대불동맹 측과 함께 전략 계획을 작성했는데, 오스트리아 참모부에 따르면 그것은 실행하는 데 37일 내지 57일이라는 기간이 소요되는 계획이었다.[19] 그러나 오스트리아의 준비 부족보다 더욱 심각한 문제는 황제의 심리상태였다. 나폴레옹이 약해 보일 때에는 애국적 전쟁을 가장 큰 목소리로 부르짖던 사람들이, 이제 나폴레옹이 천하무적임이 확실해 보이자 화평을 주장했다. 그리고 황제는 완전한 수수방관 상태로 되돌아갈 수 있는 공식을 미친 듯이 찾고 있었다. 메테르니히는 슈타디온에게 이렇게 썼다. "이제 황제와, 두카Duka[역주6]와 우리의 군부 전체가 목청 높여 강화를 요구하고 있습니다… 휴전은 신께서 베푸시는 최고의 은총이 될 것입니다… 휴전은 우리에게 서로를 좀 더 파악하고, 대불동맹 측과 군사적 조치를 의논하고, 가장 취약한 지점에 증원군을 배치할 기회를 제공해 줄 것입니다."[20]

6월 4일에는 플레즈비츠Plaeswitz에서 7월 20일까지 지속될 휴전협정이 체결되었다.[역주7] 마치 결정적인 작전을 수행하기 위해 전장으로 이동하는 사령관처럼, 메테르니히는 자신의 본부를 보헤미아 지방의 성곽인 지친Gitschin[역주8]으로 이동시켰는데, 이곳은 대치하는 양측 사령부의 대략 중간지점에 해당하는 곳이었다. 모든 것이 오스트리아에 달려 있었다. 대불동맹군의 퇴로는 오스트리아군과의 접촉을 유지할 수 있도록 선택되었다. 만약 오스트리아가 중립을 유지한다면 동맹 쪽의 패배가 확실했다. 대불동맹 측에서는 격앙된 분위기가 짙어지고 있었다. 당시 프로이센 진영에 주재하던 영국 전권사절 스튜어트Stewart역주9)가 5월 31일 캐슬레이에게 보낸 보고서는 이러한 분위기를 확연히 반영하고 있었다. "우리의 작전은 오스트리아에 대한 암묵적인 신뢰를 바탕으로 수행되었습니다. 우리는… 군대가 정상적인 활동을 할 수 있을지 대단히 의심스러운… 좁은 지역에서 전쟁을 감행한 것입니다. 우리는 칼리쉬와 직접 연락을 취할 수 있는 브레슬라우Breslau역주10)도 포기했으며, 그로써 폴란드를 보나파르트의 영향력 아래로 양보하고 말았습니다. 그런데도 오스트리아는 아직도 뚜렷한 입장을 밝히지 않고 있습니다… 본직은 회의에서건 전투에서건 이런 식의 상황 진전을 전혀 기뻐할 수 없습니다."[21] 메테르니히는 대불동맹 측이 합의된 목표를 메테르니히 특유의 방식, 요컨대 황제를 설득할 수 있는 유일한 방식으로 달성하도록 허용할 것이라는 전제하에 자신의 정책을 입안했다. 그러나 이제 그는 실패할 위험에 처했다. 아무리 호의적인 나라라 하더라도 타국의 복잡한 국내 사정 때문에 재앙을 감수하려 들지는 않을 것이기 때문이었다.

슈타디온이 사령부로 가져온 강화안에 대불동맹국의 모든 의심이 집중되었다. 오스트리아의 제안은 일리리아를 오스트리아에 반환할 것, 바르샤바 공국에서 프로이센의 영토를 확장할 것, 프랑스는 라인강 우안右岸에 대한 영유권을 포기할 것, 독일 내 프랑스 위성국가들의 집단인 라인 동맹을 해체할 것을 골자로 하고 있었다. 대불동맹 측은 5월 16일 반대 제안을 통해, 스페인의 독립이라든지, 프로이센이 1806년 이전과 같은 크기의(그러나 동일한 영토는 아닌) 영토를 획득한다는 공약 등 몇 가지 조건을 덧붙였다.[22] 그러나 논란의 초점은 강화조건보다 훨씬 더 근본적인 데 있었다. 대불동맹 측은 나폴레옹과 협약을 맺기는 주저하면서도, 최소한 자국의 안전보장 요건이 반영된 계획을 원하고 있었다. 나폴레옹과는 *그 어떤* 합의도 불가능하다고 확신하고 있던 메테르니히로서는 대불동맹 측 제안이 초래할 심리적 여파를 우려했다. 대불동맹은 평화의 조건을 말하고 있었고, 메테르니히는 전쟁의 명분을 말하고 있었다. 대불동맹 측은 나폴레옹이 오스트리아의 온건한 조건을 수용할까봐 우려한 반면, 메테르니히는 대불동맹 측의 비타협적 태도로 인해 나폴레옹이 프랑스 국민을 결집하고 오스트리아 황제의 마음을 움직일 기회를 얻게 될까봐 우려했다.

문제의 핵심은 다가오는 회의의 목적과 관련된 것이었다. 만약 회의가 합의를 달성하기 위한 것이라면, 참가자들의 계획은 그들의 요구를 최대한 반영하는 것이어야 했다. 그러나 만약 합의에 도달하는 것이 불가능하다는 점을 보여주는 것이 회의의 목적이라면, 최소한의 요구가 반영된 계획이 필요했다. 안정적인 국제질서에서는 요구를 제기하면 협상이 가능하다. 변혁적 시대에는 일단 주장된 요구는 프로그램의 성격을 띤다. 안정된 질서에서의 외교회담에서는 서로 대립하는 참가자들의 차이점을 조정하려는 시도가 이루어지지만, 변혁적 상황에서는 회의의 목적이 심리적인 데 있다. 회의는 행동의 구실을 만들려는 시도로 점철되며, 아직 확실한 입장을 정하지 못한 측이 주된 표적이 된다. 안정적 질서에서 최소한의 요구를 제시한다는 것은 협상의 유연성이라는 이점을 포기하는 것이나 마찬가지다. 변혁적 시기의 가장 큰 어려움은 아직 입장이 명확치 않은 참석자에게, 변혁을 꾀하는 자가 사실은 혁명가이며 그의 목표가 무제한적임을 설득해야 한다는 데 있다. 어떤 요구라도 거절할 상대방에게 터무니없는 요구를 제시하면 이와 같은 어려움은 한층 더 복잡해진다. 그럼으로써, 실행해도 위험하지 않은 온건한 조치를 옹호할 수 있는 유리한 입장을 상대방에게 양도하게 되고 만다. 1813년 5월에 입장이 불분명한 요소는 오스트리아 *내부에* 있었다. 메테르니히는 자신의 황제에게 나폴레옹의 목적을 폭로할 수 있는 회의를 원하고 있었던 것이다.

그러므로 메테르니히의 상황 판단이 정확한지에 모든 것이 달려 있었다. 만약 나폴레옹의 정책이 완벽한 융통성을 갖추었다면, 그는 메테르니히의 최소한의 요구를 수용함으로써 메테르니히를 무력하게 만들 수도 있었다. 그러나 외교에서 완벽한 융통성이란 문외한의 환상일 뿐이다. 모든 가상 상황의 가능성을 균등하게 가정하면서 정책을 수립하겠다는 것은 정치를 수학과 혼동하는 일이다. 모든 가능성에 대비하기란 불가능하기 때문에, 상대방이 완벽한 융통성을 가지고 있다고 상정하면 어떤 행동도 불가능한 상태에 빠지고 만다. 그러나 눈에 보이지 않는 것까지 이해하는 사람이라면, 그 어떤 나라도 "정통성"이라는 목표를 포기할 수 없고 그 어떤 개인도 자신의 존재 이유를 포기할 수는 없다는 사실을 인식할 것이다. 그것을 포기하는 것은 물리적으로 불가능한 것이 아니라 심리적으로 불가능하다. 나폴레옹이 해상에서의 강화를 성취할 수 있었음을 깨닫기 이전에 대륙의 강화를 추구한다거나, 라인 강 일원과 일리리아에 걸친 정복지를 포기했다면, 그것은 나폴레옹이 더 이상 나폴레옹이 아님을 의미했을 것이다. 메테르니히는 영토의 할양보다 더 근본적인 뭔가를 요구하고 있었다. 그것은 바로 혁명적 정책의 중단이었다. 그런 의미에서 아마도 그의 정책은 나폴레옹을 나폴레옹 자신으로부터 구하도록 고안된 것이라고도 말할 수 있었다.

따라서 대불동맹 측의 전권사절들은 6월 10일 오스트리아의 강화안에 대해 슈타디온과 논의하면서 자신들의 입장을 최대한 반영하는 방안을 요구했으나, 슈타디온은 *최종* 강화회의시까지 그런 요구를 미루어 달라고 설득했다.[23] 이것만으로도 메테르니히의 관심이 협상 계획이 아니라 전쟁의 명분에 있었다는 점은 확연했을 터였다. 그러나 의구심의 여지를 없애고자, 메테르니히는 6월 14일 슈타디온에게 자신의 입장을 재확인하는 서한을 보냈다.[24] 메테르니히는 "황제께서는 강화회의가 개최되어 나폴레옹이 이 정도 요구조차도 수용하지 않는 것이 확실해지기 전에는 행동을 개시하지 않으실 것"이기 때문에 오스트리아의 제안은 중요하다고 주장했다. 과도한 요구를 제기하는 것은 나폴레옹에게 유리한 게임을 하는 것이며, 그에게 프랑스 국민을 결집하고 민족의 명예를 명분 삼아 싸우도록 기회를 주는 셈이었다. 요컨대, 문제는 *안전한* 평화가 불가능함을 보여주는 데 있는 게 아니라, *그 어떤* 평화도 불가능함을 증명해야 하는 데 있었다. 그리고 나폴레옹이 오스트리아의 최소한의 조건을 수용해 버림으로써 모든 계산을 뒤집지 않도록, 메테르니히는 조건이 수용된다고 해서 대불동맹 측이 강화회의에서 추가적 요구를 제기하지 않으리라는 의미는 아니라는 단서를 추가했다.

추정컨대, 이상이 6월 19일 오포치나Opotschna역주11)에서, 여동생을 만난다는 구실로 그곳을 방문하고 있던 차르에게 메테르니히가 개진한 논리였을 것이다. 메테르니히가 주장한 내용이 무엇이었건, 대불동맹과 오스트리아 사이의 협상은 차르가 사령부로 복귀한 이후 급진전을 이루었으며, 6월 27일에는 라이헨바흐Reichenbach역주12) 조약으로 귀결되었다. 이 문서는 오늘날의 역사학자들조차도 그것을 나폴레옹이 비타협적 태도를 취한 증거로 인용할 만큼 모호한 내용을 담고 있었다. 사실상 그 조약의 의미는 오스트리아가 예비적 강화를 위한 자국의 중재를 러시아와 프로이센 왕실이 수용하게 만들었고, 만약 나폴레옹이 7월 20일까지 바르샤바 공국의 해체, 프로이센의 확장, 오스트리아에 대한 일리리아의 반환, 함부르크Hambourg와 뤼베크Luebeck역주13)의 자유시 지위 회복[25] 등 네 가지 조건을 수용하지 않으면 나폴레옹에 대항하는 전쟁에 참가하겠다는 것이었다. 이러한 조건들이 '온건한' 것이었다거나, 정복자에게 '관대한' 것으로 보였다는 것은 중요치 않다. 그 유연한 외양 속에는 훨씬 더 중요한 사실이 숨겨져 있었다. 지극히 모호한 외교를 7개월이나 지속한 끝에, 오스트리아가 결정적인 시점에 구체적 조건 아래에서 전쟁에 참여하겠다고 나선 것이었다.

라이헨바흐 조약은 반년에 걸친 메테르니히의 고통스러운 노력에 어울리는 절정에 해당되었다. 그의 움직임은 어찌나 점진적이었던지, 불과 몇 달 전까지만 해도 지극히 대담해 보였을 조치가 마치 객관적 상황을 필연적으로 반영하는 것처럼 보이게 만들었을 정도였다. 그리고 그의 외교적 수완은 어찌나 뛰어났던지, 라이헨바흐 조약의 제안이 지닌 표면적 온건함이 그러한 제안이 무의미하다는 사실 자체를 감출 정도였다. 이는 조약이 오로지 오스트리아의 공약을 규정하고 있을 뿐, 대불동맹 측의 의무에 관해서는 언급하지 않고 있기 때문이었다. 조약은 오스트리아 황제의 중재를 프로이센과 러시아 왕실에 제공한다고 언급하고 있을 뿐, 대불동맹 측이 어떤 조건으로 그것을 받아들이는지에 관해서는 침묵했다. 또한 조약에는 프랑스가 네 가지 조건을 거부하면 전쟁에 돌입한다고 되어 있었으나, 프랑스가 동의하는 경우에 대불동맹 측이 어떻게 대처할지에 관한 내용은 없었다.[26] 오스트리아 황제는 그렇지 않았을지 몰라도 최소한 메테르니히는 강화의 가능성에 대해 어떤 환상도 품을 수 없었다. 프로이센과 러시아의 장관들은 공히 6월 19일자 서한에서 오스트리아의 조건을 자신들의 강화 조건으로서가 아니라 중재의 기초로서만 받아들일 뿐이라는 점을 분명히 했기 때문이었다.[27]

이러한 억지 논리는 나폴레옹이 라이헨바흐 조건을 수용하더라도 예비적 강화만을 보장할 것이라는, 그러지 않아도 불길한 조약의 구절에 모호함을 더했을 따름이었다. 사실상 나폴레옹은 강화의 대가로서가 아니라 강화 교섭의 가능성을 대가로 라인강을 국경으로 수용하라는 요구를 받았던 것이다. 언제나 자기 왕조의 운명을 자신의 약화되지 않는 제국의 존속과 동일시하는 사나이가 스스로 나약하다고 고백하는 것이나 다름없는 그런 조건에 동의하리라는 가정은 터무니없는 것이었다. 나폴레옹이 어떤 반응을 보일지 메테르니히가 확실히 알 수 있었다는 사실이야말로 전쟁의 진정한 논거에 해당한다. 힘의 우위에 모든 것을 걸었던 나폴레옹은 힘의 한계를 깨닫기 전까지는 타협할 리가 없었고, 그것을 깨닫고 나면 때는 이미 늦을 터였다. 단지 살아남는 데 모든 것을 걸었던 오스트리아의 황제는 나폴레옹의 요구가 균형상태의 체계와 양립할 수 없음이 증명되기 전까지는 참전을 결정할 리가 없었다. 라이헨바흐 조약은 이 두 가지 명제를 수학적 등식과 같은 필연성으로 상호 수렴시켰다. 결국 메테르니히의 외교는 황제와 나폴레옹이라는 두 인물의 개성에 대한 정확한 평가에 기초한 것이었던 셈이다. 그 외교의 성공은 형체를 파악할 수 없는 것들의 실재를 증명해 주었다.

IV

이제 오스트리아가 동맹에 참가하기까지는 작은 한 걸음만 남아 있었다. 스튜어트는 6월 16일 캐슬레이에게 다음과 같이 썼다. "이제 메테르니히는 영웅적이고, 프란츠 황제는 소심한 사람처럼 보입니다. 그를 적절한 상태로 북돋우어… 소신 있게 결정을 내릴 수 있도록 만드는 것이 현재의 목표입니다… 프란츠 황제 폐하는 사태가 원하는 만큼 유리하세 전개될 것으로 보지 않습니다. 황제에게 보나파르트의 배후에서 행동함으로써… 그의 사위를 괴멸시킬 수 있다는 점을 지적해도, 그는 평화적 조치의 한계 내에서 왕권을 행사하는 쪽을 택합니다."[28] 메테르니히 외교의 마지막 단계는 온건한 조치들로는 나폴레옹에게 제약을 가할 수 없음을 보여주는 것이었다.

나폴레옹 자신이 무모한 행동으로 결말을 앞당기고 말았으니, 그의 행동은 오스트리아의 태도에 대해 그가 아직 착각을 하고 있음을 보여주는 것이었다. 메테르니히가 오포치나에서 차르와 만난 것을 알게 된 후, 그는 드레스덴Dresden[역주14]의 사령부에서 의견교환을 갖자고 메테르니히를 초대했다. 메테르니히는 슈타디온에게 다음과 같이 썼다. "나의 불운한 점괘가 나를 드레스덴으로 부르고 있소… 거기서 대화를 한다 해도 아무런 결론도 나지 않을 겁니다… 나는 이 여행이 문제의 핵심을 가장 명확하게 드러낼 수 있는 수단이라고 생각합니다."[29]

후일 메테르니히는 1813년 6월 26일 드레스덴에서의 나폴레옹과의 면담을 극적으로 묘사하게 될 터였다. 대기실을 가득 채운 장관들이 그에게서 평화를 위한 마지막 기회를 찾고 있었다든가,

화려한 나폴레옹과 침착한 메테르니히라든가, 한 구석으로 모자를 던졌지만 그것을 주워들기 거절한 일화라든가, 또는 헤어지면서 "폐하께서 패배하실 겁니다"[30]라고 예언한 일에 관해서 말이다. 그러한 기록이 실제로 벌어진 일을 그대로 설명한 것은 아니더라도, 옛 사람들의 역사라는 의미에서는, 즉 심리적으로는 진실한 기록이라고 할 수 있다. 드레스덴에서 의지의 인간man of will과 균형의 인간man of proportion이 마지막으로 서로 마주 보며 대치했던 것이다. 그 의지의 인간은 한계를 인식하는 최후의 통찰력을 갖지 못함으로써 파멸했다. 그 대화의 요지는 메테르니히가 나폴레옹 면담 직후에 황제에게 올린 간략한 보고서에 포함되어 있다[31] 그 핵심은, 나폴레옹이 오스트리아의 중재 조건을 알려달라고 요구하자 메테르니히는 나폴레옹이 먼저 무장 중재의 원칙을 수용할 것을 주장했으며, 나폴레옹은 러시아에 폴란드의 일부를 양보하는 것 외에는 다른 어떤 국가도 이득을 취할 "자격"이 없다며 영토의 다른 어느 부분도 포기하기를 거부했고, 메테르니히는 영토 문제라면 강화 회의에서 제기되어야 한다면서 논쟁을 회피했다는 것이었다. 나폴레옹은 마치 평화가 자신의 의지에 달려 있는 문제라는 듯이 주장을 펼쳤으나, 그의 호통은 어딘가 애처롭게 보였다. 그는 더는 자신의 의지를 효과적으로 실현할 힘을 갖고 있지 못했기 때문이었다. 메테르니히는 부분적으로는 적의 아둔함 덕분에 자신이 비로소 주도권을 장악하게 된 궁정외교의 판으로 싸움터를 옮길 요량으로 회의를 소집하려 했다. 나폴레옹이 교묘히 빠져나가는 상대방을 붙들어 기껏 휴전의 연장 따위를 얻어내려고 오스트리아의 무장 중재와 회의 소집에 동의했을 때, 그는 자기 발로 함정에 들어가고 말았다. 이제 남은 문제는 평화가 아니라 전쟁의 명분뿐이었다.

6월 30일 메테르니히와 나폴레옹이 서명한 협정은, 프랑스는 오스트리아의 중재를 수용하고, 휴전을 8월 10일까지 연장하며, 7월 5일 프라하에서 회의를 소집하기로 규정하고 있었다.[32] 오스트리아가 새롭게 확보한 독립성은 프랑스와의 동맹으로부터의 이탈이라는 결과로 나타났다. 그것은 아마도 나폴레옹이 오스트리아의 무장 중재를 수락한 것보다도 더 상징적인 조치였을 것이다. 6월 27일, 메테르니히는 중재 기간 동안에는 중재의 목적과 양립할 수 없는 동맹의 효력을 일시 중지시킬 것을 요구했다. 6월 29일, 프랑스 외교장관은 "프랑스는 우방국에 부담이 되기를 원치 않으므로"[33] 오스트리아를 모든 의무로부터 해제한다고 발표했다. 그리하여, 1813년 6월 말 오스트리아는 자국의 목표를 달성했다. 오스트리아는 나폴레옹에 대항하여 형성된 동맹을 통제하는 주체였으며, 아무런 방해도 받지 않고 15만의 병력을 소집했다. 이제 전쟁이든 평화든 어떤 상황에서도 오스트리아의 국내 체제가 위협받을 일은 없어졌다. 오스트리아의 국내 체제는 이제 중앙제국의 존속을 위한 유일한 보장에 해당하는 유럽의 균형상태와 조약관계의 신성함을 통해 정통성을 확보하게 되었기 때문이다. 빈정거림이 전혀 없지는 않았으나, 메테르니히가 드레스덴에서 황제에게 다음과 같이 쓴 것은 당연했는지도 모른다. "만약 우리가 어중간한 조치들로 우리 스스로를 제한했었다면 오늘날 오스트리아는 과연 어디에 있었겠습니까?"[34)]

그러나 아직 메테르니히는 휴전을 연장할 필요성에 관해 대불동맹 측의 확신을 얻어야만 했다. 오스트리아의 중재가, 애당초 대불동맹 측이 그토록 마지못해 동의했던 라이헨바흐 조약을 위반하는 조치를 시발점으로 개시된다는 것 자체가 이미 상서로운 조짐은 아니었다. 비록 대불동맹 측의 모든 각료들이 오스트리아와 프랑스 사이에 비밀 양해가 존재한다고 캐슬레이에게 보고했던 스튜어트 같았던 것은 아니었지만, 그들은 오스트리아의 약속 이행이 6월 1일로부터 7월 20일로, 이제 또다시 8월 10일로 반복해서 지연되고 있다는 사실을 지적했다. 오스트리아가 과연 행동에 돌입할 것이라고 어떻게 확신할 수 있다는 말인가? 그럼에도 메테르니히는 완강했다. 7월 20일에 그는 대불동맹 측이 전투를 재개한다면 자신이 그것을 막지는 못하겠지만, 그런 일이 벌어지면 황제는 아마도 오스트리아의 무조건적인 중립을 선포할 것이라고 주장했다. 덧붙여, 그는 오스트리아가 사실상 외교적으로만이 아니라 전략적으로도 동맹의 중추가 되었다는 점을 상기시켰다. 그는 오스트리아의 중립은 대불동맹 병력의 보헤미아 통과를 불가능하게 만들 것이며, 그렇게 되면 엘베 강 지역에서 나폴레옹의 지위는 변하지 않을 것이라고 주장했다. 요컨대, 메테르니히가 자신의 정책을 국내적으로 정당화하기 전까지 전쟁은 개시될 수 없었다.

그러므로 프라하에서 개최된 회의의 의의는 전권사절들 간의 협상에 있는 것이 아니라 관찰자들에게 미친 영향에 있었다. 관찰자 가운데서도 특히 중요한 인물은 오스트리아의 황제였다. 메테르니히와 황제가 주고받은 논의가 문제의 본질이 무엇인지를 또렷이 드러내 주고 있었다. 6월 12일, 메테르니히는 황제에게 훈령을 요청하는 서한을 발송했는데, 실상 그것은 이제 성공이 코앞에 다가왔다며 확고부동한 신념을 호소하는 내용에 가까운 것이었다.[35] 서한은 더 이상은 결단을 회피할 수 없다는 주장으로 시작하고 있었는데, 이런 식의 단언은 황제가 줄곧 혐오하는 것이었다. 메테르니히는 국력이 물질적 힘과 통치자의 개성이라는 두 요소에 달려 있다고 주장했다. 오스트리아는 현행의 정책을 통해서 달성할 수 있는 최상의 성과를 거두었으나, 그러한 성취조차도 결국은 결단을 필요로 했다. 메테르니히가 황제의 비상한 단호함과 끈질김에 의지할 수 있을 때에만 비로소 제국은 보전될 수 있으리라는 것이었다. 황제의 심리상태를 잘 아는 사람이라면 이러한 언급은 외형상의 공손함에도 불구하고 대담한 주장임을 알 수 있었다. 사실상 그것은 실패하게 된다면 그것은 물질적 약점 때문이 아니라 의지의 결여 때문이라는 의미였으며, 결단의 순간이 도달했다는 의미였다. "우리는 제국의 일시적인 허약함 때문에 필요했던 현재까지의 정책으로 더 이상 버틸 수는 없습니다. 그때는 허약함을 받아들이는 것이 우리의 힘을 결집한 유일한 방도였습니다… 사실을 말하자면… 우리는 아직도 예전처럼 강하지는 않지만, (오스트리아는) 이제 저울의 균형추로서 우세한 지위를 누리고 있습니다. 이것이 유일하게 올바른 판단임에도, 우리는 그것을 마음에 충분히 새기고 있는 것 같지 않습니다."

절대적인 힘을 계산하면 행동 불능 상태에 빠질 뿐이고, 힘은 국가의 *상대적* 지위에 따라 결정된다는 점을 상기시키면서, 메테르니히는 프라하 회의에서 오스트리아가 당면하게 될지도 모르는 사태에 대비한 포석을 검토하기 시작했다. 그는 중재가 대불동맹에 *유리하게* 이루어질 수밖에 없으며, 오스트리아는 *프랑스가* 라이헨바흐 조약의 기초를 저버릴 때만 전쟁을 선포할 것이라는 점이 오스트리아의 정책에 내포된 명백한 원칙이라고 선언했다. 만약 오스트리아가 제시한 네 가지 조건을 대불동맹 측이 거부하더라도, 오스트리아가 나폴레옹 편에 가담한다는 것은 상상할 수 없는 일이었다. 메테르니히가 자신의 제안을 적절한 시점에 제시할 권리를 유보한 것은 그런 사태에 대비하기 위한 것이었다. 그러나 메테르니히가 정말 두려워했던 것은 대불동맹과는 아무런 관련이 없는 것이었는데, 그것은 다음과 같은 질문에 담겨 있었다. "만약 나폴레옹이 오스트리아의 제안을 거부한다면 소직이 폐하의 확고부동함에 의지할 수 있겠습니까? 폐하께서는 그런 경우가 발생하더라도… 무장 중재에 정당한 명분을 부여할 확고한 결의를 가지고 계십니까?" 메테르니히는 만약에 오스트리아가 다시금 주저하는 것처럼 비친다면, 대불동맹국들의 분노와 나폴레옹의 점증하는 불쾌감이 결합하여, 불성실한 오스트리아를 짓밟기에 충분한 결속을 만들어내리라는 점을 너무나도 잘 알고 있었다. 모호함으로 타국의 공약을 강요할 수는 있었지만, 그 공약은 아무리 뒤로 미루더라도 일종의 요구를 내포하고 있었다. 메테르니히는 다음과 같이 결론지었다. "(만약 우리가 다시금 지체한다면), 우리는 강화도 유리한 전쟁도 아닌 제국의 붕괴만을 초래하게 될 가능성이 큽니다… 그리고 소직은, 최선의 의도에도 불구하고, 모든 정치적 고려와 도덕적 본질을 파괴하고 국가 기구를 해체하는 도구 노릇을 한 셈이 될 것입니다." 메테르니히의 완곡한 어법으로도, 유럽의 장래가 한 사람[역주15)]의 결정에 달려있다는 사실을 흐릴 수는 없었다.

바로 그 한 사람의 심리상태는 그가 자신의 장관에게 보낸 답신 속에 가장 잘 드러나 있다. 그 현학적인 평화의 갈구 속에, 모든 위험에 대한 그 소심한 인식 속에, 오스트리아가 프로이센처럼 성전에 나서기를 바라고 있던 사람들에게 주는 가장 뚜렷한 대답이 들어 있었다. "…평화, 즉 영속적인 평화란, 품격 있는 모든 사람들의 목표이며… 이토록 품격 있는 신민들과 이토록 아름다운 고장이 겪는 고난을 무겁게 느끼고 있는 짐에게는 더더욱 그러하다. 이것이 우리의 목표가 되어야 한다… 우리는 일시적인 이득에 눈이 멀어서는 안 된다…"[36] 오스트리아 제국을, 조심스러운 살림으로 검약하게 관리할 개인적 소유물로 보았던 이 인물은 유럽의 균형상태에 관한 관념으로부터 영감을 얻을 수는 없었고, 민족의 자유 같은 관념으로는 더더욱 아니었다. 강화를 기꺼이 수용할 뜻이 있음을 보이고자, 그는 라이헨바흐 조약에 포함된 일리리아에 대한 권리라는 "오스트리아"의 조건을 포기하겠다고 제안하기까지 했다. 그러면서 그는 만약 나폴레옹이 이렇게 "합리적인" 요구조차 거절한다면 전쟁만이 유일한 해법이라고 단언했다. 프란츠 황제는 마치 시장을 분할하는 것이 상호간의 조화를 위한 최선의 보장이라는 점을 아무리 설명해도 깨닫지 못하는 경쟁상대로부터 스스로를 지키려는 상점 주인과도 같은 결의를 가지고, 후일 "해방 전쟁War of Liberation"이라고 일컬어질 전쟁 속으로 진입했다.

그런 가운데서도 메테르니히는 자신의 목표에 거의 다가서고 있었다. 칼리쉬에서 그는 오스트리아의 무장 중재에 대한 러시아의 승인을 얻었고, 드레스덴에서는 나폴레옹이 동의했다. 이제 황제도 메테르니히의 정책이 가지는 함의를 받아들였는데, 그것이 사소한 성취는 아니었다. 각자 저마다 다른 이유에서 메테르니히의 정책을 수용했다는 사실, 즉 차르는 오스트리아를 동맹으로 확보하기 위해서, 나폴레옹은 오스트리아를 무력하게 만들기 위해서, 그리고 황제는 명확한 입장을 회피하기 위해서였다는 것이 무슨 문제란 말인가? 오스트리아의 중재가 차르에게는 승리를 위한 무기로, 나폴레옹에게는 정복을 위한 무기로, 황제에게는 평화를 위한 무기로 간주되었다고 해서 달라진 것이 무엇인가? 이제 모든 실마리는 메테르니히의 손아귀 속에 있었으며, 마지막 매듭만이 묶이기를 기다리고 있었다.

프라하 회의는 결국 실제로 개최되지는 못했다. 나폴레옹은 자신의 경멸을 드러내기 위해서였는지, 아니면 시간을 벌기 위해서였는지 7월 25일까지 자신의 전권사절을 파견하지 않았다. 차르는 알사스 출신의 안슈테트Anstett를 파견했는데, 그것은 나폴레옹에 대한 계산된 모욕이었다. 영국의 사절로 파견된 스튜어트와 캐스카트는 보조금을 약속한다든지 그것을 철회하겠다는 위협을 통해서 경색국면을 움직일 준비를 하면서 대기하고 있었다. 그러나 회의는 경색될 기회조차 없었다. 오스트리아의 무기력함을 확신한 나머지, 나폴레옹은 군대를 사열하기 위해 사령부를 떠나 출장길에 올랐다. 나폴레옹의 전권사절인 콜랭쿠르Caulaincourt[역주16]는 모든 제안에 관한 최종적 재가를 받으려면 나폴레옹에게 보고해야만 했기 때문에, 절차에 관한 합의에조차 도달할 수 없었다. 7월 30일, 메테르니히는 슈타디온에게 이렇게 썼다. "이곳에서 벌어지고 있는 일로 미루어 볼 때 8월 10일이 우리와 프랑스 사이의 관계의 마지막 날이 되리라는 데 의심의 여지가 없습니다… 콜랭쿠르는 내가 드레스덴에서 깨달은 사실을 확인해 주었습니다. 그것은 바로 나폴레옹이 현 상황을 완전히 착각하고 있다는 점입니다. 나폴레옹은 자신의 계산이 좌절된 나머지, 이제는 자신의 선입견에 부합하는 구상에 집착하고 있습니다. 마치 그는 모스크바에서 알렉산드르가 협상에 임하리라고 확신했던 것처럼, 지금은 결코 오스트리아가 자신에게 대항해서 무기를 들지 못할 것이라고 확신하고 있는 것처럼 보입니다."[37]

그런 연유로, 나폴레옹이 자신의 제국에 영속성을 부여하려는 한 가지 평화적 노력에 해당했던 마리 루이즈와의 결혼이 도리어 그의 몰락을 재촉하는 수단으로 변해버렸다. 콜랭쿠르조차 오스트리아의 확고부동한 입장을 요구했다. 적어도 메테르니히가 황제에 보고한 내용에는 그랬다고 적혀 있었다.[38] 그는 콜랭쿠르가 "전쟁이든 평화든 우리가 속히 프랑스로 결과를 가지고 갈 수 있게 해 주면 삼천만 프랑스인이 고마워할 것"이라고 말했다고 인용했다. 8월 8일, 메테르니히는 최후통첩이라는 형태로 오스트리아의 조건을 콜랭쿠르에게 제시했다. 메테르니히가 상황을 완전히 장악한 나머지, 콜랭쿠르로 하여금 그 내용을 비밀에 붙이도록 서약하게 만드는 데 성공했으므로 나폴레옹이 그것을 활용하여 프랑스 국민을 결집시키기는 불가능하게 되었다. 콜랭쿠르가 나폴레옹에게 "강화를 통해 적대적인 연합을 해체할 것"을 호소했지만 허사였다. 나폴레옹은 자기 장인은 충실성은 아니더라도 그의 비겁함에 기대를 걸 수 있는 인물이라고 생각했다. 나폴레옹으로부터 아무런 연락도 없이 8월 10일이 지나갔다. 8월 11일 사자가 전해 온 나폴레옹의 역제안의 내용은 어찌 보더라도 부적절한 것이었다. 그에 대해 메테르니히는 다음과 같이 답했을 뿐이다. "어제까지 우리는 조정자였지만 이제는 아닙니다. 앞으로 프랑스의 제안은 동맹 3개국의 왕실로 보내셔야 합니다."

V

보헤미아 언덕에 지펴진 모닥불은 오스트리아 군대가 8월 11일 전쟁에 돌입했음을 알렸고, 동시에 비범한 외교적 노력의 종언을 고했다. 오스트리아는 냉철하고 신중하게 행동함으로써 누구도 도전하지 못할 대불동맹의 대변인으로 부상했다. 오스트리아는 그 어떤 위대한 개념을 내어놓은 것도 아니었고, 조급한 세대의 고귀한 꿈을 이용한 것도 아니었다. 오스트리아의 뛰어난 솜씨는 창조가 아닌 균형감각에, 이미 주어진 것으로 간주되는 요소들을 조합하는 능력에 있었다. 메테르니히는 유럽 중부에 위치한 오스트리아의 입지와 독특한 국내 체제에서 말미암은 특수한 요구를 가정하는 데서 출발하여, 조약의 신성함과 주권의 정통성을 기초로 동맹을 결성하는 데 성공했다. 그는 프랑스의 동맹이었던 오스트리아를 그 적으로 변모시켰고, 그 과정의 모든 단계에서 나폴레옹의 승인을 얻었다. 그는 전쟁을 민족해방을 위한 전쟁으로부터 차르가 제안하는 균형상태를 위한 정부 간의 전쟁으로 변모시켰다. 그는 프랑스의 코앞에서 군대를 재건했다. 또한 그는 황제의 승인을 얻어, 오스트리아의 체제와 양립 가능한 강화를 보장해줄 명분을 위한 전쟁 속으로 오스트리아를 이끌었다.

철학자들은 그 정책의 도덕성에 관해 논란을 벌일지도 모르지만, 정치가라면 그의 정책을 공부함으로써 혜택을 얻을 것이다. 재앙에 가까운 두 번의 전쟁으로부터 간신히 회복하고 있던 노 제국이 생존을 위한 투쟁을 앞둔 상태에서 개혁을 실행할 수는 없었다. 정치가는 모든 가능성이 똑같이 열려 있다는 듯이 자신의 정책을 선택할 수는 없다. 다민족국가인 오스트리아는 민족 전쟁을 치를 수도 없었고, 재정적으로 피폐한 국가로서 장기전을 치를 수도 없었다. 다민족국가인 제국의 존속은 "시대정신"에 역행하는 것이었으나, 그 나라의 정치가에게 국가의 자살을 정책 원칙으로 삼으라고까지 요구하는 것은 지나친 일이다. 확실히, 오스트리아의 국내 체제가 좀 더 유연성을 가졌다 하더라도 메테르니히가 다른 정책을 추구하지는 않았을 것이다. 메테르니히의 성공의 비결은 그의 신념과 오스트리아의 상황이 요구하는 바가 일치했다는 데 있었다. 그 말은 곧 메테르니히가 자신의 가장 중요한 가치가 관련된 대목에서는 결코 냉소적인 인간이 아니었다는 뜻이다.

그의 정책은 내용과 형식 양면에서 오스트리아 제국의 본질을 상징하는 것이었다. 오스트리아는 십자군에 가담할 수 없었다. 십자군은 보편적인 주장을 내세우는 반면, 오스트리아의 생존은 한계의 인식, 조약의 신성함과 정통성에 달려 있었기 때문이다. 신중한 수단, 냉정한 계산, 조심스러운 책략 등은 하나같이, 보편적 주장이 사라지고 헤게모니가 더 이상 불가능하게 되는 세계를 추구하는 증거였다. 오스트리아의 정책은 자국민의 정신적 고양으로부터 힘을 끌어올 수 없었기 때문에, 집요하고도 섬세한 외교를 통해 목표를 성취해야만 했다. 정책의 요체는 비례에 있다는 사실과, 정책의 예지는 개별 행동의 "영리함"에 있는 것이 아니라 여러 수단들의 상호 관계에 있다는 사실을 이처럼 명확히 보여준 외교적 활동은 드물다. 각각의 조치는 모호했고, 매 단계마다 다른 설명이 가능했다. 그러나 그 내용을 어떻게 생각하든, 그 결과는 도덕적 틀의 견고함이 잘 시험된 동맹의 출현이었고, 그 업적은 4반세기에 걸친 전쟁 이후에 평화를 다시 세운 것이었다.

메테르니히가 이후 취한 정책의 모든 요소는 이미 이 시기에 명확히 드러났다. 조심스럽게 준비하고, 가능한 한 광범위한 도덕적 합의를 확보할 필요성을 강조하는 한편, 적을 더 확실히 패배시키기 위해 적의 심리를 활용하는 것 등이 그 요소를 이루었다. 그 최고의 업적은 오스트리아 국내의 정통성 원리를 국제질서의 그것과 일치시키는 데 성공한 데 있었다. 오스트리아의 황제는 프로이센에서 온 손님에게 조악한 오스트리아 방언으로, 그러나 당당히 이렇게 질문할 수 있었다. "여보게, 짐이 귀하보다 영리했잖은가? 그대들이 무질서 가운데 하고자 했던 바를 짐은 질서정연하게 해내지 않았는가?"[39]

질서정연한 방법으로 해낸 것은 황제의 공이 아니라 그의 외교장관이 세운 공이었다. 재난을 피하고, 동맹이 수립되었으며, 오스트리아는 다시 한 번 살아남았다. 프리드리히 폰 겐츠는 메테르니히의 업적을 다음과 같이 요약했다. "국가의 건강과 정력이라는 밝은 빛 아래서, 무제한적인 수단을 가지고 세계 속에서 역할을 하기란 그리 어려운 일이 아니다… 그러나 20년간의 폭풍으로 피폐한 선박을 절벽과 소용돌이 사이로, 수천 가지의 장애물과 불리한 어려움 사이로 인도하여 다시금 대양으로 이끄는 솜씨는 많은 사람에게 주어지는 것이 아니다."[40]

그러나 후일 메테르니히는 잔잔한 바다에서 방향을 가늠하는 일이 풍랑 속에서 항로를 찾기보다도 더 어려운 일이라는 점을 증명하게 될 터였다. 풍랑 속에서는 생존의 필요로 인해 자연의 폭력이 영감을 불러일으키는 법이다.

주

1) Text, Oncken, II, 221f.

2) Text, Oncken, II, p.618f.

3) Text, Oncken, II, p.201f.

4) Oncken, II, p.205.

5) Luckwaldt, p.173.

6) Luckwaldt, p.75f.

7) Oncken, II, p. 215. 이런 대화가 메테르니히가 하르덴베르크에게 설명한 내용이며, 만일 사실이 아니더라도 메테르니히가 사실로 기록하기 원했던 내용이었다.

8) Luckwaldt, p.199f. 1813년 4월 20일

9) Oncken, II, p.217f. 하르덴베르크의 보고서

10) Text, Oncken, II, p.224f, p.630f.

11) Luckwaldt, p.215.

12) Text, Oncken, II, p.630f.

13) Oncken, II, p.634.

14) 슈타디온에 대한 훈령, 1813년 5월 7일, Oncken, II, 640f.

15) Oncken, II, p.311. Luckwaldt, p.224도 참조하라.

16) 부브나에 대한 훈령, 1813년 5월 11일, Oncken, II, p.314f; 645f. (불어)

17) Luckwaldt, p.233f.

18) Luckwaldt, p.283.

19) 군사 계획과 관련된 검토에 관해서는 Oncken, II, 320f 및 341f를 참조하라.

20) Oncken, II, p. 336. 황제의 심리 상태에 관한 또 다른 암시는 7월 말 슈타디온이 황제 앞으로 보낸 서한에서도 찾아볼 수 있다. 이 서한에서 슈타디온은 당시의 양호한 상황을 그보다 불과 6주 전의 절망과 비교하면서 이렇게 썼다. "(바우첸 전투 이후) 폐하께서는 대불동맹의 대의명분에 관해 절망하셨습니다. 폐하께서는 전쟁이 목표를 상실했다고 확신하셨으며, 당초 소직을 명하여 파견하시면서 구상하셨던 위대한 목표에 전혀 부합되지 않는 조건으로라도 강화 조약을 맺은 다음, 장차 더 큰 불운이 닥쳐오기를 그저 기다릴 도리밖에 없다고 확신하셨습니다." Oncken, II, p.443.

21) C.C. IX, p. 21, 1815년 5월 31일.

22) Text, Oncken, II, p.318f.

23) Oncken, II, p.340, 슈타디온의 보고서

24) Text, Oncken, II, p.667f, 또한 B.D., p.71, 스튜어트의 보고서도 참조

25) Text, Martins, *Recueil de Traites,* p.106f. 이 단락에는 이렇게 쓰여 있다. "오스트리아 황제는

전면적 강화에 이르기 위한 예비적 강화에 관해 프랑스와 교섭하도록 러시아와 프로이센을 끌어들인 다음, 만약 프랑스가 7월 20일까지 다음과 같은 조건을 수용하지 않을 경우 프랑스에 전쟁을 선포하겠다고 약속했다."

26) Text, Oncken, II, p.365.

27) Oncken, II, p.359f. 또한 B.D., p.78f를 보라.

28) Alison, Sir Archibald, The Lives of Lord Castlereagh and Sir Charles Stewart, 3 Vols. (London, 1861). Vol. I, p.667.

29) Text, Oncken, II, p.362.

30) N.P. I, p.151f.

31) N.P. II, p.462f.

32) Text, Fain II, p. 454.

33) Text, Oncken, II, p.392.

34) Oncken, II, p.395.

35) N.P. II, p.463f.

36) N.P. II, p.467f.

37) Oncken, II, p.440. B.D., p.79도 참조하라. (스튜어트의 보고서)

38) 프라하에 머무는 동안, 메테르니히는 자신의 주장과 교묘하게 비슷한 콜랭쿠르와 푸쉐의 주장을 담아 다량의 보고서를 보냈다. 예컨대 Oncken, II, p.433f를 참조하라.

39) Springer, Anton, *Geschichte Oesterreich's seit dem Wienen Frieden von* 1809, 2 Vols. (Leipzig, 1863). Vol. I, p.222. "Schaun's war ich nicht gescheiter wie Sie? Hab'ich nicht in Ordnung getan, was Sie in Unordnung tun wollten?"

40) Srbik, I, p.128.

역주1) 신성로마제국의 황제였던 레오폴트의 열세 번째 아들인 오스트리아 대공 요한(1782-1859). 1809년 제5차 대불동맹 당시 오스트리아 육군 원수였던 그는 1813년 실패한 알프스에서의 반란으로 가택연금을 당한 적이 있었다.

역주2) 나폴레옹 휘하에서 장군으로 활약하다가 1813년 비엔나 주재 프랑스 대사로 임명된 루이 마리 자크 아말릭 콩트 드 나르본-라라(Louis Marie Jacques Amalric, comte de Narbonne-Lara 1755-1813). 그는 같은 해 11월 작센(Saxony)에서 티푸스로 사망했으며, 후일 그의 이름은 개선문 동편 벽에 새겨졌다.

역주3) 라이프치히 남서쪽 18km 지점에 위치한 독일 작센 지방의 도시.

역주4) 현재 독일 동부 작센 지방 구릉 지대에 위치한 도시.

역주5) 오스트리아의 프란츠 황제를 가리킨다.

역주6) 1813년 당시 오스트리아 황제의 군사 고문이던 페테르 두카 폰 카다르(Peter Duka von Kadar 1756-1822)를 가리키는 것으로 보인다.

역주7) 플레즈비츠의 휴전(The Armistice of Pläswitz)이라고 불린다. 대불동맹군이 실레지엔과 바우첸에서 패퇴한 뒤 메테르니히의 제안으로 라이프치히시의 외곽인 플레즈비츠에서 체결되었다. 대불동맹과 프랑스 양측 공히 전열을 정비할 시간이 필요함에 따라 체결된 이 협정으로 작센 전체가 나폴레옹에게 양보되었으며, 나폴레옹은 오데르 연안지역을 양보했다. 이 협정에 따른 휴전은 당초 7월 10일까지 지속될 예정이었으나, 실제로는 8월 10일까지 휴전이 지속되었다.

역주8) 현 체코 프라하 북동부의 도시 유이친(Jicín).

역주9) 영국의 군인이자 정치가였던 찰스 윌리엄 스튜어트(Charles William Stewart 1778-1854). 캐슬레이의 이복동생이었으며, 그의 외고손이 윈스턴 처칠이다. 16세부터 군인으로 복무하다가 정치에 입문했으며, 나폴레옹 전쟁 당시에는 기병대 지휘관으로 전공을 쌓았다. 오스트리아 주재 영국 대사로 9년간 근무하면서 비엔나 회의에 참석했다.

역주10) 폴란드 남서부 도시 브로츠와프(Wroclaw). 이 도시는 실레지엔 지방의 수도에 해당했으며, 지난 한 세기 동안 폴란드, 보헤미아, 오스트리아, 프로이센, 독일 등의 영토가 되었다가 1945년 폴란드에 귀속되었다.

역주11) 지금은 체코의 도시인 오포치노(Opocno).

역주12) 오늘날 폴란드 남서부의 도시 제르조뉴프(Dzierzoniów).

역주13) 함부르크 북쪽에 있는 북부독일의 항구도시로, 현재도 독일의 주요 항구이다.

역주14) 체코와 가까운 엘베 강 계곡에 위치한 독일 작센 지방의 도시.

역주15) 오스트리아의 프란츠 황제를 가리킨다.

역주16) 프랑스의 군인이자 외교관이었던 아르망 루이 드 콜랭쿠르(Armand-Augustin-Louis, marquis de Caulaincourt 1773-1827).

| 제6장 |

동맹의 시험

대불동맹에 관한 도서국가의 관념—메테르니히에 대한 캐슬레이의 불신—폴란드 문제—일반적 동맹조약을 위한 캐슬레이의 구상—동맹전쟁의 문제—프랑크푸르트 제안—캐슬레이의 대륙 파견

I

메테르니히가 복잡한 일들에 매달려 있는 동안, 나폴레옹과 가장 오랜 기간동안 가장 치열하게 싸워왔던 나라의 정치가는 무력한 초조함을 달래며 그저 기다릴 도리밖에 없었다. 캐슬레이에게 나폴레옹의 불성실은 너무도 자명한 것이어서, 그것을 드러내려는 그 어떤 노력도 비겁함이나 모종의 심오한 계략을 감추려는 시도처럼 보였다. 또한 그에게는 단지 그런 시도의 실패가 초래할 심리적 영향만을 위해서 회의를 개최한다는 것은 아무 의미 없는 책임회피로 보였다. 외교정책의 방어적 관념은 위협의 대상으로 인식하는 국가에 대항한다는 단 하나의 목적에 최대한 집중하는 결과를 낳는다. 그러나 그것만으로는, 태도를 결정하지 못하고

있는 다른 나라들을 설득할 수 없다. 모두가 위험을 이해한다면 위험을 일깨우는 일은 굳이 필요치 않을 것이다. 위험을 경험하기 전까지, 공동행동을 하자는 호소는 타국의 명분을 위해 싸우자는 호소처럼 보일 것이며, 그 독선적 태도로 인해 더욱 더 짜증스럽게 느껴질 뿐이다. 이런 이유 때문에 영국은 대륙의 국가들이 차례로 프랑스와의 단독 협정이라는 환상이나 고립의 무력함에 굴복하는 동안에도 홀로 남아 있었다. 또한 이러한 이유 때문에 영국은, 나폴레옹이 가장 온건한 조건조차도 거부함으로써 한계를 받아들이지 못하는 자신의 성격을 드러내고 있는 동안 옆으로 비켜서 있었던 것이다.

메테르니히는 강화조건과 관련된 모든 협상에서 영국 대표들을 대불동맹의 사령부에 참여시키지 않았다. 공식적인 이유는 영국이 오스트리아의 중재를 거부했기 때문이라는 것이었다. 그러나 메테르니히가 영국을 배제한 진정한 이유는 황제에게 전쟁의 필요성을 확신시키려는 그의 노력을 무위로 돌릴만한 조건들을 영국이 주장할까봐 우려한 데 있었다. 프로이센에 파견된 찰스 스튜어트 경이나 러시아 사령부에 파견된 캐스카트 경처럼 대불동맹국의 궁정에 주재하던 영국의 사절들이 메테르니히에 관해서 당혹감을 감추지 않았던 것도 무리가 아니었던 셈이다.[1] 재앙을 전혀 경험하지 못한 국가는 대재앙을 예감하면서 시행하는 정책을 이해하기 어려운 법이다. 상황이 좋지 못한 동맹국이 위험을 피하려고 시도하는 것이 마치 퇴폐적인 잔꾀에서 비롯된 행동처럼 보이게 된다. 메테르니히가 런던에 파견한 사절인 베센베르그Wessenberg 남작역주1)의 역할은 더할 나위 없이 비참한 것이었다. 그는 사교계에서 배척당했고, 섭정왕세자가 공식적으로 접견해 주지도 않았으며, 언론의 악의에 찬 공격을 받으면서 간신히 견디고 있었는데, 한때는 대중의 분노를 피해 시골로 도피하는 것까지 심각하게 고려했다.[2] 한편, 스튜어트는 비열한 음모를 파헤친다는 임무를 자임하고 그에 충실하게 대불동맹 사령부에서 다음처럼 썼다. "저는 메테르니히가 모종의 가족 동맹을 시도할 것이라고 생각할 수밖에 없습니다… 만일 회의가 개최되는 쪽으로 사태가 진행된다면 모쪼록 유능한 인물이 파견되기를 기도할 뿐입니다. 틀림없이 그런 사람이 필요합니다… 회의에는 지독하게 영리한 친구가 참석해야 할 겁니다."[3]

캐슬레이가 1813년 봄에서 이른 여름 사이에 유럽의 정세를 살피면서 만족감을 느낄 이유는 거의 없었다. 대불동맹군이 중부 유럽에 머물러 있었지만 그 군대는 지나치게 많은 기회로 인해 오히려 마비된 것처럼 보였다. 영국은 비록 이제 고립된 것은 아니었으나, 그렇다고 해서 강대국간 협조체제의 일원이 된 것도 아니었다. 부분적으로는 장거리 소통의 어려움 때문이었지만, 더 큰 이유는 입장이 절대적으로 확고한 국가는 협상의 여지를 갖지 못한다는 데 있었다. 영국의 가장 효과적인 협상 무기는 동맹군에 대한 보조금 지급을 보류하겠다는 위협이었으나, 보조금 조약이 서명된 지 불과 사흘 뒤에 체결된 라이헨바흐 조약이 증명해 주듯이 그것만으로는 강화협상을 막을 수 없었다.[4] 메테르니히의 조치는 비록 널리 오해를 받았지만, 아직도 영국이 유럽의 완전한 일부는 아니며, 최소한 영국을 배제한 대륙의 평화를 생각할 수는 있다는 사실을 시사하고 있었다. 영국이 대륙국가들만의 합의를 불가능하게 만드는 국제 질서를 위해 싸우고 있던 것도 아니었다.

대륙만의 강화에 대한 두려움의 이면에는 두 번 다시 홀로 고립되지는 않겠다는 결의가 있었다. 세력균형에서 균형자가 지속적으로 배제되는 상황이라든지, 바다 건너편 대륙이 도서국가에 *반하는* 정책을 펼칠 능력을 갖게 된다는 잠재적 위협에 비한다면 다른 어떠한 상황도 그보다는 나을 터였다. 필요한 경우에는, 영국은 다른 동맹국과 *함께* 강화조약을 체결할 수만 있다면 기대에 못 미치는 강화에도 기꺼이 합의할 준비가 되어 있었다. 캐슬레이는 캐스카트에게 다음과 같이 썼다. "귀하는 우리를 배제한 대륙의 강화를 경계하지 않으면 안 됩니다. 우리가 체결한 여러 조약에도 불구하고, 우리의 힘이 미치지 못하는 요인으로 인해서 우리가 배제될 위험이 있습니다… 그러므로 동맹 측에 우리를 비난할 구실을 주지 않기 위해, 동맹 측과 교섭할 의향이 있다는 점을 분명히 밝혀야만 합니다."[5] 교섭이 불가한 부분은 오로지 스페인, 포르투갈 및 시칠리아의 독립과, 스웨덴에 대한 영국의 의무 이행뿐이었고, 물론 해양의 권리들도 거기에 해당되었다.[6] 도서국가는 대륙에, 만약 그 한가운데가 아니라면 적어도 해상로를 지킬 수 있는 주변부에 영향력을 위한 약간의 거점을 보유할 필요가 있었다.

캐슬레이는 거기서 한 발 더 나아갔다. 7월 13일 그는 프로이센과 러시아 대사들의 호소에 응하여, 다소 무뚝뚝하게나마 오스트리아의 중재를 받아들였다.[7] 그는 강화가 불완전한 것이므로 대영제국으로서는 정복한 식민지 중 어느 것도 양보할 의향은 없다는 점을 지적함으로써, 재빨리 수락의 조건을 덧붙였다.[8] 프랑스가 상실했던 식민지를 회복하는 방안만이 나폴레옹으로 하여금 오스트리아의 조건을 수락하게끔 만들 유인이었으므로, 캐슬레이의 이러한 입장은 합의를 거부할 권한을 유보하겠다는 것이나 마찬가지였다. 다른 서한에서, 캐슬레이는 예비적 강화에 대해서조차 장애물을 덧붙이면서, 메테르니히의 불가해한 정책에 대한 극도의 불신감을 표현하는 권고로 글을 맺었다. "보나파르트가 호된 교훈을 얻긴 했지만, 휘하에 그런 대군을 무장시켜두고 있는 한, *메테르니히 백작 같은 부류조차 자기 이름을 서명할 명분이 있다고 여길,* 유럽의 안정을 위한 확고한 원칙을 제공할 합의사항에도 *복종하지*(저자 이탤릭) 않을 것입니다."[9] 캐슬레이는 상황의 분석에 있어서 자신과 메테르니히가 얼마나 완벽하게 일치하는지를 모르고 있었다. 어쨌든 영국은 이제 와서 승리의 과실을 나누는 협상에서 배제되자고 십 년간이나 홀로 싸웠던 것은 아니었다.[10]

영국이 중재를 수락한다는 소식이 도착했을 때 주사위는 이미 던져진 상태였으며, 사실상 그 소식은 오스트리아가 전쟁을 선포하기 이전에 오스트리아 궁정에 전달되지도 못했고, 그 후에는 단지 성의의 표시로만 받아들여졌다.[11] 그 이후 캐슬레이는 동맹이라는 현실을 그 필요성에 대한 인식으로 전환하는 일을 자신의 과업으로 간주했다. 그는 캐스카트에게 프라하 회의의 성공 가능성이 희박했음에도 그로 인해 자신이 얼마나 초조했는지 고백했다.[12] 9월과 10월에 걸친 그의 서한에는 공통의 위험을 강조하는 주장과, 그의 현학적인 평소의 문체에서는 찾아보기 어려운 웅변을 통해 공동 행동의 필요성을 언급한 대목이 많다. 그는 캐스카트에게 다음과 같이 썼다. "유럽의 군주들은 아무리 크게 굴복하더라도 그것이 그들에게 안전도 휴식도 가져다주지 못한다는 사실을 차례로 깨달았습니다. 그리고 그들이 자신을 대상으로 하는 적대행위로부터 벗어나자마자… 다른 애꿎은 국가들을 정복하는 프랑스의 도구로 전락할 것을 강요당한다는 사실도 깨달았습니다… 동맹의 진정한 기초로 언제나 염두에 두어야만 하는 것은 바로 *이러한 공통의 위험*(저자 이탤릭)입니다… 프랑스에 대항하여 공동보조 하에 체결될 강화는 설령 그 조건이 좀 덜 유리하더라도, 논쟁의 결과로서 적으로부터 받아낼 최대한의 양보보다도 바람직한 것입니다… 이러한 협조만이 적국의 군사력을 자연스러운 수준으로 축소시키고 유럽이 스스로의 전과戰果에 의해 서서히 정복되는 것을 막는 길입니다."[13]

오스트리아만이 아직까지 결단을 못하고 있는 것처럼 보였다. 캐슬레이가 메테르니히의 우유부단함을 계속 의심한 것도 이상한 일이 아니었다. 메테르니히는 여전히 승리보다는 세력균형에 관심이 있었고, 프랑스의 붕괴보다는 프랑스의 힘을 제한하는 데 더 많은 관심이 있었기 때문이다. *그 어느 나라가* 우위를 점하는 상황도 피하려 했던 메테르니히는 러시아의 야심을 자극할 공백상태를 막고자 노력했다. 반면, *프랑스의* 우위만을 막고자 했던 캐슬레이는 대불동맹을 최대한 활성화시키려고 시도했다. 캐슬레이는 오스트리아의 결의에 대해 어찌나 의구심을 품었던지, 전쟁을 국가 간의 전쟁이 아닌 민족전쟁으로 변모시키라든지, 대중의 열정에 호소하라는 등등 수많은 조언을 쏟아냈다. 그것은 메테르니히가 회피하고자 그토록 용의주도하게 애썼던 모든 것들을 하라는 주문이나 마찬가지였다. 캐슬레이는 캐스카트에게 이렇게 썼다. "본인이 보기에는 문제의 본질을 오해할 여지조차 없습니다. 오스트리아의 외교장관은 결심을 서두르면 서두를수록… 위험을 덜 무릅쓰게 될 것입니다. 현 상황은 이미 민족 간의 싸움이지 정치가들의 게임이 아닙니다. 만일 그가 다른 원칙에 바탕을 두고 상황을 다룬다면 그는 보나파르트의 손에 놀아나게 될 것입니다."[14] 오스트리아의 변절을 우려한 나머지, 캐슬레이는 심지어 국제질서의 사회적 기반까지 주장했다. 그는 애버딘Aberdeen[역주2]에게 다음과 같이 썼다. "(메테르니히의) 귀는 전쟁의 소리를 감당할 수 없으며, 그는 국가의 귀를 향해 큰 소리로 말하기보다는 속삭이려는 천성을 가진 것처럼 보입니다… 대혁명의 전쟁사戰爭史가 우리에게 가르쳐준 것은 프랑스 땅에서 일단 괴물이 탄생하면 그것은 뛰쳐나와 다른 곳에서도 먹이를 구하게 될 것이라는 점을 두려워하라는 교훈이었습니다… 지금은 인민이 유일한 방벽입니다. 인민은 프랑스에 반대하고 있으며, 이것이야말로 오스트리아처럼 방어가능한 국경도 전혀 없는 국가가 다른 무엇보다도 우선하여 스스로의 방어를 위해 사용할 결심을 하지 않으면 안 되는 방패인 것입니다."[15] 이처럼 캐슬레이가 모처럼 시도한 사회철학 방면으로의 나들이를 통해서 프랑스에 단호히 대항할 것을 주문하는 논거가 한 가지 더 추가되었다.

실상 오스트리아를 향한 캐슬레이의 간곡한 권유는 오해로 인한 것이었다. 오스트리아가 주저하는 것처럼 보였던 이유는 프랑스의 위협에 대한 인식이 부족해서가 아니라, 메테르니히가 또 다른 위험을 우려하고 있었다는 사실을 캐슬레이가 알아채지 못한 데 있었다. 캐슬레이가 유럽의 균형상태를 형성할 조건을 규정하기 위해 "이기적이지 않은" 세력인 영국과 러시아의 공동 행동을 구상하고 있는 동안, 차르는 중부 유럽을 위협하여 자신의 뜻대로 좌지우지할 계획을 완성해가고 있었던 것이다. 캐슬레이는 메테르니히에게 보편적 지배의 위험성에 관해 훈계하면서도, 자신의 말을 메테르니히가 유념하고 있다는 사실을 잘 몰랐다. 다만, 메테르니히는 한 눈으로는 나폴레옹을 보면서도 다른 한 눈으로는 차르와 폴란드를 보고 있었던 것이다.

II

1795년에 사라져버린 국가와 자기 원칙의 고결함을 자랑하던 군주가 위대한 동맹에 불화의 요인을 제공했다는 사실은 역설적이었다. 1795년에 세 번째로 분할된 폴란드라는 나라는 1807년 나폴레옹이 프로이센의 지배를 받던 폴란드 지역에 바르샤바 공국을 부활시키고 거기다가 1809년 전쟁 이후 오스트리아가 지배하던 폴란드 지역을 합쳐놓기 전까지는 폴란드 애국자들의 가슴에 영감으로서만 존재하고 있었다. 1812년 나폴레옹은 폴란드인의 애국심을 러시아 침공의 도구로 이용했다. 그는 그 전쟁을 폴란드 전쟁으로 간주한다고 선포하면서 병력을 8만 명으로 증원시켰는데, 거기서 남은 병력이 1813년에도 여전히 프랑스군의 일부를 이루고 있었다. 그러나 모스크바로부터의 퇴각은 폴란드를 드네프르Dnieper강역[주3)]까지 확장한다는 환상을 산산조각 내버렸다. 러시아군이 서쪽으로 진격하자 폴란드에게 남겨진 운명은 예전에 열강에 의해 분할되었던 상태로 돌아가는 것 밖에 없으리라고 여겨졌다.

그러나 종종 폴란드는 이기는 편을 잘 고르는 능력보다는 열성적인 애국자의 덕을 더 많이 보았다. 러시아군이 폴란드로 접근하자, 아담 차르토리스키는 어린 시절 친구였던 차르 알렉산드르를 떠올렸다. 차로토리스키의 부친은 나폴레옹의 후원 하에 전폴란드연맹the Confederation of all Poles 선언을 주재했던 인사였으며, 그 자신은 그 일을 계기로 러시아군에서 전역한 바 있었다. 그는 12월 6일 다음과 같은 내용이 포함된 서한을 차르에게 보냈다. "폐하께서 우리나라에 승리자로 입성하신다면, 폐하께서는 폴란드에 대한 폐하의 옛 구상을 실행하실 생각이십니까? 폐하께서는 폴란드를 정복하면서 그 마음도 얻고자 하십니까?"

이 서한의 모호성은 서한을 수신한 인물의 불안정한 심리상태와도 잘 어울리는 것이었다. 나폴레옹은 차르를 가리켜 위대한 능력을 갖춘 인물이지만 무슨 일을 하건 언제나 "뭔가가" 부족하다고 말한 적이 있었다. 말하자면 이느 대목에 어떤 특정한 부분이 부족하게 될지를 아무도 예단할 수 없다는 점에서, 그는 완전히 예측불가한 인물인 셈이었다. 메테르니히는 차르를 가리켜, "남성적 덕성과 여성적 결함의 기묘한 결합. 진정한 야망 앞에서는 지나치게 약하고 순수한 허영에 대해서는 지나치게 강한" 사람이라고 묘사했다.[16] 신비하면서도 교활하고 이상주의적인 동시에 타산적이기도 했던 차르는 러시아의 승리를 구체적으로 정당화할 보편적인 원칙과 소인배들이 이기적이라고 여길 법한 열망을 떠받드는 고귀한 동기가 혼재하는 모순적 감정의 인간이었다. 그는 위대한 자기희생을 할 능력이 있었고, 신성동맹 기간에 여러 차례 그런 능력을 증명한 적도 있었다. 그러나 다른 한편 그는 잔인하고 믿을 수 없는 인물이기도 했다. 탈레랑은 알렉산드르를 가리켜 "괜히 (미친) 차르 파벨Paul[역주4]의 아들로 태어난 게 아니다."라고 말했다. 알렉산드르가 자신의 목표와 보편적 정의의 요구가 일치한다고 확신하고 있었다는 데는 의심의 여지가 없다. 적어도 그의 치세의 초기에는 그러한 요구가 대체로 러시아의 국익과 맞아떨어지는 경우가 많았다는 사실에는 더더욱 의문의 여지가 없다. 알렉산드르에게 강한 영향을 미친 인물은 유년시절의 스위스인가정교사 라 아르프La Harpe역주5)였는데, 그는 알렉산드르를 이상적인 계몽주의 군주로, 즉 보편적 공리를 기반으로 통치하고 신민들에게 너그러운 은총을 베푸는 철인 왕philosopher-king으로 길러내려고 노력했다. 대공 시절 알렉산드르는 아담 차르토리스키에게 폴란드의 자유를 위해 애쓰겠다고 약속한 적이 있었다. 차르토리스키의 서한이 가리키는 내용은 바로 이 약속이었다.

알렉산드르가 차르토리스키에게 보낸 답장은 그의 성격의 이중성을 보여준다. "복수심은 짐이 알지 못하는 감정이오. 악을 선으로 갚는 것이야말로 나의 즐거움이오." 폴란드에 대한 자신의 목표가 변하지 않았다고 확언한 후, 그는 러시아 국내는 물론 오스트리아와 프로이센으로부터 제기될 반대에 관해 설명했다. 경솔하게 진의를 밝히면 오스트리아와 프로이센으로 하여금 동맹에 가입하는 대신 프랑스의 품으로 달려가도록 만들 것이라는 이야기였다. 그럼에도, 그는 군사적 상황이 나아지면 자신의 계획이 좀 더 뚜렷해질 것이라는 언질을 주었다.[17] 폴란드의 독립을 위한 동기를 부여한 것은 고귀한 영혼이었는지 몰라도, 그것을 성취하는 방식은 교활한 것이 될 터였다.

알렉산드르는 자신이 식언하지 않는 사람임을 증명했다. 칼리쉬 조약은 의미심장하게도 폴란드 영토를 프로이센에게 귀속시킨다는 약속을 배제하고 있었으며, 협상과정에서는 그 대신 가능한 보상으로 작센 지방이 거론되었다. 그러나 차르가 자기 야심의 전모를 드러내지 않으려고 신중을 기했음에도 불구하고, 우리가 이미 살펴본 바와 같이, 메테르니히는 이미 그것을 알고 있었다. 게다가 오스트리아는 러시아가 중부 유럽 깊숙이 확장하는 데 대해서도, 동유럽 국가이던 프로이센이 독일의 지배적인 세력으로 변모하는 데 대해서도 무관심할 수는 없었다. 러시아가 오데르 강 연안 근처까지 확장된다면, 방어할 수 없는 동부국경을 갖게 되는 프로이센은 러시아의 위성국가로 전락할 터였다. 독일 내부로 세력을 집중시킨 프로이센이 오스트리아와 지배권을 다투게 될 지도 모를 일이었다. 따라서 메테르니히는 프랑스를 완전히 괴멸시킴으로써 러시아의 협상력만 강화시켜 줄 공백을 서둘러 초래할 이유가 없었다. 특히 영국이 아직 명확한 태도를 보이지 않고 있는 상황에서는 더더욱 그랬다. 대영제국이 단순히 나폴레옹을 패배시키는 것 너머까지 유럽의 균형상태를 생각할 수 있을지, 또는 앤트워프를 가장 효과적으로 방어하는 길은 폴란드를 방어하는 것이라는 점을 깨달을 수 있을지는 아직도 알 수 없는 상태였다.

그때까지도 캐슬레이는 그런 문제들을 인식하지 못하고 있었다. 만약 누군가 알려주었더라도 그는 틀림없이 모든 것을 메테르니히의 궤변이라고 비난했을 것이다. 그에게는 여전히 이 전쟁이 외국의 지배라는 경험으로 인해 야심을 스스로 억제하도록 길들여진 국가들끼리 균형상태의 회복을 위해서 벌이는 다툼이었다. 프랑스 이외의 어떤 국가가 평화를 교란한다는 것은 생각조차 하지 못했기 때문에, 이 기간에 캐슬레이가 보낸 수많은 서한의 어느 대목에서도 그런 상황에 관한 직접 또는 간접적인 언급을 전혀 찾아볼 수 없다. 그는 피트의 구상에 기초해서 정책을 추진해 나갔다. 그것은 "현실에 만족하는" 세력인 러시아와의 협조를 통해 유럽의 균형상태를 창출하고, 중유럽 국가들 사이의 역사적 경쟁을 억제하면서 대불동맹을 활성화하는 한편 유럽의 평화를 보장한다는 것이었다. 그런 이유로, 피트의 구상이 규정하고 있던 것처럼, 전후 강화를 위한 모든 제안은 반드시 가장 먼저 차르에게 제시되었던 것이다. 영국과 오스트리아 두 나라의 국내 체제 사이에 비록 큰 차이가 있더라도, 영국과 마찬가지로 균형상태와 안정을 요하는 대륙 국가인 오스트리아야말로 영국의 당연한 동맹이라는 사실을 캐슬레이가 깨달은 것은 그가 대륙을 방문한 이후였다.

이런 오해로 인해 그가 알렉산드르와 나눈 대화는 불쾌한 것이 되었는데, 대화의 결론이 모호했던 진정한 이유가 즉시 드러나지 않았기 때문에 더더욱 그러했다. 차르를 처음으로 상대하면서, 캐슬레이는 순전히 영국의 조건만을 제시했다. 그 조건들은 스페인, 포르투갈, 또는 시칠리아의 독립과 같이 영국의 점령지역에 관한 내용이라든지 아직 학술적 영역에 있던 네덜란드의 독립과 같은 사항을 확인하거나, 모든 강화 회의에서 해양의 권리에 관한 논의를 배제함으로써 충족되는 것이었다. 캐슬레이가 대불동맹에 대해서 가졌던 우려가 무엇이었건, 그는 거의 광적인 집착을 가지고 이러한 목표들을 추구했다. 네덜란드나 해양의 권리에 관해서는 특히 그러하였다. 이르게도, 4월 10일에 벌써 그는 캐스카트에게 이런 서한을 썼다. "차르의 초조한 관심이 네덜란드로 향하게끔 만들기 바랍니다. 프랑스군을 라인강 건너편으로 퇴치하고 네덜란드의 안전한 존속을 보장하지 못한다면, 그 어떤 조치도 프랑스에 대항할 충분한 방벽이 되어주지 못할 뿐더러, 대륙에 있는 우리 동맹국들과의 안전한 소통을 확보할 수도 없을 것입니다."[18] 네덜란드의 독립은 기회가 있을 때마다 강조해야 할 사항이었다. 하지만 대불동맹의 군대가 아직도 먼 곳에 있는 상황이었으므로, 차르의 애매모호한 대답은 단지 군사 정세를 반영하는 것일 뿐이라고 받아들여질 수도 있었다.

같은 시기에 해양 문제도 난국에 직면했다. 캐슬레이가 이 문제에 관한 어떠한 논의도 회피하고자 노력했음에도 불구하고 차르는 영국과 미국 사이의 중재를 제안함으로써 사태를 위기로 몰아넣었다. 영미간의 전쟁은 대체로 중립 선박을 수색할 영국의 "권리"에 관한 문제를 두고 벌어지고 있었기 때문에, 영국으로서는 아픈 데를 찔린 셈이었고, 캐슬레이는 날카로운 경고로 반응했다. 그는 캐스카트에게 이렇게 썼다. "그 어떤 교섭에서든 일체의 해양 문제를 사전에 배제할 필요성을 차르가 깨닫도록 만드는 일이 중요하다는 점을 강조하고자 합니다. 만일 깨닫지 못한다면, 그는… 강대국 사이에 오해를 야기할 소지가 있습니다. 오늘날 유럽의 안전이 그 나라들의 결속에 달려 있는데 말입니다…" 런던에 주재하는 러시아 대사가 논쟁의 소지가 큰 이 문제를 재차 제기했을 때, 캐슬레이는 훨씬 더 긴 서한으로 답했다. 그는 영국의 그 어떤 각료도 감히 해양의 권리에 관해서 타협할 수 없다는 점을 강조하고, 만약 유럽의 강대국들이 프랑스에 대항할 균형추를 만들어내는 데 관심이 있다면 이 주제를 끌어들임으로써 불화의 씨앗을 만들어서는 안 될 것이라고, 불길한 어조로 덧붙였다.[19] 실로 영국으로서는 대불동맹보다도 우선하는 지상의 국익이 바로 거기에 있었던 것이다.

피트 구상의 기본 개념은 일반적 동맹을 교섭함으로써 유럽의 균형상태를 위한 조건을 규정하는 것이었다. 캐슬레이가 피트 구상의 이러한 기본적 개념을 실행하려 했을 때, 다른 문제가 발생했다. 그는 프라하 회의의 결렬 소식을 접하고 수 일 후에 차르에게 다음과 같이 호소했다. "만일 어떤 국가가 단독 강화를 시도한다면, 그것은 바로 프랑스로 하여금 여타 국가들의 운명을 좌우할 수 있도록 내버려두는 것입니다. 러시아가 보전되고 독일이 구원받은 것은 스페인의 전쟁 덕분이었고, 스페인이 정복을 면할 수 있을 것처럼 보이는 것은 독일에서의 전쟁 덕분입니다… 부침浮沈을 함께 하자는 결의가 유일한 안전보장이고, 이를 성취하자면 연합국들은 공통의 이익이라는 확고한 원칙에 합의해야 합니다."[20] 따라서 전쟁의 정통성은 전적으로 프랑스를 타도할 필요성에 있으며, 제시된 조건은 이러한 목표를 반영하고 있었다. 네덜란드, 시칠리아, 스페인, 포르투갈의 독립을 보장하고, 이탈리아와 라인동맹으로부터 프랑스의 영향력을 제거하며, 나폴레옹에게 패배하기 전에 지배력을 미치던 범위까지 오스트리아와 프로이센의 영토를 회복시킬 것 등을 요구하고 있었던 것이다.

캐슬레이는 차르가 이러한 제안들을 주저 없이 수락할 것이라고 확신했다. 그는 캐스카트에게 차르의 행동이 영국 정부에 확실한 인상을 심어주었다는 점을 차르가 확실히 인식하도록 만들라고 촉구하였으며, 영국과 러시아가 다른 강대국들로 하여금 대불동맹에 가입하도록 공동으로 초청할 것을 제안하였다. 캐슬레이는 신중한 상대를 대담하게 만들 최선의 방법은 온건하면서도 결연한 동맹국이 곁에 있다고 확신시키는 것이라고 생각하고 있었으며, 그럼에도 불구하고 만일 뭔가 문제가 생긴다면 그것은 오스트리아 때문일 것이라고 생각했다.[21] 그러나 이상하게 까탈을 부린 쪽은 차르였다. 캐슬레이의 서한은 대불동맹군이 라이프치히 전투 직후 패주하는 적을 추격하고 있을 때 도착했지만, 차르는 군사적 골칫거리가 있다는 핑계로 수차례나 면담을 회피했다. 마침내 10월 26일 캐스카트가 차르를 만났을 때, 차르는 영국 측이 제안한 동맹에 대한 원칙적 동의를 표명하면서 구체 조항에 관해서는 자신의 각료인 네셀로데Nesselrode역주6)와 상의해 달라고 했다.[22] 그러나 그 이후의 면담부터 그의 말수는 점점 더 줄어들었다. 차르는 자신의 선의를 내세워 공식적 결정을 불필요하게 만들고자 하였으며, 다시금 해양의 권리 문제를 제기하는가 하면, 영국이 전쟁 중에 점령했다가 반환할 식민지를 구체적으로 제시할 것을 주장했고, 미래의 보조금에 대한 확약을 요구하기도 했다. 그는 강화 조건이 "실제 상황"을 반영해야 할 것이라고 수수께끼처럼 말하면서도, 그 표현을 무슨 의미로 이해하면서 사용했는지는 명확히 밝히지 않았다. 캐스카트는 가장 많은 문제를 일으킬 것으로 예상했던 오스트리아가 유연하고, 도리어 차르가 이토록 완고하다는 점이 기묘하다고 보고했다.[23] 이 또한 오해였다고 할 수 있다. 메테르니히가 유연했던 것은 바로 차르가 그처럼 어렵게 굴고 있었기 때문이었던 것이다.

사실상 대불동맹은 목표를 공언하면 화합의 결여가 드러나게 될 수도 있는 중대한 국면에 다다랐다. 동맹국들과 공동의 적국 사이에 존재하는 입장 차가 동맹에 참가하는 각국들 간의 차이보다 커야 한다는 것은, 거의 정의상 동맹의 본질이라고 할 수 있다. 화합의 외양이 가장 효과적인 무기들 중 한 가지이므로, 동맹은 그 참가국 중 하나가 공동의 적에 거의 맞먹는 정도의 위협으로 변할 수도 있다거나, 심지어 승리로 인해 국가들의 상대적 지위가 변화함에 따라 어쩌면 적보다 더 큰 위협이 될 수도 있다는 사실을 결코 인정하지 못하는 법이다. 그러므로 현상유지status quo 국가와 팽창적acquisitive 국가 사이에 맺은 동맹은 언제나 어려운 문제를 야기하고, 오해나 회피의 경향이 생겨난다. 그러한 동맹에서 오해가 뿌리 내리는 이유는, 참가국 중 일부에만 해당하거나 기본적 권력관계에 영향을 미치지 않는 지엽적인 문제는, 각국의 특수한 주장을 상호 인정함으로써 상대적으로 손쉽게 해결되는 경향이 있기 때문이다. 반면에 회피가 발생하는 이유는, 전쟁이 성공적으로 진행되는 가운데 근본적인 문제의 해결이 오래 지연되면 될수록, 팽창적 국가의 입지가 군사적으로나 심리적으로 강해지기 때문이다. 적이 완전히 패배하면 한 쪽의 균형추가 사라지기 때문에, 현상유지 국가는 결국 적의 패배 덕분에 상대적 지위가 더욱 향상된 예전의 동맹에게 항복하거나 맞서 싸워야 하는 선택의 기로에 서게 된다.

그러므로 현상유지 국가는 가급적 전쟁의 초기 단계에 전쟁 목표를 명확히 정의하도록 노력해야만 하는데, 그것은 사실상 적의 압력이나 적에 대한 공포를 자국에 유리하게 활용하는 것을 뜻한다. 팽창적인 동맹국과 공동의 적 사이에 존재하는 간격이 충분히 넓기만 하다면, 승리에 대한 욕망이나 보복의 공포로 인해 문제는 조속히 해결될 수도 있다. 이상이 오스트리아의 대불동맹 참가로 귀결된 메테르니히의 외교 활동을 이끈 발상이었다. 또한 그것이 전쟁 기간 내내 그의 정책이 될 터였다.

반면에, 팽창적 국가는 최종적 문제해결을 가능한 한 뒤로 미루고자 노력할 것이다. 그런 노력을 통해 팽창적 국가는 온갖 이득을 누린다. 만약 그 국가가 최종적 해결은 군사적 상황에 따라 이루어져야 한다고 주장한다면, 적의 완전한 파멸로 권력의 공백상태를 야기할 전면전이 벌어질 가능성이 크다. 그 공백이 크면 클수록 균형상태는 크게 교란되고, 무제한적 주장이 "자연스러워" 보이게 될 것이다. 단독 강화만이 이러한 상황을 방지할 터이나, 현상유지 국가로서는 만약 물리적 이유에서가 아니라면 적어도 심리적 이유에서, 기존의 조약을 위반하는 방식으로 전쟁을 종식하기가 대단히 부담스러울 것이다. 왜냐하면 현상유지 국가에게 진정한 전쟁목표에 해당하는 안정이란, 조약 관계의 신성함을 인정하는 데 달려 있기 때문이다. 만약에 팽창적 국가가 자국의 목표가 정말로 "제한적인" 것임을 주장하면서 그 보증으로서 자신의 선의를 앞세운다면, 동맹의 선의를 믿었을 때 가장 많은 혜택을 얻을 나라들에 동맹의 불화에 대한 부담을 전가할 수 있게 된다. 이런 나라들은 동맹국이 선의를 증명하기 전까지는 그 주장이 불성실한 것인지 확인할 길이 없고, 문제의 동맹국은 돌이킬 수 없는 상황이 되기 전까지는 증명하기를 회피하려 들 것이기 때문이다. 대불동맹의 군대가 서쪽으로 진군하는 동안, 차르는 군사정세에 기초를 둔, 그리고 자신의 선의로 축성祝聖될 강화에 관해서 거창하게 떠벌였다.

그러나 캐슬레이의 제안은 차르에게 양난을 안겨주었다. 그 제안은 프랑스를 억제시킬 의도로 제시되었지만, 곰곰이 생각해 보면 러시아를 제한하는 것이기도 했다. 차르가 동맹에 동의하면 그가 자신의 목표를 공언조차 하지 않은 상태에서도 다른 국가들은 자신들의 주요한 목표를 보장받게 될 것이기 때문이었다. 만약 차르가 폴란드에 관한 자신의 계획을 밝힌다면, 프랑스와 오스트리아 사이의 단독 강화를 초래하게 될 지도 몰랐다. 만약에 모든 국가들이 그들의 이익을 확보한다면, 폴란드 문제를 최종적 해결시까지 미루어 두는 것은 위험한 일이었다. 그러나 만일 차르가 폴란드 문제를 동맹의 목표 중 일부로 포함시킨다면 나중에는 최종협상에서 해결할 아무런 문제도 남아있지 않게 될 수도 있었다.

메테르니히 또한 명백한 입장을 밝히지 않고 있었다. 차르는 자기가 동맹국들의 목표에 동의하면 동맹국들이 러시아가 취할 보상에 동의할 유인이 사라질까봐 우려하고 있었던 반면에, 메테르니히는 영국이 일단 자국의 특수한 조건이 충족되고 나면 대륙에서 발을 뺄까봐 걱정하고 있었다. 영국이 자국의 안보 요건으로 간주하는 것이 쉘트 강 하구의 확보인지 또는 유럽의 균형상태인지 아직 분명치 않았다. 영국이 태도를 더 분명히 할 때까지, 메테르니히는 네덜란드에 대한 영국의 집착을 폴란드에 관한 차르의 의도를 좌절시키는 데 이용할 작정이었다.

정반대의 이유로, 차르와 메테르니히는 공히 영국이 제시하는 동맹을 회피하고 있었다. 메테르니히는 영국이 제안한 조약을 유럽의 방어에 관한 영국의 공약을 확보할 하나의 도구로 보았던 반면에, 차르는 그것을 권리를 주장할 수단으로 간주했다. 그러나 메테르니히는 차르의 그러한 의도를 알고 있었으며, 그를 자신의 핑계로 이용했다. 그는 동맹조약에 서명할 의사가 있음을 여러 차례 밝혔지만 러시아의 참여 없이는 조약이 무의미하다고 주장했다.[24] 그런가 하면, 그는 러시아의 최종적인 묵인을 확보할 것을 보장하겠다는 제안을 한 적도 있었다. 당시 영국의 신임 오스트리아 주재 대사는 남의 말을 곧잘 곧이듣는 성품의 애버딘이었는데, 하루는 메테르니히가 그에게 이렇게 말했다. "그런데 친애하는 애버딘 대사, 캐슬레이 경에게 본인이 표하는 경의를 전해주기 바라고, 우리의 충심과 노력에 관해 그가 요구할 다음 번 증거는 무엇인지 여쭈어 주기 바라오."[25] 마침내 러시아의 묵인을 확보할 수 없음이 분명해지고 나서야, 메테르니히는 애버딘 대사에게 조약에 서명할 의사를 실제로 표하면서 조약에 서명하겠다고 말했다.[26] 그러나 메테르니히가 확실히 예상했던 것처럼 애버딘은 그것을 거절했다.

그리하여 캐슬레이는 자신이 운명적으로 적대할 수밖에 없는 나라의 지지를, 그것도 전쟁의 위협을 무릅쓰고 구하는 반면, 자신에게 최상의 지지 세력이 되어줄 나라를 불신하고 있었다. 이러한 오해가 불식될 때까지, 영국의 정책은 핵심을 벗어난 것이 될 수밖에 없었다. 캐슬레이는 캐스카트에게 보내는 서한에 점점 깊어지는 자신의 의구심을 요약했는데, 행간에서 짐짓 꾸며낸 합리성과 성의를 능욕당한 노여움이 느껴지는 그 서한은 러시아를 팽창적 국가로 간주하지 못하는 것이 피트의 유산임을 입증해주고 있었다.[27] 그는 서한의 모두에서 차르가 선의를 주장하면서 군사적 정세의 진전을 언급한 바 있음을 지적했다. 그런 다음, 동맹을 제안한 것이 차르에 대한 불신의 표시라는 비난은 온당치 않다고 주장했다. 왜냐 하면, 대영제국은 처음부터 러시아를 신뢰할 수 있는 대상으로 점찍었으며, 주로 러시아의 "폭넓은 시야"에 정책의 성공을 의지했기 때문이라는 것이었다. 캐슬레이는 군사적 정세의 진전에 관한 차르의 언급도 더는 이해할 수 없다고 했다. 동맹국들의 승리 덕분에 공동의 목표를 성취하기가 더욱 용이하게 되었으며, 동맹 체결을 가로막는 장애물은 늘어나기는커녕 제거되었기 때문이라는 것이었다. 캐슬레이는 분개하면서, 영국이 반환할 식민지를 열거하라는 차르의 요청을 거절했다. 식민지의 반환은 자발적인 제안이었으나, 대륙 국가들이 강화 조건의 윤곽에 합의하기도 전에 구체화할 수는 없는 노릇이었다. 요컨대, 강화가 어떤 형태로 체결되더라도 식민지는 영국의 근본적인 이익을 보장받는 데 활용되어야만 했다. 그리고 캐슬레이는 차르가 여전히 망설이고 있다는 사실이 놀랍기도 하고 믿기지 않기도 하다는 점을 다시 한 번 호소하면서 서한을 끝맺었다. 이처럼 반복적인 주장은 마치 의견의 일치가 잘 이루어지지 않는 이유가 의사소통의 실패에 있기라도 하다는 식의 태도였고, 인내심이 강한 교사가 몇 번이고 설명을 반복하는 것과도 흡사했다. 그는 재차 주장하기를, 대영제국이 먼저 러시아에 접근하였으며, 그것은 러시아를 불신해서가 아니라 영국과 러시아가 그런 동맹을 가장 덜 필요로 하는 두 나라였기 때문이라고 썼다. "…국가들의 정책이 동요하는 가운데… 대영제국과 러시아가 엄숙히 연합함으로써… 금후 프랑스의 압제에 대항할 방벽을 마련할 계기로 삼는 것이 세계에 대한 의무일 뿐 아니라 현명한 일이라고 본인은 생각합니다. (이와 같은) 결의가… 유럽에 항구적인 평화를 보장해줄 최상의, 그리고 아마도 유일한 길일 것입니다… 영국 정부는 원칙에 의거하여 *대륙의 전반적인 이익을 통해 자국의 이익을*(저자 이탤릭) 추구할 준비가 되어 있습니다… 그러나 만일 그러지 못한다고 하더라도, 영국은 고립적인 정책으로 인해 가장 많은 피해를 입는 국가가 되지는 (않을 것입니다).”

나중에 드러난 바에 따르면, 이 도도한 서한은 수신자에게 전달되지 못했다. 캐슬레이로 하여금 대륙을 방문하여 동맹의 협의에 몸소 참가하기로 결심하도록 만든 사건이 발생했던 것이다. 그것은 영국 외교장관이 사상 최초로 대륙을 방문하도록 만들었다는 점에서, 중대한 전환일 수밖에 없었다. 대불동맹은 실로 중차대한 시험에 직면하고 있었다. 자신이 애지중지하는 균형상태가 완전히 붕괴되는 것을 방관할 생각이 없었던 메테르니히가 대불동맹의 이름으로 나폴레옹에게 강화를 제안한 것이다.

III

1813년 8월 11일 오스트리아가 나폴레옹에게 전쟁을 선포했을 때, 대불동맹을 오스트리아가 주도한다는 것은 기정사실이었다. 오스트리아의 육군원수가 동맹군의 최고사령관이었으며, 그 일을 맡은 슈바르첸베르크 공이 나폴레옹의 보충부대를 이끌던 전임 사령관이었다는 사실은 이중으로 얄궂은 일이었다. 메테르니히는 사실상 대불동맹의 총리나 다름없었다. 강화 협상에서 동맹을 대표해 발언한 것도 그였고, 갈수록 승자 편에 가담하려는 숫자가 늘어나고 있던 나폴레옹 수하의 영주들과 협상을 벌인 것도 그였다. 9월 7일에 그는 테플리츠Teplitz역주7) 조약을 체결함으로써 프로이센 및 러시아와 체결한 동맹에 충실함을 과시했다. 그 조약은 라인강까지 독일을 해방하고 주권국가를 기초로 독일을 조직하도록 규정하는 것이었다. 테플리츠 조약은 전쟁이 민족의 이름으로 행해지지 않았다는 점을 대불동맹이 다시 한 번 확인한 것에 지나지 않았다.

메테르니히가 대불동맹의 대변인으로 부상하게 된 데는 한 가지 이유가 더 있었다. 나폴레옹은 마지막까지 오스트리아의 참전 가능성을 믿으려 들지 않았으며, 오스트리아의 동맹 가입이 지연된 것을 오스트리아의 결의가 약한 탓으로 치부했다. 8월 18일에 벌써 바사노 공은 교섭의 재개를 제안했다. 9월 26일에는 더 이상의 불행을 방지하기 위한 강화를 황제에게 호소하는 서한을 휴대하고 나폴레옹의 부관이 오스트리아의 전선 사령부로 찾아왔다. 라이프치히 전투의 첫날이던 10월 17일, 다시 한 번 나폴레옹은 포로로 잡혀 있던 오스트리아의 메르벨트Merveldt역주8) 장군을 사절로 보내 강화를 제안해왔다. 이러한 일련의 제안이 맞이한 운명만큼, 두 개의 정통성이 맞대결을 벌이고 있을 때 문제를 해결하기가 어려움을 잘 보여주는 것도 없다. 전쟁을 종식하려는 나폴레옹의 의지가 아무리 강하고 진실하더라도, 대불동맹국들은 강화 제안을 통해 연합을 와해시키는 그의 수법을 기억하고 있었으므로 그와 상대하기를 거부하였다. 나폴레옹의 군대가 라이프치히에서 패배하고, 요컨대 그의 무능력이 그의 선의를 보장하는 상태가 되어서야 메테르니히는 그의 제안을 고려하였으며, 그가 그렇게나마 한 것은 프랑스의 약화가 러시아에 대한 그의 우려를 증대시켰기 때문이었다.

프랑스 군대의 잔존 병력이 라인강 후방에서 피신처를 구하고 있을 때, 메테르니히는 전쟁이 전면전으로 비화하는 것을 막을 수 있는 최후의 기회라고 여겨지는 순간을 맞이했다. 목표로 규정했던 모든 사항이 이미 성취되었다. 나폴레옹이 한 차례 더 패배한다면 전쟁은 다양한 요구들을 제어할 아무런 합의도 존재하지 않는 단계로 옮겨가고, 유럽의 균형상태는 심각한 위협에 직면할 터였다. 그렇다고 교섭이 진행되고 있는 와중에 진군을 중단해버리면 동맹은 와해되고 나폴레옹은 병력을 추스를 기회를 가지게 될 수도 있었다. 나폴레옹은 권력의 인간이어서, 자신이 무력하다는 사실을 스스로 받아들이기 전에는 그를 항복시킬 수 없었다. 그러나 그가 무력하다는 사실이 지나치게 또렷해지면, 러시아를 견제할 가장 중요한 균형추가 사라지게 된다. 자멸의 길로 치닫는 적을 상대하면서 어떻게 균형 잡인 평화를 성취할 것인가? 한계를 인정하는 것을 왕조의 자살행위로 간주하는 적과 싸우면서 어떻게 공백상태를 방지할 것인가? 메테르니히는 온건한 강화를 제안하면서 진군을 계속하는 것으로 이 물음에 답했다. 그는 1809년 불운했던 전쟁의 와중에 다음과 같은 글을 쓴 적이 있었다. “항상 한 손에는 칼을, 다른 손에는 올리브 가지를 휴대합시다. 언제나 교섭에 임할 준비를 하되, 진격하는 동안에만 교섭에 임합시다.” 이제 이 좌우명을 실행에 옮길 때가 도래했다. 온건한 강화 제안은 러시아의 주장에 제한을 가하는 의미도 있지만, 동시에 평화를 향한 프랑스 국민의 여망에 호소함으로써 나폴레옹의 국내적 지위를 손상시키기도 할 터였다. 메테르니히는 그것이 "(프랑스) 사람들을 가지고 동맹국들을 위한 무기를 만드는 것"이라고 썼다.[28]

그러나 승리의 순간에 동맹국들, 특히 러시아와 영국을 어떻게 협상에 끌어들일 수 있을 것인가? 메테르니히로서는 운이 좋게도, 캐슬레이를 제외한 주요 인물들이 모두 동맹군 사령부에 모여 있었다. 세 명의 군주와 그들의 장관들, 군사 참모들, 거기에 더해 세 명의 영국 전권사절은 메테르니히처럼 수완이 좋은 외교관에게 적절한 활동무대를 제공해 주었다. 향후에도 자주 벌어질 상황의 첫 사례로서, 메테르니히는 다른 모든 참가자들보다 우위에 서는 데 성공했다. 언제나 아첨에 약했던 차르와는 지극히 친밀한 관계를 만들었다. 캐스카트는 이렇게 썼다. "알렉산드르 황제는 자기 자신의 각료 역할을 하고 있습니다. 그의 평상시 신하들은 상트페테르부르크에 남아 있고, 그가 이곳에서 임명한 몇 되지 않는 심복들은 각료의 권위를 가지지 못합니다… 그는 오스트리아 장관의 능력을 전적으로 인정하고 있습니다… 메테르니히 공은 차르를 수월하게 배알하고, 차르는 그를 신뢰하면서 그의 견해를 경청합니다… 물론 메테르니히 공은 차르를 알현할 때마다 이러한 이점을 활용합니다. 그의 솔직한… 태도는 최상의 호감을 얻고 있습니다." 국익에 호소했을 때는 동맹에 관한 차르의 동의를 얻는데 실패했지만, 그의 이상주의에 호소한 결과는 강화 제안에 대한 그의 동의로 나타났다.

오스트리아 주재 영국 대사였던 애버딘 경을 다루기는 더 쉬웠다. 스물아홉 살에 불과하고 프랑스어도 간신히 구사하던 그는 메테르니히 정도의 섬세함을 갖춘 외교관의 상대는 되지 못했다. 그의 완고함과 자신감도 그가 메테르니히의 수중에서 놀아나도록 만들 뿐이었다. 캐스카트는 "메테르니히가 애버딘 경을 지극히 배려하고 있다"고 보고했다. 그 효과가 나타나기까지는 그리 오래 걸리지 않았다. 메테르니히는 외교관의 과업이란, 속지 않으면서 잘 속는 사람처럼 보이는 기술이라고 묘사한 적이 있었다. 그리고 그는 자부심이 강한 애버딘을 상대로 그것을 한껏 실천에 옮겼다. 애버딘은 캐슬레이에게 다음과 같이 보고했다. "메테르니히를 그토록 두려운 인간으로 여기지 마십시오… 항상 그의 곁에서 지내고 있는 내가… 그를 모를 수가 있겠습니까? 만약에 정말로 그가 세상에서 가장 교활한 인간이라면 서툰 사람을 상대로 속임수를 쓸 수도 있겠습니다만, 그의 성품은 그렇지 않습니다. 반복하지만, 그는 대단히 영리한 사람이 아닙니다. 그는 허영심이 강하지만… 믿을 수 있는 사람입니다…"[29] 우월감에서 비롯되는 겸손과 남에게 속기 쉬운 우둔함이 뒤섞인 성품으로 인해, 애버딘은 메테르니히로부터 "친애하는 얼간이 외교관dear simpleton of diplomacy"이라는 조롱 섞인 별명을 얻었다.[30]

10월 29일 차르와 메테르니히, 애버딘 사이의 회합에서, 10월 17일자 나폴레옹의 제안에 답을 보내기로 결정되었다. 거기서 선택된 방식은 오스트리아 장관의 마음에 쏙 들만한 섬세하고 상징적인 행위였다. 나폴레옹이 포로로 잡은 오스트리아 장교를 통해 강화를 제안한 만큼, 동맹 측도 프랑스 포로를 통해 회답을 보내는 것이 적절했다. 콜랭쿠르와 동서지간이자 나폴레옹의 프라하 주재 전권사절이기도 했던 바이마르 주재 프랑스 대리대사 생 떼냥St Aignan이 그 역할을 맡도록 선택되었다. 네셀로데, 메테르니히, 애버딘 세 사람은 회의를 가지고, 프랑스에 "자연적" 경계인 라인, 알프스, 피레네를 국경으로 제시하기로 결정했다. 네덜란드의 프랑스 쪽 국경은 향후 협상의 대상으로 남겨두었지만, 네덜란드는 독립국으로 만든다는 내용도 포함되었다. 스페인에서는 장구한 역사를 가진 왕조가 부활을 맞이할 터였다.[31] 메테르니히는 협상 중에도 군사 작전을 지속할 것을 주장했다. 메테르니히는 애버딘을 완벽하게 구워삶아 놓았기 때문에, 애버딘은 훨씬 더 엄격한 조건을 제시하고 싶어 하던 네셀로데는 물론 캐슬레이에게도 이러한 조건들을 강력하게 옹호했다.[32]

그러나 메테르니히는 사태가 더 진전되기에 앞서, 전쟁을 종식시키고자 하는 자신의 열망을 입증할 마무리 조치를 했다. 11월 9일, 그는 네셀로데와 자신, 그리고 생 떼냥이 참석하는 회의를 개최하였으며, 그 자리에 우연을 가장하여 동석한 애버딘은 강화를 향한 영국의 열망과 "프랑스가 정당하게 주장할 수 있는" 해양의 권리를 프랑스에 인정할 용의가 있음을 설명했다. 수수께끼 같은 이러한 표현의 진의가 무엇이었는지와는 무관하게, 그리고 그것이 해양 관습의 그 어떤 부분도 포기하겠다는 뜻은 아니라는 애버딘의 주장에도 불구하고, 애버딘은 중요한 점을 착각하고 있었다. 영국에게 해양의 권리는 실질적으로만이 아니라 상징적으로도 중요했던 것이다. 당시의 맥락에서 해양의 권리를 논의함으로써 애버딘은 그것이 *협상 가능한* 문제라는 데 동의해 준 셈이었는데, 그 점은 영국의 정치인들이 일관되게 거부해온 것이었다. 유럽에 평화를 선사하는 영광을 취할 열망에 들뜬 나머지, 애버딘은 그 어느 국가도 자국의 존속에 필요한 요건을 협상의 대상으로 삼을 수는 없다는 사실을 간과하고 있었다.

메테르니히는 무엇보다도 프랑스가 유럽의 세력균형에서 중요한 무게추로 남아 있기를 원했기 때문에, 강화 조건은 군사적 상황에 비하면 관대한 것이었다. 프랑스에는 여러 세대에 걸쳐 프랑스인들이 싸워 얻고자 해도 허사였던 벨기에와 라인강 좌안의 영토가 주어지게 되었다. 이 관대한 제안을 보완하기 위해, 메테르니히는 11월 10일 콜랭쿠르에게 사적인 서한을 보냈다. 그는 프랑스가 강화를 성취할 이번 기회를 놓쳐서는 안 될 것이라고 경고했다. 대불동맹 측이 새로운 승리를 얻으면 더욱 엄격한 조건을 요구하게 될 것이고, 프랑스는 승리를 하더라도 동맹 측의 조건을 줄일 수 없을 것이었다. 그가 염려하던 것처럼 만일 나폴레옹이 양보하지 않으려 든다면, 그 결과로써 초래되는 것은 의미도 없고 한계도 없는 동란일 터였다.[33] 따라서 라인강을 경계로 삼는다는 제안은 이제 더는 자제에 대한 호소가 아니라 나폴레옹이 실제로 가진—아마도 그가 가진 최대한의—힘의 한계를 뜻하는 것이 되었다. 그것은 나폴레옹에게 환상에서 깨어날 것을 호소하는 셈이었는데, 그럼으로써 메테르니히가 구하려 했던 것은 나폴레옹이 아니라 작센과 폴란드였다. 이 목적을 위해, 메테르니히는 프랑스의 황제가—탈레랑이 표현한 것처럼—프랑스의 왕으로 변신하는 일이 가능한지를 알아보려는 제안을 한 것이었다.

그러나 런던에서는 이처럼 미묘한 문제를 잘 알지 못했다. 런던에서는 폴란드를 둘러싼 다툼이 있으리라는 것도 깨닫지 못하고 있었다. 애버딘이 보낸 서한들은 그다지 믿음이 가지 않았다. 피트 구상은 프랑스를 혁명 이전의 "고래古來의" 국경, 다시 말해 벨기에와 라인강 좌안을 아우르지 않는 상태로 제한코자 하였으나, 생 떼냥을 통해 전달한 각서에는 "자연적 국경"에 기초한 강화 제안이 들어 있었다. 플랑드르 지역의 네덜란드의 방어에 관해서는 아무런 내용도 규정되어 있지 않았으며, 따라서 네덜란드는 프랑스의 속국처럼 다루어질 터였다. 애버딘에게는 다행스럽게도, 영국 내각은 해양의 권리에 관해 그가 취한 대범한 태도가 가진 함의를 아직 완전히 깨닫지 못하고 있었다. 하지만 애버딘의 열정적인 보고서에 캐슬레이가 보인 첫 반응은 캐슬레이가 그다지 마음에 내켜하지 않고 있다는 사실을 반영하고 있었다. 캐슬레이는 대불동맹의 조치들을 기정사실로 승인하되 신중한 표현을 사용함으로써, 영국이 그와 같은 조건으로 강화가 이루어지는 것보다 더 두려워하는 유일한 사건은 대불동맹의 와해라는 점을 보여주었다. 캐슬레이는 다음과 같이 답신했다. "우리나라가 프랑스를 옛 국경으로 엄격히 제약하지 않는 어떤 강화조건도 선호하지 않는다는 사실이 귀하에게 놀라운 소식은 아닐 것입니다. 기실, *어떠한*(저자 이탤릭) 조건으로도 나폴레옹과의 강화는 인기를 전혀 얻지 못할 일입니다… 우리는 동맹국들과 더불어 강화에 따르는 위험과 마주할 준비가 되어 있습니다… 그러나 본인은 우리가 동맹국들에게 불완전한 미봉책을 권고하지는 않아도 된다는 데 만족하고 있습니다."[34]

캐슬레이로서는 프랑크푸르트 제안[역주9]이 앤트워프에 관해 침묵하고 있다는 점도 마음이 놓이지 않았다. 그는 끈덕지게 다음과 같이 썼다. "본인은 귀하가 앤트워프에 계속 관심을 가져 줄 것을 각별히 부탁합니다. 그 병기고를 파괴하는 것이 우리의 안전에 긴요합니다. 그것을 프랑스의 수중에 계속 둔다면 영국으로서는 영구적인 전쟁을 떠안는 것이나 다름없습니다. 우리가 대륙을 위해 그토록 많은 일을 했으니, 대륙은 우리와 대륙 모두에 큰 위험을 초래할 근원을 제거할 의무를 우리에게, 그리고 스스로에게 지고 있습니다."[35] 또 다른 서한에서 캐슬레이는 현 상황에서라면 네덜란드와 이탈리아의 더 나은 국경을 확보한다는 조건으로만 영국이 점령한 식민지를 포기할 것이라고 경고했다.[36] 그리고 그의 불안감은 결국 "자연적 국경"이라는 조건에 대한 항의로 표면화되었다. 대불동맹의 제안은 권리의 주장이 아닌 편의에 기초한 것이었으므로, 일단 누군가가 거부한다면 유지할 필요성이 없는 것이었다.[37] 캐슬레이는 영국은 이십 년에 걸친 전쟁을 겪었음에도 불구하고 그와 같은 조건에서라면 강화를 받아들이기 어렵다는 입장을 분명히 천명한 것이었다.

그러나, 다시 한 번 나폴레옹이 모든 곤란을 제거해 주었다. 그가 라이헨바흐 조약의 기초를 받아들였더라면 메테르니히의 모든 계산이 틀어졌을 수도 있었던 것처럼, 만약 그가 프랑크푸르트 제안을 수락했다면 대불동맹은 와해될 수도 있었다. 그러나 정복자는 아직도 자신의 적들의 결정을 신뢰할 수 없었다. 11월 23일 도착한 바사노 공의 서한은 만하임Mannheim역주10)을 회의 장소로 하자는 제안만을 담았을 뿐, 전면적 강화를 위해 희생할 의지가 있다는 영국의 선언이 무엇을 위한 것이었냐고 묻는 내용을 제외하면 동맹 측의 조건에 관해서는 어떠한 언급도 회피하고 있었다. 영국이 해양의 권리를 양보함으로써 나폴레옹과의 전쟁을 종결할 수도 있다는 발상에 대해 영국의 내각은 격분했다. 캐슬레이는 애버딘에게 두 통의 신랄한 서한을 보내, 그의 발언이 그런 식으로 해석된 데 대해 동맹 측에 문서로 항의할 것을 지시했다.[38] 그러나 애버딘이 그 임무를 실행에 채 옮기기도 전인 11월 25일, 메테르니히는 대불동맹을 대표하여 프랑크푸르트 제안의 기초가 받아들여지기 전에는 협상이 시작될 수 없다는 회신을 보냈다.

나폴레옹은 심리적인 차원에서 기회를 놓쳤다. 그는 자신의 병력을 증강할 시간을 벌기 위해 프랑크푸르트 제안의 수락을 지체하고 있었다. 그러나 문제를 힘의 우위를 위한 투쟁의 차원에서 해결하려 함으로써, 나폴레옹은 동맹 측이 자기들의 상대적인 힘을 완전히 인식할 기회를 주었을 뿐이다. 대불동맹의 군대가 측면 공격을 위해 스위스를 통과하여 남쪽으로 진군하고 있을 때, 메테르니히는 훗날 콜랭쿠르가 전장에서의 패배보다 더 큰 타격을 초래했다고 일컬었던, 프랑스 국민을 향한 회유적 포고문을 기초했다. 이 포고문에 따르면, 전쟁은 프랑스에 대항하는 것이 아니라 프랑스의 지배에 대항하는 것이었다. 그런 연유로, 대불동맹이 승리를 이용해 가장 먼저 한 일은 강화를 제안한 것이었다. 그러나 나폴레옹은 새로운 병력의 징집으로 거기에 답했다. 동맹국들은 프랑스가 위대하고 강력하기를, 심지어 과거 제왕의 지배 하에서보다 더욱 위대해지기를 기대하지만, 동시에 평화롭게 존속하기를 갈망하며, 정의로운 힘의 균형을 성취할 때까지 쉬지 않고 노력할 것이라는 내용이었다.[39] 이런 포고문을 쓰면서까지, 메테르니히는 전쟁이 성전으로 변질되지는 않도록 만들 작정이었다. 메테르니히는 프랑스라는 균형추를 유지함으로써 차르의 속셈을 바꿀 수는 없다 하더라도, 온건한 성명에 차르를 참여시킴으로써 그를 제어하려고 시도했다.

만약에 메테르니히의 포고문이 그가 주장한 것처럼 프랑스 인민들의 평화를 향한 열망을 고양시킴으로써 프랑스 국내에서 나폴레옹에 대한 반대하는 압력을 이끌어내려는 목적으로 쓴 것이었다면, 그 포고문은 거의 아무런 필요가 없었다. 국민의 불만에 굴복한 나폴레옹은 바사노 공이 맡고 있던 외교장관을 강화론자로 널리 알려진 콜랭쿠르로 교체했다. 그러나 콜랭쿠르가 12월 2

일 프랑크푸르트 제안을 수락했을 때는 이미 때가 늦었다. 동맹군은 프랑스 침공을 준비하고 있었고, 메테르니히는 콜랭쿠르의 서한을 런던으로 보내면서 영국이 전권사절을 임명할 것을 제안했을 뿐이다.

IV

1813년 12월의 상황은 다음과 같았다. 일반적 동맹을 향한 영국의 희망은 좌절되었다. 대불동맹국들은 나폴레옹을 패퇴시켜야 할 필요성에는 합의할 수 있을지 몰라도, 영국으로서는 놀랍게도, 그것이 새로운 유럽의 구조에 관한 합의를 뜻하는 것은 아니었다. 프랑스의 지배에 따르는 위험은 명백하지만, 기대와는 달리 그런 위험이 균형상태를 새롭게 개조하기에 충분할 만큼의 추동력을 제공하지는 않았다. 콜랭쿠르가 프랑크푸르트 제안을 수락한 바로 그 무렵, 대불동맹 사령부에서 동맹 조약을 체결하려던 노력은 교착상태에 빠져 논의의 무대는 런던으로 옮겨졌다. 그러나 동맹국의 대사들이 전권을 위임받은 것이 아니었기 때문에 또다시 아무런 결론도 내지 못했다. 셍 떼냥을 통한 협의에서는, 참가국들이 임박한 전쟁의 목표에 대해서조차도 저마다 다른 생각을 가지고 있으며, 어떤 나라는 패배 못지않게 승리도 두려워하고 있다는 사실이 드러났다. 대영제국의 영향력은 그 희생의 정도와 맞먹는 것이 아니었다. 소통의 어려움으로 인해 캐슬레이의 서한은 언제나 사건보다 최소한 열흘 이상 늦게 전달되었고, 대륙에 파견된 영국 대표들의 권한이 나누어져 있어서 효율이 저해되었다. 하르덴베르크[역주11)]가 영국의 산헤드린[역주12)]이라고 불렀던 스튜어트, 애버딘, 캐스카트 삼인조는 자기들끼리 경쟁에 빠져 있었다. 애버딘은 셍 떼냥과의 협상을 자신의 동료들에게 비밀로 붙였고, 그런 냉대 때문에 스튜어트는 사임할 뻔 했다. 영국 대표들 중 누구도 맡은 바 임무를 감당해 낼 인물이 못 되었다. 애버딘은 너무 젊었고, 스튜어트는 허영심이 너무 강했으며, 캐스카트는 너무 냉담했다. 어쨌든 스튜어트와 캐스카트는 출정하고 싶어 애태우는 군인들과도 같았던 반면에, 애버딘은 나폴레옹의 불운에 대한 얼마간의 동정심을 완전히 억누를 수가 없었다. 영국 대표단에 권위를 부여하고 진행중인 협상을 통제할 수단을 갖기 위해, 영국 정부는 12월 20일 외교장관을 대륙에 파견하는 전례 없는 조치를 취했다.

대부분 자신이 손수 기안한 캐슬레이의 훈령은 전쟁을 바라보는 영국의 시각을 반영하고 있었다. 거기에는 대륙의 패권에 대항하는 상징으로서 대불동맹이 지니는 중요성, 도서국가의 안전을 보장하기 위한 네덜란드의 중요성, 그리고 공동 행동을 충분히 연결해 줄 선의의 중요성 등이 강조되어 있었다.[40)] 타당하게도, 훈령은 해양의 권리에 관한 언급으로부터 시작하고 있었다. "해양 문제에 관해 (동맹) 국가의 장관들로부터 만족스러운 보증을 얻고, 전하(섭정왕세자)께서는 기뻐하셨으며… 대영제국의 외교장관으로 하여금 대불동맹의 사령부로 갈 것을 명하셨습니다…" 이처럼 영국의 가장 근본적인 국익이 보장됨에 따라, 캐슬레이는 적과의 교섭에서는 하나의 공통 이익을 대변해야 한다는 암묵적 합의를 동맹국들과 맺게 될 터였다. 아직도 영국의 내각은 합의에 도달하지 못하는 것이 영국의 동기에 대한 오해 때문이라고 믿고 있었기 때문에, 캐슬레이는 "가능한 한 대륙 전체의 이익에 동조하겠다는 의욕을 표명하고, 유리한 강화를 체결하려는 동맹국들의 노력을 지지하겠다는 확고한 결의를 그들에게 명확히 보증하며, 영국의 목적을 위해 그들을 이용하려 든다는 의혹을 살만한 모든 일을 회피하라"는 훈령을 작성한 것이었다.

그러나 영국 내각이 영국의 목표를 내심 우선시하고 있다는 점은 자명했다. 그러므로 훈령에 적혀 있는 것 못지않게 생략된 내용도 중요했다. 훈령은 영국이 아직도 십여 년간에 걸친 고립의 습관을 버리지 못하고 있으며, 아직도 도서국의 정책으로부터 유럽의 정책으로 전환하지 못하고 있음을 드러내고 있었다. 요컨대, 영국은 공통의 이익을 말하고 있었지만 그것은 프랑스의 군사적 패배를 의미하는 것이었고, 유럽의 균형상태를 옹호하고 있었지만 정말 우려하는 것은 앤트워프였다. 이탈리아와 독일의 조직에 관해서는 피상적인 관심만을 표했지만 대규모 동맹군의 네덜란드 진입에 관해서는 상당한 분량을 할애했다. 폴란드 문제는 언급되지 않았으나, 해양에 관한 특별 각서에는 플랑드르 지역에 관해서 만족스러운 조치가 이루어지는 경우 영국이 반환할 식민지들이 구체적으로 나열되어 있었다. 대불동맹은 전쟁이 끝난 후에도 유지될 터이나, 동맹조약이 작동할 해당사유casus foederis는 동맹 당사국이 유럽에 보유한 영토에 대한 프랑스의 공격이어야 했다. 영국은 나폴레옹과의 싸움에 몰두한 나머지, 균형상태에 대한 다른 위협의 존재 여부에 관해서는 검토할 여지도 없었다.

캐슬레이가 대륙으로 출장을 떠날 당시 프랑스의 패권이라는 위험은 과거지사였지만 그 공백을 무엇이 대신 채울지는 아직 명확하지 않은 상태였다. 대불동맹은 수립되었으나, 그것은 공통의 위험에 관한 인식으로 간신히 유지되고 있었다. 적의 힘이 감소하자, 대불동맹 내부에서 원심력의 요소가 점점 분명하게 드러나고 있었다. 나폴레옹은 패배할 것처럼 보였지만, 그의 보편적 지배를 대신할 것이 과연 상호 경쟁하는 파벌이 조장할 혼란뿐일지는 분명치 않았다. 이때까지도 영국의 정책은 두 가지 환상에 기초하고 있었는데, 첫째는 러시아가 "만족하고 있다는" 환상이었고, 둘째는 선의와 자명한 필요성 자체에 의해 유럽의 균형상태가 유지될 것이라는 환상이었다. 영국이 도서국의 협량한 견해를 벗어날 수 있을지, 과연 네덜란드의 독립, 나아가 대영제국의 안보가 유럽의 균형상태라는 큰 그림의 한 측면에 불과하다는 사실을 깨달을 수 있을지도 아직 확실치 않았다.

동맹 사령부로 서둘러 가고 있던 사나이에게 많은 것이 달려 있었다. 안보의 해답이 고립인지 개입인지, 강화의 필요성이 프랑스에 대한 두려움만큼이나 효율적인 결속을 제공해줄 것인지, 적의 패배 이후에도 동맹이 목표를 발견할 수 있을지, 또한 외부의 압력으로부터 자유로워진 후에도 대불동맹이 자제력을 유지할 수 있을지 등등을 결정해야 할 사람이 바로 그였다. 대륙 국가들의 편협한 논쟁에 관해서 초연한 태도를 가진 캐슬레이는 유럽의 중재자로 부상할 수도 있었다. 대불동맹이라는 실체를 현실로 옮겨 놓는 것이 그의 역할이었다.

주

1) 예컨대 C.C. IX, p.13, 1813년 5월 18일, 등을 참조하라.
2) 베셴베르그의 런던에서의 역할에 관해서는 Luckwaldt, p.122f를 보라.
3) C.C. IX, p.23, 1813년 6월 6일.
4) 물론 메테르니히의 협상은 완전히 오해를 받고 있었다. 우리는 영국이 강화의 예비단계에만 배제되고 전면적 강화에는 참가한 것을 보았으며, 러시아와 프로이센이 명확히 이 권리를 유보한 것도 보았다. 이 점에 관해서 웹스터는 잘못된 설명을 이끌어냈다. B.D., p.78 (스튜어트에게 보낸 하르덴베르크의 서한)을 참조하라.
5) C.C. IX, p.30, 1813년 6월 30일.
6) B.D., p.6f.
7) B.D., p.12.
8) C.C. iX, p.36, 1813년 7월 14일.
9) C.C. IX, p.40, 1813년 8월 7일.
10) B.D., p.79f를 보라.
11) C.C. IX, p.45, 1813년 9월 1일.
12) f.e., B.D., p.103, 1813년 10월 15일, 을 보라.
13) B.D., p.20, 1813년 9월 18일.
14) B.D., p.34, 1813년 10월 14일.
15) B.D., p.105, 1813년 10월 15일.
16) N.P. I, p.316f.
17) Text, Oncken, I, p.226.
18) C.C. VIII, p.359, 1813년 4월 10일.
19) B.D., p.32.
20) B.D., p.19f, 1813년 9월 18일.
21) B.D., p.30.
22) B.D., p.35, 1813년 10월 30일.
23) B.D., p.37, 1813년 11월 11일.
24) B.D., p.119, 1813년 12월 9일.
25) Webster, I, p.175.
26) C.C. IX, p.105, 1813년 12월 19일.
27) B.D., p.56f, 1813년 12월 18일.
28) Fournier, August, *Der Congress von Chatillon* (Vienna, 1900), p.242 (Appendix), 9 November.

29) Webster, I, p.174.
30) Fournier, *Congress,* p.91.
31) B.D., p.110.
32) B.D., p.107.
33) Fournier, *Congress,* p.32.
34) C.C., IX, p.74, 1813년 11월 13일.
35) C.C., IX, p.75.
36) B.D., p.115, 1813년 11월 30일.
37) B.D., p.117, 1813년 12월 7일.
38) B.D., p.116f.
39) Fournier, *Congress,* p.23f.
40) Text, B.D., p.123f., 1813년 12월 26일.

역주1) 오스트리아의 외교관이자 정치가였던 요한 필립 폰 베센베르그(Johann Philipp von Wessenberg 1773-1858). 프로이센과 영국 주재 대사로 근무한 후 비엔나 회의에 오스트리아 대표로 참석했다.
역주2) 영국의 외교관이자 정치가인 제4대 애버딘 백작(Earl of Aberdeen) 조지 해밀턴-고든(George Hamilton-Gordon 1784-1860). 1813년 당시 비엔나 주재 대사였으며, 후일 영국의 외교장관과 총리를 역임했다.
역주3) 러시아에서 벨라루스와 우크라이나를 거쳐 흑해로 흘러들어가는 강이다. 영어식 발음으로는 니퍼이고, 러시아어로는 드니에프르, 벨라루스어로는 드냐프로, 우크라이나에서는 드니프로라고 발음한다.
역주4) 로마노프 왕조의 9번째 군주로, 표트르 3세와 예카테리나 2세의 아들인 파벨 1세, 즉 파벨 페트로비치 로마노프(Павел Петрович Романов 1754-1801). 그는 대외정책의 갑작스런 전환, 무분별하고 비상식적인 행동, 그리고 귀족들의 특권 폐지 등으로 귀족들의 불만을 사게 되었고, 결국 암살되었다.
역주5) 스위스 공화국 창설에 지도적 역할을 한 스위스의 정치가 프레데릭 세자르 드라 아르프(Frédéric-César de La Harpe 1754-1838). 비엔나 회의에는 스위스 2개주를 대표해 참석했다.
역주6) 러시아의 외교관이던 발트지역 태생 독일인 칼 바실리예비치 그라프 네셀로데(Karl Vasilyevich Graf Nesselrode 1780-1862). 베를린과 헤이그에서 근무하였으며 1814년에는 비엔나 회의에 러시아 대표로 참석했다. 1816년에는 러시아 외교장관이 되었다.
역주7) 보헤미아의 북부 도시, 현 체코의 테플리체(Teplice).
역주8) 오스트리아의 군인 막시밀리안 메르벨트(Maximilian, Count von Merveldt 1764-1815). 기병대 장군으로서 신성로마제국의 주 러시아 대사로도 활동했으며, 나폴레옹 전쟁에서도 군 지휘관으로 활약하였으나, 라이프치히 전투 중 부상을 입고 포로가 되어 다시는 프랑스에 대적하지 않는다는 조건으로 석방되었다. 그 후 주 영국 대사로 근무하다가 사망하였다.
역주9) 1813년 11월 9일, 메테르니히는 러시아 및 영국과의 협의에 기초하여 나폴레옹이 약화된 프랑스를 계속 통치한다는 내용을 요체로 하는 제안을 프랑크푸르트에서 공표했다.
역주10) 독일 남서부 바덴-뷔르템베르크주 제 2의 도시로, 라인강과 네카(Neckar) 강이

합류하는 지점에 위치해 있다.

역주11) 프로이센 외교장관을 역임하고 1810년부터는 프로이센의 총리가 된 카를 폰 하르덴베르크(Karl August Fürst von Hardenberg 1750-1822). 이 책의 앞부분에 등장하는 비엔나 주재 하노버 사절이었던 하르덴베르크는 다른 인물이다.

역주12) 성서에 등장하는 고대 유대교 회당의 최고 의사결정기관을 일컫는다.

| 제7장 |

동맹의 위기

대불동맹에 대한 캐슬레이의 관점—전쟁목표의 기능—"정통성" 있는 동맹—캐슬레이와 메테르니히 사이의 양해—랑그르 회의the Council at Langres—샤티용 회의the Congress of Chatillon—첫 단계—트로아 회의the Council at Troyes—전쟁목표의 정의

I

캐슬레이 자작의 배경 중 그 어떤 부분도 이제 막 대륙을 향한 항해를 시작하려 하고 있던 그가 영국에서 가장 유럽적인 정치가가 되리라는 점을 시사해주지 않았다. 이때까지 그가 취한 조치들은 모두 상황이 강요한 것들이었다. 나폴레옹에 대항하는 동맹의 필요성은 영국 정책의 기본 원칙이었으므로 외교장관이 해결해야 하는 문제는 그것을 어떻게 효과적으로 시행하느냐는, 본질적으로 기술적인 과업이었다. 쉘트 강 하구의 통제라든지 지중해에 돌출된 반도들의 자유는, 피트 구상이 잘 보여주었듯이, 영국 전략의 당연한 귀결이었다. 그러나 캐슬레이가 대륙으로 항해를 떠날 채비를 하고 있었을 때 영국은 국가의 목표를 설정해야 하는 국면

을 맞이하고 있었다. 아마도 그것은 고난의 시기를 영웅적으로 견뎌내기보다 더 어려운 일일 터였다. 압도적인 도전이 전부 외부 세계로부터 가해지던 상황은 이제 끝났다. 영국은 현실을 새롭게 해석해야 하는 처지였다. 도서국가로서는 안보의 본질에 관한 논의에서부터 이러한 과업을 시작하는 것이 적절한 일이었으며, 나폴레옹은 다시금 논의의 초점이 될 수밖에 없었다.

사건의 주변부에 있는 도서국가로서는 전쟁이 내재적 원인으로 발발한다는 사실을 인정하기 어렵다. 도서국가가 전쟁에 연루되는 것은 주로 방어에 관련되는 경우이므로, 보편적 지배를 방지하려는 도서국가는 평화를 유지하려면 균형상태에 충분한 정통성을 부여해야 한다고 여기기 마련이다. 평화가 주는 혜택이 이처럼 분명해서 모든 요구가 충족된 국가라는 관념이 적용되는 세계에서라면, 전쟁은 사악한 사람들의 악의에 의해서만 일어나는 것이 된다. 세력균형이란 *본질적으로* 불안정한 것이라는 사실이 널리 이해되지 않기 때문에, 전쟁은 동란의 "원인"을 제거하려는 성전聖戰으로 화하는 경향이 생긴다. 다른 어떤 나라에서도, 심지어 나폴레옹에게 정복당한 곳에서조차, 나폴레옹은 영국에서처럼 지독한 혐오의 대상이 되지는 않았다. 그 어느 나라도 나폴레옹의 왕조를 보전할 강화조약의 체결을 영국만큼 꺼리지 않았다.

캐슬레이가 영국을 떠나기 전에도, 모든 전장에서 속속 도착하는 승전보 덕분에 나폴레옹의 운명은 대불동맹국들의 의지에 달려 있는 것처럼 보였다. 동맹군은 스위스를 통해 프랑스로 진입했고, 웰링턴Wellington역주1) 휘하의 영국군은 피레네를 넘어 현지 주민들의 열렬한 환영을 받았다. 웰링턴은 지금이야말로 부르봉 왕가의 군주가 프랑스에 모습을 드러낼 때라고 말했다.[1] 캐슬레이를 싣고 대륙으로 떠날 선박이 안개 때문에 아직도 해리치Harwich역주2)에 발이 묶여 있는 동안, 영국 내각은 웰링턴의 서한을 캐슬레이에게 전달하면서 호의적인 감정을 감추지 않았다. 부르봉 왕가의 "정통적" 승계자이자 마지막 프랑스 왕의 동생이었던 루이 18세 이외의 인물이 나폴레옹을 대체할 수도 있으리라는 생각은 당시 누구에게도 떠오르지 않았던 것처럼 보인다. 사실상 캐슬레이는 자신이 파견되어 협상할 대상인 바로 그 정부의 전복을 지원하라는 요구를 받고 있었다.

영국 내각이 국민감정을 반영하고 있었던 것은 틀림없었다.[2] 그러나 캐슬레이로서는 영국의 안보를 개인의 운명과 동일시할 뜻이 없었다. 그는 프랑스의 여론은 영국이 대불동맹에서 이탈할 수 있다는 보장이 전혀 될 수 없으며, 대불동맹 측은 부르봉 왕가를 위한 영국의 그 어떤 노력도 협상을 결렬시키려는 구실로 간주할 것이라고 주장했다. "우리는 우리가 강화 문제에 관해 다른 속셈 *arriére pensée*을 가졌다는 의심을 받고 있다는 사실을 항시 유념해야 하며, 더 신중하게 행동해야만 합니다… 설령 보나파르트가 우리 정부의 조건을 수락한다고 하더라도, 동맹을 반혁명의 미로에 빠뜨리는 위험을 무릅써서는 안 될 것입니다."[3] 이것은 캐슬레이가 자기 정책의 기본원칙을 최초로 표명한 것이었다. 영국의 가장 근본적인 국익을 제외한 그 무엇보다도 대불동맹의 단합이 우선이었으며, 더 잘된 것은 유럽의 연합*이야말로* 영국의 근본적인 국익에 해당한다는 점이었다.

순수한 영국의 이익은 무시하겠다는 의미가 아니라, 동맹의 단합이라는 틀 안에서 그것을 추구하겠다는 의미였다. 대륙에 당도한 후 캐슬레이는 헤이그에 들러, 영국 공주와 네덜란드 왕위상속자인 오란예 공Prince of Orange역주3)의 약혼을 주선하고, 벨기에를 네덜란드에 합병하기 위해 노력하겠다는 약속을 했다. 또한 그는 프랑스의 침공에 대비할 요새의 건축자금을 제공하는 대가로 희망봉Cape of Good Hope의 할양을 받아냈다.[4] 이렇게 영국의 가장 핵심적인 국익을 확보한 후, 캐슬레이는 동맹 사령부를 향해 출발했다. 이 여행 도중에 그는 동행하고 있던 리폰 백작에게, 자신이 중재자 역할을 맡아 당사국들 간에 제한 없는 의사소통을 유도하고, 분위기를 초조하게 만드는 요소들을 제거하며, 가식을 걷어내겠다는 뜻을 피력했다.[5] 전쟁이 악의로 인해 일어난 것이었다면, 선의는 그에 대한 처방이 되어줄 터였다.

그런 처방이 더없이 필요한 시점이었다. 영국 사절들의 서한에 의하면, 캐슬레이가 곧 도착하리라는 전망이 동맹 사령부의 파열을 지연시키고 있는 유일한 요소라는 사실이 점점 더 분명해지고 있었다. 1월 6일 애버딘은 다음과 같이 썼다. "적에 대해서라면 우리의 상황은 더 바랄 나위 없이 좋습니다. 하지만 동맹 내부의 사정은 그와 정반대입니다. 오래도록 순조롭던 온갖 일에서 문제가 터져 나오기 시작했습니다. 귀하께서 이곳에 온다는 것은 정말로 신의 섭리입니다. 귀하께서 불편부당한 태도를 가지고 오신다면 모든 일을 해내실 수 있을 것입니다. 귀하의 역할은 어떤 말로도 의미를 충분히 표현할 수 없을 정도로 큽니다."[6]

캐슬레이는 적의 세력 약화가 동맹국들 사이의 관계를 급격히 변화시키고 있던 바로 그 순간에 사령부로 향하고 있었다. 동맹 참가국 중 어느 개별 국가보다도 적이 강력했을 동안에는 단합의 필요성이 개별 국가의 이익에 대한 고려를 압도하고 있었다. 그런 동안에는 안정을 추구하는 국가들이 제한적인 전쟁 목표를 주장하는 것이 가능하다. 그러나 동맹국 각자 혼자서도 목표를 달성할 수 있을 만큼 적이 약화되고 나면, 동맹 자체는 가장 의지가 강한 회원국의 뜻에 좌우되기 마련이다. 그리고 균형상태를 이루던 하나의 요소가 완전히 붕괴됨에 따라, 다른 모든 국가들도 뒤처지지 않기 위해 저마다 나름의 요구를 강화하는 경향이 발생하게 된다. 따라서, 동맹군이 거의 아무런 제지를 받지 않고 프랑스 내로 진격하면서 완전한 승리가 동맹의 뜻대로, 심지어 동맹 측 개별 국가의 뜻대로 성취될 수 있을 것처럼 보이던 1814년에 대불동맹이 차르와 메테르니히 사이의 대결로 말미암아 파열의 위기를 맞이하게 된 것은 단순한 우연이 아니었다.

압도적인 승리 덕분에, 메테르니히의 계산에 착오가 있었다는 점이 드러났다. 메테르니히는 심리적 압박과 군사적 압박의 결합을 통해서만 나폴레옹을 굴복시킬 수 있으리라고 확신하고 있었다. 평화의 이름으로 치르는 전쟁과 전쟁의 위협으로 제시하는 강화가 그 수단이었다. 군사적 효과뿐만 아니라 심리적 효과까지 감안하면서 그는 동계 전투를 주장했다. 그는 차르의 격렬한 반대와 프로이센 국왕의 망설임을 무릅쓰고, 스위스를 통한 측면공격 계획을 거의 혼자만의 힘으로 수립했다. 차르는 자신이 존경하던 가정교사 라 아르프의 조국을 침범하기 싫어했고, 프로이센 국왕은 자신이 얻은 것만을 움켜쥐고 싶어 했다. 그럼에도 메테르니히가 그렇게 했던 것은, 그가 아직은 나폴레옹이 개별 전투에서 동맹각국을 이길 수 있을 만큼 강하다고 믿었고, 따라서 여전히 오스트리아군의 철수 위협을 통해 전투를 제어할 수 있으리라고 생각했기 때문이었다.

메테르니히가 이처럼 한계를 추구한 것은 정교한 균형을 갖춘 해결책의 일환이었으며, 18세기에 그러한 해결책은 '위대한 시계장치great clockwork'로 인식되고 있던 우주의 합목적성을 상징하는 것이었다. 그는 국제질서에 변혁적 공격을 가하려는 나폴레옹의 외교정책에 맞서 싸워 왔다. 그러나 한편으로 그는 십 년 간의 사회적 동란을 통제할 수 있는 나폴레옹의 국내정책 능력에 경탄하고 있기도 했다. 그러므로 그는 국제적 균형상태에 대한 위협으로서의 나폴레옹은 제거하면서도, 사회적 균형의 보호자로서의 나폴레옹은 보존하고자 했다. 그러나 그 어떤 정책도 모든 이점利點을 겸비할 수는 없다. 나폴레옹을 국내에서 독재자로 만든 바로 그 특질들이 그로 하여금 외교에 있어서는 혁명적이 되도록 만들었던 것이다. 나폴레옹이 국내의 반대자들을 탄압하던 그 비타협성이 곧 외국의 적들과 타협할 수 없는 원인이기도 했다. 대불동맹군이 랑그르Langres역주4) 고원을 가로지르고 있을 때, 파리로 가는 길은 열려 있는 것처럼 보였다. 프랑스는 이미 균형추로서의 역할을 상실한 것처럼 보였으며, 균형상태의 이름으로 행해지고 있던 전쟁은 제동을 상실했다.

이제부터는 진군을 계속하면 할수록 이미 무력화된 적은 더 약화되고, 그만큼 러시아의 상대적인 지위는 강화될 터였다. 나폴레옹을 일정한 한도 이하로 약화시키지 못하는 한 오스트리아는 안전할 수 없었다. 그러나 프랑스에 혁명적 정권이 존속하는 가운데 러시아가 중부 유럽을 좌지우지하게 된다면 그 또한 오스트리아의 안보를 취약하게 만들기는 매한가지였다. 상황이 한 단계씩 진전될수록 메테르니히에게는 러시아가, 캐슬레이의 표현처럼, 전후 폴란드 문제의 지배자로 남게 될지도 모른다는 두려움이 커져갔다. 더구나, 이제부터 시작될 경쟁에서는 차르가 모든 면에서 우위에 서 있었다. 메테르니히의 전성기는 오스트리아가 군사적으로나 외교적으로 중추적인 역할을 하던 시기였다. 1813년 6월에 오스트리아의 지원이 없었다면 대불동맹의 결정적 승리는 불가능했을 것이다. 오스트리아는 나폴레옹에 대해서는 혼인 관계라는, 그리고 러시아와 프로이센에 대해서는 균형상태의 회복이라는, 양측이 모두 인정하는 “정통성의 원칙”을 가지고 있었기 때문에 외교를 전개할 능력을 갖춘 유일한 국가이기도 하였다. 그러나 이제는 차르가 독자적인 행동을 주장할 수 있었고, 더 중요한 사실은, 메테르니히가 아닌 차르가 공동 노력을 위한 "정통성의 원칙"을 "소유하고" 있다는 점이었다.[7)]

전쟁은 그 자체의 정통성을 가지고 있으며, 그 정통성은 강화가 아닌 승리에 있기 때문이다. 전면전쟁의 와중에 강화 조건을 입에 올리는 것은 거의 신성모독처럼, 또는 쩨쩨한 계산처럼 보였다. 힘이 최고조에 달해 있을 때는 *그 어떠한* 조건도 공동 행동의 활기에 물을 끼얹거나 이를 위협하는 요소로 보이기 마련이다. 오스트리아가 가진 가장 강력한 협상 무기는 단독 강화인 반면, 차르가 궁극적으로 호소한 것은 적의 패배였다. 차르가 캐스카트에게 강화조약의 체결을 완전한 승리 이후로 미루어야 한다고 말했을 때[8)], 그는 대불동맹의 신화에 해당하는 "분별력good sense"을 논하고 있는 것이었다. 그 동맹의 신화에 따르면 메테르니히가 나폴레옹과의 강화를 위한 추가적 노력을 주장함으로써 보여준 것은 "겁먹은 태도"였다. 승리의 순간에 드러내는 온건한 태도는 후세의 평가만을 얻을 수 있을 뿐, 그것을 불필요한 굴복으로 바라보는 동시대인의 호응을 얻기는 거의 불가능하다. 메테르니히는 자신의 수석차관이었던 후델리스트Hudelist[역주5)]에게 다음과 같이 썼다. "이제 남아 있는 유일한 해악은 소유의 과잉입니다. 그것으로부터 우리를 보호할 방법은… 본인의 온건한 정책뿐입니다… 본인이 지금까지 재앙의 다대함 때문에 곤혹스러웠던 것처럼, 이번에는 성공의 다대함으로 인해 곤혹스러움을 느끼고 있다는 사실을 굳이 말하지 않아도 아실 겁니다."[9]

그러므로, 차르와 메테르니히 사이의 논쟁은 대개 지엽적인 문제를 둘러싼 언쟁의 형식을 띠었지만, 실상은 안정적인 국제 체제의 본질을 두고 벌이는 싸움이었다. 알렉산드르는 새로운 국제 질서를 자신의 의지와 동일시했으며, 오로지 자신이 내세우는 공리의 고결함에 의해서만 안전이 확보되는 체제를 창조하려 했다. 한편, 메테르니히는 자제력에 너무 큰 가치를 부여하지 않아도 좋은 힘의 균형을 추구했다. 차르가 전쟁을 도덕적 상징으로 전환시킴으로써 전후 시대를 *신성화하려는* 생각이었다면, 메테르니히는 물리적 균형상태로 전쟁 목표를 정의함으로써 평화를 *확보하고자* 했다. 언제나 그랬듯이, 알렉산드르에게는 사적인 원한과 국가 이성을 구분하고, 도덕적 요구와 국가적 야망을 구별하는 것이 어려운 일이었다. 그러나 이러한 동기들은 언제나 서로를 보강하는 경향이 있으므로, 그것을 구분한다는 것은 어쩌면 그리 중요한 일이 아닌지도 모른다. 불화는 스위스 침공을 두고 시작되었는데, 차르는 그것을 러시아에 대한 선전포고로 받아들이겠다고 위협했다. 그러나 차르의 불쾌감보다 이탈리아와의 직접적인 소통을 더 중시했던 메테르니히는 예의 교묘한 술책을 통해 스위스가 자국의 중립 보호를 위해 오스트리아군을 초대하게끔 만들었다. 메테르니히는 이것을 기정사실로 만들어 차르에게 대항했다. 그가 애버딘에게도 말한 것처럼, 실질은 확보하고 원칙을 차르에게 양보한 셈이었다.[10] 우의를 주장하는 수많은 인사치레에도 불구하고, 이렇게 시작된 불화는 향후 수 개월간 완전히 치유되지 않았다.

얼마 지나지 않아 더욱 근본적인 견해차가 나타났다. 메테르니히는 전쟁이 성전으로 변질되는 것을 막으려고 노력했지만, 프랑스의 무능력이 갈수록 명백해짐에 따라 그의 협상 지위는 약화되었다. 따라서 그는 군사 작전을 더 이상 주저하지는 않되 그 대신 프랑스의 저항을 활용하고자 하였으며, 1월 8일에는 슈바르첸베르크에게 진군은 계속하되 "신중하게" 할 것과, "호전적인 행동을 삼감으로써 프랑스 인민들의 평화에 대한 열망을 이용할 것"을 지시했다.[11] 반면에, 알렉산드르는 상황을 유동적으로 유지하고자 했다. 그는 자신이 선의를 가지고 있으며, 나폴레옹과의 강화는 불가능하고, 승리를 얻기 전에는 전후 국경에 관한 구체적 논의를 삼가는 것이 지혜로운 일이라고 지칠 줄 모르고 주장했다.[12] 프랑스의 군사력을 물리적으로 제거하는 대신, 차르는 두 가지 방법으로 자신의 정책을 보장받고자 했다. 그는 동맹이 프랑스 국경 이외의 그 어떤 문제의 해결에 관해서도 나폴레옹을 배제한다는 조약을 체결할 것과[13], 나폴레옹이 축출되는 경우 과거 나폴레옹 휘하의 장군이던 베르나도트Bernadotte[역주6] 스웨덴 왕세자를 프랑스의 국왕으로 추대할 것을 주장했다. 그런 시도를 통해서, 차르는 자신이 신비주의적일 뿐 아니라 교활하기도 하다는 점을 증명했다. 유럽의 여러 사안에 관해 프랑스의 발언권을 배제한다는 것은 외교적 수단으로 프랑스를 세력균형에서 제거한다는 것을 의미했으며, 베르나도트를 프랑스 국왕으로 추대한다는 것은 사실상 러시아가 우위에 서는 러불동맹의 부활을 의미하는 것이었다.

그러나 1813년 왕권의 정통성이라는 원칙 위에서 전쟁을 수행하려고 재앙에 가까운 위험을 무릅쓰기까지 했던 메테르니히로서는 혁명에 뿌리를 둔 지배자를 추대하는 것으로 전쟁을 마무리 할 생각은 추호도 없었다. 나폴레옹을 대체할 그 어떤 체제도 약체일 수밖에 없고, 약한 정부는 민중의 인기에 영합할 수밖에 없다. 민중주의적 정부는 어떤 경우에도 결국 자코뱅Jacobin 주의를 초래하게 될 터였다. 만약 나폴레옹의 폐위가 불가피하다면, 메테르니히가 받아들일 수 있는 프랑스의 지배자는 나폴레옹이 가졌던 권력의 요소에 의지하면서도 나폴레옹 같은 카리스마를 결여한 어느 장군이 아니라, 민중의 의지와는 무관하게 정통성을 소유한 지배자여야만 했다. 마리 앙트와네트Marie-Antoinette역주7)의 운명을 너무도 생생히 기억하고 있던 메테르니히는 마리 루이즈에 의한 합스부르크 왕가의 섭정 가능성에도 현혹되지 않았다. 그가 수긍할 수 있는 유일한 대안은 기존의 "정통적" 왕가였다. 사회적 혁명을 초월하는 지배자, 혁명에 반대하면서 존속할 수밖에 없는 왕가를 그는 원했던 것이다.

메테르니히는 승전의 결과로 러불동맹의 망령이 또다시 출몰하는 것을 수수방관할 생각은 없었다. 그는 자신이 전부터 선호하던 강력한 중부 유럽이라는 구상으로 돌아가, 프로이센이 폴란드 문제에 관해 차르에게 반대해 준다면 작센 지방의 병합을 양보하겠다고 제안함으로써 프로이센을 러시아로부터 떨어뜨려 놓으려고

했다.[14] 아울러 메테르니히는 오스트리아의 총사령관에게 균형상태를 완전히 파괴할 군사행동은 허락하지 않았다. 1월 16일 슈바르첸베르크는 추가 지시가 있을 때까지 동맹군의 진군을 멈추라는 지시를 받았다. 오스트리아는 국내적으로나 국제적으로나 한계를 인정하는데 국가의 존망을 걸고 있었으며, 바로 그 이유 때문에 나폴레옹에 대항해서 싸워왔던 만큼, 성전을 개시함으로써 유럽의 새로운 시대를 열 의사는 전혀 없었다. 메테르니히는 후델리스트에게 다음과 같이 썼다. "우리의 모든 계획은 성취되었습니다. 대불동맹이 지금까지 세운 모든 목표는 달성되었을 뿐 아니라, 실상은 초과달성되었습니다. 이제 우리는 다시 한 번 우리의 원칙들을 명확히 해야 합니다. 모든 친목 모임이 그러하듯, 동맹 또한 엄밀하게 정해진 목표가 없이는 와해될 것이기 때문입니다."[15]

캐슬레이가 대불동맹 사령부로 가고 있는 동안, 동맹은 나폴레옹의 군사력의 위협에 직면했을 때보다 오히려 나폴레옹이 무력하게 보임으로써 더욱 큰 해체의 위기를 맞고 있었다. 동맹이 겪고 있던 불화가 어느 정도였는지는, 바젤에서 캐슬레이를 맞이한 것이 차르와 가까운 나라들이 모인 러시아 진영과 메테르니히와 가까운 나라들이 모인 오스트리아 진영 두 곳이었다는 사실이 잘 드러내고 있었다.[16] 다행인 점은, 원인 모르게 지연되고 있던 파리를 향한 진군에 활력을 불어넣으려는 차르의 열의가, 가능한 조속히 캐슬레이와 대화를 나누고자 하는 그의 욕망보다 컸다는 사실이었다. 캐슬레이가 도착하기 이틀 전에, 알렉산드르는 슈바르첸베르크의 사령부로 떠났던 것이다. 이제 캐슬레이의 태도가 대불동맹의 운명과 전쟁의 결과를 결정지으리라는 것이 분명해졌다. 만약 영국이 목표를 해협의 안보로만 한정한다면, 폴란드는 이미 잃은 것이나 다름없고 프랑스의 지배를 러시아가 대체하게 될 터였다. 반대로, 영국의 안보가 대륙의 안정에 달려 있다는 사실을 만약 캐슬레이가 이해한다면, 균형상태에 의한 평화를 도모하는 것이 아직은 가능할지도 모를 일이었다.

캐슬레이는 거의 어떤 선입견도 갖지 않은 상태로 도착했다. 캐슬레이는 동맹의 단합이 그 어떤 국지적 이익에 관한 고려보다 우선해야 한다는 결의를 가지고 있었지만, 문제가 본질적으로 국지적이지 않기 때문에 그 해결이 그토록 어렵다는 사실을 아직 깨닫지 못하고 있었다. 그는 1월 18일 바젤에 도착하자마자 대불동맹을 거의 해체로 몰고 가고 있던 문제와 맞닥뜨렸다. 그것은 나폴레옹과 강화를 맺을 것이냐 아니면 파리로 진군을 계속하느냐 하는 문제였다. 1월 9일에 콜랭쿠르가 대불동맹 측의 전초기지에 나타나, 강화 협상을 위해 사령부까지 안전 통행권을 요구했던 것이다. 신변의 안전에 대한 보장도 없이 외교장관을 적진의 사령부로 파견한다는 것은 나폴레옹의 무능함을 드러내는 또 하나의 징후였으므로, 이 사건은 진군을 서두르는 차르의 의욕에 부채질을 하였다. 회답을 재촉하는 콜랭쿠르에게 돌아온 답변은 캐슬레이의 도착을 기다리라는 것이었고, 동맹 측이 협상 준비가 되면 알려주겠다는 대답이었다.[17] 동맹국들이 나폴레옹의 운명을, 마치 그것이 완전히 자신들의 의지에 달려 있다는 듯이 의논하는 동안, 콜랭쿠르는 뤼네빌Luneville역주8)에서 대기해야 했다.

1월 18일에서 22일 사이에 캐슬레이와 메테르니히는 대불동맹의 장래에 관해 몇 차례 회의를 가졌다. 캐슬레이는 베르나도트에 관한 차르의 계획을 듣고 놀랐다. 그답게도, 캐슬레이가 우선적으로 우려한 것은 유럽의 균형상태보다도 전쟁의 수행에 그것이 미칠 영향이었다. "그 계획에 별다른 악의가 없다손 치더라도, 그것은 동맹을 결정적으로 마비시키는 결과를 초래할 것이다. 나는 차르가 그런 의도를 포기할 때까지 오스트리아군이 더 이상 진군하지 않으리라고 믿을만한 이유가 있다…"[18] 이 시점에, 전혀 예기치 못하던 맥락에서 다시금 나폴레옹의 운명에 관한 문제가 제기되었다. 캐슬레이는 대불동맹의 단합을 위해서 나폴레옹을 타도하고 싶어 하는 내각의 욕구에 저항하고 있었다. 그러나 이제는 바로 이 문제를 두고 동맹의 단합이 무너져, 영국은 자국의 목표를 자유롭게 추구할 수 있을 것처럼 보였다.

그러나 캐슬레이는 도서국가의 견지에서가 아니라 유럽적인 관점에서 결단을 내렸다. 메테르니히는 보고서에 다음과 같이 썼다. "캐슬레이를 아무리 칭송해도 지나치지 않습니다. 그의 태도는 탁월하고, 그의 업무방식은 올바른 동시에 솔직합니다. 본인은 한 가지도 그와의 견해차를 발견할 수 없으며, 그는 평화적이되 *우리가 말하는* 의미에서 평화적이라고 확언드릴 수 있습니다."[19] 안정을 추구하는 두 명의 위대한 정치가가 만나, 서로를 이해한 것이다. 캐슬레이는 이렇게 보고했다. "오스트리아의 장관은 실제로 그가 저지른 잘못보다 더 큰 비난을 받고 있습니다. 하지만 그는 장치를 작동시키는 위대한 재능을 가지고 있습니다."[20] 캐슬레이는 정치적 동란에 대항할 보장책으로 부르봉 왕가가 통치하는 프랑스를 선호하였으나, 대불동맹의 단합을 위해서라면 나폴레옹과 협상할 의사도 있었다. 메테르니히는 사회적 혁명을 예방하고 러불간의 동맹을 차단하기 위해 나폴레옹이 지배하는 프랑스를 선호했지만, 영국과의 우호관계를 위해서라면 부르봉 왕가와 화해할 용의가 있었다. 두 사람은 나폴레옹과 부르봉 왕가만이 가능한 대안이며, 베르나도트도 마리 루이즈의 섭정도 배제되어야 한다는 데 견해가 일치했다.[21] 그 선택은 프랑스 민족의 몫이지만, 그래도 나폴레옹과의 강화 가능성을 탐색해 보기로 했다. 캐슬레이는 리버풀에게 다음과 같은 내용의 서한을 보냈다. "우리는 (나폴레옹의 타도와 같은) 문제에 관해 주도권을 발휘하는 것처럼 보이는 성가신 그 어떤 상황에도 스스로 말려들어서는 안 됩니다. 만약 우리가 프랑스의 현 정부와 관련해서 모든 조건들을 초월하는 문제에 휘말리게 된다면, 우리는 *우리의* 요구를 최대한 주장할 수 없게 됩니다."[22] 한편 메테르니히는 보고서에 다음과 같이 썼다. "누구와 강화를 맺을 것인지는 파리가 결정할 것입니다. 누구와 상대할 것인지를 실험하는 것이 현명한 일일까요? 만약 제가 혼자이고, 독자적으로 행동할 수 있다면 그렇게 하지는 않을 것입니다. 그러나 현 상황에서는 단합의 필요성이 다른 모든 고려사항보다 중요합니다."[23]

이런 식으로, 망설임과 불안 속에서나마, 캐슬레이가 사망할 때까지 지속될 협력의 막이 올랐다. 대불동맹 그 자체를 목적으로 간주했던 캐슬레이가 동맹국 간의 입장차를 조정할 중재자로 부상한 한편, 동맹을 정통성 원칙의 파생물로 간주했던 메테르니히가 동맹의 대변인으로 활동한 것은 당연한 귀결이었다. 캐슬레이와 메테르니히가 차르를 만나기 위해 함께 랑그르로 여행하는 동안, 두 사람 다 만족감을 느낄 이유가 있었던 것이다. 캐슬레이로서는 만약 다른 어떤 수단으로도 강화를 달성할 수 없다면 오스트리아가 나폴레옹의 타도를 환영까지는 하지 않더라도 최소한 반대는 하지 않으리라는 사실을 알게 된데다, 플랑드르 지역에 네덜란드를 위한 방벽을 설치하는 방안에 메테르니히가 호의적이라는 사실이 드러났으므로 만족했다. 한편 메테르니히가 만족한 이유는 베르나도트를 둘러싼 문제에 관해 영국의 확약을 받았고, 설령 나폴레옹을 나폴레옹 자신으로부터 구하는 것이 불가능한 것으로 드러난다 하더라도 오스트리아가 유럽에서 고립에 처하지는 않으리라는 점을 확인했기 때문이었다.

II

그러나 랑그르에서 회의를 시작하기에 앞서, 메테르니히는 유럽의 균형상태와 양립 가능한 전쟁목표를 다시 한 번 확인하고자 했다. 그는 총사령관인 슈바르첸베르크가 황제 앞으로 보낸 서한을 통해 그럴 기회를 얻었다. 그 서한에서 슈바르첸베르크는 전쟁이 오스트리아의 국가 정신과는 상반되는 전면적 양상으로 변질되어 가는데 대한 오스트리아의 불안감을 표현했다. 범인凡人들이 자신의 책무를 스스로의 구미에 맞게 변질시킬 때 사용하는 현학적인 "객관적" 수법으로, 그는 황제의 결정을 요망한다는 구실로 지속적인 군사작전에 관한 찬반양론을 종합해서 열거하였는데, 거기에는 그의 두려움이 확연히 드러나 있었다.[24] 그는 지속적인 진군의 이점을 인정하면서도, 측면공격에 노출되는 데 따르는 위험, 부대 내 질병의 증가율, 보급의 애로 등도 강조하였다. 사실 슈바르첸베르크가 가장 우려하고 있던 것은 패배가 아니라 승리였다. 협상이 임박했으므로, 슈바르첸베르크로서는 랑그르가 파리로 가기 전에 들를 수 있는 마지막 정거장이고, 나폴레옹과의 강화가 아직은 가능한 마지막 지점이라는 사실을 지적하지 않을 수 없었으며, 그의 서한은 그러한 사실을 적시하였다. 심오한 정치적 사안에 관해서는 순진함을 가장하는 군인의 숙련된 기술을 동원하여, 그는 이제부터 벌어질 투쟁은 내전의 성격을 가질 것이며, 어느 쪽을 선택할지는 황제의 탁월한 식견에 달려 있다고 강조했다. "우리가 이제부터 취할 행보는 너무나도 중차대한 나머지, 소신이 폐하께 다음과 같은 사항에 관하여 명확한 지시를 내려주십사고 건의 드리는 것을 영예롭게 생각할 수만은 없습니다. 휘하의 부대에 절실히 필요한 휴식을 부여하고 보급을 기다리면서 좌우익 병력이 본진과 합류할 기회를 준다는 차원에서 소신이 현재의 위치에 머물러 있어야 할지, 그렇지 않으면 평야지대로 내려가 결과를 예단할 수 없는 전투를 개시해야 할 것인지에 관해서입니다…" 이런 식으로 군사적으로는 물론 정치적으로도 안정과 혼란을 대비시킴으로써, 슈바르첸베르크는 오스트리아가 맞이한 양난을 명확하게 만들었다. 랑그르 너머에는 승리가 기다리고 있지만, 그 승리는 공허한 것이 될 터였다. 승리는 균형상태에 격렬한 충격을 가하여, 전면적인 변화를 거부함으로써 유지해온 국가의 존속을 위협할 것이기 때문이었다.

슈바르첸베르크의 견해에 대한 지지가 없었던 것은 결코 아니었다. 프로이센에서는, 비록 블뤼허Blücher역주9)와 그나이제나우Gneisenau역주10) 등과 같은 장군들은 그렇지 않았지만, 국왕과 그 주변 인사들은 실질적으로 그에 동조하였다. 스튜어트조차 캐슬레이에게 본질적으로 유사한 논점을 담은 서한을 보냈다.[25] 메테르니히는 이러한 기회를 활용하여 자신의 군주에게는 지침을 호소하고 동맹국들에는 전쟁목표에 대한 정의를 호소하였으며, 안보를 균형으로, 평화를 비례로 간주하는 오스트리아의 관점을 재삼 확인하였다. 그가 쓴 서한은 오스트리아가 참전하기 이전의 상황을 상기시키는 내용으로 시작했다.[26] 그는 동맹의 가장 위대한 성취는 나폴레옹으로부터 온건하다는 가식을 박탈한 심리적인 부분이라고 주장했다. 이제 과연 동맹국들이 입장을 바꾸어 정복 전쟁에 돌입해야 할 것인가? 당초에 프랑스를 유럽의 균형상태와 양립할 수 있는 한계 이내로 제한하고, 오스트리아와 프로이센을 1805년 규모로 회복시킨다는 것 이외에 전쟁에 다른 목적이 있었던가? 의미심장하게도 메테르니히는 러시아가 얻은 이득에 관해서는 침묵하였다. 균형상태가 교란된다면 확실히 그것은 러시아의 이득으로 인한 것일 터였다. 나폴레옹과 교섭할 것이냐에 관련해서는, 콜랭쿠르와 몇 차례 협의를 하다 보면 나폴레옹의 성실성이 드러날 것이고, 어떤 경우든 나폴레옹의 최종적인 운명을 결정하는 것은 동맹국들이 아니라 프랑스 인민일 수밖에 없다고 주장했다. 그러나 만약에 나폴레옹이 대불동맹의 조건을 거부한다면? 그런 경우에 대한 메테르니히의 해답은 진군을 계속하면서 프랑스 국민들에게 동맹 측의 조건을 알리는 것 외에 다른 선택은 없다는 것이었다.

메테르니히의 고려는 그것이 어떤 우발적 사태에 관한 것이건 한계를 명확히 정의해야 한다는 호소로 귀착되었다. 그가 동맹의 선언을 원했던 것은 그것이 프랑스인들에게 미칠 영향을 겨냥한 것 못지 않게 그것이 차르를 구속할 수단이기 때문이기도 했다. 그는 현안을 몇 가지 질문으로 요약함으로써 서한을 끝맺었는데, 그 질문들은 아직도 프랑스군이 전장에 존재하는 동안 알렉산드르로 하여금 자신의 목표를 공언하도록 유인하려는 노력의 일환이었다. 그는 대불동맹국들이 여전히 프랑스와 강화를 체결할 의향이 있는지를 물었고, 동맹이 프랑스의 지배자를 선택하고 강요할 것인지 아니면 프랑스 국민에게 왕실 문제를 맡길 것인지를 물었으며, 마지막이자 가장 긴요한 질문으로서, 동맹국들이 1805년 상태를 회복하는 것 이상의 요구를 염두에 두고 있다면 서로 자국의 요구를 알려줄 용의가 있는지를 질문했다.

그러나 동맹이 상승세를 타고 있는 동안에는 팽창적인 국가를 통제하기가 어렵다. 합의가 부재하는 상황에서는 시간이 흐를수록 팽창적 국가의 상대적 입지가 개선되기 때문이다. 알렉산드르는 교묘한 답변으로 전쟁 목표에 대한 그 어떤 논의도 회피하였다. 그는 그런 논란은 현존하는 화합을 저해할 뿐이며, 강화 조건은 군사적 상황에 따라 결정되어야 한다는 점에서 더더욱 그러하다고 주장했다.[27] 바젤에서의 목표는 프랑크푸르트에서와 달랐고, 랑그르에서는 바젤과는 또 다르며, 상황이 변화하면 그에 맞추어 또 다시 정의되어야 한다는 것이었다. 만약에 진군이 지속된다면 그는 나폴레옹과 협상할 용의가 있다고 했다. 그럼으로써, 차르는 나폴레옹의 타도를 통해서만 해소될 수 있는 진퇴양난을 조성했다. 그는 유럽의 균형상태에 관해 논의하자는 데 동의했으나, 프랑스 문제의 해결 *이후에만* 논의하겠다는 식이었다. 나폴레옹과 협상할 의사가 있으나, 협상의 조건은 군사 작전의 상황에 따라 결정되도록 하겠다는 것이었다. 상황은 날이 갈수록 대불동맹에 유리하게 변하고 있었기 때문에, 차르는 자신의 조건을 지속적으로 높여 부를 권리를 보유하겠다는 심산이었다. 요컨대, 오스트리아로서는 프랑스의 힘을 제거하는 데 조력을 제공해야만 알렉산드르의 조건을 알 수 있는 셈이었다. 나폴레옹이 모스크바에서 영국을 굴복시키려 했다면, 알렉산드르가 파리에서 바르샤바를 취하려고 시도한 것도 터무니없는 일은 아니었다.

캐슬레이는 폴란드에 대한 차르의 계획을 오인하고 있었으며[28], 어쨌든 나폴레옹 이외에도 평화를 위협하는 다른 주체가 있다는 점을 인정하는 데까지는 이르지 못하고 있었으므로, 군사 작전의 지속을 강하게 요구했다. 그 결과, 동맹이 단합을 유지한다는 외양을 유지하면서 동맹 내부에서 발생한 균형의 변화를 덮어 감출 수 있는 허울 좋은 타협이 이루어졌다. 나폴레옹과 협상을 개시하되 진군 또한 계속하기로 결정된 것이다. 캐슬레이는 프랑스가 유럽의 강화 조건에 관해 질문조차 제기하지 못하도록 하자는 차르의 제안은 거부했지만, 그 대안으로 제시된 방식도 명목상의 개선에 불과했다. 강화의 조건을 프랑스에게 제시하기는 하되, 그것은 협상을 위한 것이 아니라 단지 동의만을 위한 것이었기 때문이다.[29] 프랑스는 당분간 균형의 요소에서 제외된 셈이었다. 동맹국의 장관들이 나폴레옹에게 제시할 조건에 관해 논의를 진행할수록, 전쟁의 결말을 결국 파리에서 지을 수밖에 없으리라는 사실이 점점 더 분명해졌다. 균형상태를 위해 시작한 전쟁이 진공상태를 조장하고 있다는 사실과, 유럽이 혼란의 위협 속에서 스스로의 균형감각을 되찾아야 하리라는 사실도 점점 또렷해졌다.

그러나 랑그르 회의에서는 새로운 해결책이 어떤 형태로 마련되건 간에 영국의 역할이 필요불가결하게 되었다는 점도 드러났다. 랑그르 회의는 캐슬레이가 유럽의 정치가로 변신하는 중요한 단계였다. 그는 동맹의 조정자로 부상했으며, 그 덕분에 그는 벨기에를 잠정적으로 네덜란드의 지배 하에 둠으로써 플랑드르에 "방벽"을 획득하는 방향으로 한 걸음 더 나아가는 합의를 동맹국들로부터 이끌어낼 수 있었다. 2월 1일이 되자, 그는 네덜란드 왕실에 파견한 클랜카티Clancarty역주11) 대사에게 오란예 공이 뫼즈 강Meuse역주12)에 이르는 플랑드르의 합병을 요구하는 여론을 선동해도 무방하다는 지침을 하달했다.[30] 결국 대불동맹은 프랑크푸르트 합의의 기초를 폐기하고, 프랑스를 혁명 이전의 판도로 축소하자는 데 합의했다. 캐슬레이는 오스트리아로부터 이러한 양보를 얻어냈는데, 그것은 그가 비록 아직은 안정을 프랑스에 대한 통제와 동일시하고 있기는 했으나, 대륙의 안정을 통해서 영국의 안보를 추구하려는 경향을 점점 더 뚜렷이 보여주었기 때문에 가능한 것이었다. 식민지 문제에 대한 그의 대처방식에서도 그런 징후가 나타났다. 영국이 점령지의 일부를 포기할 수 있을 구체적 조건들을 그가 제시했을 때, 그는 혁명 이전의 국경이라든지 네덜란드 방어를 위한 플랑드르의 방벽 등과 같은 예전의 조건에 덧붙여, 대륙 국가들이 "단합으로써 프랑스를 제압한 후에 분란으로써 프랑스의 권위를 다시금 세워주는 일이 없도록"[31] 우호적인 합의를 해달라는 조건을 제기했던 것이다. 메테르니히는 차르에게 폴란드의 영유를 허용하는 그 어떠한 합의도 우호적인 것이 되도록 내버려두지는 않을 작정이었다.

랑그르에서 메테르니히는 비록 차르가 야심을 공표하도록 만드는 데는 실패했지만, 어쩌면 그보다 더 중요할 수도 있는 뭔가를 성취했다. 슈바르첸베르크의 상징적인 표현을 빌리자면 동맹군이 평지로 내려갈 준비라는 것을 하고 있던 즈음에, 메테르니히는 그 평원을 가로지르는 과정에서 캐슬레이를 자기편으로 삼을 수 있으리라는 것을 알았다.

III

2월 3일 샤티용Chatillon역주13)에서 개최된 회의는 과연 나폴레옹으로 하여금 균형상태에 기초한 평화를 받아들이게 만들 수 있을지를 판정하기 위한 최후의 노력이었다고 할 수 있다. 그러나 막상 이 회의에서는 서로 대립하는 정통성의 체계들 사이에 벌어진 틈을 메우는 일이 얼마나 어려운지가 선명히 드러났을 뿐이다. 동맹국들의 안보 개념과 나폴레옹이 자기 왕국의 요건으로 간주하던 개념은 양립할 수 없는 것이었으므로, 협상은 합의에 접근조차 하지 못하고 있었다. 나폴레옹은 자신이 정복한 영토의 일부를 포기하는 대가를 치르면서 강화를 할 수는 없다고 믿고 있었던 반면, 대불동맹국들은 나폴레옹이 자기 왕위의 상실이 초래될 것이라고 여기는 바로 그 한계를 그에게 부과하기 전까지는 강화를 맺을 의향이 없었다. 그리하여 문제는 이제 순수한 힘의 문제가 되었으며, 샤티용 회의는 그런 조건으로는 자제self-limitation가 이루어지기 어렵다는 점을 보여주는 사례가 되었다. 나폴레옹은 이 회의의 전과정 중 최초와 최후의 단계, 즉 그가 결정적인 패배를 당하여 그의 운명이 전적으로 동맹국들의 의지에 달려 있던 시기에만 강화를 체결할 의향을 보였다. 전장에서의 승리로 세력균형의 수단이 회복되고 부분적으로나마 자신의 의지로 강화를 좌우할 수 있는 국면에서 그는 강화를 거부했다. 나폴레옹이 차르라는 또 한 명의 변덕스러운 성격의 소유자와 대치하게 되었다는 사정도 문제를 더 복잡하게 만들었을 뿐이다.

그러다 보니, 동맹군이 망설이며 파리로 진군하는 내내, 지리멸렬한 강화 회의에서는 일시적으로나마 유리한 입장에 처한 당사자역주14)가 결코 수용하지 않을 것으로 판명되는 조건들이 논의되고 있었다. 전쟁이 전면적인 양상을 띠기 시작한 것은 양측이 명확한 권력관계에 합의할 길이 없기 때문이었고, 무엇보다도 나폴레옹이 자신의 의지와 무관한 유럽의 정통성을 수락할 수 없기 때문이었다. 따라서 샤티용 회의 기간은 나폴레옹과의 협상보다는 오히려 대불동맹국들 사이의 관계라는 측면에서 중요한 의미가 있었다.

협상 담당자들이 2월 3일 샤티용에 모였을 때, 나폴레옹은 라로티에르La Rothière역주15)에서 막 격파당한 상태였고, 2주 이내로 동맹군이 파리에 입성할 수 있을 것처럼 보였다. 동맹은 일체로서 행동하고 오스트리아의 전권사절인 슈타디온이 그 대변인 역할을 맡기로 합의했었지만, 동맹 각국은 저마다 샤티용에 자국의 대표를 파견했다. 영국은 대표단 전원인 캐스카트, 스튜어트, 애버딘이 참석해 캐슬레이의 지휘를 받았는데, 막상 캐슬레이 자신은 전권사절은 아니었다. 그러나 만장일치 규정으로 인해 회의는 아무런 성과도 거둘 수 없는 지경에 이르렀고, 협의를 지연시킴으로써 얻을 이득이 가장 큰 참석자가 회의를 좌지우지하는 상황이 되었다. 샤티용 회의 초기에는 러시아가 그런 참석자였으며, 러시아 대표는 알렉산드르의 승낙 없이는 어떠한 문서에도 서명하지 말라는 훈령을 받은 상태였다.

그 결과 회의는 기이하게 진행되었다. 동맹국들은 불과 6개월 전까지만 해도 꿈도 꿀 수 없던 유리한 조건으로도 강화의 체결을 꺼렸다. 이제 강화는 나폴레옹에게 권력 유지를 위한 유일한 희망을 의미하고 있었기 때문이다. 반면 콜랭쿠르는 나폴레옹의 명시적인 승낙이 없이는 "과거의 판도ancient limits"를 감히 수락할 엄두를 내지 못했다. 이런 와중에, 캐슬레이는 식민지 반환의 조건으로 유럽의 전반적인 문제해결을 내세웠고, 그러자 이번에는 차르가 프랑스와의 강화가 일단락될 때까지는 논의를 거부하겠다고 나왔다. 이러한 상황은 또 다른 순환적 논쟁을 낳았다. 프랑스의 "구 판도"는 프랑스 식민지의 반환 없이는 불가능했지만 식민지의 반환은 프랑스와의 강화를 전제로 하는 것이었고, 차르는 프랑스와의 강화 없이 유럽의 전반적 문제 해결에 관한 논의에 임할 의사가 없었다. 슈타디온은 메테르니히에게 다음과 같이 썼다. "우리는 단지 진부하다는 점에서만 재미있는 한 편의 희극을 벌이고 있습니다… 외교 관행을 두고 그러한 게임을 벌이는 것은 가치가 없는 일입니다."[32] 강화의 열쇠는 샤티용에 있는 것이 아니라 트로아Troyes역주16)의 동맹군 사령부에 있다는 사실, 그리고 이제는 나폴레옹 못지않게 알렉산드르도 강화를 좌지우지하고 있다는 사실이 분명해졌다. 콜랭쿠르가 메테르니히에게 보내는 서한을 통하여 "과거의 판도"를 수락한 당일인 2월 9일에 러시아 전권대표가 "훈령을 받기 위해" 샤티용을 떠나 사령부로 복귀했다는 사실은 상징적이었다. 샤티용 회의의 첫 단계가 일단락된 것이었다.

알렉산드르는 나폴레옹을 퇴위시키고 명사회名士會, Assembly of Notables역주17)를 소집하여 새로운 통치자의 선출을 요구하겠다는 결심을 더는 감추려 들지도 않았다. 완전한 승리를 추구하는 그의 고집 때문에 메테르니히는 거의 동맹의 붕괴를 초래할 뻔한 대결을 불사할 수밖에 없었다. 협상의 지속 그 자체가 비례의 추구, 확정적 목표를 지닌 세계를 향한 원정을 상징한다는 점에서, 파리로 진군하면서도 강화가 불가능함이 매번 증명되는 것은 참을 수 있는 문제였다. 그러나 파리를 향한 맹목적 돌진은 무한으로의 진군이었다. 중앙제국으로서는 승리를 엄밀한 정치적 조건으로 전환할 수 있는 "규칙" 하에서만 전쟁을 수행할 수 있었다. 서로 다투는 강대국들 틈바구니에 위치한 국가인 오스트리아는 진공상태도, 좁혀지지 않는 간격도 받아들일 여유가 없었다. 또한 타국의 국내적 변화에 그처럼 민감한 국가가 혁명으로 전쟁을 마감할 수도 없었다. 오스트리아로서는 나폴레옹의 군대보다 파리를 향해 열린 길이 더 두려운 노릇이었다.

그래서 메테르니히는 트로아 사령부에서 다시 한 번 질의서를 통하여 목표의 공언을 요구하였으며, 그 과정에서 상이한 관점들을 정리해 보려고 했다. 나폴레옹에 대항하는 동맹이 중재를 가장하면서 수립되었던 것처럼, 러시아를 고립시키는 작업은 대불동맹의 목표를 정의한다는 구실로 이루어졌다. 차르가 과연 어떤 상황까지 감내할 의향이 있는지를 알아내기 위해 남아있는 유일한 방법은 러시아를 고립시키는 것뿐이었다. 메테르니히의 질의서는 콜랭쿠르의 제안에 어떻게 답할 것인가라는 모양새를 취했다. 즉, 프랑스 국민의 의사를 어떻게 판별할 것이냐, 부르봉 왕가는 어떻게 처리할 것이냐, 점령 후 파리를 어떻게 관리할 것이냐 등의 질문이었다.[33] 이 질문들은 차르로 하여금 목표를 명확히 밝히지 않을 수 없게 만들기 위해 파리로 진군하려는 차르의 욕망에 동의하는 것처럼 가장하고 있었기 때문에, 랑그르에서처럼 차르가 군사 작전을 통한 압박을 호소함으로써 회피할 수 있는 것은 아니었다.

그 질문서에 대한 캐슬레이의 회신은 그가 단지 대불동맹의 단합을 유지해야 한다는 이유만으로 나폴레옹의 폐위에 반대했던 당시로부터 얼마나 입장이 많이 변했는지 여실히 보여주는 것이었다.[34] 이제는 대불동맹의 단합이 아니라 균형상태에 필요한 조건이 그의 최대 관심사였다. 그는 문제를 "*우리의* 조건에 기초한 강화를 수용하느냐, 또는 (나폴레옹의) 폐위를 통해 평화를 더욱 공고히 할 것이냐"의 선택으로 보았기 때문에, 그의 견해로는 전쟁의 목표는 이미 달성되었다는 데 의심의 여지가 없었다. 그는 나폴레옹을 왕위에서 축출하려는 시도는 현명하지 못할 뿐 아니라 기존 약속의 위반에 해당되기도 한다고 주장했다. 프랑스 정부의 형태를 변화시키는 것이 공격의 목표였던 적은 결코 없었으며, "라인강 연안에서 찾아볼 수 없는 평화를 획득하는 것"이 목표였다는 주장이었다. 대불동맹이 전쟁에 임하는 *정통성 있는*(저자 이탤릭) 목표의 달성을 목전에 두고 있는 만큼, 대불동맹은 부르봉 왕가에 관한 문제를 제기할 자격이 없다는 것이었다. 캐슬레이는 자신도 거의 모르는 사이에 전쟁 목표에 대한 오스트리아의 해석을 받아들인 셈이었다.

2월 12일 각국 장관들의 회의에서는 대불동맹 내부의 분열양상이 명백히 드러났다. 하르덴베르크가 메테르니히의 질의에 대해 캐슬레이와 동일한 취지의 답변서를 보내고 난 뒤 네셀로데가 알렉산드르의 대답을 가져왔는데, 그 내용은 위압적인 것이었다. 차르는 주장하기를, 작전의 목표는 파리이고, 그곳에서 명사회가 미래의 통치자를 선출해야 하며, 자신은 부르봉 왕가를 지지하지도 않지만 그렇다고 막지도 않을 것이라고 했다. 또한 나폴레옹에 맞서 가장 오래 투쟁을 벌인 국가의 공을 인정하여, 러시아의 군사총독이 파리를 통치하면서 선거를 감독해야 한다고 주장했다.[35] 차르의 주장은 유럽의 운명에 관한 결정권자가 되겠다는 것이나 진배없는 내용이었다.

그러나 메테르니히는 한 사람의 의지에 기초한 국제질서를 수립하자고 오스트리아를 그토록 집요하게 여기까지 이끌어온 게 아니었다. 그는 지기 자신의 질문서에 내한 답신으로, 대불동맹의 도덕적 정당성은 나폴레옹 타도에 있다는 차르의 주장을 반박하는 서한을 제출했다.[36] 전쟁은 프랑스 국내를 변화시키기 위해서가 아니라 균형상태를 회복시키기 위해 치른 것이었으며, 샤티용에서 콜랭쿠르가 수용한 조건은 세력균형이 가능한 한도에서 최대한 프랑스를 약화시키는 것을 의미했다. 거기서 더 욕심을 내면 동맹의 도덕적 원칙이 전복될 터였다. 메테르니히는 주장을 이어나갔다. 그럼에도 불구하고 나폴레옹을 강제로 퇴위시켜야만 한다면 부르봉 왕가의 정통 계승자인 루이 18세가 유일한 대안인바, 외국들이 왕가의 문제를 국민에게 참견하려 든다면 모든 왕권의 존속이 저해될 것이기 때문이라는 것이었다. 사실상 메테르니히의 주장이 품은 함의는, 합스부르크 왕가는 인민에게 선택의 기회를 줄 전쟁은 감수하지 않겠다는 취지였다. 합스부르크 왕가의 존속은 그것이 받아들여짐으로써 가능한 것이 아니라 그 자체의 신성함, 다시 말해 정통성 있는 모든 규칙이 지닌 신성함에 의존하고 있기 때문이었다.

이제 모든 것은 차르의 결단과 그의 힘에 달려 있었다. 만약 차르가 스스로 호언장담한 것처럼 단독으로 진군할 수 있을 정도로 강한 힘을 가졌다면, 메테르니히의 목적을 달성하기 위해서는 아마도 캐슬레이가 결코 동의하지 않을 뿐 아니라, 오스트리아가 택한 사려분별 있는 정책의 모든 원칙에도 위배되는 입장으로 바꾸는 것 말고는 달리 방법이 없을 터였다. 만약에 나폴레옹에게 아직 다소나마 힘이 남아 있다면 그 힘은 사실상 오스트리아에게 유리하게 작용하여, 단합의 필요성을 내세움으로써 차르가 양보하도록 만들 수 있을지도 몰랐다. 그러므로 2월 12일 나폴레옹이 블뤼허를 격파한 사건은 메테르니히가 상황을 장악할 수 있게 만들어 주었다. 당초 오스트리아는 없어도 무방하다는 점을 증명할 요량으로 진격했던 프로이센군이 실패함으로써, 도리어 나폴레옹은 아무리 약화되었더라도 단번의 전투로 패하지는 않으리라는 사실을 증명해 주었을 뿐이었다. 또다시 오스트리아는 필요한 나라가 되었고, 메테르니히는 이러한 입장의 변화를 최대한 활용할 작정이었다. 적과 대치한 상황에서 전쟁의 한계를 주장하는 것은 영웅적이지 못한 행위일 수도 있고, 인기를 끌 수 있는 일은 더더욱 아니다. 그러나 불필요한 공백 상태를 조장하는 것은 항구적인 혁명에 이르는 길이 될 수도 있었다.

다음 장관급 회의가 개최된 2월 13일, 메테르니히는 오스트리아가 전제정권을 부활시키기 위해 싸우는 것이 아니며, 단독으로 강화를 체결할 수도 있다고 선언함으로써 다시금 문제를 제기했다.[37] 성공을 코앞에 두고 자신이 그토록 소중히 여기던 대불동맹이 붕괴되어가는 상황에 직면한 캐슬레이는 조정자의 역할을 포기했다. 그는 샤티용에서 협상을 다시 시작하고, 메테르니히가 콜랭쿠르 앞으로 서한을 보내 프랑스가 "구 판도"를 수락한다면 대불동맹이 휴전협정을 체결하겠다는 동맹 측의 의향을 전달할 것을 제의하였으며, 자신은 그러한 계획에 대한 차르의 암묵적 동의를 얻고자 애썼다. 프랑스이 패권이 초래할 명백한 위협에 의해 단합되고, 영국과 러시아 간의 협조를 통해 안정화된 유럽을 마음속에 그리면서 대륙으로 건너온 지 6개월 만에, 캐슬레이는 균형 상태를 위해 차르에 대항하는 경쟁자로 부상했다.

당시 캐슬레이는 차르와 격렬한 논쟁을 벌였는데, 그것은 이후에 두 사람이 가지게 될 여러 차례의 격론 중 첫 번째에 불과했다. 알렉산드르는 파리에 입성해 그곳에서 명사회를 소집하겠다는 자신의 결의, 부르봉 왕가에 대한 자신의 불신감, 그리고 오스트리아의 소심함에 대한 자신의 불쾌감을 다시금 언급했다. 캐슬레이는 프랑스에서 내란에 말려드는 것이 바람직하지 않다는 점, 국민감정을 특정한 방향으로 유도하기란 어렵다는 점, 목표가 없는 싸움이 위험하다는 점 등을 설명했다. 그러나 차르는 완강했다. 그는 영국내 여론이 나폴레옹과의 강화를 극력 반대하고 있다는 사실을 알고 있었으며, 리버풀 경이 그러한 심정을 공유하고 있다는 런던 주재 러시아 대사의 보고서를 제시했다. 그러나 캐슬레이도 흔들리지 않았다. 그는 차르에게 "본인은 책임감을 가지고 신뢰에 기초해 직무를 수행하면서, 스스로의 판단력이 명하는 바를 따를 뿐, 우리가 현재 해결해야 하는 실제 상황을 알지 못하는 영국 내에서 형성된 희망이라고 누군가가 전하는 그 어떤 내용에 좌우되지는 않을 것"이라고 말했다.[38] 이 문장은 캐슬레이의 장단점을 모두 담고 있다. 여론을 기계적으로 따르는 대신 대중에게 잘 알려지지 않은 국익을 평가해야 하는 책임에 대한 자랑스러운 주장, 그리고 대중의 정서에 영향을 미치지 않거나 또는 그러지 못하는 그의 특징이 거기에 드러나 있었다. 손쉬운 해결을 거부할 줄 아는 용기 있는 경세가의 자질과, 소통할 줄 모르고 외로운 길을 걸어야 하는 영웅의 비극적 고립이 공히 캐슬레이의 몫이었다.

차르를 대면한 캐슬레이의 노력은 비록 그 직접적 목적 달성에는 실패했지만, 러시아의 고립을 완성했다. 메테르니히의 질의서에 대한 각측의 답신은 대불동맹의 내부에서 사실상 러시아에 대항하는 연합을 낳는 결과를 초래했다. 메테르니히는 주저 없이 자신의 유리한 입지를 활용했다. 그가 다시 한 번 오스트리아군의 철수를 위협하자, 나머지 두 사나운 이웃에게 휘둘릴까봐 두려워한 프로이센이 협정의 형태로 오스트리아의 목표를 보장하는 데 동의했으며, 캐슬레이는 비록 국내정치적 이유로 참가하지는 않았지만 이 협정에 찬성했다. 2월 14일의 협정은 또 하나의 타협이었지만, 그것은 오스트리아의 중추적인 입지를 증명하는 타협이었다. 협정은 나폴레옹이 아무리 철저한 패배를 당하더라도, 샤티용 합의를 넘어서는 조건을 부과하지는 않기로 규정했다. *자생적인* 민중 운동에 의해 폐위되지 않는 한 강화는 나폴레옹과 체결토록 하였으며, 만일 그런 상황이 발생한다면, 대불동맹은 부르봉 왕가와, 그 중에서도 만일 자발적으로 사양하지 않는다면 루이 18세만을 상대하기로 하였다. 아울러, 파리를 점령하면 러시아의 군사 총독을 수용하되, 실제 행정은 각 동맹국의 대표들이 참여하는 위원회의 손에 맡기기로 하였다.[39] 차르가 여기에 동의하면 진군을 계속하지만, 그렇지 않다면 오스트리아는 대불동맹을 탈퇴하겠다는 것이었다.

완전한 승리를 추구하던 차르는 파리가 함락될 때까지 자신의 요구를 밝히지 않음으로써, 안정을 희구하던 오스트리아를 부당하게 이용하려고 했다. 메테르니히는 이제 그런 처지를 역전시켜, 차르로 하여금 프랑스의 영토 범위와 국내 체제에 관해 동의하도록 만들기 위해 파리를 취하고 싶어하는 차르의 욕망을 이용한 것이었다. 파리에 대한 차르의 집착은 다른 모든 고려사항보다 컸기 때문에, 차르는 2월 15일에 메테르니히가 기초한 조약에 동의했다. 이후부터는 무슨 일이 벌어지더라도 프랑스는 세력균형의 요소로 남게 될 터였고, 나폴레옹이건 부르봉 왕가건 그 누가 프랑스를 통치하게 되더라도 차르에게 지나치게 우호적인 태도를 갖게 될 리는 없을 터였다. 진군은 재개될 수 있었다.

그러나 순수하게 군사적인 고려사항에 기초한 정책이란 그 성격상 승리할 경우 과격해지고, 역경과 마주치면 공황상태에 빠지는 법이다. 2월 14일에 블뤼허가 또다시 패배하자, 차르는 앞장서서 휴전을 주장했고, 2월 17일 슈바르첸베르크는 머지않아 샤티용에서 예비적 강화조약이 체결될 것이라는 핑계로 프랑스 사령관에게 휴전을 제의했다. 캐슬레이는 격분했다. 그는 자신의 강한 입지를 활용하여, 벨기에를 네덜란드에 합병시킨다는 원칙, 강화를 체결하더라도 선박은 일체 프랑스에 반환하지 않는다는 조항, 해양의 권리에 관해서는 강화회의에서 논의조차 하지 않는다는 점 등에 대해 동맹국들의 동의를 얻어냈다.[40] 그토록 오래 기다리고, 그토록 어려운 난관을 거쳐 수립된 대불동맹이, 마침내 나폴레옹이 굴복할 조짐이 보이고 "영국의" 모든 목표가 달성되려던 바로 그 순간에 붕괴되는 것처럼 보였다. 캐슬레이가 서한을 통해 메테르니히에게 분개한 심정을 토로한 것도 놀라운 일이 아니었는데, 이 서한은 그가 적어도 균형감각을 잃지는 않았음을 보여준다. "만약에 전쟁에서 다반사인 사소한 패배라든지, 이제는 더는 없기를 본인이 빌어마지않는 귀국 정부 내에서의 곤란에서 비롯된 압력 때문에 위대한 평화의 구조물이 조화를 잃고 왜곡된다면, 귀하는… 도덕적으로도 정치적으로도 치명적인 희생을 치르게 될 것입니다… 만약 우리가 *군사적, 정치적*으로 신중하게 행동한다면 프랑스가 60만 명의 전사들이 요구하는 정의로운 평화를 어떻게 거부할 수 있겠습니까? 프랑스가 거부하겠다면 그러라고 합시다. 우리가 프랑스 국민에게 그 사실을 밝히면 그날로 보나파르트는 제압당할 것이 틀림없으니 말입니다."[41]

이처럼 용맹한 표현으로도, 캐슬레이가 깊은 좌절감을 느끼고 있음을 감출 수는 없었다. 그는 대불동맹에 깊이 실망했다. "어쩔 때는 오만해서 아무 것에도 주의를 기울이지 않다가도, 또 다른 때는 적전에서 구해달라고 안달하니, 샤티옹 회의를 연장한다는 것은 어처구니없는 일로 여겨집니다."[42] 그는 리버풀에게도 격앙된 서신을 보냈는데, 그 서한에 담긴 내용은 불과 몇 달 전까지만 해도 캐슬레이 자신도 이단시 했음직한 것이었다. "오스트리아와 러시아의 상호비방은 최고조에 달하고 있고, 그 둘을 모두 상대하느라 본인의 인내심은 바닥나고 있습니다… 우리가 지금 타고 있는 이따위 조각배를 몰고 모험을 찾아 대양으로 나간다는 것은 안 될 말입니다." 캐슬레이가 단독으로 전쟁을 치른다는 위협까지 하고 있던 것을 보면, 대불동맹은 실로 그 영예를 상실한 것이 틀림없었다. "대영제국 없이는 강화가 이루어질 수 없다는 인식보다 그 두 국가를 굳게 지탱해주는 것은 없습니다… 본인은 그들에게, 만약 그들이 권위 있는 원칙을 바탕으로 강화를 달성하려 들지 않거나 달성하지 못한다면, 우리 자신을 위해서만이 아니라 그들을 위해서도 우리나라가 프랑스에 대항하는 입장을 유지할 수밖에 없다고 분명히 말해 주었습니다."[43]

그러나 트로아에서의 위기는 유용하게 작용한 측면도 있었다. 영원한 우의에 대한 주장이 항구적인 안정을 보장해줄 것으로 여기던 희망의 전성기는 이제 종말을 고했다. 그 대신, 강화라는 문제는 비록 전쟁이라는 문제만큼 활기찬 것은 아니지만 그 나름의 논리를 갖추고 있으며, 그것을 통해서만 국가들이 겪는 고난을 정당화할 수 있다는 인식이 자리를 잡았다. 차르는 영토를 정복할 수는 있지만 그 영토에 대한 권리를 취할 수는 없으며, 타국에 대한 보장으로서는 자신의 선의라는 것이 자국 국경선의 위치보다 쓸모가 적다는 사실을 깨닫기 시작했다. 차르는 다른 국가들의 연합전선에 직면하였으나, 나폴레옹과는 대조적으로, 그것을 수용했다. 그의 요구는 막대한 것이었지만, 그가 정복보다는 정통성에 무게를 둘 것이라는 조짐이 보였다. 대불동맹 각국의 협상가들이

다시 샤티용으로 돌아오면서, 유럽 문제 해결의 실체는 아니지만 그 형식의 윤곽은 마침내 드러나기 시작했다. 대불동맹은 그 내부 관계의 성격을 확정했다. 아직도 대불동맹의 앞길에는 많은 위기가 기다리고 있었지만, 대불동맹은 환상을 잃었고—환상의 상실이야말로 한 국가는 물론 인간의 생애에 있어서도 가장 고통스러운 위기에 해당하지만—결국 살아남았다. 새롭게 발견한 원숙함에서 비롯되는 강인한 인식을 바탕으로, 이제 그들은 남아 있는 문제를 직면할 수 있었다. 더는 자신의 의지대로 구조를 좌우할 수 없게 된 유럽을 나폴레옹이 수락할지가 바로 그것이었다.

주

1) Wellington, Duke of, Dispatches, 13 Vols. Edited by Curwood. (London, 1837.) Vol. XI, p. 306, 1813년 11월 21일.

2) C.C. IX, pl137, 1813년 1월 5일 및 Webster, I, p.514 (Appendix), 1813년 1월 12일 등을 보라.

3) C.C. IX, p.124, 1813년 12월 10일.

4) C.C. IX, p.153, 1814년 1월 8일.

5) C.C. I, p.128 (전체 인용은 제3장을 참조하라).

6) C.C. IX, p.142, 1814년 1월 6일.

7) C.C. IX, p.148, 1814년 1월 8일.

8) C.C. IX, p.112, 1813년 12월 24일.

9) Fourneir, *Congress,* p.48, 1813년 1월 9일, 및 p.251, 1813년 1월 20일.

10) C.C. IX, 111, 1813년 12월 24일.

11) Fournier, *Congress,* p.51.

12) 예를 들어, C.C. IX, p.112, 1813년 12월 24일 및 p.149, 1814년 1월 8일 등을 보라.

13) C.C. IX, p.170, 1814년 1월 15일.

14) Fournier, *Congress,* p.361 (하르덴베르크의 일기), C.C. IX, p.171, 1814년 1월 15일

15) Fournier, *Congress* (Appendix), p.250, 1814년 1월 17일.

16) C.C. IX, p.164, 1814년 1월 14일.

17) Fournier, p.61.

18) B.D., p.133f, 1814년 1월 22일.

19) Fourner, p.61.

20) B.D., p.160, 1814년 2월 26일.

21) B.D., p.137, 1814년 1월 22일.

22) C.C. IX, p.185, 1814년 1월 22일.

23) Fournier, *Congress* (Appendix), p.256.

24) Text, Klinkowstroem, Alfons, *Oesterreich's Theilanme an den Befreiungskriegen,* (Vienna, 1887), p.810f.

25) C.C. IX, p.525f., 1814년 1월 27일.

26) Fournier, *Congress,* p.62f.

27) Fournier, *Congress,* p.67f.

28) 1월 16일 캐스카트는 차르가 자신의 요구를 비스툴라 강의 경계로 한정했다고 잘못된 보고를 올렸다. 캐슬레이가 비엔나에서 이 문제를 자신이 어떻게 이해했는지에 대한 증거로서 차르에게 이 서한을 보여준 점으로 미루어 보건대, 캐슬레이는 이 보고를 신뢰했던

것으로 보인다. C.C. IX, p.169.

29) 캐슬레이 보고서, B.D., p.141f., 1814년 1월 28일.

30) C.C. IX, p.224.

31) B.D., p.146, 1814년 2월 6일.

32) Fournier, *Congress,* p.93.

33) Fournier, *Congress,* p.111.

34) B.D., p.155f, 1814년 2월 13일.

35) Fournier, *Congress,* p.121.

36) Fournier, *Congress,* p.123f.

37) Münster to the Prince Regent, 1814년 2월 14일, Fournier, *Congress* (Appendix), p.298f.

38) 이 대화에 관한 캐슬레이의 보고서, B.D., p.147f., 1814년 2월 16일.

39) Fournier, *Congress,* p.133f.

40) Fournier, *Congress,* p.137.

41) B.D., p.158f, 1814년 2월 18일

42) C.C. IX, p.290, 1814년 2월 25일

43) B.D., p.160, 1814년 2월 26일.

역주1) 나폴레옹 전쟁에서 영국군 총사령관을 맡았고 후일 영국 총리가 된 웰링턴 공작 아서 웰즐리(Arthur Wellesley, 1st Duke of Wellington 1769-1852). 그는 1808년 포르투갈 원정 이후 이베리아 반도에서 혁혁한 전과를 세웠으며, 캐슬레이와 함께 비엔나 회의에 참가하다가 나폴레옹이 엘바 섬을 탈출하자 군으로 복귀하여 워털루(Waterloo) 전투를 지휘함으로써 나폴레옹 전쟁의 마지막을 승리로 이끌었다.

역주2) 영국 동남부 에섹스 주 북단의 항구도시. 1657년 이래로 중무장한 군사도시가 되었다.

역주3) 네덜란드의 왕위계승자 빌렘 2세(Willem Frederik George Lodewijk van Oranje-Nassau 1792 1849). 그는 프랑스의 네덜란드 침공 후 러시아에 망명하였으나, 1813년 오란예 공으로 복위하였다. 당시 캐슬레이가 주선한 영국 공주와의 결혼은 결국 성사되지 못했으며, 1816년 차르의 여동생과 결혼했다. 1840년 네덜란드 국왕 겸 룩셈부르크 대공에 즉위했다.

역주4) 프랑스 북동부 오트 마른(Haute-Marne) 지역의 일부.

역주5) 오스트리아의 외교관 요세프 폰 후델리스트(Josef von Hudelist 1759-1818).

역주6) 1818년 스웨덴과 노르웨이의 국왕이 된 장 밥티스트 베르나도트(Jean Baptiste Bernadotte 1763-1844). 프랑스에서 출생해 프랑스군에서 복무하다가 나폴레옹에 의해 프랑스 육군원수(Marshal)에 임명되었다. 스웨덴 왕위계승자가 사망한 후 스웨덴 의회에 의해 국왕으로 추대되었다. 현재의 스웨덴 왕족들은 모두 그의 자손들이다.

역주7) 신성로마제국의 프란츠 1세와 오스트리아의 마리아 테레지아 사이에서 태어나 프랑스의 루이 16세의 왕비가 되었으나, 프랑스 혁명이 일어나 결국 1793년 단두대에서 처형되었다.

역주8) 낭시(Nancy)에서 그리 멀지 않은 프랑스 북동부의 도시다.

역주9) 1813년 라이프치히 전투에서 프로이센군의 원수로서 나폴레옹과의 전투를 이끌었던 겝하르트 레베레흐트 폰 블뤼허(Gebhard Leberecht von Blücher 1742-1819). 그는 1815년 웰링턴 공과 함께 워털루 전투에도 참가하였으며 후일 발슈타트 공으로

승격되었다.

역주10) 블뤼허 장군의 참모로서 나폴레옹 전쟁을 수행하였고, 프로이센군의 개혁에 크게 기여한 프로이센의 장군 아우구스트 빌헬름 안토니우스 폰 그나이제나우(August Wilhelm Antonius von Gneisenau 1760-1831).

역주11) 아일랜드 태생으로, 나폴레옹 전쟁 기간중 영국 외교관으로 활약하고 영국 의원이 된 클랜카티 백작(Richard Le Poer Trench, 2nd Earl of Clancarty 1767-1837).

역주12) 프랑스 북동부로부터 벨기에와 네덜란드를 거쳐 북해로 흐르는 925km 길이의 강. 14세기 초에 이 강은 신성로마제국과 프랑스의 자연 국경이었다.

역주13) 프랑스 북부 부르고뉴 지역 코트 도르 지방에 위치한 샤티용-쉬르-센(Châtillon-Sur-Seine).

역주14) 1814년 2월에 벌어진 샹포베르, 몽트미레이유, 라임 등지의 전투에서 나폴레옹군은 일시적으로 승리를 거두어 파리를 향한 대불동맹군의 진군을 잠시 방해했다.

역주15) 1814년 2월 1일, 낭트와 파리의 대략 중간지점에 해당하는 라 로티에르에서 나폴레옹군은 프로이센의 블뤼허 장군이 이끄는 연합군에 패했다. 이 전투는 프랑스 영토에서 나폴레옹이 경험한 최초의 패배였다.

역주16) 파리 남동쪽 150km 지점의 센 강변의 도시.

역주17) 혁명 이전의 프랑스(발루아 왕조에서 부르봉 왕조까지)에서 국왕의 자문을 위해 중요 의제를 논의하는 회의로, 주로 새로운 세금을 정하거나 승인을 위해 사용되었다. 마지막 회의는 루이 16세에 의해 1788년 소집되었다.

| 제8장 |

쇼몽Chaumont 조약과 평화의 본질

샤티용 회의—두 번째 단계—카리스마적 지배의 숙적—쇼몽 조약—부르봉 왕가의 부활—회고적 강화講和와 전향적 강화—파리 조약

I

만약 나폴레옹이 강화를 체결하려 한다면 지금이야말로 그럴 시점이었다. 랑그르에서 메테르니히는 강화를 주저하고 있던 동맹국들로부터, 무력해 보이는 적과 협상한다는 합의를 억지로 이끌어냈다. 그러나 그 당시에 강화는 마치 은혜를 베푸는 행위처럼 느껴졌기 때문에 체결될 수 없었다. 그 와중에 나폴레옹은 자신에게 아직 힘이 남아 있음을 보여주었고, 트로아에서 위기를 거치면서 동맹국들은 프랑스가 보나파르트의 통치 하에 있다 하더라도 "구 판도" 이내로 제한할 수만 있다면 유럽의 균형상태와 양립 가능하다는 결론을 내렸다. 강화를 서두르기 위해, 캐슬레이는 영국이 프랑스에 반환할 용의가 있는 식민 점령지들을 제시했다. 마침

내 메테르니히는 콜랭쿠르의 2월 9일자 서한에 대해, 격앙된 어조로 신속한 해결을 호소하면서 5만 명의 코사크Cossacks 병력을 끌어안고 있는 연합군의 장관으로서 겪는 어려움을 호소하는 답신을 보냈고,[1] 이로써 모든 것이 나폴레옹에게 달려 있다는 사실이 명백해졌다.

하지만 나폴레옹은 다시금 상황을 오판했다. 혁명적 체제와 "정통적" 균형상태가 평화적으로 공존할 수 없다는 사실에 대해 지금껏 일말의 의심이 남아 있었다면, 샤티용 회의의 제 2단계는 그런 의심마저도 사라지게 만들었다. 자신의 카리스마나 무력으로 정통성을 취한 사람은 자신의 결점을 인정하면서 권력을 유지할 수 없기 때문에, 실패를 불운 탓으로 돌리는 경향이 있다. 또한 그런 사람에게는 제한적인 승리란 권력이 유한하다는 것을 고백하는 것과도 같은 의미이므로 거의 패배만큼이나 나쁜 것이어서, 결국 모든 성공을 완전한 승리와 혼동하게 된다. 나폴레옹이 대불동맹을 라인강 너머로 몰아내겠다고 공언한 것은 무분별한 짓이라기보다는, 카리스마적 지배의 논리를 따른 것이었다. 인간의 모든 활동이 그러하듯, 카리스마적 지배라는 것도 그 나름의 법칙을 지니고 있는 것이다. 그리하여 엘베 강으로부터 파리 바로 앞까지 기나긴 후퇴의 과정에서도 나폴레옹은 아무런 교훈도 얻지 못했다. 자신의 수도의 관문 앞에서조차 여전히 그는 자신의 자원이 유한하고, 일련의 승리조차 아무 쓸모가 없으며, 대불동맹 측의 제안이 권력관계의 현실을 반영하고 있다는 사실을 받아들일 수 없었다. 두 가지 모순된 믿음이 그의 완고함을 강하게 만들었다. 첫째, 그는 마치 프랑스 국내체제의 변형은 불가능하다는 듯이, 자신이 아무리 철저히 패배하더라도 언제든 "구 판도"를 기초로 강화를 체결할 수 있을 것으로 생각했다. 둘째, 그는 자신이 모든 정복지를 상실하면 자신의 지배가 유지될 수 없을 것이라고 생각했다. 힘의 배타적 현실과 정통성의 환상, 사실상 그것이 유럽과 나폴레옹 사이에 존재하던 간극의 의미였다.

샤티용에서는 슈타디온이 말한 "희극"의 제2막이 진행되었다. 그러나 그것은 인간의 모든 계획은 결과를 예측할 수 없음을 보여주기라도 하듯이 신이 역할을 뒤바꾸어 버린 희극이었다. 이번에는 대불동맹국들이 강화를 재촉하고 있었고, "자연적 국경"을 견지하라는 훈령을 받은 콜랭쿠르는 꾸물거렸다. 동맹 측은 예비적 강화를 위한 조약의 초안을 제시했지만, 콜랭쿠르는 균형상태의 본질이라든지, 다른 국가들의 힘이 증가되는 상황에서 프랑스를 혁명 이전의 판도로 제한하는 모순 등에 관한 추상적인 답변으로 응했다. 동맹 측은 프랑스가 요새들을 포기할 것을 규정한 조약안의 군사적 조항을 양보하겠다고 제안했지만, 콜랭쿠르는 시간을 좀 더 달라고 호소할 수밖에 없었다. 그러던 중, 나폴레옹은 2월 21일 오스트리아 황제에게 위압적인 서한을 보내 차르의 집요한 복수심을 비난하면서 "자연적 경계"에 기초한 강화를 요구했다.

그러나 시간이 흐르자 대불동맹은 다시금 자신들이 지닌 힘을 인식하게 되었다. 군사적 승리는 언제나 물리적 현실과 심리적 충격이라는 두 가지 요소로 이루어지는데, 그 후자를 정치적 표현으로 변환시켜 주는 것이 외교의 책무다. 아우스테를리츠와 예나에서의 기억 때문에, 나폴레옹은 물론 동맹국들도 전술적 패배를 전략적 교착상태와 혼동하였다. 다만, 동맹국들은 이런 실수를 저지를 여유가 있었던 반면에 나폴레옹에게 그런 실수는 치명적이었다. 그가 승리할 수 있었던 것은 그의 작전이 뛰어난 덕분이었지만, 그의 일련의 승리가 상황을 근본적으로 변화시킨 것은 아니었다. 소모전에서는 승리조차도 국력이 더 약한 측의 상대적 지위를 저해하기 때문이다. 이제 나폴레옹은 더는 1805년이나 1809년과 같은 승자가 아님이 분명했다. 그가 노련한 솜씨를 잃었기 때문이 아니라, 그 솜씨를 효과적으로 만들 수 있는 힘을 잃었기 때문이었다. 과거 나폴레옹의 진정한 승리는 자신보다 우세한 적으로 하여금 기꺼이 강화를 체결할 의사를 갖게끔 강요한, 심리적인 것이었다. 이제 그는 자신의 뜻대로 되지 않는 강화를 수용할 수 없었고, 그로 인해 스스로 파멸하였다. 2월 25일, 동맹국들은 기한을 정해 명확한 답변을 달라고 요구했지만, 콜랭구르는 자신이 약속한 3월 10일까지 답변이 도착하지 않으리라는 사실을 틀림없이 알고 있었을 것이다.

그 사이에 메테르니히와 나폴레옹 사이에는 예전에 수 차례 반복된 것과 비슷한 싸움이 다시 벌어지고 있었지만, 이 싸움은 과거 어느 때보다도 나폴레옹의 정신을 목표물로 삼고 있었다. 나폴레옹과 메테르니히의 모든 만남은 파우스트 식의 숙명적 특징을 띠게 되었다. 나폴레옹의 자부심은 자기 자신을 있는 그대로가 아니라 겉으로 드러나는 모습으로 정의하는 사나이 특유의 태도였다. 메테르니히는 나폴레옹의 그런 자부심을 이용하여 결국 프라하에 이르는 심연 속으로 그를 한 발자국씩 유인했다. 이번에는 바로 그 자부심이 나폴레옹을 구해주려는 메테르니히의 노력을 방해하고 있었다. 그러므로 전쟁의 종식은 두 종류의 교훈을 남겼다. 나폴레옹은 힘의 한계를 경험하게 되었으며, 메테르니히는 책략의 한계를—일단 소환된 영혼은 의지력의 행사만으로 퇴치할 수 없다는 사실을—배웠다. *그 어느* 왕조의 전복도 오스트리아에게는 위험한 조짐이 된다는 사실을 감안해서라도, 메테르니히는 나폴레옹의 힘을 단지 제한하는 것 이상의 조치를 의도한 적은 없었다. 메테르니히로서는 강력한 프랑스가 필요했으므로, 이번에는 불가능하다는 것을 알면서도 나폴레옹에게 한계를 인정할 것을 요구하여 메테르니히 자신이 야기한 운명을 역전시켜보려 했다. 그러나 마치 그리스의 비극처럼 신탁의 경고도 파국을 막기에는 역부족이었으니, 구원은 운명을 아는 데서가 아니라 받아들이는 데서 비롯되는 법이다. 나폴레옹이 메테르니히의 간청을 묵살한 것은 그것을 이해하지 못해서가 아니라 경멸했기 때문이었다.

황제가 러시아의 집요한 복수심에 대한 나폴레옹의 비난을 일축하고, "구 판도"에 기초한 강화를 즉각 체결하고자 하는 동맹 측의 의지를 강조한 것도 소용이 없었다. 콜랭쿠르와 메테르니히가 함께 강화를 탄원한 것도 소용이 없었다. 메테르니히는 분개하여 콜랭쿠르에게 서한을 썼다. "나폴레옹에게 지금 그가 처한 상황을 일깨워 줄 방도가 없다는 말입니까? 그는 자신과 자신의 아들의 운명을 그가 가진 마지막 대포에 맡긴 채 돌이키지 않겠다는 것입니까? 그는 자신의 담대함과 용기가 우세한 힘을 가진 적에 의한 파멸을 막아줄 것으로 믿고 있는 것입니까?… 오스트리아의 황제는 1809년에 티롤 지방을 양도했거늘, 어째서 나폴레옹은 1814년에 벨기에를 포기할 수 없다는 것입니까?"[2] 그러나 나폴레옹의 끝모를 "정통성" 추구에 절묘하게 초점을 맞춘 이러한 호소조차 소용이 없었다. 메테르니히가 합스부르크가와 보나파르트가가 대등하다고 선언할 수는 있었지만, 상황의 핵심은 나폴레옹이 그 두 집안의 격차로 인해 압박을 느끼고 있다는 데 있었다. 나폴레옹은 정통성 있는 지배자라면 전투에서 아무리 많은 패배를 당하더라도 수도로 귀환할 수 있지만 대혁명의 아들인 자신은 그런 사치를 누릴 수 없다는 이야기를 입에 달고 지내다시피 했다. 나폴레옹은 힘을 의무로 전환할 수 없었기 때문에—또는 적어도 그렇다고 생각했기 때문에—자신의 힘을 드러내는 데 전부를 걸었던 것이다. 힘은 자의적이고, 따라서 불안정한 국제질서의 표현이라서, 그는 자신을 파괴시키는 전쟁을 통해서 유럽을 단합시키는 데 성공했을 뿐이었다.

파멸을 코앞에 두고 나폴레옹이 보여준 비타협적인 태도는 그가 승리를 통해서조차 달성할 수 없었던 무언가를 완벽히 드러내주었다. 그의 지속적인 통치가 유럽의 평화와는 양립불가능하다는 사실과, 그와의 합의는 휴전협정 이상의 것이 될 수 없다는 사실이 드러난 것이었다. 대불동맹 내부의 입장차가 어떤 것이었건 간에, 이제 나폴레옹으로 인한 위협은 최고조에 달하고 있었다. 메테르니히조차 프랑스의 완전한 붕괴가 균형상태에 초래할 위험이 나폴레옹의 지속적인 지배가 제기할 위험보다는 덜 중대하다는 점을 깨닫기 시작했다. 차르와 나폴레옹 사이에서 균형을 찾고 사회 혁명의 정치적 표현으로 그 혁명을 무찌르겠다는 것은 아무래도 좀 지나치게 교묘한 시도였다. 혁명이란 의지력만으로, 또는 혁명 없는 세상이 더 "합리적"일 것이라는 사유만으로 종식시킬 수 있는 것은 아니다. 나폴레옹은 세력균형의 규칙에 따르기를 간단히 거부했다. 메테르니히가 차르에게 승리를 거두었음에도 불구하고 전쟁은 전면전이 되어가고 있었다. 항복하기보다 차라리 자멸하는 것이 쉽다고 생각하는 혁명가 때문이었다.

그 결과, 캐슬레이가 그토록 열심과 인내를 가지고 추구해 왔던 일반적 동맹조약이 마침내 성립되었다. 중부 유럽에 주둔하던 나폴레옹의 군대는 동맹의 목적을 충분히 단합시키지 못했지만, 나폴레옹이 자신의 수도 성문 앞까지 밀려나자 모든 환상은 사라졌다. 3월 10일의 기한이 다가옴에 따라 점점 더 강화가 가망 없다고 여겨지자, 비로소 동맹국들은 공동의 조치와 공동 노력의 목표에 합의할 수 있었다.

3월 4일에 서명된 쇼몽 조약은 대 프랑스 전쟁의 수행을 주로 다루고 있었다.[3] 동맹 4개국은 각각 15만 명의 병력을 투입하기로 했고, 영국은 그에 추가하여 5백만 파운드의 보조금을 지급하기로 합의했다. 또한 모든 서명국은 단독 강화조약을 체결하지 않기로 약속했다. 이러한 규정은 어떠한 군사 동맹조약에도 통상적으로 포함되는 문구였으나, 영국이 담당하는 역할의 규모만큼은 큰 의미를 지닌 것이었다. 쇼몽 조약의 진정한 중요성은 프랑스가 나폴레옹의 패배 후에도 위협적인 국가로 존속할 것이라는 추정에 기초하고 있다는 데 있었다. 동맹은 20년간 존속키로 되어 있었으며, 프랑스의 침략시에는 각국이 6만 명의 병력을 제공키로 하였고, 영국은 그에 상응하는 보조금으로 이를 대신할 권리를 유보했다. 쇼몽조약은 장차 강화조약이 나폴레옹을 상대로 체결될 것을 상정하고 체결되었기 때문에, 이러한 규정은 당시에 팽배하던 불신감을 명백히 보여주는 것이었다.

쇼몽 조약은 특정한 목표를 달성하는 메테르니히와 캐슬레이의 뛰어난 수완을 보여주는 것이기도 하였다. 거기에는 스페인, 스위스, 이탈리아, 독일, 네덜란드의 독립을 규정하는 추가 조항이 포함되어 있었다. 네덜란드는 영토의 확장과 "적절한" 국경을 보장받았고, 독일은 독립 주권 국가들의 연합confederation으로 조직되도록 규정되었다. 폴란드에 관한 내용은 전혀 언급되지 않았다. 네덜란드의 확장된 영토는 최소한 앤트워프를 포함하는 것이었고, "적절한" 국경이란 벨기에를 가리키는 것이었다. 한편, 주권 국가들로 구성되는 독일이라 함은, 독일 통일의 꿈과 북부지역에서 패권을 누리겠다는 프로이센의 열망이 공히 좌절될 수밖에 없음을 의미했다. 이런 식으로, 결국 오스트리아와 영국은 러시아보다 먼저 이득을 취했다. 차르는 네덜란드 문제에 동의해주는 대가로 러시아가 네덜란드에 진 부채를 영국이 대신 떠맡는다는 조건을 내세웠다.[4] 그러나 이런 부수적인 요구를 내세움으로써, 그는 네덜란드의 벨기에 병합이라는 원칙을 암묵적으로 승인해준 셈이 되었다. 또한 차르는 폴란드 문제의 해결을 뒤로 미루는 데는 성공했지만, 그 과정에서 주변적인 목표에 대한 집착, 파리에 대한 혐오, 네덜란드에 관한 쩨쩨함으로 인해 협상의 우위를 상실하고 말았다.

캐슬레이는 승자였다. 대불동맹을 *통하여* 영국의 특수한 목표가 달성되었다. 연합이 결성되었고, 프랑스의 위협이 거기에 정통성을 부여해 주었다. 그는 묘하게 장난기 어린 어조로 자랑스레 보고했다. "*나의*(저자 이탤릭) 조약을 송부하니, 승인해 주실 것을 기대합니다. 이 조약에 서명할 때 우리들 네 명의 장관들은 카드게임을 한 셈입니다. 이토록 판돈이 높은 게임은 일찍이 없었다는 데 다들 의견이 일치했습니다. 나는 겸양의 미덕으로 판돈을 걸지 않으려 했지만, 그들이 굳이 우리나라를 군사적 세력으로 만드는 길을 선택했기 때문에, 이왕이면 다른 나라들의 들러리를 서지는 않기로 결심했습니다. 실상은… 우리가 관여하는 부분은 나머지 국가들의 몫을 합친 것과 맞먹습니다… 이 얼마나 대단한 힘의 과시입니까! 나는 이것이 대륙의 문제에 관여하는 데 대한 우리 국내의 의구심을 떨쳐줄 것으로 믿습니다."[5] 바로 여기에 캐슬레이가 이룩한 성취의 핵심이 있었다. 20년의 고립 끝에, 영국은 다시금 유럽의 일원이 된 것이었다.

3월 9일, 블뤼허는 라옹Laon역주1)에서 나폴레옹을 격파했다. 자신의 승리를 활용하지 못한 나폴레옹이 이제 더 이상의 패배를 감당할 수 없게 되었기 때문에, 전쟁의 결과는 명백해졌다. 샤티용 회의에서 설정된 시한을 불과 24시간 앞둔 시점이었다. 메테르니히는 대불동맹 총리 격인 비공식 자격으로, 콜랭쿠르가 3월 10일에 가져올 지도 모를 답변은 어떠한 것이든 자신에게 알려달라고 각국의 전권사절들에게 지시했다. 부분적으로는 협상의 실마리를 자신이 계속 장악하기 위해서였고, 또 부분적으로는 피할 길이 없어 보이던 동맹의 분열을 늦추기 위해서였다. 이에 대해 스튜어트는 격분하며, 만약에 콜랭쿠르가 각국의 요구를 수락한다면 동맹국들은 어떻게 할 것이냐고 물었다. 그러나 스튜어트는 당혹스러운 상황을 피할 수 있었다. 나폴레옹으로부터 충분한 지시를 받지 못한 덕분에, 콜랭쿠르의 답신내용이 애매모호했던 것이다. 그 내용이란 결국 "자연적 경계"라는 주장을 살짝 수정한 것에 지나지 않았다. 오로지 절차적인 문제로 회의의 파국이 늦춰지고 있는 형국이었다. 3월 15일, 콜랭쿠르의 최종 제안이 동맹 사령부로 전달되었고, 3월 17일에 메테르니히가 기초한 포고문은 나폴레옹과 강화를 체결하려는 대불동맹의 마지막 노력이 끝났음을 고했다.

이 마지막 순간에도, 메테르니히는 정치적 균형상태를 위해 시작한 전쟁이 사회적 토대를 전복시킬 위협으로 끝맺게 되었다는 사실이라든지, 나폴레옹 제국이 극복했던 프랑스 대혁명이 나폴레옹의 멸망과 더불어 다시금 활개를 치는 꼴을 봐야 한다는 사실을 순순히 받아들일 수 없었다. 따라서 3월 17일, 샤티용 회의가 이미 파한 후에 메테르니히는 다시 한 번 콜랭쿠르에게 절박한 어조로 호소했다. 그 내용은, 나폴레옹으로 하여금 현실감을 갖도록 만들고 프랑스 대혁명의 결과물로써 프랑스 대혁명을 물리친다는 최후의 승리를 메테르니히는 결국 이룰 수 없었음을 드러내고 있었다. “귀하가 평화를 위해 불가피한 희생을 치를 준비가 되는 날, 이곳 우리 사령부로 와주기 바랍니다. 그러나 실행 불가능한 계획을 옹호할 생각이라면 오지 마십시오. 나폴레옹의 운명을 위태롭게 만들지 않으면서 계속 소설이나 쓰기에는 사안이 너무나 엄중합니다. 동맹국들 앞에는 어떤 위험이 있을까요? 기껏해야 프랑스의 과거 (혁명 이전의) 영토를 남겨두어야 하는 정도의 위험이겠지요. 나폴레옹이 얻는 것은 무엇일까요? 벨기에 인들이 무장항쟁을 개시할 것이고, 라인강 좌안에서도 그러할 겁니다… 오스트리아는 긴밀한 관계를 유지해온 왕실이 보전되기를 지금도 소망하고 있습니다. 평화는 여전히 귀하의 주군의 뜻에 달려 있습니다. 시간이 조금 더 흐르면 그렇지 않을 것입니다. 본인은 캐슬레이 경이 이곳에 며칠 더 머물도록 최선을 다해 보겠습니다. 그가 떠나고 나면 강화는 더 이상 불가능할 것입니다.”[6]

메테르니히는 마치 화가 난 교수 같은 태도로, 현실을 뻔히 쳐다보면서도 알아채지 못하는 것이 놀랍다는 듯이, 자기가 소중히 여기는 균형상태의 요소를 마지막으로 한 번 더 설명했다. 그러나 만약 혁명가가 현실감을 가졌다면, 또는 혁명가가 현실에 대해 느끼는 감각이 최소한 "정통적" 현실감과 동떨어진 것이 아니었다면, 그는 애당초 혁명가가 아니었을 것이다. 3월 25일 콜랭쿠르가 강화를 체결하러 동맹 사령부로 올 수 없다는 회신을 보내왔을 때, 주사위는 던져졌다. 대불동맹의 병참선을 차단하려던 나폴레옹의 필사적인 마지막 시도는 실패로 돌아갔다. 파리로 가는 길이 다시 열린 것이었다. 그 후에 메테르니히가 콜랭쿠르에게 황제는 사령부를 떠났다고 써 보낸 퉁명스러운 답신은, 이제 강화가 코앞으로 닥쳐왔지만 그것이 나폴레옹과 체결되지는 않을 것임을 시사하고 있었다.

메테르니히의 서한은 캐슬레이의 융통성을 과대평가한 것이었는지도 모른다. 어쨌든 캐슬레이는 프랑스의 사회 혁명 따위는 개의치 않았기 때문이다. 그가 나폴레옹과의 협상을 묵인했던 것은 프랑스의 "구 판도"와 확장된 네덜란드가 영국의 안보에 대한 정치적 보장으로서 충분하다고 여겼기 때문이었다. 나폴레옹 문제를 다루는 데 대한 그의 동의는 영국이 선호하는 결과의 표현으로서가 아니라, 영국이 가진 선의의 증거로서 제시된 것이었다. 서신을 통해 영국 내 여론의 갈수록 불길한 반응을 접하면서도 그는 이러한 입장을 고수했다. 영원한 외교관이던 쿡Cooke역주2)과 해밀턴Hamilton역주3)도 리버풀이나 클랜카티에 못지않을 정도로, 나폴레옹과의 강화를 옹호하기는 어렵다는 입장을 공유했다. 해밀턴은

3월 19일에 "나폴레옹과의 강화에 반대하는 여론은 과거 어느 때보다 광범위하다"고 보고했다. 2월 17일에 리버풀은 다음과 같이 썼다. "우리나라가 나폴레옹과 체결하려는 강화가 *어떤 것이건* 간에, 그에 대한 여론은 날이 갈수록 나빠지고 있습니다. 모든 방면, 모든 계층의 사람들로부터 그러한 이야기를 듣고 있습니다."[7] 3월 19일 영국 내각은 캐슬레이에게 모든 조약을 서명 전에 런던으로 보낼 것을 지시했다.[8] 이 서한은 결과에 영향을 미치기에는 너무 늦은 시점에 도착했지만, 그 덕분에 나폴레옹과의 강화는 대불동맹의 결속을 위해 바치는 희생 제물이며, 영국은 최후의 방책으로써만 강화조약에 서명하리라는 점에 의심의 여지가 없게 되었다.

그러므로 샤티용 회의가 파한 후 캐슬레이가 자신에게 부과된 임무를 선의로 수행하였으며, 이제부터는 자신의 목표를 자유롭게 추구할 수 있다고 느낀 것은 정당했다. 그는 내각에 다음과 같은 보고서를 보냈다. "본인으로서는 프랑스의 현 지배자와 강화를 체결하는 것이 비현실적이라는… 사실을 확인하는 데 시간이 덜 지체될 수 있기를 원했습니다. 하지만 마침내 그 사실은 확인되었고, 프랑스 국민의 눈으로 보더라도 조속하고 명예로우며 확고한 평화의 달성에 있어서 나폴레옹이야말로 진정한, 그리고 유일한 장애물이라는 사실을… 의심할 여지가 없게끔 되었습니다."[9] 나폴레옹의 권력은 빠르게 허물어지고 있었으므로 그와 강화를 체결할 이유가 더는 존재하지 않았다. 나폴레옹이 최후의 절박함으로 동맹군의 배후를 치기 위해 파리에 이르는 길목의 병력을 빼내는 대담한 작전을 구사했을 때, 그의 운명은 결정되었다. 그는 절대 권력을 너무나 오래 소유한 나머지, 그가 귀환할 때 파리가 더는 자기편이 아닐 수도 있으리라는 생각을 하지 못했다.

3월 20일에서 22일 사이에 동맹국들은 부르봉 왕가를 승인하는 첫 단계 조치를 취했다. 전쟁 기간 내내 왕실 공경公卿들은 프랑스에 머물렀지만, 동맹국들은 이들을 무시했었다. 이제 대불동맹 사령부는 그들의 대표인 비트롤르Vitrolles역주4)를 맞이하여, 부르봉가를 위한 봉기를 조직하도록 고무하였다. 동맹국들은 친부르봉 입장을 선언하는 점령지역occupied province의 모든 수입을 부르봉 왕가로 이전할 것이며, 만에 하나 강화가 나폴레옹과 맺어지는 경우 부르봉의 옹호자들을 보호하겠다고 약속했다.[10] 거기에 추가해, 캐슬레이는 영국의 재정지원을 제공했다. 3월 24일에는 보르도Bordeaux가 부르봉 편으로 넘어갔다. 메테르니히는 이제 주사위가 던져졌으며, 나폴레옹은 세력균형의 요소에서 제외되었고, 국내적으로든 대외적으로든 안정은 부르봉 왕가가 다스리는 프랑스와 더불어 추구해야 하리라는 것을 인식하고 있었다. 그는 후델리스트에게 다음과 같이 썼다. "귀하는 우리의 방침에 대해 염려하지 않으셔도 좋습니다. 회피할 수 없는 일은 방향이라도 정해야 하며, 나약한 자들만 우물쭈물하는 법이라는 제 자신의 영원한 원칙을 충실히 지킬 것임을… 믿으셔도 좋습니다."[11]

메테르니히가 말한 사태는 파리에서 모습을 드러내고 있었다. 나폴레옹의 전 외교장관이었던 탈레랑은 부르봉 왕가의 복위로 귀결될 모종의 계획을 짜고 있었던 것이다. 모든 동시대인들 중에서 메테르니히와 가장 유사한 사람이 바로 탈레랑이었다. 그는 메테르니히와 똑같은 냉정함과 똑같은 교활함, 그리고 메테르니히를 능가하는 통렬한 재치의 소유자였다. 그것은 우연이 아니었다. 탈레랑과 메테르니히는 둘 다 18세기의 산물이었으며, 자신들로서는 천박하고 촌스럽기조차 하다고 여길 수밖에 없는 싸움에 휘말린 봉건영주들이었기 때문이다. 그들은 둘 다 자신들이 성취한 내용뿐만 아니라 그 형식에도 신경을 쓸 줄 아는 귀족들이었다. 두 사람 다 안정을 균형 및 비례와 동일시하였다.

그러나 이러한 유사성 뒤에는 근본적인 차이점이 감추어져 있었다. 운명은 탈레랑에게 불친절하여, 그에게 신념을 실현할 기회를 허락하지 않았다. 귀족이라는 신분은 도그마dogma가 아니라 하나의 사실에 해당한다. 그러나 탈레랑의 말과 행동 사이에는 언제나 부조화가 존재했다. 젊은 시절에 강제로 성직자의 길로 들어선 그는 오퇴이유Auteuil역주5) 주교가 되었으나, 혁명기에 교회를 저버렸다. 그는 혁명과 결별한 후에는 나폴레옹의 외교장관이 되었고, 이제 대불동맹군이 파리로 진격해 오자 부르봉 왕가의 복위를 위해 일하고 있었다. 그러나 그의 행동에서도 한 가지 일관성을 찾아볼 수는 있었으니, 자신의 변절을 통해 동시대인들의 극단적인 행동에 균형을 부여하려고 노력했다는 점에서 그러하였다. 그러나 그의 동시대인들이 탈레랑을 불신한 것을 비난할 수는 없다. 그들은 그의 변명이 아니라 그의 행동을 통해서 그를 판단할 수밖에 없었기 때문이다. 좀 더 평화로운 시절이었다면, 탈레랑은 자신의 재능을 발휘할 좀 더 평범한 길을 찾을 수도 있었을 것이다. 급류를 극복하는 데는 두 가지 방법이 있으니, 한 가지는 그 속에 휩쓸리지 않는 것이고 다른 한 가지는 물결과 함께 헤엄치는 것이다. 요컨대 원칙에 의지하거나 또는 책략을 사용하는 방법이 있는 것이다. 탈레랑이 궁극적으로 위대한 경지에 도달하는 데 실패한 이유는, 그의 행동이 언제나 지배적인 분위기에 너무나도 잘 편승하는 것이기 때문이었으며, 그가 어떠한 일에도 자기 개인의 영달을 희생할 만큼 완전히 빠져들지 못했기 때문이었다. 어쩌면 그것은 사태를 원만하게 처리할 수 있는 입지를 유지하려던 진지한 노력의 산물이었을지도 모르지만, 제3자가 그것을 기회주의라고 여긴다 해도 어쩔 수 없는 노릇이었다. 탈레랑이 지닌 최대의 강점은 언제나 그의 책략의 교묘함에, 타인들의 원칙을 조작하는 기술에, 합의된 목표를 성취할 방법을 고안해 내는 능력에 있었다.

탈레랑의 결점이 뭐였든지 간에, 1814년 봄의 파리는 그의 특별한 재능을 사용하기에 안성맞춤인 상황이었다. 차르는 파리 입성을 앞두고 자만에 빠져, 아직도 모든 대안이 유효하며, 고마움에 겨운 인민들이 원하기만 한다면 공화제라도 수립할 수 있으리라고 여기고 있는지도 모를 일이었다. 대불동맹 사령부가 위치한 디종Dijon역주6)이나 파리에 있던 냉철한 책략가들은 그 어떤 위험한 실험도 시도되지 못하도록 막을 작정이었다. 3월 31일 차르는 파리에 승리자로 입성했고, 메테르니히와 캐슬레이는 디종에 남아 있었다. 그들이 파리 입성의 영광을 차르에게 양보한 것은, 아무리 열렬히 기다려온 대상이라 하더라도 외국의 점령이란 결국 시간이 흐른 뒤에 돌이켜 보면 민족적 수치로 여겨진다는 점을 알고 있기 때문이었다. 정복자의 입성을 가장 큰 소리로 반기는 사람이야말로 자신감이 회복되는 국면이 도래하면 자신들의 타락이 비겁함 때문이 아니라 상황의 강요에 의한 것이었다고 탓하면서 도리어 외국인에 대한 완고한 적의로써 스스로의 잘못을 속죄 받으려 드는 경향을 보이는 법이다. 부르봉 왕가 복위문제에 관해 차르가 공공연히 기울이고 있던 노력도 축복이기만 한 것은 아니었다. 외세의 괴뢰로 의심 받는 허약한 정부가 정통성을 획득하자면, 그 정부가 존재할 수 있도록 도움을 준—또는 도움을 주었다고 여겨지는—바로 그 국가를 공격하는 것보다 더 손쉬운 방법은 없다. 그러나 승리의 도취감 속에서는 이런 이치가 분명하게 보이지 않았다. 탈레랑의 지시와 차르의 묵인 아래 4월 6일 프랑스 상원은 루이 18세를 국왕의 자리에 앉히는 새 헌법을 통과시켰다. 나폴레옹에 대항하는 싸움은 전쟁터에서도 파리에서도 정통성의 승리로 귀결된 것이다.

부르봉 왕가의 정통성은 빈약한 것이 사실이었다. 그들은 국민의 뜻에 따라 소환되었으며, 본 적도 없는 헌법을 수용하도록 강요받았다. 이것은 "정통성"이라는 것이 결코 의도적인 행동을 통해서는 회복될 수 없음을 뜻한다. 정통성의 힘은 그것이 자연발생적이라는 데 있다. 정통성은 그것을 둘러싼 논란이 없을 때, 실은, 논란을 벌일 수 없을 때 가장 강력하다. 그러나 현존하는 의무의 양식에 관해 일단 의문이 제기되고, 그 의문이 의미 있는 변혁적 세력의 존재로 발현되고 나면, 결국 "정통적 질서"가 승리를 거두는 한이 있더라도 사회적 구조는 결코 예전과 같은 것이 될 수는 없다. 인간이 잃어버린 순결을 되찾을 수 없는 것과 마찬가지로, 사회 구조 역시 자발성을 회복할 길은 없다.[12] 그러나 부르봉 왕실은 설령 구 질서ancien régime로 돌아가지는 못하더라도, 다른 나라들이 인정해준 정통성을 통해 권리를 확보할 수는 있었다. 어느 정도 인민의 뜻에 의존해야 한다면, 나폴레옹이 이룩하지 못한 평화를 가져다주는 데서부터 시작하는 것이 최선의 방법이었다. 부르봉 왕가의 정통성은 외국의 승인에 깊이 의존하는 것이었던 만큼, 그들이 체결할 강화의 조건들은 그들의 국제적 입지를 반영하게 될 터였다. 대불동맹국들이 이제부터 시작하게 될 논의에 따라 유럽의 균형상태는 물론 프랑스 국내의 균형상태의 성패도 결정될 터였다.

II

모든 전쟁은 평화의 이름으로 치러지는데도 평화를 전쟁의 부재로 정의하거나 평화를 군사적 승리와 혼동하는 경향이 있다. 전쟁 종료 가능성을 인정하면 전의가 상실되기라도 하는 것처럼, 전쟁 도중에 강화 조건을 의논하는 것은 꼴사나운 짓으로 여겨진다. 이는 우연이 아니다. 전쟁의 논리는 힘이며, 힘이란 본질적으로 한계가 없기 마련이다. 평화의 논리는 비례이며, 비례란 곧 제한을 의미한다. 전쟁의 성공은 승리이며, 평화의 성공은 안정이다. 승리의 조건은 참여commitment고, 안정의 조건은 자제self-restraint다. 전쟁의 동기는 적에 대한 두려움이라는 외적인 요소인 반면에, 평화의 동기는 힘의 균형과 그 정통성의 수락이라는 내적인 속성을 가진다. 적이 존재하지 않는 전쟁은 생각할 수 없으며, 적이 있다는 신화에 바탕을 두고 수립된 평화는 휴전이다. 처벌은 전쟁을 향한 유혹이 되고, 건설은 정책의 과제가 된다. 힘은 상대를 심판할 수 있지만, 경세statesmanship를 위해서는 미래를 내다보아야 한다.

이러한 불일치는 특히 전면전 이후의 평화정착 과정에서 문제가 된다. 고난이 컸던 만큼 전쟁을 사적인 의미로 인식하게 되고, 적을 불행의 "원인"으로 인식하게 되며, 적의 패배를 보복의 기회로 인식하게 된다. 피해가 컸을수록 전쟁 그 자체를 목표로 인식하게 되고, 전쟁의 규칙을 강화에도 적용하게 된다. 전쟁에 기울인 노력이 전면적이었을수록, 무제한적인 요구를 "당연한" 것으로 여기게끔 된다. 마치 고난이 선의의 표식이라도 되는 것처럼, 또는 마치 "결백한" 자만이 고난을 당하기라도 하는 것처럼, 고난은 종종 겸손보다는 독선으로 귀결된다. 그러므로 모든 강화는 적의 운명이라는 문제, 나아가 전쟁의 경험으로 인해 적이 *존재하지 않는* 세상을 생각할 수 없게끔 되어버린 것은 아닌가 라는 더 근본적인 문제와 맞닥뜨리게 된다.

관련국들이 과거로 소급하는 강화를 체결할 것인지, 또는 미래를 고려하는 강화를 체결할 것인지는 그 국가들의 사회적 강도에 달려 있으며, 그들이 강화에 스스로 얼마만큼의 동기를 부여할 수 있는가에 달려 있다. 회고적인 강화는 적이 다시는 전쟁을 *할 수 없게끔* 적을 파멸시킨다. 그 반대의 경우는, 적이 다시 싸움을 *원하지 않도록* 적을 다루는 것이다. 회고적 강화는 과거라는 유일한 확실성에 집착하는 경직된 사회적 질서의 표현이다. 완전히 해체되지 않는 한 패전국으로서는 그런 수모를 받아들일 수 없기 때문에, 회고적 강화는 "정통성"에 바탕을 둔 해결을 어렵게 만든다. 이러한 경우에는 승전국들 간의 합의와 패전국의 요구라는, 두 개의 정통성이 존재하게 된다. 그 두 정통성 사이의 관계를 규제하는 것은 오로지 무력이나 무력 사용의 위협뿐이다. 회고적 강화는 안전을 통해 안정을 추구함으로써, 그리고 전쟁의 내재적 원인은 존재하지 않는다는 신화를 믿음으로써 도리어 변혁적인 상황을 초래하고 만다. 사실상 양차 세계대전 사이에 유럽의 상황이 그러하였다.

징벌적인 강화의 유혹에 저항했다는 점에서, 나폴레옹 이후post-Napoleonic 시대의 강화를 교섭한 정치가들은 명예를 지켰다. 이것은 그들이 지닌 최악의 결점이라고 종종 여겨지던, 인민의 요구에 무관심한 자질 덕분에 가능한 것이었는지도 몰랐다. 그러나 그 이유가 무엇이었든지 간에, 그들은 보복이 아닌 균형상태를, 처벌이 아닌 정통성을 추구하였다. 프랑스의 국내적 변화를 덤으로 얻은 것처럼 취급한다거나 무의미한 가식을 떠드는 대신, 1814년 대불 동맹의 정치가들은 자신들의 신화가 초래할 결과를 받아들일 의지를 가지고 있었다. 적을 무찌르는 일이 급선무였을 때에는 그토록 소심하고 둔감해 보이기만 했던 메테르니히의 집요한 외교가 지니는 함의도 이제는 그 전모가 뚜렷해졌다. 그가 균형상태를 위한 전쟁을 그토록 자주 언급한 덕분에, 전쟁의 다른 목적은 상상할 수도 없게 되었다. 그가 전쟁이 나폴레옹으로 하여금 "합리적인" 조건을 수용하도록 만들기 위한 노력이라는 점을 그토록 여러 번 선포한 덕분에, 프랑스를 해체하자는 진지한 제안은 제기되지 않았던 것이다. 오로지 프로이센만이 프랑스는 본질적으로 사악하다는 주장을 펴긴 했지만 이내 거둬들였다. 전쟁의 수행이 그토록 사려 깊고 매 단계의 준비가 그토록 신중했던 덕분에, 전쟁이 결국 전면전이 되었음에도 불구하고 그렇지 않은 것처럼 보였다. 한정된 단계들을 통해 달성된 무한은 공포도 유혹도 상실하였다. 이것이 1813-1814년간 메테르니히의 정책이 지닌 마지막 의미다.

더욱 대단한 것은 캐슬레이의 태도였다. 국민감정이 아마도 가장 강하게 제기된 나라의 정치인이었음에도 불구하고, 캐슬레이는 온건론의 주요한 옹호자 중 한 사람이 되었다. 그는 차르와 더불어 파리로 진군하려는 유혹에 저항했다. 이제부터 그는 "절대적" 안보에 관한 감언이설에 저항해야 할 터였다. 그리하여 나폴레옹 전쟁의 최종적 해결은 나폴레옹의 폐위와 그의 운명을 결정하는 조약, 프랑스와의 강화, 그리고 유럽의 균형상태 회복이라는 세 단계로 이루어졌다.

나폴레옹의 운명은 유럽의 세력균형에 직접적인 영향을 미치지는 않았지만, 대불동맹국들의 심리상태를 가늠하는 시금석의 역할을 하였다. 19세기 초는 아직 사적인 보복의 정도로 승리의 정도를 측정하는 시대가 아니었다. 스튜어트조차 캐슬레이에게, 곤경에 빠진 나폴레옹은 가장 큰 불운에 빠진 같은 인간에게 기독교도들이 주는 동정을 받을 자격이 있다고 썼다.[13] 알렉산드르는 이런저런 결점을 가지고 있었지만, 그는 최소한 아량이 좁은 사내는 아니었으며, 퐁텐블로Fontainebleau 조약[역주7]을 콜랭쿠르와 교섭한 당사자가 바로 그였다. 그 조약에 따르면 나폴레옹은 황제의 칭호를 유지하면서 매년 프랑스의 재정에서 2백만 프랑의 연금을 지급받도록 되어 있었다. 엘바Elba 섬[역주8]은 나폴레옹의 소유로 완전한 주권을 가지는 독립 공국principality이 되었고, 황후에게는 파르마 공국Duchy of Parma[역주9]이 주어졌다. 조약에는 나폴레옹의 가족들에 관한 조항도 포함되었는데, 거기에는 이혼한 그의 전처[역주10]는 물론, 심지어 이탈리아 총독이었던 그의 양아들 외젠 보아르네Eugene Beauharnais[역주11]까지도 해당되었다. 나폴레옹에게는 선박 한 척과 프랑스 군인 중 선발한 호위병을 데리고 엘바 섬으로 가도록 허락했다. 심리적인 관점에서 보자면 이 조약은 아마도 겉으로 보이는 것처럼 관대한 것은 아니었을 것이다. 유럽의 정복자로서는 이탈리아 삼류 공국의 지배자로 전락하는 것을 참아내기 어려웠을 것이기 때문이다.

캐슬레이와 메테르니히가 파리에 도착했을 때는 협상이 이미 완료되어 있었다. 엘바 섬이 프랑스 및 이탈리아와 가깝다는 점을 들어 메테르니히는 나폴레옹에게 엘바 섬의 주권을 허용한 데 대해 항의했지만 소용이 없었다. 그는 2년 이내에 새로운 전쟁이 일어날 것이라고 예언하기까지 했다. 캐슬레이도 완전히 만족한 것은 아니었다. 리버풀과 마찬가지로, 그도 나폴레옹에게 엘바보다는 "좀 더 적절한" 장소를 부여하고 싶어 했다. 그리고 영국으로서는 나폴레옹이 권력의 정점에 있었을 때도 인정하기를 거부했던 지위를 그에게 부여해줄 마음이 없었다. 캐슬레이는 나폴레옹의 황제 칭호를 그의 생전에만 부여하는 것으로 제한하는 데 성공했고, 조약에서 영토적 해결을 규정한 부분에 대해서만 동의했다. 4월 16일, 나폴레옹은 남쪽으로의 여로에 올랐다. 이제 대불동맹국들은 프랑스와의 강화에 착수할 수 있었다.

일정한 틀에서의 조정을 다루는 모든 협상에서 그러했듯이, 캐슬레이가 주도적인 인물로 부상했다. 이제 그의 영향력은 최고조에 다다랐다. 그는 동맹국들의 망설임에도 불구하고 대불동맹을 유지한 인물이었다. 그는 여론의 거센 비난에도 불구하고 나폴레옹과 협상을 했으며, 그렇게 함으로써 왕정복고의 도덕적 기초를 닦았다. 이런 경우에 보통 그렇듯이, 이제 대중은 자신들의 비난의 격렬함을 스스로의 선의의 표현이었다고 해석했고, 내각은 최소한 부분적으로는 현실을 제대로 인식하지 못한 나폴레옹의 무능함으로 인해 빚어진 결과를 다소 난해했지만 심오했던 정책의 덕분으로 돌렸다. 쿡은 다음과 같이 썼다. "귀하가 그토록 성공적이고 훌륭하게 이룩한 거래의 모든 과정을 통해서 귀하가 보여준 위대한 능력은 더없이 올바른 평가를 받게 된 것이 분명합니다. 귀하의 탁월함과 권위는 이제 확고한 것이 되었습니다."[14] 캐슬레이는 자신의 입지를 잘 이해하고 있었다. 리버풀은 그가 없이 의회를 다루기 어려웠으므로 그에게 의회 회기 참석을 위해 즉시 귀국할 것을 촉구했지만, 그는 다음과 같이 답하였다. "주제넘은 언급일지도 모르겠으나, 본인이 이곳에 머무르는 것은… 어떻게 비교해 보더라도 본인에게 원래 주어졌던 임무보다 더 중요합니다. 그러니 총리께서 적절히 알아서 처리하셔야겠습니다…"[15]

캐슬레이가 가장 신경을 많이 썼던 것은 부르봉 왕가의 권위를 확립하고, 쓰러진 프랑스가 아니라 평화적인 프랑스에 유럽의 평화가 기초하도록 만드는 일이었다. 그는 부르봉 왕가에 "정치적 형이상학에 관한 논쟁에 빠지기"보다, 탈레랑이 기초한 헌법에 아무리 흠결이 많더라도 그것을 수락하라고 촉구했다. 또한 그는 동맹국의 군대를 가능한 한 조속히 철수시키려고 노력했다.[16] 부르봉 왕가는 "구 판도"를 수용하기로 왕정복고 이전에 동의한 터였으므로, 신속한 강화를 막는 장애물은 없는 것처럼 보였다. 그러나 동맹국들이 하나 둘씩 목표를 달성해가는 와중에, 프로이센은 자국이 소유했던 폴란드 영토를 러시아에 양보하게 될 가능성이 큼에도 불구하고 보상받을 여지가 점점 줄어들자, 프랑스와 강화를 체결하기 전에 유럽의 지도를 다시 그려야 한다며 *모든* 현안의 일괄타결을 강요하려고 시도했다. 이것은 불합리한 요구는 아니었다. 팽창적 국가는 적대행위가 종결될 때까지 해결을 미룸으로써 가장 많은 것을 얻을 수도 있지만, 일련의 부분적 합의를 통해서는 잃을 것이 가장 많기도 하다. 더 많은 국가들이 만족하면 할수록, 양보의 동기는 줄어들기 마련이다. 그래서 4월 29일, 프로이센의 총리 하르덴베르크는 폴란드의 대부분을 러시아에게 양도하는 대신 작센 지방을 프로이센이 합병하는 것을 골자로 하는 강화안을 제시했다.

그러나 언제나 만민으로부터 찬사를 받고 싶어 하는 열망과 국가 이성의 요구 사이에서 방황하던 차르는 자신의 요구를 제시할 준비가 되어 있지 않았다. 그는 자신이 지체하면 할수록 최종적 해결에 대한 영국의 관심이 식을 것이라고 믿고 있었는지도 모른다. 더구나 그는 임박한 런던 방문 기회에 중요한 많은 것을 얻기를 기대하고 있었다. 그러므로 프랑스와의 조약은 일단 체결하고 폴란드와 작센 문제의 해결은 뒤로 미룰 도리밖에 없었다. 파리 조약역주12)의 규정에 의해 프랑스는 네덜란드, 벨기에, 독일, 이탈리아, 스위스, 몰타Malta역주13) 등에 대한 모든 권리를 포기했다. 영국은 토바고Tobago역주14), 산타루치아Santa Lucia역주15), 일드프랑스Ile de France역주16) 등의 식민지를 얻었고, 스페인은 산토 도밍고Santo Domingo역주17)의 프랑스령 지역을 획득했다. 조약의 비밀 조항은 독일의 독립과, 독일을 국가연합으로 조직할 것을 규정하고 있었다. 다른 비밀 조항으로 프랑스는 네덜란드의 벨기에 합병을 승인했다. 세 번째 비밀 조항은 이탈리아에서 오스트리아와의 국경을 포Po 강[역주18)]과 마조레Maggiore 호수[역주19)]로 정하고 토스카나 지방에서 합스부르크 왕가 혈통의 복위를 규정했다.

캐슬레이로서는 이 조약이 과도한 불신감을 담고 있지 않은 것처럼 보이도록 만들려던 자신의 의도를 잘 반영했다고 느낄 만도 했다.[17)] 프랑스는 과거의 판도를 유지하는 데서 그치지 않고 사보이Savoy[역주20)]와 팔츠Palatinate[역주21)]에서 추가 영토를 획득했으며, 인구는 혁명 직전에 비해 60만 명이 증가했다. 군대의 규모에는 아무런 제한도 부과되지 않았다. 영국은 점령한 식민지의 대부분을 돌려주었으며, 영국이 반환하지 않은 식민지들은 상업적 중요성보다는 전략적 중요성이 있다고 여겨지는 것들이었다. 네덜란드는 국경 지대에 요새를 건설할 자금을 얻어야 하는 사정도 작용하여 케이프Cape 식민지[역주22)]를 영국에 팔았지만, 그 진가를 당시에는 잘 모르는 가운데 동인도 제도[역주23)]를 회복했다. 프랑스는 25년간의 정복행위를 통해 파리에 모아둔 예술 작품들을 보유할 수 있도록 허가 받았다. 아무런 보상금도 부과되지 않았기 때문에, 쿡은 다음과 같이 항의의 뜻을 표했다. "프랑스는 유럽을 파괴한 대가로 아무 것도 지불하지 않는데 우리가 프랑스를 구하기 위해 필요한 모든 비용을 지불한다는 것은 견디기 어렵습니다."[18)]

그러므로 파리 조약은 안정이 근본적인 분열의 부재에서 비롯된다는 사실과, 정치가의 과업은 처벌이 아니라 통합이라는 사실을 인정하는 바탕 위에서 수립된 균형의 강화peace of equilibrium였다.

안전을 단순히 국경 표식의 위치로만 평가하고, 어느 한 국가에만 제약을 가함으로써 다른 모든 국가들과의 사이에 불균형을 조장하기 마련인 "절대적 안보"의 신화는 무시되었다. 제네바의 전권대표가 전략적 필요성을 근거로 어떤 국경선의 조정을 요구했을 때, 캐슬레이는 다음과 같이 답변했다. "전략적 국경이라는 논리는… 비약이 지나칩니다. 진정한 방위와 안보라는 것은 현상을 유지하고자 하는 모든 국가들을 상대로 전쟁을 선포하지 않고서는 귀국을 건드릴 수 없다는 사실에 의해 보장되는 것입니다."[19] 이처럼, 나폴레옹에 대항하는 전쟁은 증오의 승전가가 아니라 화해의 정신 속에서, 국제질서의 안정성은 그것을 지키려는 구성원들이 각오가 얼마나 강한지에 달려 있다는 사실을 인정하는 가운데 막을 내렸다. 그것은 성급한 세대의 거대한 이상을 반영하는 평화가 아니었다. 그리고 그 동기는 추상적 이상의 실현이 아닌 안전에 있었다. 그러나 사반세기에 걸친 동란의 끝에 얻은 안전은 하찮은 성취가 아니었다.

유럽의 균형상태가 아직까지 완성되지 못한 것은 분명했다. 폴란드와 작센의 남은 문제는 유럽 회의에서 논의될 순서를 기다리고 있었다. 그러나 해결의 윤곽은 뚜렷해져 가고 있는 중이었다. 트로아에서는 새로운 유럽의 질서를 이루게 될 요소들이 모이기 시작했다. 파리 조약을 통해서 프랑스는 세력균형의 잠재적 요소로 부상했다. 물론 프랑스가 회의에 초대된 것은 조약을 단순히 비준하기 위해서였을 뿐임은 사실이다. 그러나 왕정복고를 통해 프랑스는 동맹으로 "받아들여질 수 있는" 국가가 되었고, 프랑스와 유럽의 나머지 국가들 사이에는 더 이상 "이념적" 간격이 존재하지 않게 되었다. 프랑스를 끌어들여 저울의 무게 추를 자기 쪽으로 유리하게 바꾸려 들지 않으면서 자국에 불리한 결정을 순순히 받아들일 나라가 과연 있을 것인가? 자제력의 한계에 관한 이 난제의 해답은 비엔나 회의에서 제시될 터였다.

주

1) Fournier, *Congress,* p.148, 1814년 2월 16일.
2) Fournier, *Congress,* p.194, 1814년 3월 3일.
3) Text, Martens, G.F., *Nouveu Receuil de Traités,* 16 Vols. (Göttingen, 1817-1818). Vol. III, p.155f.
4) C.C, IX, p.326, 1814년 3월 8일.
5) C.C. IX, p.336, 1814년 3월 10일.
6) Text, Fournier, *Congress,* p.226.
7) Webster, I., p.514 (Appendix).
8) B.D., p.166, 1814년 3월 19일.
9) B.D., p.168, 1814년 3월 22일.
10) B.D., p.170, 1814년 3월 22일.
11) Fournier, p.231, 1814년 3월 23일.
12) 이 점에 관한 추가적 설명은 제 11장을 참조하라.
13) C.C. IX, p.449, 1814년 4월 6일.
14) C.C. IX, p.454, 1814년 4월 9일.
15) C.C. IX, p.458, 1814년 4월 13일.
16) C.C. IX, p.459, 1814년 4월 13일.
17) C.C. IX, p.472, 1814년 4월 19일.
18) C.C. IX, p.454, 1814년 4월 9일.
19) Webster, I, p.268.

역주1) 파리 북쪽에 있는 프랑스 북부의 도시로, 제정로마시대에는 게르만족의 침략을 막던 최전선 도시였다.
역주2) 영국의 외교관이자 정치가였던 에드워드 쿡(Edward Cooke 1755-1820). 1804년 육군부 차관으로 근무하다가 외교부로 옮겨 캐슬레이 휘하에서 근무했다.
역주3) 제 6장에 애버딘으로 표기된, 당시 오스트리아 주재 영국대사 조지 해밀턴-고든(George Hamilton-Gordon).
역주4) 프랑스 귀족 출신의 정치가로서 루이 18세의 복위를 위해 대불동맹 측에 사절로 파견된 비트롤르 남작 외젠 프랑소와 오귀스트 다르노(Eugène François Auguste d'Arnauld, baron de Vitrolles 1774-1854).
역주5) 파리의 20개 행정구역 중 열여섯 번째 구역으로, 불로뉴 숲(Bois de Boulogne) 근처.
역주6) 프랑스 중동부에 위치한 부르고뉴의 주도. 파리에서 약 260km 떨어져 있으며, 12세기부터 부르고뉴 공국의 중심도시로 수륙 교통과 상공업의 중심지였다.

역주7) 1814년 4월 11일 파리 교외의 퐁텐블로에서 프랑스와 제6차 대불동맹국들 사이에 체결된 조약으로, 나폴레옹 1세의 퇴위 조건을 정한 조약이다.

역주8) 이탈리아 토스카나 주의 해안으로부터 약 20km 떨어진 섬으로, 이탈리아에서 세 번째로 큰 섬이며, 포도주 산지로 유명하다. 나폴레옹은 1814년 5월 3일부터 이 섬에서 300일간 머물다가 1815년 2월 26일 영국군의 감시를 피해 엘바 섬을 벗어나 3월 20일 파리에 입성했다. 그러나 그의 백일천하가 끝난 후 나폴레옹은 다시 대서양의 세인트헬레나로 유배되어 그곳에서 사망했다.

역주9) 1545-1802년, 1814-1860년 사이에 존재했던 공국이다. 교황 바오로 3세의 사생아였던 피에르 루이지 파르네세가 파르마 공작으로 임명된 이후 파르네세 가문이 통치하다가 부르봉 왕가, 신성 로마 제국의 통치를 거쳐 프랑스 통령정부에 점령되었다. 이후 1814년 나폴레옹의 두 번째 황후이자 프란츠 1세의 장녀인 마리 루이즈의 통치(1814-1847)를 거쳐 부르봉 왕조로 넘어갔고, 1860년 토스카나 대공국 등과 함께 "중부 이탈리아 연합"을 구성했다가 사르데냐 왕국에 합병되었다.

역주10) 나폴레옹 1세의 최초 황후였던 조세핀(Joséphine 1763-1814). 파리의 사교계에서 미모로 이름을 날리던 그녀는 총재정부의 주역 바라스(Paul François Jean Nicolas Barras)의 소개로 나폴레옹을 알게 되어 결혼했지만, 사치스럽고 낭비가 심하며 후사가 없던 탓으로 이혼당했다. 조세핀은 나폴레옹 3세의 조모이며, 그녀의 아들 외젠의 후손은 스웨덴, 덴마크, 그리스를 다스렸고, 벨기에, 노르웨이, 룩셈부르크의 왕가도 그녀의 혈통에 해당한다.

역주11) 외젠 드 보아르네(1781-1824)는 나폴레옹의 첫 황후 조세핀이 전 남편 알렉산드르 보아르네(Alexandre de Beauharnais)와의 사이에서 낳은 아들로, 그의 친부 알렉산드르는 공포정치 시절에 단두대에서 처형되었다.

역주12) 1814년 5월 30일 제6차 대불동맹과 프랑스 사이에 체결된 강화조약이다. 대불동맹국들은 공통의 문서에 서명하지 않고, 각기 필요에 따라 수정된 조항이 포함되어 있는 별도의 조약을 프랑스와 체결했다. 이 조약에서 체결 후 두 달 내로 모든 당사국이 참여하는 회의의 개최가 규정됨에 따라 비엔나 회의가 개최되었다.

역주13) 남유럽의 도서국가로, 중세에는 기독교 기사단인 성 요한 기사단의 근거지로 유명했다.

역주14) 카리브해의 섬으로, 현 트리니다드 토바고의 일부.

역주15) 동 카리브해와 대서양의 경계 지점에 위치한 섬으로, 현재는 독립국이다.

역주16) 지금의 모리셔스(Mauritius).

역주17) 지금의 도미니카 공화국의 수도다.

역주18) 이탈리아 북부를 동서로 가로지르는 강으로, 652km의 길이로 이탈리아에서 가장 긴 강이다.

역주19) 알프스 이남의 호수로, 이탈리아에서 두 번째로 큰 호수다.

역주20) 프랑스 남동부 스위스 및 이탈리아와의 경계 지역. 사보이는 사르데니아의 일부였다가 1792년 프랑스에 병합되었다. 1814년의 파리 조약은 프랑스의 영토를 1792년 상태로 되돌리는 것으로 규정했으므로 이 지역이 프랑스에 귀속되었다.

역주21) 독일어로는 Pfalz로 표기한다. 현 독일 서부 라인란트 지역 일대.

역주22) 희망봉(Cape of Good Hope) 일대를 포함하는 지금의 남아프리카 공화국의 일부지역.

역주23) 수마트라, 보르네오, 자바, 서부 기니 등 현재의 말레이시아와 인도네시아 대부분 지역을 말한다. 영국이 지배하던 지역이 말레이시아, 네덜란드가 지배하던 지역이 인도네시아가 되었다.

| 제9장 |

비엔나 회의The Congress of Vienna

안정적 강화講和의 요소들—안보와 정통성—비엔나에 모인 외교관의 면면—절차적 문제—폴란드에 관한 협상—작센에 관한 협상—캐슬레이의 국내적 곤란—탈레랑의 4대강국 회의 참가—1월 3일의 비밀동맹—최종적 강화—정통성 있는 질서의 구축

I

파리 조약[역주1)]의 제32조는 유럽의 균형상태라는 문제를 해결하기 위해, 전쟁 중 어느 편에건 관여했던 모든 국가가 참석하는 회의를 비엔나에서 개최할 것을 규정하고 있었다. 당초 이 조항은 비엔나 회의가 주권 국가들의 상호 존중에 기초하여 새로운 시대를 연다는 상징적 의미를 가지리라는 기대로 작성되었다. 원래 새로운 균형상태를 구성할 내용은 차르, 프로이센 국왕, 메테르니히가 파리 조약 체결 후에 런던에서 다시 모여 결정할 예정이었다. 따라서 비엔나 회의가 그 회의를 둘러싼 축제 분위기에 대비될 만큼 신랄하고, 궁극적 문제들을 더는 회피할 수 없다는 자각 때문에 한층 더 치열해진 다툼의 장이 된 것은 거의 우연에 가까운 일이었다. 나폴레옹과의 전쟁으로부터 "정통적" 질서, 즉 모든 주요

국가들이 수용하는 질서가 생겨나느냐, 또는 저마다 힘의 주장을 펼치는 변혁적인 국제관계가 지속되느냐가 이곳 비엔나에서 최종적으로 결정되어야만 했다.

무릇 국제문제의 해결이란, 한 국가가 자국에 대한 관점을 다른 국가들이 그 나라를 바라보는 관점과 조화시키는 과정의 한 단계를 의미한다. 국가는 스스로를 정의의 표현으로 간주하기 마련인데, 그 나라의 사회적 의무의 양식pattern of social obligation이 자발적이면 자발적일수록 그러한 경향은 강화된다. 정부는 대다수 국민이 자발적으로 복종할 때만 효율적으로 기능할 수 있으며, 국민들은 지배자의 요구가 정당하다고 느낄 경우에만 복종할 것이기 때문이다. 다른 나라들은 그것을 힘 또는 의지의 표현으로 보게 된다. 외부에 행사하는 주권은 우월한 힘으로만 통제할 수 있고, 외교정책이란 단순히 상대방의 의도만이 아니라 상대방의 능력에 기초해서 수립되기 때문에 그렇게 볼 수밖에 없는 것이다. 만약에 어떤 국가가 원하는 바를 모두 성취할 수 있게 된다면, 그 나라는 외국으로부터 위험을 느낄 필요가 없고 모든 문제를 국내문제처럼 관리할 수 있는 세계질서, 요컨대 절대적 안보를 추구하게 될 것이다. 그러나 한 국가의 절대적 안보란 모든 나머지 국가들의 절대적 불안을 의미하므로, 결코 "정통적" 해결의 일환으로 달성할 수는 없으며, 정복을 통해서만 성취할 수 있다.

그런 이유로 인해서, 강요되지 않고 수락된 국제적 해결도 언제나 어떤 구성원에게는 *어느 정도*는 부당해 보이기 마련이다. 역설적으로, 모든 나라들이 다소간의 불만을 가진다는 점이야말로 안정의 조건이 된다. 어느 한 나라가 *완전히* 만족한다면 다른 나라들은 완전히 불만스러운 상태가 되어 변혁적 상황이 도래할 것이기 때문이다. 안정적 질서의 토대는 구성원들의 *상대적* 안보—따라서 *상대적* 불안—이다. 안정이란, 불만스러운 요구가 전혀 없는 상태를 반영하는 것이 아니라, 틀 안에서의 조정 대신 합의 자체를 파기하는 시정을 추구할 정도로 심각한 불만은 없는 상태를 반영하는 것이다. 질서의 구조를 모든 주요 국가가 수락하면 그 질서는 "정통성"을 가지게 된다. 어떤 질서의 구조를 억압적이라고 간주하는 국가가 있으면 그 질서는 "변혁적"이다. 국내질서는 권위를 가진 힘의 우위로 보장되지만, 국제적 질서는 세력균형과 거기서 표출되는 균형상태로 보장된다.

국제질서가 안보와 균형상태를 필요로 하게 되면, 그것은 정통성의 원칙이라는 이름으로 수립된다. 강화라는 것은 강제력을 수락으로 전환시키는 과정이기 때문에, 안보의 요건을 권리의 주장으로, 개별적 요구를 전체적 이익으로 설명할 수 있어야 한다. 서로 대립되는 다양한 주장들의 상대적 "정당성justice"과, 그런 주장들이 조정되는 양식을 결정짓는 것이 정통성의 원칙이다. 그렇다고 해서 정통성의 원칙과 강화의 조건이 정확히 일치해야만 한다는 뜻은 아니다. 그 어느 주요 국가도 단지 정통성만을 위해서 안보에 대한 최소한의 주장—즉, 독자적인 외교정책을 시행할 수 있는 가능성—을 포기할 리는 없다. 그러나 주변적인 사안에는 정통성의 원칙이 결정적으로 작용한다. 1919년 오스트리아-헝가리 제국이 해체된 것은 전쟁의 충격보다는 평화의 성격 때문이었다. 제국의 존속이 민족 자결이라는 새로운 국제질서의 정통성 원칙과 양립할 수 없었기 때문이었다. 18세기에는 아무도 국가의 정통성이 언어적 통합에 좌우된다는 생각은 하지 않았을 것이다. 반면에, 베르사유 체제의 입안자들로서는 정통성 있는 통치의 기반이 다른 어떤 형태로 존재할 수도 있다고는 상상조차 하지 못했을 것이다. 정통성의 원칙은 당연시됨으로써 승리를 거둔다.

비록 정통성 원리의 규칙과 강화의 조건이 정확히 일치하는 일은 결코 벌어지지 않지만, 안정을 위해서는 그 둘 사이에 어느 정도 공통점이 있어야 한다. 만약 둘 사이에 본질적인 불일치가 존재함과 *동시에* 불이익을 당한다고 느끼는 주요 국가가 존재하게 되면, 국제질서는 불안정해진다. "변혁적" 국가가 국제문제의 해결에서 정통성의 원칙에 호소하면 심리적 왜곡이 초래된다. 현상유지 국가가 취하는 정책의 "자연스러운" 표현은 법률, 즉 지속적 관계에 대한 정의이다. 그러나 지속적으로 불만을 품은 국가가 국제질서의 정통성 원칙에 호소하는 경우, 그런 국가에 대항할 유일한 수단은 무력뿐이다. 그리하여 안정에서 얻을 것이 가장 많은 국가들이 변혁적 정책의 주창자가 된다. 1938년 주데텐Sudeten 위기[역주2)]시 민족자결에 대한 히틀러의 호소는 "정의"에 대한 탄원이었으므로, 저항을 약화시키는데 기여했다. 서방국가들로 하여금, 독일의 "정당한" 요구를 만족시켜 줌으로써 "진정한" 정통성의 질서를 수립하려 들도록 유도했던 것이다. 히틀러가 보헤미야와 모라비아Moravia역주3)를 합병한 후에야, 그가 추구했던 것이 정통성이 아니라 지배였다는 사실이 분명히 드러났다. 그리고 그 이후에야 싸움은 순수하게 힘을 겨루는 싸움이 되었다.

따라서 국제문제의 해결에서 가장 큰 과제는 어느 국가도 변혁적 정책으로 불만을 표출하지 않도록 정통성의 주장과 안보의 요건을 연결하고, 강화 조건 이외의 사유로 비롯되는 침략을 억지할 수 있는 힘의 균형을 만들어 내는 데 있다. 이것은 기계적인 문제는 아니다. 만약 국제질서가 수학 공식처럼 명확하게 수립될 수 있다면 국가들은 스스로를 세력균형의 요소로 간주하고, 침략 세력과 저항 세력 사이의 완벽한 균형상태를 달성하도록 스스로 조절해 나갈 것이다. 그러나 정확한 균형을 달성하기란 불가능한데, 그 이유가 침략자를 예견하기 어렵기 때문만은 아니다. 그것이 비현실적인 까닭은, 밖에서 보는 사람들에게는 국가가 안보체계의 한 요소처럼 보이더라도 국내에서는 역사적 존재의 표현으로 여겨진다는 데 있다. 아무리 균형 잡히고 아무리 "안전한" 해결방안이라 할지라도, 자국이 품은 정체성을 완전히 부인하는 것처럼 보이는 방안을 제시할 수 있는 국가는 없다. 균형에 관한 그 어떤 고려로도 영국으로 하여금 해양의 권리를 포기하게 만든다거나, 오스트리아로 하여금 독일에 관한 입장을 포기하게 만들 수는 없는 노릇이었다. 그 국가들의 "정의"에 대한 관념 자체가 그러한 주장들과 불가분의 일체였기 때문이다. 그렇다면 두 종류의 균형상태가 존재하는 셈이다. 그 한 가지는 하나의 국가 또는 국가들의 집단이 자신의 의지를 나머지 국가들에 강요하려는 시도를 위험한 일로 만드는 일반적 균형상태이고, 다른 한 가지는 특정한 국가들이 상호간의 역사적 관계를 규정하는 특정한 균형상태다. 전자는 일반적 전쟁에 대한 억지력으로, 후자는 원활한 협력을 위한 조건으로 작용한다. 그러므로 국제질서가 조화의 인식으로부터 비롯되는 일은 거의 없다. 정통성에 관한 합의가 존재할 때조차도, 안보의 요건에 대한 관념은 상호 경쟁하는 국가들의 지리적 위치와 역사에 따라 달라지기 때문이다. 균형상태의 본질을 둘러싼 바로 그런 갈등에도 불구하고, 비엔나 회의는 거의 정확히 백 년간이나 유지된 평화를 일구어 냈다.

비엔나에서 다루어야 했던 문제는 영국과 오스트리아라는 현상유지 국가들 사이에 존재하던 단순한 문제가 아니라 팽창적인 러시아와 프로이센을 상대해야 하는 문제였고, 탈레랑은 사건의 주변에서 희희낙락하며 그것을 지켜보고 있었다. 팽창적 국가들의 주장도, 현상유지 국가들의 저항도 그 지향점이 전부 제각각 달랐다. 폴란드에 대한 러시아의 요구는 유럽의 균형상태를 위협했지만, 작센에 대한 프로이센의 집착은 독일 내의 균형상태를 위태롭게 만들 뿐이었다. 캐슬레이가 균형상태를 언급했을 때 그는 패권이 불가능한 유럽을 지칭하는 것이었다. 그러나 메테르니히가 말하는 균형상태에는 프로이센의 우위가 불가능한 독일이라는 의미가 포함되어 있었다. 캐슬레이는 동서 양쪽으로부터의 공격에 충분히 버틸 만큼 강력한 중부 유럽을 만드는 데 관심이 있었다. 메테르니히도 똑같은 것을 원했지만, 그는 동시에 중부 유럽 내에서 오스트리아의 상대적 위상에도 신경을 쓰고 있었다. 캐슬레이는 대륙의 국가들을 방어적 노력의 견지에서 보았다. 그러나 대륙 국가들에게는 그들의 존재 이유에 해당하는 역사적 지위를 파괴하는 일반적 균형상태라면 아무 의미가 없는 것이었다. 캐슬레이에게 균형상태는 세력균형의 기계적인 표현이었지만, 대륙 국가들에게 균형상태란 역사적 열망의 조화를 의미했다.

이러한 상황은 외교적 교착상태로 귀결되었다. 영국과 오스트리아가 가장 많은 특수 이익을 확보했고, 러시아와 프로이센에게 남겨진 교섭 무기는 거의 없었기 때문에 상황은 더더욱 심각하게 경직되었다. 저울의 어느 한 쪽에 추를 추가로 더 얹지 않고서는 타개될 수 없는 교착상태였다. 어느 편에도 속하지 않은 유일한 강대국이라는 사정으로 인해, 얼마 전까지 공동의 적이었던 프랑스가 유럽 문제 해결의 열쇠로 부상했다. 이리하여 비엔나 회의에서 탈레랑이 수행한 역할과 관련된 신화가 생겨나게 되었는데, 그 신화에 따르면 탈레랑은 악마적 재치의 소유자로 회의장에 나타나 적대적인 국가들의 연합을 격파하는가 하면, “정통성”이라는 마법의 주문을 읊어 자신이 선호하는 방식으로 국가들을 이합집산시킴으로써 결국 유럽의 중재자로 부상했다는 것이다.[1] 이러한 이야기는 결과와 원인을 혼동하는 사람들과, 더 깊숙이 자리 잡은 요소들을 활용함으로써만 성취할 수 있는 결과를 단지 협상 기술의 덕분으로 돌리려는 습성을 지닌 직업 외교관들이 퍼뜨린 전설에 불과하다. 탈레랑은 프랑스 국왕이 회의에 참석하지 않았기 때문에 엄청난 분량의 보고서를 썼고, 전직 나폴레옹 휘하의 외교장관으로서 자신의 취약한 입지를 공고하게 만들기 위해 자신의 필요불가결한 역할을 강조했기 때문에 그런 이야기가 널리 나돌게 되었다.

사실 파리 조약으로 프랑스의 국경은 이미 확정된 상태였으므로, 아마도 탈레랑은 회의에 별 관심을 갖지 않아도 되었을 것이다. 그의 재치와 신랄한 언급이 유명세를 탄 나머지, 겐츠Gentz역주4)는 그를 가리켜 웃음과 철학의 애호가들을 자기편으로 둔 사람이라고 말했다. 적어도 러시아의 팽창적 성향에 관해서는 그보다 불과 6개월 전에 나폴레옹도 탈레랑과 비슷한 주장을 한 적이 있었지만, 나폴레옹을 신뢰하는 사람은 없었던 탓에 그때는 아무 호응도 없었다. 진정한 변화가 일어날 수 있었던 이유는 탈레랑이 쓴 글이 아니라 부르봉 왕가의 복귀와 파리 조약에 있었다. 탈레랑의 활동이 유효할 수 있었던 것은 이러한 조치들이 혁명 상황을 종식시키고 "정통성" 있는 시대를 열었기 때문이었다. 그가 성공할 수 있었던 것은 그가 "정통성"이라는 개념을 만들어냈기 때문이 아니라, 그가 이용할 수 있는 정통성의 개념이 거기 존재하고 있었기 때문이었다.

파리 조약에 의해 자국의 국경선 밖으로는 어떤 영향력도 발휘할 수 없도록 규정된 프랑스가 일군의 국가들로 세력을 결성하여 대불동맹을 해체할 수단으로 삼고자 시도한 것은 자연스러운 일이었다. 마찬가지로, 프로이센의 무게 중심을 독일로 이동하려는 시도에 프랑스가 저항한 것도 당연한 일이었다. 그러나 이러한 노력도, 동쪽으로부터의 위험이 프랑스의 위협을 가려주지 않았다면, 그리고 대불동맹국들 서로간의 차이가 프랑스에 대한 그들의 공통된 두려움보다 커지지 않았다면 아무런 효과가 없었을 것이다. 전시의 공동 노력이라는 기억이 문제해결의 원동력이라는 믿음을 대불동맹국들이 갖고 있는 한 탈레랑은 무력했다. 일단 그런 환상이 깨지자, 문제는 단지 조화롭게 보이기 위해서라는 명분만으로 어떤 요소를 자기편으로 끌어들일 수는 없을까라는, 자제력의 한계에 관한 것이 되었다. 이러한 상황의 논리로부터 해답이 나왔다. 프랑스가 유럽 문제의 논의에 참가하게 된 것은, 프랑스 없이는 문제가 해결될 수 없었기 때문이었다.

그러나 전권대표들이 비엔나로 속속 모여드는 와중에도, 어떤 일이 벌어질 것인지는 분명치 않았다. 그때까지만 해도, 신속한 해결이 이루어질 것이고, 프랑스는 참석하되 방청객의 처지에 불과할 것이며, 유럽의 여타 국가들은 비교적 순조롭게 기초된 조약을 비준하기만 하면 될 것이라는 관측이 지배적이었다. 프로이센은 작센을 얻기 위해, 러시아는 폴란드를 얻기 위해, 오스트리아는 독일의 균형상태를 얻기 위해, 캐슬레이는 유럽의 균형상태를 얻기 위해, 그리고 탈레랑은 유럽 문제의 논의에 참여하기 위해 다투고 있는 것처럼 보였다. 그러나 이러한 목표들이 서로 모순된다고 믿는 사람은 아무도 없는 것처럼 보였다.

서로 대립하는 열망들을 조화시키는 과정에서, 비엔나 회의는 다음과 같은 다섯 단계로 진행되었으니, (1)프랑스에 대항하던 동맹을 중심으로 회의를 조직하는, 본질적으로 절차적인 문제를 다룬 초기 단계, (2)현안들, 특히 폴란드와 작센 문제를 해결하기 위해 우선 차르에게 개인적으로 호소하고 그런 다음 그에게 대항하는 유럽 국가들을 결집하려던 캐슬레이의 노력, (3)역사적 주장에 교감하는 국가들을 결집시켜 폴란드와 작센 문제를 분리시키려던 메테르니히의 보조적 노력, (4)대불동맹이 해체되고 동맹국들의 논의에 탈레랑이 참여하는 단계, (5)최종적 해결을 위한 협상 단계가 그것이다.

II

캐슬레이가 다시 한 번 대륙으로 떠날 준비를 하고 있었을 때, 영국이 유럽의 안정에서 이익을 얻으리라는 데 대한 의문은 더는 제기되지 않았다. 자국의 외교장관이 대륙의 상황에 관여하는 데 대한 내각의 유감이 무엇이었건 간에, 근년의 캐슬레이의 정책이 거둔 성공 덕분에 그는 어떤 직접적 공격으로부터도 자유로웠고, 차르의 런던 체류가 영국인을 미망에서 깨우는 각성을 초래했기 때문에 더더욱 그러했다. 대 나폴레옹 전쟁의 영웅인 차르가 이제는 야당과 공모하여 정부에 대항할 정도로 제멋대로인 독재 군주로 부각되었고, 영국 하원의 양당 모두 그에게 등을 돌리는 결과만을 초래했다. 대중의 환호와 대중의 지지를 혼동함으로써, 알렉산드르는 그의 비타협적 태도로 인해 조만간 유럽의 평화가 어지럽혀질 것이라는 캐슬레이의 누차에 걸친 경고에 신뢰성을 더해주었다. 아울러, 전혀 무관한 유럽의 각 지역에 파견된 영국 외교관들이 보낸 보고서에 묘사된 러시아의 음모는 무시해 버리기에는 너무 일관된 내용이었다. 베를린에 주재하던 잭슨Jackson역주5)은 60만의 무장병력을 보유하고 있는 한 협상에 임할 필요가 없다는 러시아 장성의 언급을 보고해 왔다.[2] 팔레르모역주6)에서는 어코트A'Court역주7)가 시칠리아 국내 문제에 대한 러시아의 간섭을 불만스럽게 보고했다.[3] 차르의 진의가 무엇이었든 간에, 그의 대리인들이 보여준 행태는 한 명의 정복자가 타도됨으로써 다른 정복자를 손쉽게 만들어 주었을 뿐이라는 우려를 불러일으켰다. 이러한 상황에서는 폴란드 문제가 쟁점이 되리라는 것과 영국이 그 다툼에서 주요한 역할을 맡게 되리라는 데 더는 의문의 여지가 있을 수 없었다.

그러나 캐슬레이는 세 가지 오해를 품은 채 영국을 떠났다. 그는 아직도 알렉산드르의 요구가 불합리하다는 점을 지적함으로써 그를 제지할 수 있을 것으로 기대했다. 만약에 설득이 실패한다면, 그는 대불동맹 *내부에서* 알렉산드르에 대항하는 데 필요한 세력을 규합하는 방안을 선호했으며, 그것이 상대적으로 간단한 문제일 것으로, 최소한 러시아의 폴란드 영유가 균형상태에 대한 위협임을 드러내는 정도의 단순한 문제일 것으로 생각했다. 마지막으로, 만약에 투쟁이 불가피해지는 경우, 그는 교착상태가 발생하면 동원할 수 있는 예비 세력으로 프랑스를 상정했는데, 그런 발상은 프랑스가 그처럼 소극적인 역할에 만족할 것이라고 여긴 데서 비롯되었다. 프랑스 주재 영국 대사이던 웰링턴Wellington 역주8)에게 캐슬레이가 8월 7일에 보낸 서한에는 캐슬레이가 과연 어떤 조치까지 생각하고 있었는지가 드러나 있다. 웰링턴이 받은 지시는 "프랑스가 (폴란드) 문제에 관한 자국의 견해를 무력으로 뒷받침할 수 있는지" 문의하고, 폴란드에 대한 러시아의 주장을 거부하도록 프로이센을 움직이는 데 프랑스의 지지를 요청하라는 것이었다.[4] 8월 14일, 캐슬레이는 비엔나로 가는 길에 파리에 들러 탈레랑과 의견 교환을 갖겠다고 제안했다. 이 제안에 대하여 웰링턴은 이렇게 답신했다. "만약 영국과 프랑스가 서로를 *이해*한다면, 두 나라는 국제적 상황으로 인해 자연스럽게 유럽의 중재세력이 될 것입니다. 그리고 양국의 서로에 대한 이해가 평화를 지켜줄 것입니다."[5]

캐슬레이는 9월 13일 비엔나에 도착한 즉시 10월 1일부터 개최될 예정이던 공식 회의를 위한 사전 협의에 착수했다. 그는 그때만 해도 10월 1일이 되기 전에 기본적인 결정이 이루어지기를 기대하고 있었고, 자신의 파리 체류 사실을 활용해 러시아 대표를 설득할 수 있기를 희망했다.[6] 그러나 실상은 사전 협의의 대부분을 절차적 문제에 할애할 수밖에 없었다. 탈레랑에 대한 캐슬레이의 제안은 너무 성급했으며, 여타 참가국들은 다른 모든 조치의 조합이 실패한 이후에 최후의 수단으로만 프랑스를 협조체제의 일원으로 받아들일 의사를 가지고 있다는 사실이 곧 드러났다. 여전히 전시의 기억이 국제관계에 추동력을 제공하고 있었던 것이다. 아직도 단합 그 자체가 목적으로 여겨지고 있었고, 조화는 우의의 표현이 아니라 우의의 원인으로 간주되고 있었다. 전쟁 중의 만장일치를 가능케 한 것은 프랑스라는 위협이었으므로, 대불동맹국들은 자발적인 관계를 구축할 것인가, 그렇지 않으면 적의 신화라는 원동력이 필요한가라는, "정통적" 질서의 가장 근본적인 문제를 망설임 속에서 모호하게 다루고만 있었다. 그들은 "4대 강국"이 중요한 결정을 내린다는 데 합의했지만, 결정사항은 프랑스와 스페인의 승인을 거쳐 비엔나 회의에서 비준하기로 했다. 만약 대불동맹국들이 단합한다면 반대는 통하지 않을 터였다. 합의할 수 없다면 어떻게 하느냐는 문제는 논의조차 되지 않았다. 그런 논의를 한다는 것 자체가 단합의 요건이 다른 모든 고려를 우선하는 것은 아니라는 사실을 인정하는 것이나 다름없기 때문이었다. 이런 절차를 발효시키는 방식에 관해 벌어진 유일한 논쟁은, 프로이센의 주장처럼 절차를 회의의 공식 결의로 규정하느냐 아니면 캐슬레이가 원했던 것처럼 비공식적 합의사항으로 두느냐 하는 것뿐이었다.[7] 그런 와중이던 9월 23일, 탈레랑이 비엔나에 도착했다. 그는 대불동맹의 정통성 원칙을 이용해서 대불동맹을 해체할 속셈이었다.

만일 "정통성"을 가진 통치자들의 존재가 유럽의 안정을 상징한다면, 부르봉 왕가를 논의에서 배제할 이유는 없었기 때문이었다. 그리고 만일 "정통성" 있는 통치가 신성불가침의 대상이라면, 프로이센은 작센 왕국 전통 국왕의 영토를 합병하고 국왕을 자리에서 쫓아낼 "권리"가 없는 셈이었다. 실은 대불동맹국들은 이 불운한 국왕에게 대불동맹에 제때 참여하지 않았다는 이유로 반역죄를 씌워 정통성 원칙을 스스로 위반할 알량한 구실로 삼았던 것이다. 그러나 탈레랑은 조금도 어렵지 않게 그런 논리의 허약함을 드러낼 수 있었다. 그는 신랄하게 말했다. "반역이란 날짜의 문제에 불과한 모양이군."

그러나 탈레랑이 가장 집중적인 포화를 퍼부은 것은 대불동맹 측의 절차적 구상에 관해서였다. 그는 비엔나 회의의 토의에 프랑스와 군소 국가들이 배제된 데 대해 항의했다. 그는 "4대 강국"의 법적 존재를 부인하고, 프랑스는 강대국에 불만을 품은 모든 군소 국가들의 옹호자가 되겠다고 위협했다. 그러나 그의 명민함과 짓궂은 풍자에도 불구하고, 그는 몇 가지 작은 양보 밖에 챙길 수 없었다. 공식 회의는 11월 1일 개최하고, 그때까지 "4대 강국"과 프랑스, 스페인, 포르투갈, 스웨덴 등 파리 조약의 8개 서명국이 현안들을 검토하기로 결정했다. 그러나 "4대 강국"은 자기들끼리만 은밀한 논의를 지속할 작정이며, "8개국"은 단지 비준의 도구로서, 또는 주변적인 문제를 해결하기 위해서 활용할 생각임이 분명했다.

논리적 모순만으로는 동맹이 해체되기에 충분치 않았기 때문에, 탈레랑의 첫 일격은 실패로 돌아갔다. 정통성의 원칙에 대한 호소만으로, 마치 그것을 호소하는 국가가 아직도 자신들의 존재에 대한 위협이라는 듯이 구는 모든 다른 강대국들의 단합된 반대에 대항하기에는 역부족이었던 것이다. 사실상 대불동맹 내부의 관계와, 대불동맹과 프랑스 사이의 관계라는 두 종류의 관계가 병존하고 있었다. 전자는 불신과 가식적 정상 상태가 모호하게 혼합된 관계였고, 후자는 힘에 의지할지 정통성에 의지할지 결단을 내리지 못하고 있는 관계였다. 대불동맹국 상호간의 갈등에서 동맹의 특질이라고 할 수 있는 특별한 정의의 주장이 사라진 이후에야 탈레랑은 동등한 협력자가 될 수 있었다. 하지만 그러기에 앞서 대불동맹의 "내적 정통성"이 지닌 효험에 대하여 한 가지 시험을 더 거쳐야 했다. 과연 무력으로 위협하지 않고도 차르로 하여금 자제력을 발휘하도록 유도할 수 있을 것인지가 여전히 확실치 않았다. 캐슬레이는 유럽의 균형상태를 위한 최강의 선수로 확고히 자리매김을 했고, 차르의 결의를 시험할 경기장에 발을 들여놓은 것도 바로 그였다.

III

이때까지 차르로 하여금 폴란드에 관한 그의 목표가 어떤 내용인지 밝히도록 유도하려는 모든 노력은 실패했다. 랑그르에서도,

트로아에서도, 그리고 파리에서조차 알렉산드르는 자신의 상세한 요구를 밝히지 않았다. 그가 군주 개인을 통해서만 러시아와 연계된, 자유헌법을 가진 폴란드 왕국의 재건을 바란다는 점은 알려져 있었다. 그러나 그가 생각하는 폴란드 왕국의 영토 범위나 국내 제도의 성격에 관해서는 알려진 것이 아무것도 없었다. 이러한 비밀주의는 단지 프랑스가 세력균형의 요소에서 제거되고 영국이 대륙에 흥미를 잃게 될 때까지 최종 결정을 미루려는 교묘한 협상 도구만은 아니었다. 차르의 복잡한 기질은 그렇게 단순하게 작동한 적이 없었다. 차르가 어린 시절의 서약을 수행하기 위해 폴란드에 대한 행동의 자유를 달라고 요구했을 때, 그는 확실히 진심이었다. 그러나 그로 인해 정통적 질서는 더더욱 수립하기 어렵게 되었다. 알렉산드르는 편의주의적인 근거가 아닌 도덕적 "권리"를 주장하면서 폴란드의 대부분을 요구함으로써, 문제가 논의되는 차원을 높인 것이 아니라, 다시 한 차례 폭력적 전쟁으로 이어질지도 모를 양난을 초래했다. "권리"라는 것은 주장이 아니라 암묵적 동의에서 비롯되는 것이며, 널리 받아들여지지 못하는 주장은 그저 독단적인 의사 표현에 지나지 않는다. 더구나, 도덕적 주장의 요체는 그것이 편의주의를 초월한 고려에 의해 정당화된다는 바로 그 이유 때문에 타협의 대상이 될 수 없다는 데 있다. 그러므로 만약 차르가 "정말" 진심으로 도덕적 의무를 주장한 것이었다면, 그는 변혁적 전쟁, 즉 힘의 주장에만 기초를 둔 전쟁을 불가피하게 만들고 있는 셈이었다. 제아무리 선의에서 비롯되고 진심어린 것이라 할지라도, 바로 이런 것이 광신자들이 국제질서에 초래하는 역설이다. 도덕적 우위에 대한 그의 주장은 모든 도덕적 통제를 침식하는 결과로 이어졌다.

그리고 캐슬레이와 알렉산드르 사이에는 기묘하고 비현실적인 일련의 회담이 이어졌다. 그들의 회담은 신랄했음에도 영원한 우의의 선언을 포함하고 있었다는 점에서 기묘했고, 두 사람이 기본적 전제에 결코 합의할 수가 없었기 때문에 비현실적이었다. 알렉산드르와 캐슬레이는 상대방의 원칙에 동의하는 척 하면서, 그러나 그것을 어리석다고 일축하는 식으로 해석하는 가운데, 협상의 틀을 얻기 위해 계속 입장을 조정하였다. 그러는 과정의 어떤 단계에서 캐슬레이는 폴란드의 완전한 독립을 열렬히 옹호하기도 했고, 알렉산드르는 폴란드에 관한 자신의 계획이 유럽의 안보에 기여하는 것이라고 주장하기도 했다. 알렉산드르가 자신이 주장하는 바의 근거를 자기 원칙의 신성함에 두려 한다는 사실은 캐슬레이가 비엔나에 도착한 다음날 개최된 첫 회담에서부터 분명히 드러났다.[8] 처음으로 알렉산드르가 폴란드에 관한 자신의 구상을 명백히 밝혔다. 그는 칼리쉬 조약에 따라 작은 일부를 제외한 바르샤바 공국 전체를 러시아에 할양할 것을 제안했다. 알렉산드르는 그러한 요구가 자신의 야망이 아니라 도덕적 의무감에서 비롯된 것이며, 오로지 폴란드 인민의 행복을 성취하려는 동기에 의한 것이라고 주장했다. 요컨대 그러한 요구를 안보의 명분으로 제기하는 것이 아니기 때문에 어느 누구에게도 위협이 되지 않는다는 것이었다. 그에 대하여, 캐슬레이는 입헌 폴란드가 오스트리아 및 프로이센령 폴란드 지방의 안정에 대한 위협을 의미함을 강조하면서, 오스트리아와 프로이센조차 독립된 폴란드를 대체로 환영하겠지만 러시아의 속국이 중부 유럽 깊숙이 확장되는 것은 끊임없는 불화의 근원이 될 것이라는 불길한 주장을 덧붙였다. 그러나 차르는 폴란드 영유라는 입장을 철회하여 진정으로 독립된 폴란드를 수립할 의사는 없다는 점을 분명히 했다. 캐슬레이와 알렉산드르의 첫 회담은 차르의 성격의 이중성과, 양측 입장의 불일치를 드러내는 데 기여했을 뿐이다.

10월 13일, 폴란드의 영유가 균형상태에 대한 위협이라는 캐슬레이의 주장에 알렉산드르가 반론을 제기하면서 대결이 재개되었다.[9] 알렉산드르는 안보의 요건이 자신의 도덕적 주장을 제약한다는 점을 인정하지는 않았지만, 자신의 구상에 도움이 될 것으로 생각되면 얼마든지 안보 요건을 들먹일 준비가 되어 있었다. 따라서 그는 폴란드에 대한 자신의 구상이 러시아의 국력을 확장하기는커녕, 니멘 강 서부로부터 러시아 병력의 철수를 가능케 함으로써 실제로는 사태가 개선될 것이라는 묘한 논리를 제시하기도 했다. 그러나 캐슬레이가 안보는 국가의 총력에 좌우되는 것이지 병력의 위치로 결정되는 것이 아니라는 점을 지적하자, 알렉산드르는 다시 자신의 도덕적 의무에 대한 주장으로 되돌아갔다. 캐슬레이는 차르가 폴란드를 가로지르는 분계선의 어느 한 쪽에 대한 도덕적 주장을 분계선의 다른 쪽에는 적용하지 않고 있다는 점이라든지, 러시아의 국익에 대한 주장으로 인해 차르의 책무가 제약을 받는다는 점 등 논리의 비일관성을 차르에게 지적했지만 소용이 없었다. "금번 비엔나 회의가 인류에게 축복이 될지 아니면… 무법적인 권력 쟁탈전이 될지는… 오로지 폐하의 심경에 달려" 있다는 캐슬레이의 선포는 기실 합리적인 주장에 관해서도 합의에 도달하지 못하는 데 대한 분노의 표현일 따름이었다. 차르가 폴란드는 자신의 수중에 있으므로 폴란드 문제가 종결될 수 있는 방식은 한 가지뿐이라고 답변했을 때, 교착상태에 다다랐다는 사실은 뚜렷해졌다.[10] 이처럼 차르와 캐슬레이 사이의 논쟁을 통해 분명해진 사실은 설득이 무익하며, 힘이나 힘을 사용하겠다는 위협에 기초한 관계가 불가피하다는 것이었다.

IV

그래서 캐슬레이는 차르와 협상하고 있는 동안에도 힘을 결집하기 위해 모든 노력을 기울이고 있었다. 하나의 추상적인 외교 문제로서 그의 과업은 단순해 보였다. 차르의 가식이 유럽의 균형상태를 위협하고 있었다면, 그에 대한 명백한 대항책은 차르에 반대하는 유럽의 자원을 결집하는 일이었다. 그러나 균형상태 자체는 불가분의 일체일지 몰라도, 균형을 구성하는 각국의 입장에서는 그렇게 보이지 않는 법이다. 차르에 대한 저항은 나머지 유럽 국가들이 공동 전선을 형성하지 않고는 불가능했는데, 유럽의 각국은 진정한 위험이 무엇인지에 관한 합의를 전혀 이루지 못한 상태였다. 그들은 전체적인 균형상태가 붕괴되는 것을 바라지는 않았지만, 각국의 역사적 입장을 좌우할 수 있는 부분을 희생하면서까지 저항할 준비는 되어있지 않았다. 강력한 러시아가 유럽을 지배하게 될 우려가 있기는 했지만, 프로이센이 지나치게 강해지면 오스트리아를 능가할 우려가 있었고, 통일된 독일은 프랑스를 위협할 수도 있었다.

그런 사정으로 인해, 대륙에서 지켜야 할 입장이 없는 도서국가의 대표인 캐슬레이가 전체적 균형상태를 위해 싸울 수 있는 유일한 정치가가 되었다. 프로이센의 장관 하르덴베르크는 폴란드보다 작센에 더 관심이 많았고, 탈레랑은 폴란드 문제가 자신의 의사에 *반하는* 방향으로 해결될까봐 두려워하는 것 못지않게 자신을 *제외한 채* 폴란드 문제가 해결될까봐 두려워하고 있었으며, 메테르니히의 태도는 오스트리아가 맞닥뜨리고 있던 양난만큼이나 복잡했다. 러시아가 중부 유럽으로 확장한다면 오스트리아의 유럽 내 입지가 위협받기 때문에 오스트리아로서는 무관심할 수 없었지만, 동시에 프로이센이 독일 중앙부로 확장하면 오스트리아의 독일 내 입지가 위협받기 때문에 그에 대해서도 무관심할 수 없었다. 그러나 오스트리아의 지리적 위치 때문에 공공연한 저항은 무모했다. 그랬다가는 공격의 예봉은 가장 많이 노출된 나라를 향하게 될 터였고, 메테르니히가 오스트리아 안보의 열쇠라고 생각하고 있던 프로이센과의 긴밀한 협력을 포기해야만 할 터였다. 가장 손쉬운 해결책은 프로이센이 작센의 독립을 보장하는 대가로 프로이센 령 폴란드 지방을 반환받는 것이었을 테지만, 차르를 무찌르지 않고서는 프로이센령 폴란드를 어찌 해볼 도리가 없었다. 게다가 그런 해결책은 프로이센의 지지 없이는 불가능했고, 프로이센은 오스트리아를 지지하기 위한 조건으로 작센의 병합에 대한 오스트리아의 묵인을 요구했다. 한편, 메테르니히는 영국이나 프랑스의 지원 없이는 작센에서 프로이센을 꺾을 수도 없었다. 그러나 캐슬레이는 독일 문제가 아닌 유럽의 문제에만 집중할 수 있었고, 회의 초기부터 프랑스의 지지를 확보한다면 독일의 군소국들에게 경종을 울릴 수도 있는 처지였다.

이러한 상황에서 메테르니히는 오스트리아의 유일한 협상 무기를 사용하겠다는 속셈으로 지연 정책을 채택했다. 오스트리아의 무기란 바로 다른 모든 국가들이 자국의 합병을 "정통성" 있는 것으로 만들기 위해서는 오스트리아의 묵인을 필요로 한다는 사실이었다. 몇 주 간 그는 "신병身病"을 핑계로 모습을 드러내지 않았다. 병이 "회복된" 후에는 사치스럽기 그지없는 연회가 날마다 이어졌고, 그는 연애사건들과 산만한 정신상태로 악명을 떨쳤다. 그는 상대방을 각개격파하기 위해 폴란드 문제와 작센 문제를 분리할 작정이었다. 상대방이 조급히 해결을 추구하다가 그의 행동에 도덕적 기초를 부여해 줄 경솔한 행보를 취하도록 유인하려는 것이었다. 따라서 그는 자신이 입버릇처럼 가장 강한 입장이라고 말해 왔던 방어적 입장을 취했는데, 그런 입장은 현상유지 국가다운 기풍의 표현이라고 할 수 있는 것이었다. 그는 작센의 사절에게 이렇게 말했다. "본인은 시간을 방벽으로 삼고, 인내심을 무기로 삼습니다."[11]

그리하여 러시아에 대항하는 단합된 전선을 형성하려던 캐슬레이의 노력은 마지못해 결성된 연합, 일시적인 배반, 불운에 대비해 빠져나갈 구멍은 만들어 놓은 채 제공하는 굳건한 지지의 약속 등으로 점철된 일련의 애매한 이합집산으로 이어졌다. 캐슬레이는 10월 내내 지칠 줄 모르고 노력했지만, 그가 지난해와 마찬가지로 부딪힌 것은 각국의 이해하기 어려운 망설임과 구차한 핑계를 동반한 지연이었다. 다시금 그는 주저하는 각국을 독려하는 과업에 착수했지만, 각국의 활기를 조장할 유일한 유인이라고 할 수 있는, 그들의 특수한 주장에 대한 영국의 지지는 제공하기를 거부했다. 캐슬레이는 하르덴베르크와 메테르니히에게 공동 행동을 요청했는데, 스스로도 "떳떳하게 결과를 장담할 수 없게 만드는… 일종의 상호 불신이 존재한다"[12]는 사실을 인정하지 않을 수 없었다. 그는 메테르니히의 이해할 수 없는 "소심함"에 대해 불만을 표하면서, 오스트리아의 장관은 아무런 확고한 계획도 가지고 있지 못하다고 단언했다. 그리고 그는 대불동맹국들의 곤혹스러움을 옆에서 즐기고 있는 탈레랑에게 이렇게 훈계했다. "동맹의 결속을 유지시켜 왔던 합의에 대해… 비난조로 말하는 것은 동맹국들이 회복시켜 준 부르봉 왕가가 취할 태도가 아닙니다."[13]

마침내 다른 어느 나라보다 그 이상의 지연을 견디기 어려웠던 프로이센이 나섰다. 칼리쉬 조약, 테플리츠 조약, 쇼몽 조약이 프로이센에 1805년 수준의 영토를 보장한 것은 틀림없지만, 프로이센이 필요한 영토를 어디에서 얻을 것인지, 특히 프로이센령 폴란드를 러시아에 할양한다면 영토의 보장을 어떻게 실현할 것인지에 관해서는 아무런 규정도 없었다. 가능한 보상은 주로 라인란트에 위치한 프랑스의 과거 영토 내지 예전 프랑스의 위성국가들이었지만, 그것은 적절치 않았다. 그 지역은 프로이센 본국과 지리적으로 떨어져 있고, 주민들이 가톨릭교도라는 점에서도 바람직하지 않았다. 그래서 프로이센은 프리드리히 대왕 시절부터 탐내왔을 뿐 아니라, 영토와 인접해 있고 대다수 주민이 개신교도인 작센에 눈독을 들이게 되었던 것이다. 그러나 프로이센의 협상 입지는 강대국들 중 가장 취약했다. 러시아처럼 점령지를 획득한 것도 아니었고, 오스트리아처럼 자국의 특수한 조건을 인정받고 참전한 것도 아니었다. 만약 작센 문제보다 폴란드 문제가 먼저 해결된다면 프로이센은 적극적으로 참전한 대가를 비싸게 치러야 할 상황이었다. 그것은 참전 조건을 협상한 적도 없이 그토록 열성적으로 전쟁에 임한 대가이자, 사실상 전쟁 자체를 목적으로 삼고 평화를 망각한 대가였다. 게다가 프로이센은 작센의 합병에 오스트리아의 묵인을 필요로 했는데, 만일 오스트리아가 작센 문제에 관해 군소국의 보호자를 자임하고 나설 경우 프로이센의 안보에 필수불가결한 독일의 재조직이 무위로 돌아갈 것이기 때문이었다.

그런 점에서 10월 9일 하르덴베르크가 "오스트리아, 프로이센, 영국에 의한 조정 방식"[14]이 현명한 방안이라는 데 동의하는 서한을 제출한 것은 놀라운 일이 아니었다. 그러나 그는 프로이센이 폴란드 문제에 협조하는 대신, 선의의 표시로서 오스트리아가 자국이 작센을 합병하고 잠정적으로 점령하는 데 동의해줄 것을 요구했다. 하르덴베르크의 서한은 동맹을 임시로 모색하는 노력과, 모든 과정에서 곧이곧대로 유리한 입지를 취하려는 시도를 통해 프로이센이 처한 양난을 부각시켜 주었을 뿐이다. 러시아의 지지를 통해서는 작센을 얻되 정통성을 얻지 못하고, 오스트리아의 지지를 통해서는 폴란드를 얻되 작센을 얻을 수 없었다. 하르덴베르크의 서한은 프로이센을 차르의 선의에만 기대도록 내버려두지 말아 달라는 호소였고, 오스트리아와 프로이센 간의 우의, 그리고 프로이센의 작센 영유에 기초한 유럽의 질서를 창출하자는 호소였다.

그러나 모순된 정책을 결합하려는 이러한 시도는 메테르니히로 하여금 예의 치밀한 조작을 통해 폴란드 문제와 작센 문제를 분리할 수 있도록 만들어 주었다. 10월 22일에 그는 하르덴베르크와 캐슬레이에게 두 통의 서한을 보냈는데, 하르덴베르크의 제안에 마지못해 동조하는 듯한 서한의 어투 때문에, 폴란드 문제에 관해 대항하도록 고안된 도덕적 틀이 작센 문제에 관해 대항하는 데도 똑같이 효과적이라는 사실, 그리고 하르덴베르크는 위험을 줄이고자 애씀으로써 도리어 자신의 패배를 불가피하게 만들고 있다는 사실은 감춰지고 있었다. 캐슬레이에게 보낸 서한은 작센을 파괴하면 안 되는 이유를 간략히 설명하는 것으로 시작되었다.[15] "정통적" 지배자의 타도가 가지는 해로운 상징성, 독일의 균형상태에 초래될 위험, 군소 국가들이 강대국에 불신감을 품게 될 경우 독일 국가연합 형성에 야기될 어려움 등이 그 이유였다. 그럼에도, 만약 프로이센이 바르샤바 공국 문제에 관한 반대에 가담해주고 독일 내에서 오스트리아와 균등한 영향력을 나눠 가지는 데 동의한다면, 오스트리아는 유럽의 균형상태를 위해 희생을 감수하겠다는 것이었다. 캐슬레이는, 유럽의 균형상태를 위한 오스트리아의 희생이라는 것은 만일 그런 희생이 무위로 돌아가는 경우에는 독일의 균형상태를 지키려는 오스트리아가 제공할 지지의 한계를 의미한다는 점을 알아채지 못했거나, 알아챘다면 대수롭지 않게 여겼다. 또한 그는 프로이센의 작센 병합이 "불균형한 확장"을 초래해서는 안 된다는, 마치 수수께끼 같은 단서도 무시했다. 그러한 단서는 만약 프로이센이 폴란드 지방을 먼저 획득한다면 명백히 충족될 수 없는 조건이었다.

프로이센 측에 보낸 서한에서는 오스트리아와 프로이센 양국 간의 긴밀한 협력을 호소하는 한편, 칼리쉬 조약에 이르기까지의 기간 동안 오스트리아가 프로이센을 지지한 경위를 설명함으로써 프로이센의 현 입지는 러시아보다 오스트리아에 더 많은 빚을 지고 있음을 암시했다.[16] 오스트리아의 정책은 향후에도 독일 연방으로 가일층 강화될 프로이센과의 우호관계를 기초로 삼을 것이나, 그것이 효과를 발휘할지는 폴란드에 관한 러시아의 구상을 좌절시킬 수 있느냐에 달려 있다는 것이었다. 그런 연유로, 오스트리아로서는 우호적인 국가의 파멸을 원치 않았음에도 불구하고 메테르니히는 세 가지 조건을 붙여 프로이센의 작센 병합에 동의했다. 폴란드 문제에 관해 견해의 일치를 유지하고, 남독일 방어 체계의 일환으로 마인츠에 요새를 구축하며, 모젤Moselle 강[역주9]을 라인란트 내 프로이센의 남방 한계로 삼는다는 조건이었다. 이것만 보더라도 메테르니히가 유럽의 균형상태보다는 독일의 균형상태에 더 많이 신경쓰고 있었다는 점은 분명했다. 하르덴베르크는 작센 지방을 합병하려는 의욕에 눈이 어두운 나머지 또 한 가지 미묘한 단서를 놓쳤는데, 그것은 메테르니히의 제의에 붙어 있는 조건이 폴란드 문제에 관한 저항에 프로이센이 가담한다는 *사실*이 아니라 그 저항의 *성공*이라는 점이었다.

이렇게 메테르니히가 프로이센과 러시아를 서로 떼어놓을 도덕적 틀을 준비하는 동안, 캐슬레이는 마치 유럽의 균형상태가 수학적 등식처럼 정확히 산출될 수 있기라도 하다는 듯이 폴란드만을 염두에 두고 있었다. 마침내 10월 23일, 그는 메테르니히의 서한 내용에 기초해 오스트리아와 프로이센이 러시아에 대항하는 공동의 행동계획에 동의하도록 만드는데 성공했다.[17] 그들 3개국은 만약 직접 협상을 통해 합리적인 해결을 모색할 수 없다면 폴란드 문제를 전체 회의에 상정하겠다고 차르와 맞섬으로써 결단을 압박했다. 3개국은 최초 분할 이전 상태로 독립된 폴란드, 1791년 규모로 유지되는 폴란드, 또는 예전에 3개국이 폴란드를 분할했던 상태로의 복귀라는 세 가지 가능한 해결책을 제시했다.[18] 폴란드의 독립이라는 대안은 주로 협상의 무기로, 그리고 영국의 국내용 대책으로 제시된 것이 분명했다. 두 세대에 걸쳐 러시아의 소유로 간주되어 오던 영토를, 전쟁에 승리한 상황에서 차르가 포기할 리는 만무했기 때문이다.

비엔나 회의에서 유럽에 호소하겠다는 위협은 대불동맹을 활용하여 유럽의 균형상태를 성취하려는 최후의 노력에 해당하는 것이었다. 메테르니히가 차르를 배알하고 폴란드 문제에 관한 최후통첩을 제시하자 차르는 그를 무례하게 대했을 뿐 아니라 결투를 신청하기까지 했는데, 이는 차르가 외교 문제를 사사로운 일로 여기고 있다는 하나의 방증이었다. 10월 30일에 3개국의 군주들이 헝가리를 방문했을 때 알렉산드르는 동료 군주들에게 그들의 신하들을 만류해 달라고 부탁하기도 했다. 오스트리아 황제에 대한 호소는 실패로 돌아갔지만, 꽉 막히고 상상력이 부족한 프로이센 국왕의 경우는 달랐다. 그는 재난 앞에서 용맹하고 지적으로 총명한 차르의 재기를 언제나 칭송해 마지않던 인물이었다. 그런 인물에게 3개국의 장관들이 추진 중인 비밀 협상이 기만적 행위라고 설득하는 일은 그리 어렵지 않았다. 군주들이 비엔나로 돌아간 뒤, 하르덴베르크는 임석한 차르가 보는 앞에서 오스트리아 및 영국 장관들과 더 이상 별도 협상을 진행하지 말라는 지시를 받았다.

그리하여 11월 5일부로 폴란드를 둘러싼 다툼은 당분간 중단되었다. 캐슬레이의 개인적인 호소는 알렉산드르가 유럽의 안보를 초월하는 자신의 "권리"를 주장함으로써 실패로 끝났다. 우세한 힘을 결집하려는 시도도 소용이 없었는데, 그 이유는 대불동맹의 내부에 차르를 설득하기에 충분한 결의가 존재하지 않았기 때문이고, 복잡한 문제를 간단하다고 선언한다고 해서 해결할 수는 없는 법이기 때문이었다. 무력이 아닌 합의에 기초해 국제 질서를 달성하려는 노력은 원점으로 돌아간 것처럼 보였다.

V

그러나 그런 인상은 잘못된 것이었다. 캐슬레이의 실패가 균형의 필요성을 제시하는 것만으로 균형을 달성할 수는 없다는 사실을 증명했다면, 거의 기미를 알아차리기 어려웠던 메테르니히의 보조적 노력은 정통성에 대한 호소를 통해 논의를 재개할 도덕적 틀을 만들어냈기 때문이었다. 게다가 폴란드 문제에서의 패배가 작센 문제의 승리로 해석될 수 있었다면, 그것은 모름지기 작센에 관한 승리가 폴란드에 관한 양보를 강요할 수단이 될 수도 있음을 의미했다. 캐슬레이를 거의 미칠 지경으로까지 몰고 갔던 지연전술은, 실은 메테르니히가 자신의 양난을 가장 효과적으로 극복할 수 있는 수단이었다. 시간을 끄는 동안 오스트리아에게 가장 중요한 협상 무기는 더욱 강력해졌는데, 그것은 바로 정통성이라는 것은 부여될 수는 있지만 받아낼 수는 없으며, 강요가 아닌 합의를 의미한다는 사실이었다. 그러므로 메테르니히가 10월에 취한 조치들은 러시아와 프로이센의 공동전선을 깨뜨리고 가장 취약한 부분을 공략할 도덕적 틀을 만들어내기 위한 것이었다. 탈레랑은 "메테르니히의 가장 뛰어난 기술은 우리로 하여금 시간을 낭비하도록 만드는 것인데, 그는 그럼으로써 자신이 이득을 취한다고 믿기 때문"이라고 보고했다. 그런 식으로 유럽 전체가 오스트리아 장관의 부박함을 비난하는 가운데 몇 주가 흘렀고, 오스트리아의 고참 외교관들 중 일부는 자신들이 "날뛰기 왕자Prince Scamperlin"라는 별명을 지어 붙인 "라인강 지역 출신Rhenish" 장관이 프로이센을 위해 제국을 배반했다고 분통을 터뜨리기도 했다. 그러나 리뉴 공Prince de Ligne역주10)이 남긴 저 유명한 "회의는 춤을 출, 뿐 전진하지 않는다(Le Congrès danse, mais il ne marche pas)"라는 구절에 감탄하던 사람들도 정작 그 회의가 춤추면서 함정 속으로 빠져 들어가고 있나는 사실은 알아채지 못했다.

하르덴베르크가 메테르니히에게 협력을 제안했을 때, 그는 폴란드에 관한 협상이 어떻게 끝나더라도 이득을 취할 수 있으며 작센에 대한 보장을 확보할 수 있다고 믿었을 지도 모른다. 그러나 그에 대한 메테르니히의 대답은 그들의 공동 노력이 *성공한다는* 조건으로 작센 합병에 오스트리아가 동의한다는 것이었기 때문에, 두 가지 문제를 연계하려는 노력이 도리어 그 문제들을 분리시킬 수단이 되었다. 폴란드에 관한 협상이 성공한다면, 유럽의 관점에서 볼 때 프로이센은 작센 합병을 주장할 도덕적 근거를 잃게 될 것이기 때문이었다. 만일 프로이센이 폴란드 지역을 다시 영유하게 되면, 작센 합병은 메테르니히가 캐슬레이에게 경고했던 "불균형한 확장"을 의미하게 될 터였다. 그런 상황이 되면 메테르니히가 굳이 앞장서서 반대할 필요도 없었다. 탈레랑이 저항할 것이 확실했고, 실제로 10월 한 달 동안 그를 자제시키기란 몹시 어려운 일이었다. 탈레랑이 앞장서면 독일의 군소국들이 따라나설 터였다. 폴란드 영유에 실패한 차르는 프로이센의 좌절을 즐거워할 것이 분명했다. 캐슬레이는 어쨌든 작센 문제로 의회의 비난을 받고 있었으므로 도저히 프로이센의 합병 요구를 지지할 수 있는 처지가 아니었다. 캐슬레이는 상황이 그렇게 전개될 가능성을 미리 내다보았던 것 같다. 그는 리버풀 앞으로 이렇게 적었다. "폴란드 문제에 관한 공동 노력이 성공한다면, (프랑스는) 프로이센 측에 작센에 관한 주장을 수정하라고 우호적으로 요구하기가 좀 더 쉬워질 겁니다."[19)]

반면에 폴란드에 관한 협상이 실패로 끝나면 오스트리아의 관점에서 프로이센은 작센을 주장할 근거를 잃게 될 터였다. 이 경우에도 프로이센의 고립은 여전히 불가피했다. 프로이센이 러시아에 저항한다는 사실로 인해서, 협상이 성공하는 경우와 마찬가지로 차르와의 관계는 소원해질 것이기 때문이었다. 오스트리아는 작센 문제에 관해 양보함으로써 유럽에 관해 우려하고 있다는 점을 증명했으므로, 이제부터는 비타협적으로 행동하더라도 그것이 독일의 균형상태 때문이 아니라 유럽의 균형상태 요건에 따른 것이라고 항변할 수 있게 되었다. 폴란드 문제에 관한 협상에서 오스트리아의 지지를 획득한 캐슬레이로서도 더 이상 작센 문제를 독일 내부만의 문제로 다룰 수는 없었다. 프랑스의 태도나 독일 내 군소국들의 태도에는 의심의 여지가 없었다. 프로이센은 작센 병합에 관한 재보장을 획득하려고 노력하는 과정에서 고립만을 자초한 셈이었다.

11월 7일 하르덴베르크가 메테르니히에게 국왕으로부터 받은 명령의 내용을 알려주면서 폴란드 문제에 관해 합의했던 계획을 이행하기 어렵게 되었다고 했을 때, 메테르니히는 마침내 행동을 위한 도덕적 기초를 얻게 되었다.[20] 그는 11월 18일까지 기다렸다가, 10월 22일의 서한에 적시된 세 가지 조건의 이행을 강하게 요구했다. 그는 프로이센 국왕의 명령 때문에 캐슬레이에게 조정자의 역할을 맡기는 것이 불가능하게 되었으므로, 하르덴베르크 자신이 차르와 협상에 나서야 한다고 주장했다.[21] 메테르니히의 이러한 주장은 오스트리아의 선의를 다시 한 번 증명하고, 작센 문제에 관해 저항할 추가적인 이유를 얻기 위한 것이었다. 차르가 프로이센 국왕을 좌지우지하는 상황에 비추어 보았을 때, 프로이센 단독 교섭의 결말은 보나마나한 것이기 때문이었다. 결국 하르덴베르크는 차르가 또다시 자기 의도의 순수성을 주장하고 있으며, 토른Thorn[역주11]과 크라코프를 자유시로 선포하는 것 이외에는 일체 양보할 의사를 보이지 않고 있다는 사실을 보고할 도리밖에 없었다.[22] 알렉산드르는 교활하게도 이러한 양보에조차 작센 합병에 대한 오스트리아의 묵인이라는 조건을 달았지만, 그 덕분에 작센 협상은 폴란드 문제를 다시금 유동적으로 만들 수 있는 수단이 되었다. 차르의 제안은 그것이 얼마나 우발적인 것이었든지 간에, 폴란드 영토의 경계가 불가역적으로 확정된 것은 아니라는 점을 처음으로 인정한 셈이었기 때문이다.

메테르니히는 12월 10일에 오스트리아의 최종 답변을 제시했다.[23] 오스트리아는 프로이센과 긴밀한 관계를 유지하는 데 관심이 있지만, 작센의 파괴라는 값을 치르면서까지는 아니다. 오스트리아와 프로이센의 공동 이해가 걸려 있는 독일 연방은 사산될 수밖에 없다. 그 어느 독일 군소국도 자기들 중 하나의 파멸을 기초로 삼는 조직에 가담하지는 않을 것이기 때문이다. 오스트리아는 폴란드에서 러시아의 확장을 묵인하도록 강요당한 마당에, 독일 내에서 프로이센의 확장까지 묵인할 수는 없다. 그러면 균형상태가 완전히 망가질 것이기 때문이라는 것이었다. 메테르니히는 작센의 중심지역은 남겨놓은 채 나머지 대부분을 프로이센에 양도하고, 프로이센에 라인란트 지방의 다른 보상도 제공하는 대안을 제시했다. 아무리 우의를 주장한다 해도, 프로이센이 책략에 넘어갔다는 사실을 감출 수는 없었다. 메테르니히가 폴란드 문제에서 패배한 것은 작센 문제에서 이기기 위한 것일 뿐이었으며, 부분적으로는 그런 다음 작센을 활용해 폴란드에서의 상황을 회복하기 위해서였다.

작센을 관할하는 러시아의 군사 총독이 11월 8일 임시행정권을 프로이센에 이양했고, 프로이센 군부는 전쟁을 벌이겠다고 위협했지만, 소용없는 일이었다. 유럽의 주변부에 위치한 러시아는 폴란드를 점령했다는 사실을 기초로 권리를 주장할 수 있을지 모르지만, 대륙의 중앙에 자리 잡은 국가는 독일 내부에서건 유럽에서건 "정통적" 질서의 구성원으로서만 생존할 수 있었다. 그러므로 비록 12월 중순경 비엔나 회의는 완전히 교착상태에 빠진 것처럼 보였지만, 물밑에서는 근본적인 변화가 일어나려 하고 있었다. 모든 요소가 투입되기 전까지는 교착상태가 전면적인 것이 될 수 없는 법이었으며, 프랑스는 아직까지 뛰어들지 않고 있는 상태였다. 10월과 11월의 다툼으로 인해 대불동맹의 단합이라는 신화는 붕괴되었고, 이제 동맹국들에게는 프랑스의 위협이 예전처럼 커 보이지 않게 되었다. 프랑스를 자기편으로 끌어들이려는 국가를 제지하기에 공동 노력의 기억만으로는 충분치 못하다는 사실이 점점 더 분명해지고 있었다.

캐슬레이가 폴란드 협상의 실패 때문에 좌절에 빠져[24], 메테르니히는 결코 진심으로 저항할 뜻이 없었다고 비난하고 있는 동안, 분쟁을 새로운 방향으로 이끌고 갈 연합이 작센 문제와 관련하여 형성되고 있었다. 작센 문제에 관해 저항할 수 있는 연합은, 그 정의상, 폴란드 문제에 관해서 대항할 수 있는 연합이기도 하였다. 그러므로 어느 한 쪽에서 힘에 기초한 주장이 무산되었다면, 거의 필수적으로 다른 쪽에서의 독단적인 주장도 제약을 당할 수밖에 없었다. 결국 균형상태는 불가분성을 지닌다는 사실이 증명된 것이다. 비록 해결은 그런 사실을 인식하는 가운데 이루어진 것은 아니지만, 유럽을 구원하는 일은 유럽의 이름이 아닌 작센의 이름으로 행해졌다.

VI

그러나 이 새로운 연합이 형성되기에 앞서, 캐슬레이에 대한 영국 내의 압박이 하마터면 메테르니히가 교묘하게 짠 계략을 망가뜨릴 뻔 했다. 도서국가는 유럽의 균형상태를 명분 삼아 전쟁을 수행할 수는 있을지 몰라도, 결국 균형상태에 대한 위협과 자국의 직접적 안보에 대한 위협을 동일시하려 드는 경향을 보이기 마련이다. 도서국가의 정책은 예방적인 것이 아니라 방어적이므로, 위험을 "증명해 주는" 공공연한 행위를 전쟁의 원인으로 삼는다. 그러나 균형상태에 대한 위험이란, 균형상태가 전복되기 전까지는 결코 증명되지 않기 마련이다. 침략자는 최후의 단계를 제외한 모든 단계를 항상 제한적 주장으로 정당화하고, 온건한 정책을 유지하는 대가로 묵인을 이끌어낼 수 있기 때문이다. 영국이 대 나폴레옹 전쟁에 초기 단계부터 참여했고 대단한 지구력을 발휘하면서 싸움을 지속했던 것은 사실이다. 그러나 당시에는 플랑드르 지역에 대한 공격으로 균형상태에 대한 위협이 명백히 드러났고, 세력균형은 앤트워프의 영유와 동일시되었다.

그러나 지금 문제가 되고 있는 폴란드는 지리적으로도 심리적으로도 "먼" 나라였다. 라인강 지역은 비스툴라 강을 따라 방어하는 것이 최선책이라든가, 프랑스 외에도 평화를 위협하는 세력이 존재한다는 등의 사실은 그것이 "증명"되기 전까지는 분명치 않았다. 이런 심리구조를 가지고, 영국 내각은 폴란드에 관한 논쟁을 대륙 국가들의 경쟁에서 비롯되어 어렵게 획득한 평화를 위협하는 짜증스러운 현상으로 취급하였으며, 주로 그것이 영국 국내 정치에 미칠 영향이라는 측면에서 접근하였다. 그로 인해 내각과 캐슬레이 사이의 대화는, 양측 다 의견이 불일치하는 진짜 이유가 정보의 부족에 기인하는 오해일 것이라고 스스로를 열심히 설득하는 과정이 되었다. 영국 내각과 캐슬레이 사이의 간격은 차르와 캐슬레이 사이의 간격 못지않게 컸다. 차르가 자신의 선의로 대륙의 안보를 보장하려 들었듯이, 영국 내각은 도서국가의 입장에서 안전을 정의하고 싶어 했기 때문이었다. 권력의 자의성과 고립의 무책임성, 이것이 캐슬레이가 피해 가야 하는 스킬라와 카립디스 Scylla and Charybdis역주12)였다.

10월 14일 리버풀은 캐슬레이에게 보낸 서한에 "영국은 (폴란드 문제에) 적게 관여하면 할수록… 이득"이라고 쓰면서, 의회의 관점에서는 폴란드 독립이라는 원칙이 유지될 수 있다는 점에서 차르의 계획이 폴란드를 새롭게 분할하는 것보다 유리함을 지적했다.[25] 리버풀은 10월 28일에도 이런 주장을 반복하면서, 러시아의 위험이라는 현실을 부정하는 밴시타트Vansittart역주13) 재무장관의 서한을 제시했다. 손쉬운 모면이 지혜로운 행동이라고 믿는 범속한 경박함으로, 밴시타트는 러시아가 폴란드를 흡수함으로써 더 큰 약점을 안게 되고 영국의 무역에는 그것이 유리하다고 주장했다.[26] 이런 서한 때문에, 캐슬레이는 영국의 안보가 대륙의 안보와 직결되어 있다는 설명을 다시 한 번 하지 않을 수 없었다. 그는 러시아에 반대하는 것은 폴란드를 위해서가 아니라 유럽을 위해서라고 주장했다. 만일 폴란드 문제의 해결이 중부 유럽 국가들이 반발하는 방식으로 이루어진다면, 여타 문제들은 독일 내에서 오스트리아와 프로이센 간의 투쟁으로 번질 것이므로, 러시아가 중부 유럽의 중재자로 부상하고 네덜란드는 무방비상태가 될 터였다. 그런 고로, 영국의 가장 직접적인 국익의 수호도 대유럽 정책에 달려 있었다. "본인으로서는, 대영제국이 독일 강대국들 간의 논쟁 과정에서 대단히 불쾌한 문제에 노출될 플랑드르 지역을 유일한 목표로 삼아 힘을 아끼기보다… 영국이 전쟁기간 내내 지켰던 정책의 진정한 정신에 따라 일차적으로 유럽 문제를 위해 투쟁하는 편이 낫다고 생각합니다."[27]

그러나 그에 대한 리버풀의 답변을 보면, 영국 내각이 러시아보다 프랑스를, 세력균형에 대한 위협보다 전쟁을 더 두려워하고 있다는 데 의문의 여지가 없었다. 리버풀은 현 시점에서의 전쟁은 혁명적 투쟁으로 변질될 수 있지만, 불과 2년 정도뿐이라 하더라도 평화는 18세기적인 제한 전쟁을 규칙으로 삼는 안정을 다시 가져다 줄 것이라고 주장했다.[28] 11월 22일에 영국 내각은 캐슬레이가 비엔나에 도착한 이후 최초로 그에게 지시를 하달했다. 바서스트Bathurst역주14)는 이렇게 썼다. "지금까지 비엔나에서 논의되고 있는 어떠한 목표를 위해서도… 우리나라를 전쟁에 연루시키는 데 동의할 수는… 없다는 점을 본인이 굳이 귀하에게 지적할 필요조차 없을 것입니다."[29)]

그리하여, 협상의 가장 결정적 순간에 캐슬레이는 상대를 압박할 수 있는 유일한 수단을 박탈당했다. 이 시점은 문제가 순수하게 힘에 관한 문제로 변해가던 순간이기도 하였다. 프로이센은 메테르니히의 지연전술에 넘어가 조급한 행동을 개시하려 하고 있었다. 프로이센은 자국의 도덕적, 물질적 기초가 스러져 가는 것을 지켜보면서 점점 더 호전적인 태도를 드러내고 있었다. 프로이센의 군부는 공공연하게 전쟁을 언급했고, 온건한 하르덴베르크조차도 극단적인 조치를 암시했다. 하지만 정통성 없는 합병이 환상이었다면, 무력을 통한 정통성 확보는 터무니없는 망상이었다. 캐슬레이가 하르덴베르크에게 다음과 같이 말했을 때, 그는 프로이센이 처한 양난을 풀어서 설명한 데 지나지 않았다. "그(하르덴베르크)는 인정받지 못하는 주장을 쓸 만한 명분으로 삼을 수도 없고, *양심*이나 *명예*를 지키면서… 고작 상대가 승인을 거부한다는 이유 따위로 전쟁을 일으킬 수도 없습니다…"[30)] 상황이 그러하였으므로 캐슬레이는 내각의 지시에 따르겠다는 반응을 보이지 않았다. 영국이 무관심을 표명한다면 전쟁의 중요한 억지력이 제거될 터였으며, 영국 내각은 평화를 보장하려고 노력하는 가운데 스스로 가장 두려워하는 것을 자초하게 될 터였다. 영국이 다툼에서 빠져나가 버리면 오스트리아는 더 이상 버티지 못하고 항복하게 되어 균형상태는 완전히 전복될 수밖에 없었다.

그러다 보니, 캐슬레이와 메테르니히는 다시금 영리한 오스트리아 장관이 도덕적 틀을 정의한 전장의 같은 편에서 만나게 되었다. 프로이센이 비타협적으로 굴면 굴수록 메테르니히의 입지는 강화되었다. 추상적인 논의를 거칠 필요도 없이, 오스트리아는 군소국의 보호자로 부상했다. 그가 바이에른과 하노버 측에 동맹을 맺고 프로이센을 뺀 독일 연맹을 구축하자고 제안했을 때, 그는 이미 대체로 합의가 형성된 사항을 말로 표현했을 뿐이었다. 논쟁이 점차 힘의 시험으로 변모하기 시작하자, 메테르니히는 부당하고 불의하게 보일 수 있는 주장에 저항하는 명분을 재차 획득했던 것이다. 그러나 힘의 시험이 다가오고 있었다는 것은 최대한의 무력을 결집할 필요성을 뜻하기도 하였다. 대불동맹의 마지막 흔적마저 사라져 가고 있던 이 시점에 탈레랑이 무대 위로 재등장했다. 그가 등장한 것은 메테르니히가 그를 무대에 세웠기 때문이며, 그의 달변은 메테르니히가 익명성을 원했던 결과였다. 메테르니히는 자신이 프로이센에 굴욕을 안길 장본인으로 드러나는 데 관심이 없었던 것이다. 일이 "자연스럽게" 벌어지는 것이 메테르니히가 바라던 바였다. 그래야만 개인적인 대립을 최소화할 수 있기 때문이었다. 반면에, 모든 일이 "의도적으로" 발생한 것처럼 보여야 한다는 것이 탈레랑이 바라던 바였다. 그래야만 자신의 위태로운 국내 입지를 굳힐 수 있기 때문이었다.

메테르니히는 하르덴베르크 앞으로 보낸 오스트리아의 12월 10일자 답신을 탈레랑에게 보여줌으로써 4대 강국이 문제를 해결할 수 없었다는 사실을 분명히 알려 주었고, 이를 통해 탈레랑에게 기회를 준 셈이다.[31] 탈레랑은 통렬한 답신을 통해, 정통성에 대한 주장이 균형상태의 요건보다 우선이라고 단언하고, 주권은 심판받을 수 없기 때문에 군주들을 폐위시키는 것은 가능하지 않으며, 특히나 그들의 영토를 탐냈던 세력이 그런 짓을 할 수는 없다고 주장했다. 탈레랑은 대담하게도, 프로이센은 자국이 무엇을 취하겠다고 말할 자격이 없으며, 작센이 얼마만큼 양보할 뜻이 있는지 밝힐 수 있는 사람은 작센의 "정통적" 국왕이라고 주장했다.[32] 이것은 지난 두 달간에 걸쳐 지속되었던 괴로운 불화의 멋진 요약이었지만, 그 의의는 다른 데 있었다. 탈레랑은 자신이 쓴 서한을 통해서보다 지속적으로 "이용 가능한" 사람이 됨으로써 프랑스에 봉사한 부분이 더 컸나. 이와 같은 논쟁의 진정한 중요성은 프랑스가 다시 유럽 협조체제의 일원이 되었다는 데 있었다.

그런 가운데 프로이센은 공황상태에 빠져들기 시작했다. 메테르니히의 속임수를 폭로할 목적으로 하르덴베르크는 메테르니히가 폴란드 문제에 관해서 쓴 서신의 일부를 차르에게 보냈는데, 이것은 외교적 예양을 위반하는 전대미문의 행위였다. 그러나 이 대목에서도 10월에 메테르니히가 전개한 지연작전은 유용성을 발휘했다. 메테르니히가 취한 거의 모든 행동은 프로이센이 주도한 행동에 대한 대응에 해당했으며, 하르덴베르크는 합의를 취소할 때 차르와의 싸움을 더 편리한 시점으로 연기하기 위해서라는 명분을 내세운 바 있었던 것이다. 메테르니히는 자기가 쓴 모든 서신을 차르에게 보내 버렸는데, 그 때문에 하르덴베르크는 감히 자신의 서신을 제시할 엄두를 내지 못했고, 이로써 한 번 더 메테르니히에게 허를 찔렸다.[33] 그러나 서로를 고자질하는 이러한 논쟁도 유익한 결과를 초래한 측면이 있었으니, 차르에게 폴란드에 관한 그의 구상이 다른 국가들을 얼마나 크게 동요시켰는지를 깨닫게 해주었기 때문이다. 차르가 비타협적 태도를 보였던 10월과 11월 이후, 그는 그의 개성이라고 할 수 있는 급작스런 심경의 변화를 겪고 있었다. 그때까지 그가 보여주었던 호전성은 사라지고, 그 대신 향후 10여 년 동안 그를 지배할 종교적 고양상태의 징조가 보이기 시작했다. 프란츠 황제가 오해를 해소하기 위해 그를 방문했을 때, 알렉산드르는 선의의 표시로 인구 40만의 타르노폴Tarnopol[역주15] 지방을 오스트리아에 양보하겠노라고 제안했다. 차르는 결국 폴란드의 대부분을 손에 넣을 수 있었을지 몰라도, 그것은 일련의 조정을 거친 후에야 가능했다. 그것은 차르가 다른 국가들의 승인을 필요로 하고 있었음을 상징하는 것이었다.

이제 프로이센은 절망감에 사로잡혀, 프로이센의 영토로 책정되어 있던 라인란트로 작센 국왕을 이주시키겠다고 제안했다. 그러나 메테르니히도 캐슬레이도 이를 묵인할 의사가 없었다. 메테르니히의 경우는 그렇게 하면 오스트리아의 동맹인 작센 국왕이 프로이센의 봉신封臣으로 전락할 것이기 때문이었고, 캐슬레이의 경우는 피트 구상에 따라 일류의 국가가 라인란트를 보호하면서 네덜란드를 지원하는 상황을 원했기 때문이었다.[34] 그러는 동안에도 세력균형은 줄곧 프로이센에 불리한 방향으로 변하고 있었다. 캐슬레이와 메테르니히가 프랑스를 동맹국의 협의에 서서히 끌어들이고 있었기 때문이다. 오스트리아와 프로이센 간의 논쟁의 일부는 1805년 규모의 프로이센을 재구성할 영토를 어디서 찾을 것인가라는 기술적인 문제를 다루고 있었으므로, 캐슬레이는 분쟁 지역의 인구를 조사할 통계 위원회Statistical Commission의 설립을 제안했다. 오스트리아와 영국의 압력으로 프랑스 대표의 위원회 참석이 허용되자, 대불동맹이 해체 과정에 들어갔다는 사실이 명백해졌다.

탈레랑이 모든 논의에 참석하는 단계가 코앞으로 다가왔다. 캐슬레이는 그처럼 급격한 변화는 피하고 싶었지만 결국 12월 27일에는 이에 동의했다. 12월 31일에 캐슬레이와 메테르니히는 향후 4대 강국 회의에 탈레랑을 참석시키자고 제안했다. 프로이센은 이제 완전히 고립되었다. 탈레랑의 등장은 프로이센이 전쟁의 성과를 획득하기도 전에 대불동맹의 특수한 권리가 사라졌음을 상징하는 사건이기 때문이었다. 캐슬레이의 표현에 따르면, 차르조차도 "이제 폴란드에 관해 자신이 얻을 것을 확보한 이상, 프로이센에 저항하라고 권유하지 않을 것"이었다. 이렇게 최후의 수단으로 내몰린 프로이센은 전쟁을 벌이겠다고 위협하고 나섰다.

그러나 그에 대한 반응은 프로이센의 무력함을 드러내는 역할을 했을 뿐이었다. 캐슬레이는 다음과 같은 신랄한 반응을 보였다. "그런 식의 암시는 자국의 존속을 위해 떨고 있는 국가에게는 효과적일지 모르지만, 위엄을 지키고 살아가는 모든 국가들에는 정반대의 효과밖에 없을 것이다. 부연하자면, 정말로 그런 분위기가 만연하게 된다면, 우리는 자주적인 상태에서 토론을 한다고 할 수 없으며, 차라리 회의를 깨뜨리는 편이 나을 것이다."[35] 같은 날, 캐슬레이는 프랑스, 오스트리아, 영국 사이의 방어적 동맹을 제안했다. 탈레랑은 플랑드르 지역 국가들의 안전을 보장하고 파리 조약의 조항들을 재확인할 것을 요구받았다. 그러나 탈레랑이 비엔나에서 이룩한 가장 위대한 업적은 자제력을 발휘하여, 영토적 이득을 얻자고 프랑스의 동맹 참여를 팔아넘기는 식의 행위를 하지 않았다는 데 있었다. 만일 그랬다면 다른 모든 국가들이 단합하여 그의 적이 되었을 것이다. 그런 우를 범하지 않았으므로, 그는 프랑스의 고립을 종식하고 타국과 동등한 자격을 인정받는, 더 중요한 성과를 얻었다.

이로써 캐슬레이는 대륙으로 처음 항해해 온지 거의 정확히 1년이 흐른 뒤, 본국의 훈령을 어기면서, 자신이 그토록 열심히 수립하고자 노력했던 대불동맹을 해체했다. 이는 대불동맹을 통해서 유지하려 했던 바로 그 균형상태를 위한 노력이었으며, 대담하고도 용감한 행동이었다. 방어적 국제관계의 개념은 유연성을 결여할 위험을 내포하고, 외교정책의 기초를 현존하는 위험이 아니라 최근 존재했던 과거의 위험에 두는 경향을 수반한다. 예전의 적에게 동맹을 제안함으로써, 캐슬레이는 제아무리 성공적인 정책도 그 자체가 목적이 될 수는 없다는 사실을 인식하고 있음을 증명했다. 또한 중요한 순간에 결단력을 발휘함으로써, 그는 정치가의 책무에 관한 자신의 인식을 또렷이 보여주었다. 그것은, 한 번 놓친 기회는 되찾을 수 없으며, 적어도 19세기 초의 여건에서는 훈령의 유무에 따라 외교적 조치의 시점을 정할 수는 없다는 인식이었다. 그는 거기서 더 나아가 자신이 훈령을 *위반할* 자유가 있다고 여겼다. 그것은 그의 국내적 우위를 보여주는 동시에, 자신의 정당성은 세세한 모든 행동에 대한 의회의 승인이 아니라 기본 정책에 대한 의회의 신임에서 비롯된다는 그의 확신을 보여주는 것이기도 하였다.

1월 3일의 동맹은 메테르니히가 다시 한 번 국가적 이유가 아닌 보편적 이유를 명분 삼아 자신의 적을 고립시킨 외교 활동의 정점을 찍은 것이었다. 만일 프로이센에 대항하는 동맹을 10월에 프랑스와 맺었다면 두려움에 빠진 유럽 전체의 항의를 받았을 것이다. 그런 동맹이 1월에는 균형상태의 수호라는 환호를 받으며 체결되었다. 10월에 프로이센과 대항했다면 근시안적인 이기주의의 표현이라고 여겨졌겠으나, 똑같은 대항이라도 1월에는 힘의 주장에 항거하는 정통성의 보호로 환영받았다. 1813년 봄에도 그러했듯이, 메테르니히는 자신의 적보다 더 오래 기다림으로써, 돌이킬 수 없는 결정을 내리고야 마는 적의 조급함을 이용하여 자신의 도덕적 입지를 마련해둔 상태였다. 프로이센으로서는 작센 합병에 오스트리아의 묵인이 필요했으므로, 하르덴베르크는 차르에 대항하는 공동전선을 제의했었다. 그럼으로써 독일의 현안이던 작센 문제는 프로이센의 주도 아래 유럽의 현안으로 탈바꿈했고, 그것이 폴란드 문제와 분리된 과정이 너무나도 교묘한 나머지 하르덴베르크는 무슨 일이 벌어진 것인지 알아채지도 못했으며, 알아챘을 때는 이미 너무 늦은 상태였다. 그리고 차르는 자신의 너그러움을 과시하려는 열망에 사로잡혀, 폴란드에 관해 캐슬레이가 위협을 동원해서도 얻어낼 수 없었던 양보를 아무런 대가 없이 제공했다. 작센 문제에 관한 최종 교섭의 부담을 진 것은 메테르니히가 아니라 캐슬레이였고, 1월 3일의 동맹을 제안한 것도 메테르니히가 아니라 캐슬레이였다. 메테르니히는 미묘한 차이가 가지는 가치를 이해하는 정치가였다. 그는 목적을 달성했다는 *사실*만큼이나 그것을 달성하는 *형식*이 중요하며, 때로는 형식이 더 중요하다는 점을 이해했다. 메테르니히에게는 프라하 회의에서의 과제가 전쟁이라는 사실이 아니라 그 원인에 관한 것이었듯이, 비엔나 회의에서의 과제는 균형상태를 회복하는 것 자체가 아니라 그것을 회복하는 방식에 관한 것이었다. 오스트리아가 힘을 주장함으로써 작센을 구해낸 것은 끝없는 분쟁의 시발점이 되었다. 그러나 유럽의 이름으로 작센을 구했기 때문에 그로 인한 상처는 치유될 수 있는 것이었다.

VII

방어적 동맹은 비엔나 회의의 위기를 야기했지만, 동시에 그 위기가 해결될 수 있는 길을 닦기도 했다. 어떤 협상에서든 무력은 최후의 수단으로 이해되기 마련이다. 그러나 무력의 위협을 가능성으로 남겨두고 무력의 한계를 불확정적인 것으로 유지하되, 그것을 최후의 수단으로만 사용하는 것이 외교의 기술이다. 힘이 일단 실현되고 나면 진정한 의미의 협상은 중단되기 때문이다. 실현 불가능한 것으로 드러난 무력 사용의 위협이라 할지라도 그런 위협이 제시되기 이전 상태로 협상을 되돌리기란 불가능하다. 그런 식의 위협은 유한한 힘의 고백이 아니라 무능력의 고백이기 때문에 교섭의 입지를 완전히 무너뜨린다. 비록 3개국 간의 동맹은 비밀로 유지되고 있었지만, 상황을 결정적인 국면으로 몰고 간 프로이센은 의심할 바 없이 대항할 결의를 지닌 3개국과 대치하게 되었음을 깨달았다. 게다가 차르는 미온적인 동맹임이 드러났다. 일련의 부분적 해결이 프로이센을 고립시킨 셈이었다. 일단 "만족한" 국가는 명예로운 대안만 제시된다면 다른 국가의 주장을 위해 싸우려 들지 않는 법이다.

그런 대안이 제시되도록 만드는 것이 메테르니히의 몫이었다. 이미 12월 10일의 서한에서, 그는 라인란트 영토와 더불어 작센의 일부를 프로이센에 양도함으로써 프로이센을 1805년 규모로 재편하는 계획을 제시한 바 있었다. 프로이센이 전쟁 위협을 실행에 옮기지 못하리라는 것이 명백해지자, 이제 그 계획을 캐슬레이가 이어받았다. 메테르니히와 캐슬레이가 탈레랑을 배제하고는 협상에 응하지 않겠다고 선언한 후, 1월 3일이 되자 하르덴베르크는 체면을 지키기 위해 스스로 탈레랑의 참여를 권고했다.[36] 1월 5일이 되자, 캐슬레이는 "전쟁의 우려는 사라졌다"고 보고할 수 있었다.[37] 그 후로 작센 문제는 공식적으로 5대 강국에 의해 논의되었으며, 대체로 메테르니히와 탈레랑 사이의 조정 역할을 하는 캐슬레이를 한 편으로 하고, 차르와 하르덴베르크를 다른 한 편으로 하는 비공식 교섭을 통해 해결되었다.

최종 해결까지의 교섭과정에서 또다시 캐슬레이의 특별한 자질이 가장 바람직한 방식으로 드러났다. 협상의 틀도 새로 짜여졌다. 어떤 국가도, 아마도 그 중에서 특히 러시아는, 전쟁을 치를 준비가 되어 있지 않았음이 분명했다. 서로 상충되는 관점들을 인내와 끈기와 선의로 조정해야 하는, 본질적으로 기술적인 과업이 남아 있었다. 겐츠의 보고에 따르면, 캐슬레이는 지칠 줄 모르고 밤낮 없이 일하면서 현안들을 해결했다. 여기에는 특별한 이유가 있었다. 의회의 회기가 다가오면서, 지난해와 마찬가지로 리버풀은 하원이 수습 불가한 상황에 빠지지 않도록 돌아와 달라고 그에게 호소하고 있었다. 그러나 지난번과 마찬가지로 캐슬레이는 가능한 한 조속히 귀국할 것이라면서 거부했고, 다음과 같이 답신했다. "귀하께서는 작년에 라이프치히에서도 본인이 (만약 본인이 그곳에 있었다면) 달아날 것으로 기대했던 것처럼… 이곳에서도 싸움이 결정적인 순간에 도달할 때까지… 자리를 피할 것으로 기대하는지도 모르겠습니다. 생각건대, 귀하께서는 본인의 출석을 그토록 중시함으로써 귀하의 지지자들은 지나치게 홀대하고, 본인에게는 지나친 영예를 주고 계십니다."[38]

최종적 해결을 달성하려고 노력하는 와중에, 캐슬레이는 작센 국왕을 라인 강 좌안 지역으로 이주시키려는 프로이센의 새로운 시도와 토르가우Torgau[역주16]의 엘베 강 요새를 작센 측에 넘겨주려는 오스트리아의 노력에 저항해야 했다. 그러나 그는 프로이센이 라인란트의 방어를 담당하는 것이 유럽의 균형상태에 유익하다는 점을 차르의 도움을 얻어 프로이센에 납득시켰고, 오스트리아에 대해서는 방어적 동맹은 실제로 유럽의 균형상태를 전복시키려는 시도에 한해 적용되는 것이지 독일의 내부 사정에까지 적용되는 것이 아니라는 점을 분명히 밝혔다.[39] 전쟁의 위험에 직면하자 차르의 융통성도 커졌다. 작센에 관한 조치를 좀 더 프로이센의 구미에 맞게 만들 요량으로 캐슬레이가 폴란드에 관한 약간의 추가적 양보를 제안했을 때, 알렉산드르는 토른 시를 프로이센에 반환하는 데 동의했다. 메테르니히는 즉시 이 기회를 활용하여 차르로 하여금 일련의 추가적 수정조치를 취하도록 유인하려고 시도했으며, 프로이센의 국경에 관한 불만의 부담을 차르에게 전가시키려고 했다. 그는 러시아가 프로이센에 추가적인 양보를 하면 타르노폴 지방을 러시아에 다시 양보하겠다고 제안했다.[40] 비록 차르가 그것을 거부하긴 했지만, 작센 문제는 폴란드에 관한 차르의 열망을 제한하는 수단이 되었다. 유럽의 일반적 균형상태를 위한다는 명분으로 얻어낼 수 없는 사항은 국지적 조정을 가능케 하는 다수의 양보를 통해 확보했다.

2월 11일 최종 합의가 이루어졌다. 폴란드에서 오스트리아는 갈리시아와 타르노폴 지방을 보유하고, 크라코프는 자유시가 되었다. 프로이센은 포젠Posen역주17) 지방과 비스툴라 강 상류를 통제할 수 있는 토른 시를 획득했다. 320만 명의 인구가 거주하는 바르샤바 공국의 나머지 부분은 러시아의 차르가 지배하는 폴란드 왕국이 되었다. 독일에서는 프로이센이 작센의 5분의 2, 스웨덴령 포메라니아Pomerania역주18), 라인 강 좌안의 대부분, 그리고 베스트팔렌 공국Duchy of Westphailia역주19)을 확보했다. 오스트리아는 이탈리아 북부에서의 보상과 함께, 파르마와 토스카나에 종속적 왕조를 수립함으로써 이탈리아 전체에 대한 지배권을 이미 보장받은 상태였다. 그리하여, 결국 유럽의 균형상태는 달성되었다. 그것은 미약하나마 조화 속에서 이루어진 일이었다. 균형상태는 캐슬레이가 상상했던 것처럼 수학적 공리의 필연성으로 달성된 것은 아니었다. 무릇 국가들이란 제3자에게는 안보상 조치의 한 요소처럼 보일지 몰라도, 스스로를 역사적 동력의 표현으로 간주하기 마련이다. 그들이 신경 쓰는 것은 목표로서의 균형상태가 아니라—그것은 도서국가의 관념이다—상대적 안전 속에서 자신들의 역사적 열망을 실현시킬 수단으로서의 균형상태다. 그러므로 세력균형이라는 추상적 고려를 명분 삼아 전개되었던 폴란드를 둘러싼 다툼이 미결상태였던 반면, 독일의 역사적 문제와 연관되었던 작센을 둘러싼 분쟁이 해결의 열쇠가 된 것은 우연이 아니었다.

1815년 1월 9일, 회의에 참가한 전 유럽이 비엔나 최종 의정서를 비준했다. 이것이 비엔나 회의의 유일한 회합이었다.

VIII

국제질서를 수립하는 두 가지 길이 있으니, 의지에 의하거나 포기에 의한 것이며, 다시 말해 정복에 의하거나 정통성에 의한 길이다. 25년간 유럽을 뒤흔든 것은 힘으로 질서를 성취하려는 노력이었고, 당시의 사람들이 교훈으로 삼은 것은 그것이 실패했다는 사실이 아니라 거의 성공할 뻔 했다는 사실이었다. 그렇다면, 대안을 찾으려고 애쓰던 정치가들이 비엔나에 모여 안정을 이루었던 과거를 돌아보고, 그 안정을 국내적 소치와 동일시했다는 것은 놀라운 일이 아닐 것이다. 비엔나에 모인 정치가들은 인간성을 개조하는 데는 관심이 없었다. 그들이 보기에는 그런 노력이 사반세기에 걸친 투쟁이라는 비극을 초래했기 때문이었다. 의지력이 담긴 행위를 통해 인간성을 개조한다거나, 독일 민족주의의 이름으로 프랑스 민족주의를 초월한다는 것은, 그들에게는 마치 혁명으로 평화를 이룩하고, 미지의 세상에서 안정을 추구하고, 부서진 신화는 회복할 수 없음을 인정하는 것과 마찬가지로 여겨졌을 것이다.

그렇다면 비엔나에서의 문제는—후세의 해석처럼—반동에 대항하는 개혁이 아니었다. 비엔나 회의가 다룬 문제는 힘의 주장을 통해서가 아니라 의무감을 통해서 변화를 추구할 수 있는 질서를 어떻게 구축하느냐였다. 변혁적 질서와 *건강한* 정통적 질서의 차이점은 변화의 가능성 유무에 있는 것이 아니라 변화가 일어나는 방식에 있기 때문이다. "정통적" 질서는 정체되지 않는 한, 수락을 통해 변화를 이룩하며, 그렇기 때문에 정당한 제도의 본질에 관한 합의를 전제로 한다. 그러나 변혁적 질서는 이전에 존재하던 의무의 구조를 파괴하기 때문에 강제적 수단을 필요로 한다. *그 어떤* 혁명에 있어서든, 공포 정치는 널리 인정되던 정통성을 일소하는 일에서 이룩한 성공을 거의 정확히 반영하는 것일 수밖에 없다. "정통적" 질서는 정당함으로 가능함을 제한하지만, 변혁적 질서는 물리적 가능성으로 정당함을 정의한다. 정통적 질서는 변화를 불가능하게 만들지 않을 구조를 수립하는 문제에 부딪히는 반면에, 변혁적 질서는 변화 그 자체가 목표가 되고 그럼으로써 어떠한 구조의 수립도 불가능해지고 마는 양난에 직면한다. 둘 중 어느 경우에도 통찰력에서 우러난 즉흥적인 행위를 통해 개혁이 실현될 수는 없다. 그럴 수 있다는 생각은 유토피아적 환상이다. 현상유지의 수호자들 *또는* 개혁가들 중 어느 쪽도 존재하지 않는 질서를 수립할 수는 없다. 만일 그런 시도를 했다가는 전체주의적 광기나 정체를 초래하게 된다. 사회적 구조의 건강이란, 변화를 수락으로 변모시킬 수 있는 능력이자, 변화의 동력과 보존의 동력을 서로 연결시킬 수 있는 능력을 뜻한다. 비엔나에 모인 정치가들은 그러한 연결을 힘으로 확보하려던 시도를 경험한 터였다. 그러므로 그들이 "정통성"에 기초를 두는 대안을 수립하려고 한 것은 이상한 일이 아니었다.

그들이 취한 해결방식의 도덕적 내용을 어떻게 평가하든지 간에, 그 해결책은 강대국 중 어느 나라도 유럽의 협조체제European concert에서 배제되지 않았고, 그럼으로써 메울 수 없는 간격이 부재하는 상황을 이끌어냈다. 그들은 단지 선의에 바탕을 둔 해결을 추구하지 않았다. 만일 그랬다면 너무 많은 부분을 자제력에 의지해야만 했을 것이다. 또한 힘의 순수한 평가가 가진 효능에만 바탕을 둔 것도 아니었다. 만일 그랬다면 계산은 전혀 가늠할 수 없게 되었을 것이다. 그 대신, 여러 힘들이 충분히 균형을 이룸으로써 자제력이 자기부정보다 가치 있는 일로 보이게 되었으면서도, 구성원들의 역사적 수장에 귀를 기울여 줌으로써 구조의 존재 자체가 수락으로 해석될 수 있는, 그런 구조를 수립했던 것이다. 새로운 국제질서에는 비엔나 합의의 틀에서보다는 차라리 그 틀을 전복시킴으로써 해결책을 찾고 싶어 하는 국가가 없었다. 그 정치질서에는 "변혁적" 국가가 없었기 때문에, 파국적인 동란의 개연성이 점점 더 확실히 사라지고 있다는 판단에 기초해 국가들 간의 관계는 점점 더 자발적으로 변해갔다.

비엔나 합의가 그토록 일반적으로 받아들여진 것은 결코 요행한 우연이 아니었다. 전쟁 기간 내내 캐슬레이와 메테르니히는 자신들의 노력이 복수가 아니라 안정을 위한 것이며, 적을 무찌름으로써가 아니라 한계를 인정함으로써 정당화되는 것이라고 주장했다. 비엔나 합의의 골격을 피트 구상과 비교하고, 비엔나 합의의 정당화를 슈바르첸베르크가 받은 훈령과 비교해 보면, 다른 모든 인간사에서처럼 정치에서도 운이란 계획의 흔적에 불과하다는 사실을 발견할 수 있다. 물론 그렇다고 해서 비엔나 합의가 모든 개별적 사건이 모종의 위대한 구상과 맞아 떨어지는 식의 예지력을 보여준다는 뜻은 아니다. 캐슬레이가 자신이 품고 있던 기계적 균형상태에 관한 확신을 포기하는 대신 역사적 균형에 대한 확신을 얻는 과정은 비엔나 합의의 구성원들과의 비밀 협의를 통해 이루어졌으며, 그럼으로써 그는 자국의 분위기와는 갈수록 멀어져 갔다. 메테르니히는 이탈리아와 독일에서의 우위를 유지하려고 애쓰는 동안 점차 자신에게 주어진 자원을 넘어서는 정치 속으로 빠져들 수밖에 없었다. 정통성을 향한 그의 투쟁 과정에 점차 융통성이 증가하는 현상은, 그가 오스트리아에 맡기려던 유럽의 과업에 비해 오스트리아의 물적 기반이 부족하다는 사실을 그가 점점 더 분명히 깨닫고 있었음을 보여주는 것이다. 대륙의 중앙에 위치한 제국에 있어서 순수하게 힘에 의존하는 정책이 자기파괴적이라면, 지지받지 못하는 정통성에 대한 의존은 사기를 저해하고 정체상태를 초래하기 마련이다. 목표가 확정적일 때는 기교가 힘을 대체할 수도 있지만, 도전이 내부적인 것이 되고 나면 기교는 관념의 대체물이 될 수 없다. 게다가 프로이센은 불안과 주저 속에서, 국민적 모멸감과 분패의 감정을 품은 채로, 미처 인식하지 못하는 가운데 독일의 사명을 떠맡았다. 이제 비스툴라강에서 라인강까지 확장된 프로이센은 독일의 통일을 향한 탐색을 상징하게 되었다. 중부 유럽 전체에 걸쳐 다수의 고립지역으로 흩어진 프로이센은, 만일 민족적 사명이라는 관념 때문이 아니라면 안보의 필요성 때문에라도, 비록 마지못해서일지언정, 독일 정책의 대표자 노릇을 하지 않을 도리가 없었다. 주요한 수로와 육로들이 국토를 가로지르던 프로이센은 독일을 물리적으로 통일하기에 앞서 이미 경제적으로 지배하고 있었다. 프로이센이 그토록 앙심을 품었던 작센에서의 패배는 결국 프로이센의 오스트리아에 대한 최종 승리의 도구가 되었다.

그러나 이러한 결과는 아직도 50년이 더 흘러야 모습을 드러낼 터였고, 민족주의의 세기에 오스트리아가 진정으로 성공적인 정책을 취하기란 불가능했던 것인지도 모른다. 개인 못지않게, 국가도 비극적인 운명을 맞이할 수 있다. 그리고 그 비극의 의미는 더 이상 익숙하지 않게 되어버린 세상에서 살게 된다는 데 있는 것일지도 모른다. 그런 의미에서, 오스트리아는 19세기의 돈키호테였다. 아마도 메테르니히의 정책은 궁극적으로 실패했다는 사실로써가 아니라, 불가피한 파국을 얼마나 오랫동안 막아냈느냐로 평가해야 마땅할 것이다. 그러나 비엔나 회의가 끝났을 당시에 파국은 극복된 것처럼 보였다. 25년 만에 처음으로 정치가들은 전쟁 준비 대신 평화의 문제를 다룰 수 있게 되었다. 아직도 그들은 평화의 문제가 비록 덜 강렬하지만 훨씬 더 복잡하다는 사실은 깨우치지 못하고 있었다. 그러나 그들은 적어도 그런 조정 과정을 견뎌낼 수 있는 구조를 수립했던 것이다. 그들은 그 과업을 채 시작하기도 전에, 자신들의 서로 다른 점이 무엇이건 간에, 자신들이 더 큰 통일체의 일부라는 사실을 인식하게 되었다. 이 시점에 비엔나에 도착한 소식에 이들 국가들이 보여준 반응처럼 이제 막 합의된 질서의 정통성을 잘 보여주는 사건은 없다.

나폴레옹이 엘바 섬을 탈출했다는 소식이 3월 7일에 전해진 것이다.

주

1) 예컨대 다음 자료들을 보라. Nicolson, *Congress of Vienna;* Cooper, *Talleyrand;* Brinton, *Talleyrand;* Ferrero, *The reconstruction of Europe.*
2) C.C. X, p.96, 1814년 8월 19일.
3) C.C. X, p.75, 1814년 8월 6일.
4) C.C. X, p.76, 1814년 8월 7일.
5) C.C. X, p.93, 1814년 8월 18일.
6) B.D., p.192, 1814년 9월 3일.
7) 절차 문제에 관한 상세한 논의는 다음을 참조하라. Webster, Sir Charles, *The Congress of Vienna,* (London, 1934), pp.149-65.
8) 캐슬레이의 보고서. 다음을 보라. B.D., p.197f, 1814년 10월 2일.
9) 캐슬레이의 보고서. 다음을 보라. B.D., p.206f, 1814년 10월 14일.
10) 두 사람의 논쟁은 서한을 통해 10월 내내 지속되었다, 캐슬레이가 차르에게 보낸 각서, 1814년 10월 12일, W.S.D. IX, p.332; 차르의 답신, 10월 30일, W.S.D. IX, p.386; 캐슬레이의 답신, 11월 8일, W.S.D. IX, p.410.
11) Schwarz, Wilhelm, *Die Heilige Allianz,* (Stuttgart, 1935), p.13.
12) B.D., p.202, 1814년 10월 9일.
13) B.D., p.203f, 1814년 10월 9일.
14) Text, d'Angeberg, Comte de, *Le Congrès de Vienne et les Traités de 1815,* 2 Vols. (Paris, 1863-4). Vol. II, p.1934.
15) Text, d'Angeberg, II, p.1939f.
16) Text, d'Angeberg, I, p.316f.
17) 캐슬레이의 보고서, B.D., p.212, 1814년 10월 29일.
18) Memorandum re procedure, B.D., p.213f.
19) B.D., p.213, 1814년 10월 24일.
20) D'Angeberg, I, p.406. (하르덴베르크의 메테르니히 앞 서한) 확실한 증거는 없지만, 메테르니히가 폴란드에 관한 협상을 단지 프로이센을 고립시킬 수단으로만 여겼다는 또 다른 방증이 있었으니, 그것은 알렉산드르와의 회담에서 그가 서툴게 패배한 점이다. 메테르니히의 전 경력을 통틀어, 그가 그때처럼 누군가를 정면으로 공박하거나, 그처럼 비효율적인 협상을 하거나, 그처럼 쉽사리 물러난 적은 없었다.
21) D'Angeberg, I, p.418, 1814년 11월 18일 및 B.D., p.238.
22) D'Angeberg, II, p.1941, 1814년 12월 2일 및 B.D., p.248.
23) Text, d'Angeberg, I, p.505.

24) B.D., p.248f.
25) B.D., p.210f.
26) B.D., p.220f.
27) B.D., p.229f.
28) W.S.D. IX, p.285, 1814년 11월 25일.
29) B.D., p.247f.
30) B.D., p.225, 1814년 12월 7일.
31) N.P, II, p.503f.
32) N.P. II, p.509f, 1814년 12월 19일.
33) W.S.D., IX, p.483, 1814년 12월 17일.
34) B.D., p.270, 1814년 12월 24일.
35) B.D., p.277f, 1815년 1월 1일.
36) B.D., p.280.
37) B.D., p.282, 1815년 1월 5일.
38) C.C. X, p.247, 1815년 1월 30일.
39) B.D., p.295, 1815년 1월 29일.
40) D'Angeberg, I, p.676.

역주1) 수많은 파리 조약 가운데 1814년의 조약을 의미한다.
역주2) 주데텐은 독일인이 다수 거주하고 있던 체코 북부 지역으로, 1918년 체코슬로바키아공화국 이 수립되면서 독일계 자본이 국가에 몰수되고 열세에 몰리자 이 지역 독일인들은 나치 독일과의 결속을 강화했다. 1938년 4월 히틀러는 이 지역을 독일에 할양할 것을 요구했다.
역주3) 현재의 체코의 동부 지역.
역주4) 제 2장에 언급된 메테르니히의 자문관 프리드리히 폰 겐츠(Friedrich von Gentz 1764-1832)를 가리킨다.
역주5) 영국의 외교관 조지 잭슨 경(Sir George Jackson 1785-1861).
역주6) 이탈리아 남부 시칠리아 섬의 주도.
역주7) 영국 외교관 토머스 어코트(Thomas A'Court).
역주8) 제7장에 언급된 웰링턴 공작 아서 웰슬리(Arthur Wellesley, 1st Duke of Wellington 1769-1852)를 가리킨다.
역주9) 프랑스, 룩셈부르크, 독일 사이를 흐르는 라인강의 지류로, 로렌 지방과 라인란트를 이어주는 중요한 수로이다.
역주10) 오스트리아의 육군 원수로 7년 전쟁 및 바이에른 왕위 계승전쟁 등에서 활약한 제 7대 리뉴 공작 샤를 조세프(Charles Joseph 1735-1814). 실질문제에 관한 논의의 진전은 느리면서도 사치스러운 파티를 동반했던 비엔나 회의를 가리켜 그가 남긴 "회의는 춤춘다"라는 말은 진전이 더딘 회의를 풍자할 때 자주 쓰이는, 유명한 표현이 되었다.
역주11) 비스툴라 강 연안의 폴란드 도시 토룬(Torun). 1793년 프로이센에 합병되었다가 1919년 베르사이유 조약으로 폴란드에 귀속되었다.
역주12) 그리스 장군 오디세우스가 세이렌의 섬을 빠져 나온 뒤 항로에서 맞닥뜨린 양난이다. 스킬라는 여섯 개의 머리와 세 줄의 이빨, 뱀처럼 긴 목을 가진 괴물이고 카립디스는 모든 것을 빨아들이는 소용돌이였다. 오디세우스는 많은 부하를 잃고서야 그 사이를 뚫고 나가는 데 성공했다.

역주13) 영국 역사상 최장 기간 동안 재무장관에 역임한 벡슬리 남작 니콜라스 밴시타트(Nicholas Vansittart, Lord Bexley 1766-1851).

역주14) 리버풀 내각에서 육군 장관 및 식민지 장관을 지냈던 헨리 바서스트(Henry Bathurst 1762-1834).

역주15) 현재 우크라이나 서부 도시 테르노폴리(Ternopil)를 말한다. 1540년 폴란드의 군사도시로 건설되었으나 1772년 폴란드 1차 분할 후 오스트리아의 지배를 받았고, 나폴레옹 전쟁기간인 1809년부터 러시아에 귀속되었다. 제 1-2차 세계대전 중에도 이 도시는 다른 여러 나라에 점령당하는 운명을 겪었다.

역주16) 현재 독일 작센 북서부에 위치한 엘베 강 연안의 도시다.

역주17) 1918년까지는 프로이센에 속했던 현재의 폴란드 중서부 포즈난(Poznan) 지역.

역주18) 유럽 중북부, 발트해 남쪽 연안 일부 지방의 총칭이다. 현재는 대부분 폴란드에 속하며, 서쪽 끝 일부 지역은 독일에 속한다.

역주19) 현재 독일의 노르드라인-베스트팔렌 주에 해당하는 지역으로, 신성로마제국의 일부였다가 프로이센에 합병되었다. 참고로, 1807년 나폴레옹이 수립한 베스트팔렌 왕국은 베스트팔렌 공국의 영역을 포함하지 않았다.

| 제10장 |

신성동맹The Holy Alliance과 안보의 본질

나폴레옹의 탈출과 유럽의 단합—전쟁의 정통성 확보—집단안보의 문제들—제2차 파리조약—4국동맹과 신성동맹—정치가와 예언자—첫 단계

I

메테르니히는 자서전의 한 부분에 다음과 같이 적었다. “3월 6일과 7일 사이의 밤에 5대강국 대표들의 모임이 있었다. 모임이 새벽 3시나 되어서야 끝났기 때문에 나는 시종에게 휴식을 방해하지 말라고 말해 두었다. 그럼에도 불구하고 시종은 새벽 6시경에 ‘지급’이라고 표시된 특급우편물을 가져왔다. 봉투에는 ‘제국 황실 제노바 영사관’이라고만 적혀 있었다. 나는 우편물을 개봉하지 않은 채 침대 옆의 테이블에 내려놓았다. 그러나 한번 방해를 받고 나니 다시 쉬는 것이 가능하지 않았다. 7시 30분경에 나는 봉투를 열어보기로 결심했다. 그 안에는 다음과 같이 여섯 줄만 적혀있었다. ‘영국 캠벨 경찰국장이 방금 항구에 도착해 나폴레옹이 엘바

섬에서 사라졌다며 제노바에서 나폴레옹을 본 사람이 있었는지 문의하였음. 대답이 부정적이자 영국 호위함은 더 이상 지체하지 않고 곧장 다시 출항했음."[1]

일상의 질서정연한 흐름을 방해하는 근본적인 위기는 더 이상 가능하지 않다고 유럽이 확신하고 있었음을 이런 식으로 드러내면서, 유럽은 새롭게 수립한 정통성의 빈약함을 인식하게 되었다. 아직 행방이 확인되지도 않은 일개인이 전 유럽을 공포로 몰아넣을 수 있었다는 것은 혁명의 본질이 의지의 행사에 있음을 보여주는 것이었다. 이 공포심이 의미하는 바는, 합의를 통해 국경선을 긋고 심지어 지도자를 옹립할 수도 있지만, 자신감은 합의가 지속될 때에야 비로소 생겨난다는 사실이었다. 그래서 비엔나에 있는 정치가들은 마치 나폴레옹이 모든 선택의 자유를 가지고 있고, 혁명의 상징인물이 유럽의 어느 곳에서든 혁명을 현실화하기라도 할 수 있을 것처럼 나폴레옹의 동향에 관해 토론했다. 냉소적인 사람조차 자신의 세계질서가 무너지는 것을 쉽게 수긍할 수는 없음을 보여주기라도 하듯이, 탈레랑은 "그는 이탈리아의 어느 해안에 상륙해 스위스로 들어올 것"이라고 말했다. 혁명의 발생원인은 모를지언정 그 구조에 대해서는 누구보다도 잘 이해하고 있는 메테르니히는 "아닙니다. 그는 곧장 파리로 향할 겁니다"라고 답했다. 파리는 유럽 문제 해결의 열쇠였으며, 나폴레옹은 오로지 파리에서만 자신의 카리스마적 통치의 정통성에 대한 지분을 가지고 있었기 때문이다. 이런 논의가 진행되고 있을 때, 나폴레옹은

론Rhone 강역주1)의 계곡을 거슬러 오르고 있었다. 그는 3월 20일 밤 파리에 입성했다.

그러나 공포심의 크기는 유럽이 지닌 결속의 정도를 보여주는 것이기도 했다. 나폴레옹의 승리에 대한 기억이 그가 무적의 힘을 가지고 있다는 환상을 조장하고 있는 동안에는 나폴레옹과의 강화를 고려해볼 수도 있었다. 하지만 이제 와서는 서로 모순된 국내 구조에 기초를 둔 국제질서는 더 이상 받아들여질 수가 없는 상황이었다. 나폴레옹의 탈출이 알려진지 엿새밖에 지나지 않은 3월 13일, 오스트리아, 영국, 프로이센, 러시아, 스웨덴, 스페인, 포르투갈, 그리고 탈레랑이 개인 자격으로 참석한 프랑스 등 "8대 강국"은 프랑스 왕에게 공공의 안녕을 재확립하는데 필요한 지원을 약속하는 선언문을 발표했다. 또한 그 선언문은 세계의 평안을 어지럽히는 나폴레옹은 스스로의 행위로 인해 시민적, 사회적 관계의 보호 바깥에 놓이게 되었다고 선언했다. 해체 위기를 맞고 있던 군대는 다시 가동되었다. 비엔나 합의가 채 비준도 되기 전에 유럽은 다시 전쟁에 직면했고, 한 시대의 정점에 최후의 상징성을 부여하듯이, 전쟁은 국가가 아닌 개인에 대해 선포되었다.

나폴레옹은 파리 강화조약을 수락했지만 소용없는 일이었다. 그가 차르에게 튈르리Tuileries역주2)에 보관되어 있던 1월 3일자 비밀조약의 사본을 보낸 것도 소용이 없었다. 메테르니히도 그의 애원에 답하지 않았다. 왜냐하면 나폴레옹은 더 이상 혁명을 초월한 지배자가 아니라, 혁명의 수장에 불과했다. 그는 평화에 대한 자신의 열망을 토로할 수는 있었지만, 그것이 진심이었다 하더라도 거기에 효력을 부여할 능력을 이미 상실했다. 1814년의 나폴레옹은 온갖 시련에도 불구하고 예나와 아우스테를리츠의 승리자로서 카리스마적 요소들을 아직 가지고 있었다. 그러나 1815년의 나폴레옹은 1814년의 패배자였으며, 패배에 대한 기억이 권력에 대한 그의 주장에 제약을 가했다. 그의 귀환은 승리의 성격이 아니라 항의의 성격을 띠었으며, 온갖 불만분자들로 구성된 흔한 혁명가 집단에 의해 성사된 것이었다. 나폴레옹이라는 의지의 인간은 이제 '정통성'이라는 증오스러운 원칙에 대항해 싸우는 상징이자 원칙이 되었다. 그는 마지막으로 무대에 등장해, 인간이 관념을 정복할 수는 있지만 관념은 인간보다 오래 지속된다는 사실을 몸소 증명하지 않을 수 없는 처지가 되었다. 혁명은 혁명적 관념을 재생시켰고, 나폴레옹은 자코뱅 당에 통치의 기반을 두고 부르봉 체제를 해체시킴으로써만 정통성을 얻을 수 있었다. 설령 메테르니히가 정복자 나폴레옹으로 하여금 힘의 한계를 인정하도록 만들고 싶어 했더라도, 국내적 기반을 혁명에 둔 나폴레옹은 이미 균형의 한 요소로 받아들여질 수 없는 인물이 되어 있었다. 5월 3일 동맹국들은 다음과 같이 합의했다. "경험상 현재의 프랑스 지도자의 말은 신뢰할 수 없다는 것이 이미 밝혀졌기 때문에 동맹국들은 그와 교전상태에 있다. 동맹국들은 자국의 독립을 확보하고, 항구적인 안정을 되찾기 위해 전쟁에 임한다. 현 수장의 지배 하에 있는 프랑스는 어떠한 안전도 보장할 수 없기 때문이다."[2]

동맹국들은 나폴레옹의 지속적인 지배와 유럽의 세력균형이 양립 불가능하다는 데는 합의했지만, 그 처방에 대해서는 의견의 일치를 이룰 수가 없었다. 새로운 전쟁의 발발로 인해 랑그르, 트로아, 비엔나에서 그토록 어렵사리 봉합해 두었던 모든 문제들이 다시 터져 나왔다. 과거 몇 년간의 논의에서 패배한 자들은 나폴레옹의 재등장이 자신들의 조언을 무시했기 때문에 생긴 일이라고 주장했다. 차르는 부르봉에 대한 반대를, 프로이센은 엄격한 강화에 대한 요구를, 리버풀 내각은 퐁텐블로 조약에 대한 불만을 제기했다. 한 해 전에 가까스로 억눌러 놓았던 보복의 옹호자들이 모두 다시 활개치기 시작했다. 혁명은 유럽을 정복할 수 없다면 최소한 모든 통제를 침식하는 혼란의 소용돌이 속으로 유럽을 끌어들이기라도 하려는 것처럼 보였다.

부담의 대부분은 캐슬레이의 몫이었다. 오스트리아 육군은 이탈리아에 있었고, 러시아 육군은 아직도 폴란드 깊숙한 곳에 있었다. 플랑드르 지역에 급히 집결한 영국군과 프로이센군만 가용한 상황이었다. 어느 동맹국도 전쟁을 견딜 재정 상태를 갖추고 있지 못했다. 한 해 전에 캐슬레이는 주저하는 나라들을 고무해야 했지만, 이번에 그가 해야 할 일이 있다면 전쟁을 서두르는 열성적인 나라들을 말리는 일이었다. 이제는 전쟁의 비용을 또 승전국이 부담해서는 안 된다는 일반적인 합의가 존재하고 있었다. 캐슬레이의 후임자인 웰링턴은 3월 25일 비엔나에서 쇼몽조약의 보조금 조항을 갱신했고, 이번에는 독일의 군소국들도 거기에 참여했다.

캐슬레이는 웰링턴에게 이렇게 썼다. "우리가 과업을 수행하기로 결심한다면 어떠한 일도 우연에 맡겨서는 안 됩니다. 과업은 최대의 규모로 수행해야 하며, 프랑스를 모든 방면에서 무력으로 압도해야 합니다."[3)]

그러나 프랑스를 무력으로 압도하는 것과, 그 군대가 무슨 명분으로 싸울지 결정하는 것은 별개의 문제였다. 영국은 부르봉 왕가를 복위시키는 일에 강대국들 중 가장 적극적이었을지는 몰라도, 영국의 국내적 정통성 원칙은 그런 명분으로 전쟁에 임하는 것까지 허용하지는 않았다. 타국의 국내문제에 대한 불간섭은 영국의 정책에서 너무나도 중요한 원칙이어서, 설령 부르봉 왕실을 위해서라 하더라도 그 원칙을 위반하는 것은 허용되지 않았다. 캐슬레이는 클랜카티에게 다음과 같이 썼다. "(루이 18세는) 우리가 자신의 복위에 지금보다 더 큰 중요성을 부여하도록 만들고 싶어 하겠지만 그것은 무리입니다. 장담컨대 우리는 전쟁을 수행하면서 그런 결과가 나타나도록 최선을 다할 것이나, 그것을 필수불가결한 조건*sine qua non*으로 삼을 수는 없습니다. 다른 나라들은 자국의 안전과 양립할 수 없는 보나파르트의 권위를 파괴하겠다고 당당하게 맹세할 수 있을지 몰라도, 그의 후계자를 공공연하게 내세우는 것은 그것과는 다른 문제입니다. 이것이 의회정치의 섬세함입니다."[4)] 또한 그는 추방된 부르봉 왕에게 파견된 대사인 찰스 스튜어트 경 앞으로 보낸 서한에 다음과 같이 덧붙였다. "전형적인 영국인John Bull은 속박당하지 않은 상태에서 가장 잘 싸웁니다… 설령 우리가 뛰어난 방책으로 부르봉 가의 명분을 *우리 스스로 공언한* (저자 이탤릭) 전쟁의 목적과 연관시킬 수 있다손 치더라도, (그것을) 원칙으로 유지할 수는 결코 없을 것입니다."[5)]

차르가 부르봉 왕가의 복위를 다시 추구하느니보다는 차라리 공화국이 낫겠다[6)]는 불길한 발언을 일삼고 있던 4월과 5월에 걸쳐, 캐슬레이는 프랑스의 국내적 조정에 관해 완전히 공명정대한 척 가장할 것을 요구하는 의회의 압력에 맞서 싸워야 했다. 부르봉 왕가가 구원을 요청하고 대륙 국가들이 재정적 지원을 호소하고 있는 동안, 캐슬레이는 도서국가의 정신과 모순되지 않는 전쟁 명분을 준비해야 했다. 그러나 그는 아무리 어려운 처지에 처하더라도, 프랑스에 대한 "징벌"을 요구하는 대중적인 열망에 호소함으로써 자신의 정책을 정당화하기는 거부했다. 그는 의회에, 부르봉 왕가는 프랑스에 사회적인 성격을 부여하고 프랑스를 국제사회의 일원으로 만들었으며, 나폴레옹은 단지 군대가 현재의 평화에 반대하는 시각을 가지고 있기 때문에 되돌아온 것일 뿐이라고 설명했다.[7)] 전쟁은 나폴레옹의 위협에 대항하여 단합한 유럽의 투쟁이었으며, 그 목적은 프랑스의 복원이지 프랑스에 대한 응징이 아니라는 것이었다. 마침내 5월 26일 전쟁에 관한 그의 연설은 의회를 감동시켰고, 캐슬레이는 네셀로데에게 다음과 같이 보고할 수 있었다. "나라가 새로운 전쟁에 열의를 가지고 돌입하게 만들려면 여러모로 손을 쓸 필요가 있습니다… 그런 조치가 잘 이루어졌으므로, 동맹국들에 대해서건 전쟁의 명분에 대해서건 우리가 기대에 못미치는 일은 없으리라는 점을 믿으셔도 좋습니다."[8)]

사건은 적당한 시기에 일어났다. 6월 18일 워털루 전투가 벌어졌다. 나폴레옹은 6월 22일 다시 퇴위하고 자신의 아들[역주3)]에게 왕위를 인계했다. 따라서 캐슬레이는 다시 한 번 동맹을 조직해 전쟁을 치러야 하는 곤란한 상황을 면할 수 있었다. 차르가 지난해의 승리를 다시 한 번 누리려고 소규모 코사크 호위병을 대동하고 파리로 진군하는 동안, 웰링턴은 자코뱅 국민의회가 프랑스의 "정통성" 있는 지배자인 루이 18세를 재추대하는 두 번째 복위를 준비하고 있었다. 1814년 4월에 탈레랑이 차르의 아량을 명분 삼아 기정사실화된 내용으로 알렉산드르에게 대항했던 것처럼, 이번에는 웰링턴과 캐슬레이가 온건이라는 명분을 내세워 기정사실화를 시도했다. 알렉산드르의 생애는 소망이 기대 속에서만 성취될 수 있는 인생이었다.

프랑스는 다시 "사회적"인 국가가 되었다. 그러나 4대강국이 다시 한 번 강화조약을 작성하기 위해 모였을 때, 지난해의 희망은 산산조각이 났다. 혁명은 단지 대안을 제시하는 것만으로는 끝낼 수 없으며, 프랑스도 단순히 국내 구조를 바꾼다고 해서 국제 공동체의 일원이 될 수는 없다는 사실이 명확해졌다. 1814년의 전쟁은 공공연히 프랑스를 "과거의 판도"로 축소시키기 위한 것이었고, 나폴레옹의 퇴위는 우연한 부산물이었다. 그럼에도 사람들은 부르봉의 왕정복고를 상황의 핵심적인 변화로 받아들였다. 1815년의 전쟁은 나폴레옹을 퇴위시키기 위해 일어났지만 역설적이게도 이 목표의 달성은 새로운 걱정거리를 가져왔다. 소망의 정통성 덕분에 자제력을 발휘하던 국가들의 공동체는 불과 한 해 전에 보여주었던 용맹한 언사를 이미 잊은 상태였다. 유럽은 한 명의 적에 대한 공포를 기초로 조직되기 시작했고, 그 과정에서 자발성을 잃어가고 있었다. 승리의 독선에 취한 4대강국은 프랑스에 강화를 강요하기 위해 재차 회합을 가졌으나, 이들이 또 다시 비례의 감각에 따라 행동하기는 어려울 것처럼 보였다.

하지만 당시 파리에는 불과 3개월이라는 짧은 기간 동안이나마 유럽의 양심을 대변한 인물이 있었다. 캐슬레이가 어떤 연유로 프랑스를 분할하자는 프로이센의 떠들썩한 요구를 거부했는지를 설명하기는 어렵다. 당시에는 메테르니히조차 프랑스 방어선 외측 요새의 영구적 폐기를 요구하고 있었다.[9] 캐슬레이가 어째서 징벌적인 강화를 요구하던 영국 내각과 의회를 따르기 거부했는지도 알 수 없다. 어쨌든 프랑스는 최악의 상황을 면했고, 유럽의 균형상태는 직접적 공격을 받을 위험이 가장 적은 도서국가의 대표 덕분에 유지되었다. 캐슬레이의 경력 중에 균형상태를 위한 파리에서의 분투만큼 그의 능력이 크게 돋보인 적은 없었다. 국내적으로는 오해를 받고 있으면서, 이제까지의 다툼에서 메테르니히가 마련한 것 같은 도덕적인 틀의 도움도 받지 못하는 가운데, 그는 습관적으로 논리 정연한 신중함과 성가실 정도의 설득력을 가지고, 자신의 표현력보다 언제나 더 확고한 직감에 따라 행동했다. 유럽은 두 세대에 걸쳐 이 인물에게 자유의 파괴자라는 오명을 부여하였는데, 이는 정치적 균형상태가 너무나 당연시되었던 탓에 사회적 투쟁이 다른 모든 것의 중요성을 가려버렸기 때문이었다. 그런 사정으로 인해, 캐슬레이가 그토록 굳건히 지켜낸 정치적 구조가 없었더라면 다툼의 대상으로 삼을 사회적 문제의 실체가 남아있지조차 않았을 것이라는 사실이 잊혀지고 만 것이었다.

II

캐슬레이가 강화조약에 대한 논의를 준비하는 동안, 온건한 방식에 반대하는 온갖 압력이 작용했다. 적이 무력하다는 것은 엄연한 사실인 반면, 적이 화해할 의사를 가지고 있다는 것은 추측에 불과했다. 획득한 영토는 확실한 소유가 보장되지만, 자제력을 발휘해 적을 국제 공동체의 일원으로 받아들이는 것은 신뢰의 표현이었다. "절대적 안보"를 주장하는 자들이 항상 대중의 지지를 얻는 것은 우연이 아니다. 그들은 현재를 받아들이는 것으로 만족하나, 무릇 경세經世, statesmanship란 미래를 다루어야 하는 법이다.

절대적 안보에 대한 논쟁은 제아무리 "합리적"이라도 국제 공동체 내부에 변혁적 상황을 초래한다. 전쟁의 단일한 명분만을 고집함으로써, 그들은 물리적, 심리적인 불균형 상태를 조장한다. 강화가 징벌적일수록 집단안보체제에 대한 요구는 더욱 집요해지기 마련인데, 그것은 과거의 적이 제기하는 위협으로 정당화되는 체제다. 그러나 이러한 체제는 경직성의 고백이고, 평화가 압도적인 힘에 의해서만 유지될 수 있다는 고백이다. 항구적으로 불만을 느끼는 국가가 포함된 질서에서는 조화 그 자체가 목적이 되고, 결국 해결책은 변혁적 국가와 가장 기꺼이 타협할 의사가 있는 무자비한 구성원의 뜻에 좌우된다. 따라서 굴복한 국가의 표면적인 나약함은 신뢰할 수 없으며, 그 국가를 영구적으로 약화시키려는 노력이 도리어 그 국가의 상대적 지위를 향상시키는 결과를 초래할 수도 있다. 왜냐하면 승전국들은 스스로 강화의 정통성 원칙을 위반하거나, 과거의 적으로부터 자발적인 수락을 얻어내지 못함으로써 심리적인 왜곡현상을 초래하기 때문이다. 현상유지국가는 더 이상 "정통성"에 호소함으로써 그들의 입장을 방어할 수 없게 된다. 그들은 징벌적 강화에 희생된 국가를 상대로 힘에 기초한 주장을 펴지 않을 수 없다. 그리하여 안정을 가장 필요로 하는 국가가 본질적으로 변혁적인 정책의 옹호자로 변한다. 징벌적 강화가 패전국보다 오히려 승전국의 사기를 더 저해하는 것은 우연이 아니다. 절대적 안보의 추구는 영구적인 변혁을 초래한다.

그러나 1815년 7월 파리에서 이런 사정을 명확히 인식한 사람은 극소수에 불과했다. 프로이센의 터무니없는 요구와 그보다는 조금 덜한 오스트리아의 요구에 직면한데다가, 자국 정부로부터도 압력을 받게 되자, 캐슬레이는 자신의 입장을 이론적으로 방어하지 않을 수 없었다. 그가 이론적 방어에 나선 것은 그의 경력을 통틀어 드문 사례였다. 그는 동맹군의 약탈행위에 분개했으며, 자국 군대의 유지비를 덜기 위해 프랑스로 최대한 많은 병력을 열성적으로 파견하려는 독일 국가들에 분노했다.[10] 그는 갈수록 완고해지는 내각에 대해서도 짜증이 났다. 자신의 정책에 수반되는 부담의 일부를 전가하고자, 캐슬레이는 종교적 고양상태에 깊이 빠져있던 차르에게 제1차 파리조약에 온건한 손해배상 조건을 결합한 강화안을 제안하라고 부추겼다. 그는 온건한 강화의 공로를 러시아가 독차지하게 해서는 안 된다는 점을 암시하는 서한과 함께 이러한 사실을 내각에 알렸다.[11]

그러나 영국 내각은 문제의 해결을 캐슬레이에게 일임할 의사사 없었던 것 못지 않게 그것을 차르에게 맡길 뜻도 없었다. 7월 15일에 이미 리버풀은 "반역자"들에 대한 프랑스 정부의 관대한 처분은 그들이 신뢰할 수 없다는 사실을 증명하고, 따라서 안전은 프랑스의 침략 수단을 줄이는 데 달려있으며, 동맹국들은 루이 14세가 정복으로 얻은 모든 것을 빼앗을 권리가 있으며, 최소한 북부 및 동부 국경의 주요 요새는 해체하면서 배상금을 부과해야 한다고 주장했다.[12] 관대한 정책의 결과는 실망스러운 것으로 드러났고, 대영제국은 "자국의 안보를 최상의 방식으로 확보할 책임을 스스로 져야 했다." 이런 시기에 언제나 그랬듯이, 최종적 결정은 군사적 고려에 의해 좌우되었다. 마치 안보의 군사적 요소가 그 자체의 도덕성을 갖추고 있기라도 하다는 듯이. 또는 순수하게 군사적인 고려에 의존하는 것이 정책을 방기하는 징조가 아니라는 듯이. 리버풀은 프랑스 요새의 처분은 웰링턴의 순수한 군사적 판단에 의해 결정되어야지 루이 18세의 인기에 영향을 받아서는 안

된다고 선언했다. “우리가 프랑스에서 루이 18세 정부의 인기가 높아지기를 아무리 원할지라도, 유럽의 전반적인 안보를 위해 중요하다고 판단되는 모든 것을 희생함으로써 그 목적을 달성하려 하는 것은 정당화하기 어렵다고, 우리는 느끼고 있습니다.”[13)]

따라서 캐슬레이는 안보의 본질에 관한 그의 가장 포괄적인 성명을 발표하지 않을 수 없었다. 8월 12일과 17일 두 개의 각서에서 그는 통합이냐 징벌이냐, 화해에 의한 강화냐 분할에 의한 해결이냐 하는 문제를 다루었다. 8월 12일의 각서는 영토 할양에 관한 것이었다. 캐슬레이는 만약 분할이 안보를 보장해준다면 전리품을 처분하는 식의 조치에서 비롯될 분열의 위험을 감수할 수도 있겠지만, 분할은 다른 국가들, 특히 러시아가 공격의 재개에 굳건히 반대해주리라는 보장도 없이 프랑스의 군사적 기질만 자극할 것이라고 주장했다. “유럽의 안보를 모든 강대국들이 대비하는 체제에 의존하는 것이, 극단적 예방수단을 지향함으로써 동맹을 위험에 빠트리는 것보다야 얼마나 더 나은 일입니까.” 요컨대 절대적 안보의 신기루는 그것이 달성하고자 하는 바를 파괴한다는 것이다. 안정의 물리적 구성요소를 강조함으로써 안정의 심리적인 측면은 간과되고, 패배한 적을 제어하기 위해 힘을 결집함으로써 오히려 그것을 효과적으로 만들 결의는 저해된다. “프랑스에 대한 지속적인 학대는 유럽을… 분할 조치로 몰고 갈 것이 확실합니다… (그러나) 모든 국가들이 간절히 바라고 있는 안정을 확보하기 위해 좀 더 노력해 봅시다. 결과가 실망스러운 경우에는 동맹국들의 우세한 군사력만이 아니라 동맹을 결속시키고 있는 도덕적 힘까지 활용해 전쟁의 재개를 보장한다는 조건으로 말입니다."[14]

8월 12일의 각서가 안보의 본질에 대한 정의에 해당한다면, 8월 17일자 각서는 정책이 여론의 단기적 진폭을 좇아 수행될 수는 없음을 설명하는 내용이었다.[15] 그는 리버풀에게 다음과 같이 썼다. "본인은, 중도적인 정책이 가장 인기가 있고, 유명한 요새 한두 개를 영구적으로 할양받는다면 그다지 칭송거리도 못되는 일로 우리의 수고가 칭송을 받을 것으로 확신합니다… 그러나 우리의 임무는 전리품을 수집하는 것이 아니라, 할 수만 있다면 이 세계가 다시 평화로운 습관을 회복할 수 있도록 노력하는 것입니다. 본인은 이러한 임무가 프랑스의 영토적 본질에 영향을 미치려는… 어떠한 시도와도 양립할 수 있다고 생각하지 않으며… 프랑스가 현재의 규모에도 불구하고 유럽 체제의 유용한 구성원이 아니라 위험한 구성원이라는 것이… 명백한 사실이라고 생각지도 않습니다." 나폴레옹을 가장 집요하게 대적한 인물이자 불과 15개월 전까지만 해도 프랑스의 위협에 의해 조직된 유럽만 생각하던 장관이 이제는 조화에 기초한 강화의 지지자로 부상했다는 사실은, 캐슬레이가 정치가로서 성장했음을 가늠케 하는 것이었다. 또한 캐슬레이가 사실상 홀로 서있던 이 순간에도 여론에 물러서기를 혐오했던 것은 정치가의 의무에 대한 그의 관념을 보여주는 징후였다.

캐슬레이의 노기 어린 주장에 내각이 마지못해 동의함으로써 새로운 해결과정에서 영국이 맡게 될 역할이 결정되었다. 이 역할이 한 개인의 신념에 기반을 두었다는 사실이 강화조약의 실제 협상에 영향을 미치지는 않았다. 그러나 그 의도가 국민의 열의나 이해까지 좌우할 수는 없었기 때문에 그것을 이행하는 데는 어려움이 따랐다. 유럽의 이름으로 수립된 강화는 유럽의 역할이라는 의식이 뒷받침되어야만 유지할 수 있는 것이었다. 그런데 이 의식은 점차 희미해졌다. 큰 위험에 관한 기억이 지워졌으며, 영국은 해협 너머로 너무 오랫동안 우호적인 국가가 장악한 앤트워프를 바라보면서 상황이 지금과는 다를 수도 있었다는 점을 점차 망각했던 것이다.

캐슬레이는 내각의 망설임을 극복하는 데 성공했지만, 다음에는 대륙 세력의 탐욕에 직면했다. 프로이센은 28만의 병력을 파병해 프랑스가 이들로 넘쳐날 지경이었으며, 과거에 자국이 겪은 고난에 대한 야만적 복수를 종종 요구하는 등, 국가적 치욕을 갚을 기회를 두 번 다시 빼앗기지 않겠다는 태세였다. 군소국들이 이런 프로이센을 지지했는데, 어차피 군소국은 영토의 획득을 강대국들이 보장해 주었기 때문에 얻을 것만 있고 잃을 것은 없었기 때문이다. 캐슬레이는 분노하며 "지난 세기 독일의 불행의 근원이었던 약탈의 정신"을 힐난했다.[16] 그가 얼마나 격앙되었는지를 증명해주는 하나의 사례로, 그는 플랑드르 지역이 과도한 요구를 지속할 경우 그들에 대한 영국의 보장을 철회하겠다고 위협했을 정도였다.[17]

그러나 제1차 파리조약만큼 관용적인 강화는 이제 불가능했다.

프랑스가 네덜란드 지역의 방어용 요새 건설비용의 일부를 포함하는 전쟁비용을 부담하기로 합의되었으며, 배상금은 7억 프랑으로 결정되었다. 북부 프랑스의 점령군이 조약의 이행을 감독하고 왕을 보호하기로 했다. 프로이센과 독일 군소국들은 결국 국경선을 수정하는 데 성공했다. 프랑스는 자를루이Saarlouis역주4), 란다우Landau역주5), 사보이Savoy 등 제1차 파리조약에 따라 추가된 영토를 다시 빼앗기고 혁명이전의 국경으로 축소되었다. 그리고 혁명전쟁 기간 동안 취득한 예술품들은 원 소유국으로 반환되었다.

이번 강화조약은 비록 제1차 파리 강화조약처럼 관대하지는 않았지만 프랑스를 영구적으로 불만을 품은 나라로 변모시키지도 않았다. 잃어버린 영토는 상업적이나 상징적인 중요성보다는 전략적인 의미를 가진 지역이었으며, 어떻든 백만 명 이하의 인구만 거주하는 지역이었다. 배상금은 3년 동안 지불하고, 이 기간이 끝나면 점령군도 철수할 예정이었다. 이로써 온건한 강화가 두 번째로 성립되었으며, 채 15개월도 안 되는 기간 동안 동일한 정치가들이 완승에 대한 유혹을 자제하는 데 두 번이나 성공한 셈이었다. 그러나 이 정치가들은 유럽을 휩쓸고 있던 거대한 열정에 눈을 감았다는 이유로 이후 한 세기가 넘도록 비난을 받았다. 슈타인과 같은 그런 열정의 대변자들은, 그들의 사회적인 통찰력이 어떤 것이었건 간에, 유럽을 끊임없는 정치적 투쟁 속에 빠뜨렸을 보복적 강화를 옹호했다.

III

그러나 정통성 있는 균형의 시대는, 혁명에 대한 기억이 혁명 자체보다도 더 위험할 수 있다는 점과 "기성의" 질서만이 *존재하고* 새롭게 창조된 질서는 설명되어야만 한다는 자의식을 명확히 드러내는 두 가지 조치가 취해지기 전까지는 시작될 수 없었다. 이런 조치들이 질서에 대한 추구의 두 측면으로 나타나는 것은 자연스러운 일이었다. 그 하나는 힘에 의한 균형상태와 선의의 실체를 상징하는 1815년 11월 20일의 4국동맹[역주6)]이었고, 다른 하나는 다양한 열망의 화해와 도덕적 원칙의 파급력을 보여준 1815년 9월 26일의 신성동맹[역주7)]이었다. 캐슬레이가 정치적 틀을 만든 것은 당연한 일이었지만, 도덕적 표현을 차르가 창조한 것은 역설적이었다. 한 해 전에 유럽을 전쟁 직전까지 몰고 갔던 러시아의 차르는, 이제는 영광에 만족하고 신비로운 정신적 고양상태에서 기독교적 자비의 원칙을 실현시키는 데서 명성을 추구했다.

캐슬레이는 이미 7월 17일 리버풀 앞으로 보낸 서한에 지난번 파리에서 "나폴레옹의 귀환을 막는 (유럽의 입국금지) 조항에 대한 저항에 반대하지 않은 것은 큰 실수였는바, 나폴레옹은 국민과 군대에 자신이 왕위에 복귀할 수도 있으며, 그렇게 된다 하더라도 강화는 유지될 것으로 믿게끔 만들었기 때문"이라고 적었다.[18)] 그리하여 4국동맹이 탄생했는데, 그것은 국제관계에 대한 도서국가의 관념과, 유럽적 안목을 지닌 정치가가 안정의 요소에 대해 가지고 있던 지식이 모호하게 혼합된 결과물이었다.

영국은 혁명에 연관될 때 언제나 그랬듯이 자국의 욕망과 국내적 정통성 사이의 갈등에 직면했다. 부르봉 왕가를 보존하고 싶다는 소망과, 타국의 국내 문제에 대한 불간섭 원칙 사이의 갈등이었다. 그 결과는 국내적 소요에 반대하는 공동행동을 명확히 약속하기는 회피하면서도 프랑스의 침략에 대항해서 유럽의 수호를 보장하는 일종의 타협이었다. 그 목적으로 공표된 내용은 제2차 파리 강화조약의 영토적 합의를 보전한다는 것이었고, 이는 의심할 바 없이 영국 내각에 가장 강력하게 호소할 수 있는 부분이었다. 나폴레옹에 의해 영토적 균형이 지속적으로 침해되었기 때문에 나폴레옹에 대해서는 불간섭 원칙에 대한 예외가 성립되어, 동맹조약의 제2조는 보나파르트의 일족을 프랑스 왕위에서 배제한다고 규정했다. 그런데 프랑스에서 보나파르트주의자 이외의 다른 세력이 혁명을 일으키면 어떻게 되는가? 혁명이라는 사실을 전쟁의 명분으로 삼는 것은 불간섭의 원칙을 포기하는 셈이었다. 그러나 다른 한 편으로는, 초연한 태도로 일관하는 것도 다른 일련의 혁명적 항쟁을 초래할 수 있다. 이러한 양난은 영국이 도서국가로서 유럽의 안정에는 사회적 요소가 포함된다는 점을 인정하면서도 여론을 핑계로 개입을 자제할 여지를 두는 식의 회피를 통해 해결되었다. 동맹국들은 "프랑스가 또 다시 혁명의 격동에 휩쓸리는" 상황을 계속 "경계"하고 "각기 자국의 안전을 위해 필요한 조치들을 취하기로" 합의했다. 이렇듯 프랑스에서의 혁명은 아무런 물리적 공격을 수반하지 않더라도 잠재적 위협으로 선언되었으나, 그렇다고 그것이 자동적으로 전쟁의 사유가 되는 것은 아니었다.

15개월 전이었다면 이러한 조항은 각국이 공동행동을 위해 병력을 제공한다는 추가적 조항들과 더불어 캐슬레이가 자신의 노력이 맺은 결실의 절정으로 여겼음직한 내용이었다. 내각에 소속된 인물 중 영국의 안보를 프랑스에 대한 억제 이외의 것으로 규정하는 사람은 아무도 없었음이 확실하다. 그 사이에 캐슬레이는 대연합의 수많은 정치가들이 직면했던 유혹의 희생자가 되었다. 연합의 신화에 따르면, 전쟁에 앞서 수행하는 외교는 몹시 교활하고, 사소하며, 상호 불신을 조장하는 요인으로 여겨진다. 협조행위가 충분하거나 그에 대한 기억이 아직 생생한 경우라면, 평화에 대한 열망은 그것을 달성하기에 충분한 동기처럼 취급된다. 그런 연유로, 캐슬레이도 공동의 적에 대항한다는 목적이 만들어준 결속을 국제관계의 통상적인 형태로 여기게 되었다. 그는 "합리성"의 승리에 대한 만족감에 젖어, 지난해의 고통스러운 조정과정을 잊었다. 갈수록 점점 더 그는 내밀한 관계를 조화의 표현이 아니라 그 원인으로 간주했으며, 평화로운 질서의 요건들을 군사적 승리를 획득하기 위한 수단처럼 명확한 것으로 여기게 되었다. 따라서 그는 유럽 국가들에 차르가 제기한 것처럼 프랑스를 통제하기 위해서만이 아니라, 유럽의 안정을 위한 일반적인 문제들을 고려하기 위해서도 긴밀한 관계를 유지해야 한다고 촉구했다. 안정이 기계적 균형이 아닌 참여에, 방어가 아닌 예방에 깃들 수 있다는 관념은 영국 내각의 상상력을 완전히 초월하는 것이어서 그 누구도 캐슬레이가 기안한 동맹조약 제6조에 반발하지 않았는데, 이 조항은 "국가들의 안정과 번영… 그리고 유럽의 평화를 위해 가장 유익하다고 여겨지는 수단을 검토하기 위한… 체약국들의" 정기적 회합을 규정하고 있었다[19].

7년에 걸쳐 유럽을 지배한 회의 제도는 이렇게 뒤늦게 떠오른 생각처럼 탄생했다. 그러나 의지대로 되지도 않고 당대에 바꿀 수도 없는 요소들은 어느 정치적 상황에도 존재하기 마련이다. 정치가에게 필연은 이런 식으로 모습을 드러내며, 필연과의 투쟁 속에 정치가의 비극적 본질이 있다. 캐슬레이의 이상이 어떤 가치를 지녔든 간에, 대영제국은 스스로의 경험 때문에 자국의 외교장관을 이해하지 못했다. 대중의 마음 속에 영불해협은 대륙의 안정보다 영국의 안보에 대한 더 확실한 보장으로 남아 있었다. 이런 견해차가 1815년도에 명확히 드러나지 않았던 것은 단지 양측의 오해 탓이었을 뿐이다. 캐슬레이가 유럽에 대해 생각하는 동안, 내각과 영국민은 프랑스에만 주의를 기울이고 있었던 것이다.

이루어질 수 없는 완벽함을 추구하고 있던 인물이 파리에 한 명 더 있었다. 비엔나에서의 논쟁 이후, 알렉산드르의 심경은 갈수록 신비주의로 기울어졌다. 그토록 오랫동안 그가 열성적으로 추구한 영광과 찬양은 어찌된 일인지 그의 뇌리에서 사라졌고, 자신의 승리조차 점점 더 허무하다고 느끼고 있었다. 파리를 향한 최초의 진군은 불타버린 모스크바에 대한 심리적 설욕이 되지 못하고 부르봉 왕가의 복위라는 복잡한 음모로 귀결되었다. 게다가 비엔나 회의도 윤리적 규칙의 자명한 이치를 따르지 않고, 지엽말단적인 문제들을 집요하게 따지는 경연장이 되어버렸다. 물론 정책이 고양된 정신 상태로 집행되지 않는 것은 바람직한 일이다. 정치가들은 세계를 정복하는 것만큼이나 세계를 지키는 데도 관심을 가져야 하기 때문이다. 하지만 이런 사실이 광신자나 예언자에게는 위안이 되지 못한다. 정치가는 시간 속에서 살고, 그의 시험은 그의 구조가 시련 속에서 얼마나 지속되는지에 있다. 예언자는 영원 속에서 사는데, 정의상 그곳에는 시간적인 차원이 존재하지 않으며, 그의 시험은 그의 이상 속에 있다. 그 둘의 만남은 언제나 비극적이다. 정치가는 예언자의 이상을 정밀한 조치들로 축소시키는 노력을 해야 하고, 예언자는 일시적인 구조를 초월적 기준으로 판단하기 때문이다. 정치가에게 예언자는 위협을 의미하는데, 절대적인 정의를 주장한다는 것은 미묘한 의미의 차이를 부정하는 것이기 때문이다. 예언자에게 정치가는 진리에 대한 반역을 의미하는데, 정의를 획득 가능한 것으로 축소하려는 시도는 보편성에 대한 우발성의 승리를 의미하기 때문이다. 정치가에게 안정의 요체는 협상이다. 협상은 상충하는 주장들의 조정과 정통성의 승인을 상징하기 때문이다. 그러나 예언자에게 협상은 불완전성의 상징이자, 보편적인 축복을 좌절시키는 불순한 의도의 상징이다. 알렉산드르가 늘 오해받는다고 느꼈던 점이나 동료들이 그를 항상 불신했던 것은 우연이 아니다. 다른 이들의 안보는 한계에 대한 인정이었지만, 알렉산드르의 안보는 초월의 순간에 있었다. 캐슬레이와 메테르니히는 서로의 차이점에도 불구하고, 매개물이 될 수 있는 미묘한 차이의 세계를 추구한 반면, 알렉산드르는 즉각적 완벽을 추구했다.

군대를 이끌고 다시 프랑스로 진군하던 중에 차르는 비엔나에서 소모적인 논쟁이 벌어진 것은 참석자들에게 종교적 영감이 부족한 데에서 기인하는 것이라고 여기기 시작했고, 기독교 교의를 따르는 군주들의 형제애적 연합을 구상하여 자신의 명의로 제안했다.[20] 이런 마음가짐으로 있었을 때, 알렉산드르는 그를 유럽의 구원자라고 생각하는 종교적 광신자 크뤼데너Kruedener 남작부인의 방문을 받고 놀랐는데, 그녀의 등장을 신의 계시로 해석하거나 새로운 논쟁을 신성한 심판의 기회로 간주하기란 그리 어려운 일이 아니었다. 차르는 파리에 도착하자마자 남작부인에게 다음과 같은 서한을 보내 자신을 만나러 와 달라고 초대했다. "그대는 내가 동네 모퉁이의 작은 집에 거주하고 있는 것을 보게 될 것입니다. 내가 이곳을 주거로 정한 이유는 이곳의 정원에서 나의 깃발인 십자가를 발견했기 때문입니다."[21] 9월 10일 차르는 형제 군주들을 위해 대대적인 관병식觀兵式을 준비했다. 그러나 실제로 거행된 것은 군사 행진이 아니라 크뤼데너 남작부인이 집전하는 미사의식이었다.

이런 분위기에서 차르는 관대한 강화를 추구하는 캐슬레이를 지지했던 것이다. 그는 이제 자신의 과업을 모든 활동의 판단근거가 될 종교적 원칙과 결부시킴으로써 신성하게 만들려고 했다. 그는 크뤼데너 부인과 협의를 거쳐 오로지 군주들만 서명할 자격이 있는 선언문을 초안했는데, 오스트리아 황제는 이것을 논의하기에 적절한 장소가 장관회의인지 고해기도실인지 모르겠다고 말했다. 선언문은 삼위일체와 신의 섭리에 대한 간구로 시작되었다. 충만한 신의 은총에 힘입어, 군주들은 "서로의 관계에 관해 열강이 *예전에* 취해왔던 정책을 *근본적으로* 바꾸어야 하며, 이를 우리의 구세주를 믿는 영원한 종교의 숭고한 진리에 기반한 질서로 대체하는 것이 *시급하다*"고 규정했다. 이 문장 다음에는 삼위일체를 상징하는 세 가지 조항이 이어졌다. 군주와 국민이 서로를 형제로 여기고, 국가들은 서로를 그리스도 왕국의 영토로 여길 것을 요구하였으며, 자비로운 배려로 통치하고 서로에게 도움의 손길을 내밀라고 훈계하였다.[22]

메테르니히가 이와 같은 시도를 비웃고 심지어 차르의 정신 상태에 문제가 있다는 증좌로 여겼을지는 몰라도, 비엔나의 이 신중한 타산가는 이것을 종교적 문서가 아니라 최상의 중요성을 지닌 정치적 문서로 받아들였다. 캐슬레이는 다음과 같이 보고했다. "(메테르니히는) 그것이 아무리 황당해 보일지라도, 그런 관념이 지속되는 한 수많은 문제들로부터 차르와 세계를 구해줄 수 있는 것이라면 굳이 (차르를) 방해하고 싶어 하지 않았습니다. 요컨대, 오스트리아 황제는 물러설 곳이 보이지 않자 몇 가지 자구를 수정한 뒤에 이에 서명하기로 합의해 주었습니다."[23] 그러나 이러한 수정은 본질적으로 중요한 것이었다. 왜냐하면 메테르니히가 차르의 보편성을 중앙제국의 냉철한 정신과 양립할 수 있는 정책의 선언으로 바꾸어놓았으며 이 작업은 어찌나 교묘했던지 알렉산드르마저 그것이 자신의 노력의 정신에 부합하는 것이라고 인정했기 때문이다.[24] 신성동맹의 수정된 형태는 군주들의 장로회의적인 연합을 인민의 공동체로 대체하였으며, 위에서 인용한 머리말은 다음과 같이 바뀌었다. "동맹국의 군주들은 열강이 상호관계에 관해 취하는 정책이… 영원한 종교의 숭고한 진리에 기반한 질서로 대체되어야 한다는 확신을 가지게 되었다."[25]

시급성과 근본적 변화의 필요성에 관한 표현은 사라졌다. 또한 유럽의 정치적 협조에 대한 고발처럼 보이던 *예전의* 국제관계에 대한 언급도 사라졌다. 새로운 선언문은 더 논리적인 동시에, 혁명이 초래한 변화를 공박하고, 질서의 회복을 약속하면서, 의지에 대한 법률의 우월성을 주장하는 내용으로 읽을 수 있었다. 차르는 신성동맹을 미래를 위한 계획이자 역사의 사소함을 초월하는 새로운 시대의 선언으로 구상했던 반면, 메테르니히는 그것을 혁명기의 종말과 역사로의 재진입을 선언하는 데 이용했다. 결과적으로 알렉산드르가 파리에서 두 번째로 수행한 성전은 다시금 예상치 못한 결과를 초래한 셈이었다. 실망스런 결과로 점철된 차르의 인생에서, 그가 세상을 개혁할 도구로 구상했던 조약은 유럽의 균형상태를 보호하는 수단이 되었다.

영국의 합의를 얻는 데는 아직도 어려움이 남아있었다. 신성동맹을 "장엄한 신비주의와 터무니없는 생각으로 이루어진 작품"이라고 불렀던 캐슬레이는 이런 기구에 대한 공식 가입을 의회가 승인할 리가 없다는 사실을 인식하고 있었다. 그래서 그는 섭정왕세자에게 자신의 명의로 "특성과 본질보다는 오히려 탁월함의 과잉이 문제인 조약"에 가입할 것을 제안했다.[26] 그러나 캐슬레이의 제안이 영국 헌법의 원칙과 모순된다고 강조함으로서 양난을 회피했던 내각으로서는 이마저도 과중한 것이었다. 섭정왕세자는 결국 형제 군주들에게 그들의 노력에 개인적인 동감을 표하는 서한을 보냈다[27]. 이리하여 의혹과 망설임, 숭고한 이상과 냉정한 계산의 산물로서 한 시대를 상징한 신성동맹이 탄생했다.

군주들이 파리를 떠날 준비를 하고 있던 1815년 9월말, 드디어 평화가 확보되고 혁명의 시기는 마침내 끝을 고한 것처럼 보였다. 합의가 너무나도 조용히 이루어진 나머지 보편적 수락 가능성이라는 가장 위대한 성과는 거의 주목을 받지 못했다. 파리에서 향후 십여 년간 유럽을 이끌 두 개의 조약이 체결되었고, 동시에 그 주창자들의 비극적 운명도 결정되고 있었다. 4국동맹과 신성동맹은 선의로 결속된 유럽에 대한 희망과 도덕적 합의에 대한 추구, 균형상태의 정치적 · 도덕적 표현을 의미했다. 통합된 유럽의 이상은 그 시대에 서로 가장 상반된 개성을 가지고 있던 두 사람을 파멸시켰다. 냉정하고 현학적인 캐슬레이는 자국민들의 경험을 초월하는 통찰력 때문에, 공상적이고 숭고한 차르는 국제질서의 경험을 초월하는 목표에 대한 추구 때문에 파국을 맞았다.

그러나 파리에는 자기 가능성의 한계를 인식하고 있는 인물이 한 명 있었다. 나중에 드러난 일을 보더라도, 그는 한계를 너무나도 잘 알고 있었다. 이상적 건설이나 국민들의 기풍을 개혁하는 정책은 메테르니히의 몫이 아니었다. 필경 적응을 가장 필요로 하고 있던 제국의 이 정치가는 오로지 불굴의 틀을 추구했고, 국제질서가 국제적 구조에 부응하도록 만드는 것을 자신의 과업으로 삼았다. 그는 파리에 모인 정치가들 중 유일하게 평화를 끝이 아닌 시작으로 간주했다. 정치적 투쟁은 종결되었으나 사회적 투쟁이 시작되려는 참이었다. 메테르니히는 그가 늘 사용하는 전술로 이 시합에 임할 작정이었다. 건설적 행동이 아니라 인내심으로 적에게 승리하고, 적보다 우월함으로써가 아니라 적보다 오래 버팀으로써 이기는 전술이었다. 메테르니히가 새로운 투쟁을 준비하는 데 있어서 그의 사회적 신념의 본질은 그 무엇보다 중요했다.

유럽은 "혁명의 의사醫師"를 자칭하는 그가 어떤 처방을 내릴지 주시하고 있었기 때문이다.

주

1) N.P. I, p.209.
2) B.D. p.331, 1815년 5월 6일; *British and Foreign State Papers,* (런던, 1841). Vol. II, p. 301, 이하 BFSP.
3) C.C. x, p285, 1815년 3월 26일.
4) C.C. x, p301, 1815년 4월 8일.
5) Webster, I (Appendix), p. 545, 1815년 4월 19일.
6) B.D., p324f, 1815년 4월 15일.
7) Hansard (Commons) 1815년 4월 29일.
8) C.C. x, p365, 1815년 5월 28일.
9) D'Angeberg, II, p. 1482.
10) C.C. x, p484f., 1815년 8월 17일. Wellington's view, Gurwood, XII, p.588; B.D., 342f.
11) B.D., p353, 1815년 7월 29일.
12) C.C. x, p. 431f, 1815년 7월 15일.
13) C.C. x, p431, 1815년 7월 15일; C.C. x, p. 454f., 1815년 8월 3일; C.C. x, p.479, 1815년 8월 11일.
14) B.D., p. 361, 1815년 8월 12일.
15) C.C. x, p.484f., 1815년 8월 17일.
16) B.D., p. 375, 1815년 9월 4일.
17) B.D., p. 376, 1815년 9월 4일.
18) B.D., p.349, 1815년 7월 17일.
19) 조약에 대한 더 광범위한 분석은 Webster, II, pp.54-6. Text of Quadruple Alliance, Martens, *Recueil,* IV, p. 27ff. 참조.
20) D'Angeberg, I, p. 571, 1814년 12월 31일.
21) Schwarz를 인용함, *Die Heilige Allianz,* p. 50.
22) Schwarz, p. 52f. 메테르니히는 후일 이탤릭체를 삭제했다. 아래 참조.
23) B.D., p. 383, 1815년 9월 28일.
24) Schwarz, p. 57.
25) 메테르니히의 모든 변화에 대한 논의는 다음을 참조하라. Werner Naef, *Geschichte der Heiligen Allianz* (Berner, Untersuchungen zur Allgemeinen Geschichte), p. 8f.; 조약 문안 Martens, *Recueil,* II. p. 656f.
26) B.D., p. 382f., 1815년 9월 28일.
27) B.D., p. 385f., 1815년 10월 3일.

역주1) 스위스에서 발원해 프랑스의 남동부 지역을 가로지르는 강이다.

역주2) 파리 센 강 우안에 16세기에 지어진 왕궁. 이 궁전은 1871년 파리 코뮌 탄압 당시의 폭동으로 파괴되었다.

역주3) 나폴레옹과 오스트리아 황녀 마리 루이즈 사이에서 태어난 나폴레옹 2세(Napoléon François Joseph Charles Bonaparte 1811-1832). 나폴레옹은 1815년 두 번째로 퇴위하면서 당시 네 살에 불과하던 자신의 아들 나폴레옹 2세에게 왕위를 물려주었다. 그러나 동맹국들은 그해 7월에 파리에 입성하면서 나폴레옹 2세의 왕위를 인정하지 않았으므로 그의 재위기간은 불과 15일로 끝나게 되었다.

역주4) 독일 남서부 자를란트주의 도시로, 프랑스와의 국경 가까이 위치하고 있으며, 17세기에 루이 14세의 명령으로 건설된 요새를 토대로 발달한 도시다.

역주5) 독일 남서부 라인란트팔츠주에 속하는 도시로, 프랑스와의 접경지대에 위치하고 있다.

역주6) 영국, 오스트리아, 러시아, 프로이센이 전시의 동맹 관계를 계속 유지하는 것이 4국동맹의 주된 내용이다. 조약은 비엔나 체제의 유지를 위한 4개국의 정기적 협의를 규정하였는데, 첫 회의는 1818년 엑스라샤펠(Aix-la-Chapelle)에서 개최되었다. 이후 프랑스의 가입이 허용되어 5국동맹으로 확대되었다가, 1822년 스페인 혁명에 대한 간섭에 영국이 반대함으로써 와해되었다.

역주7) 알렉산드르 1세가 주창하여 파리에서 러시아, 오스트리아, 프로이센 간에 체결된 동맹으로, 영국은 참가를 거부했다. 이 동맹의 골자는 기독교 정신을 구현한다는 지극히 관념적인 내용이었으며, 차르는 이슬람인 투르크를 제외한 유럽의 모든 군주에게 가맹을 권유하는 서신을 보냈다. 신성동맹은 후일 미국의 먼로 선언과 중남미 제국의 독립으로 타격을 받았고, 그리스 독립을 둘러싼 각국의 이해 대립으로 1825년 와해되었다.

| 제11장 |

메테르니히와 보수주의적 양난

보수주의와 변혁—의무와 충성심의 관념—합리주의자와 역사적 보수주의—헌법의 본질에 관한 메테르니히의 사상—보수주의적 양난—오스트리아의 국내 체제—경세經世와 행정

I

마침내 유럽에 찾아온 평화가 중앙제국에는 더없이 심각한 양난을 제기했다. 정복자의 압력이 광범위하게 존재하는 동안에는 오스트리아의 특별한 문제는 공통의 위험에 파묻혀 있었다. 그러나 이제부터 각국은 자국만의 도전을 찾아내고 그 어려움을 직시해야 했다. 오스트리아만이 대륙에서 유일하게 아무런 책무도 수행하지 않고 평화 시대에 진입할 수 있었던 국가였다. 유럽이 인간성 개혁의 꿈에 휩쓸리고 있는 동안 오스트리아가 유지한 냉정함과, 모든 단계를 구체적인 정치적 조건으로 전환해야 한다는 오스트리아의 주장은, 사회적 목표를 모두 소극적으로 보는 오스트리아 장관의 신념의 이면에 해당하는 것이었다. 그의 신념은 혼돈

속에서 의무의 감각을 지키고, 반혁명으로써가 아니라 정통성을 주장함으로써 혁명을 타파하겠다는 것이었다. 메테르니히의 우회적인 외교는 자유와 권위는 서로 분리될 수 없으며 자유는 질서의 속성이라는 근본적인 확신을 반영하는 것이었다. 메테르니히가 이끌던 오스트리아는 자국의 도덕적 실체를 구하기 전에는 개혁에 관심이 없었고, 자국의 가치를 보전하기 전에는 변화에 관심이 없었다. 메테르니히는 이렇게 적었다. "세계는 사회적, 정치적인 두 가지 영향력의 지배를 받는다… 정치적 요소는 조작할 수 있지만, 사회적 요소는 그 토대를 절대 포기할 수 없는 고로 그렇지 못하다."[1] 그러므로 이제 막 시작되려던 평화의 시대에는 모든 것이 오스트리아 장관이 사회적 토대의 본질에 관해 어떤 관념을 품고 있는지에 달려있었다.

변혁의 시대에 보수주의자는 언제나 다소 이례적인 존재다. 아직 의무의 형태가 자발적인 상태라면, 기존의 체제에 대한 진지한 대안을 상상할 수 없기 때문에 누구도 보수주의자가 될 생각을 하지 못할 것이다. 그러나 일단 중요한 혁명세력이 생겨났다거나, 더욱이 혁명이 실제로 성공하고 난 경우라면, 두 가지 상호보완적인 질문이 의미 있는 것으로 인정받았음을 의미한다. 다음과 같은 두 질문은 그에 대한 답변보다 질문의 등장 자체에 더 큰 상징성이 있다. 권위의 의미는 무엇인가? 그리고 자유의 본질은 무엇인가? 이때부터 안정과 개혁, 자유와 권위는 상반되는 것으로 여겨진다. 논쟁은 교조적인 것이 되고 변화의 문제는 특정 이슈에 대한 논쟁이 아니라 기존 질서에 대한 공격이라는 형태를 취한다. 이것은 정당의 명칭과는 전혀 상관이 없다. 예컨대 19세기의 미국이나 영국처럼 사회가 기본적으로 보수적이어서 기존 정당이 보수적인 동시에 진보적이라고 간주될 수 있는 경우도 있었다. 다른 사례도 있었으니, 한 세기 이상에 걸친 기간 동안의 프랑스에서처럼, 정당들이 스스로를 어떻게 규정하든 간에 근본적인 사회적 분열이 존재하고 있었기 때문에 모든 문제가 기본적으로 혁명적이었던 사회도 있었다.

그렇다면 변혁적 상황에서 보수주의자는 무엇을 해야 하는가? 안정적인 사회질서는 영속성에 대한 직감과 공존하는데, 이에 대한 반대는 무시되거나 흡수되어 동화된다. 볼테르Voltaire역주1)가 18세기에 "유행"했던 이유는 변혁의 시기였기 때문이 아니라 변혁을 상상조차 할 수 없었기 때문이었다. 반면에 변혁적 시기에는 존재하고 있던 의무의 형태가 일단 도전을 받게 되면 정치적 생활에 자발성이 사라지기 때문에, 변혁적 시기의 특징은 그 자의식에 있다. 안정적인 질서에서 행동의 동기는 *의무duty*의 개념이다. 의무는 사회적 규범의 자명함에 대한 주장이며, 그와 다른 행동은 거부되는 것이 아니라 생각할 수 없는 것이다. 변혁적 시대에 행동의 동기는 *충성심*의 개념이다. 이 시기에는 대안적 행동이 상시적으로 가능하기 때문에, 타인의 의지에 대한 복종에는 상징적이고 심지어 종교의식적인 의미가 부여된다. 의무의 윤리는 의지의 지향에 따라 행동을 심판하는 *책임*이라는 관념을 수반한다. 그러니까 그것은 *동기*motivation의 윤리인 셈이다. 동기의 윤리는 개인적 규칙을, 아무리 경직적이더라도 의미 있는 것이 되려면 개별적으로 수락되어야만 하는 도덕적 기준과 일체화시키기 위해 노력한다. 충성심의 윤리는 집단의 정체성을 성취하는 수단이기 때문에 *정통*orthodoxy의 개념을 포함한다. 이것이 개인적 규칙과 사회적 규칙의 일체화를 배제하는 것은 아니지만, 그렇다고 요구하는 것도 아니다. "옳든 그르든 우리나라"[역주2)]라는 것이 충성심의 언어다. "네 행위의 준칙이 네 의지에 의해 보편적인 자연법칙이 되어야 할 것처럼 행동하라"[역주3)]는 것은 의무의 언어다. 의무는 보편성이라는 측면을, 충성심은 우발성이라는 측면을 표현한다.

이런 맥락에서 보수주의자는 정치 활동에 임할 경우 자신의 의지와는 상관없이 변혁적 시기의 상징이 된다. 보수주의자의 근본적인 입장은 권위의 본질에 관한 의문의 타당성을 부인하는 것이지만, 의문 자체가 답변을 유도함으로써 일종의 타당성을 증명한다. 따라서 보수주의자의 입장은 그 자체로서 혁명가에게 하나의 *답변*이자 승리이며, 심지어 눈앞의 투쟁에서 혁명가가 패하더라도 그 점은 마찬가지다. 보수주의자가 의지의 투쟁에서 승리해 보았자 무슨 이득이 있겠는가? 그의 투쟁은 개인적인 것이 아니라 사회적이며, 그의 정당성은 개별적인 것이 아니라 역사적인 것이다. 변혁적 경합에서 의지의 조건과 충성의 윤리에 따라 투쟁하는 반동적 파벌, 즉 반혁명파가 보수주의자의 입장을 지배하게 되는 것은 우연이 아니다. 왜냐하면 진정한 보수주의자는 사회적 투쟁에 능하지 않기 때문이다. 보수주의자는 안정적 사회구조를 번영시키는 기초가 승리가 아닌 화해에 있다는 사실을 알기 때문에, 극복할 수 없는 분열은 회피하려 할 것이다.

그렇다면 보수주의자는 상충되는 주장들이 대두될 수 있는 상황에서 어떻게 자신의 입장을 지켜낼 수 있을 것인가? *존재하는* 것의 자명한 이치가 붕괴된다면 어떻게 그것이 설득력을 가질 수 있는가? 가능한 한 익명으로 투쟁한다는 것이 보수주의자의 고전적인 답변인데, 그래야만 대답을 제시해야 할 경우라도 의지를 초월할 수 있고, 투쟁이 최소한 개인을 초월하는 지평에서 벌어질 수 있으며, 해야 할 일이 *충성*으로 둔갑하지 않고 *의무*가 될 수 있기 때문이다. 역사의 힘이라는 명분으로 보수주의를 위해 싸우고, 변혁적 질문은 사회의 시간적 측면과 사회계약을 부인하므로 그 타당성을 거부한다는 것이 버크Burke[역주4)]가 제시한 해답이었다. 합리성을 명분 삼아 변혁에 맞서 싸우고, 변혁적 질문은 보편의 구조에 반한다는 인식론상의 이유로 그 타당성을 거부한다는 것, 이것이 메테르니히가 제시한 해답이었다.

이와 같은 두 가지 보수주의적 입장 사이에 존재하는 차이는 근본적이다. 버크에게는 사회적 의무의 궁극적 기준이 역사였고, 메테르니히에게는 이성이었다. 버크에게 역사는 민족적 기풍의 표현이었던 반면, 메테르니히에게 역사는 다스려야 할 "힘"으로서, 대부분의 다른 사회적 힘보다는 중요하지만, 그렇다고 해서 더 강력한 도덕적 타당성을 지닌 것은 아니었다. 버크는 이성이 사회적 의무의 기반으로서 충분하다는 혁신주의자들의 전제를 거부했기 때문에, 그의 도전은 즉각적인 효과를 초래하지는 않았다. 메테르니히는 그러한 전제를 받아들였으면서도 혁신주의자들과는 정반대의 결론을 도출했기 때문에, 그의 도전은 상대에게 치명적인 것이었다. 버크에게 변혁은 사회적 도덕성에 대한 공격이자, 국가의 역사적 구조라는 신성한 계약의 위반이었다. 메테르니히에게는 변혁이 사회적 생활을 지배하는 보편적 법칙에 대한 위반으로, 부도덕하기 때문이 아니라 재난을 초래하기 때문에 맞서 싸워야 할 대상이었다. 역사적 보수주의는 변혁이 국가가 지닌 전통의 *개별적* 표현을 저해하기 때문에 그것을 혐오하며, 합리주의적 보수주의는 변혁이 *보편적* 사회 이론의 실행을 방해하기 때문에 거기에 맞서 투쟁한다.

자유의 본질과 권위의 의미라는 상호보완적 문제에 대한 메테르니히의 해석과 그의 정책에 경직성을 부여한 것은 이와 같은 보수주의의 합리주의적 관념이었다. 서구 세계는 두 가지 기본적인 해답을 제시했는데, 하나는 제한의 부재를 의미하는 자유이고, 다른 하나는 권위의 자발적 수락을 의미하는 자유다. 첫 번째 입장은 자유가 권위의 영역 바깥에 있다고 여기는 반면, 후자는 자유를 권위의 한 *속성*으로 여긴다. 소극적인 의미에서의 자유는 정치적 구조를 초월하는 사회의 표현으로, 그 사회는 로크Locke역주5)가 주장했듯이 국가 이전에 존재하며 그 정치적 조직은 일정한 목표를 달성하기 위해 조직된 유한책임회사와 흡사한 것이다. 이런 사회에서 보수주의 대 개혁의 문제는 강조점의 문제로서, 특정한 형태와 내용을 가진 문제들에 대한 변화의 크고 작음에 관한 문제처럼 보이게 된다. 활동의 대부분이 정부의 영역 밖에서 이루어지기 때문에 정치는 윤리적 기능이 아닌 공리적 기능을 담당하며, 유용하되 도덕적인 것은 아니다. 로크의 자유의 개념에 기반을 둔 사회는 정치적 경쟁이 어떤 형태로 진행되든지 언제나 보수적이다. 만약 그렇지 않다면, "당연한 것으로 간주되는" 사회적 응집력을 장점으로 지닌 체제를 운영할 수 없을 것이다. 그렇기 때문에 보수주의에 대한 버크의 방어는 영국 국내에 적용되는 것이 아니라, 영국을 바라보는 외국인의 오해를 향한 것이었다.

그러나 대륙은 앵글로색슨적인 자유의 개념을 받아들인 적이 결코 없었다. 프랑스 혁명 이전에 대륙이 그것을 수용하지 않았던 이유는, 로크의 철학이 이미 *성취된* 혁명의 철학이자, 행동을 촉구할 논리적 단호함을 결여한 화해의 이론이기 때문이었다. 그리고 그 이후로는 프랑스 혁명이 영국과는 달리 사회의 근본적인 분열을 야기했기 때문이었다. 응집력 있는 사회는 갈등이 주변적인 것임을 밝혀주는 관습을 통해 스스로를 제어할 수 있다. 근본적인 분열을 안고 있는 사회는 *강제적* 관계의 정의인 법률에 의존해야 한다. 따라서 칸트Kant역주6)와 루소는 로크와는 달리, 의지를 일반적 이익과 동일시하는 데서 자유를 추구하고, 최소한의 통치가 아니라 정당한 통치를 하는 정부가 가장 자유롭다고 생각하는 대륙적 자유의 관념을 대표한다. 영국의 보수주의자에게 있어서 사회적 문제는 조정에 관한 문제로, 시의적절한 정치적 타협을 통해 사회적 영역을 보호하는 것이다. 그러나 대륙의 보수주의자는 정치적 타협을 사회적인 항복과 동일하게 여기기 때문에, 그에게 사회적 문제는 문자 그대로 보존에 관한 문제가 된다. 무릇 타협이라는 것은 어떤 대상에 *대해*서만 할 수 있는 것이기 때문이다. 국가와 사회가 각기 다른 두 개의 실체라면 문제가 발생하지 않는다. 하지만 그 둘이 동일할 경우 타협은 실패의 고백이자, 극복할 수 없는 사회적 분열을 인정하는 것이 된다. 그렇기 때문에 메테르니히는 그의 전성기가 이미 지난 지 오래인 생애의 막바지에 이르러서도, 정치가의 지혜란 타협해야 할 적절한 순간을 아는 것이라고 주장하는 영국 필 당원Peelite역주7) 제임스 그래엄 경Sir James Graham역주8)의 연설에 여전히 반대할 수 있었다. "내가 생각하는 정치가의 개념은 전혀 다르다. 진정한 정치가는 타협이 필요한 상황이 생기지 않도록 통치하는 법이다."[2]

이 말은 보수주의적 정치가라면 *모든* 변화에 반대해야 한다는 의미는 아니었다. 메테르니히는 보수주의자가 되려면 예전으로의 회귀나 반동이 아니라 신중하게 계산된 개혁이 필요하다고 적었다.[3] 진정한 보수주의란 적극적인 정책을 시사한다는 것이었다.[4] 그러나 개혁은 의지가 아닌 질서의 산물이어야 하며, 힘의 우발성에 대항해 법의 보편성을 주장해야 한다. 메테르니히는 자신의 정치적 유서에 다음과 같이 적었다. "나에게 자유라는 단어는 목표를 가리키는 것이었지, 한 번도 출발점을 의미한 적이 없었다. 출발점은 질서이며, 이것만이 자유를 만들 수 있다. 질서가 없는 자유의 호소란 특정 정당이 추구하는 특별한 목표에 지나지 않으며, 실제로 그것은 언제나 폭정으로 이어진다. 나 자신은 질서의 인간이므로 나의 노력은 기만적 자유가 아닌 실체적 자유를 성취하기 위한 것이었다… 나는 언제나 모든 종류의 전제정치는 유약함의 증상이라고 생각해왔다. 전제정치는 스스로를 비난하는 것이나 다름없다. 특히 자유의 명분을 증진하기 위해서라는 가면을 쓰고 나타날 때 전제정치는 가장 참기 어려운 것이 된다."[5]

그러나 이와 같은 주장이 단지 개인적인 신념을 설명한 것이었다면 그것이 과연 무슨 의미가 있을까? 이 주장에 따르면 유럽을 한 세대 동안 투쟁으로 몰고 간 것과 같은 종류의 "체제"가 다시 구축될 수도 있었을 것이다. 이런 양난 때문에 메테르니히는 자신의 시대에 자신의 이름을 붙이는 데 집요하게 저항했다. "메테르니히 체제"라는 명칭이 정확하다면 그것은 보수주의 정치인의 패배를 혁명의 승리만큼이나 확실하게 기록하는 표현이 되었을 것이다. 메테르니히의 투쟁은 개인으로서가 아니라 이성의 이름으로 행한 것이었으며, 사사로운 반대 때문이 아니라 보편성을 위한 것이었다. 그랬기 때문에 그는 자신이 체제가 아닌 영원한 원칙을 대변한다고 주장했고, 국가의 *실체적* 토대에 관한 우월한 지식을 주장했으며,[6] 혁명을 질병으로, 보수주의를 진리로 취급하면서 "병든" 사회 제도를 치유하는 의사 같은 태도를 취했던 것이다. 39년간에 걸쳐 권력을 유지한 처지임에도 메테르니히는 무너지는 세계를 시원섭섭한 체념의 기분으로 바라볼 수 있었는데, 그것은 *진정한* 사회적 요인에 대한 무지로 인해 무시무시한 대학살을 초래할 자신의 반대자들에 대한 동정이 뒤섞인 감정이었다. "39년 동안 본인은 결국 파도가 집어삼킬 때까지 파도를 막아내는 바위의 역할을 수행했다. 그러나 파도는 나를 삼킨 후에도 잦아들지 않았으니, 그것은 소요의 원인이 바위에 있는 것이 아니라 파도의 타고난 불안에 있었기 때문이다. 장애물을 치워도 상황은 달라지지 않았고, 달라질 수도 없었다… 사회적 동란의 옹호자들에게 고하노니, '그대들의 꿈속에서만 존재하는 세계의 시민이여, 바뀐 것은 아무것도 없다. 3월 14일[7], 단지 한 사람이 제거된 것 말고는 아무것도 달라지지 않았다.'"[8]

계몽주의는 19세기에 깊이 뿌리를 내리고 있었기 때문에 그 최후의 옹호자는 행동을 성공 여부가 아니라 "진위"로 판단했고, 철학적 유물론의 시대에 이성의 옹호자로서, 그는 도덕성은 규명할 수 있고 덕행은 가르칠 수 있다는 신념을 버리지 않았다. 그는 1822년에 다음과 같이 썼다. "(정책의 기반은) 소설이 아닌 역사에, 신념이 아닌 지식에 있다는 공리는 진실로 판명되었다."[9] 또 한 명의 나폴레옹[역주9]이 무대에 등장한 것은 그의 위대한 선조가 패배한지 35년 뒤의 일이었는데, 이때 메테르니히는 그것을 개인적인 실패가 아닌 철학적 통찰의 증명으로 간주했다. "루이 나폴레옹을 지지한 수백만 표는 질서 없이는 사회생활이 존재할 수 없고, 권위 없이는 질서가 존재할 수 없다는 본능적인 감정의 표현일 뿐이다. 오늘날 이 진실은 루이 나폴레옹이라고 불린다. 세상이 너무나 진부해진 나머지, 진실은 개인의 이름을 지녀야 한다. 다른 길이 모두 닫혀버렸기 때문이다."[10] 역사가 개인의 이름을 지니는 것이 역사적 보수주의자에게 비극인 것과 마찬가지로, 진실이 개인의 이름을 지닌다는 것은 합리주의적 보수주의자에게는 비극이었다. 진실의 익명성은 계몽주의의 역설이기도 했다. 비록 지식에 관한 이론 속에서만 그러할망정, 진실이 강할 때 그 기반은 신념이다. 진실이 도전받을 때 그 기반은 교의dogma가 된다.

그러나 냉소적인 시대에만 그와 같은 통찰이 가능하다. 철학적 공리의 자명함에 대한 신념의 이면에 불과한 냉철함을 자랑거리로 여기던 칸트나 볼테르의 동시대 지식인들, 자신의 자화상에 새길 문구를 달라고 하면 "무엇보다도 비애감pathos이 없다"는 표현을 증정하는 부류의 사람들은 이러한 통찰을 가질 수 없었다. 메테르니히는 노년에 이르러 자연과학에 깊은 관심을 가졌으며 특히 실험과학 분야의 과학자들과 많은 서신을 교환하였다. 차르가 자신의 종교적 고양상태를 사회 분야에까지 적용하려고 시도하자, 메테르니히는 1817년에 그에게 다음과 같은 서한을 보냈다. "세계는 신비주의라는 매우 독특한 질병을 앓고 있는데, 다른 모든 유행병처럼 그것도 지나갈 것입니다… 오늘날에는 번민하는 자들에게 신께서는 피를 보기 원하시는 것이 아니라 다른 종류의 봉사를 원하시며 인간은 누구도 타인의 양심을 정죄할 수 없다는 사실을 깨닫게 만드는 것보다는, 은자 피에르[역주10]의 설교를 반복하는 편이 더 쉬울 것입니다."[11] *이것은* 어떠한 종류의 대중운동도 반대하는 보수주의자의 목소리였을 뿐만 아니라, 낭만주의에 대한 계몽주의의 고발이기도 하였다.

II

그렇다면 메테르니히는 자신의 통찰력으로 무엇을 발견했을까? 그가 본 것은 법의 지배를 받는 우주였으며, 그 법이란 벌어진 사건에 대한 근대적 의미의 *해석*이 아니라 우주의 속성이었다. 그 법을 무시하고 조화와 균형의 명령을 무시하는 것은 도덕적으로 그르다기보다는 물리적인 재앙을 초래하는 짓이었다. 정치의 세계에서 균형상태가 공격의 힘과 저항의 힘 사이의 균형을 반영하듯이, 사회적 질서는 모든 사회적 기관에 내재되어 있는 보존적 성향과 파괴적 성향 사이의 불안한 긴장을 노정하는 것이었다. 정치가의 과업은 이러한 투쟁의 외형과 내용을 구분하는 것이었으며, 오로지 시간을 통해서만 자발성을 얻을 수 있는 질서의 도덕적 토대를 창조하는 것이었다. 이런 입장은 합리주의자가 종종 문제의 정의가 아니라 해결책이라고 여기곤 했던 또 다른 구분을 낳았다. 즉, 인간은 장래에 대한 계획적 선언이라는 의미를 지니는 문서로서의 헌장을 만들 수 있을 뿐, 헌법을 만드는 것은 시간이라는 것이다.[12]

그러므로 메테르니히는 이상적인 헌법을 제정하려는 동시대인들의 시도에 두 가지 이유를 들어 반대했다. 첫째로 그들은 "시간"이라는 요소를 간과하고 있기 때문이었다. 그 시간이란, 버크의 개념과 같이 거의 신성한 독립체가 아니라, 가장 강력한 사회적인 힘으로서의 시간을 뜻한다. 둘째로 헌법에 대한 그들의 모든 논의는 핵심을 벗어났기 때문에 비현실적이었다. 존재하는 모든 것은 법의 지배를 받으며 정치적인 세계에서 법의 표현은 헌법이다. "헌법이 없는 국가는 영혼이 없는 개인처럼 추상적인 관념에 불과하다."[13] 그런 까닭에 헌법적 보장이라는 수단으로 자유를 성취하려는 시도는 모순이었다. 메테르니히에 따르면, "권리"란 만들어지는 것이 아니라 존재하는 것이었다. 권리가 지켜지는지는 부수적이고 본질상 기술적인 문제로, 자유와는 아무런 상관이 없었다. 왕조차도 법을 초월할 수는 없다는 것이었는데, 이것은 신조차 2+2를 5로 만들 수는 없다는 그로티우스Grotius[역주11]의 유명한 말을 떠올리게 하는 발상이었다. 그러므로 권리를 보장한다는 것은 모순이며, 사실의 언명에 불과한 내용을 권력의 언어로 포장하는 것이고, 영구적 타당성을 가진 것에 인위적인 존재를 부여하는 것이었다. "당연하게 받아들여져야 할 것들이 인위적인 선언의 모습으로 존재하면 그 힘을 잃게 된다… 법률제정에 대한 열광은 세계를 62년 동안 황폐하게 만든 질병의 증세다… 자연의 힘과 도덕적 힘, 그리고 물질적인 힘은 *인간이* 규제하기에 적합한 대상이 아니다. 인권과 나란히 중력의 법칙을 제시하는 헌장을 도대체 뭐라고 부를 것인가? 실수로 법률의 적용을 받게 된 대상은 지키려던 것을 완전히 무효화시키지는 않는다 하더라도 그것을 제한할 뿐이다."[14)]

이것이 우주의 속성으로서의 권리에 관해 합리주의자가 품고 있던 믿음이자, 권력과 책임이 분리될 수 없다는 귀족적 관념이었고, 질서와 자유의 상호관련성에 대한 계몽주의의 신념이기도 했다. 이러한 견해는 "권리"의 존재가 인간이 만들어낸 모든 것을 초월하며, 사실상 인간이 만들어낸 것은 권리를 오히려 손상할 뿐이라는 주장이었는데, 그로 인해 민주주의 이론의 근본적인 모순을 강조한 셈이었다. 즉, 인간에게 자치 능력이 있다고 주장하는 인간성에 대한 관점이, 자치의 범위를 제한하는 또 다른 인간성에 관한 관점과 하나의 이론 속에서 연결되어 있었던 것이다. 만일 인간이 자의적인 억압을 인식할 수 있다면 어째서 타인을 억압하고자 하는가? 보편적 권리는 왜 보장되어야 하는가? 물론 이러한 사항은 국가와 사회 사이의 관계가 윤리적 기반이 아닌 법률적 기반에 기초하고 있는 앵글로색슨 국가에서는 문제가 된 적이 없었다. 여하튼 정부가 제한을 받는 것이 마땅하다고 이해하는 앵글로색슨 국가의 경우에 헌법적 보장은 정부에 대한 제한이 명시적이냐 암묵적이냐를 구별하는 가치를 지닌다. 그러나 "윤리적 국가"에서 정부에 대한 명시적 제한은 무의미하다. 국가가 유용성이 아닌 도덕성으로 스스로를 정당화한다면, 국가의 수단에 관해 호소할 법정은 존재하지 않는다. 제재가 법률적인 것이 아니라 도덕적인 것이라면, 국가에 대한 제한은 헌법적 보장이 아닌 자기제어로써만 가능하다.

이것이 자유주의적인 반대세력에 대한 보수주의 정치가의 도전이었다. 보수주의자가 권위의 본질에 대한 정의를 강요당함으로써 본의 아니게 변혁적 시대의 상징물이 되었다면, 자유주의자는 자유의 본질에 대한 질문에 스스로 대답함으로써 자가당착에 봉착했다. 메테르니히도 자유에 관한 질문에 자신만의 해답을 갖고 있지는 않았지만, 그의 경우는 그것이 권위의 개념과 분리할 수 없다고 보았기 때문이었다. 그와 마찬가지로 그의 반대자들도 권위의 문제를 진정으로 다룬 적이 없었으니, 그들은 그것이 자유의 정의 속에 전부 규명된다고 여겼다. 그러나 그들은 스스로 생각하는 것보다 서로 비슷했다. 누군가가 메테르니히에게 권위의 한계에 대해, 그리고 그의 반대파들에게 자유의 한계에 대해 질문한다면, 두 쪽 다 이성이라는 한 단어로 답했을 것인데, 이것은 양측 모두에게 그런 질문이 본질적으로 무의미하다는 뜻이었다. 자명하고 절대적이며, 그 개념 자체로써 적절성을 증명하는 이성이라는 것은 필연성의 한계뿐 아니라 자유의 한계도 설정하게 된다. 절대적 규범에 대해 상이한 해석이 가능하다는 것은 칸트에게는 상상할 수 없는 일이었다. 메테르니히로서는 군주가 법을 힘으로 대체한다는 것을 상상할 수 없는 일로 여긴 것은 아니었지만, 그것은 자살행위이므로 일어날 가능성이 별로 없을 것으로 보았다. 메테르니히와 자유주의자들 사이의 논쟁이 적어도 "민주주의적" 측면에 관해서는 내전과도 같이 치열해진 원인이 바로 여기에 있었다. 반대파들에게 있어서 메테르니히는 자유주의가 주장하는 바로 그 보편성의 이름으로 자유주의와 싸우는 적수였으며, 반대파의 존재가 메테르니히에게 도전이었던 것처럼 메테르니히의 논쟁 *방식*mode도 반대파에게는 도전을 의미했다. 동일한 전제에서 정반대의 두 가지 결론이 도출되는 상황을 합리주의적 철학이 견뎌내기란 실로 어려운 노릇이다.

III

메테르니히는 형식적 헌법의 추구를 망상이라고 여겼다면, 혁명은 물리적 재앙이라고 보았다. 보전의 힘과 파괴의 힘 사이의 균형이라는 특성을 지닌 우주에서 혁명은 후자에 치우치는 균형의 붕괴로 말미암아 일어난다는 것이다. 그러나 균형이 "자연스러운" 상태이기 때문에, 혁명은 새로운 통합을 향한 억지스러운 이탈 이상의 성과를 거두지 못한다. 따라서 혁명에 수반되는 무질서는 전환기의 증상이고, 폭력은 혁명을 지지하는 자들의 무지를 반영하는 것이다. "혁명은 국가의 일생에 있어 일시적인 소요다… 질서는 항상 제자리를 찾기 마련이다. 국가는 개인처럼 사망하지 않고 자기 자신을 변모시킨다. 정치가의 임무는… 그 변화를 안내하고 변화의 방향을 감독하는 것이다."[15] 보수적 질서와 혁명적 질서의 차이는 변화라는 사실이 아니라 그 방식에 있다는 것이었다. "자유주의적인 정신이 종종 간과하는 고려사항은… 개인의 삶에서처럼 국가의 생애에 있어서도 진전이 신중한 단계를 거쳐 이루어지느냐 또는 도약으로 이루어지느냐에 따라 차이가 생긴다는 점이다. 전자의 경우 상황은 자연법에 따라 발전하지만 후자의 경우는 자연법과의 관계가 훼손된다… 자연이 곧 진전이며 현상의 질서정연한 승계이므로, 이러한 과정만이 악을 제거하고 선을 육성할 수 있다. 도약적 변화는 완전히 새로운 창조물을 요구하는 것으로 귀결되지만, 인간은 무에서 유를 창조할 권리를 부여받지 못했다."[16] 그렇다면 문명이란, 변화가 얼마나 "자연스럽게" 일어날 수 있느냐는 정도degree를 나타내는 것이며, 파괴의 힘과 보존의 힘 사이에 존재하는 긴장이 의무의 자발적 형태 속에 어느 정도로 포함되어 있는지를 가리키는 척도다. 그러므로 진정한 문명은 권위와 복종과 헌신의 신성불가침성[17]을 조장한 기독교의 출현을 통해 비로소 찾아온 것이었다. 이것이 종교에 대한 합리주의자의 기능적 해석이었다.

권위의 본질에 관한 메테르니히의 견해가 진부하다는 점은 보수주의의 양난을 보여주는 것이다. 보수주의자는 권위의 본질을 당연시하기 때문이다. 자유의 의미에 관한 그의 견해는 빈약한데, 그 질문을 무의미하게 여기기 때문이다. 반면에 혁명의 본질에 관한 그의 분석은 명석하고 강렬하다. 발발한 혁명을 물리치기 위해 일련의 회의를 준비하고 있던 1820년 당시 메테르니히는 "신념의 고백Profession of Faith"을 저술했는데, 거기서 그는 혁명의 본질에 대한 분석과 역사철학을 결합했다.[18] 메테르니히는 16세기에 이르기까지 보전의 힘과 파괴의 힘은 자발적 균형상태에 있었다고 주장했다. 그러나 그 후에 문명이 폭력으로, 질서가 무질서로 대체되는 세 가지 사건이 발생했으니, 그것은 인쇄술과 화약의 발명과 아메리카 대륙의 발견이라는 것이었다. 인쇄술은 사상의 교류를 촉진함으로써 사상을 저속화시켰고, 화약의 발명은 공격용 무기와 방어용 무기 사이의 균형을 변화시켰으며, 아메리카 대륙의 발견은 물리적, 정신적 상황을 모두 변모시켰다. 귀금속의 유입은 보수적 질서의 토대인 부동산 가치의 급격한 변화를 초래했고, 갑작스러운 부에 대한 기대감은 모험심과 현실에 대한 불만을 야기했다. 그리고 종교개혁이 도덕적 세계를 전복하고 인간을 역사의 힘보다 높은 자리로 격상시킴으로써 이 과정을 완성했다.

이 모든 것은 주제넘은 인간이라는, 변혁적 시대를 상징하는 특정한 부류의 개인을 만들어냈다. 그것은 표면적인 완벽성을 향해 과도하게 빠른 속도로 돌진하던 인간정신의 당연한 소산이었다. "종교, 도덕, 입법, 경제, 정치, 행정, 모든 것이 누구나 접근할 수 있는 공공재가 되어버린 것처럼 보인다. 과학은 직관으로 여겨지고, 주제넘은 자들은 경험에 아무런 가치도 부여하지 않는다. 이런 부류에게 신앙심은 아무 의미도 없으며 개인적 신념이라는 가식이 신앙심을 대체한다. 그러면서도 그런 가식에 도달하기 위한 분석이나 학습은 생략해 버리는데, 모든 문제를 총체적으로 일거에 포용할 능력이 있다고 믿는 자들은 이런 과정을 너무 시시한 활동이라고 여기기 때문이다. 그에게는 법도 아무런 가치가 없으니, 그는 법을 입안하는데 아무런 기여도 하지 않았을 뿐더러, 무지하고 야만적인 세대가 기록해 놓은 한계를 인정하는 것은 자기처럼 품격을 갖춘 인간의 존엄성에 미치지 못하는 일이라고 여기기 때문이다. 권력이 자기 안에 내재하는데, 통찰력을… 상실한 인간에게만 유효한 것에 복종할 이유가 무엇이겠는가? 이들은 나약함의 시대에는 적합했을지 모르는 것들이 이성의 시대에는 더 이상 유용하지 않다고 여긴다… (이 모든 것이) 사회를 구성하는 모든 요소들을 개별화하는 사물의 질서를 지향한다." 이보다 더 비극적인 선언을 찾기도 어려울 것이다. 가식과 현실 사이의 상위성을 드러내는 표현은 그의 반대파들의 목표를 묘사하는 의도적인 비아냥이었다. 메테르니히가 그저 보여주기만 해도 어리석은 일로 일축할 수 있으리라고 믿었던 것을, 그의 반대자들은 긍정하기만 하면 유효한 것이 된다고 여겼다. "진실"이 자명한 것이 아닐 수도 있다는 점을 인정하기 주저하는 것은 혁명기의 불가피한 오해였다. 메테르니히는 그의 적들로부터 "현실"을 보호하기 위해 필사적으로 노력했지만, 논쟁은 갈수록 현실의 본질과 "진실"의 본질에 관한 것이 되어갔다. "현실"이 여전히 의문의 여지가 없는 것이라면, 그는 그것을 굳이 주장할 필요가 없었을 것이다. 그러나 그는 갈수록 현실을 더 끈질기게 주장함으로써, 오히려 현실의 붕괴를 입증했다.

그런 다음 메테르니히는 이 주제넘은 인간을 유형과 태생에 따라 구분했다. 그들은 평등주의자와 이론가로 이루어져 있는바, 전자는 강력한 의지와 굳건한 결의를 가진 자들이고, 후자는 자기만의 세계에 살고 있는 추상적 이론가들이었다. 그러나 주제넘은 뻔뻔함이 어떤 모습으로 나타나든, 그것이 생겨난 곳은 중산계급이었다. 혁명적 귀족은 길 잃은 영혼이 되어 혁명에 희생되거나 자신보다 열등한 자들의 시중을 드는 역할을 강요당하는 신세로 전락할 운명이었다. 인구의 대다수는 언제나 변화를 불신하면서 자신들의 고단한 생업에 종사하기 위해 법의 평등한 보호만을 절실히 원하고 있었다. 중산계급, 변호사, 작가, 관료, 어중간한 교육을 받은 자들, 의사전달 수단을 갖춘 자들, 야심은 있으나 목표는 없는 자들, 불만은 있으나 대안을 제공할 능력은 없는 자들 등이 진정한 혁명 기관이었다. 메테르니히는 혁명이 유럽에서 가장 빈곤한 국가에서가 아닌 가장 부유한 국가에서, 가장 낙후된 국가가 아닌 가장 선진적 국가에서 발생한 것은 우연이 아니며, 선진 국가는 너무나 타락한 나머지 "대중이 혁명을 준비하기 전부터 혁명은 이미 왕궁과 상류층의 거실에서 승리를 거두었다"고 결론 내렸다.

혁명은 정부의 나약함과, 문자 그대로 적용함으로써 파멸을 초래한 한 가지 신화에 대한 믿음 없이는 승리할 수 없었을 것이다. 그 신화는 영국의 제도를 대륙에도 이식할 수 있다는 것이었다. 메테르니히는 만년에 자신의 '신념의 고백'에 견줄만한 다음과 같은 글을 썼다. "오늘날 유럽을 특징짓는 거대한 혼란의 원인 중 한 가지는 영국의 제도를 대륙에 이식한 데 있다. 기존의 조건과 완전히 모순되는 제도를 이식해 적용한다는 것은 환상이거나 왜곡이 될 수밖에 없다. 소위 '영국파'가 프랑스 혁명의 원인이 되었으며, 그 혁명의 결과는 극도로 반영국적인 성향으로 표출되었고, 오늘날 유럽을 황폐하게 만들었다. 영국인들의 심성에 있어서 자유와 질서의 개념은 확고히 불가분의 것이어서, 개혁주의자들이 나타나 자유에 관해 설교를 한다면 가장 비천한 마구간지기조차도 그 앞에서 웃어버릴 것이다."[19] 프랑스 혁명전쟁은 이런 원칙들을 유럽 전체에 전파했다. 보나파르트에 대한 증오가 그 원칙들의 유해한 영향력을 그저 잠시 늦출 수 있었는데, 그나마 오해로 인한 것이었다. 군주들은 나폴레옹에 대항해 전쟁에 임했지만, 인민들은 프랑스 혁명 공약의 실현을 얻어내기 위해서 어느 정도는 자신의 군주에 대항해서 전쟁에 임한 측면도 있었기 때문이었다. 1814년 체결된 현명한 강화조약이 안정의 시대를 열었을지는 몰라도, 나폴레옹의 엘바 섬으로부터의 귀환은 보나파르트가 지배한 14년간의 반혁명 성과를 100일 만에 원상태로 되돌려놓았다. 나폴레옹은 프랑스에 다시금 혁명을 풀어놓음으로써 유럽을 끝나지 않을 사회적 갈등에 노출시켰다.[20]

IV

이것은 유럽 전체를 휩쓴 동란의 원인에 대한 설득력 있는 분석이다. 그러나 그 설득력은 동시에 문제점도 야기한다. 혁명정신이 그토록 광범위하게 전파되었다면, 어떻게 거기에 대항할 수 있다는 말인가? 혁명의 원인이 역사를 거슬러 올라갈 만큼 오래되고 근본적인 것이라면, 가능한 치유책이 존재할 수 있다는 말인가? 중산계급이 그토록 강력하다면, 이들에 어떻게 대처할 수 있다는 말인가? 버크 같은 역사적 보수주의의 옹호자들은 점진적 통합을 통해, 그리고 온건함과 적응 필요성을 배움으로써 가능하다고 답했을 것이다. 캐슬레이조차도 아직은 루이 18세에게 다음과 같이 조언할 수 있을 정도였다. 혁명가는 "다른 것들에 뒤섞인 채 관직에 있을 때는 조금도 두려운 존재가 아닙니다. 폭군들은 밉살스러운 자를 독살할 수 있겠지만, 입헌군주가 누군가를 통제할 수 있는 유일한 수단은 그를 등용하는 것입니다."[21] 하지만 메테르니히와 같은 합리주의적 보수주의자에게 이러한 해결책은 위험한 회피다. 계몽주의의 적자嫡子인 그에게 정치적인 문제들은 논리적 이율배반의 엄밀성을 전제하여야 했고, 그래서 그는 차이점을 두루뭉술하게 덮는 대신 더욱 첨예하게 만들었다. 파괴의 힘이 만연하다면, 질서의 힘을 강화하는 것이 보수주의자의 임무였다. 개혁을 요구하는 여론이 보편적이라면, 권위의 이름으로 저항하는 일은 더더욱 중요했다.

이런 식으로, 자유=질서에의 자발적 복종이라는 등식은 사실상 무의미한 정의가 되었고, 예외를 인정하지 않는 공리는 무위를 정당화하는 명분이 되어버렸다. 메테르니히는 지치는 기색도 없이, 인민의 요구에 양보하는 것을 자본의 낭비에 비유했다. 그의 기본적 공리는 "선동된 격정의 한가운데에서는 개혁을 생각할 수 없다. 그런 상황에서 현명함은 유지하는 일에 한정된다"[22]는 것이었다. 따라서 그는 점점 더 *모든* 변화에 반대하는 경직된 태도를 취했다. 변화는 압력에 대한 굴복 가능성을 상징하는 것이기 때문이었다. "모든 것이 비틀거릴 때는 확고부동함을 견지하는 무언가가, 그것이 무엇이 되었든 간에, 절실히 필요하다. 그래야만 길을 잃은 자들이 붙잡을 것을 찾을 수 있고 방황하는 자들이 피난처를 찾을 수 있기 때문이다."[23] 이것은 메테르니히가 부르봉 왕가의 "정통성"에도 불구하고 부르봉보다는 나폴레옹을 선호한 이유를 설명해준다. 메테르니히에게 정통성은 목표가 아니라 수단이었으며, 안정의 요건들과 충돌한다면 양보해야 할 대상이었다. 그러므로 역설적이지만 메테르니히는 기존의 제도를 아무리 개탄해도 결국 그것에 대한 옹호자가 되었는데, 기존 제도의 전복은 훨씬 더 위험한 징조였기 때문이다. 1820년의 혼란기에 바덴 대공이 헌법의 폐지를 제안했을 때, 메테르니히는 다음과 같이 대답했다. "합법적으로 수립된 모든 질서는 더 나은 체제의 원칙을 내포하고 있습니다… 어찌 되었든 헌장은 헌법과는 다릅니다. 선악을 구별하고, 공권력을 강화하고, 적대적인 공격으로부터 국민의 안녕과 행복을 지키는 것이 정부의 의무입니다."[24]

변혁적 시대의 한가운데에서 질서를 통해 변화를 일으키고 질서를 안정과 동일시하려는 이와 같은 노력은 헛된 싸움이었으며, 자멸에 이르는 곡예였다. 주장하는 내용과는 정반대로, 그것은 잃어버린 순수를 되찾으려는 노력이자, 의무가 자발적이던 시절을 향한 원정이었고, 통치행위를 의무의 상호 이행으로 보는 귀족적 관념이었다. "메테르니히 체제"는 혁명의 원인에 대한 질문에는 답변을 제시했지만, 일단 혁명이 일어난 후에 어떻게 대처할지에 대해서는 아무런 암시도 제공하지 않았다. 또한 개혁할 용의가 있다는 점을 추상적으로 언급한 적은 있었지만 구체적으로 어떤 수단들을 적절하다고 볼지에 관한 논의는 전혀 없었다. 1851년에 이르러서도 메테르니히는 자신의 후계자인 슈바르첸베르크[역주12)]에게 마치 아직도 중산계급이 타도할 수 있는 대상이기라도 하다는 듯이 토지귀족계급을 강화하라고 말하는 것보다 더 나은 조언을 해줄 수는 없었다. 혁명은 언제나 정부의 탓이며, 행동을 통해서만 보존할 수 있다는 주장은 흠잡을 데가 없는 것이었다. 그러나 실상에 있어서 그런 주장은 악순환에 빠졌다. 메테르니히는 원칙상 개혁에 반대한 것은 아니었지만, 그가 질서로부터 발현되는 개혁을 원했던 반면에 그의 반대자들은 같은 것을 변화의 이름으로 원했기 때문이다. 그 결과는 교착상태였고, 내용에 대한 형식의 승리였다.

메테르니히가 끊임없이 추구한 것은 일시적 안정이었으며, 일순간일망정 삶의 흐름을 정지시키려는 것이었다. 따라서 이미 벌어진 일은 의지나 불확정성의 확인이 아니라 보편적 원칙을 의미하게 되었는데, 그것은 어쩌면 필연적인 귀결인지도 몰랐다. 이는 마치 전자의 위치와 속도를 동시에 정확히 측정할 수 없는 물리학자가 일순간만이라도 전자를 고정시키려고 자신의 모든 정력을 쏟아 붓는 것과도 흡사했다. 그렇게 할 수만 있다면 전자의 궤

적을 영원히 기록할 수 있을 것이기 때문이다. 또는 가파른 산에서 알지 못하는 내리막길로 통제 불가능한 자동차를 몰면서 핸들을 절망적으로 붙드는 운전자의 노력과도 흡사한 것이었다. 핸들이 말을 듣게 만들 수만 있다면 불가피한 그의 하산은 혼돈이 아닌 질서를 의미할 것이기 때문이다. 따라서 메테르니히의 통찰력은, 그것이 얼마나 뛰어난 것이었든지 간에, 갈수록 교조적이 되어갔다. 과거를 한 번도 가져본 적이 없는 자들은 미래를 소유할 수 없다는 그의 주장은 올바른 것이었을지도 모르나, 과거를 *가져본* 적이 있었던 자들도 미래에 과거를 추구함으로써 스스로를 망가뜨릴 수 있는 법이다.

하지만 이 모든 둔감함에도 위대함의 요소는 있었다. 메테르니히는 전개될 개연성이 있는 상황에 관해 환상을 품고 있지 않았고, 자신의 임무가 불가피한 결과를 개선시키는 데 있다고 보았기 때문이다. "기존의 사회는 쇠락하고 있다. 정지한 채로 존재하는 것은 아무것도 없으며… 사회는 이미 발전의 정점에 다다랐다. 이런 조건에서 전진하는 것은 하락하는 것을 의미한다… 동시대인들에게는 이런 시대가 끝없이 계속될 것처럼 보이겠지만, 역사의 연대기에 있어서 2, 3백년이 무슨 대수이겠는가?… 내 인생은 불행한 시기로 접어들었다. 나는 너무 일찍 태어나거나 너무 늦게 태어났다. 이전이라면 인생을 즐겼을 것이고, 나중이라면 재건에 기여할 수 있었을 것이다. 이제 나는 쓰러져가는 건물을 지탱하는 데 인생을 소모한다."[25] 그는 혁명이 불가능해서가 아니라, "부자연스럽기" 때문에 거기에 맞서 싸운 것이었다. 그가 민주주의에 대항했던 이유는 다음과 같은 것이었다. "권위는 항구성에 내재된 힘의 표현이다. (의원내각제 정부에서는) 권력이 일시적인 것으로 나타난다… 나는 소인배들이 스스로를 권력의 표현으로 여기고 싶어 한다는 점을 이해한다. 이와 마찬가지로, *모든* 권위에 반대하는 자들 역시 권위를 제거하려는 그들의 노력을 촉진하기 위해 권위를 개인적 차원으로 끌어내리고 싶어 한다는 사실 또한 의심의 여지가 없다…"[26] 그는 질서가 균형상태의 표현이고 균형상태는 우주의 구조를 반영한다고 생각했기 때문에 국가들의 "기본적 이익"이 궁극적으로는 다시 힘을 발휘할 것이라고 확신했다. 그러나 그는 혁명가들이 스스로 초래한 세상을 보면 경악을 금치 못할 것이라고 예언했다.[27] 어긋남이 크면 클수록 혼돈의 정치적 공백기interregnum는 더욱 폭력적이 된다. 메테르니히에게 폭정despotism이란 권리의 보장이 없는 상태가 아니라, 보편적 공리를 결여한 통치였다. 전제정치tyranny는 혁명의 원인이 아니라 혁명의 결과로 나타날 가능성이 컸다. 파괴의 힘이 사회질서를 약화하는데 성공하면 할수록 사회의 필연적 표현인 권위는 점점 더 개인적인 외형을 갖추지 않을 수 없다는 것이었으니, 이것이 자의성恣意性, arbitrariness에 관한 보수주의자의 견해였다.

그런 이유로 메테르니히는 보수주의적 도전을 제시하면서 그것을 의지의 배타적 유효성에 대한 주장을 초월할 필요성과 힘에 의한 주장을 제한하기 위한 요건이라는 형태로 제시한 것이었다. 이는 이성이 신을 대신한다는 점만 제외하면, 겸손함에 관한 고전적 신학의 해석이라고 할 수 있는 "뜻이 이루어지이다Thy will be done"라는 표현의 재정의라고 할 수 있다. 이것은 정치의 가장 근본적인 문제를 다루려는 노력으로, 사악함을 통제하는 것이 아니라 정의로움을 제한하려는 것이었다. 악을 "벌하는" 것은 공공윤리의 단순한 표현에 불과하므로 상대적으로 쉬운 문제다. 그러나 정의로운 힘의 행사를 제한하는 것은 좀 더 어려운 문제다. 왜냐 하면, 정의로운 힘을 제한한다는 것은 정의가 공간은 물론 시간 속에도 존재한다고 주장하는 것이고, 자유의사가 아무리 고결하더라도 의지를 초월하는 힘에 의해 제한된다고 주장하는 것이며, 자기 절제의 성취가 사회질서의 궁극적인 도전이라고 주장하는 것이기 때문이다. 메테르니히는 어느 쪽으로든 과도한 것은 사회를 파괴한다고 주장함으로써 이 문제를 처리했다. 개인의 의지는 우발적이다. 인간은 자신을 초월하는 여러 힘들의 일부이며, 사회와 그 역사적 표현인 국가의 일부이기 때문이다. 국가는 정의와 질서에 대한 인간의 기본적인 요구를 반영하고 있으므로, 인간이 그러하듯 자연의 소산임이 분명하다. 국가도 "자연"의 산물이기 때문에 인간과 마찬가지로 생활주기를 가지고 있지만 단지 죽음이라는 인간의 궁극적인 위안만을 누리지 못할 뿐이다. 요컨대 국가는 죽을 수가 없고, 스스로 저지른 *모든* 죄의 값을 지불해야 한다는 것이었다.[28]

그러므로 보수주의 정치가의 마지막 행동이 그의 공리를 정당화할 수 있는 유일한 수단인 익명성을 호소하는, 상징적 성격의 행위였다는 사실은 적절한 것이었다. 1848년 승리를 거둔 혁명의 대표자가 그의 사임을 일컬어 "관대하다"고 말했을 때, 노년의 메테르니히는 "본인은 그 용어에 엄중히 항의하는 바입니다. 오로지 군주만이 관대할 수 있으며, 나의 행동은 정의에 관한 나의 감각과 의무에 관한 나의 개념의 결과물입니다"라고 말했다. 반세기에 걸친 투쟁에서 패배했음에도 불구하고, "혁명의 의사"가 마지막으로 보여준 태도는 질서에 관한, 그리고 의지에 우선하는 정의에 관한 최후의 필사적 주장이었다. 대표 중 한 명이 "관대한"이라는 표현을 사용할 것을 고집하자 메테르니히는 이렇게 말했다. "내가 사임하면 제국을 가져가 버렸다는 이야기를 듣게 될 것을 예상하고 있습니다. 하지만 그것은 사실이 아닙니다. 그 어느 개인도 제국을 짊어질 만큼 넓은 어깨를 가지고 있지 못합니다. 국가가 소멸한다면 그것은 스스로에 대한 신념을 잃어버렸기 때문일 겁니다."[29] 이러한 언급은 보수주의의 양난을 궁극적으로 상징하는 것이었다. 보수주의자의 임무는 혁명을 타도하는 것이 아니라 막는 것이라는 점, 혁명을 *예방*하지 못한 사회, 혁명이라는 *사실*로 인해 가치의 붕괴가 드러난 사회는 보수주의적 조치로 혁명을 타파하지 못하리라는 점, 그리고 한번 붕괴된 질서는 혼돈의 경험을 통해서만 회복할 수 있다는 점이 보수주의의 양난이었다.

V

그러나 메테르니히의 공리가 경직적이었던 데는 또 다른 이유가 있었다. 사실상 그 경직성은 여러 면에서 그저 그가 대표하는 제국의 구조를 반영하는 것일 뿐이었다. 자신이 대면하고 있는 것이 붕괴된 세계질서의 가장 완강한 잔재들이라는 사실을 인식하지 못하는 사람의 눈에는 퇴행적이거나 심지어 퇴폐적인 것처럼 보이는 국가들이 어느 시대에도 존재했으며, 그런 국가들은 시대착오적 인식을 조장했다. 이런 유물들이 살아남을 수 있도록 만들어준 것은 그들의 둔탁한 강인함이지만, 바로 그런 자질이 그들의 적응력을 제한하는 것이기도 하다. 이런 국가들이 그들을 더는 이해해주지 못하는 세상에 직면할 때, 해체의 힘에 대한 그들의 본능적 반응은 경직성으로 나타나게 된다.

이것이 19세기 오스트리아 제국의 상황이었다. 단일 왕조의 완고함을 토대로 건립되고, 동방에 대항하는 유럽의 보루로서 강성하게 되었으며, 그 영토는 다른 어떤 나라보다 다양한 언어를 사용하는 민족들과 다양한 수준의 문명들을 포함하고 있었고, 단지 한 사람의 황제라는 공통점으로만 통합되어 있었다. 오스트리아는 중세의 거대한 봉건 체제 가운데 홀로 근대에 이르기까지 살아남았으며, 아직도 상호적 충성서약의 원칙, 복잡한 일련의 이해관계, 그리고 필요성이라는 자명한 이유로 유지되고 있었다. 메테르니히는 이렇게 말했다. "오스트리아는 법적으로는 단일국가지만 행정적으로는 다양한 국가다. 오스트리아는 스스로의 의지가 아니라 근본적인 이유들 때문에 이러한 다양성을 가지게 되었는데, 그 중에서도 가장 중요한 것은 민족적 상이함이다… 그러므로 제국의 기반은 제국을 구성하는 다양한 요소들의 상이한 법적 규약을 유지하는 데 있으며, 그것만이 모든 개념의 평준화라는 우리 시대의 특징에 대항할 수 있는 우리의 유일한 방어수단이다."[30]

중앙집권화, 민족주의, 행정 합리화, 성문입법화의 시대에 왕정국가가 무엇을 할 수 있었겠는가? 근대화의 충격은 이처럼 복잡하고 섬세한 체제에 해체의 힘으로 작용했다. 관계들이 너무나도 복잡한 나머지 그것을 정의하려는 시도 자체가 차이점을 강조하는 결과만 초래하게 된다면, 유기적인 제도를 어떻게 합리화할 수 있다는 말인가? 중앙집권화를 시도하면 모든 정력을 내부투쟁에 소모할 것이 뻔한 국가에, 고도로 중앙집권화 된 통치가 효과적이라는 프랑스의 교훈을 적용하는 것이 가능하겠는가? 오스트리아는 계몽주의의 교훈을 적용하려고 했던 요제프 황제[역주13]의 노력을 경험한 바 있었는데, 그로 인해 제국은 거의 분해될 뻔 했었다. 오스트리아 제국의 학습 속도는 느리다고 할 수 있지만 한번 얻은 교훈은 망각하는 법이 없었고, 그 기억력은 오스트리아의 경직성과 더불어 파멸의 원인이 되었다.

따라서 메테르니히는 이론적인 이유에서만이 아니라 지극히 실용적인 이유에서도 자유주의에 대항해 싸웠다. 그는 근대적이고 중앙집권적인 국가를 추구하는 오스트리아 자유주의자들의 노력을 망상으로 간주했다. 그런 노력은 오스트리아에는 적용되지 않는 통치 개념에 기초하고 있었기 때문이다. 오스트리아를 일원적 국가로 변모시키려고 했던 1848년의 자유주의 혁명 이후에 메테르니히는 다음과 같이 적었다. "비엔나는 파리와는 다르다. 이곳은 제국 전체의 활력을 소비하는 도시가 아니며, 그렇기 때문에 법률을 임의로 제정할 수 있는 도시가 아니다. 이곳은 우연히 제국의 심장부가 위치한 껍질에 불과하다… 이곳이 복합제국 전체를 아우르는 수도가 된 것은 단지 황제가 이곳에 거주하고 있기 때문이며, 중심적 입지라는 기술적인 이유에서였다… 제국의 모든 구성요소들은 그들의 진정하고 가시적인 지배자인 황제를 우러러본다. 스스로만을 대표하는 내각을 우러러볼 자가 대체 어디 있겠는가? 헝가리가 그 명령에 따르겠는가? 성 스테판의 왕관 Crown of St. Stephan역주14)을 쓰고 있지도 않은 내각에 어찌 복종하겠는가?… 황제가 모든 것이며, 비엔나는 아무것도 아니다."[31] 이것은 양난에 대한 또 한 번의 웅장한 분석이었으나, 여전히 그 어떤 처방도 제시하지 못했다. 개인적 충성이라는 정통성으로는 더 이상 충분치 않았으며, 19세기는 정부를 점점 더 추상적 표현으로 위축시켜 정부의 행동이 지배자의 역사적 "진실성"으로 정당화되지 않고 모든 조치의 합리성으로 정당화되는 시대였다는 점이 바로 오스트리아의 비극이었기 때문이다.

오스트리아 제국의 구조에 대한 메테르니히의 분석은 내각책임의 개념에 대한 그의 거부로 이어졌다. 그가 황제의 권력이 절대적이라고 믿었기 때문이 아니라, 책임에 관한 그의 개념이 그의 반대자들의 담론과는 다른 영역에 적용되는 것이기 때문이었다. 메테르니히의 주장에 따르면 책임은 법적 개념을 의미하며, 그렇기 때문에 의원내각제 국가에서는 의회가 최고법원에 해당되었다. 하지만 오스트리아의 결속은 민족이 아니라 왕정에 기반을 두고 있었으며, 바로 그 이유 때문에 오스트리아는 대의제를 시행할 수 없었다. 책임 내각은 인민의 주권을 암시하는 것이었으나, 인민주권은 오스트리아를 해체시키는 요인과 관련이 있었다.[32] 이와 같은 상황은 제국의 곳곳에 입법부를 설치한다고 해도 달라질 수 없는 것이었다. 군주의 주권은 여러 민족에 확장될 수 있어도, 인민주권은 분할될 수 없는 것이기 때문이었다. 영국과 아일랜드의 경험이 보여준 것처럼, 여러 민족으로 구성된 의회의 계서적 제도를 만드는 것도 해결책이 될 수는 없었다. 그러므로 책임 정부를 요구하는 것은 완전한 무책임을 요구하는 셈이었다. 오스트리아라는 민족은 존재하지 않았기 때문에 내각은 스스로에 대해서만 책임을 질 터였다. 역사의 산물이자 왕조적 통찰력의 소산인 오스트리아는 군주의 공리, 자국에 대한 유일한 통찰의 현신인 황제에게서만 책임을 구할 수 있었다.

이것은 또 하나의 화려한 이율배반이다. 하지만 민족주의의 세기에 군주는 어떻게 통치해야 하는가? 메테르니히의 대답은 진정한 통치가 가능하도록 정부를 강화하고 행정부를 분권화하라는 것이었다. 다언어 제국은 중앙 정부의 유리함을 증명하고 문화적 다양성과 모순되지 않음을 증명함으로써만 생존할 수 있을 터였다. 이것이 정치와 행정을 혼동하는 오스트리아 제국의 근본적 만성 질환에 대한 메테르니히의 처방이었다. 19세기가 진전함에 따라 시대착오적 제국은 점점 더 계산의 확정성을 추구했는데, 그것은 변화하는 조건에 맞추기보다는 관료적 규범을 적용함으로써 더 손쉽게 얻을 수 있는 것이었다. 행정은 "저절로 운영된다"는 착각을 불러일으키는데, 평범함을 동화시키는 행정의 방식이라는 관례가 외부인들에게는 성공의 조건처럼 보이기 마련이다. 관료제의 동기는 안전의 추구로서, 달성된 목표보다는 회피한 실패를 기준으로 성공을 측정하며, 위대한 발상의 필요성을 부정하는 객관성을 자랑스럽게 여긴다. 해체되어가고 있는 체제로서는 이러한 모든 자질을, 다가오는 혼란으로부터 확실성을 구할 수단의 상징으로 받아들일 수도 있다. 설령 결과는 비참했을지라도, 오스트리아가 점점 더 순수하게 행정적인 고려사항들을 복잡한 국내 문제들에 대한 해결책으로 활용한 것은 이해할 수 있는 일이었다. 오스트리아가 해체되지 않고서는 군주제 국가로부터 중앙집권 정부로 전환할 수 없다는 것은 사실이었지만, 그렇다고 해서 18세기 또는 그 이전 세기의 정부형태를 근대에 도입할 일은 아니었다. 오스트리아의 정치가 국내적 정통성과 관료제의 구조를 혼동했고, 그로 인해 시대에 뒤쳐진 행정부가 빠르게 증가하는 산업화, 민족주의, 자유주의의 문제들에 직면하고 있었다는 것은 오스트리아 정치의 불모성을 보여주는 것이었다. 이런 식으로 오스트리아 왕실은 실적을 통해서 스스로를 정당화할 기회를 잃었고, 반대파는 교조적인 차이점에 비효율성에 대한 비난이라는 항목을 추가할 수 있었다.

행정조직은 봉건시대의 가부장적 의무 형식의 연속에 불과했다. 황제는 법률상으로 권위의 유일한 원천일 뿐만 아니라, 정책과 행정에 있어서도 실질적인 중심이었다. 정부는 내각이 아닌 황실의 부서들에 의해 운영되었다. 그 부서의 수장은 장관이 아니라 '호프래트Hofräte'라고 불리는 종신직 책임자였다. 거의 한 세기동안 메테르니히만이 유일하게 장관이라는 직책을 가진 관료였으며, 그는 질시로 인해 모든 국내적 영향력을 박탈당함으로써 이 명성에 대한 대가를 지불했다. 황제를 제외하면 세 개가 채 못 되는 기관들만 다른 부서들을 조율하는 역할을 맡았는데, 이들은 성격상 해당 부서의 관료들로 구성된 부서간 위원회와 유사했고, 그 구조와 기능이 대단히 혼란스러웠기 때문에 1884년의 저명한 오스트리아 역사가조차 이를 정확하게 규명할 수 없었다.[33] 이들은 황제가 임의로 소집할 때만 모였고, 황제가 선택한 사안들만을 심의했다. 오스트리아의 행정부는 바퀴가 지독한 소음을 내며 돌아가지만 한 치도 진전하지 못하는 기묘한 기계장치로 묘사되고 있었다. 만년의 메테르니히가 유럽을 통치한 적은 있어도 오스트리아는 결코 통치해본 적이 없었노라고 말한 것도 무리는 아니었다.

메테르니히가 외교장관에 부임하자마자 취한 조치들 중 하나는 조직의 재편을 제안한 것이었고, 그 얼마 후에는 기본정책을 조율하고 기획하는 연방참의원Reichsrat이라는 제국 위원회를 도입하는 계획을 제출했지만 모두 헛수고였다.[34] 다른 모든 노력들과 마찬가지로 이러한 시도는 황제의 완강한 반대에 부딪혔다. 프란츠 황제는 경험의 교훈이란 기계적인 기억 속에 남는 것이라고 믿는 범속한 인간들 중 한 명이었다. 황제에게 성공의 개념이란 실패의 반대이며, 인과관계에 관한 그의 개념은 시간의 연속성이었다. 선제 요제프 2세의 중앙집권적 성향이 국내적 갈등을 초래했기 때문에 모든 개혁은 그에게 피해야 할 대상이었다. 국민을 규합하려는 시도로는 1809년의 전쟁에서 승리를 달성하는데 성공하지 못했기 때문에, 대중의 지지에 의존해서는 안 되었다. 완고하고 의심이 많으며 상상력이 빈곤하면서 현학적이었던 그는 너무나도 많은 동란을 목격했기 때문에 그저 끈질기게 버티는 일에 윤리적 가치를 부여했다. 그의 가장 특징적인 성품은 감수성의 결여를 반영하는 가식적 금욕주의였다. 그의 숙부였던 요제프 2세는 그에 관해 이렇게 말했다. "그는 성찰을 싫어한다. 그는 진리를 깨닫기를 두려워하여 자신의 생각을 소통하지 않는다… 지금껏 완고함을 통해… 자신의 주변이 유순해지는 것을 보아왔기 때문에, 편안함을 지속하기 위해 그것을 이용한다… 그에게 영향을 미치는 것은 모든 것 중에서 가장 불쾌한, 위협 한 가지뿐이다. 위협은 이른바 고뇌에 대한 두려움이라는 그의 둔감한 성품을 드러내기 때문이다. 이런 성격으로 인해 그는 왜소하고 유약하며 약속을 남발하면서도, 자신의 출생에 관한 그릇된 긍지로 가득차 자기 견해를 고집하면서 바꾸는 법이 없다."[35]

오스트리아의 역사상 아마도 가장 중요했을 시기에 한 세대 이상 오스트리아를 지배한 인물이 이런 사람이었다. 그릇이 작았던 그는 자신이 모든 문제들을 개인적으로 해결할 능력이 있다고 생각했다. 영감이 없는 자들에게는 모든 문제가 똑같이 어렵고, 동시에 똑같이 쉽기도 하기 때문이다. 연속적인 재앙이 그에게 가르쳐 준 것은 변화가 전환의 표현이 아닌 원인이라는 점뿐이었다. 그래서 그는 아무리 많은 비용을 지불하고 어떤 수단을 사용해서라도 변화를 피하려고 했다. 그의 경찰 감시 체제는 악명이 높았고, 그는 지극히 시시한 보고서조차 즐겨 읽었다. 그는 자신의 대권을 지키는 일에도 노심초사하여, 어떠한 우세한 영향력도 차단하고자 부하들의 권한을 분할하는 데 신중을 기했다. 메테르니히조차 외교문제와 관련된 그 모든 성공에도 불구하고, 국내문제에 관해 논할 때는 외교정책과의 관련성을 부정하는 비굴한 전제를 달아야 할 압박을 느낄 정도였다.[36] 이런 인물이 관료주의적 규범의 확정성에서 위안을 찾았으며, 행정상의 모든 세부사항에 관여했고, 가장 사소한 결정조차도 자신의 동의 없이는 이루어지지 못하도록 했다는 점은 놀라운 일이 아니다. 그의 근면함은 경탄스러울 정도였으나, 근면함은 범속한 양심의 위안일 뿐이다. 메테르니히는 보기 드물게 격분한 상태에서, 프란츠 황제에 관해 다음과 같은 말을 한 적이 있다. "그는 문제들을 송곳처럼 다룬다. 한없이 깊게 파고들다가 서류에 구멍을 뚫은 것 외에는 아무것도 한 것이 없는 채로 어느 순간에 갑자기 그만두고 자신도 놀란다."[37]

이런 상황을 감안해야 비로소 메테르니히의 신중한 책략을 이해할 수 있다. 안정이라는 착각 속에서 변화가 성취될 정도로 황제가 알아채지 못한 채 결정에 임하지 않는다면 황제는 저항할 것이 틀림없었기 때문이다. 메테르니히가 즉흥적으로 다음과 같이 한 말은 사실과 크게 다르지 않았다. "우리는 한 발로 몇 년 동안 기둥 위에 서 있었기 때문에 천국으로 간 성자를 알고 있다.[역주15] 그의 덕목은 불편한 자세였는데, 내 자세도 그보다 그다지 나을 것이 없다."[38] 황제의 개성으로 인한 영향은 국내적으로는 더욱 해로웠는데, 이에 대해서 가장 간결한 묘사를 남긴 이도 메테르니히였다. "나는 정부가 *통치govern*하기를 희망했는데, 내 동료들은 기존의 규범에 따라 *집행administer*만 하고자 했다… 이러한 상황에서 안건들은 모든 하위 부서들을 다 거친 후 최종적인 형식이 완료된 상태로 나에게 올라왔으며, 그나마 시급한 결정이 필요할 때에만 내게 도달했기 때문에 행정부의 제안에 동의하는 것 말고는 달리 방법이 없었다… 오스트리아 제국 최대의 실수는… 행정적으로 다루었어야 할 사항들에 정부가 관여한 것이었다. 이것이 정부의 기능을 마비시켰다. 최고위층은 사소한 일 속에 파묻히고 최하위층은 책임감을 면제받았다. 내가 행정부를 억지로 다른 방향으로 이끌어야 했을까? 하지만 나는 그러기에 충분한 권력을 갖지 못했다. 내가 그런 조직을 타파해야 했을까? 그랬다면 마비만 초래했을 것이다. 내 임무는 통치하거나 집행하는 것이 아니라, 제국을 대외적으로 대표하는 것이었다."[39]

이것이 1815년의 국제질서를 숙고하고 있던 보수주의적 정치가의 임무였다. 그것은 국가를 대외적으로 대표하고, 약점을 감추고, 불가피한 일을 최대한 지체시키는 것이었다. 이 임무를 수행함에 있어서 그는 놀라운 외교술의 덕을 보았다. 그 덕분에 잠시 동안이나마 약점을 외교적 자산으로 변모시켰고 그는 유럽의 보수주의적 양심으로 부상할 수 있었다. 오스트리아의 국내적 정통성을 국제질서와 동일시하려는 시도는 경직성의 증상이라기보다는, 오히려 메테르니히가 아마 선택의 여지없이 주어진 것으로 받아들일 수밖에 없었던 국내 구조 하에서 유일하게 가능한 정책이었을지도 모른다. 그것은 탁월한 외교와 순수한 책략으로 귀결되었다. 그것이 궁극적인 위업에 도달하지 못했던 것은 메테르니히의 창의성의 결여 못지않게 상황의 탓이기도 했다. 메테르니히는 자신의 정치적 유서에 다음과 같이 적었다. "나는 어떤 시대를 살아왔던가? 1809년에서 1848년 사이 오스트리아와 전 유럽이 처했던 상황을 직면해본 사람이라면, 단 한 사람의 통찰력만으로 위기를 건전한 상황으로 과연 전환시킬 수 있었겠는지 자문해보기 바란다. 나는 이런 상황을 인식하고 있었지만, 우리 제국에 새로운 체제를 수립하기란 불가능하다는 사실 또한 알고 있었노라고 주장하고 싶다… 이런 이유 때문에 나는 모든 관심을 기존의 상황을 보존하는 쪽으로 쏟았던 것이다."[40]

이것은 보수주의적 정치가의 묘비명이다. 역사는 개인보다 위대하다. 역사는 확실한 교훈을 가르치지만, 그것이 한 인간의 생애 동안 일어나는 일은 아니다. 그리고 앞의 발언은 메테르니히의 능력의 한계도 보여준다. 정치가는 행동으로만이 아니라 대안을 강구하는 능력으로도 판정을 받아야 하기 때문이다. 궁극적 위대함에 도달한 정치가들은, 아무리 그럴듯한 사유가 있다 하더라도 사임을 통해 위대해지지는 않는 법이다. 그들에게 주어진 과제는 질서의 완벽함을 유지하는 것만이 아니라, 혼란을 응시할 수 있는 강인함과 그 속에서 신선한 창조의 재료를 찾아내는 것이다.

주

1) N.P. VIII, p. 340.
2) N.P. VIII, p. 562.
3) N.P. III, p. 415.
4) N.P. VIII, p. 288.
5) N.P. VII, p. 633f.
6) N.P. VIII, p. 236.
7) 1848년 3월 14일, 메테르니히의 총리직 사임일자.
8) N.P. VIII, p. 232.
9) N.P. III, p. 542.
10) N.P. VIII, p. 197.
11) N.P. III, p. 52f.
12) N.P. VII, p. 636; VIII, p. 525.
13) N.P. VII, p. 635.
14) N.P. VIII, p. 557f.
15) N.P. VIII, p. 468.
16) N.P. VII, p. 638.
17) N.P. VIII, p. 242.
18) N.P. III, p. 400f.
19) N.P. VIII, p. 218.
20) N.P. III, p. 409.
21) Webster, I, p. 547(부록).
22) N.P. III, p. 415.
23) Srbik, I, p. 375.
24) N.P. III, p. 375.
25) N.P. III, p. 347f.
26) N.P. VIII, p. 467. 그는 "폐하의 정부"라는 문구가 권위의 영속성을 표현한 것으로 보았으므로, 영국에 대해서는 이를 적용하지 않았다.
27) N.P. VIII, p.235.
28) N.P. I, p.334.
29) N.P. VII, p.626; VIII, p.212.
30) N.P. VIII, p. 474.
31) N.P. VIII, p. 424f.

32) N.P. VIII, pp. 427, 465, 471 등 여타 다수의 예시 존재
33) Springer, I, p. 120.
34) N.P. II, pp. 315, 444f.
35) Springer, I, p. 110.
36) 일례로 N.P. II, p. 432 참조.
37) Srbik, I, p. 447.
38) N.P. III, p. 333.
39) N.P. VII, p. 619.
40) N.P. VII, p. 640.

역주1) 프랑스 계몽주의 작가 겸 철학자로서 본명은 프랑수아 마리 아루에(François Marie Arouet 1694-1778)이다. 평생 종교적 광신주의에 맞서 투쟁했고, 관용의 정신이 없이는 인류의 발전도 문명의 진보도 있을 수 없다고 주장했다. 그의 반대자들은 그가 전통적 가치의 토대인 기독교 정신을 무너뜨리고, 풍기를 어지럽힌다고 비난했다. 그의 회의적 상대주의는 뉴턴의 영향을 받은 자연과학적 인식의 연장선상에 있는 것이었다.
역주2) 미국의 해군 제독이었던 스티븐 디케이터(Stephen Decatur, Jr. 1779-1820)의 건배사 "Our Country! In her intercourse with foreign nations may she always be in the right; but right or wrong, our country!", 또는 독일 혁명가였던 칼 슈르츠(Carl Christian Schurz 1829-1906)의 "My country, right or wrong; if right, to be kept right; and if wrong, to be set right."라는 언급에서 유래한 표현이다.
역주3) 독일 철학자 임마누엘 칸트의 〈윤리형이상학의 기초〉(*Grundlegung zur Metaphysic der Sitten*)에서 인용한 유명한 구절이다.
역주4) 아일랜드 출신의 보수주의 사상가 에드먼드 버크(Edmund Burke 1729-1797)를 말한다. 그는 수년간 영국의 휘그 당원으로서 하원의원이었을뿐 아니라 작가이자 웅변가였으며, 정치학자인 동시에 철학자였다. 오늘날 그는 현대적 보수주의의 창시자이자 고전적 자유주의의 대표자로 인정받고 있다.
역주5) 영국의 철학자이자 정치사상가인 존 로크(John Locke 1632-1704)를 말한다. 계몽주의 사상가이자 자유주의 이론가인 그는 영국 최초의 경험론자이자 사회계약론의 창시자라는 평가를 받는다. 그는 국가가 낙원적 자연 상태에서 자연권의 보장을 위한 사회 계약으로 탄생했다고 보았다. 그에 의하면 국가의 임무는 최소한의 안전보장을 제공하는 야경국가가 되어야 한다. 그의 사상은 명예혁명 후 영국 민주주의의 기초가 되었다.
역주6) 독일 관념철학의 태두인 프로이센의 철학자 임마누엘 칸트(Immanuel Kant 1724-1804). 근대 계몽주의는 그에 의해 정점에 도달했으며, 그의 관념철학은 피히테, 셸링, 헤겔로 이어지는 계보의 출발점이 되었다. 인식론, 종교, 법, 역사에 관해서도 중요한 저서를 썼다. 〈순수이성 비판〉, 〈실천이성 비판〉, 〈판단력 비판〉 등은 형이상학, 윤리학, 미학을 집대성한 그의 중요 저작이다. 또한 그는 전쟁으로 인해 생긴 문제를 전후에 조정하는 제도가 필요하다고 생각했고, 그 제도의 내용은 국제법의 개념에 근거한 국제 연맹이어야 한다고 제안했다.
역주7) 필당(The Peelites)이란, 1846-1859년간 존속했던, 영국 보수당의 분파를 말한다. 그 명칭은 당시 영국 총리이자 보수당 당수였던 로버트 필(Robert Peel)의 이름을 딴 것이었다. 이들은

자유무역을 중시했기 때문에 자유주의적 보수주의자라고 일컬어지기도 했다.

역주8) 1841-1846 간 로버트 필 내각에서 내무장관을 역임한 제임스 로버트 조지 그래엄 경(Sir James Robert George Graham 1792-1861).

역주9) 나폴레옹 1세의 조카이자 의붓외손자인 샤를 루이 나폴레옹 보나파르트(Charles Louis Napoléon Bonaparte 1808-1873). 루이 나폴레옹은 1848년에 2월 혁명 이후 수립된 새로운 공화국에서 프랑스 대통령으로 선출된 후 쿠데타를 통해 제2제국을 선포하고 황제의 자리에 오름으로써 최초의 프랑스 대통령이자 두 번째 프랑스 황제, 프랑스의 마지막 세습군주가 되었다. 그는 농업 국가이던 프랑스를 공업국으로 만들었고, 파리 개조 사업을 시행했다.

역주10) 은자 피에르(Pierre l'Ermite)는 아미엥의 수도사로, 다수의 군중을 선동해 이들을 이끌고 1차 십자군에 참여했다. 그는 당나귀를 타고 다니면서 성 베드로가 자신의 꿈에 나타나 이슬람에 맞서 싸우라는 명령을 내렸다고 주장했다. 교황 우르바누스 2세가 십자군 운동을 제창하자, 그는 훈련받지 않은 다수의 민중을 이끌고 정식 십자군보다 앞서 소아시아로 출발했다. 이들은 비잔틴 제국의 영역에서 약탈을 자행하다가 헝가리 기병에 떼죽음을 당하고, 베오그라드의 중무장보병의 공격을 받아 대부분 사망했으며, 니케아에 도착한 소수는 셀주크투르크 술탄 킬리지 아슬란 1세에 의해 전멸 당했다. 그러나 은자 피에르 자신은 목숨을 건져 십자군에 합류했으며 후일 몇 가지 에피소드에 관련되기도 했다.

역주11) 국제법의 아버지라고 불리는 네덜란드의 법학자 휘호 그로티위스(Hugo Grotius 1583-1645). 1613년 로테르담에서 주지사가 되었다가 칼뱅주의에 반대하였다는 이유로 종신형을 선고받았으나 아내의 도움으로 탈출했다. 1635-45간 프랑스 주재 스웨덴 대사를 지냈다. 그는 저서 〈전쟁과 평화의 법〉에서 전쟁의 정당한 원인을 자기방위, 재산 회복, 처벌의 세 가지로 한정했다. 그는 국제사회에 자연법을 적용하고, 개인의 자연권에 상응하는 주권국가들 간의 자연법적 질서를 국제법의 기초로 삼았다.

역주12) 1848년부터 오스트리아의 외교장관이었던 펠릭스 추 슈바르첸베르크 공작(Prinz Felix zu Schwarzenberg 1800-1852)를 가리킨다. 그는 제7장까지 자주 등장하던 오스트리아 보충부대 사령관 카를 필립 추 슈바르첸베르크 공작(Karl Philipp Fürst zu Schwarzenberg 1771-1820)의 조카였다.

역주13) 러시아의 에카테리나 2세, 프로이센의 프리드리히 2세와 함께 대표적 계몽전제군주로 꼽히는 신성로마제국의 요제프 2세(1741-1790, 재위 1765-1790). 그는 관용령(寬容令)으로 가톨릭을 억제하고, 세제개혁 등을 통해 중앙집권화를 추진했다. 그러나 1785년에는 네덜란드, 헝가리에서 반란이 일어나고, 교회정책은 성직자들의 저항에 부딪혔으며, 외교면에서도 1785년 러시아와 결탁하여 바이에른 침입을 획책하였다가 제후(諸侯)동맹의 반대로 좌절되고, 1788년 투르크 전쟁에서 패하는 등 실패를 경험했다.

역주14) 헝가리의 왕관을 뜻한다.

역주15) 이른바 주상성자(柱上聖者)라고 알려진 고행자 시므온(St. Simeon)을 의미한다. 390년 시리아에서 태어난 그는 30년간 높은 기둥 위에 살면서 수행을 했으며, 현재 시리아에 남아있는 카라트세만 대수도원은 그가 올라갔던 기둥의 기초 부분을 가지고 지었다고 전해진다.

| 제12장 |

엑스라샤펠Aix-la-Chapelle 회의와 평화의 조직화

정통적 질서에서의 외교—새로운 국제질서의 구성요소—오스트리아와 영국 간 협조의 기초—사회적 투쟁과 정치적 투쟁—엑스라샤펠 회의를 위한 훈령—엑스라샤펠에서의 논점—회의의 결론

I

끊임없는 전쟁에 익숙해진 유럽이 드디어 평화를 맞이했을 때, 안도감만이 아니라 환멸감도 함께 찾아왔다. 혁명전쟁 시기의 고통을 견딜 수 있는 것은 오로지 새로운 천년왕국에 대한 희망, 모든 문제가 사라진 세상이라는 이상의 덕분이다. 갈등이 너무나도 압도적으로 보이기 때문에, 평화는 단순히 전쟁이 없는 상태로 간주되고, 질서는 균형상태의 당연한 결과로, 조화는 자기보존이라는 자명한 공리의 표현이라고 여긴다. 하지만 이러한 기대가 크면 클수록, 어쩔 수 없이 환상에서 깨어날 때의 실망도 가혹하다. 어느 시점엔가는, 전쟁의 흥분이 평화의 문제에 적용되지는 않는다는 점이라든지, 화합은 "정통적" 질서의 속성이 아니라 연합의 속

성이라는 점, 그리고 안정이 보편적인 조화를 *인식*하는 것과는 다르다는 점을 깨닫게 되는 순간이 찾아오기 마련이다. 전쟁의 목적은 명확하니, 적을 패배시키는 것이다. 반면에 평화의 목표는 부수적이어서, 균형상태의 요소들 사이에 존재하는 차이점을 조정하는 것이다. 전쟁의 동기는 공동의 적이 제기하는 위협에 의해 외부에서 비롯된다. 반면에 평화의 동기는 질서의 체제라는 틀에서 국가의 역사적 목표를 실현하려는 시도다. 그런 까닭에 오랜 평화의 시대라는 것이 반드시 조화에 대한 인식을 수반하는 것은 아니다. 그렇게 생각하는 것은 후대의 사람들, 또는 도서국가의 착각이다. 반대로, 돌이킬 수 없는 재앙을 불러와서는 안 된다는 확신을 가진 시대에만, 동맹을 바꾸어 가면서 밀실 외교를 수행할 수 있다. 이때의 동맹은 봉합할 수 없는 분열의 부재를 증명하고, 표면적인 냉소는 위험이 제한적이라는 것을 시사하며, 제한전쟁은 의견의 차이가 주변적이라는 것을 드러낸다.

1819년에 메테르니히는 다음과 같이 썼다. "1815년 이후에 발생한 모든 일들은 통상적인 역사의 과정에 속한다. 1815년 이후, 우리의 시대는 홀로 서야 하는 상황이 되었다. 멈출 수 없으므로 전진은 하지만 더 이상 길잡이도 없다… 우리는 무수한 작은 계산들과 소소한 의견들이 그날의 역사를 형성하는 시절로 다시금 퇴보했다. 바다는 여전히 가끔씩 요동치지만, 폭풍이 스쳐갈 때만 그렇다. 물론 이런 바다에서도 배가 뒤집힐 수는 있으며, 보통의 바람이 폭풍보다 더 계산하기 어렵다는 점을 감안하면 그 속에서 익사할 가능성이 더 높은 것은 사실이다. 그러나 그 광경은 더 이상 장엄하지 않다."[1]

메테르니히가 언급한 소소한 계산들이란, 안정이 당연한 것으로 받아들여지는 징후를 가리키는 것이었다. 전면적인 변화가 불가능해지거나 상상할 수 없는 상황에 놓였을 때, 정치가는 거의 감지할 수 없을 정도의 변화에 집중해야만 한다. 변화가 누적되면 균형상태를 붕괴시키는 결과를 초래할 수도 있기 때문이다. 절대적 주장이 물러난 자리에는 우발적 주장이 위세를 떨치게 된다. 그 광경은 외견상 웅대하지는 않더라도, 이것이 정통적 질서가 영속성의 직관력을 실행하는 방식이다. 전쟁은 미묘한 차이를 억제하지만, 평화는 그것을 다시 드러낸다.

1815년 이후로 갈수록 분쟁은 새로운 국제질서를 확립하는 세 가지 조약에 대한 해석을 둘러싼 갈등의 형태로 나타났는데, 이것은 비엔나 합의의 안정성을 보여주는 현상이었다. 그 세 가지는 (1)강화조약들과 비엔나 회의 최종의정서 (2)동맹조약 (쇼몽조약 및 4국동맹) (3)신성동맹이었다. 강화조약들과 비엔나 회의 최종의정서는 유럽의 영토에 대한 조정을 결정했다. 하지만 이들이 동시에 합의의 보장을 의미하는지는 여전히 미해결 상태로 남아 있었다. 1814-15년간 체결된 조약의 구조가 프랑스의 재침공만을 다루기 위한 것이라는 영국 측의 해석과, 그것이 국내적이고 영토적인 기존 질서의 보장을 암시한다고 주장한 알렉산드르 중 누가 옳은가? 이것이 엑스라샤펠Aix-la-Chapelle 회의[역주1]가 다루어야 할 문제였다. 프랑스에 대항하는 동맹조약은 유럽이, 적어도 부분적으로는, 공동의 적에 대한 공포에 의해 조직되었다는 것을 보여주는 증거였다. 하지만 정기적인 회의라는 조항을 포함함으로써, 캐슬레이는 강대국 간의 외교관계에 유럽 정부의 전망이라는, 완전히 새로운 무언가를 도입했다. 더구나 국제회의의 주제로 적합하다고 여겨질 문제가 무엇인지도 아직 정의하지 않은 상태였다. 균형상태에 대한 위협은 정치적인가 사회적인가? 회의 외교가 영국에서 국내적으로 정통성을 인정받을 수 있을 것인가? 이것이 트로파우Troppau역주2)와 라이바흐Laibach역주3) 회의의 과제였다. 교황과 술탄을 제외한 모든 군주들이 즉각 동참한[2] 신성동맹은 도덕적 원칙과 군주들의 형제애적 연합이 지닌 침투력을 보여주었다. 그러나 윤리적 공리는, 자제를 정당화하는 것과 마찬가지로 일반적 개입을 정당화하는 데 이용될 수도 있는 보편적 주장을 내포한다. 점점 더 심해지고 있던 차르의 신비주의는 혁명의 무기가 될 것인가 아니면 러시아의 팽창을 억제하는 수단이 될 것인가? 이것은 후일 베로나 회의에서 다루게 될 문제였다.

강대국들의 후견 아래 유럽을 조직하려는 단계별 시도가 일련의 회의로 나타난 것은 적절한 일이었다. 이들 회의를 통해 단합은 목적이 아니라 일련의 조건을 의미하고, 단합의 해석은 참가국들의 지리적, 역사적 입지에 따라 좌우되며, 최종적으로는 국제적 합의에 국내적 정통성을 부여할 수 있는지가 단합에 제약을 가할 수밖에 없음이 분명해졌다. 그러나 1815년에는 전쟁 당시의 습관이 아직도 강하게 남아 있어, 조화는 여전히 불화에 대한 마술적 해결책으로 간주되었고, 선의는 오해로 인해 생겨나는 문제들에 대한 충분한 치유법으로 여겨졌다. 세 명의 주요 인물이 그토록 자주 입에 담은 "단합"이라는 단어가 실은 저마다 완전히 다른 뜻을 지녔다는 사실이 아직까지는 분명히 드러나지 않고 있었다. 캐슬레이는 단합을 국제협력의 표현이 아닌 동기로 간주했고, 메테르니히는 그것을 오스트리아의 정책에 대한 도덕적 승인을 얻기 위한 수단으로 여겼으며, 차르는 인류의 융화라는 축복을 향한 첫 단계로 간주했다.

II

파리 강화조약이 체결된 직후의 시기에 캐슬레이와 메테르니히는 서로 가장 긴밀히 협력했다. 그들의 협력은 연합이 다양한 위기의 순간에 직면했을 때 시험대에 올랐는데, 그때마다 그들의 목적이 일치했던 것은 이해의 일치에서 비롯된 것이기도 했지만 부분적으로는 차르의 압력에 의해 강요된 것이기도 했다. 영국이 대륙의 안정에서 안보를 추구하는 한, 오스트리아는 영국의 자연스러운 동맹이었다. 영국과 오스트리아 두 나라는 공히 현상유지 세력이었다. 안정이 대륙에 관한 영국의 유일한 관심사였으며, 오스트리아로서는 안정이 생존의 조건이었기 때문이다. 양국은 강력한 중부 유럽이 유럽의 안정을 위한 필요조건이고 강력한 오스트리아가 중부 유럽의 열쇠를 쥐고 있다는, 균형상태의 요소에 관한 해석에 동의했다. 그리고 양국은 불과 한 세대동안 국경을 드네프르 강에서 비스툴라 강 너머까지 확장하면서 활발하게 움직이는 러시아를 직면하고 있었다.

점증하는 신비주의에도 불구하고 알렉산드르는 불안의 원인으로 남아있었기 때문이다. 그리고 머지않아 신성동맹의 일반적인 조문에 대한 다양한 해석이 가능하다는 사실이 분명해졌다. 인민의 형제애가 문서에서 삭제되었을망정, 그것을 낳은 정신은 여전히 힘을 발휘하고 있었다. 유럽의 전역에서 답지하는 보고서는 러시아 첩보원들의 암약 내용을 담고 있었다. 그들은 시칠리아에서 자코뱅파와 더불어 음모를 기획했고, 스페인에서는 러시아 대사가 스페인 함대를 부활시킬 러시아 선박의 매각 교섭을 벌였는데, 이것은 무의미한 것이었을망정 영국에 대한 직접적 도전이었다. 한편 영국 섭정왕세자의 딸Princess of Wales이 네덜란드 왕위계승자인 오란예 공과의 결혼을 거부한 후, 러시아 황실은 결혼을 거부당한 오란예 공과 러시아 공주Grand Duchess역주4)와의 결혼을 주선함으로써 곤혹스러운 영국의 입장을 이용해 이익을 취했다. 이런 행동의 일부는 차르가 새롭게 고문으로 영입한 그리스 귀족 출신의 카포디스트리아Capo d'Istria역주5)의 사주에 의한 것이었다. 그는 계몽주의적 자유의 공리를 전제군주에 대한 봉사와 결합했다. 그의 교조주의와 범헬레니즘에 의혹을 품은 메테르니히는 즉시 집착에 가까울 정도로 그를 혐오하게 되었다. 이러한 러시아의 불온한 행동은 어떤 의미에서는 아직 사건의 중심에 서는 것에 익숙하지 않은, 젊고 후진적인 국가의 불안에서 비롯된 측면도 있었다. 캐스카트는 이렇게 보고했다. "모든 러시아인들은 불리한 비교에 특별히 민감하다. 그들은 어떠한 가시적인 우월함에도 상처를 받는다… 그들은 자신들이 할 수 없는 것들 때문에 우리를 증오하고, 직접 이득을 취할 특별한 목적이 없이도 언제나 우리의 힘을 증가시키기보다는 줄이려는 경향을 보일 것이다."[3)]

차르의 종교적 고양도 정치적 활동으로부터의 은퇴를 의미한 것은 아니었다. 도리어 그 반대로, 종교적 고양은 차르에게 다른 나라의 국내 문제에 개입할 또 하나의 핑계거리를 제공해준 것처럼 보였다. 메테르니히는 감당할 수 없는 상황에 이르지 않도록 세심한 주의를 기울였건만, 오스트리아도 그에게서 벗어날 수 없었다. 네셀로데가 오스트리아의 경건파Pietist sects에 대한 탄압여부를 캐물었을 때, 메테르니히는 이를 무미건조하게 부인하고 서둘러 덧붙여 말하기를, 이들을 탄압하지 않은 유일한 이유는 한 번도 그들을 용인한 적이 없기 때문이라고 말했다. 그는 앞의 장[4)]에서 인용된 신비주의에 대한 공격을 마무리 지으면서 이 모든 교신 내용을 다음과 같은 냉소적 주석과 함께 황제에게 전달했다. "제가 이상한 주제를 논의한 것처럼 보인다면, 그건 *성경에 관한 주제들과 종교경찰*에 대한 논의가 본격적으로 시작되기 이전에 논의를 중단시키고 싶었기 때문입니다… 알렉산드르 황제의 모든 구상은 결국 한 가지 결론으로 끝나는데, 종교에 귀의할 새로운 사람을 찾는 것입니다. 그런 까닭에 그는 이탈리아의 자코뱅당원과, 여타 유럽 국가에서 경건파를 고무하고 있습니다. 오늘날에는 '인간의 권리'역주6)가 성서의 독자들을 위한 배려로 대체되었습니다."[5] 따라서 러시아와의 관계는 랑그르, 트로아, 비엔나에서와 마찬가지로 여전히 한 인물이 유럽의 질서를 자신의 의지에 맞추려 하고 있다는 점이 문제였다. 오스트리아의 한 외교관은 다음과 같이 보고했다. "알렉산드르는 세계의 평화를 원한다. 하지만 평화 자체나 평화가 주는 희열을 위해서가 아니라, 자기 자신을 위해서다. 그것도 무조건적인 것이 아니라 정신적인 유보사항들이 붙어있다. 그가 이 평화의 결정자로 머물러 있어야 하고, 세계의 안녕과 행복은 그에게서 발산되는 것이어야만 한다. 전 유럽은 평온함이 그의 노고의 결과이며, 그의 선의에 달려있고, 그의 변덕에 따라 교란될 수 있다는 것을 인식해야만 한다…"[6] 알렉산드르가 생존하고 있는 동안 메테르니히가 추진한 정책의 형태는 러시아가 이렇듯 변덕스럽고, 불안정하며, 매사에 참견하려 든다는 인식으로 빚어진 것이었다.

그러나 메테르니히와 캐슬레이가 균형상태의 요소와 발생 가능한 위험에 대해서는 의견의 일치를 보았을지언정, 거기에 대처하는 정책에 관해서도 반드시 견해가 일치했던 것은 아니었다. 캐슬레이에게는 회의가 개최된다는 사실이 선의의 상징이었고, 선의는 유럽에 조화를 가져오기에 충분한 동기였다. 메테르니히에게 회의는 그저 하나의 틀에 불과하고 그 내용물은 외교적 기술을 발휘해 채워야 하는 것이었다. 단합은 캐슬레이에게 조화의 원인이었으나, 메테르니히에게는 도덕적 정체성의 표현이었다. 캐슬레이는 차르에게 그가 두려워해야 할 것은 없음을 입증해 보임으로써 그를 누그러뜨리려고 했고, 메테르니히는 자제의 원칙에 관해 알렉산드르의 동의를 얻음으로써 그를 억제하려 했다. 캐슬레이의 정책은 유럽이 직면한 위험을 정치적인 것으로 간주했다. 반면에 메테르니히는 진정한 위협은 사회적인 것이라고 생각했으며, 그는 자신이 혁명당으로 규정한 세력이 강대국의 정치적인 지원을 얻지 못하도록 저지하는 데 모든 정력을 기울였다.

두 사람의 이러한 견해 차이는 지리적 입지는 물론 국내 체제의 차이도 반영하는 것이었다. 국내 체제가 견고하다는 확신 속에서 안심할 수 있는 도서국가는 다른 나라의 국내문제에 대한 불간섭 원칙에 기초해서 정책을 수립할 수 있었다. 반면에 국내 체제가 시대에 뒤처져 있다는 사실을 의식하고 있던 다언어 제국은 변화를 제한하는 것이 아니라 변화를 *방지*해야 했다. 유럽의 주변부에 위치한 영국은 다른 나라의 의도를 오판하는 실수의 위험을 무릅쓸 수가 있었다. 메테르니히는 안심하고 그렇게 행동할 여지가 없었다. 이와 같이 캐슬레이와 메테르니히 두 사람 다 현상유지 세력을 대표하고 본질적으로 방어적인 외교정책을 수행하였음에도 불구하고, 메테르니히의 "비등점"이 더 낮았다. 영국이 취약하지 않다는 확신을 가지고 있었던 캐슬레이는 선의의 진정성을 두고 도박을 할 수 있었다. 재앙에 대한 예감을 안고 살았던 메테르니히는 더 실체적인 안보의 표현을 찾아야만 했다.

캐슬레이는 러시아에 대한 영국 대표들의 두려움을 달랠 목적으로 12월 31일자 회람용 서신에 다음과 같이 적었다. "우리는 도서국가로서의 입지 덕분에 *즉각적인 공격의 위험으로부터 충분히 안전한 위치에 떨어져 있으므로*(저자 이탤릭) 더 관용적이고 타국을 신뢰하는 정책을 추구할 수 있습니다. 유럽의 현 상황에서는, 상대를 회유하는 영향력을 행사함으로써, 영국이 고취한 신뢰감을 평화의 달성으로 이어 나가는 것이 대영제국의 본분입니다… 지금 당장 염두에 두어야 할 목표는 유럽의 국가들이… 단합을 통해 극복한 위험과, 경계심을 늦출 경우 초래할 위험을 느낄 수 있도록 영감을 주는 것입니다…"[7] 캐슬레이는 도서국가의 안전에서 비롯된 자신감을 바탕으로 메테르니히에게 그의 "소심함"과 과도한 경계심에 관해 훈계했다. 차르가 1816년 봄에 일반적 군축 계획을 내어놓자, 캐슬레이는 그것을 자신의 정책이 옳았음을 입증하는 증거로 받아들였다. 캐슬레이는 비록 러시아가 오스트리아와 프로이센의 선례를 따라 일방적 군축을 실시할 것을 권유함으로써 그 제안을 회피하기는 했으나, 메테르니히에게는 "동맹의 원칙을 견지하는 가운데 솔직하고 회유적인 외교적 방식을 통하는 것이… 국내경제적 동기에서 러시아가 군비지출의 중압감을 가장 확실하게 느끼도록 만드는 길일 것"[8]이라는 답변을 보냈다. 메테르니히가 영국과 오스트리아 간의 러시아에 대한 대응을 조율하자고 제안했을 때, 캐슬레이는 다음과 같이 답했다. "오스트리아가 서한을 통해 경종을 울리고 있는 내용이 불행히도 실현된다면, 프로이센과 프랑스는 오스트리아 및 영국과 공조하여 적극적으로 (러시아에) 대항하리라고 추정하는 것이 합리적일 것입니다. 그러나 현 시점에는 이들 중 어느 국가도 위험이 임박한 것으로 생각하지는 않는다고 믿을만한 이유가 있습니다. 사정이 그러하므로 본인은… 메테르니히 공께서 경종을 울리는 언사를 완화하시는 편이 현명하지 않을까 하는 말씀을 드리고자 합니다."[9] 메테르니히가 마침내 평화조약의 이행을 감시할 목적으로 파리에 설치된 대사급 회의를 유럽 전역으로부터 경찰보고를 수집하는 기관으로 둔갑시키려고 하자, 캐슬레이는 격렬하게 반대했다. "특정 왕실의 조치에 대해서 강대국들이 공동으로 위압적인 충고를 제기하는 사례가 유럽에서 전혀 발생할 수 없다고 주장한다면 지나친 것일지도 모르지만, 이러한 일이 상습적으로 일어나서는 안 될 것이며, 특히 파리에서 회의에 참여하는 장관들이 그래서는 안 될 것입니다."[10]

그러나 파리 강화조약 직후의 시기에 벌어진 이러한 논란은 견해차가 존재한다는 암시였을 뿐, 그 차이의 전모는 이후 몇 년 동안 확실히 드러나지 않은 채, 더 큰 이익의 일치 속에 묻혀 있었다. 메테르니히는 사회적 위험이 더 이상 명확히 드러나지 않는 한, 그것을 유럽의 문제가 아닌 오스트리아의 문제로 다루는 것으로 만족했다. 알렉산드르가 상궤를 벗어난 행동을 지속하는 한, 동맹을 유럽정부로 전환하려는 시도는 모험이었다. 무엇보다도,

메테르니히는 독일과 이탈리아 두 지역에서 오스트리아의 입지를 견고히 하는 작업에 모든 정력을 집중하고 있었고, 캐슬레이의 불간섭 원칙은 메테르니히가 러시아의 참견에 시달리지 않으면서 그것을 달성하도록 해 주는 훌륭한 방패가 되었다. 러시아의 영향을 제한하려는 정치적이고, 본질적으로 소극적인 과업에 관한 한, 캐슬레이와 메테르니히는 나란히 전진할 수 있었다. 간혹 두 사람 사이에 불거지는 의견의 불일치도 근본적인 것은 아니었고 목표보다는 수단에 관한 것이었다. 그러므로 캐슬레이는 평시에 최초로 개최되는 유럽 회의를 기다리면서 상당한 기대감을 품고 있었다. 1818년 9월 말에 소집된 엑스라샤펠 회의는 회의 외교의 효능을 입증하고, 오해를 일소하며, 다시 한 번 선의의 자명한 이득을 보여줄 터였다. 메테르니히의 동기는 좀 더 복잡했지만 그 또한 회의를 유익하게 활용할 수 있을 것으로 기대하고 있었다. 메테르니히가 필연적으로 발생하리라고 예상하고 있던 사회적 투쟁에 대비해 도덕적 틀을 구축하는 작업을 개시하는 것만으로도 회의는 유용할 터였다.

III

1815년 이후의 시기는 평시에 회의 체제를 통해 국제질서를 수립하려는 최초의 시도와, 강대국들이 명시적으로 통제권을 주장하려는 최초의 시도가 이루어진 시기였다. 전쟁 직후에 프랑크푸르트, 런던, 그리고 가장 중요한 의미를 지닌 파리에서 개최된 대사급 회의가 독일의 영토문제, 노예무역의 금지, 파리조약의 이행을 다룬 것은 이와 같은 새로운 추세를 상징하는 것이었다. 하지만 이런 논의는 주요한 윤곽이 이미 뚜렷이 그려진 특정한 문제들에 제한되어 있었기 때문에 진정한 시금석이 된다고 보기는 어려웠다. 그러나 전권대표들이 엑스라샤펠에서 개최되는 회의에 참석할 준비를 하고 있었을 때 그들 앞에는 유럽의 온갖 문제들이 산적해 있었다. 그리고 그들이 회의의 의제, 참여국, 그리고 회의를 소집하는 권위의 근거에 관해 논의하는 가운데, 의견의 일치에 도달하기가 소망처럼 간단하지는 않다는 사실이 서서히 분명해졌다.

엑스라샤펠 회의에서는 국제질서의 해석에 관한 동맹국들 간의 견해차가 부각되었을 뿐 아니라, 캐슬레이의 의도와 그가 국내적으로 정당화할 수 있는 것 사이에 불일치가 존재한다는 점도 드러났다. 캐슬레이는 곤란하고 비극적인 상황에 처했다. 그는 회의체제를 탄생시켰으나, 회의 체제는 유럽의 *전반적* 안정에 관한 문제란 타국의 문제에 대한 위험한 참견을 의미한다고 여기던 영국 내각이나 국민이 이해할 수 있는 범위를 초월하는 것으로 드러났다. 캐슬레이에게 동맹은 단합된 유럽의 표현이었지만, 영국 국민과 내각이 생각하는 동맹이란 누군가를 *대상*으로 겨냥해야 하는 것이었으며, 그들은 프랑스 이외의 적은 상상할 수 없었다. 그로 인해 캐슬레이는 모호한 태도로 일관할 수밖에 없었다. 그는 외국을 상대할 때는 선의의 발로라고 설명한 사항들을 내각 앞에서는 외국의 압력 때문에 마지못해 양보한 것처럼 보이게끔 했다. 그가 조화로운 유럽의 상징으로 염원했던 것이 영국 내에서는 오직 프랑스를 통제하기 위한 기법으로서만 정당화될 수 있었다. 이런 사정은, 무엇을 근거로 회의를 소집할 것인지를 논의하는 단계에 들어서자마자 명백히 드러났다. 회의의 근거로서는, 대불동맹국들이 프랑스와의 관계를 3년 경과 후 재검토할 것을 규정한 파리조약 제5조와, 유럽의 안정과 관련된 *전반적인* 문제를 다루기 위한 회의 체제를 규정한 4국동맹 조약 제6조 중에서 하나를 선택할 수 있었다. 캐슬레이는 외교관계의 새로운 방식을 상징하는 4국동맹에 근거해 회의를 개최하고 싶어 했다. 그러나 영국 내각은 프랑스 문제를 다루는 회의이자 강화조약의 의무에 근거해 소집되는 회의가 아니라면 참석을 고려조차 하지 않을 것이 틀림 없었다.

문제를 더욱 복잡하게 만든 것은 캐슬레이와 메테르니히 사이에 이와 유사한 이견이 발생한 것이었다. 캐슬레이의 발상은 내각의 발상을 훨씬 넘어서는 것이었지만, 메테르니히가 보기에는 충분히 원대하지 못한 것이었다. 캐슬레이는 동맹의 기반을 *정치적* 이해관계의 일치에만 둔다는 측면에서 여전히 너무나도 영국적이었다. 그러나 바로 이런 실용주의적 접근법이야말로, 사회적 투쟁에 대비해 유럽을 조직화할 원칙을 추구하고 있던 메테르니히에게는 불충분한 것이었다. 그는 기존의 질서를 보장한다는 러시아의 구상에 원칙적으로는 반대하지 않았으나, 집단안보체제라는 것은 공동의 방어만이 아니라 보편적 개입도 정당화하고, 그로 인해 분쟁의 국지화가 불가능해지며, 연합의 행동은 가장 덜 적극적인 회원국의 수준으로 저하될 것이라는 사실을 인식하고 있었다. 메테르니히는 가장 침착하지 못한 세력인 러시아에 유럽의 모든 문제에 대한 발언권을 준다거나, 알렉산드르의 동의가 있어야만 오스트리아의 정책을 수행할 수 있도록 만들 생각은 추호도 없었다. 한편 캐슬레이는 회의를 활용해서 "외교의 시야를 가리는 거미줄을 제거하고 회의 체제의 전모를 밝힘으로써, 강대국들 간의 협의에도 단일 국가에서와 같은 효율성과 용이함을 적용할 수 있는, 유럽 정치의 새로운 발견"[11]을 증명하려 했다. 메테르니히는 회의를 조약의 신성함, 그리고 차르의 허세와 그것을 실현할 그의 능력 사이에 존재하는 차이 등에 관한 도덕적 교훈을 유럽에 가르칠 수 있는 기회로 보았다. 그랬기 때문에 메테르니히는 회의의 근거를 파리 조약에 두려는 영국 정부의 노력에 동조했다. 그에게는 무엇보다 차르가 유럽의 모든 문제들을 끄집어내지 못하도록 막는 것이 중요했던 것이다. 비록 동기는 달랐지만, 메테르니히와 영국 정부의 주장이 주효해, 엑스라샤펠 회의는 결국 파리 조약 제5조를 근거로 개최하게 되었다.

하지만 캐슬레이와 메테르니히의 훈령은 서로 다른 그들의 동기를 각기 반영하고 있었다. 대부분 캐슬레이가 기안했지만 내각의 감각에 맞추어 쓴 영국의 훈령은 마치 유럽이 누군가에 *대항해야만* 조직될 수 있다는 듯이 오로지 프랑스 문제만을 다루었다. 그 훈령은 점령군의 철수, 동맹국들의 배상금 요구, 점령군의 철수 이후 프랑스에 대한 군사적 예방조치, 그리고 동맹국들과 프랑스의 외교관계 등 네 항목으로 이루어져 있었다.[12] 앞의 세 항목에 관해서는 문제가 별로 없었다. 웰링턴이 점령군의 철수를 이미 지지했고, 프랑스 의회가 동맹국이 요구하는 배상금 지출을 의결한 상태였기 때문이다. 또한 훈령에 따르면, 프랑스로부터의 철수 이후의 새로운 군사적 예방조치라면 4국동맹이 바로 그런 사태를 염두에 두고 수립되었기 때문에 따로 마련할 필요가 없었다. 따라서 모든 것은 영국 내각이 4국동맹을 어떻게 해석하느냐에 달려 있었다.

그러나 영국 내각의 분석을 보면 대륙 문제에 대한 개입에는 유보적임이 분명했다. 내각은 프랑스의 공격이나 보나파르티즘 혁명을 전쟁의 원인으로 다루는 데는 반대하지 않았다. 그러나 보나파르티즘 이외의 원인으로 프랑스에 국내적 소요가 발생하는 경우에도 동맹국들이 협의한다고 규정한 조항에 대해서는 불만이었다. 의회가 이를 "프랑스의 독립을 위협하고 위신을 손상시키는 조직적인 내정간섭으로 프랑스를 위협하는" 것으로 해석하지 않을 수 있도록, 캐슬레이는 이 조항에 관해서는 내각이 명시적인 권한을 부여하지 않는 한 새로운 약속을 하지 말라는 훈령을 받았다. 프랑스를 동맹에 참여시키는 문제에 관해서는 "프랑스 국왕을 국민들로부터 오해받기 쉬운 입장에 빠뜨릴 것이기 때문"이라는 어설픈 구실을 들어 논외의 문제라고 선언했다. 요컨대 영국 내각은 제6조에 따라 프랑스가 일반적인 논의에 참여하는 데 동의를 하기는 했지만, 영국으로서는 프랑스에 대한 억제 이외의 회의 목적은 생각할 수도 없다는 점을 보여줄 수 있는 방식으로만 동의한 것이었다. 프랑스가 회의 체제에 참여하는 것은 프랑스 혁명에 대항하는 동맹국들의 조치가 필요할 경우에 국왕을 자문하기 위한 수단으로서만 인정되었으며, 누가 뭐래도 *"동맹은 본질적으로 프랑스에 대항할 목적을 기초로 결성되었기 때문이다."*(저자 이탤릭체)

캐슬레이가 받은 훈령이 도서국가는 방어 이외의 것을 조건으로 하는 외교정책은 상정조차 할 수 없음을 보여주는 것이었다면, 황제 앞으로 보낸 서한에 적혀 있는 메테르니히의 구상은 도덕적 상징을 추구하는 대륙 정치가의 면모를 반영하고 있었다.[13] 영국 내각은 프랑스에 관해서만 언급했지만, 주요 관심사가 러시아였던 메테르니히는 프랑스를 거의 거론조차 하지 않았다. 캐슬레이는 국제관계의 새로운 시대를 연다는 점에서 회의 외교를 옹호한 반면, 메테르니히는 이 회의가 파리강화조약에 규정되어 있었고 따라서 조약관계의 신성함을 상징한다는 이유에서 회의를 지지했다. 그러므로 메테르니히의 서한이 러시아의 의도에 대한 분석으로 시작하는 것은 당연한 일이었다. 알렉산드르는 상충되는 동기를 지닌 채 어쩔 줄 모르고 있긴 했지만, 갈수록 깊어지는 자신의 종교적 열정 때문에라도 유럽의 안정을 어지럽힐 가능성은 적었다. 그러나 알렉산드르의 신앙심은 공격적인 정책의 개연성을 줄이는 면이 있다손 치더라도, 역시 도덕적, 종교적 귀의를 끊임없이 추구한다는 점에서 불안정 요인을 초래할 수 있었다. "그로 인해 거의 모든 정부들을 혼란에 빠뜨릴 수많은 음모가 꾸며지고, 그로 인해 밀사들과 전도자들이 홍수처럼 넘쳐날 것이다."

따라서 메테르니히는 비엔나에서와 동일한 방식의 회의가 바람직하다는 러시아의 주장을 거부했다. 러시아가 주장하는 바의 요체는 강대국들로만 참석이 한정된 회의는 군소국들의 시기심을 불러일으킬 것이며, 구체적인 결과를 거두지 못할 경우 회의 체제 자체가 위태로워질 수 있다는 것이었다. 메테르니히는 회의가 프랑스 문제만을 다루는데다가, 기존 조약상의 의무에 기초해서 개최되는 것이므로 시기심을 불러일으킬 하등의 이유도 없다고 주장했다. 회의가 무위로 끝날 위험에 관해서는 다음과 같이 썼다. "회의의 가장 유익한 성과는 기존 질서를 바꾸는데 실패하는 데 있습니다. 그것은 1815년 이래로… 혁신을 추구하는 열광에 영합하기를 거부해 오신 폐하와 다른 모든 정부의 가장 위대한 승리가 될 것입니다. 그러나 기회가 있을 때마다 '시대정신'에 경의를 표하고 모든 개혁주의자들과 분파주의자들의 희망을 키우는 언사를 일삼아 온 그 왕실이 보기에는 *아무것도 변하지 않는 한* 오스트리아 왕실이 실로 깊은 손상을 입은 것처럼 보일 것이며, 개혁주의자들이 보기에는 더더욱 그러할 것입니다." 이것은 메테르니히식 외교를 다시 한 번 보여주는 예시로서, 부작위를 무기로 삼고 심리적 영향을 미치기 위해 회의를 활용하는 방식이다. 메테르니히는 서한을 다음과 같이 끝맺었다. "우리의 계산은 이제까지 허다한 승리를 거두었고, 엑스라샤펠에서도 그러할 것으로 믿어 의심치 않습니다… 모든 것은 첫 걸음에 달려 있습니다. 우리는 적절한 시점에 첫 걸음을 내딛었기 때문에 양보를 강요당하는 상황을 피할 수 있었습니다… 우리는 영국과 프로이센 내각의 상당한 지지를 확보했으므로 본인으로서는 협상이 계획대로 진행되지 않고 일탈할 것이라는 염려는 하고 있지 않습니다."

IV

메테르니히가 실망할 일은 벌어지지 않았다. 유럽을 순방하고 있던 차르의 태도는 그의 전형적인 모호함을 띠고 있었다. 바르샤바에서 폴란드의 자유주의적 제도가 머지않아 유럽 내 여타 국가들에게 본보기가 될 수도 있다고 연설하는가 하면, 독일의 군소국을 순방할 때는 자신의 평화적 의도를 주장했다. 엑스라샤펠에 도착했을 때 알렉산드르는 더없이 타협적인 감정에 좌우되고 있는 것처럼 보였다. 그는 캐슬레이에게 자신이 4국동맹을 유럽의 안정을 위한 열쇠로 여긴다고 장담하면서, 그것을 해체한다면 범죄적인 행위일 것이라고 주장했다. 프랑스의 가입문제는 제기조차 될 수 없는 것이었고, 메테르니히가 우려했던 프랑스와의 개별적 교섭은 더더욱 성립될 수 없다고 하였다. 이런 분위기라면 캐슬레이의 훈령에 부합하는 방식으로 프랑스와 4국동맹의 관계를 조정하기란 그리 어려운 일이 아니었다. 10월 2일, 프랑스에서 동맹군을 철수한다는 합의가 이루어졌다. 열흘 후에는 4국동맹을 갱신하되 프랑스의 가입은 불허하기로 결정되었다. 프랑스의 감정을 상하지 않도록 이 결정은 비밀로 유지하기로 했고, 공개 의정서에는 제6조에 따라 회의에 프랑스를 초대한다는 내용이 포함되었다. 이때까지 전개된 상황은 회의 체제에 대한 캐슬레이의 신념을 정당화해주는 것처럼 보였다. 그는 자랑스럽게 보고했다. "우리의 현 관여방식에 대한 평가는… 통상적인 외교적 소통을 통해서는 얻을 수 없는 것이었습니다… (그러나) 이제 각국 정부는 서로의 곁에 나란히 섰으며, 오해는 즉각적으로 제거되었고, 의견의 분란은 피할 수 있게 되었습니다."[14]

그러나 회의의 신속한 진행이 회의 체제의 미래를 담보하는 듯한 착각을 불러일으킨 것이었다는 사실이 이내 분명히 드러났다. 프랑스의 위협이 잦아들고 프랑스가 강대국 간의 협조에 참여하게 되면서, 순수한 방어적 정책의 시기는 종언을 고했다. 이제부터의 공동행동은 도덕적 합의를 창출하는 데 기반을 두어야 했는데, 예상했던 대로, 이것을 실현할 가장 극단적인 방식을 주장한 인물은 차르였다. 러시아의 10월 8일자 각서는, 캐슬레이가 차르와의 첫 회견에서 간파했던, 차르의 고양된 정신상태의 원인을 마침내 드러낸 것이었다. 이 장황한 철학적 논문에는 영토와 국내제도 두 가지를 대상으로 하는 보장조약을 요구하는 호소가 담겨 있었다.[15] 그 각서는 4국동맹이 강화조약들과 비엔나 최종의정서에 규정된 일반적 동맹의 정치적 표현이라고 주장했다. 그리고 그것은 외국의 침략에 대한 공포와 국내 혁명의 위협이라는, 전후의 양대 문제에 대처하도록 고안되었다는 것이었다. 이와 같은 위험을 물리치기 위해 알렉산드르가 제시한 것은 다름이 아니라, 기존의 조약들이 하나의 연대책임동맹*Alliance Solidaire*을 구성하며, 4국동맹이 침략과 국내적 소요 둘 다로부터 유럽을 보호할 책임을 부여받았다는 주장이었다. 각서는, 그렇게 보장된 안정 속에서 사회적 진보는 촉진될 것이고 인민은 더 큰 자유를 누리게 될 것이라는 불길한 결론으로 끝맺었다.

이것은 모든 국가들의 국내문제에 대한 일반적 간섭의 교리를 집단안보체제에 덧씌운 것이었다. 당연히 캐슬레이는 그런 조치에 결코 동의할 수 없었다. 메테르니히도, 비록 기존 질서에 대한 보장에 매력을 느끼기는 했겠지만, 자신의 정책을 사회적 개혁에 대한 적절성으로 정당화할 의사는 없었으며, 차르로 하여금 유럽을 가로질러 군대를 진군시키면서 차르가 생각하는 혁명의 위험과 싸우도록 허용할 준비도 되어있지 않았다. 그러나 캐슬레이와 메테르니히는 차르의 계획에 반대한다는 점에서는 일치했지만 그 방식에 있어서는 차이가 있었고, 그 차이는 우호적인 외견에 가려진 분열을 의미하는 것이었다. 캐슬레이는 러시아의 각서가 딛고서 있던 *원칙*을 비현실적이고 불간섭 원칙에 위배되는 것으로 간주해 거부했다. 한편 러시아와 관련된 선택가능성을 열어두는 데 열성적이었던 메테르니히는 차르의 원칙은 수용했지만 연대책임동맹이 불필요함을 증명하기 위해 알렉산드르의 창조물인 신성동맹을 상기시켰다. 메테르니히는 차르가 공들여 계획을 추진하고 있을 때, 잘 생각해 보면 그것을 정말 원할 이유가 없다는 사실을 설득함으로써 그것을 포기하도록 만든 셈인데, 이것은 그 이후로도 여러 번 반복될 유사한 과정의 첫 사례일 뿐이었다.

메테르니히의 10월 7일자 각서는 러시아의 제안을 예상하고 작성한 것이었다. 따라서 그것은 표면상으로는 차르의 각서에 관한 내용을 다룬 것이 아니라, 프랑스의 점령이 종식된 이후 새로운 유럽의 정치적 관계를 다루고 있었다. 그럼에도 불구하고 그 취지는 또렷했다. 이 각서는 기존의 조약관계에 대한 법적 분석으로 시작했다. 쇼몽조약은 비록 프랑스와의 전쟁을 전제로 한 조항들이 실효되었다 하더라도 그 밖의 영속적 규정에는 영향을 미치지 않기 때문에 아직 온전히 존재했다. 한편 4국동맹은 폐기 조항이 없이 20년을 기한으로 체결되었다. 그러므로 프랑스의 가입은 불가능한 것이었다. 새로운 회원국을 추가하는 것은 원서명국의 탈퇴와 마찬가지로 동맹을 근본적으로 변모시키는 것이기 때문이었다. 그러나 이와 같은 법률적 논거는 차르가 그토록 중시하고 있던 도덕적 문제에 관한 유창한 논의의 서론일 뿐이었다. 메테르니히는 4국동맹이 정치적 도덕성의 근본 원칙을 반영하고 있으며, 동맹국들이 지금껏 모든 대항적 안전보장 조치의 대상이었던 국가로부터 국내 체제에 대한 보장을 받을 수는 없는 노릇이므로, 새로운 동맹이 표방하는 것은 *일반적* 원칙에 국한되어야 한다고 주장했다. 그러나 신성동맹의 존재를 고려한다면 이조차도 불필요할 뿐 아니라 불경스럽기까지 한 것임을 지적했다. "일반적 조건을 취급하는 것은, *이미 존재하고 있는*(메테르니히 이탤릭) 신성동맹만이 아니라 쇼몽조약도 침식하는 일입니다. 이 조약들은 그 위대한 창시자들의 의도에 부응할 뿐 아니라 가장 유용한 제도입니다."[16]

신성동맹에 대한 호소는 반박할 수 없는 것이었다. 메테르니히는 알렉산드르의 도덕적 기여를 찬양함으로써, 그가 조약구조의 재편성을 주장할 수 없게끔 만들었다. 그는 지배적 질서를 변화시키지 않음으로써, 혁명을 부르짖는 유럽에서 안정을 상징하는 인물이 되었다. 메테르니히는 자기 습관대로, 차르를 좌절시키려는 노력의 결정적인 부분은 다른 사람이 떠안도록 만들었고, 국내에서 압력을 받고 있던 캐슬레이는 기꺼이 한 판 싸움을 벌일 준비가 되어 있었다. 캐슬레이는 10월 20일자 각서에서 현행 조약들에 대한 러시아의 해석에 강한 이의를 제기했다.[17]

메테르니히가 차르의 제안에 담긴 원칙은 승인하면서도 그 필요성을 거부한 것과는 달리, 캐슬레이는 국제질서에 대한 알렉산드르의 개념을 즉각적으로 거부했다. 4국동맹은 보편적 도덕 원칙의 적용을 의미하기는커녕, 명확히 열거된 특정한 위험에 대항하기 위한 것이었기 때문이다. 회의 체제는 유럽의 통치를 감독하기 위해 고안된 것이 아니라, 변화하는 상황에 비추어 기존의 조약 규정을 해석하기 위한 것에 불과했다. 국내적인 것이건 국제적인 것이건 간에, 소요가 일어났다는 *사실*만 가지고 전쟁의 원인으로 삼을 수는 없는 노릇이었다. 오히려 동맹국들은 주어진 변화가 간섭을 정당화하기에 충분한 위협인지를 사안별로 검토해 보아야 한다는 것이었다. 캐슬레이는 다음과 같이 결론 내렸다. "세계의 평화와 행복을 위한 보편적 동맹의 문제는 언제나 사색과 희망의 대상이 되어 왔지만 지금까지 한 번도 실현된 적이 없었으며, 감히 사견을 말해도 좋다면… 앞으로도 결코 실현될 수 없을 것입니다. 연대책임동맹이라는 구상은… 모든 국가에 평화와 정의에 기초한 국내 체제를 강요할 수 있는… 일반적 통치 체제가 먼저 확립되는 것을 도덕적으로 암시한다고 이해되어야 할 것입니다… 그때까지는, 유럽 국가들로 구성된 일반적 동맹으로 유럽을 통치하는 제도는 실현가능한 형태로 축소되어야 할 것이고, 전면적이고 무조건적인 보장이라는 관념은 폐기되어야만 하며, 각국은 여타 국가들이 제공할 용의가 있는 협력을 제공받는 가운데 자국의 다양한 제도의 정의와 지혜에 안보를 의존할 수밖에 없을 것입니다…"[18]

이것이 대영제국과 대륙 사이에 존재하던 쟁점의 가장 근원적인 형태였으며, 제아무리 큰 "선의"로도 이것을 가릴 수는 없었다. 국제관계에 대한 영국의 관념은 방어적이었으므로, 영국은 압도적 위험이 존재하는 경우에 한해서만 협력적으로 행동할 수 있었다. 그러나 대륙 국가들의 정책은 예방적이었으니, 그들에게 가장 중요한 것은 최후가 아닌 최초의 전투였으며, 그들의 노력은 압도적 위험이 현실화되지 않도록 미연에 방지하려는 것이었다. 영국은 물리적 공격의 범위를 제한하고 싶어 했고, 대륙 국가들은 무력사태가 발생하는 것 자체를 방지하려 했다. 대륙에서는 물리적 고립 대신, 도서국가라면 사소한 것으로 간주할 계산의 정확함이 필요했다. 차르의 종교적 충일감, 확보할 수 있는 최대한의 도덕적 합의를 추구하던 메테르니히의 집요함, 그리고 도서국가의 정신 사이에 존재하던 간격은 선의로도 메울 수 없는 것이었으며, 제아무리 고상한 유럽의 이상을 동원한다 해도 좁힐 수 없는 것이었다.

10월 20일 영국 내각이 보낸 서한을 보면 캐슬레이가 차르의 제안을 거부한 것이 얼마나 현명한 선택이었는지 알 수 있다. 차르의 제안에 관한 소식이 런던에 당도하기 전에, 내각은 엑스라샤펠 회의가 정기적 회합을 유럽 외교의 정규 제도로 규정하는 선언을 발표하는 것으로 마무리될 수도 있다는 전망에 당황하고 있었다. 캐슬레이가 자신의 가장 자랑스러운 성취로 여긴 4국동맹 조약 제6조의 해석에 관해서 내각이 보여준 짜증 섞인 놀라움의 반응처럼 캐슬레이와 내각 사이에 존재하던 간격을 잘 보여주는 것은 없었다. 내각의 서한은 개입에 따르는 위험을 가능한 한 멀리 분산시키려는 시도를 통해, 그리고 정기적 회합에 관한 규정을 삭제한다는 조건으로 회의를 *다시 한 번* 개최한다는 발표를 마지못해 받아들이는 식의 오기 어린 태도를 통해, 공통의 위험 이외의 무언가로 유럽을 조직한다는 관념에는 영국인의 사고가 미치지 못한다는 점을 한 번 더 명확히 증명해 주었다. "회의적인 애정"을 가진 새로운 의회를 만족시키는 것이 어렵다는 점이 주된 이유로 명시된 것은 사실이었지만, 실제 어려움은 더 근본적인 데 있었다. "우리는 이 기회에, 쉬운 일은 아니나, 우리가 철군이라는 단순한 문제를 다룰 의도만 가지고 있었다는 점을 (군소 국가들에게) 보장함으로써 (일반적 선언을) 승인하는 바이다. 그러나 그들에게 정기적 회의 방식을 공표함에 있어서 우리는 앞으로 회의가 하나의… 주제, 요컨대… 프랑스 한 나라에 관한 문제를 다루는 데 국한된다는 점과, 국제법이 개입을 정당화하지 않는 경우에는 어떤 방식으로도 개입에 관여하지 않으리라는 점을 선포해야 한다…"[19] 기실, 캐닝이 이끌던 내각의 일파는 정기적 회합의 *원칙*이 영국의 전통적 정책에 반해 영국을 대륙의 모든 분쟁에 말려들게 만들 것이라는 이유로 반대했다. 그들이 생각하기에는, "우리의 진정한 정책은 항상 중대한 비상사태 이외에는 개입하지 않고, 일단 개입한 다음에는 압도적인 힘을 사용한다는 것"이었다. 이 서한은 내각이 이러한 견해에 동조하는 것은 아니라는 점을 명확히 밝혔지만, 영국이 회의 체제에 참여하는 것은 오로지 외교장관 개인의 우월한 지위 때문이자, 내각이 외교장관을 꺾을 명예로운 방법을 찾아내지 못했기 때문일 뿐이라는 사실을 감출 수는 없었다.

이전에도 자주 그러했듯이, 보고서가 도착했을 시점에 위기는 이미 지나가 있었다. 캐슬레이의 비타협적 태도와 메테르니히의 도피적 태도에 직면한 차르가 연대책임동맹에 관한 제안을 철회한 것이었다. 그러나 알렉산드르는 유럽의 도덕적 단합에 관한 모호한 표현이라도 얻어내려고 고집을 부렸다. 캐슬레이는 국내적으로 곤란한 입장을 개선하기 위해 가능한 한 관심을 끌만한 행동을 하지 않으려고 노력했으나, 정통성 있는 헌법상의 군주가 통치하는 프랑스가 4국동맹 회의에 참여하기 위한 평화적 의도를 충분히 증명했다는 동맹국들의 선언을 수락할 수밖에 없었다. 동시에 동맹국들은 비밀의정서로 4국동맹을 갱신했다.[20] 영국 내각은 '정통성 있고 합헌적인*légitime et constitutionel*'이라는 표현에 다소 불만이 있기는 했지만, 이것이 단지 성스러운 예식에 집착하는 차르 식의 언어일 뿐 특별한 의미는 담겨있지 않다는 캐슬레이의 보장을 받아들였다.[21]

엑스라샤펠 회의가 소리 높여 조화를 선언하는 성명을 발표하고 종료되려 하던 그 순간에 또 다른 논쟁이 벌어졌는데, 이로써 좀 더 가시적인 보장이 없는 외형상의 조화만으로는 대륙 국가들을 안심시키기에 충분하지 않다는 사실이 다시 한 번 드러나게 되었다. 이번에 집단안보체제로 안전을 추구한 것은 프로이센이었다. 비스툴라 강에서부터 라인강 너머로 확장된 상태에서 영내의 고립지역으로 인해 영토가 크게 두 부분으로 나뉘어 있던 프로이센은 4국동맹이 사례별로 해석되어야 한다는 캐슬레이의 주장에 적잖이 불만을 품고 있었다. 그래서 프로이센은 강대국이 소유한 영토에만 적용되고 네덜란드와 독일연방까지 아우르는 보장조약을 제안했다. 자기가 마음에 두고 있던 계획이 일부나마 실현될 전망을 접하고 차르가 어떤 반응을 보였을지 짐작하기란 어렵지 않다. 여기에는 메테르니히조차 마음이 동했다. 메테르니히가 이 조약을 마음에 들어 했던 이유는, 그답게도, 그것이 러시아가 자기억제를 인정함을 의미했기 때문이었을 뿐만 아니라, 더욱 중요하게는, 프로이센 내부에서 언제나 오스트리아에 적대적이었던 군부의 영향력을 감소시킬 수 있는 수단이기도 했기 때문이었다.[22] 그런 까닭에 그는 영국이 조약상에 포함된 의무적 공약을 수행하지 않고도 정신적 승인을 표할 수 있을 만한 공식을 찾아내려고 시도했다. 그러나 결국 그 정도로 포괄적인 문서를 기안하기란 불가능한 것으로 판명되었고, 회의는 캐슬레이의 희망대로 단합의 외양을 갖추고, 메테르니히의 계획대로 아무 것도 바뀌지 않은 채 폐회했다.

하지만 외견상의 조화의 이면에서는 다양한 동기가 서로 양립될 수 없다는 사실이 뚜렷해지고 있었다. 프랑스가 강대국 협조체제의 일원이 됨으로써 정치적 투쟁은 마침내 종지부를 찍었고, 그와 아울러 영국이 대륙 문제에 관여하는 것을 국내적으로 가능하게 만들어 주던 유일한 동기도 사라져 버렸다. 영국이 서서히 자국의 관여를 줄여 나감에 따라 하나의 악순환이 자리를 잡았다. 영국의 고립주의 경향이 강해질수록, 오스트리아의 물리적 약점을 잘 알고 있던 메테르니히는 차르를 억제할 수 있는 가장 효율적인 무기에 더욱 의존하게 되었는데, 그것은 다름 아니라 알렉산드르의 도덕적 열정에 호소하는 것이었다. 그러나 메테르니히가 차르의 종교적 열의를 치켜세울수록, 캐슬레이로서는 그 어떤 공동보조도 취하기가 어렵게 되었다. 그러나 엑스라샤펠 회의가 끝날 무렵에는 두 사람 다 이러한 사실을 감추는 데 급급했다. 메테르니히로서는 러시아에 대한 협상력이 그가 영국을 동원할 수 있을 것이라는 상대방의 착각에 의존하고 있기 때문에 그러했고, 캐슬레이의 경우에는 그가 유럽에 관해 품고 있던 이상 때문에 그러했다. 캐슬레이는 자신의 이상이 내각의 어리석음과, 그가 보기에는 사소한 문제였던 안전에 대한 동맹국의 집착을 이겨낼 수 있기를 바라마지 않고 있었다. 그러나 그 또한 착각의 시간이 끝나가고 있음을 직감했을 것이다. 당시 메테르니히는 다음번 투쟁은 캐슬레이가 사적으로 얼마나 공감하건 간에 동조할 수는 없는 국면에서 치러지리라는 사실을 의심의 여지없이 드러내는 행동에 착수하고 있었던 것이다. 그는 프로이센 국왕에게 두 통의 서한을 보내 국가의 행정기구에 관해 조언하는 한편, 1813년의 열광적 시기에 신민들에게 헌법을 반포하겠노라고 선언했던 국왕의 약속을 실행하지 말 것을 촉구했다.[23] 메테르니히가 여기서 전개한 논리는, 유럽의 보수주의적 양심으로서 역할을 하겠다는 그의 의도를 처음으로 시사한 이 조치 자체만큼 흥미를 끌만한 것은 아니었다.

주

1) N.P. III, 297.

2) 영국의 섭정왕세자는 개인적 서한으로 신성동맹의 목적에 대한 공감을 표명했다.

3) C.C. XI, p. 265. 1816년 6월 1일.

4) 앞 장 p. 381

5) N.P. III. p.51-4.

6) Text, Nicolas Mikhailovich, *Les Rapports Diplomatiques du Lebzeltern* (St Petersburg, 1915), p. 37f.

7) Webster, II, p. 67; C.C. XI, p. 104, 1815년 12월 28일.

8) Webster, II, p. 99.

9) Webster, II, p. 107.

10) Webster, II, p. 72.

11) C.C. XII, p. 54, 1818년 10월 20일.

12) Webster, II, p. 134f.

13) N.P. III, p. 139f.

14) Webster, II, p.146.

15) W.S.D. XII, p.723f.

16) Hans Schmalz, *Versuch einer Gesmteuropäischen Organisation* 1815-20 (Berner Untersuchungen zur Allgemeinen Geschichte), p.38f. 4국동맹과 일반적 동맹에 대한 메테르니히의 구분에 관해서는 N.P. III, p.160f를 보라.

17) 비록 이 각서는 캐슬레이가 자신이 경계를 늦추지 않고 있다는 사실을 내각에 증명할 요량으로 썼고 실제로 차르에게 전달되지는 않았지만, 실제 교섭에서도 각서만큼 날카롭지는 않았을지는 몰라도 유사한 논거가 사용되었다는 데는 의심의 여지가 없다.

18) Text, Webster, *Congress of Vienna,* p.166f.

19) C.C. XII, p.394.

20) Documents in B.F.S.P. VI, pp.11-19.

21) C.C. XII, pp.71, 75.

22) N.P. III, p.159.

23) N.P. III, p.171f.

역주1) 엑스라샤펠은 오늘날 독일의 서부 노르트라인베스트팔렌 주의 최서부에 위치한 온천 도시 아헨(Aachen)이다. 엑스라샤펠 회의는 1818년 10-11월간 개최되었으며, 러시아의 알렉산드르 1세, 오스트리아의 프란츠 1세, 프로이센의 프리드리히 빌헬름 4세, 영국의 캐슬레이 자작과 웰링턴 공작, 프랑스의 리슐리외 공작과 아르망 에마뉘엘이 대표로 참석했다. 제1차 회담에서 리슐리외는 11월 30일까지 유럽 동맹군이 점령지에서 철수하는 대가로 프랑스가 동맹국들에게 치러야 할 배상금의 대부분을 갚겠다고 제안했고 이 제의가 받아들여졌다. 10월 9일에는 프랑스가 새로운 5국동맹에 동등한 자격으로 가입하는 것이 허용되었다.

역주2) 슐레지엔 지역에 위치한 트로파우는 오늘날 체크의 오파바(Opava)를 말한다. 이곳에서 1820년 10-12월간 신성동맹국들의 회의가 개최되었으며, 혁명에 공동대응할 것을 선언한 트로파우 의정서가 체결되었다. 오스트리아의 프란츠 1세, 러시아의 알렉산드르 1세, 프로이센의 프리드리히 빌헬름 3세와 3국의 외교장관, 그리고 영국 및 프랑스의 참관인이 참석했다. 이 회의는 1820년 7월 나폴리에서 일어난 민주주의 혁명을 분쇄하기 위한 개입을 결의했다. 영국과 프랑스를 배제한 3국이 체결한 의정서에는 혁명을 겪은 국가를 유럽 동맹에서 배제하며, 각 동맹국은 혁명으로 인한 불법적 변화를 인정할 수 없고 그 변화들을 원상복귀시키기 위해 무력을 사용한다는 내용이 포함되어 있었다. 영국과 프랑스는 이 의정서의 승인을 거부함으로써 동서 유럽 체약국간의 분열이 노정되었으며, 5국동맹은 약화되었다.

역주3) 라이바흐는 오늘날 슬로베니아의 수도 류블랴나(Ljubljana)다. 이곳에서 1821년 1-5월간 영국, 오스만 제국, 교황령을 제외한 모든 유럽 군주국의 신성동맹 회의가 개최되었다. 그 결과 1820년에 일어난 나폴리 혁명에 대한 대처 방안으로 오스트리아가 개입해 양兩시칠리아를 점령하기로 결정되었다. 이 결정은 오스트리아의 반자유주의 정책의 승리를 보여주는 듯 했으나 이후 영국과 프랑스의 반대로 결국 이 회의가 수립한 체제는 쇠퇴하게 되었다. 영국과 프랑스의 지원으로 나폴리에서 봉기가 다시 일어났지만 결국 실패로 끝났다.

역주4) 파벨 황제의 막내딸이자 알렉산드르의 막내 여동생인 안나 파블로브나 로마노바(Anna Pavlovna Romanova 1795-1865).

역주5) 러시아의 알렉산드르 1세 휘하에서 활약한 베네치아령 코르푸 태생의 그리스 정치가 코미스 카포디스트리아스(Ioánnis Antónios, Komis Kapodístrias 1776-1831). 1799년 러시아와 투르크는 이오니아 제도에서 프랑스인들을 쫓아내고 셉틴술라 공화국을 수립했는데, 그는 이 신생국의 두 번째 헌법 초안에 참여했고 국무장관이 되었다. 그러나 프랑스가 다시 이 지역을 장악하자 러시아 외교부에 들어갔고, 1812년에는 도나우 강 하류 러시아 주둔군 사령관으로 근무했다. 러시아 대표단의 일원으로 비엔나 회의에 참석한 이후로 차르의 고문이 되었다. 그는 오스트리아가 나폴리와 피에몬테의 반란을 진압하도록 러시아가 묵인하는 데 반대해 메테르니히의 적개심을 샀다. 1821년 투르크에 대항해 그리스에서 봉기가 일어나자 알렉산드르는 이를 지원하지 않았지만 그리스 독립운동에 깊이 공감하고 있던 카포디스트리아스는 러시아 외교부에서 장기 휴직하고 제네바에 정착해 그리스 독립군을 지원했으며, 1827년 그리스 임시 대통령으로 선출되었다.

역주6) 《Right of Man》은 토마스 페인(1737-1809)의 1791년 저작물로, 정부가 인민을 보호하지 않으면 인민은 혁명을 일으킬 권리가 있다고 주장했다.

| 제13장 |

카를스바트 결의The Carlsbad Decree와 중부 유럽의 지배

오스트리아와 중부 유럽의 관계—독일의 조직화—통일에 대한 기대의 소멸—코체부Kotzebue의 암살—테플리츠 및 카를스바트에서의 회의—각국의 반응—오스트리아와 영국 간 협조의 한계적 사례

I

전후시대가 시작된 직후 메테르니히의 주된 관심사는 그가 유럽의 안정과 오스트리아 안보의 조건으로 여기던 강력한 중부 유럽의 건설이었다. 그는 강한 오스트리아가 중부 유럽의 요체라고 확신했기 때문에, 국내의 재정비가 그의 우선적 관심사가 되었다. 그는 1817년에 행정의 분권화와 각 민족별 네 명의 총리를 임명하는 방안을 포함하는 오스트리아 정부기구의 개혁안을 제출했다.[1] 이는 우수한 행정을 통해 다언어 제국에 정체성을 부여하려는 시도로서, 당시 북방의 프로이센이 성공적으로 수행하고 있던 활동과도 유사성이 없지 않았다. 그러나 황제로서는 개혁 계획으로 평화의 시대를 열자고 나폴레옹과 싸운 것은 아니었으며, 오스트리

아가 혁명기를 무사히 넘길 수 있게 해주었던 체제를 근본적으로 바꿀 이유도 없었다. 한편 메테르니히가 중부 유럽을 지배하려 들면서 외교적 수단에만 의존한 것은 그가 국내적으로 무력했기 때문에 나타난 현상이었다. 그는 내적 논리에 따라 필연적으로 오스트리아의 지지에 의존하는 정치적 구조를 창조하는 한편, 복수의 군주들로 하여금 민족주의와 자유주의라는 양대 운동을 좌절시키는 데 오스트리아와 이해를 함께 하도록 조장함으로써 중부 유럽을 지배하려 했던 것이다. 독일도 이탈리아도 유럽을 휩쓸고 있던 사조에 면역된 채로 남아있을 수 없었던 것은 틀림없다. 그러나 감당할 수 없게 되지만 않는다면 사회적 불안은 사실 군소 국가들이 독자적 정책을 시도하지 못하도록 방해하는 요소가 된다는 점에서 메테르니히의 의도에 부응하는 면이 있었다. 그런 까닭에 전쟁 직후의 시대에 메테르니히는 혁명을 진압하는 것보다는 국지화하는 쪽에, 반혁명의 성전을 수행하기보다는 적들이 주요 강대국들의 지지를 획득하는 것을 방해하는 쪽에 더 관심이 있었다. 따라서 메테르니히의 노력은 여전히 일차적으로 정치적인 성격을 띠고 있었다. 그는 가장 혁명적이라고 생각했던 두 국가를 약화시키려고 노력했는데, 유럽에서는 러시아가, 독일에서는 프로이센이 그 나라들이었다.

이런 노력이 이탈리아에서는 상대적으로 쉬웠다. 오스트리아가 북부 및 중부 이탈리아를 지배할 수 있었던 것은 지리적 입지 덕분이자, 오스트리아에 의존하는 군소 왕국들 덕분이었다. 게다가 나폴리 왕국과 체결한 조약을 통해 오스트리아가 나폴리 군을 통제하게 되었고, 복위한 나폴리 국왕은 오스트리아의 동의 없이는 국내 제도를 변경하지 않겠노라고 약속했다. 메테르니히는 1817년에 이탈리아 각국의 왕실을 방문했을 때, 거의 러시아 요원들의 선동으로 조장되다시피 한 카르보나리Carbonari 당[역주1)]의 활동이 만연하고 있다고 보고했다. 그러나 그는 혁명 운동을 자신의 능력으로 좌절시킬 수 있다는 확신을 가지고 있었다. 부분적으로는 오스트리아 령 이탈리아 지방의 행정에 더 많은 이탈리아인들을 등용함으로써, 또 부분적으로는 러시아의 활동을 최대한 널리 선전하여 차르가 그것을 부인하거나 중단하지 않을 수 없게끔 강요함으로써 그런 목적을 달성할 수 있으리라는 계산이었다.[2)]

그러나 독일의 상황은 좀 더 복잡했다. 거기서 오스트리아는 우세한 지리적 입지를 누리지도 못했고, 군소 국가들만을 상대하는 처지도 아니었다. 독일의 주변부에 위치하고 강력한 프로이센과 대치하고 있던 오스트리아로서는 독일을 물리적으로 지배하기를 바랄 수 없는 처지였고, 민족주의와 자유주의의 양대 조류는 오스트리아의 도덕적 지위를 위협했다. 그런 까닭에 메테르니히는 프로이센 애국지사들이 독일의 개혁을 꿈꾸고 자유주의자들이 민족주의라는 만병통치약을 손에 넣을 계획을 꾸미던 1812년의 열정적 시기에도 이런 열망들을 좌절시키기 위해 복잡하고 집요하고 교묘하게 일하고 있었다. 독일의 통일은 오스트리아가 가지고 있던 역사적 강점을 앗아가 버릴 터였다. 다언어 제국인 오스트리아는 결코 민족주의에서 정통성을 얻는 체제의 일부가 될 수 없는 노릇이기 때문이었다. 의회 제도를 가진 독일, 또는 언어적 통일에 기반을 둔 독일조차도 역사적 배경을 지닌 여러 체제의 상호의존성이라는 신화 위에 지어진 국가에는 상시적 도전을 의미했다. 그랬기 때문에 1813년에 메테르니히는 오스트리아의 생존을 보장할 수 있는 원칙을 중심으로 연합이 형성될 때까지 시간을 끌었던 것이다. 역사적 군주들의 신성함에 대한 주장은 복수의 주권국가로 이루어진 독일을 보장할 수 있었는바, 이런 체제에서 단일 민족국가의 요구는 도덕적 교감의 공식적 표현인 합의로써만 다스릴 수 있고 통치권으로는 다스릴 수 없는 여러 왕조들의 요구 속에 감춰질 수 있었다.

그러므로 메테르니히의 독일 정책은 도덕적 연계성의 실체를 두고 벌이는 하나의 도박이었다. 그는 독일에서 오스트리아가 누리는 우위를 평등이라는 신화 위에서 성립시키고자 했기 때문에, 오스트리아가 신성로마제국의 왕관을 되찾아올 가치가 없다고 여겼다. 또한 그는 오스트리아의 도덕적 지위가 반드시 그에 상응하는 독일 내 영토적 기초에 의존하는 것은 아니라고 믿었기 때문에, 프로이센이 무게중심을 동유럽에서 독일로 옮기고 오스트리아가 무게중심을 독일에서 남동 유럽방향으로 이동하는 것을 허용했다. 메테르니히는 왕조들을 인민의 의지로부터 보호하고, 힘에 바탕을 둔 주장들로부터 군소 국가들을 보호하는 일에 오스트리아의 도덕적 지위가 지닌 강점이 있다고 생각했다. 독일 연방

전역에 걸쳐 영토가 분산되어 있던 프로이센이 방어를 위해 독일을 조직화함으로써만 안보를 확보할 수 있는 상황에 놓여있다는 사실은 군소 국가들이 오스트리아의 지지를 구하도록 만드는 외적 압력으로 작용하고 있었다.

비엔나에서 주요 행위자들이 유럽의 균형을 위한 논쟁을 벌이고 있는 동안, 오스트리아, 프로이센, 하노버, 바이에른, 뷔르템베르크Württemberg역주2) 등이 참여하는 독일 위원회가 개최되어 전쟁 기간에 그토록 자주, 또한 그토록 모호하게 약속되었던 독일연방에 실체를 부여하려는 시도를 한 바 있었다. 테플리츠 조약이나 쇼몽 조약 같은 국가행위는 다수의 주권국가로 이루어진 독일을 상정하고 있었던 반면에, 해방 전쟁 초기에 독일 국민을 대상으로 러시아와 프로이센이 공표한 선언문은 독일을 한 나라로 구성하겠다는 약속을 제공했다. 그러나 오스트리아의 입헌적 목표는 간략히 정의할 수 있는 것이었으니, 인민이 행동해야 한다면 왕실을 통해서 행동하도록 만들고 민족적 열정의 물꼬는 궁정외교로 돌릴 수 있는 체제를 수립하는 것이 그 목표였다. 저마다 자국의 주권을 지키려고 노심초사하는 왕조국가의 대표들이 협상을 진행했기 때문에 쟁점에 대해서는 의문의 여지가 있을 수 없었다. 그 결과 도출된 것이 독일을 주권국가들로 이루어진 연방으로 수립하는 연방법이었다. 독일 국가들은 서로간의 전쟁을 포기하기로 서약했고 내부적인 갈등은 중재에 맡기기로 약속했다. 그들은 각국 정부가 임명한 대표들로 구성된 회의체를 설립했는데, 그중 11개

주요국은 각기 한 표씩을 행사하기로 했고, 여타 군소국들은 하나의 단위로 투표하는 여섯 개 집단으로 조직되었다. 결정은 단순 다수결에 의하되, 전쟁과 평화와 같이 중요한 문제들은 3분의 2 이상의 의결 정족수를 요하도록 했다. 이로써 입헌적 개혁에 대한 약속의 흔적으로 남은 것은 "각국은 의회에 기초하여 헌법을 제정토록 한다"는 제13조의 프로그램적 조항뿐이었으나, 메테르니히는 머지않아 이마저 무의미한 것으로 만들어 버렸다.

민중의 행동을 좌절시키기 위해 이보다 더 잘 계산된 수단을 고안할 수는 없었다. 독일 연방의회는 국민의 대표가 아닌 정부의 대표들로 구성되었다. 군소 국가들에 주어진 비례에 맞지 않는 투표권, 당파성을 조장하는 상호 전쟁 금지 규정, 규약의 수정에 대한 만장일치 요건, 회의를 주재하는 오스트리아의 지위 등등 이 모든 조건들이 행동은 *힘*으로 취하는 것이 아니라 오로지 *영향력*을 통해서만 취할 수 있다는 사실을 강조하고 있었다. 게다가 상황적 필요에 의해 군소 국가들은 국내적 혁명과 프로이센의 지배를 피하자면 오스트리아에 의지하지 않을 수 없었다. 그러다 보니, 독일 연방은 오스트리아의 보호를 받으면서 내부적으로는 프로이센의 민족적 사명감에 대한 두려움이 제공하는 결속의 요인을 지닌 형국이 되었다. 그토록 많은 애국지사들이 열망하던 민족주의적 체제가 일차적으로 반민족주의적인 동기에 따라 이루어졌던 셈이다. 그러나 메테르니히가 고민하던 것은 단순히 프로이센을 소외시키는 것보다는 더 복잡한 문제였다. 불만을 가진 프로이센은 연방이라는 족쇄에 반항하면서 민족주의 운동의 대변인이 될 수도 있었고, 그저 조금 성가신 일에 그칠 수도 있는 막연한 불안을 큰 전란으로 바꿔놓을 수도 있었다. 군소 국가들의 도덕적 공감대를 통해서, 그에 더하여 프로이센의 지지까지 *얻으면서* 독일을 지배한다는 것은 양립 불가능한 시도라고 여겨질 수도 있다. 그러나 이것이 메테르니히가 추진한 독일 정책의 핵심이었다.

메테르니히는 비엔나에서 이루어진 합의가 프로이센에 강요한 곤란한 입장으로 이득을 보았고, 독일을 통일함으로써 민족적 기반에 바탕을 둔 안보를 추구할 것인지, 또는 오스트리아와의 우호관계를 유지하면서 궁정외교에 기초한 안보를 추구할 것인지 기본적 대안을 앞에 두고 선택을 내리지 못하고 있던 프로이센의 우유부단함 덕택에 도움을 받은 측면도 있었다. 프로이센은 중부 유럽 전역에 산개된, 자의적이고 방어 불가능한 국경선을 가지고 있었고, 라인란트에 관한 프랑스의 구상과 폴란드에 관한 러시아의 야심을 두려워하고 있었으므로, 군사적으로 강력한 연방을 통해 안보를 추구하는 것이 당연한 일이었다. 그러나 공격적인 독일 정책은 주권을 상실할까봐 우려하고 있던 군소 국가들을 필경 두려움에 빠뜨릴 터였다. 한편 프로이센으로서는 러시아 또는 프랑스를 상대로 전쟁을 하게 되면 어떤 경우에도 오스트리아의 지지가 필수적일 것으로 생각했으며, 이러한 생각은 독일 연방을 강화하려는 시도와는 양립할 수 없는 것이었다.

50년이 경과하도록 프로이센은 유럽에서 위험에 가장 크게 노출된 국가이면서 가장 방어하기 어려운 국경을 보유하고 있다는 양난을 해결하지 못했다. 그럼에도 전쟁 직후의 시기에는 정확한 방향성을 갖춘 분명한 개념도 없이 단지 비엔나 합의의 실수를 바로잡으려는 어중간한 암중모색만 계속하고 있었다. 필수적인 전제조건에 대한 정확한 인식을 가지지 않은 채로 독일 내에서 강력한 입지를 추구하는 불확실한 노력을 기울이고 있었던 것이다. 해방전쟁 기간에 드러났던 프로이센 외교의 허점이 또 다시 모습을 드러냈으니, 그것은 온갖 정책의 이점을 한데 결합시키려는 시도였다. 프로이센은 연방 내에서 오스트리아와 동격임을 공인받으려고 애쓰는 동시에, 프랑스와 러시아에 대한 오스트리아의 협력을 보장받으려고 노력했다. 독일 바깥에 대해서는 오스트리아와의 우호관계를 전제조건으로 하는 정책을 시행하면서, 독일 안에서는 오스트리아를 무력하게 만들어야만 달성 가능한 정책을 추구했던 것이다.

메테르니히처럼 교묘함을 갖춘 상대방 앞에서 이런 식으로 일관성 없이 구는 것은 치명적이었다. 메테르니히가 발휘하는 교묘함의 요체가 바로 자신이 반대한다는 사실을 감추는 데 있었기 때문에 더더욱 그러했다. 프로이센의 조치가 상궤를 벗어난 것일수록 오스트리아의 도덕적인 입지는 더 강해졌다. 프로이센이 집요하게 굴면 굴수록, 오스트리아는 기존 조약상의 의무로 쉽사리 후퇴할 수 있었다. 그러다 보니 프로이센은 군소 국가들에 오스트리아가 내세우는 도덕적 주장의 타당성을 입증해야 하는 처량한 처지로 전락했다. 메테르니히는 프랑크푸르트 회의에 부올Buol역주3)을 대표로 파견했는데, 연방법에 따르면 그가 회의를 주재하도록 되어 있었다. 메테르니히가 부올에게 하달한 첫 훈령처럼 메테르니히의 독일 정책을 잘 요약한 다른 표현은 없었다. 부올에게 의장이라는 직책을 강조하지 말 것을 촉구하면서, 메테르니히는 다음과 같이 적어 내려갔다. "우리의 요구를 주장하는 것보다, 타국의 요구를 사장시키는 것이 더 중요합니다… 귀하의 임무는 연방법이 부여한 의장직을 가능한 한 (우리의) 이익에 유리하게 활용하되, (그러면서도) 불신을 야기할 소지가 있는 불필요한 관심을 끌지 않고… 귀하의 직무를 수행함에 있어서 일정한 공정성을 발휘함으로써 여타 연방 국가들의 구상을 좌절시키는 일이 될 것입니다. 그런 태도를 통해 대부분의 (독일 국가들은) 우리의 침묵에 호감을 느끼게 될 것이고, 우리의 충고를 받아들일 뿐만 아니라 적극적으로 조언을 구해 올 것입니다… 우리는 거의 아무 것도 요구하지 않으면서 상대적으로 많은 것을 얻을 수 있습니다."[3)]

상황이 그러하였으므로 프로이센은 어느 방향으로 움직이더라도 좌절할 수밖에 없었다. 프랑크푸르트에서 프로이센 대표가 회의의 주도권과 독일의 군사적 통제권을 오스트리아와 프로이센이 공유하자고 제안했는데, 이런 제안은 메테르니히에게 오스트리아의 우세를 과시할 수 있는 수단을 제공해 주었을 따름이었다. 이 제안은 비밀리에 독일 내 다른 여러 궁정에 전달되었으며, 메테르니히는 오스트리아와 프로이센 간의 우의는 충분히 견고하므로 공식적인 조약은 필요치 않고, 어떤 경우든 양국의 공공연한 협조는 군소 국가들을 양국에 대항하도록 결속시킬 것이라는 내용의 답신을 보냈다. 프로이센은 외교적 패배를 감추기 위해 자국의 대표를 소환할 수밖에 없었다. 프로이센이 연방군에서 오스트리아와 수적으로 동등한 지위를 요구했을 때 메테르니히는 섬세한 간접적 조치로 대응했다. 그는 군소 국가들이 이와 같은 제안을 물리치리라는 사실을 알고 있었기 때문에 오스트리아 대표단에 프로이센에 찬성투표를 하라고 안심하고 지시했던 것이다.[4] 프로이센 국왕이 프로이센 령 폴란드 지방을 독일연방에 포함시켜 달라고 요구한 것은 약점을 고백한 것이나 다름없었고, 메테르니히는 이것을 이용해 오스트리아가 필요불가결함을 증명했다. 그는 우선 프로이센 국왕에게 그와 같은 제안은 군소 국가들의 승인을 얻으리라는 전망도 없이 차르를 적으로 돌릴 뿐이라고 설득함으로써 제안을 철회하도록 유도했다. 그러고는 그 대안으로 오스트리아-프로이센 간의 비밀 방어동맹을 제안했다.[5] 그 거래는 메테르니히의 독일 정책이 딛고 서 있던 기초를 상징하는 것이었다. 그는 프로이센에 대한 두려움을 이용해 군소 독일 국가들을 조종하고, 프랑스와 러시아에 대한 두려움을 이용해 프로이센을 조종하려 했던 것이다.

높은 기대감 속에서 출범한 독일연방은 이런 식으로 점점 더 오스트리아의 정책에 최대한 광범위한 도덕적 기반을 제공하는 수단으로 변해갔다. 연방 의회는 외교관들의 회합으로 변질되었고, 오스트리아 대표의 훈령이 도달할 때까지 표결을 미뤄야 한다는 메테르니히의 주장은 의회의 무력함을 돋보이게 만들었다. 메테르니히는 각국이 의회에 기초한 헌법을 가진다고 규정한 연방법 제13조를 단지 프로그램적인 것으로 이해했고, 선의를 상징하는 것일 뿐 그 실행은 각국 정부의 판단에 맡겨져 있는 것으로 해석했다. 오스트리아의 우월한 지위는 오스트리아 대표가 의장직을 수행하는 데서만 도드라져 보인 것이 아니었으니, 의회의 개최지는 오스트리아 대사관이었고 연방의 공식 문장紋章은 1848년까지 오스트리아의 문장을 사용하고 있었다. 프로이센이 이렇게 불리한 상황을 타파하자면 애국주의 단체들 및 자유주의 운동과의 연대에 기초한 민족주의 정책을 채택해야만 했다. 이런 정책을 지지하는 소수가 있기는 했지만, 프로이센 국왕과 그의 고문들은 외국의 공격보다 오히려 혁명을 더 두려워하고 있었다. 전쟁 중에 그토록 커졌던 희망이 그에 필적하는 괴로움에 자리를 내 준 것도 무리가 아니었고, 다른 누구보다도 젊은 세대가 민족적 열망을 배신당한 느낌을 크게 받았으며 어느 모로 보나 진정한 민족적 기관이었던 대학이 항쟁의 중심이 되었다는 것도 이상한 일이 아니었다. 그러나 연방 기구를 지배하는 오스트리아 앞에서는 항쟁도 소용이 없었다. 게다가 차르에게 걸었던 희망도 실망으로 바뀔 운명이었다. 그의 막연한 일반론은 자유를 위한 십자군보다는 억압의 힘이 될 가능성이 높다는 사실이 갈수록 명확해졌다. 메테르니히는 엑스라샤펠 회의를 앞두고 만일 아무 것도 변하지 않는다면 차르의 도덕적인 입지는 붕괴될 것이라고 말함으로써, 그가 창의력은 아니더라도 올바른 진단 능력은 가지고 있다는 점을 다시 한 번 증명했다.

이리하여 1818년 말에 이르러 메테르니히는 안정적인 중부 유럽을 성취했고, 오스트리아가 그 핵심이었다. 그러나 획일적인 단합을 보여준다고 해서 그것만으로 불만의 소리가 진정된다거나 사회적 투쟁을 피할 수 있는 것은 아니었다. 최초의 공공연한 혁명적 행동이 군주제에 관한 저작으로 명성을 얻은 러시아 측 선전가를 암살하는 것으로 나타났다는 점과, 그것이 하필이면 예나 대학의 광기어린 한 학생에 의해 저질러졌다는 점은 독일 내에 만연한 좌절감과 차르에 대한 실망감을 단적으로 보여주었다. 코체부Kotzebue역주4)의 암살이라는 사건은 오직 정치적 수단에만 의지해서 중부 유럽을 조직하려던 메테르니히의 노력이 종언을 고했음을 의미했다. 이후로 그는 혁명적 물결의 종식과 중앙제국의 생존을 불러다 줄 질서의 순간을 끊임없이 추구했고, 그의 정책은 주로 사회적 억압의 도덕적 기반을 얻기 위한 수단이 되었다.

II

메테르니히는 황제의 이탈리아 순방을 수행하던 중에 로마에서 코체부의 암살 소식을 듣게 되었다. 그는 그의 동료이자 선전 전문가인 겐츠가 흥분상태에서 써 보낸 일련의 서한을 통해 그 소식을 접했는데, 겐츠는 코체부와 동일한 운명이 자신을 기다리고 있을지도 모른다는 두려움으로부터 자유롭지 못했다. 겐츠는 즉각적인 진압 조치를 촉구했고, 오스트리아가 연방을 무시하고 반혁명의 성전을 위한 지도력을 발휘할 것을 주장했다. 하지만 메테르니히는 흥분된 순간의 분위기 속에서 정책을 수행하기에는 너무 냉철한 인물이었다. 그는 코체부의 암살을 도전으로 받아들이기보다는, 독일의 군소국 궁정에 오스트리아의 훈계가 현명한 것임을 가르칠 기회로 보았다. 그런 까닭에, 그는 한결같은 자신의 전술에 충실하게, 독일 내의 공황상태를 이용해 다른 나라들로 하여금 오스트리아의 목표를 제시하게 만들고, 초연한 정책으로 오스트리아의 불가결함을 증명함으로써 자신의 위험을 분산시키는 작업에 착수했다. 상황은 마치 메테르니히가 지난 3년간 설파해온 내용이 옳았음을 입증하기 위해 연출되기라도 한 것처럼 보였다. 독일의 주요국들 중에서는 오로지 오스트리아만이 혁명의 위험에 대한 면역력을 갖춘 듯이 보였다. 오스트리아에는 대학교의 평온함을 깨뜨리는 애국주의 단체도 없었고, 언론이 반정부적 선동 기관의 역할을 하지도 않았다. 이것은 도덕적 동질성에서 기인했다기보다는 오스트리아 경찰이 탁월했던 덕분이었는지도 모르지만, 설령 그렇다손 쳐도 이런 상황이 활동의 유용한 기초를 제공한 것만은 틀림없었다.

또 다시 메테르니히는 상대방을 미칠 지경으로 만드는 부작위의 시기에 접어들었는데, 그것은 잠재적 동맹국들이 태도를 명확히 드러내도록 만들기 위한 것이었다. 사실 메테르니히는 반혁명 성전의 선봉에 설 용의는 있었지만 가급적 많은 나라, 특히 프로이센의 참여를 확실히 해두고 싶었다. 그는 비록 약화되긴 했지만 국가기관보다는 순수한 궁정외교가 중요한 문제들을 더 잘 해결할 수 있다는 점을 증명하기 위해서라도, 얼마든지 연방을 무시할 용의가 있었다. 하지만 그는 이런 결과를 오스트리아의 자의적 행동으로 성취하기는 원치 않았고, 여타 국가의 궁정들이 오스트리아의 지원이 유일한 보호책이라는 사실을 "자발적으로" 인식할 수 있도록 연방의 무능함을 증명함으로써 성취하고자 했다. 따라서 메테르니히 식의 외교에 익숙한 사람이라면, 그가 아무것도 하지 않음으로써 자신의 외교적 작전을 개시했다는 것은 놀랄 일도 아니었다. 그는 겐츠에게 아무런 언질도 주지 않는 모호한 답신을 보냈는데, 짐짓 마음이 다른 데 있는 듯 무관심한 어조로 써내려간 이 답신의 목적은 그가 상황을 장악하고 있음을 밝히려는 데 있었다. 그는 코체부의 살인에 관해서는 한 문단만을 할애해 그것을 민족주의적 음모의 탓으로 돌린 반면, 로마 건축술의 경이로움이라든지 비례와 아름다움과 영혼 사이에 존재하는 관계에 관해서는 여러 페이지에 걸쳐 설명했다.[6] 신경질적인 흥분을 억제할 수 없었던 겐츠는 또 다시 회신을 보내, 민주주의 음모를 진압하는 것보다 더 실체적인 문제는 그런 음모를 낳은 대학 교육 제도를 개혁하는 것이라고 주장하면서, 모든 혼란의 원인을 종교개혁의 탓으로 돌리는 작센 주재 오스트리아 영사의 서한을 동봉했다. 그러나 메테르니히는 이번에도 겐츠의 열정에 찬물을 끼얹었다. 겐츠의 서한들이 만약 독일 국가들 내부에 유행하는 정신상태의 근사치라도 반영하는 것이라면, 특단의 조치를 취해야 할 곳은 따로 있다고 그는 확신하고 있었기 때문이었다. 그는 무관심한 체 하면서 사건이 벌어진 장소로부터 한 걸음 더 멀리 떨어진 나폴리로 향했고, 겐츠에게는 교육의 개혁은 학술적 규범의 체제에 국한되어야 한다는 답신을 보냈다. 그는 다음과 같이 신랄하게 썼다. "종교개혁에 관해 말하자면, 본인이 퀴리날리스 궁에서 마르틴 루터 선생 문제를 다룰 수는 없는 노릇이니, 개신교를 뿌리 뽑지 않고서도 뭔가 유익한 일을 할 수 있기를 희망하고 있습니다."[7]

그런 와중에도 독일 여타 국가의 정부들은 공황상태에 빠져들었다. 프로이센 국왕은 혁명 동향을 조사할 위원회를 설립했고 예나의 모든 프로이센 학생들을 불러들였으며, 다른 많은 왕실도 이 선례를 따랐다. 이런 추세가 어찌나 강해졌던지, 스스로 자유주의자로 자처했지만 불행히도 자신의 영토 내에 문제의 대학이 위치하고 있었던 바이마르의 대공은 연방의회가 독일 전역에서 통용될 학술적 규범의 일률적 체계를 제정할 것을 제안했다. 불운한 대공은 학술적 자유과 헌법에 대한 자신의 헌신을 주장했지만 소용이 없었고, 경솔한 행동의 유혹에 빠진 메테르니히의 반대자가 한 명 더 늘어났을 뿐이었다. 자유주의적인 바이마르 대공조차 대학 개혁의 필요성을 인정한 마당에, 오스트리아의 장관이 그 선례를 따른다고 해서 누가 비난할 수 있을 것인가? 그리고 연방 의회가 이 긴급한 문제를 해결할 능력이 없는 것으로 드러난 마당에 메테르니히가 대안을 제시한다면 그것은 그가 단지 독일의 합의를 표현한 것일 뿐이라고 할 수 있지 않은가? 그런 연유로 메테르니히는 이론가인 겐츠의 반발을 누르고 오스트리아의 대표에게 대공의 제안에 찬성할 것을 지시했다. 그는 겐츠에게 이렇게 설명했다. "이 골수 자코뱅파(대공)를 혐오감을 가지고 상대하는 것은 아무 소용없는 일입니다. 그는 그런 일에 익숙하기 때문입니다. 도리어 그의 구상을 호의적으로 해석함으로써, 그가 자신의 영역에서 함정에 빠지도록 만들거나 그가 거짓말쟁이라는 것을 폭로하는 것이 더 현명한 일이라고 생각합니다."[8] 연방 의회는, 그것을 설계한 메테르니히가 잘 알고 있었듯이, 결정적인 행동에 적합한 기관이 아니라는 사실이 이내 분명히 드러났다. 대공의 제안이 위원회에서 시들어 가는 동안, 도처에 암살범이 암약한다고 생각하는 독일 각국 정부의 히스테리는 끝 모르게 커져만 갔다. 연방이 신뢰를 잃고 오스트리아가 필요불가결하다는 점이 충분히 증명되었으므로, 비로소 행동을 위한 순간이 다가왔다. 그런 다음 메테르니히는 이렇게 적었다. "더 이상 지체할 시간이 없습니다. 오늘날 정부들은 행동을 두려워하고 있으며, 조만간 그 두려움은 마비를 야기할 것입니다."

메테르니히는 코체부의 암살 소식을 접한 지 두 달이 흐른 뒤인 6월 17일, 마침내 북쪽을 향한 여정을 개시하면서 겐츠에게 행동 계획을 하달했다.[9] 그는 휴가차 카를스바트Carlsbad[역주5]를 방문할 예정이었고, 거기서 독일 각국 장관들과의 면담을 준비했다. 그가 동료 장관들에게 제시할 내용은 정신적 위험이 물리적 위협보다 더 큰 해체의 힘을 발휘할 수도 있다는 점, 독일이라는 공통의 소속감으로 인해 별 볼일 없는 독일 군소국을 고립시키는 것조차 비현실적인 일이 되었다는 점, 그리고 협조 하에 시행하는 예방적 조치를 통해서만 혁명의 조류를 막을 수 있다는 등의 이치에 기반을 둔 것이었다. 전통적으로 음모의 표현수단이 펜에 한정되어 왔던 독일에서 음모가 폭력적으로 표출되었다는 사실만으로도 위험이 어느 정도인지는 충분히 증명되었다. 메테르니히는 이런 현상을 무엇보다도 대학들과 방종한 언론의 탓으로 돌렸다. 학문적 규율과 검열 제도를 강화함으로써만 이와 같은 추세를 역전시킬 수 있을 터였다. 겐츠가 환호하는 내용의 답신을 보낸 것도 무리가 아니었다. "무엇에도 구애받지 않고 결단력 있는 행동을 할 능력을 가진 독일의 한 사나이가 저토록 높은 경지에 도달하는 것을 지켜보노라면 나의 불길한 예감이 스러져 버리는 것만 같다…"[10)]

그러나 메테르니히는 아무것도 우연에 맡기려고는 하지 않았다. 현실적으로 프로이센이 변혁적인 정책을 추구할 위험은 없었지만, 그렇다 하더라도 프로이센이 과연 억압적 조치를 어느 선까지 지지할지는 결코 확실치 않았다. 메테르니히는 자신의 의지를 군소 국가들에 강요하는 입장에 서고 싶지도 않았다. 억압적 정책이 오스트리아와 동일시된다면, 이미 허다한 애국주의자들이 민족적 사명의 대표자로 간주하고 있던 프로이센의 입지를 강화시켜줄 수도 있는 노릇이었다. 같은 이치로, 만약 프로이센이 억압적 정책을 추진한다면 프로이센에게 남은 마지막 우위에 해당하는 민족주의 운동에 호소할 능력이 저해될 터였다. 따라서 7월 28일 메테르니히가 테플리츠에서 프로이센 국왕을 예방했을 때, 그는 두 가지 목적을 가지고 있었다. 첫째는 프로이센을 독일 민족주의로부터 분리시키기 위해 카를스바트 회의를 위한 계획을 공동으로 수립하는 것이었고, 둘째로는 프로이센을 독일 자유주의와 연계시키려고 애쓰는 훔볼트Humboldt역주6) 같은 독일 정치가들의 노력을 무위로 돌리기 위해 프로이센 국왕이 헌법을 공포하겠다는 약속을 지키지 못하도록 만들려는 것이었다.

그리하여 메테르니히와 프로이센 국왕은 기묘하면서도 멋진 대화를 나누게 되었는데, 메테르니히는 엄격한 교사처럼 프로이센의 죄상을 따져 물었고, 국왕은 완전히 순종적인 자세로 잘못을 자기 신하들에게 전가하려고 필사적으로 노력했다.[11] 공황상태에 빠진 국왕에게는 메테르니히가 예언자 또는 구세주처럼 등장한 셈이었다. 그가 지금까지 수없이 여러 번, 특히 엑스라샤펠 회의에서, 헌법의 위험에 대해 경고하지 않았던가? 그가 혁명의 위험을 예언하지 않았던가? 풀이 죽은 국왕은 "귀하가 예견했던 모든 일이 적중했소"라고 말했다. 하지만 메테르니히는 가혹했다. 혁명은 항상 교훈 이후에 발생하여 그 교훈이 옳았음을 증명해줄 뿐이라고 그는 주장했다. 혁명의 근원은 프로이센이었고, 오스트리아는 혁명의 영향을 받지 않았다. 그럼에도 불구하고 오스트리아는 선린 정책에 기초하여 혁명의 조류를 저지하는 일을 기꺼이 지원할 용의가 있다. 그러나 오스트리아는 먼저 어느 정부가 이름값을 하는지 알아내야 겠다는 것이었다. 만약 상대 정부의 열성이 부족하고 우유부단하다면 오스트리아는 손을 떼겠다는 의미였다. 그러자 혁명과 더불어 독일 내에서 홀로 남겨질지도 모른다는 두려움에 빠진 프로이센 국왕은 이제 그의 총리인 하르덴베르크의 동료들을 비난했다. 국왕은 자신의 실수를 바로잡고 선의를 증명하고자, 민족주의적 정책으로 잃을 것이 가장 많은 나라의 장관인 메테르니히가 민족주의 정책으로 얻을 것이 가장 많은 나라의 총리인 하르덴베르크에게 프로이센에 적합한 입헌 체제에 관해서 조언을 해 달라고 했다. 이에 대해 메테르니히는, 연방법 제13조가 규정하는 의회의 약속이 반드시 대의제 기관을 의미하는 것은 아니라는 내용의 각서로 답변을 대신했는데, 이 점에 대해서도 프로이센 국왕은 동의를 표했다. 프로이센 장관들과의 협상을 준비하고 있던 메테르니히에게 프로이센 국왕이 "무엇보다도 그들(프로이센 각료들)의 약속을 서면으로 받도록 노력하시라"는 애처로운 조인을 했다는 사실처럼 메테르니히의 우위를 잘 보여주는 사례가 또 있을까? 메테르니히가 자신의 황제에게 의기양양한 보고서를 올린 것도 무리가 아니었다. "소신은 국왕의 나약함과 총리의 무능함이라는 두 가지 부정적 요소들이 서로 경합하고 있는 것을 발견했습니다… 따라서 소신은 국왕의 정신 속에서 가장 두드러져 보이는 요소들을 강화시키는 것을 제 임무로 삼았습니다. 그것은 바로 무기력에 수렴하는 경향, 헌법을 공포하는 것과 같은 대담한 조치는 좀처럼 취하지 않으려는 그의 태도였습니다."[12]

그 결과는 오스트리아와 프로이센이 공동 계획에 합의한 테플리츠 조약으로 나타났다. 카를스바트와 비엔나에서 각각 한 차례씩 회의를 개최하기로 결정되었다. 카를스바트 회의는 즉각적인 위험을 다루면서, 언론의 자유를 억압하고 대학을 규제하는 한편 혁명 운동을 조사할 중앙위원회를 설립하기 위한 조치들을 검토하게 될 터였다. 비엔나에서 개최될 회의는 연방의 유기적 제도, 특히 연방법 제13조에 대한 해석 문제를 다룰 예정이었다. 거기에 더하여, 하르덴베르크는 질서가 완벽히 회복되기 전까지는 프로이센에 헌법을 도입하지 않을 것이며, 나중에 헌법을 제정하더라도 지방의 각 계급 대표들로 구성된 "문자 그대로의", 다시 말해서 메테르니히식 의미의 대표성을 갖춘 의회를 통해서만 제정하겠노라고 약속했다.[13] 요컨대 오스트리아의 국내적 정통성이 독일의 조직 원리가 된 것이다.

이와 같은 신중한 준비를 바탕으로 8월 6일에 개최된 카를스바트 회의의 결과는 의문의 여지가 없었다. 회의의 분위기를 결정한 것은, "혁명적 조류에 휩쓸리지 않으면서 그것을 제어할 수단들을 고안해낸" 오스트리아에 심심한 사의를 표한 나소Nassau[역주7] 대표였다. 오스트리아와 프로이센의 공동 제안은 모두 그대로 수용되었다. 각국은 20 페이지 이하의 출판물을 검열 대상으로 삼을 것과, 연방의 어느 구성원이라도 반대하는 출판물이 있으면 그것을 금지하기로 약속했다. 이리하여 모든 국가, 특히 오스트리아는, 연방의 영토 내에서 발간되는 모든 출판물에 대해 완전한 거부권을 가지게 되었다. 모든 대학교는 규율을 강제하고 강의의 기풍을 감시할, 정부가 임명하는 대표의 감독을 받게 되었다. 그리고 마인츠에 본부를 두는 중앙위원회가 혁명적 활동을 조사하도록 했다. 메테르니히의 입지는 너무나도 확고했으므로 그는 온건한 정책을 지지하는 것처럼 행동할 여유마저 가지고 있었다. 검열의 대상으로 삼을 출판물의 페이지 수를 20 페이지로 하자고 주장한 것은 프로이센이었는데, 메테르니히는 15 페이지였더라도 만족했을 터였다. 그리고 프로이센이 혁명파들을 조사하는 데 그치지 않고 공판에 회부할 수도 있는 특별법원의 설립을 제안했을 때, 메테르니히는 소급 입법으로 개인을 재판하는 것을 불가능하다고 주장했다.[14)]

메테르니히는 곡예에 성공한 것이다. 가장 취약한 국가인 오스트리아가 힘의 원천처럼 보이게 되었고, 카를스바트 결의로 얻은 이득이 가장 많은 나라가 오히려 가장 냉담한 당사자처럼 행세할 수 있게 된 것이다. 한 자리에 모인 외교관들이 메테르니히가 시키는 일을 할 수 있도록 허락을 받은 데 대해서 메테르니히에 사의를 표했는데, 그들의 공손한 연설은 정복이라는 것이 반드시 무력이라는 형식으로만 이루어질 필요가 없음을 보여준다. "귀공께서 우리를 소집하신 목적에 해당하는, 명예로운 만큼이나 어렵기도 한 이 과업을 우리가 공께서 가납할 수 있는 방식으로 완수한 것이기를 바랄 수 있다면, 그것은 귀공의… 현명한 지도력 덕분일 것입니다… 공께서는 알프스 산맥의 반대편에 계실 때부터 교양 없는 저술가들과 가공할만한 범죄에 관해 듣고… 악의 진정한 원인을 인식했으며… 이곳에서 우리가 이룩한 성취는 공께서 그때 이미 구상했던 것들을 넘어서지 못하는 것입니다."[15] 메테르니히의 자기만족적인 서한들에 관해 후세의 사람들이 퍼부은 불명예스러운 비난은, 많은 경우 그 내용이 단지 비범한 상황의 현실을 반영한 것일 뿐이라는 사실을 간과한 소치였다. 카를스바트에서 그가 보낸 서한에는 다음과 같은 내용이 있었다. "(30년 만에) 처음으로 올바르고 단호한 일련의 반혁명적 조치들이 이루어질 것입니다. 이것은 본인이 1813년부터 하고 싶었던 일이었지만 저 지독한 알렉산드르 황제가 언제나 망가뜨려 놓았던 것입니다. 이제 이것을 해낼 수 있게 된 것은 그가 참여하지 않은 덕분이었습니다… 오스트리아 황제께서 자신이 독일의 황제라는 사실에 의심을 품는다면 그것은 틀린 생각입니다." 프란츠 황제가 신성로마제국의 왕관을 포기함으로써 독일의 황제가 되었다는 것은 메테르니히의 엉뚱한 구석에 잘 맞는 역설적 상황이었다.

카를스바트 회의는 이런 식으로 오스트리아의 우위를 자발적으로 확인하면서 마무리되었다. 비록 메테르니히는 관심이 없다고 잡아 뗐지만, 그는 사실상 독일의 총리였다. 프로이센은 적극적인 묵인을 통해서, 한 세대 이상에 걸쳐 민족주의의 조류에 동참하지 않는 쪽으로 방향을 전환했고, 얼마 안 가 훔볼트처럼 자유주의적 성향이 강한 각료들은 관직을 박탈당했다. 그리고 독일연방은 결국 종속적인 외교관들의 회합 장소로 전락했고, 정말 중요한 결정은 정부간 직접 협상을 통해 이루어졌다. 독일 전체를 대표하는 유일한 기관이 비준을 위한 도구로 변한 셈이었다. 이 기관은 9월 20일에 카를스바트에서 이루어진 결정을 만장일치로, 그리고 아무런 토론도 없이 승인했다. 이로써 독일 통일의 꿈은 당분간 사라지게 되었다.

III

그러나 만약 메테르니히가 혁명 운동이라고 지칭한 것이 외국의 지지를 얻는다면, 메테르니히의 승리는 완전한 것이 될 수 없었다. 다른 나라들이 카를스바트 결의에 대한 승인을 거부하는 경우, 오스트리아는 독일 내에서만이 아니라 유럽 전역에서 수세에 처할 터였다. 게다가 비엔나에서의 회의가 가까워 올 무렵부터 남부 독일 국가들, 특히 뷔르템베르크는 오스트리아-프로이센의 보호감독으로 다루기가 어려워지고 있었다. 그래서 메테르니히는 영국과 러시아에 카를스바트 결의를 승인해 달라고 요청했다.[16] 그러나 이런 요청은 캐슬레이의 입장을 곤란하게 만들었을 뿐이었다. 영국의 그 어느 정치가에게도 국내를 억압하는 정책에 대한 승인을 표명한다는 것은, 그가 그런 정책에 얼마나 공감하는지와 상관없이, 불가능한 일이었다. 또한 사실상 타국의 국내문제에 대한 일반적인 간섭의 교리에 해당하는 내용을 장려할 수도 없는 노릇이었다. 따라서 캐슬레이는 개인적인 호의에도 불구하고, 오스트리아 대사에게 다음과 같이 답변하는 데서 그칠 수밖에 없었다. "우리는 공공연히 승인을 선언할 여력은 없어도 사악한 병균들이 파괴되는 것을 보면 언제나 기쁘게 생각합니다."[17]

러시아의 경우는 훨씬 더 어려웠다. 카포디스트리아는 차르에게 오스트리아가 독일을 지배하게 될 위험성을 제기했고, 알렉산드르의 연대책임동맹에 대한 최대의 반대자가 이번에는 스스로의 이익을 위해 그 이론을 적용하려 한다는 점을 잊지 않고 지적했다. 그 결과 도착한 러시아의 외교회람은 퉁명스럽고 모호한 내용이었는데, 카를스바트 결의가 독일 문제에 관한 것이라면 러시아로서는 관여할 자격이 없고, 유럽 문제에 대한 것이었다면 러시아도 카를스바트에 초청을 받았어야 마땅했을 것이라고 적혀 있었다.[18] 카포디스트리아는 12월 4일 캐슬레이에게 비엔나 협의에 공동대표 파견 가능성을 타진하기까지 했다.

그러나 캐슬레이는 비록 메테르니히의 정책을 지지하지는 못했지만, 최소한 그는 차르가 그것을 구실로 삼아 러시아의 목적을 추구하는 데 중부 유럽의 어려움을 이용하지는 못하도록 막을 수는 있었다. 불간섭의 원칙이 영국에 자제의 원칙으로 작용한다면, 그것은 메테르니히가 중부 유럽을 정비하면서 앞세우는 방패로 사용될 수도 있음을 뜻했다. 그러므로 캐슬레이는 러시아의 제안에 대해 매우 교묘한 답신을 보냈다.[19] 그는 연방법이 비엔나 합의의 일부라는 점과, 다른 국가들이 그 위반에 대해 항의할 권리를 가지고 있다는 점을 인정했다. 그러나 그는 카를스바트 결의가 단지 국내적 평온을 보장하기 위한 적절한 노력 이상의 의미를 갖고 있다는 주장은 부정했다. 그는 국내 안정이라는 목표에는 러시아도 동의할 것이라고 확신하고 있었다. 영국이 카를스바트 결의의 통지문서에 공식 회신을 하지 않은 이유는, 의견을 제시하는 것 자체가 독일의 국내사정에 간섭하는 것이 되기 때문이라는 것이었다. 아울러 캐슬레이는 베를린 주재 영국 대사에게 서한을 보내, 영국이 해 줄 수 있는 일은 더 없다는 점과 독일 국가들이 논쟁을 더 길게 끌어서는 안 된다는 점을 명확히 했다. "우리의 동맹국들은 우리나라에 의회가 있으며, 거기서 대륙의 정치에 관해 노기등등한 논의가 벌어지지 않도록 하는 것이… 긴요하다는 사실을 상기해야 할 것입니다…"[20]

카를스바트 결의는 유럽 정치의 분기점이자 오스트리아-영국 간 협력의 한계 사례였으며, 사회적 투쟁을 국지화하는 데 불간섭 원칙이 동원될 수 있던 한계선이었다. 오스트리아가 독일 이외의 국가들의 도움 없이도 독일 내 혁명을 제어할 수 있을 정도로 강했기 때문에, 캐슬레이와 메테르니히 사이에 존재하던 차이는 러시아의 개입을 좌절시키는 *정치적* 무기를 동원함으로써 감출 수 있었다. 소극적 수단, 다시 말해 부작위의 틀을 만드는 데 관해서는 메테르니히와 캐슬레이는 여전히 일치하고 있었다. 그러나 사회적 투쟁의 범위가 넓어지면 그 즉시 메테르니히가 부작위 원칙에 만족할 수 없게 되리라는 점은 명백했다. 그는 독일 정책에 프로이센을 개입시켰듯이, 자신의 유럽 정책에 러시아를 개입시키려고 시도할 것이 확실했다. 이 점은 카를스바트 결의의 경험이 러시아의 승인을 사후적으로는 획득할 수 없다는 사실을 보여주었기 때문에 더욱 큰 중요성을 지니게 되었다. 다툼이 명시적으로 사회적 양상을 띠고 유럽적 규모로 진행될 때 동맹의 단합은 중대한 시험에 직면할 수밖에 없을 터였다. 1820년이 되자, 유럽의 가장 특이한 지역들에서 발발하는 일련의 혁명으로 인해, 동맹이라는 것도 인간 못지않게 과거의 기억에 기대어 살 수 있다는 사실이라든지, 단합의 의미는 현 시점에 비추어 재정의하여야 한다는 사실이 드러나게 되었다.

주

1) N.P. III, p.69f.
2) N.P. III, p.175f (이탈리아 상황에 관한 메테르니히의 최종 보고서).
3) Stern, Alfred, *Geschichte Europas seit den Vertraegen von* 1815 *bis zum Frankfurter Frieden von* 1871, 10 Vols. (Munich-Berlin, 1913-24). Vol. I, p.298.
4) Stern, I, p.530.
5) Stern I, p.633 (Appendix).
6) N.P. III, p.227f.
7) N.P. III, p.234f.
8) N.P. III, p.243f.
9) N.P. III, p.250f.
10) N.P. III. p.256.
11) N.P. III, p.258.; Stern, I, p.568.
12) N.P. III, p.264f.
13) Stern, I, p.573.
14) N.P. III, p.270.; Stern, I, p.577f.
15) N.P. III, p.284.
16) N.P. III, p.285.
17) Webster, II, p.285.
18) Stern, I, p.595.
19) C.C. XII, p.178., 1820년 1월 14일.
20) C.C. XII, p.175, 1820년 1월 15일.

역주1) 19세기 전반 이탈리아와 프랑스에서 활동하던 비밀결사로, 탄소당(炭燒黨)이라고도 부른다. 이 결사를 모태로 1810년 카르보나리당은 나폴레옹 체제에 반발하는 자코뱅적 공화주의자들의 비밀결사가 되었으며, 이후 이탈리아 전역으로 세력을 확대했다. 카르보나리당은 1830년대 초까지 반(反)절대주의 투쟁의 핵심세력이 되었다. 1820년 7월 나폴리에서 일어난 반부르봉 반란은 남부 각지로 퍼져 입헌혁명에 성공하는 것처럼 보였으나, 이듬해 봄 오스트리아군의 개입으로 진압되었다.
역주2) 현재의 독일 남서부 바덴-뷔르템베르크 지역에 위치했던 군소 국가로, 1495년부터 공국으로 존재하다가 1806년에 왕국으로 승격되었고, 1871년 독일제국의 구성국이 되어 1918년까지 존속했다.
역주3) 1852-59년간 오스트리아의 외교장관이었던 카를 페르디난트 부올-샤우엔슈타인(Karl

Ferdinand, Graf von Buol-Schauenstein 1797-1865). 1816년부터 외교관 경력을 시작한 그는 피에몬테, 러시아, 영국 등지의 대사를 역임했다. 부올은 프랑스 및 영국과의 협조를 추구했고, 그의 외교정책은 러시아를 고립시킴으로써 신성동맹을 와해시키는 결과를 초래했다.

역주4) 러시아 판사로 활동했던 독일인 극작가 아우구스트 프리드리히 페르디난트 폰 코체부(August Friedrich Ferdinand von Kotzebue 1761-1819). 1761년 바이마르에서 태어나 예나대학에서 법학을 공부하고 1780년 변호사가 된 그는 1783년 러시아 레발(Reval) 지역 고등법원의 재판관으로 임명되었고 러시아 고위 장교의 딸과 결혼했다. 그는 부인의 사망으로 러시아의 공직을 은퇴했으나 파벨 1세로부터 극작가로서의 능력을 인정받아 상트페테르부르크의 독일극장에 단장으로 취임했다. 파벨 1세 사망 후에는 1816년까지 러시아 정부의 고문으로 일하다가 1817년부터는 독일에서 러시아의 정보원 역할을 했다. 그는 바이마르에서 자유와 민족주의를 주장하는 독일인들을 신랄하게 비난하는 글을 써서 진보주의자들의 반감을 샀다. 1819년 3월 23일, 예나 대학생 카를 루트비히 잔트(Karl Ludwig Sand 1795-1820)가 만하임에서 코체부를 칼로 찔러 살해했다. 메테르니히가 주도하던 보수세력은 이 사건을 수습하는 과정에서 카를스바트 결의(1819)를 통해 언론과 집회 및 결사의 자유를 제한하는 억압적인 정책을 실시했다.

역주5) 보헤미아 지역 서부에 위치한 도시로서, 현 체크 공화국의 카를로비 바리(Karlovy Vary). 프라하로부터 서쪽으로 약 130km 지점에 위치하고 있으며, 온천으로 유명한 휴양도시다.

역주6) 프로이센의 정치학자 겸 언어학자인 프리드리히 빌헬름 크리스티안 카를 페르디난트 폰 훔볼트(Friedrich Wilhelm Christian Carl Ferdinand von Humboldt 1767-1835). 그는 예나 대학교에서 수학하면서 저명한 문학가 실러와 교분을 맺었고, 문학적 명성을 얻은 후에는 1801년 교황령 주재 프로이센 공사의 직책을 맡았다. 1812년에는 오스트리아 주재 프로이센 대사로 부임했고, 1813년 프라하 회의에서는 오스트리아를 러시아와 프로이센 편으로 끌어들이는 데 기여했다. 그는 하르덴베르크 공작을 수행하여 비엔나 회의에도 참석했다.

역주7) 독일 서부의 도시로, 나폴레옹 전쟁 당시 독일연방에 가입한 공국이었으나 1866년에 이르러 프로이센에 합병되었다.

| 제14장 |

트로파우Troppau 회의와 유럽의 조직화

"메테르니히 체제"의 구조—혁명에 대한 영국의 관념—나폴리의 혁명—메테르니히의 양난—신성동맹의 해석—트로파우 회의—캐슬레이의 반응—메테르니히의 성공

I

1819년 말에 메테르니히는 오스트리아의 약점을 감추기 위한 그의 복잡한 조합 중 하나를 구축했는데, 그것은 다양한 나라가 승인한 정통성 원칙을 그 나라들과 오스트리아를 연계하는 수단으로 활용하는 방식이었다. 그는 정치적 수단으로 러시아의 영향력을 물리칠 능력을 얻기 위해, 영국을 연계하는 매개물로 4국동맹을 활용했다. 그리고 사회적 투쟁이 통제 불능 상태가 되는 경우에는 러시아의 지지에 기댈 수 있는 가능성을 열어두기 위해, 차르와의 관계에 있어서는 신성동맹에 호소했다. 프로이센의 도움을 받아 독일을 평정했고, 독일연방은 사실상 군소 국가들이 요청한 것이나 다름없는 그들의 적극적인 묵인을 통해 오스트리아 정책의 연장으로 변했다. 비엔나에서 개최된 일련의 회의는 제13

조에 대한 새로운 해석을 내리고 폐회했는데, 그것은 또 다시 무의미할 정도로 모호한 해석이 되었고, 회의에서의 약속이 군주들의 주권에 영향을 미칠 수 없다는 진부한 표현으로 귀결되었다. 이탈리아는 평온했다.

이 모든 것이, 메울 수 없는 간극을 초래하지 않으면서 이루어낸 성취였다. 오스트리아는 강대국들 상호간의 입장차가 자국과 각각의 강대국 사이에 존재하는 입장차보다는 크게 유지되도록 함으로써 국제적 위기가 발생할 때마다 중추적인 국가로 부상했기 때문에, 유럽 중부에 자리 잡은 오스트리아의 입지는 오히려 외교적 자산으로 변모했다. 캐슬레이는 메테르니히를 약간 소심하긴 해도 가장 상대하기 쉽고, 가장 온건하면서, 가장 덜 관념적인, 대륙 정치인 중 가장 "합리적인" 인물로 여겼다. 알렉산드르는 메테르니히를 유럽 정치인들 중에서 가장 이념적이며, 자신이 지향하는 높은 지점까지 따라올 준비는 안 되어 있는 것이 분명하지만, 그럼에도 자신의 상상력의 비상飛翔을 이해할 능력을 가진 유일한 인물로 여겼다. 그리고 외교에 있어서 프로이센은 오스트리아의 위성국가나 다름없었다.

그러므로 메테르니히의 정책은 선명한 입장 표명을 강요할 중대한 위기를 회피할 수 있는 능력과, 모든 강대국들과 친밀한 것처럼 보이게끔 만들 수 있는 능력에 의존하고 있었다. 그의 정책은 모든 방향으로 예민한 촉수를 뻗어 정교하게 짠 것이었고, 근본적인 문제들은 정작 하나도 해결되지 않았다는 사실을 감출 수 있을 정도로 복잡한 것이었다. 알렉산드르는 여전히 연대책임동맹과 보편적 개입의 권리라는 구상에 집착하고 있었고, 캐슬레이는 오직 정치적 목적에 한정된 동맹과 불간섭 원칙을 완강히 주장했다. 이렇게 상반된 개념들 사이의 갈등이 표면화되지 않았던 것은 오로지 두 가지 착각 덕분이었다. 차르는 연대책임동맹이 *이미 존재한다는* 메테르니히의 주장에 설복당했고, 캐슬레이는 엑스라샤펠 조약의 구조에 관한 자신의 해석으로 연대책임동맹이라는 망령을 쫓아버렸다고 믿었던 것이다. 알렉산드르가 자신의 요구가 원칙적으로는 인정을 받았다고 생각하고 그것을 더 강하게 밀어붙이는 일을 삼갔기 때문에, 캐슬레이는 동맹 내부의 균열을 명시적으로 드러낼 기회를 얻지 못했던 것이다. 그러나 이런 동상이몽은 동맹국들의 관심을 끄는 전반적인 문제가 출현하지 않는 동안만 유지될 수 있는 것이었다. 어느 강대국이든 어떤 일을 동맹에 호소할 경우 위험의 성질이나 범위에 대해 어떠한 합의에도 도달할 수 없을 것이므로, 엑스라샤펠에서 나타났던 입장의 차이는 여전히 존재하고 동맹의 결속은 느슨해져가고 있다는 사실이 즉시 분명해질 터였다.

1820년은 국제관계를 근본적으로 변모시키게 될 일련의 동란과 더불어 시작되었다. 1월에는 스페인 카디즈에서 남아메리카 식민지의 반란을 진압하러 떠날 예정이던 부대에서 반란이 일어났다. 처음에는 그리 대수롭지 않게 보이던 폭동은 순식간에 확산되어 3월 7일에는 국왕이 극도로 자유주의적인 1812년의 헌법을 다시 공포해야겠다고 느꼈을 정도였다. 그렇게 된다면 독일에서처럼 고립된 음모가 아니라 완성된 혁명이 출현하는 셈이었고, 이러한 기존 질서의 전복은 동맹에 대한 자국의 해석을 현실화하려는 러시아의 시도로 이어질 것이 뻔했다. 카포디스트리아는 스페인에서 벌어진 사건에 관해 알게 되기도 전인 1월 15일에 벌써 동맹의 숭고한 공리에 기초한 새로운 외교 방식과 이기주의에 뿌리를 둔 종래의 규범을 비교하는 서한을 회람하고, 군주들에게 원칙을 이행할 것을 촉구했다.[1] 카포디스트리아가 스페인 혁명을 마치 자신의 견해가 옳았음을 최종적으로 증명해 주는 신의 선물처럼 받아들인 것도 무리는 아니었다. 그는 오스트리아 대사에게, 프랑스 점령이 종료된 이후부터 동맹은 결속력을 낳을 수 있는 목표를 잃었다고 말했다. 후일 어느 회견에서 그는 4국동맹이 엑스라샤펠의 선언으로 대체되었다는 다소 모순된 주장을 펼치면서 후자를 기존의 영토적 합의와 국내 제도들에 대한 보장으로 해석하기도 했다.[2] 러시아가 3월 3일자 공한으로 스페인에 대한 공동 대책을 협의할 회의에 동맹국들을 초청한 것은 놀랄 일이 아니었다.

캐슬레이는 이제 분명한 반응을 보일 수밖에 없었다. 10년 이상에 걸쳐 스페인의 동맹국이던 영국은 프랑스가 4국동맹의 대리인 자격으로 개입하여, 정복자 나폴레옹조차 얻지 못했던 것을 유럽의 승인 아래 성취하도록 내버려둘 수는 없었다. 그렇다고 러시아군이 유럽을 가로질러 스페인으로 진군한다는 대안이 더 받아들이기 쉬운 것도 아니었다. 따라서 캐슬레이는 매우 신랄한 답신을 통해 입헌국가와 전제군주국가의 차이를 설명하면서 동맹에 관한 영국의 견해를 다시 한 번 밝혔다. "동맹국은 프랑스에 대항하기 위해 결성되었습니다. 동맹을 결성한 의도는 결코··· 세계를 통치하거나 타국의 문제를 감독할 연합을 만들려던 것이 아니었습니다." 물론 유럽을 "혁명세력"으로부터 지키자고 동맹을 구상한 것은 사실이었지만, 어디까지나 혁명세력의 군사적 성격에 대항하려던 것이지, 그 원칙에 대항하려던 것은 아니었다. 어찌 되었든, 입헌적 서구 국가들과 전제적 동구 국가들 사이에 존재하던 국내 체제상의 차이로 인해서, 압도적 위험이 존재하는 경우에만 공동행동이 실현될 수 있었다.[3] 엑스라샤펠 회의 이후에 벌어진 그 어떤 일도 위험의 본질에 관한 견해차에서 비롯된 근본적인 차이점을 변화시키지는 못했던 것이다. 대륙의 정치인들은, 저마다 선택하는 처방은 비록 달랐지만, 사회적 소요를 일차적 위협으로 간주하고 그것을 국제적 문제로서 다루려고 했다. 하지만 캐슬레이는 공공연한 공격행위로 표현되는 정치적 위협만을 인정했고, 그 경우에도 영국의 개입은 유럽의 균형상태에 대한 공격과 맞서 싸우는 역할로만 한정했다.

이러한 차이는 캐슬레이가 믿었던 것처럼 헌정 원칙의 차이에 기인하는 것이라기보다는, 역사적인 발전과정의 차이, 특히 대영제국에서는 민족국가의 형성이 완료되었다는 사실에서 기인하는 것이었다. 대륙에서는 자유주의가 프랑스 혁명의 원칙이라는 깃발 아래 투쟁을 벌였고, 교조적 합의가 정치적 충성에 우선했다.

프랑스 혁명을 나폴레옹과 동일시했던 대영제국에서는 공리주의적 정치경제라는 형태로 토착적인 성장을 이룬 자유주의가 등장했다. 기존 질서에 대한 공격이 때로는 폭력적인 방식으로 벌어지기도 했지만, 국민적 결속의 감정이 다른 어떤 국내적 차이점보다 우선시되었기 때문에, 정부도 개혁주의자도 그런 공격을 내정의 문제로 간주했다. 대륙에서 혁명은 보편적 원칙의 적용이라는 *상징적* 의미를 지녔다. 그러나 이런 식의 보편적 주장을 부정한 영국에서 혁명이란, 그것이 물리적 위협을 구성하느냐는 *실용적* 의미만을 가질 뿐이었다. 민족주의와 자유주의라는 두 가지 운동이 목적을 달성하려면 국제질서를 전복하는 것이 불가피한 상황이었던 대륙에서는, 억압과 개혁 두 가지 다 외교정책상의 원칙에 기초해서 다루어야 할 국제문제였다. 반면에 개혁의 추구가 내정 문제로 인식되었던 영국에서는 억압과 개혁이 국내정책의 영역에 머물러 있었다. 캐슬레이가 압도적인 위험이라고 말할 때 그것은 보편적 지배를 달성하려는 시도를 의미했다. 메테르니히가 압도적 위험을 호소하면 그것은 사회적 격변을 지칭하는 것이었다. 제아무리 큰 선의로도 이런 역사적 상황의 격차를 해소할 수는 없었고, 이때까지나마 그것을 감출 수 있었던 것은 오로지 러시아의 의도에 대한 메테르니히의 불신 덕분이었다.

그러나 캐슬레이와 카포디스트리아 사이의 논쟁은 메테르니히를 곤란한 입장에 빠뜨렸다. 차르에게 유럽을 횡단해 군대를 진군할 권리를 부여할 마음이 없다는 점에서는 캐슬레이와 마찬가지였지만, 알렉산드르의 심기가 돌변해 혁명주의자들에게 강대국의 지원을 안겨줄 수도 있는 상황을 유발하고 싶지도 않았다. 그는 스페인에 관한 영국의 민감성을 알고 있었으나, 차르의 도덕적 감수성도 배려하고 싶어 했다. 요컨대 그는 캐슬레이의 정책에 마음이 기울고 있었지만, 동시에 알렉산드르의 공리에도 마음이 끌렸던 것이다. 그 결과는 엑스라샤펠 회의에서와 동일한 타협으로 나타났다. 즉, 알렉산드르의 제안에 내포된 원칙에는 동의하나, 공동행동은 실행불가능성을 이유로 거부한 것이었다. 또한 엑스라샤펠에서와 마찬가지로 메테르니히는 캐슬레이의 비타협적 태도를 활용해 자신의 온건함과 선의를 돋보이게 만들었다. 메테르니히는, 영국이 참여를 거부하는 회의는 오히려 혁명주의자들을 부추길 것이고, 어떤 경우에도 외국의 간섭은 국지적 의의를 띤 혁명에 대해서만 효과가 있을 것이라고 주장했다.[4] 동시에 메테르니히는 자신이 주도권을 장악할 것이 뻔한 대사급 회의를 비엔나에서 개최하는 형태로 도덕적 접점을 제안함으로써 차르의 심리상태를 자신에게 유리한 방향으로 돌리려고 했다. 그러나 결속의 상징에 대한 러시아의 열망을 만족시켜주기 위한 이런 시도조차 캐슬레이가 거부하자, 메테르니히는 한 발 물러서 루이 18세의 사망이라는 우발사태에 대비해 파리에 주재하는 동맹국 대사들에게 공동의 "우발사태 대비 훈령"을 하달하자고 제안했다.[5] 하지만 캐슬레이에게는 이런 모든 조치가 동맹을 이기적인 목적을 위해 사용하려는 근시안적인 노력에 불과했다. "우발사태 대비 훈령"이라는 것은 위험이 발생한 이후에만 대처한다는 경험적 외교정책의 모든 원칙에 반하는 것이었다. 그런 연유로 차르는 오스트리아, 프로이센, 러시아만의 공동 행동에 만족해야 했다.

그럼에도 불구하고 분열이 표면화되는 상황은 피할 수 있었다. 메테르니히는 마지막으로 다시 한 번 사회적 결속의 원칙을 불간섭 원칙과 결합시킬 수 있었고, 차르에 대한 충성을 증명하면서도 영국을 지원할 수 있었다. 그러나 7월 2일에는 모든 환상을 깨뜨리는 사건이 발생했다. 그날 나폴리에서 혁명이 발발했고, "스페인식 헌법"이 공포되는 사태까지 발생했다. 메테르니히는 전 유럽 규모로 그의 투쟁을 전개하는 일을 더 이상 회피할 수 없었다.

II

메테르니히는 새로운 격변의 심각성에 관해 아무런 의문도 품을 수 없었다. 이번 일은 코체부의 암살처럼 광신자의 소행도 아니었고, 스페인 혁명처럼 영국의 비호 아래 있는 유럽 주변부의 사건도 아니었다. 나폴리는 이탈리아 최대의 국가였고, 오스트리아와는 상호 협의 없는 정치체제의 변화를 금지하는 조약으로 맺어진 사이였다. 이 혁명이 지닌 위험성은 단지 상징적 의미에 그치는 것이 아니었다. 처음으로 민족주의 운동과 자유주의 운동이 손을 맞잡았고, 메테르니히의 정책을 지탱하는 지주의 하나라고 할 수 있는 이탈리아에서 오스트리아의 우위를 위협했다. 메테르니히가 싸우지도 않고 포기할 도리는 없음이 분명했다.

영불해협의 건너편에서 사건을 주시하고 있던 캐슬레이에게는 해결책이 명확해 보였다. 나폴리의 혁명이 무엇보다도 오스트리아를 위협했기 때문에 그것을 무찌르는 것도 오스트리아의 몫이라고 그는 생각했다. 만약 군사적 개입이 필요하다면 보편적 개입의 권리가 아니라 자위권에 기초한 것이어야 했다. 따라서 그는 오스트리아 대사에게, 영국은 오스트리아가 직면한 "지극히 섬세하고 명예로운 임무"를 인정할 수는 있지만 결코 거기에 참여할 수는 없다고 하면서, 나폴리에 대한 오스트리아의 일방적 행동을 촉구했다.

그러나 이제껏 오스트리아 장관의 복잡한 정책 속에서 단순하게 작동한 것은 아무것도 없었다. 북부 유럽에서 민족주의의 사도처럼 행세하면서 자신의 목표를 멋대로 추구하는 차르를 방치해 둔 채 오스트리아 전력의 대부분을 이탈리아에 투입한다든지, 또는 나폴리의 부르봉 왕가와 싸우면서 프랑스에 있는 그들의 일가가 보호자로 등장해 이탈리아에서 예전의 지위를 회복하도록 방치한다면, 그것은 언제나 오스트리아의 자원을 절약하면서 최대한의 도덕적, 물질적 기반에서 싸우는 것을 중시하던 메테르니히의 정책이 딛고 서 있던 모든 원칙에 위배될 터였다. 그러나 대륙의 국가들이 공동행동을 한다면 영국이 동맹에서 탈퇴하도록 만들고 오스트리아는 차르의 선의에 의존할 수밖에 없을 터였다. 문제를 더 복잡하게 만든 것은 오스트리아가 이탈리아에는 2만 명도 채 안 되는 병력만을 주둔시키고 있어서, 병력을 증강하기 전까지는 아무것도 할 수 없었다는 점이었다. 이런 와중에도 메테르니히는 자신의 결의를 명확히 밝혔다. 그가 이탈리아의 각 궁정 앞으로 보낸 회람공한은 필요하다면 무력행사를 통해서라도 오스트리아가 이탈리아의 안정을 수호할 것임을 천명했다. 그리고 독일 각국의 왕실로 보낸 유사한 공한은 오스트리아가 이탈리아에 개입하고 있는 동안 질서 있는 정책을 시행할 것을 촉구했다.[6)]

몇몇 이탈리아 왕실이 보내온 답신은 이탈리아 내에서 오스트리아의 입지가 불안정하다는 사실을 명확히 드러내 주었다. 토스카나 대공은 오스트리아가 제공하는 지원의 필요성을 부정했고, 교황청 국무장관 콘살비Consalvi[역주1)]는 오스트리아의 비타협적 태도가 나폴리를 자극하여 공격을 유발할 수도 있다는 우려를 표했다. 프랑스가 8월 9일자로 주요국들에 보낸 공한은 메테르니히가 직면한 어려움이 어느 정도였는지를 선명하게 보여주었다. 그 공한은 나폴리에 대한 오스트리아의 개입에 동의하기는 했지만, 어디까지나 지정학적 위치상 오스트리아가 *유럽의* 대리인으로서 행동에 가장 적합하다는, 오로지 기술적인 이유를 들어 동의한 것이었다.[7)] 프랑스의 공한에 담긴 주장에 따르면 5대 강국의 회의를 통해서만 이탈리아에서 혁명의 조류를 저지할 수 있는데, 그 이유는 도덕으로 뒷받침되지 않는 물리적 강압은 사태를 악화시킬 뿐이기 때문이라는 것이었다. 그런 다음 그 서한은 오스트리아의 일방적 행동이 이탈리아 국가들로 하여금 그들의 전통적 보호자인 프랑스에 호소하도록 만들어, 프랑스가 자국의 의사에 반해 입헌 운동의 선두에 서는 상황을 초래할 것이라는 불길한 경고로 끝을 맺었다.

메테르니히는 이런 상황 속에서 무모하게 고립된 행동에 뛰어들 의도는 없었다. 영국과의 우호관계가 중요하기는 했지만, 영국을 불쾌하게 만드는 편이 러시아를 불쾌하게 만드는 것보다는 덜 위험했다. 영국이 동맹을 탈퇴하면 오스트리아의 정책은 유연성을 상당 부분 잃을 터였지만, 러시아가 행동의 자유를 얻는다면 러시아는 그 자유를 오스트리아의 유럽 내 지위를 약화시키는 데 사용할 수도 있는 일이었다. 메테르니히는 카포디스트리아가 독일 군소 국가들의 대변인 노릇을 하려 들었던 지난해의 경험을 잊지 않고 있었다. 메테르니히는 러시아의 소급적 승인이나 차르의 변덕스러운 호의에 의존함으로써 자신의 입지를 위태롭게 만드는 상황은 두 번 다시 초래할 생각이 없었다. 그는 무슨 수를 써서라도 러시아가 누릴 선택의 여지를 줄이겠다는 결의를 가지고 있었다. 캐슬레이는 마치 오스트리아의 개입이 전적으로 이탈리아 반도의 세력균형에 따라 좌우될 문제이기라도 하다는 듯이 메테르니히에게 결정적 행동을 종용하고 있었지만, 메테르니히는 실제 행동보다는 행동의 양식에 더 신경을 썼고, 나폴리의 혁명을 진압하는 것보다는 이탈리아에서 러시아를 공동행동에 관여시키는 데 더 큰 관심을 가지고 있었다. 봄이 되자 그의 신중한 정책은 결실을 맺었다. 캐슬레이는 스페인 문제에 관한 5개국 회의를 즉각 거부했지만, 메테르니히는 무작정 거부하는 대신 황제와 차르의 회담을 제안했다. 그럼으로써 그는 나폴리 문제를, 도움을 호소하는 모양새로가 아니라 군주들의 적극적인 관심을 요하는 하나의 쟁점으로 다음번 회의의 의제에 추가할 수 있었다. 그는 알렉산드르에게 아첨하는 내용의 서한을 기초해 황제의 서명을 받았는데, 서한은 영국의 "헌법상의 족쇄"에 관해 언급하면서 이것을 "여전히 행동의 자유를 누리고 있는 유일한 주권자들"인 오스트리아와 러시아 군주들의 고상한 입장에 대비시켜 비판적으로 묘사했다.[8)]

그러나 프랑스를 고립시킨 채 영국과의 연계 가능성은 열어두면서 오스트리아의 이탈리아 개입에 대한 차르의 개인적인 동의를 얻어내려던 이 정교한 노력은 성공을 거두지 못했다. 마침내 자기가 옳았음이 증명되었다고 느낀 알렉산드르의 의욕은 쉽사리 수그러들지 않았다. 차르는 폴란드 의회를 방문하려고 서두르던 중이었는데, 회기가 끝난 후에 언제라도 회담을 갖는 데 동의한다는 따뜻한 내용의 개인적 서신을 황제 앞으로 보내왔다.[9)] 그런데 거기에 동봉되어 있던 카포디스트리아의 각서는 군주들의 회의와 동시에 엑스라샤펠 회의를 본뜬 5개국 회의를 개최할 것을 제안하고 있었다. 국제질서의 구조가 영국의 동맹 탈퇴로 귀결될 수밖에 없는 방식으로 해석되는 상황을 메테르니히가 회피할 수 없으리라는 사실이 갈수록 분명해지고 있었다.

이 모든 일이 일어나는 동안 평생에 걸쳐 이룩한 자신의 성취가 무너져 내리는 모습을 지켜보아야 했던 캐슬레이는 메테르니히에게 일방적 조치가 현명함을 설득하고 즉각적인 행동을 권유하면서 동맹의 단합을 외형상으로라도 지켜보려고 했지만, 그가 권하는 조치들은 메테르니히가 회피하려고 전력을 기울이고 있던 것들이었다. 캐슬레이로서는 이 오스트리아인 동료의 망설임을 나폴리의 물리적 힘에 대한 두려움으로밖에는 설명할 도리가 없었기 때문에 그를 안심시키려고 애썼다. 그는 7월 29일에 다음과 같이 적어 보냈다. "오스트리아가 전력을 기울이기로 작정한다면, 나폴리 왕국을 석권하고 혁명군을 해체하기에 충분한 역량을 가지고 있다는 데 의심의 여지가 없습니다."[10] 9월 6일자의 다른 서한에서는, 유럽의 한가운데라는 위치가 오스트리아에 강요한 양난을 마치 국제법 이론을 참을성 있게 반복해서 읊조리는 것만으로 제거할 수 있기라도 하다는 듯이, 나폴리 혁명의 법적 문제에 관한 설명을 늘어놓았다.[11] 캐슬레이는 동맹이 명백하고 압도적인 위험에 대해서만 효력을 발휘할 수 있다고 주장했다. 혁명은 위협에 해당하기는 하지만, 다양한 국가들에 각기 다른 방식으로 영향을 미치는 것이었다. 그리고 나폴리에 관한 한, 영국은 "영국이 무장개입의 당사자가 되는 것을 정당화하기 위해 지금껏 영국 의회가 유지해 온… 원칙에 비추어 보자면 그다지 긴급한 위협에 직면하고 있는 것은… 아니었다." 러시아 대사와 회담하던 캐슬레이는 동맹국들에 대한 영국의 동조가 호의적 중립을 넘어설 수는 없다는 입장을 되풀이해 강조했다. "우리는 우리가 적극적 당사국일 경우보다 오히려 엄격히 말해 우리의 것이 아닌 명분에 훨씬 더 강한 도덕적 지지를 제공할 수 있습니다. 그 혁명은 *일반적* 문제가 아닌 *특수한* 문제로, *유럽의* 문제가 아닌 *이탈리아의* 문제로, *동맹의* 범주가 아닌 *오스트리아의* 범주에서 다루어야 할 것입니다."[12] 동맹을 향한 캐슬레이의 애착이 제아무리 컸더라도, 영국의 정치가라면 그 누구라도 도서국가의 정신과 상충되는 정책을 수행할 수는 없었다. 혁명이 발발했다는 사실 자체는 체제의 특이성을 확신하고 있는 국가에게 위협이 될 수가 없는데다가, 나폴리로부터의 물리적 공격의 위험성을 심각하게 우려하는 사람은 아무도 없었다.

그러다 보니 메테르니히는 가장 신뢰할 수 있는 동맹국이 지원이 불가능하다는 입장을 표명한 반면에, 가장 위험한 적은 요란하게 도움의 손을 내미는 상황에 직면했다. 메테르니히는 이렇게 적었다. "오스트리아는 매사에 *실질을* 고려한다. 러시아는 무엇보다 *형식을* 원하고, 영국은 형식 없는 *실질을* 원한다… 영국이 *하지 못하는 것을* 러시아의 *형식과* 조합하는 것이 우리의 과제인 셈이다."[13] 불안정한 차르를 적으로 돌리지 않으면서 영국을 동맹의 일원으로 존속시켜 러시아에 대한 대항세력으로 삼으려고 끈질기게 노력하는 승산 없는 싸움은 바로 이런 생각에서 비롯된 것이었다. 그러나 만약에 러시아와 영국이 공히 수용할 수 있는 정책을 수립하기가 불가능하다면, 메테르니히는 차르 쪽을 선택하기로 마음먹고 있었다. 그는 영국대사로 비엔나에 주재하고 있던 스튜어트에게, 영국의 이탈이 오스트리아에 이득이 되는 것은 아니지만 러시아와 프랑스의 독자 행동은 오스트리아의 이익에 반하는 것이라고 설명했다. 만일 오스트리아가 동맹국들 중 어느 한 나라와 반드시 다투어야 하는 상황이라면, 가장 덜 두려운 대상과 다투기를 선호할 터였다. 그리고 메테르니히는 리버풀 내각이 날마다 와해될 위험에 처하는 영국 국내정국의 위기를 보면서 이런 정책이 옳다는 확신을 굳혔다.[14]

그래서 메테르니히는 러시아의 집요한 고집 앞에서 한 걸음씩 단계적으로 물러섰다. 8월 28일에 그는 엑스라샤펠에서 그토록 큰 효과를 발휘했던 논리를 사용해 차르에게 호소했다. 그는 동맹의 결속이 충분히 굳건하기 때문에 굳이 그것을 공식 회의로 과시할 필요는 없다고 적었다. 그 대신 동맹국들은 나폴리와의 외교 관계를 단절하고, 도덕적 접점을 모색하기 위해 비엔나에서 대사급 회의를 소집해야 한다는 것이었다.[15] 메테르니히는 그런 회의에서라면 아무런 어려움도 겪지 않으리라는 사실을 알고 있었다. 비엔나에 주재하던 각국 대사들을 메테르니히가 완벽히 지배하고 있었던 나머지, 냉소적인 호사가들은 그들을 메테르니히의 하렘harem이라고 부를 정도였다. 만일 알렉산드르가 폴란드에 가 있지 않았더라면, 어쨌든 메테르니히의 제안에 기꺼이 동의해 주었을 것이다. 그러나 알렉산드르는 자신의 코앞에서 자신이 참여하지 않는 가운데 중요한 행사가 벌어지는 것을 견딜 수가 없었다. 그래서 그는 유럽의 도덕적 단합을 과시하지 않고서는 악에 맞서 싸울 수 없다고 주장하면서 10월 20일 트로파우에서 5개국 회의를 개최하자고 회신했다. 한편 캐슬레이는 나폴리 주재 영국대사를 소환하는 것은 타국의 국내문제에 대한 부당한 간섭이라며 그에 관한 논의를 딱 잘라 거절함으로써 메테르니히의 계획을 추진해 볼 최후의 희망마저 없애 버렸다.

9월 말에 이르자 메테르니히는 항복했다. 그는 스튜어트에게 오스트리아는 적대적인 러시아를 배후에 둔 채 이탈리아에서 행동할 수는 없다고 말하고, 자신이 아무리 영국의 감정을 고려하고 싶어도, 그가 발휘할 수 있는 융통성은 오스트리아의 안보 요건에 의해 제약을 받을 수밖에 없다고 설명했다. 그러니까 영국은 더 곤란한 입장에 빠지지 않으려면 하다못해 참관인 자격으로라도 트로파우에 대표를 파견해야 한다는 것이었다. 그는 스튜어트를 그리 어렵지 않게 설득할 수 있었으므로, 스튜어트는 캐슬레이에게 "본국 정부의 정보 창구 이외에는 아무것도 아닌" 자격으로 트로파우에 갈 수 있도록 허락해 달라고 간청했다.[16]

그러나 카포디스트리아가 자신의 승리를 만끽하고 캐슬레이가 대륙의 우둔함에 통렬한 비난을 쏟아내고 있는 사이에 거의 알아채기 어려운 상황 변화가 일어나 메테르니히가 다시금 유럽의 총리로 부상할 수 있게 되었다. 만일 7월에 오스트리아가 회의 소집을 요구했다면 그것은 나약함이나 완고함의 증거로 해석되었을 것이다. 그러나 9월에 오스트리아가 마지못해 취한 양보는 자신감과 온건함의 증거가 되었다. 나폴리의 개입에 직접적인 이해가 걸려 있는 거의 유일한 국가였던 오스트리아는 날이 갈수록 그동안 절실히 갈망해 오던 일을 실행하도록 권유받는 상황에 처하게 되었다. 행동의 부담은 점점 더 차르에게 전가되었다. 머지않아 고상한 원칙에 대한 알렉산드르의 간구는 모호성을 잃게 되고, 자유주의자와 민족주의자들은 외국의 지원을 단념하게 될 터였다. 지난해에 테플리츠에서 그랬듯이, 이번 트로파우 회의를 준비하는 과정에서도 메테르니히는 자신이 가장 두려워하는 군주를 열렬히 끌어안음으로써 마비시켰다.

회의가 불가피하겠다고 여겨지던 순간부터 메테르니히는 가장 중요한 문제는 나폴리가 아니라 알렉산드르의 심리상태라는 점을 인식했다. 프랑스와 러시아 사이의 협조는 중부 유럽의 궤멸을 초래할 터였고, 차르가 다시 자유주의적인 면모를 드러내면 혁명을 유발할지도 모를 상황이었다. 그러나 러시아의 지원도 위험하기는 매한가지였다. 카포디스트리아의 교조주의가 오스트리아에 국가의 자원을 초과하는 정책을 강요할 수도 있기 때문이었다. 메테르니히가 안정으로의 복귀에 대한 상징을 얻을 요량으로 혁명을 진압하려 했던 반면에, 카포디스트리아는 신성동맹이 예견하고 있던 새로운 시대를 열 목적으로 혁명을 타도하고 싶어 했다. 메테르니히는 궁정외교의 한정적인 조치를 원했지만, 카포디스트리아는 유럽 각국의 정부를 개혁할 성전을 개시하려 했다. 회의가 개최되기 이전까지의 기간에 카포디스트리아가 쓴 서한에는 그의 의도가 명확히 담겨 있었다. 그는 프랑스 총리인 리슐리외Richelieu역주2)에게 러시아는 한 번 더 이기주의에 맞서 싸울 준비를 하고 있으며, 엑스라샤펠 회의를 넘어서는 성공을 기대한다고 적어 보냈다. 또한 카포디스트리아는 자신의 수하이던 프랑크푸르트 주재 대사 안슈테트에게는, 만일 오스트리아가 나폴리에 오스트리아의 위성국가를 수립하는 데 러시아의 지원을 받을 생각을 하고 있다면 그것은 오산이라고 말했다. 혁명의 책임은 인민에게 있는 것이 아니라 인민에게 안정을 보장해줄 제도를 제공하는데 실패한 정부에 있다는 것이었다.[17] 그러므로 트로파우에서의 근본적인 문제는 나폴리의 혁명이 아니라 향후 러시아의 정책이 취할 방향성이었다. 다시 말해, 신성동맹의 모호한 선언이 국가의 정체에 대한 카포디스트리아의 추상적 개념을 정당화하느냐 아니면 메테르니히의 사회적 억압 정책을 정당화하느냐의 문제였다. 이 문제가 해결될 때까지 러시아의 정책은 차르의 심리 상태와 카포디스트리아의 일시적인 영향력에 따라 개혁의 공약과 모든 혁명에 대항하는 개입의 위협 사이를 오락가락하면서 지극히 모호한 상태를 유지할 터였다. 이 모호성의 근원을 제거하는 것이 메테르니히의 일차적 목표였다. 겐츠는 "우리의 과제는 카포디스트리아라는 한 단어로 요약할 수 있다"고 썼다.

이런 상황에서 메테르니히는 특유의 오만함이 없었다면 생각조차 할 수 없었을 모종의 계획에 착수했다. 카포디스트리아는 혁명에 여전히 우호적인 강대국의 존재를 상징했기 때문에 메테르니히는 다가오는 회의에서 카포디스트리아를 좌절시키려 했다. 그뿐 아니라, 그는 알렉산드르의 동의를 얻는데서 그치지 않고 알렉산드르의 열성적인 지도력 아래 혁명을 진압하기 위해 러시아의 장관을 혼자 힘으로 갈아 치우는 것이나 다름없는 조치를 통해 러시아를 패배시킬 작정이었다. 그래서 그는 알렉산드르의 종교적 고양상태의 대사제大司祭, 신성동맹의 공인 해설자를 자임했고, 그렇게 함으로써 사회적 투쟁의 정통성만이 아니라 신성함까지 성취하려 했다.

러시아 주재 오스트리아 대사인 렙첼테른은 차르의 곁을 떠나지 말라는 훈령을 받았고, 메테르니히는 그를 통해 유럽 내의 음모에 관한 다량의 보고서를 보냈는데, 음모의 본거지는 의미심장하게도 파리였고 음모의 내용에 관해서는 모든 왕권을 전복하려는 시도라는 혐의를 제시했다. 알렉산드르의 자명한 자비를 받아들이지 않고 이상스럽게 주저하던 폴란드 의회의 반항적 태도는 마치 변화보다는 질서가, 개혁보다는 안정이 우선이라는 메테르니히의 훈계가 옳았음을 증명하기 위해 기획되기라도 한 것처럼 보였다. 그 효과가 나타나기까지는 그리 오래 걸리지 않았다. 프랑스의 8월 9일자 회람 공한에 대한 러시아의 답신은, 이런 위기의 시기에 "시대에 뒤떨어진" 외교가 지니는 위험성을 경고했다. 이 답신은 오스트리아의 의도를 의심하는 프랑스를 비난했다. "(프랑스) 장관은 오스트리아에 대한 어떠한 시기심도… 버려야 할 것입니다. 그 나라의 의도는 (그런 감정을) 일으킬 수도 없고, 그래서도 안 됩니다."[18]

메테르니히의 온건함은 캐슬레이에게도 효험이 없지 않았다.

캐슬레이가 5개국 회의에 끊임없이 반대한 것은 사실이었다. 그러나 동시에 그는 동맹의 분열상을 드러내는 식의 행동을 할 수는 없었고, 자신의 비타협적 태도가 메테르니히에게 선택의 여지가 없는 양보를 강요할까봐 우려하고 있었다. 이런 심리상태에서 그는 메테르니히가 자신을 위해 마련해 준 퇴로를 사용하는데 아무런 거리낌이 없었으므로 스튜어트가 트로파우에 참관인 자격으로 참석하는 것을 허용했다.[19] 스튜어트는 의정서에조차 서명하지 말라는 지시를 받았고, 참관의 범위도 유럽의 *영토적* 균형에 제한되었던 것은 사실이었다. 하지만 이것은 의회 대책용 회피에 불과했다. 그럼에도 영국 측 참관인의 출석이 가지는 상징적 효과는 컸고, 더 중요한 것은 그가 대결적 국면에서 메테르니히의 편을 들 것이라는 사실이었다. 나아가, 캐슬레이는 혁명의 타도에 영국이 연루되는 것을 주저했을지는 몰라도, 최소한 타국이 오스트리아의 계획을 방해하는 것을 막을 수는 있었다. 따라서 캐슬레이는 프랑스 측에, 나폴리의 부르봉가와 더불어 그 어떤 친족 간의 협약을 시도하더라도 그에 대한 영국의 지지를 기대해서는 안 될 것이라는 점을 명확히 밝혔다.[20] 러시아로부터 거부당하고 영국으로부터는 압력을 받고 있었으므로, 프랑스는 유럽 회의에서 대륙 국가들의 대변인으로 부상하겠다는 야심을 포기할 수밖에 없었다. 자국의 패배를 감추기 위해 프랑스는 서구 국가들의 입헌적 원칙에서 정체성을 찾았고, 그랬기 때문에 영국의 선례를 따라 트로파우 회의에 참석하는 대표의 역할을 참관인으로 제한할 수밖에 없었다.

트로파우 회의의 주역들이 한 자리에 모이기 시작했을 때, 카포디스트리아는 예전에 메테르니히의 수많은 경쟁자들이 그러했듯이, 메테르니히가 어느새 자신의 주장을 교묘히 이용해 자신을 고립에 빠뜨렸다는 사실을 뒤늦게 깨달았다. 프로이센은 오스트리아의 외교적 위성국이었고, 영국을 대표하던 스튜어트는 허영심으로 인해 메테르니히가 꾸민 책략의 손쉬운 목표물이 되었다. 프랑스에서는 상트페테르부르크 주재 대사인 라 페로네La Ferronay[역주3)]와 비엔나 주재 대사인 카라망Caraman[역주4)] 두 사람이 참관인 자격으로 참석했다. 하지만 카라망은 자신의 동료에 대한 터무니없는 시기심에 사로잡혀 협상의 중대 국면에서 비밀 훈령을 메테르니히에게 보여줄 정도로 메테르니히에게 지배당하고 말았다. 얼마 전까지만 해도 카포디스트리아의 생각대로 되어가는 것처럼 보였는데, 막상 회의를 소집하고 보니 그가 그토록 비난해 마지않던 비엔나의 책략가에게 토론의 장을 마련해준 것에 불과했다. 5개국이 한 자리에 모이기는 했지만 실질적으로는 메테르니히가 줄곧 주장해왔던 것처럼 오스트리아와 러시아 두 나라 황제들의 만남이었을 뿐, 다른 참가자들은 모두 오스트리아의 보충대 역할에 그쳤다. 메테르니히는 먼저 러시아의 도움을 빌려 프랑스를 고립시키고, 이 승리를 이용해 프랑스의 지원을 얻어 러시아를 고립시킴으로써 이런 상황을 만든 것이었다. 카포디스트리아가 불안을 느끼기 시작한 것도 무리가 아니었다. 그는 회의가 개회하기도 전에

"그동안 대담한 정책을 추진해왔다. 어쩌면 너무 대담했던 건지도 모르겠다"는 말을 했다.

그러나 메테르니히의 관심은 승리가 아니라 행동의 도덕적 기초를 확보하는 데 있었다. 러시아를 고립시키는 것은 최후의 수단이었으며, 명시적으로 사용하지 않았을 때 훨씬 더 효과적인 심리적 무기였다. 그는 프로이센을 표결로 이기기보다는 프로이센의 묵인을 통해서 독일연방을 지배하려 했던 것과 마찬가지로, 러시아를 고립시키기보다는 러시아의 지원을 받으면서 국가들 간의 협조를 조직하고자 했다. 이런 목적을 위해서 그는 유럽의 양심, 도덕적 원칙의 관리자 역할을 자임했고, 차르를 정복함으로써 나폴리에서 승리를 얻고자 했던 것이다.

III

그러니 메테르니히의 심리상태가 그의 절정기였던 1813년과 비슷한 신랄한 활력을 띤 데도 나름대로 이유가 있었던 셈이다. 그는 다시 한 번 오스트리아를 그 취약성에도 불구하고 유럽의 중추적 국가처럼 보이도록 만들었고, 위기를 이용해 오스트리아의 국제적인 입지를 굳혔다. 회의에 참석하려고 서두르고 있던 프로이센 국왕은 자신의 각료들에게 메테르니히의 승인을 얻을 수 있도록 프로이센의 헌법 문제에 관한 각서를 준비하라고 지시했다. 한편 알렉산드르는 자신의 불운한 자유주의적 국면을 갈수록 더 한

탄했다. 상황이 그러하였으므로 메테르니히는 저 "아둔한 " 카포디스트리아를 무찌를 수 있을 것으로 확신하고 있었다. 만약에 불과 얼마 전에 알렉산드르가 트로파우 회의에서 프랑스와 러시아 간의 정책적 협조를 추진하고 있던 카포디스트리아의 시도를 프랑스의 국내 상황이 "너무 불안정"하다는 이유로 중단시킨 사실을 메테르니히가 알았더라면, 메테르니히는 한결 더 확신에 넘쳤을 것이다.

메테르니히는 10월 19일에, 차르는 그 다음날 트로파우에 도착했다. 차르가 도착한 직후에 개최된 그들의 첫 면담은 세 시간 동안 이어졌고, 한 해 전에 테플리츠에서 개최된 프로이센 국왕과의 회견 당시 벌어졌던 광경이 똑같이 재현되었다. 이번에도 속죄의 길은 장래의 결속에 있음을 지적하는 엄격한 오스트리아 외교장관 앞에서 풀이 죽은 군주가 자신의 과오를 고백했다. 차르가 잘못을 뉘우치며 했던 말은 이랬다. "1813년과 1820년 사이에 7년이 흘렀소. 하지만 짐에게 그 시간은 한 세기 같았다오. 어떤 일이 있어도 짐은 1812년에 했던 대로 1820년에 행동하지는 않을 것이오. 귀하는 변하지 않았지만 짐은 변했소. 귀하는 후회할 것이 없겠지만 짐에게는 있소."[21] 카포디스트리아는 이번 회의가 입헌제도의 도입으로 이어질 근본적 개혁의 전제조건인 안정의 회복을 이룩함으로써 새로운 시대의 막을 여는 기회가 되기를 기대했을지도 모른다. 하지만 그는 자기 자리라도 보전하고 싶다면 오스트리아 장관에게 잘 보여야만 하는 처지였다. 10월 20일 그와 첫 회견을 마친 후에 메테르니히는 다음과 같이 보고했다. “본인은 우리 두 사람의 대화를 시작하자마자 본인의 영역인 순수이성의 영역으로 대화를 이끌었습니다. 그는 그곳에 이미 단단한 자신의 논리를 구축하고 있었습니다. 그가 어쩌는지 보려고, 그곳으로부터 벗어나 보았습니다. 그는 따라오지 않았습니다… 본인은 내심 ‘너무 멀리 벗어났군. 이번에는 진짜로 그를 시험해 봐야겠다’고 생각하고 묵시록을 들먹여 보았습니다. 그랬더니 그는 엉터리 예언자 요한의 글 따위는… 불에나 던져버리라고 말하는 것이었습니다… 그 순간부터 본인은 이제 우리가 진전을 이룰 수 있겠구나 생각했습니다.”[22]

따라서 메테르니히는 10월 23일에 개최된 최초의 본회의에서 오스트리아의 계획을 제시했는데, 그것은 영국을 공공연히 고립시킬 원칙을 설정하지는 않으면서 결속의 표현을 추구하던 러시아를 만족시켜 보려는 또 한 번의 노력에 해당하는 것이었다.[23] 메테르니히는 타국의 국내문제가 해외에 영향을 미치지 않는 이상 어느 나라도 거기에 개입할 권리가 없다고 주장했다. 그러나 이것은 뒤집어 말하면 어느 국가든 타국의 국내적 변화가 자국의 구조를 위협할 때는 개입할 권리가 있다는 뜻이기도 했다. 메테르니히가 말하는 것은 불간섭 원칙에 대한 유럽의 승인을 요구한 다음에 그것을 명분 삼아 나폴리 혁명을 진압하겠다는 것이나 다름없었다. 그것은 나폴리에 대한 오스트리아의 개입을 이용해 차르를 자제의 원칙에 속박시키고, 사회적 동란을 억압하는 데 동맹을 이용하면서 조약의 구조에 대한 제한적 해석을 성취하려는 교묘한 수법이었다. 캐슬레이가 참석했더라도 그와 다른 제안을 하기란 어려웠을 것이니, 그 이유는 메테르니히가 자신의 이탈리아 정책에 "영국적" 이론으로 정통성을 부여했기 때문이었다.

그러나 카포디스트리아는 그리 호락호락하게 포기할 의사는 없었다. 비록 차르는 초창기의 무절제한 방식은 포기했을지 몰라도, 제아무리 메테르니히가 나선다 하더라도 그를 다시금 순수한 궁정외교로 돌아오게 만들 수 있을지는 의심스러웠다. 그는 아무도 시비를 걸지 않는 자위권을 재확인하자고 회의에 참여한 것이 아니라, 유럽의 도덕적 단합을 과시할 회의를 주장해왔던 것이다. 메테르니히는 승리의 실질을 취할 수도 있었지만, 그것은 어디까지나 러시아인들에게는 거의 의례적인 것이 되다시피 한 형식을 덧씌움으로써만 얻을 수 있는 결과였다. 그 후 카포디스트리아가 공식적인 답신을 준비하는 동안 메테르니히는 장시간 알렉산드르와 단독 면담을 가지면서 차르의 마음을 움직이기 위한 투쟁을 계속했는데, 그 동안 협상은 답보상태에 들어갔다. 10월 29일에 개최된 두 번째 본회담에서 프로이센이 각서를 제출했는데 그 내용이 어찌나 오스트리아의 의향을 소심하게 빼다 박은 것이었던지 러시아 측은 메테르니히가 그것을 작성했을 것이라고 의심했을 정도였다.

그러는 사이에 러시아의 의도가 분명히 드러났다. 카포디스트리아는 스튜어트에게 이렇게 질문했다. "오스트리아 황제는 카르

보나리의 목을 자르기 위해 15만 또는 20만의 병력을 원하는 것일까요? 그만한 병력이 오스트리아에게 가용하기는 합니다. 하지만 만약 그들이 하나의 정부를 전복시키기 위한 *도덕적 지지appui moral*를 원하는 것이라면, 무엇으로 그것을 대체할 수 있는지를 보여주어야만 합니다. 인류의 복지를 위한 정부의 재건이라는 문제는 위대한 유럽 연합이 심사숙고할만한 가치가 있는 문제이기 때문입니다."[24] 국제질서에 관한 오스트리아와 러시아의 사고방식 차이를 이보다 명확하게 보여주는 표현은 없었을 것이다. 메테르니히는 혁명을 균형의 교란으로 보고 그것과 싸웠다. 카포디스트리아는 합법적 군주들이 철인왕으로서, 종종 혁명가들이 주장하던 것과 똑같은 형태의 개혁을 통해서, 인민에게 은혜를 베푸는 것을 혁명이 방해했기 때문에 그것을 무찌르고자 했다. 러시아의 11월 2일자 각서는 이와 같은 차이점을 공공연히 드러내 주었다.[25] 이 각서는 개입의 기초를 자위권에 두지 않고, 기존 질서의 보장을 의미한다고 일컬어지는 1814-15년 간의 일련의 조약들에 두고 있었다. 아울러 동맹의 개입을 정당화하는 세 가지 원칙을 제시했는데, 혁명이 벌어진 국가는 자동적으로 동맹에서 제외되고, 동맹은 혁명의 전염이 확산되는 것을 방지하고 혁명에 영향을 받은 국가를 동맹의 품으로 돌아오게 만들기 위해 필요한 조치를 취할 권리가 있으며, 단 이러한 조치들은 1814-15년에 체결된 조약들의 영토적 합의사항에는 영향을 미치지 않는다는 것이었다.

물론 이것은 엑스라샤펠 회의에서 주장된 내용의 반복이었다.

실은 그것은 목적을 달성하기에는 기존 조약들로도 충분하다는 이유를 들어 메테르니히가 연대책임동맹을 거부할 때 사용했던 논거였다. 그러나 메테르니히에게는 카포디스트리아의 일반원칙 자체는 별 문제가 아니었어도 그것이 나폴리 문제에 어떻게 적용되느냐 하는 문제는 걱정거리였다. 러시아의 장관은, 오스트리아의 개입 목적이 나폴리로 하여금 민족적 열망을 자유롭게 실현할 수 있도록 만들고 정치적 자유와 민족적 독립이라는 "이중의 자유"를 보장하기 위한 것이어야 마땅하다고 주장했다. 그는 따라서 오스트리아의 개입이 이루어지기 전에 강대국들의 도덕적 압박과 중립국(가급적 교황)에 의한 중재가 선행하여야 한다고 제안했다. 만약에 그조차도 실현하기 어렵다면, 오스트리아는 자국이 나폴리에 수립하려는 체제에 관해 설명을 해야만 개입에 대한 동맹의 승인을 얻을 수 있다는 것이었다. 요컨대 카포디스트리아는 유럽 헌정질서의 조정자를 자임하려 했다. 그러나 그 어느 정치가도 자기가 국내적으로 확보한 지지보다 더 강한 힘을 발휘할 수는 없는 법. 이제 메테르니히는 러시아 장관보다도 큰 영향력을 차르에 미치고 있었다. "트로파우에서의 유일한 쟁점은 알렉산드르와 카포디스트리아 중 누가 더 강하냐 하는 것"이라고 겐츠는 적었다.[26)]

이 쟁점은 이내 해소되었다. 11월 5일, 메테르니히는 1814-15년 사이에 체결된 조약들에 관한 카포디스트리아의 해석을 거부했다. 그는 조약의 문구만이 구속력이 있고, 그 정신에 대한 해석은 상황에 달렸다고 주장했다. 그럼에도 오스트리아는 유럽의 안념을 위해 상당히 자유주의적인 해석까지도 받아들일 준비가 되어 있노라고 했다.[27] 러시아가 제시하는 원칙을 수락하기는 하되, 합리적 필요에 따라서가 아니라 오스트리아의 양보로서 받아들이는 것은 메테르니히다운 책략이었다. 오스트리아는 조약의 구조에 관한 러시아의 해석을 수용했지만 그것을 적용하는 데 있어서 자유재량을 누릴 권리를 확보하기 위해 수용한 것일 뿐이었고, 알렉산드르는 그토록 오래도록 추구해 왔던 유럽 통합의 상징을 얻었지만 되돌이킬 수 없이 속박을 받게 되었을 뿐이었다. 카포디스트리아는 자신이 쟁취한 승리가 공허한 것임을 깨달았다. 나폴리의 대안적 헌법에 관해 동맹의 합의를 도출하자는 그의 제안을 메테르니히는 카포디스트리아 자신이 열거한 바로 그 원칙을 명분 삼아 거부했기 때문이었다. 메테르니히는 동맹의 유일한 과제는 나폴리 국왕에게 행동의 자유를 되돌려 줌으로써 그를 국가들의 협조체제로 복귀시키는 것이고, 그 이상의 과도한 개입은 그의 주권을 제한함으로써 개입의 목적 자체를 무위로 돌릴 것이라고 주장했다. 11월 6일 카포디스트리아는 나폴리 국왕의 주권을 제한할 수 없다는 것을 인정할 수밖에 없었고, 메테르니히의 입장이 우세해지고 있음이 분명해졌다. 11월 7일, 차르는 카포디스트리아에게 메테르니히가 추진하는 타협안에 원칙적으로 찬성하라고 지시했다. 메테르니히는 프랑스 주재 오스트리아 대사에게 다음과 같이 적어 보냈다. "마침내 우리는 확고한 기반 위에 서게 되었습니다. 물론 앞으로도 몇 가지 난관에 부딪치게 되겠지만 우리는 이미 고지를 점령했고, 전투에서 이길 것입니다. 우리는 '민족적 열망'과 '중재'라는 수단을 사장시켰습니다."[28]

메테르니히의 타협안은 카포디스트리아가 제시한 세 가지 원칙에는 찬성하지만, 영국의 입장을 감안해 개입은 오로지 최후의 수단으로만 사용되어야 한다는 단서를 추가한 것이었다. 그러나 메테르니히가 마련한 구상의 실질적인 부분은 이 합의가 개혁에 관한 모든 계획을 종결시키기 위한 수단이라는 것을 드러냈다. "이중의 자유"나 정부의 재건에 관해서는 아무런 언급도 없었다. 도리어 메테르니히는 국내적 평화를 달성하기 위한 수단은 정통성을 갖춘 통치자의 지혜에 맡겨야 할 부분이라고 주장했다.[29] 그리하여 카포디스트리아가 그토록 집요하게 싸워 지키려던 원칙은 러시아 입장에서는 자기를 부정하는 교의가 되었는데, 결국 그 원칙은 억압의 수단일 뿐 개혁의 수단으로는 무의미함을 자인한 꼴이었다. 신성동맹의 공리를 해석할 권리를 위한 투쟁에서 메테르니히는 승리를 거두었다. 따라서 트로파우 회의는 나폴리 혁명의 종결의 시작이었을 뿐 아니라, 더 중요하게는 러시아의 변혁적 정책의 종말을 알리는 것이기도 했다.

카포디스트리아의 중재 제안도 그보다 나은 결과를 낳지 못했다. 입헌적 통치를 조금이라도 살려볼 요량으로 구상했던 계획이, 적에게 선택할 수 없는 대안을 던져줌으로써 적을 고립시키는 메테르니히의 정교한 조치의 일부가 되어버렸다. 메테르니히는 "주선"의 주체는 교황도 아니요, 카포디스트리아가 절박하게 제시한 또 다른 대안에 해당하던 부르봉 치하의 프랑스도 아닌, 회의에 모인 유럽이라고 주장했다. 나폴리 국왕더러 회의장에 나타나 자신의 처지를 호소하라는 것이었다. 그것은 악마적인 제안이었다. 만약에 국왕이 나폴리를 벗어날 허가를 받지 못하게 되면 그가 자유를 누리지 못한다는 사실이 만천하에 드러날 것이고, 회의에 등장하는 경우에 국왕은 오스트리아의 개입이 가장 엄격한 조건으로 이루어져야 한다고 주장할 것이 틀림없었다. 나폴리에서 국왕을 제거하려는 시도는 온건파와 과격파 사이의 격렬한 다툼으로 이어져 국가는 내부적으로 약화되어 가고, 그러다가 결국 무력충돌이 일어날 터였다. 그리고 차르는 그처럼 이목을 끄는 세간의 법정에서 자신의 자비를 증명할 기회를 놓치지 않을 것이다. 메테르니히는 다음과 같이 보고했다. "소신은 승리의 85%를 취할 것입니다. 그 나머지를 가지고 카포디스트리아는 세계로부터 평안을, 이성으로부터 존중을, 상식으로부터는 명예를 앗아갈 것입니다."[30)]

메테르니히로서는 카포디스트리아가 트로파우에서 성취한 유일한 승리에 해당하는 협정문 초안의 권리를 어떻게 이용할 것인지 우려할 충분한 이유를 가지고 있었다. 메테르니히가 카포디스트리아의 원칙으로부터 모든 의미를 제거해버리기는 했지만, 그 원칙을 선언하는 것만으로도 이제껏 영국을 동맹에 이어주고 있던 미약한 끄나풀을 끊어버릴 수 있었다. 그 어떤 위험 방지 대책을 마련한다 하더라도 일반적 개입의 권리에 대한 영국의 승인을 얻을 수는 없었고, 프랑스도 영국의 선례를 따를 터였다. 그런 이유로 메테르니히는 자신의 협상에 관해 서구 국가의 대표들이 전혀 모르도록 협상을 진행했다. 스튜어트에게는 그가 없는 동안에는 아무런 결정도 이루어지지 않을 것이라고 안심시키면서 임신 중이던 젊은 아내를 만나러 비엔나로 가 회의에 두 차례 불참하도록 권유하기도 했다. 프랑스의 경우는 대표단의 분열로 무력화되었다. 라 페로네가 10월 23일 오스트리아의 제안에 반발했을 때, 메테르니히는 냉소적으로 그가 표명하는 견해가 그의 것인지, 두 프랑스 대표들의 의견인지, 아니면 프랑스의 의견인지 되물었다.[31] 그러나 차르는 프랑스가 혁명에 유약한 태도를 보이는 것으로 해석하고 격노했으며, 프랑스를 군사적 감시 아래 두겠다고 위협했다.

11월 19일이 되자 서구 대표들은 이미 모든 것이 기정사실화되어 있는 상황에 갑자기 직면했다. 아무 의심도 품지 않고 비엔나에서 돌아온 스튜어트는 본회의에 초청되었는데 거기서 메테르니히의 타협안을 담은 예비 의정서*Protocole Preliminaire*라는, 이미 서명된 문서를 받아보았다. 스튜어트가 격렬히 저항했고 그와 그의 프랑스 동료들이 서명하기를 거부했지만 소용이 없었다. 메테르니히는 동맹의 분열이 자명해지기 전에 카포디스트리아를 고립시키고 차르를 끌어들인 것이었다. 교섭 과정에서 그는 영국이라는 대안을 협상 도구로 사용했으며, 개입의 권리를 확보하고 차르를 자신의 통제 아래에 둠으로써 자신이 이중적으로 행동한 결과를 감당할 수 있었다. 메테르니히의 개인적인 지배력이 어찌나 강력했던

지, 스튜어트는 그토록 완벽하게 속임을 당하고 나서도 그를 위해 변명했다. "…이 모든 과정은 불가해하거나 적어도 몰인정해 보였습니다… (하지만 오스트리아는) 영국 정부가 교체되거나 러시아의 목적이 변화할 가능성을 두려워한 나머지 주요 3대 군주국 간의 긴밀한 협조에 의존한 것이었습니다… 본인은 메테르니히 공작으로부터 일시적으로 상처를 받기는 했지만… (그것이) 우리의 신뢰관계에 영향을 끼치거나 잠시라도 우리의 우정을 약화시키지는 않을 것입니다."[32)]

그러나 캐슬레이는 그의 동생[역주5)]처럼 손쉽게 단념시킬 수 없었다. 캐슬레이는 차르의 사고방식을 너무나도 잘 알고 있었기 때문에 메테르니히가 자신의 목표를 달성했다면 의회에서 옹호할 수 없는 모종의 타협이 없었을 리가 없다고 생각하고 있었다. 그는 자신이 소중하게 생각해 왔던 회의 체제가 자신이 불가능한 것으로 간주했던 목적에 이용되고 있는 것을 보면서 점점 더 분개했다. 그는 러시아 대사에게 이렇게 말했다. "본인은 황제 곁에 머물면서 본인의 생각을 전해드리지 못한 것을… 지금처럼 후회해 본 적이 없습니다. 황제께서는 기회가 있을 때마다 당신은 새로운 행동에 착수하지 않을 것이고, 이미 존재하는 관계 이외의 새로운 관계는 맺지 않을 것이며, 보편적 동맹 이외의 새로운 보장은 추구하지 않겠노라고 되풀이해 말씀하신 바 있습니다. 사실상 그런 결의가 유럽의 안전을 보장하는 닻의 역할 해 왔던 것입니다. 이제 와서 그것을 바꾸시는 이유는 무엇입니까?"[33)] 스튜어트 앞으로 보낸 12월 16일자 서한도 영국의 입장을 다시금 확인해주고 있었다. 동맹에서 국가를 제명한다거나 무력으로 다른 나라의 체제를 개혁하는 것은 국제법에도 어긋나고 기존 조약들에도 반하는 것이었다. 더구나 동맹국들이 이와 같은 원칙을 자국에 적용하려 한다면, 영국은 왕위계승법Act of Settlement역주6)때문에 참여할 수 없게 될 것이고, 그와 다른 그 어떤 시도도 "그것을 건의한 장관을 처벌함으로써 속죄를 받지 못한다면 결국 국왕 폐하의 왕권이 흔들릴 수도 있을 정도로 모든 계급의 국민들로부터 불만을 사게 될" 터였다. 이것은 물론 영국이 비밀결사와 군사혁명을 비난하지 않는다는 뜻은 아니었다. 그러나 영국은 자위를 위한 개입의 권리는 인정하면서도, "유럽 전체의 경찰권을 집행할 도덕적 책임을 부담하는 동맹의 일원이 되지는 않으려" 했다.[34]

그러나 위대한 꿈은 쉽게 포기할 수 없는 법이다. 이런 지경이 되었는데도 캐슬레이는 도서국가의 불간섭 관념과 대륙의 예방적 정책을 조합한 유럽의 협조는 추진할 수 없다는 사실을 좀처럼 인정하지 못했다. 그는 아직도 인내와 선의가 동맹국들을 전시의 긴밀한 관계로 회복시켜줄 수 있기를 기대했다. 그는 12월 16일자 서한을 보내면서 마음 속으로 피눈물을 흘렸노라고 러시아 대사에게 말했다. 그는 자신이 동맹의 목적에 반대한 것이 아니라 공식 문서의 공표에 반대한 것이라고 주장했다. 서한에 동봉해 스튜어트 앞으로 보낸 개인적 서신은 유럽 정부의 이상과 결별하기 싫어하는 캐슬레이의 심정을 다시 한 번 입증해준다. "신성한 권리와 수동적 복종의 원칙이 타파됨으로써 야기된 모든 긴급사태에 그토록 잘 적응해 온 동맹을 개혁하겠다는 생각을 3개국 왕실이 했다는 것은… 기이한 일이다. 그들은 왕권을 상실한 스튜어트 왕가의 기초를 이루었던 원칙을 하노버 왕가가 계승하지는 않을 것으로 예상했는지도 모르겠다… 이제 제각기 다른 깃발 아래… 위험에 대항해 싸울 것인지는 이들 세 궁정의 결정에 달려있다… 그들은 논란의 대상이 되고 있는 원칙을 포기하지 않으면서 우리의 제안을 따르는 것처럼 각각의 사례에 관한 주장을 내세울지도 모른다. 우리는 그들의 원칙을 충실히 따를 수 없고, 그들이 끝내 공론을 떠들겠다면 우리로서는 그들과 따로 행동하지 않을 수 없다."[35]

그러나 그 또한 부질없는 일이었다. 캐슬레이는 정치적 소요의 부재를 증명하는 부작위에 동맹의 진정한 성취가 있다고 보았다. 대륙국가, 특히 메테르니히는 현존하는 위험이 무엇이든 동맹은 그에 대한 무기가 되어야 한다고 생각했다. 게다가 메테르니히는 사회적 투쟁이 다른 모든 것에 우선한다고 보았던 반면에 캐슬레이는 사회적 투쟁을 국제적인 문제로 간주하기를 거부했기 때문에, 메테르니히는 서서히 영국과의 연계로부터 멀어져 갔다. 캐슬레이의 항의로 예비 의정서는 무위로 돌아갔지만, 카포디스트리아가 기초한 12월 8일자 서한을 동맹국에 회람하는 것까지 저지할 수는 없었는데, 그 서한은 카포디스트리아 특유의 묵시록적인 방식으로 1814-15년의 조약 구조에서 개입의 정당성을 구했으며, 설상가상으로 영국의 승인을 암시하기까지 했다.[36] 이로써 동맹의 분열은 목전에 임박해 왔다. 그러나 그런 상황이 벌어지기 전에 메테르니히는 영국의 지원이 없어도 무방한 대륙을 조직하는 데 성공했고, 동맹이 채택한 조치들에 관한 책임은 모두 차르에게 돌아가도록 만전을 기해 두었다. 영국은 동맹으로부터 점점 더 멀어져 갔음에도 불구하고, 오스트리아와의 관계는 다른 어떤 나라와의 관계보다 긴밀하게 유지되었다.

Ⅳ

트로파우 회의는 메테르니히가 최절정의 외교적 수완을 보여준 회의였다. 오스트리아를 시대의 대세에 적응시킬 의지가 없었거나 그럴 능력이 없었던 메테르니히는 민족주의와 자유주의에 대항하는 투쟁을 해야 할 상황에 직면했지만 이것을 오스트리아의 싸움이 아닌 유럽의 싸움으로 만드는 데 성공했으며, 그럼으로써 오스트리아의 국내체제가 모순의 표상이 되는 상황을 면할 수 있었다. 재기한 프랑스가 왕조 동맹을 수단으로 활용하면서 입헌주의에 호소함으로써 이탈리아에서의 입지를 회복할 위험에 직면했음에도, 그는 프랑스를 고립시키고 무력하게 만드는 일을 해냈다. 트로파우에서 프랑스 대표의 역할은 그보다 더 초라할 수가 없을 정도였다. 메테르니히는 각국의 전권사절들 중에서 가장 유화적인 입장을 가진 것처럼 행동함으로써 그들을 차례로 유인해 함정에 빠뜨렸다. 카라망이 카포디스트리아가 제안한 프랑스의 중재를 받아들이자, 메테르니히는 그에게 넌지시 그 제안을 본회의에서 제시하도록 권유했고, 정통성을 갖춘 군주들과 혁명세력 사이의 중재라는 구상에 격노한 차르의 면전에서 그를 저버렸다. 그리고 메테르니히를 신뢰했던 프랑스 대표가 나폴리에 대한 개입을 프랑스에 부과된 멍에에 빗대면서 예비 의정서에 반발하는 비밀 서한을 그에게 보여주자, 그는 알렉산드르가 동맹국이 될 것이라고 여기던 나라의 변덕을 알아채도록 손을 썼다.[37] 예비 의정서에 대한 프랑스의 최종적인 반응은 프랑스의 무능을 반영하는 것에 불과했다. 프랑스는 의정서의 서명은 거부하고 나폴리 국왕을 초청하는 데는 찬성함으로써, 러시아와 영국 모두를 적으로 돌리는 데 성공했던 것이다.

그러나 만일 메테르니히가 러시아를 무력하게 만드는 데 성공하지 못했더라면 프랑스를 술책으로 제압했더라도 별 소용이 없었을 것이다. 그에게는 러시아의 물리적 고립 또는 러시아의 도덕적 지배라는 두 가지 선택이 주어져 있었다. 바로 그런 이유 때문에 메테르니히는 전자를 배제하지 않으면서 마지막 순간까지 영국과의 제휴라는 대안을 유지하고 있었으나, 이것이 궁극적으로는 오스트리아에 국가의 자원을 초과하는 정책을 강요하게 되리라는 것을 알고 있었다. 따라서 그의 모든 책략은 차르에 대한 지배력을 확보하는 데 집중되었다. 메테르니히는 폴란드에서의 실험에 대한 알렉산드르의 환멸감과 그의 점증하는 종교심 덕을 보기는 했지만, 트로파우에서 장시간에 걸친 차르와의 회담을 통해 이 모든 과정을 손수 완결지었다. 메테르니히가 주제넘은 인간에 대한 솜씨 좋은 비판과 변화 이전에 질서가 필요하다는 주장을 구사하면서, 차르에게 보여줄 "신념의 고백"을 준비한 것도 트로파우에서였다.[38] 그가 이론가들의 유해한 영향 운운한 것은 분명 카포디스트리아를 가리킨 것이었고, 헌법에 대한 옹호를 혁명가의 오만과 동일시한 대목도 마찬가지였다. 트로파우에서는 차르가 지휘관의 잔혹성 때문에 야기된 러시아 근위병의 반란에 관한 소식을 접한 일도 있었는데, 메테르니히는 이것을 혁명 바이러스의 확산이자 차르에 대한 과격분자들의 협박이라고 간단히 설명했다.[39]

이리하여, 새로운 사회 질서를 희망적으로 그리던 신성동맹의 이론은 메테르니히가 생각하던 사회적 균형을 회복하기 위한 수단이 되었다. 채 알아차리지 못하는 가운데, 차르의 도덕적 열정은 변혁적 힘이었다가, 반동적인 데까지는 아닐지 몰라도 최소한 보수적 힘으로 변모했다. 트로파우 회의의 말미에 알렉산드르에게 총리가 있었더라면, 그것은 카포디스트리아가 아니라 메테르니히였다. 알렉산드르는 거의 대부분의 서한을 발송하기 전에 메테르니히에게 보여주었고 자신이 저지른 잘못의 목록을 그에게 몇 번이고 되풀이해 고백했다. 당시 리버풀 내각의 개편이 연일 점쳐지고 있었는데, 양국의 왕실은 런던 주재 자국 대사들을 대상으로 공동 훈령을 준비하기도 했다. 단순한 조치에 결코 만족하는 법이 없는 메테르니히는 이런 사실을 스튜어트에게 은밀히 귀띔

해 줌으로써 자신의 선의와 곤란한 입장 두 가지 모두에 대한 증거물로 삼았다.[40]

러시아가 독자적인 정책으로 유럽의 균형상태를 깨뜨릴 수 있었다면, 프로이센은 오스트리아가 이탈리아에서 경험한 곤란을 이용함으로써 독일 내의 균형을 망가뜨릴 수 있었다. 그러나 테플리츠와 카를스바트의 회의는 프로이센의 독자적 외교정책이 야기할 수 있는 문제를 해결했다. 프로이센 국왕은 트로파우 회의를 주로 자국의 국내 체제에 대한 메테르니히의 조언을 들을 수 있는 기회로 여겼다. 그는 11월 7일까지 도착하지 않았지만 먼저 도착한 왕세자는 이내 메테르니히에게 매료되어 평생토록 그의 숭배자가 되었다. 국왕이 도착해 다른 동료 군주들과 함께 체류하게 되었을 때, 메테르니히는 프로이센의 내정에 대한 자신의 견해를 제시함으로써 국왕이 지방의 재조직에 대한 승인을 다시 한 번 연기하도록 만드는 성과를 이루었다.[41]

메테르니히는 매우 강한 입장을 유지했지만 회의의 말미에는 나폴리 국왕과 혁명세력 사이를 교황이 중재한다는 카포디스트리아의 제안을 받아들여 온건함을 보이려 했다. 그러나 카포디스트리아의 각서가 교황에게 중재 행위에 대한 지원을 호소한 반면에, 메테르니히가 기안한 황제의 서한은 단지 혁명의 응징에 대한 정신적 지원만을 요청하는 내용이었다.[42] 그리고 마치 만약에 1813년에 나폴레옹이 라이헨바흐 강화 조건을 수용했다면 메테르니히의 구상을 좌절시킬 수도 있었듯이, 그리고 비엔나 회의에서 프로이센이 공동행동을 거부했더라면 그를 좌절시킬 수도 있었듯이, 나폴리의 혁명세력이 온건한 정책을 취했더라면 메테르니히가 트로파우에서 하려던 일을 대단히 어렵게 만들 수도 있었다. 그러나 메테르니히는 매번 심리적 요소의 효과에 도박을 걸었고, 매번 승리했다. 나폴리의 온건파와 과격파 사이의 갈등은 라이바흐 회의에 나폴리 국왕이 초청됨으로써 절정으로 치닫게 되었다. 그 초청은 거절할 수 있는 성질의 것이 아니었는데, 국왕은 떠나기 전에 극단적으로 자유주의적인 "스페인식" 헌법에 관해 다시 한 번 서약하도록 강요를 받았다. 알렉산드르는 이것을 직접적 도발로 해석할 수밖에 없었고, 그로 인하여 입헌주의와 중재를 추구하던 카포디스트리아의 노력은 일거에 끝장나 버렸다.

메테르니히의 정책은 본질적으로 방어적인 것이긴 했어도, 자국의 취약성을 알고 있는 국가가 자원을 소진하지 않으면서 현상을 유지해 갈 수 있는 유일한 방식인 도덕적 합의의 도출이라는 형태를 취했다. 캐슬레이는 우세한 힘을 결집한 회의가 침략을 억제해 줄 것으로 생각했지만, 메테르니히는 침략 따위를 생각할 수도 없게 만드는 도덕적 공약에서 침략에 대한 억제 방법을 찾고자 했던 것이다. 차르를 반혁명의 십자군에 끌어들임으로써 알렉산드르의 불안정한 성품과 유럽의 사회적 동요라는 문제를 동시에 해결하고, 나아가 차르로 하여금 이제껏 그의 모호한 태도가 조장한 모든 움직임과 최종 담판을 짓게끔 만들려는 시도는, 건설적인 개념은 아니었을지 몰라도 교묘한 개념임에는 틀림없었다. 물리적인 압력으로는 달성이 불가능했을 성과를 다시 한 번 외교적 기술로 성취한 것이야말로 10년간에 걸쳐 메테르니히가 추진해 온 활동의 절정이었다. 그 덕분에 유럽 대륙에서는 오스트리아의 국내적 정통성이 국제질서의 조직 원리가 되었다. 나폴리 국왕과 동맹국 군주들이 개최를 서두르고 있던 라이바흐 회의는 국제질서의 새로운 본질을 상징했다. 라이바흐 회의는 이때까지의 회의와는 달리, 전권사절들의 회합이 아니라 오스트리아의 장관이 유럽의 여타 국가들에 도덕적인 교훈을 훈계하는 무대가 되었다.

주

1) Schwarz, p.178f.

2) Schmalz, p.52f.

3) Webster, II, p.238f. Text, Harold Temperley and Lillian Penson, *Foundations of British Foreign Policy* (Cambridge, 1938), p.48f.

4) Stern, II, p.120.

5) Webster, II, p.211; Schwartz, p.186.

6) Stern, II, p.121; N.P. III, p.382.

7) Schmalz, p.61f.

8) Gentz, Friedrich von, *Dépêches Inédites aux Hospodars de Valachie*, 3 Vols. (Paris 1876-7), Vol. 1, p.75.

9) Gentz, *Dépêches Inédites*, p.76.

10) Webster, II, p.262.

11) C.C. XII, p.311f.

12) Webster, II, p.271.

13) Schmalz, p.66.

14) The King's divorce: Webster, II, pp.214-15.

15) Schmalz, p.63.

16) Webster, II, p.521f. (Appendix).

17) Schwartz, p.192.

18) Sbornick of the Imperial Russian Historical Society, Vol. CXXVII, p.456f.

19) Webster, II, p.278.

20) Webster, II, p.281.

21) N.P. III, p.352.

22) N.P. III, p.351.

23) Schmalz, p.70f.

24) Webster, II, p.290.

25) Schmalz, p.72f.

26) Gentz, Friedrich von, *Briefe von Friedrich von Gentzan Pilat*, 2 Vols. (Leipzig, 1868), p.436.

27) Stern, II, p.131; Schmalz, p.76.

28) Schmalz, p.77.

29) N.P. III, p.391.

30) N.P. III, p.356.

31) Schmalz, p.82.
32) Webster, II, p.528f. (Appendix).
33) Webster, II, p.302.
34) Webster, II, p.303f.
35) Webster, II, p.305.
36) N.P. III, p.392f.
37) Stern, II, p.135.
38) See ante p.201f.
39) N.P. III, p.355; Schmalz, p.77.
40) Webster, II, p.296.
41) Stern, II, p.145.
42) Stern, II, p.137.

역주1) 가톨릭 교회의 주교로, 중부 이탈리아 교황령의 국무장관을 두 차례 역임한 에르콜레 콘살비(Ercole Consalvi 1757-1824).

역주2) 1815-18간 프랑스의 총리였던 리슐리외 공작 아르망-엠마뉴엘 뒤 플레시(Armand-Emmanuel du Plessis, duc de Richelieu 1766-1822). 그는 조부의 뒤를 이어 국왕의 시종장이 되었다가, 이후 러시아군에 입대하여 투르크군과 싸웠다. 1803년에는 알렉산드르 1세로부터 오데사 지방장관으로 임명받아 오데사를 근대 도시로 탈바꿈시켰다. 1815년에는 탈레랑의 뒤를 이어 프랑스의 외교장관 겸 총리가 되었다. 그는 러시아 황제와의 우정을 이용해 동맹국이 프랑스에 요구한 여러 조항을 완화시켰고, 1818년 엑스라샤펠 회의에서는 동맹군을 프랑스에서 철수시키고 프랑스를 4국동맹에 가입시켰다. 1818년에 사임했다가 1820년에 다시 총리가 되었으나 정치적 반대자들의 압박으로 1821년 다시 사임했다.

역주3) 1828-29간 프랑스의 외교장관을 역임한 라 페로네 백작 피에르 루이 오귀스트 페롱(Pierre Louis Auguste Ferron, Count de La Ferronnays 1777-1842).

역주4) 프랑스의 초대 카라망 공작 빅토 루이 샤를(Victor Louis Charles, duc de Caraman 1762-1839).

역주5) 캐슬레이의 이복동생인 스튜어트(Charles William Stewart)를 가리킨다.

역주6) 영국 의회가 1701년 제정한, 영국 왕위계승에 관한 법률이다. 명예혁명(1688년) 직후 스튜어트 왕가의 윌리엄 3세는 후사 없이 병석에 누웠고, 그의 처제로 장차 여왕으로 즉위할 예정이던 앤은 하나뿐인 자식을 잃었으므로 왕위계승법 제정 필요성이 커졌다. 이 법은 하노버 선제후 비(妃)이자 제임스 1세의 손녀인 소피아와 '그녀의 몸에서 태어나는 프로테스탄트'가 왕위를 계승하도록 규정했고, 결과적으로 1714년 하노버 가에 왕권이 승계되는 결과를 낳았다.

| 제15장 |

라이바흐Laibach 회의와 유럽 정부

메테르니히 외교의 전술—라이바흐 회의—제 1단계—캐슬레이와 동맹—피에몬테 Piedmont의 혁명—메테르니히의 정책 재천명—외교의 무용성—유럽의 단합

I

1854년부터 1859년까지의 기간 동안, 80대에 접어든 메테르니히는 그의 후임자인 부올에게 일련의 각서를 남겼다. 부올은 오스트리아가 처한 입지의 취약성에 당황한 나머지 어떠한 비용을 치르고서라도 동맹 체제를 추구하려 했다. 메테르니히는 특유의 냉정하고 엄숙한 문체로, 중앙제국의 이웃들은 충분히 강하지도 않고 지지를 제공할 의사도 없음이 머지않아 밝혀질 것이므로 어느 나라에도 의존할 수 없다고 주장했다. 그렇다고 중립이 가능한 것도 아니었다. 오스트리아는 유럽의 중앙에 위치함으로 인해 모든 분쟁에 연루되기 마련인데다, 중립은 다른 국가들이 오스트리아의 생존과 양립할 수 없는 사항을 요구하는 상황을 초래할 것이

기 때문이었다. 이런 양난에 대한 해결책은, 오스트리아가 유럽에 대한 이기적 욕심을 품고 있지 않으며 안정을 지향하는 모든 나라가 필연적으로 오스트리아의 중력에 이끌려올 수밖에 없다는, 오스트리아가 유일하게 지닌 진정한 장점에 있었다. 따라서 오스트리아는 결코 진정으로 고립된 것은 아니었으며, 단순히 동맹을 보유하고자 맹목적으로 전념한다면 오스트리아의 입지는 도리어 약화될 터였다. 오스트리아는 목표가 구체적일 때만 관여할 수 있었다. 오스트리아의 진정한 정책은 동맹의 도덕적 틀을 수동적으로 받아들이는 것이 아니라, 오스트리아가 참여하는 대가로 현상유지의 축소판이라고 할 수 있는 이 나라의 유일한 관심거리였던 안정의 조건들을 얻기 위해서 분쟁시에는 언제나 초기단계에 불간섭 정책으로 동맹의 도덕적 틀을 확립하는 것이었다. 메테르니히의 주장에 의하면, 고립은 그 목적을 명확히 이해하는 한 경계할 대상이 아니었다. 외교에서 성공의 열쇠는 행동의 자유지 공식적 관계가 아니었다.[1)]

이런 생각이 메테르니히의 전 생애에 걸쳐 그의 외교의 근간을 이루었다. 그 어떤 잠재적 적수보다 광범위한 선택의 여지를 가졌다는 인식을 의미하는 행동의 자유는, 필요한 순간에 모든 대안의 가능성을 열어둔다는 점에서 동맹보다도 나은 보호 장치였다. 그러나 도서국가의 행동의 자유는 그 지리적 위치 덕분에 보장되는 반면에, 중앙제국의 행동의 자유는 도덕적인 입지와, 오스트리아가 여느 잠재적 경쟁국보다 넓은 선택의 폭을 누릴 수 있도록 여타 국가들의 공약을 조정하는 데 달려 있었다. 이런 정책은 큰 위험이나 고립, 또는 오스트리아의 이익을 희생시키는 갑작스러운 합의 따위를 침착하게 수용함으로써 오스트리아의 불가결함을 증명하려 했기 때문에 냉철한 대담성을 요구하는 것이었다. 이런 정책의 성공은 판세에 관한 정확한 평가에 달려 있었고, 무엇보다도 오스트리아의 뛰어난 유연성이 허상은 아니라는 사실에 의존하고 있었다. 이런 정책은 위험성이 대번에 명백히 드러나는 반면 성과는 마지막 순간까지 드러나지 않기 때문에, 메테르니히 특유의 오만에 가까운 자신감 없이는 집행할 수 없는 것이었다. 이런 정책은 너무나도 많은 무형의 조건에 의존하고 있었기 때문에, 오스트리아의 입지가 19세기 내내 약화되면서, 특히 독일에서는 프로이센이, 발칸반도에서는 러시아가 공히 오스트리아를 주된 경쟁상대로 간주하기 시작한 후로는 갈수록 실행하기가 어려워졌다. 게다가 메테르니히의 후계자들은 위험만을 보고 그 밑에 숨은 개념은 보지 못했기 때문에, 메테르니히처럼 정교한 조작을 꾀하는 대신 양립할 수 없는 대안들 사이에서 허둥대며 동요했고, 그로써 오스트리아의 파멸은 확실한 것이 되었다.

메테르니히가 아직도 사건에 대한 통제력을 발휘하고 있던 시절에는, 위기시 메테르니히의 외교는 거의 불가결하다고 할 수 있는 두 가지 단계로 이루어졌다. 처음은 망설이는 것처럼 보이는 단계로서, 이 단계에서 미처 알아채지 못하는 가운데 공동 노력의 도덕적인 틀이 정의되고, 그것은 마치 보편적 염원의 자발적인 표현처럼 여겨지게 된다. 그 다음 단계로 오스트리아의 동맹국들로 하여금 공개 선언을 통해 제한적 목표를 가진 정책에 관여하도록 만드는 상징적 행위가 뒤따르기 마련이었다. 그런 까닭에, 우여곡절이 많았던 1813년 봄의 협상 뒤에는 나폴레옹의 주장과 균형상태의 체제가 양립될 수 없음을 드러내기 위해 고안된 프라하 회의가 개최되었고, 카를스바트 결의는 독일의 정신적 일체성을 증명하기 위한 비엔나 회의로 이어졌으며, 트로파우 회의 다음에는 유럽의 도덕적 단합에 대한 상징을 만들면서 그 과정에서 차르의 관여를 돌이킬 수 없는 기정사실로 만들기 위한 라이바흐 회의가 개최되었던 것이다.

그런 맥락에서 라이바흐 회의는 일차적으로 메테르니히가 트로파우에서 창출한 유럽 정부의 한 표현이었다. 카포디스트리아는 영국의 중재를 요청하였으나 별 이득을 얻지 못했고, 프랑스의 세 번째 전권대표인 블라카Blacas 역주1)가 그의 동료들을 감독하는 것처럼 보였다든지 나폴리 왕이 비겁하게 행동하지 못하도록 억제하고 있는 것처럼 보였다는 사실은 프랑스에 별다른 도움이 되지 못했다. 메테르니히는 완전한 통제권을 행사했는데, 그것은 대부분 알렉산드르를 지배한 덕분이었다. 그는 이렇게 적었다. "나와 황제(알렉산드르)의 뜻이 일치한다는 것을 아무도 믿지 않지만 그래도 그것은 사실이다. 지난 넉 달 동안의 감화가 열매를 맺기 시작한 것이다. 러시아 총리는 패배했다. 무릇 역학과 물리학과 도덕의 법칙이 그러하듯, 더 강한 쪽이 약한 쪽을 끌고 가는 것이다."

[2] 프로이센 왕은 나타나지도 않고 그의 외교장관인 베른스토르프 Bernstorff[역주2)]를 보냈는데, 그는 실상 메테르니히의 수하나 마찬가지였다. 영국 대표인 스튜어트는 부인을 방문한다는 명목으로 비엔나로 떠나 기본적인 사항이 결정될 때까지 돌아오지 말도록, 그리고 트로파우에서 연출했던 순진한 분노의 장면을 되풀이하라는 당부를 받았다. 나폴리 국왕의 이중성이 극단적이었던 덕분에 메테르니히는 온건함의 옹호자로서 다시 한 번 부상할 수 있었다. 이 군주는 자기가 맹세를 저버린다면 벼락을 맞을 것이라는 극적인 표현을 써가며 불과 얼마 전에 지키겠노라고 선언했던 의회와 헌법을, 나폴리를 떠나자마자 저버렸다.

이런 상황에서 결정은 신속하게 내려졌다. 알렉산드르가 1월 8일에 도착했고 1월 10일에 메테르니히는 다음과 같이 보고할 수 있었다. "오늘 땅이 꺼지고 하늘이 무너지지 않는 한, 우리는 승리를 거두었습니다. 카포디스트리아는 성수聖水에 빠진 악마처럼 몸부림치고 있습니다. 그는 *실제*로 성수에 빠진 것이고, 그가 할 수 있는 일은 아무것도 없습니다."[3] 메테르니히는 비엔나 주재 나폴리 대사인 루포Ruffo[역주3)]를 자신의 "하렘"이라고 할 수 있는 추종자 집단의 일원으로 추가했고 그를 나폴리의 대변인으로 임명했으므로, 국왕을 수행하고 있던 헌법상의 외교장관인 갈로Gallo[역주4)]는 그리 멀지 않은 괴르츠Görz[역주5)]에서 오래도록 발이 묶여 있어야 했다. 1월 13일에는 마치 희가극*opera buffa*[역주6)] 속의 한 장면 같은 사건이 벌어졌는데, 이것은 라이바흐에 있던 메테르니히를 몹시 즐겁게 만들어 주었다. 루포는 본회의장에 나타나 겐츠와 메테르니히가 초안한 연설을 낭독했는데, 거기에는 나폴리 국왕이 동맹국들에 대하여, "정의와 지혜와 관대함의 공리"에 따라 자신에게 조정자 역할을 맡겨줄 것을 요청하는 내용이 포함되어 있었다. 이에 대해, 메테르니히는 똑같이 들뜬 어조로 동맹국들은 기쁜 마음으로 "전하께서 신민들로부터 사랑받으실 한 가지 이유를 더 가지시도록 지원할 것"이라고 화답했다. 메테르니히는 그러나, 불행히도, 이미 트로파우에서 "범죄적 수단으로 초래되고, 세계의 평화를 일순간에 저해할 그 어떤 소요도 인정할 수 없다"는 결정이 내려진 바 있음을 지적했다. 이렇게 비타협적인 조건에 직면한 입헌군주가 할 수 있는 일은 무엇인가? 메테르니히는 루포의 목소리를 빌어 이 질문에 대한 답을 제시했는데, 그것은 위대한 희생을 치른다는 것이었고, 동맹국들로부터 협상을 거부당한 헌법을 포기한다는 것이었다. 루포는 나폴리 국민 앞으로 쓴 서한을 준비해 왔는데, 거기에는 나폴리 국왕이 자신의 신민들을 전쟁의 공포로부터 구하기 위해 "신과 본인의 양심 앞에서 완벽하게 평온한 심정으로" 예전의 맹세를 번복하겠노라고 통보하는 내용이 들어있었다. 그러면서도 이와 같은 관대한 조치에 반대가 제기되는 일이 없도록, 서한에 첨부된 밀지에는 유럽의 의지를 실현시킬 "보장자"로서 오스트리아 점령군이 도착했음을 알리는 내용도 포함되어 있었다.[4)]

스튜어트가 라이바흐에 돌아왔을 무렵에는 이미 희극의 제1막이 끝나 있었고, 그는 메테르니히가 분주하게 제2막의 각본을 쓰는데 열중하는 모습을 볼 수 있었다. 그 내용은 갈로 공작이 여타 이탈리아 왕실의 대표들 앞에서 동맹국의 결정을 통보받는다는 것이었다. 스튜어트는 다시금 자신이 참여하지 않는 협상을 통해 동맹이 선언을 준비하고 있음을 알게 되었고, 그는 잠자코 동의하라는 요구를 받았다. 그는 순수한 의도가 악용당했다고 고래고래 고함치며 다시 문제를 제기했지만, 의사록에 다음과 같이 기록을 남기도록 허락을 얻은 것 말고는 이룬 것이 없었다. "영국 대표는 참석했으나… 그는 회의의 의사록에 동의할 권한을 위임받지 않았다…"[5] 그러나 이런 양보조차 허망한 것이었음이 이내 드러났다. 회의를 거쳐 1월 30일 나폴리 외교장관 앞에서 전 유럽이 결의를 선포하는 엄숙한 자리에 스튜어트가 당도했을 때 그가 발견한 것은, 메테르니히가 선언 내용을 동맹의 결속을 중시하는 것으로 바꿔놓은 데다가 스튜어트가 제기한 사항들은 전부 누락시켜 놓았다는 사실이었다. 대표들은 벌써 속속 도착하고 있었는데 스튜어트는 끝 모를 분노를 쏟아내고 있었다. 그는 결국 자신의 항의를 끝부분에 낭독하는 데 대한 메테르니히의 동의를 얻는 대신 새로운 선언문은 그대로 두기로 설득당하고 말았다. 다음에는 갈로 공작이 회의에 참석하도록 불려왔고, 메테르니히는 이제까지의 신랄한 언행과는 자못 어울리지 않는 고결한 위엄을 띠고 스튜어트의 유보적인 입장은 모호하게 흐리면서 동맹국들의 결정내용을 그에게 알렸다. 그러나 대단원의 막은 이처럼 인상적인 겉치

레를 준비할 필요도 없었던 반전으로 마무리되었다. 이 혁명세력의 장관은 메테르니히의 엄중한 훈계를 듣더니 분노에 차 반발하거나 자신의 원칙을 엄숙히 주장하는 대신 수긍을 표하며 고개를 끄덕였다. 그는 메테르니히에게 그 동안의 노력에 대해 감사를 표하면서 나폴리에 돌아가면 최선을 다해 그를 지지하겠노라고 약속했다.[6] 두 차례의 유럽 회의를 초래하고 거의 일 년 동안 유럽의 정부들을 혼란에 빠트렸던 나폴리 혁명은 허망한 모습으로 실패한 것이다. 이것은 메테르니히가 7개월 동안 외교를 통해 고생스럽게 준비한 온갖 무대장치로도 이루어내지 못했던 결과였다.

오스트리아가 유럽의 대리인으로서 행동할 수 있게 되고 혁명이 발생한지 6개월이 지난 다음에야 오스트리아군은 비로소 포 강을 건넜다. 그러나 유럽의 묵인 하에 나폴리에 개입할 수 있었다는 사실보다 더 중요한 것은 메테르니히가 차르에게 영향력을 행사하게 되었다는 점이었다. 어느 영국 외교관은 설령 러시아가 오스트리아의 한 지방에 불과했다 하더라도 메테르니히가 이보다 더 자신만만하게 굴지는 못했을 것이라고 보고했다. 메테르니히는 과장된 열변을 토하며 연신 오스트리아와 러시아 사이의 영원한 우호관계를 주장했지만, 스튜어트와의 대화에서는 자신이 누구를 진정한 적으로 여기고 있는지를 분명히 밝혔다. 스튜어트는 이렇게 보고했다. “그는 소직에게 드디어 이탈리아에서만이 아니라 유럽 전역에서 자유를 확보한 상태로 러시아 황제를 관여시키는 데 성공했다고 말했습니다. 금번 이후의 일련의 회의는 그의 계산이 틀리지 않았고, 그 계산이 크나큰 위험에 처해 있던 오스트리아 제국을 확실하고 믿음직한 승리로 이끌어 주었음을 증명해줄 것입니다."[7]

II

그러나 이처럼 유리한 결과를 얻기 위해서는 그 전에 영국의 의사를 확인하는 절차가 필요했다. 라이바흐에서도 스튜어트는 트로파우에서와 마찬가지로 가히 우스꽝스럽다고 할 수 있는 역할을 맡았다. 그러나 의회의 회기가 다가오고 야당이 독립국가에 대한 외국의 개입에 극렬히 반대하고 있는 마당에, 캐슬레이는 스튜어트의 무능한 항의에 만족하면서 손을 놓고 있을 수는 없었다. 그래서 쓴 것이 1월 19일자 회람서한이었는데, 표면상으로는 동맹국들이 12월 8일 트로파우 회의에서 내린 결정에 대한 답신이었지만 그 내용은 영국의 입장을 재차 요약한 것이었다.[8] 세심하게 준비된 합리적 논조로 지난해에 이미 무용한 것으로 드러난 온갖 논점을 현학적으로 되풀이한 이 서한은 사실상 의회에 보여주기 위해 작성한 것임이 확연했고, 거기에는 캐슬레이가 동맹 내부에 균열을 일으키기를 오히려 원하고 있다는 내용이 포함되어 있었다. 도서국가 정책의 모든 논점이 되풀이되었다. 일반적 개입의 권리는 대영제국의 기본법에 반하는 것이었으나, 그런 제약이 존재하지 않았다손 치더라도 일반적 개입의 권리가 "덜 호의적인 군주들"의 손에 들어가면 보편적인 폭정을 초래할 수 있기 때문에 영국은 선불리 찬성할 수 없다는 것이었다. 영국 내각이 개입 자체를 원칙적으로 거부한 것은 아니었고, 실제로 자위를 위한 개입의 필요성을 종종 인정한 적도 있었다. 그러나 그것을 일반적인 권리로 인정할 수는 없었고, 더군다나 영국이 지속적으로 거부해온 1815년 조약에 대한 해석의 기초로 삼을 수는 없는 노릇이었다. 개입은 어디까지나 예외일 뿐, 결코 국제 행위의 원칙이 될 수는 없었던 것이다.

아무런 새로운 내용도 담고 있지 않은 이러한 서한조차, 유럽 동맹이 캐슬레이의 유일한 외교정책이라는 것을 암시하는 문구로 마무리되어 있었다. 이 서한은 영국이 "동부 국가들의 의도의 순수성에 충분한 주의를 기울이고" 있으며, "감상적 차이"는 "다른 모든 주제와 관련된 동맹의 충정과 조화"에 아무런 영향도 미칠 수 없고, "기존의 모든 공약을 최대한 완벽하게 시행하고자 노력하는 열정을 감소시키지" 못할 것이라고 단언하는 것으로 끝맺었다. 캐슬레이의 비극은, 이제 더는 공동 행동이 불가능하며, 그것은 누군가의 잘못이라기보다는 위험을 바라보는 도서국가와 대륙의 관념이 서로 양립할 수 없기 때문이라는 사실을 끝내 인정하기 거부한 그의 둔감함에서 비롯된 것이었다. 그러나 캐슬레이로서는 스스로를 부정하지 않고는 그것을 인정할 도리가 없었다. 그는 의견의 차이가 집단안보 체제를 구축하려는 노력에 내재된 것이 아니라 그런 노력의 오용 탓이라고 생각했으며, 동맹의 본질에서 비롯된 것이 아니라 당초 의도한 적이 없었던 방향성을 동맹에 부여하려는 시도 탓이라고 여겼다. 그러므로 그는 자신의 과업이 동맹의 파열을 선포하는 것이 아니라 동맹의 정당성을 입증하는 것이라고 믿었고, 회람에 동봉한 그의 서한에는 그 작성자의 내향적 신중함이 고스란히 드러나 있었다. 그 서한에는 이렇게 적혀 있었다. "…귀하는 동맹국들이 누리는 결속의 진실성이 조약에 포함되어 있는 모든 조항에 따라 언제까지나 조화와 활력 속에 존속할 것으로 간주하고, 또 그렇게 선포하고자 할 것입니다. 그러므로 귀하는 동맹국 정부들이 이 문제를 상이한 관점으로 바라봄으로 인하여 동맹의 진실성에 다소나마 손상이 초래될 수도 있으리라는 의심을 야기할 수 있는 그 어떤 논란도 회피하려 할 것입니다."[9] 런던에 주재하던 오스트리아 대사가 메테르니히에게 다음과 같이 보고한 것은 당연한 일이었는지도 모른다. "캐슬레이는 교회에 앉아 있는 음악 애호가와도 같습니다. 박수를 치고 싶지만 감히 그러지 못하기 때문입니다."

그러므로 캐슬레이가 하원에서 행한 마지막 외교정책 연설이 동맹에 대한 힘찬 방어였다는 것은 적절한 일이었다. 그는 동맹이 저지른 실수를 인정하면서도 동맹의 지속적인 효험을 주장했다. 그는 메테르니히조차 그보다 더 잘 할 수는 없었을 정도로 카르보나리 당의 활동을 상세히 묘사했다. 그런 다음 그는 오스트리아가 가진 의도의 순수성은 그간에 회의에서 유럽의 합의를 확보하는 오스트리아의 능력을 통해 충분히 입증된 바 있다고 옹호했다.

그러므로 쟁점이 되는 것은 오스트리아의 개입 자체가 아니라, 그것을 정당화한 사유에 관한 것이었다. 그럼에도 불구하고, 이러한 차이는 고립정책은 고사하고 동맹에 균열을 초래하지도 않았다. 동맹은 힘을 잃지 않은 채 존속했다. "이토록 왈가왈부 많은 논의가 제기된 대륙 군주들의 동맹을 옹호하는 데 있어서 본인은 전혀 위축될 필요를 느끼지 않습니다. 본인을 반대한 신사 분들께서 자신들의 암울한 예언이 보기 좋게 빗나가도록 만든 동맹에 대해 다소간 분한 느낌을 가지는 것은 그리 놀랄 일이 아닙니다. 누구든 스스로의 어리석음을 드러내는 일종의 기념비가 존속하는 동안… 참을성을 가지고 그것을 지켜보리라고 생각한다면 그것은 아마도 인간의 본성에 대한 과도한 기대일 것입니다. 앞으로도 오랫동안 존속하면서 유럽의 평화를 공고하게 만드는 역할을 해줄 것으로 본인이 바라마지 않는 이 동맹은… 본인을 반대하는 신사 분들께서 마음껏 주장했던 예언과 그분들이 권고한 정책 구상이 불합리하다는 사실을 증명해 주었습니다."[10)]

평소와 마찬가지로 얼음장같이 침착한 태도로 발표한 이 지루한 문구에는 유럽의 단합에 관한 이상이 담겨 있었다. 그러나 영국 국민은 끝내 그것을 이해할 수 없었고, 그들에게는 평화를 공고화하는 동맹이라는 말 자체가 하나의 모순이었기 때문에, 그 이상은 실패할 운명을 지니고 있었다. 무릇 동맹이라는 것은 구체적인 목표를 필요로 했고, 누군가에 *대항하는* 것이어야 했다. 압도적인 위험이 존재하지 않는 한, 대륙과의 공동 정책을 국내적으로 정당화할 길이 없었다. 선의로 이룩하는 유럽의 단합이라든지 동맹의 조화라는 요소에만 의지하는 유럽의 정부라는 캐슬레이의 이상은 그것을 옹호하는 사람을 파멸시킬 운명을 지녔으면서도 진지하게 규칙을 따지는 외양을 가장했다는 점에서 비극적인 신기루일 따름이었다.

III

한편, 오스트리아의 군대가 남쪽으로 진군하고 있는 동안 메테르니히는 희극을 끝까지 공연하면서, 가능한 모든 교훈이 드러날 때까지 관객들을 붙들어 둘 작정이었다. 메테르니히는 패배한 적에게 다시 회복할 기회를 줄 사람이 결코 아니었으므로, 카포디스트리아가 개입할 가능성이 있는 마지막 구실을 제거하는 작업에 착수했다. 나폴리의 안녕을 보장할 유기적 제도를 마련하기로 한 트로파우의 약속이 바로 그런 구실이 될 소지가 있었다. 메테르니히는 카를스바트에서 전전긍긍하던 독일 국가들을 누그러뜨렸듯이, 라이바흐에서는 절대군주로 복귀하겠다는 비겁한 나폴리 왕의 고집을 완화시켰다. 지루한 협상을 통해 메테르니히는 그가 "나폴리 왕국 기본법 초안"을 수용하도록 설득했고, 그 초안을 비밀리에 차르에게 송부해 승인을 받았다. 이 초안은 정부에 관한 메테르니히의 공리를 정확히 반영하는 것으로, 분권적 행정을 규정하고는 있었지만 군주의 권한을 강화했으며, 순수한 자문 기능만을 갖춘 국무원Council of State과 나폴리 및 시칠리아 지역 각 계급 대표들의 회합인 콘술타Consulta만이 왕권에 제약을 가할 수 있도록 되어 있었다.[11] 카포디스트리아는 차르에게 대의적 기관을 하다못해 조금이라도 남겨놓자고 호소했지만 소용없었다. 유럽적 질서의 정통성 원칙이 *불멸의 인격*을 부여해준 대상은 설령 나폴리의 왕처럼 우스꽝스러운 인물이라 하더라도 "정통적" 지배자에 한정되었으며, 그가 내린 결정에 재고를 요구하는 것은 헛수고였다. 어쨌든 이제 메테르니히는 공공연히 카포디스트리아의 머리 위를 넘어 다니면서 알렉산드르로 하여금 그의 총리가 입을 다물도록 만들게 할 수 있을 정도로 힘이 커졌다. 메테르니히는 이렇게 보고했다. "카포디스트리아와 그의 황제 사이의 균열은 더욱 더 커지고 있습니다… (그러나) 당연히, 더 강한 쪽은 황제입니다."[12]

실제로 메테르니히가 당면한 가장 큰 문제는 차르의 과도한 활력에 고삐를 채우는 일이었다. 알렉산드르는 메테르니히가 쓴 "신념의 고백"을 자세히 읽었다는 점을 증명이라도 하려는 듯이 다음과 같이 적었다. "우리는 사탄의 왕국과 전투를 벌이고 있다. 이러한 과업은 대사들만으로는 충분치 않다. 오로지 신께서 인민들의 수장의 자리에 앉혀놓으신 사람들만이, 신께서 축복하신다면, 이 악마적 힘과의… 싸움에서 생존할 수 있으리라…" 그는 또 한 번은, 각국 정부가 신성동맹의 공리에 기초하여 모이게 된 이래로 기독교의 모든 적들, 모든 혁명가들, 카르보나리와 과격한 평등주의자들이 앙갚음을 맹세했다고 쓴 적도 있었다.[13] 이런 분위기에서라면, 인류를 개혁하기 위해서가 아니라 혁명을 무찌르기 위해서, 새로운 시대를 열기 위해서가 아니라 안정을 되찾기 위해서, 십자군의 구상으로 되돌아가기란 그리 어려운 일이 아니었다. 차르는 프랑스 대표에게 이런 말을 한 적이 있었다. "귀하는 이 회의의 유일한 목적이 카르보나리 일당 몇 놈을 처벌하려는 데 있다고 생각합니까? 스페인의 본을 따라 잘못된 길로 휩쓸린 나폴리가 나중에는 스페인에 본보기가 되어줄 것입니다… 우리가 나폴리에서 수립한 것이 정당한 질서라면, 오스트리아가 나폴리에서 수행한 것 같은 역할을 아마도 프랑스가 스페인에서 수행하는 순간이 올 수 있을 것입니다."[14]

하지만 메테르니히는 자기가 고된 협상으로 얻은 혜택을 프랑스가 누리도록 만들어줄 의향은 없었다. 게다가 그는 영국이 스페인에 관해 제기할 항의가 호락호락한 수준에 그치지 않으리라는 것도 알고 있었다. 이베리아 반도에 동맹이 개입한다면, 그것은 영국이 그 실체를 기꺼이 수락할 수 있는 단계의 정당화에 관한 기본적으로 학문적인 논란만 낳는 것이 아니라, 동맹에 공개적이고 최종적이며 돌이킬 수 없는 균열을 초래할 것이 분명했다. 게다가 메테르니히는 독자적인 정책을 행사할 의사는 있었지만 영국을 공공연히 반대편으로 몰고 갈 준비는 되어있지 않았다. 메테르니히가 스스로 인식하고 있던 것처럼, 그는 영국이라는 대안을 가지고 있었기 때문에 비로소 냉정하고 몰염치한 정책을 실행에 옮길 수 있었고, 각각의 조치에 대한 원칙을 차르에게 제공해

주면서도 "러시아"의 구체적인 목표는 아무것도 달성되지 못하게끔 실질적인 내용을 완벽하게 통제할 수 있었던 것이다. 캐슬레이의 우의가 메테르니히의 위험을 제한해 주었던 셈이다. 영국과 끈이 닿아 있는 한, 실제로 벌어질 수 있는 최악의 사태는 오스트리아와 러시아 간의 순수하게 정치적인 투쟁이었고, 그런 투쟁은 제아무리 험악해지더라도 영국 측의 확실한 지지에 기대어 개선될 수 있을 터였다. 그러나 영국이 돌이킬 수 없이 반대편으로 몰리게 되면 메테르니히의 정책은 유연성을 잃을 것이고, 그는 차르의 편견에 아부함으로써 위험에 대처하지 않을 수 없을 터였다. 메테르니히는 이제는 충분히 시험되어 성공적임이 입증된 엑스라샤펠 방식의 전술로 이 문제를 다루었다. 그는 알렉산드르에게 프랑스의 불안정한 상태에 비추어 스페인에 대한 개입은 시기상조라고 설득했는데, 그 대신에 스페인 문제를 이듬해 피렌체에서 개최할 다음번 회의의 의제로 삼자고 제안함으로써 유럽의 도덕적 연대감을 다시 한 번 과시할 기회라는 매력적인 전망을 보여주었다. 메테르니히는 이렇게 보고했다. "본인의 가장 큰 강점은 본인 자신의 영향력을 (알렉산드르가) 선하고 올바른 것의 경계선을 넘지 못하도록 만드는 데 사용해왔다는 데 있습니다. 사악함은 선의 경계선에서 시작되는데, 워낙 알아채기 어렵게 시작되기 때문에 기지機智의 강력한 도움을 받지 않고서는 이성이 그 경계선을 발견하기란 어렵습니다."[15)]

회의는 2월 28일 메테르니히의 연설을 끝으로 폐회를 공식 선언했다. 3월 7일 오스트리아 군대는 리에티Rieti역주7)에서 나폴리 군을 격파했다. 거의 아무런 피해도 입지 않은 오스트리아군은 3월 24일 올리브 가지를 총검에 꽂고 나폴리에 입성했다. 메테르니히의 무기로서의 평화 정책, 수단으로서의 온건함, 기반으로서의 도덕적 합의가 지니는 의미를 이보다 더 잘 표출한 장면은 없었을 것이다.

IV

그러나 오스트리아 군대가 아무런 제지도 당하지 않으면서 나폴리를 향해 진군하고 있던 바로 그 때, 아직까지 라이바흐에 모여 있던 전권 사절들은 모든 혁명은 서로 연계되어 있다는 오스트리아 장관의 훈계가 옳다는 점을 증명이라도 하는듯한 사건의 소식을 접하고 놀랐다. 이탈리아에서 유일하게 오스트리아의 영향력 아래에 있지 않은 나라인 피에몬테에서 3월 12일 혁명이 일어나 국왕이 퇴위당했다는 소식이 전해졌던 것이다. 그러나 지난해의 경험 덕택에 메테르니히는 이 소동을 거의 기계적으로 다룰 수 있었으니, 나폴리와 독일에서 성공적임이 입증된 것과 동일한 전술을 사용하면 그만이었다. 새로운 위협의 실체를 알렉산드르에게 납득시킬 필요는 없었고, 차라리 그의 열정을 제어하는 편이 필요할 수도 있었다. 차르는 다음과 같이 외치고 있었기 때문이다. "이제 나는 주님께서 왜 이 순간까지 나를 이 자리에 두셨는지를 이해하게 되었다. 내가 아직도 동맹국들과 함께 있도록 해주셨으니 이 얼마나 감사한 일인가… 만일 우리가 유럽을 구해낸다면 이는 그것이 주님의 뜻이기 때문일 것이다."[16] 이탈리아를 향해 서둘러 행군 중이던 오스트리아군에 예비 병력을 제공하기 위해, 그리고 개입의 유혹을 느낄지도 모를 프랑스를 제지하기 위해 9만 명의 러시아 병력이 기동을 개시했다. 한편, 메테르니히는 토리노 주재 러시아 대사에게 협상 권한을 부여해, 혁명군이 퇴위한 군주의 형제인 새 국왕에 항복하는 대신 사면을 실시하는 방안을 교섭하도록 했는데, 이는 혁명군 진영 내부에 알력을 야기할 확실한 방법이었다. 4월 8일 오스트리아군은 피에몬테를 완전히 격파했다.

사람들은 메테르니히가 2주도 채 못 되는 기간에 군사작전을 통해 두 개의 혁명을 진압하고 제국의 도덕적, 물적 자원을 소진시키지 않으면서 이탈리아에서 오스트리아의 우위를 확고하게 만든 성과로 인해 틀림없이 오스트리아 국내에서 대대적인 칭송을 받았을 것이라고 생각할지도 모른다. 그러나 정책의 현명함은 오로지 훗날 돌이켜 볼 때만 분명하게 드러나는 반면에, 위험은 즉각적으로 또렷이 보이기 마련이다. 실질을 취할 수 있다면 형식은 언제든 양보할 준비가 되어 있던, 정교하게 짠 메테르니히의 정책과 같은 경우에는 특히나 그러했다. 메테르니히의 전임자였던 슈타디온을 수장으로 하는 "오스트리아 파" 정치가들은 압도적 승리를 얻은 유리한 상황에서 메테르니히의 성과를 당연한 것으로 치부하면서 그 위험요소는 불필요한 것이었다고 비난했다. 그들은 위험의 규모를 이해하지 못했기 때문에 성공의 본질도 이해할 수 없었다. 그들에게는 피에몬테 작전에 대한 러시아의 개입이 오스트리아가 주권을 위험스레 방기한 것처럼 보였다. 그들은 진작부터 재정적 부담이 과중했다는 관점에서 작전의 필요성 자체에 의문을 제기했고, 메테르니히가 쓸데없이 오스트리아를 영국의 동맹국에서 러시아의 위성국으로 전락시켰다고 비난했다. 이런 비난은 실은 앞에 나서지 않고 삼가는 메테르니히의 능숙한 솜씨 덕분에 그의 동료들조차 라이바흐에서 그토록 신중하게 연출된 연극을 액면 그대로 받아들였음을 증명해주는 것이었다. 그렇지만 메테르니히가 그의 가장 위대한 승리의 순간에 러시아보다 비엔나 내각과의 관계에서 더 큰 어려움을 겪었다는 사실은 얄궂은 운명의 장난이었다.

메테르니히는 4월 22일자로 두 통의 장문의 답신을 슈타디온 앞으로 보내어 1813년의 위대한 정책 선언을 상기시켰다.[17] 그는 경구와 질문으로 서한의 논조를 잡았다. "본인이 가진 것은 용기이지 환상이 아닙니다. 본인이 만일 (러시아군을) 진군시킨 것과 같이 그들을 퇴각시킬 능력을 가지고 있지 않았다면 애당초 그들을 기동시켰을 것 같습니까?" 이처럼 자부심에 찬 선언 뒤로 이어지는 본론에서 메테르니히는 자신의 동기를 요약했다. 그는 피에몬테와 나폴리에서 혁명을 진압하기 위해 그렇게까지 힘을 과시할 필요는 없었다는 점을 인정했다. 그러나 피에몬테와 나폴리의 고립적인 소요 자체가 그의 관심사였던 적은 없었다. 진정한 위험은 이탈리아가 아닌 다른 곳에 있었다. “러시아의 자유주의를 없애고, 가장 큰 행동의 자유를 누리는 두 국가가 과격주의자들에 대항하고 있음을 유럽에 보여주는 것이 본인의 의무(라고 생각했습니다)… 1821년에는 사실만이 통합니다. 러시아 황제의 모든 약속과 모든 말은 가치가 없는 것이었지만, 10만 병력의 이동과… 그것을 위한 1천2백만의 지출이라는 것은 사실에 해당합니다. 진군을 중단하라는 지시 또한 그에 못지않게 중요한 또 하나의 사실입니다. 12만의 병력이 우리 국경 부근에 배치되어 있고, 우리가 요청만 하면 이들이 움직일 것이라는 점이… 세 번째 사실입니다.” 따라서 슈타디온은 무엇이 달성되었는지에 관해서, 또는 러시아가 없어도 무방하다는 데 관해서 환상을 가져서는 안 된다는 것이었다. “막대한 성과가 거양되었지만, 그것이 우리에게 간신히 제공하는 것은 계속해서 생존할 정도의 가능성뿐입니다. 우리는 망상에 빠져서는 안 됩니다. 우리는 이 가능성의 방향으로 단 한 발자국만을 내딛었을 뿐이기 때문입니다… 악은 엄청난 경지에 도달했습니다… (유럽의 모든 나라의 수도에서) 우리의 승리는 범죄로, 우리의 사고방식은 오류로, 우리의 관점은 한심한 어리석음으로 평가될 것이라는 점을 확신하셔도 좋습니다.”

이보다 더 완벽하게 불모성을 시인한 예는 일찍이 없었다. 승리의 최절정에서, 전 유럽이 그를 거의 유럽의 총리처럼 바라보고 세 명의 군주가 그 없이는 아무런 조치도 결정하지 않으려 들던 시기에, 두 차례의 압도적인 승리를 거둔 뒤에 메테르니히가 자각하고 있던 것은 권력이나 영예가 아니라 취약성과 위험과 임박한 재앙이었던 것이다. 경력의 정점에 있던 외교장관이 보여준 비관론처럼 중앙제국의 운이 다했음을 분명하게 드러내는 것도 없었다. 오스트리아는 국내 체제를 개조할 의지가 없었고, 그런 체제로 민족주의의 세기에 생존할 능력도 없었으므로, 심지어 오스트리아의 가장 성공적인 정책조차 동맹국들을 관여시키기 위해 절망적으로 매달리는 일시적인 유예에 지나지 않았다. 그것은 건설적인 작업이 아니라 장차 불가피한 대참사를 부분적으로나마 비껴가 보려는 노력에 해당하는 것이었다. 그런 까닭에 메테르니히의 정책은 가장 순수한 의미에서의 외교였으며, 본질적으로 도구적 성격을 지닌 고도의 기교를 보여주는 연주였다. 그 기교야말로 정책의 궁극적인 무용성을 보여주는 것이었으며, 무엇보다 안정을 필요로 하는 중앙제국이 오로지 곡예를 통해서만 생존할 수 있다는 사실을 증명해 주는 것이었다.

그러나 1821년 4월 그 곡예는 성공했다. 비록 그것이 오스트리아의 양난에 대한 아무런 최종적 해결책도 제공하지 못했지만, 재난을 방지하기는 했던 것이다. 메테르니히는 진심으로 불안감을 느끼고 있었을지 몰라도, 바깥 세상에 그것을 드러내지는 않았다. 메테르니히는 자신이 대표하는 국가의 약점을 감추는 임무를 어찌나 성공적으로 수행했던지, 대륙에서 오스트리아의 지도력은 도전을 받지 않았을 뿐 아니라, 그가 정확하게 판단한 것처럼, 영국을 고립시키지도 않을 수 있었다. 메테르니히는 다음과 같이 결론지었다. "러시아가 우리를 이끄는 것이 아니다. 매우 간단한 몇 가지 이유로 인해서, 알렉산드르 황제를 이끄는 것은 우리 쪽이다. 그에게는 조언이 필요하지만 그는 모든 조언자를 잃었다. 그는 카포디스트리아를 카르보나리의 수장처럼 여기며, 자신의 군대, 자신의 신하, 자신의 귀족, 자신의 인민을 불신한다. 이런 상황에서 지도력을 발휘할 수는 없는 법이다… 게다가 영국은 완전히 우리 편이다." 이것이야말로 메테르니히의 정책이 거둔 진정한 성과였다. 그의 정책은 러시아의 자유주의를 분쇄했고, 오스트리아의 가장 위험한 경쟁자에게 복종을 가장하면서 그 나라를 지배할 수단을 확보했던 것이다.

5월에 접어들면서 유럽 국가들의 회합은 마침내 붕괴되었다. 그러나 차르가 자신의 궁정으로부터 영향을 채 받기도 전에 메테르니히는 이듬해의 회의에서 다시 만날 때까지 알렉산드르가 곤란한 상황을 헤쳐 나갈 수 있도록 돕기 위해 다시 한 번 각서를 제출했다. 개략적으로 각서는 트로파우에서의 "신념의 고백"을 따라[18] 혁명의 원인과 추정되는 사태의 위험을 분석했고, 헌법에 대한 요구를 가장하는 혁명을 언급했으며—이는 명백히 카포디스트리아에 대한 공격이었다—변화보다 질서가 우선이라는 주장을 반복했다.[19] 그러나 트로파우의 각서가 유창한 전도사의 언어로 이루어졌다면, 라이바흐의 각서는 이미 상황을 장악한 침착한 자신감을 담고 있었다. 각서는 차르가 사회적 병폐를 인정하는 동시에 유럽의 단합이라는 처방을 수락한 데 대하여, 오스트리아만이 아니라 전체 사회의 이름으로 경의를 표했다. 메테르니히는 알렉산드르가 그의 양심에서 보상을 발견할 것이라고 덧붙였는데, 이것은 이탈리아에서 러시아가 제공한 지원은 의무였으므로 오스트리아에 대가를 요구할 근거를 형성하지 않는다는 점을 완곡하게 암시한 것이었다. 메테르니히는 오스트리아와 러시아가 공동으로 혁명이라는 질병의 확산을 제어할 수 있는 수단들을 요약하는 것으로 결론을 맺었다. 거기에는 양국 궁정이 최대한 친밀한 관계를 유지할 것, 중요한 쟁점에 관해 주요국 수도에 주재하는 양국 대사들에게 공동의 훈령을 하달할 것, 연락을 유지하기 위해 비엔나에서 대사급 회의를 개최할 것, 라이바흐 원칙을 *정확히 적용*할 것 등이 포함되었다. 메테르니히가 이런 모호한 구절들을 통해 의도한 것이 무엇이었는지는 그 후의 몇 개월 동안 명확해진다.

다섯 달 동안 사실상 유럽의 정부와 같은 역할을 했던 회의는 메테르니히가 회람한 서한과 군주들의 선언문으로써 폐회했다.[20] 회람 서한은 동맹 군주들의 정의롭고 보수주의적이며 온건한 정신과, 망상적 평등을 웃도는 것은 모조리 파괴하기에 급급한 혁명가들의 어두운 의도를 대조시켰다. 이런 위협에 직면하여, 각국 정부는 합법적으로 수립된 모든 것을 보전하는 것 외에 다른 선택의 여지가 없었다. 필요한 개혁을 회피하자는 의미가 아니라, 단지 변화라는 것은 "소요로 인한 권력 침탈이 전반적인 재앙으로 비화되는 일이 없게끔… 신께서 책임을 부여하신 사람들의 계몽된 관점에서, 또한 자유로운 결정으로부터" 비롯되어야 한다는 의미였다. 그리고 이것은 오스트리아 장관의 견해나 회의에 참여한 군주들의 의견이 아니라 "영원한 진리"라고 선언했다.

V

얼마나 쉽사리 상황이 다르게 전개될 수도 있었는지를 후대의 사람들이 잊어버린다는 점이 성공적인 정책의 특징이다. 리에티에서 나폴리 군이 패주했을 때 그들의 시도가 위험하기는커녕 우스꽝스럽게 보였던 것과 마찬가지로, 히틀러가 1936년에 전복되었다면 그 또한 터무니없는 혁명의 수장처럼 보였을 것이다. 1819-1820년 사이에 일어난 모든 혁명이 동시에 발생했더라면, 오스트리아 제국은 실제보다 한 세기 전에 붕괴되었을 것이 틀림없다. 그러나 현실은 그렇지 않았으니, 메테르니히는 영국의 불간섭 원칙을 방패삼아 독일을 평정할 수 있었다. 그러다가 카포디스트리아의 교조주의와 리버풀 내각의 나약함 때문에 나폴리에 관해서도 똑같은 방식으로 대응하기에는 너무 위험하게 되자, 메테르니히는 차르를 개인적으로 완전히 지배함으로써 러시아 장관의 허를 찔렀다. 그는 피에몬테 혁명이 발발하기 전에 나폴리의 혁명을 분쇄했다. 그리고 그는 다뉴브 공국들[역주8)]과 그리스에서의 혁명으로 인해 동맹이 가장 혹독한 시험에 직면했을 때 피에몬테를 평정했다. 그는 유럽의 대리인으로서 이 모든 일을 해냈고, 그러면서도 자국의 도덕적, 물질적 자원을 소진하지 않았다. 그는 스페인에서 성전을 치르고자 하는 차르의 열정을 완화시켰으며, 캐슬레이의 반발에 흔들리지 않았다. 그리고 그는 편협한 "오스트리아 파" 외교관들의 비난을 거부했다.[21] 그러다 보니 유럽의 정부가 현실화되었다. 비록 짧은 기간, 허망한 명분을 위해서이기는 했지만. 라이바흐 회의가 폐회하기 일주일 전인 5월 5일에 나폴레옹이 세인트 헬레나에서 사망한 것은 상징적인 사건이었다. 정복으로는 성취할 수 없었던 대륙의 정치적 통일이 정통성 원칙에 대한 자발적인 복종으로써 달성된 셈이었다.

유럽이 오스트리아 식의 정통성에 순응하도록 만드는 과정에서, 대륙국가와 도서국가의 외교정책에 대한 관념이 서로 양립할 수 없다는 사실이 점점 더 분명해졌다. 캐슬레이가 메테르니히의 목표에 얼마나 깊이 공감하고 있었는지와 무관하게, 영국의 국내적 현실은 캐슬레이에게 더욱 심각한 고립을 강요했다. 오스트리아 대사가 캐슬레이에게 그의 점증하는 유보적 태도가 리버풀 내각이 처한 어려움에서 기인하는 것임을 시사하는 발언을 하자, 캐슬레이는 탄식하며 이렇게 대답했다. "그들은 우리가 선택했고 *앞으로도 꾸준히 지켜가야 할* 입장을 *우리 체제의 불변하는* 원칙에 근거해 설명하는 대신에, 정부가 처한 일시적 어려움 탓으로 돌리는 태평스러운 태도로 일관하고 있습니다. 만일 세 나라의 궁정이 계속해서 극단적인 원칙을 *공개적으로* 선포한다면, 머지않아 우리 모두가 회피하고 싶어 하는 분열을 야기하게 될 것입니다.(저자 이탤릭)"[22] 이리하여, 후세가 비엔나 체제 후기post-Vienna 전체와 동일한 것으로 간주하게 될 판도의 윤곽이 드러나기 시작했다. 동부 3개국은 정치적 소요만이 아니라 사회적 소요에 대해서도 유럽의 치안을 유지할 권리를 가지게 되었고, 독립적 외교정책을 추구하고 있던 영국이 취하는 점점 더 적대적인 태도에 직면했으며, 그런 와중에 프랑스는 이 세력들 사이에서 편의주의적으로 입장을 바꾸었다.

그러나 라이바흐 회의 이후에 이러한 추세는 지연되었는데, 그것은 캐슬레이가 회의 외교라는 자신의 이상을 포기하기를 주저했던 탓이기도 했지만, 캐슬레이와 메테르니히 사이의 모든 논쟁이 실은 구차한 말싸움에 불과하다는 점을 잠시나마 증명해주는 것처럼 보였던 한 가지 사건 탓이기도 했다. 다뉴브 공국과 그리스에서의 반란으로 인해서 메테르니히와 캐슬레이는 갑자기 지중해 지역에서 러시아의 정치적 영향력이 확대될 위험에 직면하게 되었던 것이다. 캐슬레이는 메테르니히가 라이바흐 체제를 교묘하게 이용하는 것을 관찰함으로써, 불간섭 원칙보다 공동 개입의 원칙이 행동을 좌절시키기에 훨씬 유용한 수단이라는 사실을 깨닫게 되었다. 메테르니히는 차르에게 보낸 마지막 각서에서 주요 조치에 대한 공동 훈령이라든지 공동 원칙의 엄밀한 적용 등을 괜히 주장한 것이 아니었다. 다뉴브 공국의 봉기 소식은 라이바흐 회의가 아직도 진행되고 있을 동안 도착했는데, 차르는 이탈리아에서 오스트리아에 백지수표를 주었지만 메테르니히는 발칸반도에서 차르에게 똑같은 것을 줄 준비가 전혀 되어있지 않았다. 이를테면 메테르니히가 대표로 재직한 회사는 백지수표 발행을 정책적으로 금하고 있었던 셈인데, 그 회사는 공동 행동이 동맹의 가장 덜 진취적인 구성원 수준으로 활동을 제한하리라는 점을 알고 있기 때문에 더더욱 그러했다. 게다가 발칸반도에서 오스트리아의 유일한 이익은 아무것도 변하지 않는 것이었다.

그리스 위기에 대한 캐슬레이의 정책은, 불간섭 원칙이 우월한 도덕성을 반영하는 것이 아니고, 심지어 전적으로 국내구조의 차이에서만 비롯되는 것도 아니며, 일차적으로 도서국가의 입지가 야기하는 안전 의식을 반영한다는 사실을 드러냈다. 오스트리아와 영국의 이익이 거의 동일하게 걸려 있던—다시 말해서 영국도 오스트리아만큼이나 취약성을 느꼈던—그리스에서는 갑자기 도서국가도 동맹에 호소하고, 심지어 신성동맹에까지 넌지시 호소할 수 있음이 드러난 것이다. 이 대목에서는 놀랍게도 캐슬레이도 혁명이 사악하고 국제적 음모가 위험하다는 논리를 들고 나왔는데, 이때의 그는 메테르니히보다 더 장황했으면 했지 결코 덜 웅변적이지는 않았다. 또다시 차르를 좌절시키는 문제에 직면하자 메테르니히와 캐슬레이 사이의 협조는 예전처럼 완벽하게 회복되었다. 알렉산드르를 방해하는 데 열성적이던 캐슬레이가 우의에 대한 주장을 늘어놓는 것은 기이한 일이었다. 차르를 방해하는 데 있어서 한 해 동안 축적된 경험의 이점을 누리고 있던 메테르니히 정도만 캐슬레이의 열정을 능가하는 실정이었다.

주

1) N.P. VII, pp.354-417.
2) N.P. III, p.424.
3) N.P. III, p.424.
4) Stern, II, p.150f.
5) Webster, II, p.316.
6) Stern, II, p.154f.; Webster, II, p.318f.
7) Webster, II, p.315.
8) Webster, II, p.321f.
9) Webster, II, p.323f.
10) Hansard (Commons), 1821년 2월 21일.
11) Stern, II, p.155f.
12) N.P. III, p.429.
13) Schwarz, p.224.
14) Stern, II, p.152.
15) N.P. III, p.438.
16) Schwarz, pp.211, 225.
17) N.P. III, p.467f.
18) See ante p.201f.
19) N.P. III, p.480f.
20) N.P. III, p.486f.
21) 그는 비엔나에 귀임한 뒤에 다음과 같이 냉소적인 글을 남겼다. "나의 멋진 도시로 돌아왔다. 물론 여기서는 모두가 모든 것을 알고 그것을 예언해 왔다. 상황의 전개가 달라졌을 수도 있었으리라는 점을 인정하는 사람은 찾아볼 수 없다. 모든 것이 단순하고 명료하다… 모든 것이 순조롭게 이루어진 것이고, 모든 이가 전부터 줄곧 이런 상황을 원한 것으로 되어 있다… 성공을 거둔 뒤에는 토론이 불가능하다." N.P. III, p.442.
22) Alison, III, p.223.

역주1) 프랑스 귀족 블라카 돌 집안 출신의 외교관 피에르 루이 장 카시미르(Pierre Louis Jean Casimir de Blacas d'Aulps 1771-1839). 그는 1821년 백작에서 공작으로 승격되었는데, 예술가의 후원자와 예술품 수집가로도 유명했다.

역주2) 코펜하겐 태생의 덴마크 외교관 크리스티안 군터 폰 베른스토르프 백작(Count Christian Günther von Bernstorff 1769-1835). 그는 49세가 되던 1818년에 하르덴베르크 공으로부터 프로이센 외교관으로 활동하라는 권유를 받았다. 엑스라샤펠 회의는 그가 프로이센 외교관으로 참석한 첫 회의였다.

역주3) 이탈리아의 추기경으로서 나폴리에서 정치에 관여하며 공화정 반대운동을 이끌었던 파브리치오 루포(Fabrizio Ruffo 1744-1827). 뮈라의 치하에서는 조용한 시기를 보내던 그는 부르봉 왕정복고 이후 잠시 다시 관직을 맡았다.

역주4) 나폴리의 외교관이자 정치가로서 나폴리에서 프랑스의 탈레랑과 흡사한 역할을 했던 갈로 공작 마르치오 마스트릴리(Marzio Mastrilli 1753-1833).

역주5) 현재 슬로베니아와 접경하고 있는 이탈리아 북부지방의 도시 고리치아(Gorizia).

역주6) 오페라의 한 양식으로, 음악을 곁들인 희극을 뜻한다. 18세기 초 나폴리에서 발전하여 점차 북이탈리아 지역으로 퍼진 공연 양식으로서, 비극적 내용에서 분리한 짧은 부조리 희극을 독립적으로 상연하는 공연이다.

역주7) 이탈리아 반도의 거의 중심부에 위치하고 있는 도시로, 고대 로마 공화정 이전에 사비니족에 의해 처음 건설된 도시다.

역주8) 다뉴브 공국(Danubian Principalities)이란 14세기초에 수립된 몰도비아(Moldavia)와 왈라키아(Wallachia) 두 공국을 지칭한다. 이 지역은 18-19세기에 몇 차례의 러시아와 투르크 간의 전쟁 과정에서 종종 러시아에 점령되었으나, 아드리아노폴리스 조약과 파리 조약에 따라 투르크 주권 하의 자치가 인정되었다. 왈라키아에서는 1848년의 혁명 때 독립하려는 움직임이 있었으나 투르크군이 진압하였다. 1859년에 몰다비아와 왈라키아 사이에 동군연합(同君聯合, personal union)이 이루어졌고, 1861년에 이들은 국호를 루마니아 공국으로 바꾸었다. 후일 루마니아 공국은 루마니아 왕국이 되었다.

| 제16장 |

그리스의 봉기

그리스의 봉기—제1단계—정치가와 예언자—제2단계—신성동맹의 재해석—캐슬레이의 동맹 재가입—하노버 회견—알렉산드르에 대한 메테르니히의 호소—타티체프 Taticheff와 메테르니히의 협상—초청장과 각서—도서국가의 정책과 대륙국가의 정책의 양립불가능성에 관한 인식

I

메테르니히는 1821년 초여름에 다음과 같이 썼다. "나는 거미줄 한복판에 자리잡고 있는 것 같은 느낌이다. 내가 지금껏 수없이 감탄하고 애착을 느껴왔던 나의 친구 거미처럼… 나는 모든 방면으로 도덕적인 수단을 사용해 왔다. 하지만 이런 상태는 가여운 거미로 하여금 자기가 만든 정교한 거미줄의 복판에 머물 수밖에 없도록 만든다. 거미줄이라는 것은 보기에 아름답고 예술적으로 짜여 있으며 가벼운 충격은 막을 수 있지만 돌풍을 견디지는 못한다."[1] 이 풍자적이고 기발한 비유는 적을 제풀에 그물에 걸리게 만들고, 보이지 않는 연계로 좌절시키며, 적이 참을성을 잃고 거미줄을 치우지 못하도록 만드는 "게임의 법칙"이라는 신화에 기초

한 "메테르니히 체제"의 본질을 묘사한다. 이와 같은 전술로 메테르니히는 놀라운 성공을 거두었다. 그러나 그가 독일과 이탈리아에 평화를 선사함으로써 오랜 숙원인 안정을 마침내 성취한 것처럼 보이던, 그의 위대한 승리가 점쳐지던 바로 그 순간에 전혀 예기치 못했던 발칸 지역으로부터 "돌풍"이 불어왔다. 이 돌풍은 거미줄을 일거에 찢어버리지는 않았지만 그 예술적인 구조에 어느 때보다도 혹독한 시련을 가했다. 라이바흐 회의가 채 끝나기도 전에 다뉴브 공국들이 투르크에 대항해 일으킨 봉기의 소식이 전해졌다.

발칸 지역의 위기는 도덕적으로건 물리적으로건 그 무렵 중부 유럽에서 벌어진 사건들과는 전혀 다른 문제를 제기했다. 유럽이 500년 동안이나 투쟁해온 상대인 오스만 제국은 최대한 자국의 강역을 넓혀야만 통치의 "정통성"을 인정받을 수 있던 군사적 신정국가였다. 술탄은 기독교 공리에 감화된 군주들의 형제애적 연합에 속한 것도 아니었는데, 그가 신성동맹에 대한 참여를 거부했기 때문이었지만 설령 참여했다손 치더라도 부조화가 야기되었을 터였다. 그러나 새롭게 발생한 사건에서 유추할 수 있듯이, 이런 상황은 새로운 문제를 일으킬 수밖에 없었다. 발칸에 개입함으로써 이득을 얻는 것은 오스트리아가 아니라 러시아였다. 표트르 대제역주1) 이래 러시아의 확장은 오스만 제국의 희생을 통해 이루어졌고, 알렉산드르도 집권 초기에 이 전통에 충실하게 틸지트 조약이 부여한 행동의 자유를 다뉴브 공국들을 침략하는 데 사용했다. 그가

1812년 부카레스트 조약역주2)을 체결한 것은 나폴레옹의 침략이라는 위협이 야기한 결과였으며, 당시 러시아는 다뉴브 공국들을 보호령으로 확보했다. 이런 조건 아래, 이아시Jassy역주3)와 부카레스트에 부임하는 투르크의 사트라프Satraps역주4)와 호스포다르Hospodars역주5)들은 비록 오스만 황실Porte이 임명하지만 러시아의 승인을 받아야 했으며 그리스 귀족 중에서 선출되었다. 최초의 "그리스" 봉기가 그리스가 아닌 러시아 지역에서 발생했고 러시아군 장교 출신 그리스인 두 명이 그 봉기를 주도했던 것은 그런 연유에서였다. 그 중 한 명인 입실란티Ypsilanti는 러시아가 투르크를 상대로 벌인 전투에서 알렉산드르의 총애를 받던 인물이었다. 1821년 2월 입실란티는 대담하게도 자신을 지원해줄 강대국이 있다고 선포하고, 기독교의 이름으로 차르에게 이렇게 호소했다. "폐하, 우리를 구해주소서. 박해자들로부터 우리의 종교를 구해주시고, 폐하께서 통치하시는 위대한 나라를 신성한 빛으로 비추던 우리의 성전과 우리의 제단을 우리가 돌려받게 해주소서."[2)]

신성동맹의 창시자가 이런 호소에 과연 뭐라고 답해야 했을 것인가? 이것은 정치적인 자유를 얻으려는 중산계급으로부터 야기된 혁명이 아니라 종교에 기초해 한 나라에 대항하는 국민적 운동이었고, 당시 콘스탄티노플에 주재하고 있던 러시아 대사조차 부카레스트 조약에 대한 투르크의 반복적이고 냉소적인 위반에 항의하며 협상을 진행 중이었다. 투르크는 1814–15년간 형성된 조약 체제의 일원이 아니었으므로 러시아 방식으로 해석하는 동맹

체제의 보호를 받지도 못했다. 게다가 그리스 독립이라는 이상의 실현을 열망하던 카포디스트리아는 입실란티의 계획을 사전에 알고 있었을 뿐 아니라 러시아의 지원을 기대하도록 은밀히 그를 고무하고 있었다.

입실란티의 서한은 3월 17일 라이바흐에 도착했는데, 피에몬테Piemont역주6) 혁명의 소식이 전해진지 불과 사흘밖에 지나지 않은 시점이었다. 그렇다면 러시아는 오스트리아가 이탈리아에서 자임한 것과 같은 역할을 발칸에서 맡아야 할 것인가? 이것이 메테르니히의 신중한 조작이 초래한 최종 결과인가? 메테르니히는 알렉산드르로 하여금 표트르 대제의 꿈을 실현할 수 있게 만들어줄 원칙을 수립한 것인가?

하지만 메테르니히는 형식적 유추를 교조적으로 적용함으로써 안정의 요건에 대한 자신의 개념을 희생시킬 의사가 없었다. 그는 1808년에 이미 오스만 제국을 보전하는 것이 오스트리아의 근본적인 이익이라고 선언한 바 있었다. 그가 내세운 메테르니히다운 이유는 오스만 제국이 오스트리아 남방 국경의 안정을 보장하고, 그런 상황에 가해지는 그 어떤 변화도 좀처럼 끝나지 않을 혼란만을 초래할 것이기 때문이라는 것이었다.[3] 그는 알렉산드르가 틸지트에서 나폴레옹과 합의를 맺음으로써 놓쳐버린 것을 이제와서 오스트리아가 후원해 가며 달성하도록 해줄 의사는 없었다. 하지만 투르크에 대한 러시아의 공격을 방지하기란 희망처럼 쉬운 일은 아니었다. 오스트리아의 주력 부대는 이탈리아에 있었고,

10만 명의 병력을 보유한 나라를 상대로 전쟁을 벌인다는 것은 어떤 경우에도 생각할 수 없는 일이었다.

이리하여 알렉산드르와 메테르니히 사이에 벌어진 최후의 싸움은 차르가 자신의 영역이라고 여기던 절대적인 도덕적 주장의 영역에서 벌어지게 되었다. 메테르니히는 알렉산드르가 자기 행동의 주인이기는 하지만 의지의 주인은 아니라는 사실과, 이탈리아에 대한 개입의 원칙을 제공해준 동일한 공리가 발칸 지역에 대해서는 불간섭 원칙의 근거가 될 수도 있다는 점을 증명하는 데 착수했던 것이다. 알렉산드르의 종교적인 열의가 얼마나 순수한 것이었든 간에, 그것은 메테르니히에게는 주도면밀하게 이용해야만 생존할 수 있는 정치적 "사실"이었다. 메테르니히는 알렉산드르의 도덕적 주장을 인정하면서도 그것의 구체적인 적용에 대한 해석의 권리는 유보함으로써 알렉산드르를 다루어 나갔다. 거기서 더 나아가, 그는 발칸과 이탈리아 사이의 유사성은 거센 역류에 저항하려는 교활한 혁명가들이 지어낸 환상이라는 점을 증명하고자 했다. 메테르니히는 알렉산드르에게 보낸 각서에 다음과 같이 적었다. "이 파열음은 의심의 여지없이 신중한 계획의 산물이며, 공모자들이 가장 두려워하는 세력인 현상유지 체제에 속하는 두 군주의 연합을 겨냥한 것입니다… 이것은 오스트리아와 러시아 사이에 던져진 횃불이며… 그리스 정교를 신봉하는 가장 강력한 군주와 그 국민 사이에 불화를 조장함으로써… 그로 하여금 서유럽에서 물러나 동유럽에만 완전히 몰두하도록 만들려는 것입니다."

[4] 요컨대 메테르니히로 하여금 이탈리아에서 행동을 취할 수 있도록 만들어준 바로 그 동맹을 발칸에서는 러시아의 개입을 저지하는데 이용하려는 것이었다. 알렉산드르는 서유럽에서 오스트리아를 지원할 특권을 위해 러시아가 동유럽에서 한 세기 동안 유지해온 정책을 반전시킬 것을 요구받았다. 힘이 제공하지 못한 족쇄를 우정이 제공한 셈이었다.

결과가 드러나는 데는 그리 오래 걸리지 않았다. 알렉산드르는 메테르니히에게 "다뉴브 공국들의 혁명은 신성동맹이 선포한 기독교 원칙의 적용을 좌절시켜 보려는 기대감이 다시 불붙은 것에 불과하다"고 말했다. 입실란티는 러시아군에서 퇴역당했고, 그의 동료인 블라디미레스쿠Wladimerescu는 러시아 훈장을 박탈당했다. 오로지 그리스의 독립에 대해서만 진정한 열정을 품고 있던 카포디스트리아는, 자유는 음모를 통해 얻을 수 있는 것이 아니라는 훈계와, 회개하고 시도하던 일을 중단하라는 권고를 담은 답신을 입실란티에게 보내라는 지시를 받았다. 상황이 이러하였으므로 투르크가 봉기를 진압하기란 그리 어려운 일이 아니었다. 입실란티는 헝가리로 도주했고, 6년 동안 감금되어 모습을 볼 수 없었다.

이로써 라이바흐 회의는 세 개의 혁명을 분쇄했는데, 둘은 개입의 원칙으로, 그리고 나머지 하나는 불간섭 원칙으로 분쇄한 셈이었고, 두 원칙 다 신성동맹의 공리를 적용함으로써 정당화되었다. 그러나 메테르니히는 아무것도 우연에 맡기려고 하지 않았다. 알렉산드르와 헤어지기 일주일 전에 메테르니히는 그로부터 동맹국들의 참여 없이는 발칸 지역에서 아무런 조치도 취하지 않겠다는 약속을 받아냈다. 그리고 그의 마지막 각서는 러시아와 오스트리아 사이의 협력을 선포하였고, 양국의 대사들에게 유럽의 안정을 위한 기초를 수립하라는 공동 지시를 포함하고 있었다. 메테르니히는 돌풍이 거미줄을 찢지 못하도록 막는 데 성공했다. 하지만 투르크 문제는 그렇게 쉽사리 해결될 수 있는 것이 아니었고, 메테르니히 혼자서 해결할 수 있는 일도 아니었다. 다뉴브 공국들의 실패한 봉기는 모레아Morea역주7)에 거주하던 "진짜" 그리스인들이 독립을 주장하게 만든 신호탄이 되었던 것이다. 채 석 달이 지나기 전에 투르크는 반도에서 축출되었고, 동방문제는 유럽 외교의 중심적 사안이 되었다.

II

오스만 제국이 17세기까지 중부 유럽을 공포로 몰아넣던 강국이 아닌 처지로 전락한지는 이미 오래였다. 세 개의 대륙에 걸쳐 있던 오스만 제국은 군사독재와 봉건제도의 기이한 결합을 상징하고 있었고, 사트라프들이 지배하던 제국의 구성요소들은 콘스탄티노플의 술탄으로부터 다양한 독립적 상태를 누리고 있었다. 튜니스의 베이Bei역주8), 이집트의 에미르Emir역주9), 모레아의 파샤Pasha역주10), 다뉴브 공국의 호스포다르 등은 각각 상이한 정도의 권위를 누리고 있기는 했지만, 공통적으로 점차 약화되어가는 조짐을 감추고 우위를 주장하려는 중앙정부의 야비한 공격에 노출되어 있었다. 유럽에 위치한 술탄의 속국 중에서 그리스는 발칸 반도를 문화적, 경제적, 행정적으로 지배하는 특수한 지위를 누리고 있었다. 투르크 해군은 대부분 그리스 선원들로 충원되었다. 이아시 대학은 그리스적인 색채를 띠었고, 다뉴브 공국을 지배하던 호스포다르들은 그리스 귀족계급에서 충원되었다. 그러니까 그리스의 봉기는 오스만 제국의 구조 자체에 대한 치명적인 공격인 셈이었다. 만약 그 봉기가 성공을 거두어 오스만 제국이 에게해에 대한 통제권을 상실한다면, 오스만 왕실이 그보다 더 멀리 떨어진 지역을 어떻게 유지할 수 있겠는가? 모레아의 상실에 투르크가 신경질적으로 반응한 것이나, 기독교 세계에 대한 그리스의 호소가 광분 상태를 야기한 것도 놀랄 일이 아니었다. 종교적 광신주의의 초기적 반응은 투르크의 수도에서 그리스인에 대한 학살로 이어졌다. 1821년 부활절 주일에 콘스탄티노플의 그리스 대주교는 그의 몇몇 주교들과 함께 자신의 성당 정문 앞에서 교수형을 당했다.

이것은 그리스 정교의 전통적 보호자 역할을 맡아온 러시아에 대한 직접적인 도전이었고, 다뉴브 공국들의 봉기를 진압할 때 투르크가 보여준 잔혹함에 관한 소문으로 가뜩이나 마음이 상해 있던 알렉산드르의 종교적 열정을 감안한다면 이중으로 도발적인 처사였다. 무엇보다도 이제 알렉산드르는 메테르니히의 영향에서 벗어나 자신의 도덕적 임무에 관한 카포디스트리아의 해석을 고스란히 받아들이고 있었고, 그런 해석은 예기치 못하던 두 곳에서 증명됨으로써 더욱 큰 설득력을 지니게 되었다. 프로이센 황태자의 사부이던 안킬론Ancillon역주11)은 6월에 쓴 각서에서 오스만 제국이 "정통성" 있는 정부임을 부정하면서 러시아가 신성동맹의 대행자로서 질서를 회복하는 역할을 자임할 것을 제안했다. 그리고 과거로부터의 목소리가 그 제안을 지지했다. 차르의 총애를 잃은지 이미 오래인 크뤼데너 남작부인이 새로운 십자군의 이상을 가지고 또 다시 등장해, 황홀경의 어조로 한때 그녀의 신봉자였던 차르를 향해 자신은 그가 성탄절 미사를 예루살렘에서 집전할 것으로 확신한다고 적었다. 메테르니히는 이렇게 썼다. "자신의 환경의 영향에 저항하려면 강인한 정신이 필요하고, 그 영향력을 극복하려면 더더욱 강한 정신이 필요하다. (알렉산드르) 황제는 아직까지는 버티고 있으나, 그는 이제 외톨이다."[5)]

그런 까닭에 알렉산드르는 여름 내내 강인함을 가장한 우유부단함과 비타협을 빙자한 동요라는, 그 특유의 태도를 보이며 침잠했다. 그는 자신의 신하로부터 비난을 받지 않으면서 메테르니히와의 우정을 계속 유지하기 원했다. 그는 동맹의 단합을 열망했지만 동시에 그리스 정교의 구원자가 되기를 원하고 있기도 했다. 7월 내내 알렉산드르의 언동은 그로 인해 모호성을 띠고 있었다. 그는 라이바흐 정신에 충실하겠노라고 주장하면서도, 7월 11일에 오스트리아 황제에게는 과연 유럽은 자신이 투르크의 만행을 방관하기를 기대하는 것이냐는 질문을 던지며 호소했다. 그런가 하면 기독교도에 대한 살육을 비난하면서도, 7월 17일에는 메테르니히에게 자신은 동맹국들의 일치된 행동이 있을 경우에만 행동할 것이라고 장담하기도 했다.[6] 그러나 진작부터 "단합"이라는 용어의 대가였던 메테르니히로서는, 일단 적대행위가 개시되고 나면 이 예카테리나 대제[역주12)]의 후예를 제어하기란 불가능에 가까운 일이 될 것임을 확신하고 있었다. 게다가 콘스탄티노플에서 벌어지고 있던 상황에 비추어 전쟁은 불가피해 보였다.

이런 동안에도 투르크 주재 러시아 대사인 스트로가노프Stroganov[역주13)]는 부분적으로는 부카레스트 조약의 위반에 관해서, 또 부분적으로는 오스만 제국 내 그리스 정교의 보호자를 자임하며 오스만 왕실과 협상을 벌이고 있었다. 스트로가노프는 구 "러시아파"에 속하는 외교관으로서, 러시아를 비잔틴 제국의 후예로 간주하고 콘스탄티노플을 러시아의 자연스러운 정책 목표로 간주했다. 스트로가노프는 카포디스트리아로부터 직접 훈령을 받고 있었기 때문에 그의 행동은 긴장을 해소하는 데 그다지 도움이 되는 것이 아니었고, 투르크 왕실은 왕실대로 러시아 측 장관을 여느 때의 관행보다 무례하게 대했다. 알렉산드르의 행동은 서유럽에는 모호하게 보였을지 몰라도 의심 많은 투르크가 보기에는 너무도 명확한 것이었다. 투르크가 보기에 신성동맹은 새로운 십자군을 요구하는 것으로, 차르의 우호적인 공리는 보스포러스 해협을 급습하기 위한 속임수로 보였다. 양국관계의 긴장이 고조된 나머지, 스트로가노프는 콘스탄티노플을 떠나 흑해 연안의 항구로 철수했고, 6월 5일에는 그곳에서 투르크의 만행에 관한 장문의 보고서를 보냈다.

그에 대한 카포디스트리아의 답신은 단호했다.[7] 그는 기독교에 대해 자행된 잔학행위를 언급하면서 러시아를 위한 유럽의 합의를 거론했다. 그는 이 답신을 통해, 파괴된 교회들의 즉각적인 재건, 예배의 불가침에 대한 보장, 죄인과 무고한 자의 구별, 그리고 봉기에 참여하지 않은 자들의 평화적 생존에 대한 보장 등을 요구했다. 이를 거부한다면 오스만 제국은 기독교 국가들과 어울릴 자격이 없으며, 러시아는 여타 기독교 국가들과 함께 기독교 신도들을 보호하기 위해 나서겠다는 것이었다. 그는 오스만 왕실이 8일 이내로 자신의 요구에 답할 것을 요구했다. 그 후에 벌어진 일은 틀림없이 카포디스트리아의 예상과 다르지 않았을 터인데, 격노한 술탄은 최후통첩을 고려하기조차 거부했고, 스트로가노프가 격앙된 투르크인들 손에 암살되는 상황을 간신히 면한 것도 그나마 영국 대사인 스트랭포드[역주14]가 중재에 나서준 덕분이었다. 8월 10일 러시아 대사가 오데사로 항해를 떠나던 무렵 전쟁의 선포는 불가피한 다음 단계인 것처럼 보였다.

그러나 메테르니히는 당황하지 않았다. 그는 알렉산드르가 추구하는 것이 정치적 승리가 아니라 도덕적 승리라는 사실을 알고 있었으므로, 철학적 연관성이 정치적 관계를 상쇄하고도 남는 역할을 하리라는 점도 알고 있었다. 따라서 라이바흐에서와 같은 양상의 투쟁이 벌어졌고, 싸움은 신성동맹 원칙의 해석에 관한 것이 되어버렸다. 카포디스트리아는 차르가 도덕적 의무에 따라 동방에서 적극적인 정책을 펴지 않을 수 없다고 주장했다. 메테르니히는 그들이 차르의 종교에 호소하는 것 자체가 사악한 세력의 교활함의 증거라고 주장했다. 그러나 라이바흐에서 알렉산드르가 동맹국들과 동떨어진 행동을 하지 않겠다고 약속한 상태였기 때문에, 메테르니히의 협상 입지는 러시아 정책의 전통과 투르크의 비타협적인 태도에도 불구하고 겉보기보다는 튼실했다. 동맹은 의지의 일치가 존재할 때만 행동을 위한 폭넓은 도덕적, 물질적 기초가 되어주는 법이다. 1821년에는 메테르니히가 알렉산드르를 제압하는 데 성공한 덕분에 오스트리아는 이탈리아를 평정하는 동안 러시아를 외교적 위성국가로 전락시킬 수 있었다. 그러나 알렉산드르는 오스트리아로부터 그와 같은 묵시적 승인을 확보할 수 없었기 때문에 동맹은 카포디스트리아의 그리스 구상을 좌절시키는 도구가 되었다. 그러므로 메테르니히와 카포디스트리아 사이의 쟁점은 정통성 원칙이 국익의 주장을 무산시킬 수 있느냐에 관한 것이 되었다.

카포디스트리아의 맹렬함으로도 감출 수 없는 것이 있었으니, 메테르니히는 그것을 다음과 같이 표현했다. "전 세계에 걸쳐 두 개의 파벌이 겨루고 있다. 카포디스트리아의 파벌과 메테르니히의 파벌이다. 차르가 메테르니히파에 속하므로, 그의 적들은 운명에 의지할 수밖에 없을 것이다." 메테르니히가 탁월하게 묘사한 차르의 "초상화"는, 어떤 행동 방침이든 보통 오래 망설인 후에 채택하고 그런 다음에는 그것을 완고하게 고집하는 형태로 우유부단함을 발현하는 차르의 성격을 메테르니히가 잘 이해하고 있었음을 증명해준다. 차르는 정신적으로 고양된 분위기에서 정책을 집행했기 때문에, 불가피한 결정을 내리는 경우에도 그가 도덕률의 명령과 동일시했던 편협한 광신주의로 자신의 결정을 물들이는 경향이 있었다. 그런 연유로 1807년 프리들란트에서 패배당한 후 나폴레옹에 대한 그의 증오는 하룻밤 사이에 열성적인 경탄으로 바뀌었던 것이고, 그래서 1812년에 억지로 전쟁에 말려든 다음에는 모스크바를 불태우는 데 대한 도덕적 해명이라고 생각했던 완고한 태도를 견지한 것이었으며, 비슷한 이치로 1815년 비엔나에서 그가 느낀 좌절감은 그의 분위기가 종교적 신비주의를 띠도록 만든 셈이었다. 그러므로 메테르니히는 무슨 일이 있어도 러시아가 진로를 변경하지 못하게 막으려고 애썼다. 일단 전쟁이 개시되면 알렉산드르는 그것을 이내 성전으로 변질시키리라는 점을 메테르니히는 잘 알고 있었기 때문이다. "일단 포탄이 한 발이라도 발사되고 나면, *알렉산드르는 자신의 대표단에 앞장서서 우리를 떠나갈 것이다.*(저자 이탤릭) 그러고 나면 그가 성스럽게 제정한 자신의 법이라고 생각하는 것에는 더는 어떠한 한계도 존재하지 않게 될 것이다."[8]

이러한 상황에서 메테르니히가 귀가 얇은 차르를 공략하기 위해 마련한 경찰 보고서는 문자 그대로 홍수를 이룰 정도였고, 사자使者를 어찌나 많이 파견했던지 어떤 때는 일을 시킬 사자가 비엔나에 한 명도 남아있지 않았던 적이 있을 정도였다. 이런 온갖 방도를 통한 호소는 단 한 가지 사실에 대한 설득으로 집약되었다. 그것은 바로 유럽에서 러시아의 근본적인 이익은, 알렉산드르 개인에게는 고통스러운 노릇이라 하더라도, 투르크 제국의 만행을 되갚는 것이 아니라 사회적 혁명을 억제하는 데 있다는 점이었다. 파리에서 저 사악한 중앙혁명위원회는 자신들을 좌절시킨 동맹을 훼손하기 위해 알 수 없는 모종의 방법으로 모레아에서 발생하는 사건을 사주하고 있었다. 프란츠 황제는 차르의 7월 11일자 서한에 다음과 같이 답했다. "우리가 맞서 싸워야 하는 사악함은 투르크가 아니라 유럽에 있습니다… 저들의 목표의 진정한 실체에 대해서 그 어떤 환상도 갖지 않기 위해서는, 이른바 기독교적 이익에 관해서 기염을 토하고 있는 자들을 살펴보는 것으로 족합니다… 그들은 그 어느 신도 믿지 않고, 신의 법도 인간의 법도 존중하지 않는 자들이기 때문입니다… 악의 위협을 피할 최후의 희망은 동맹의 단합에 있습니다."[9] 이런 호소는 불리한 상황에서도 끈질기게 자신의 업적에 신성함을 부여하고, 알렉산드르의 도덕적 의무와 그의 인도주의적 인식 사이에 갈등을 야기하려고 애쓰던 중앙혁명위원회의 악의적 계략이 빚어낸 유혹도 이겨냈던, 라이바흐에서의 차르를 향한 것이었다. 그러나 트로파우에서, 그리고 라이바흐에서의 초기 단계에서는 동맹의 단합이 공동행동을 정당화하기 위해 거론되었지만, 이번에는 부작위의 원칙을 만들어내는 데 동원되고 있었다. 이런 상황에서 뜻밖에도 캐슬레이가 동맹에 다시 참여했는데, 마치 동맹을 떠난 적이 없었다는 듯한 태도였다.

투르크라든지 해협의 통제에 관한 문제는 예컨대 나폴리에서 일어난 혁명을 진압하는 방식과는 달리 먼 곳에서 벌어지는 "추상적인" 문제가 아니었던 것이다. 이 시점에 영국이 보여준 것은 독선적인 초연함을 정책으로 삼을 것을 명하는 도서국가적 안보관의 사례가 아니었다. 오스만 제국의 붕괴는 지중해에 대한 통제의 상실을 초래할 뿐 아니라, 극동에 대한 통제의 상실로도 이어지리라는 것이 거의 확실했다. 오스트리아에 제기하는 위협 못지않게 큰 위협을 영국에 제기하는 문제가 처음으로 나타난 것이었다. 그러자 메테르니히의 소심함과 사전적 예방 정책에 관한 불평은 이제 더는 들리지 않게 되었다. 굳이 따지자면, 이제 캐슬레이는 도리어 메테르니히가 충분히 사전적인 대비를 하지 못했다고 비난했는데, 실상 그는 메테르니히가 차르와 손을 잡고 오스만 제국의 분할을 획책하고 있다는 의심을 품고 있었다.[10] 그래서 그는 콘스탄티노플에 대한 공동 행동을 요청하는 메테르니히의 호소에 6월 내내 냉담하게 반응했다. 그러나 7월 16일 캐슬레이는 메테르니히와의 아무런 사전 협의도 없이 차르에게 모종의 제의를 했다. 이것은 영국의 근본적 이익이 걸려 있을 때는 캐슬레이도 동맹에 호소할 수 있으며, 심지어 동맹이 최대한 확대 해석되는 것조차 문제 삼지 않는다는 점을 보여준 사례였다. 알렉산드르 앞으로 보낸 개인적 서신에는 캐슬레이로서는 매우 드물게 토해낸 열변이 담겨 있었으며, 동맹의 수호자이자 아량으로 유럽의 안녕을 보장해

줄 관대한 통치자인, 트로파우와 라이바흐에서의 차르에 대한 호소를 담고 있었다. 동맹의 부적절한 확장에 대한 한 해 전의 비난은 망각되었다. 유럽 정부를 향한 차르의 부질없는 이상에 대해 불과 몇 달 전까지 가했던 비난도 무시되었다. 캐슬레이의 서신은 카포디스트리아를 향한 노골적인 공격을 담고 있었다는 점에서, 타국의 국내문제에 대한 불간섭 원칙에도 위배되는 것이었다.

캐슬레이가 차르에게 서신을 보낸 구실로 삼은 것은 3년 전 엑스라샤펠 회의가 끝날 무렵 알렉산드르가 캐슬레이에게 중대한 위기가 발생하면 언제든 자기한테 직접 호소하라고 언급했다는 사실이었다. 서한은 차르의 국내적 애로에 관해 에둘러 언급하는 것으로 시작해, 최근에 와서야 이토록 많은 제약이 생겨난 영국-러시아 양국 간의 단합과 동맹의 통제적 본질에 관해 단언하는 내용으로 이어졌다. 캐슬레이는 알렉산드르에게 개인적 서신을 쓰는 데 아무런 망설임도 없었노라고 주장했다. "왜냐 하면 본인은 폐하께서… *지역 특유의 고려사항들과 폐하의 인민들의 특이한 성정으로 인해*(저자 이탤릭) 아무리 많은 압박을 받으시더라도, 작금의 복잡한 문제들에 관한 폐하의 관점이 영국 정부의 관점에 부합하리라고 확신하기 때문입니다. 이와 마찬가지로, 본인은 폐하께서 *모든 지역적 장애를 극복하시고*(저자 이탤릭)… 지난번 일련의 강화조약으로 공고해진 유럽 체제의 불가침성을 유지하겠다는 폐하의 결단을 다시 한 번 증명하실 것이며, 이는 전혀 의외의 일이 아니리라는 희망찬 확신도 가지고 있습니다." 이것은 그 이전에 벌어졌던 상황을 감안한다면 입에 담기 민망한 내용이었다. 투르크는 참여하기를 거부한 조약의 보호를 받게 된 반면에, 나폴리는 서명 당사국임에도 불구하고 조약의 적용을 줄기차게 거부당했으니 말이다. 그리스 봉기의 진정한 쟁점에 대한 캐슬레이의 해석도 그에 못지않게 인상적이었다. 그는 그것이 고립된 현상임을 부정했다. 그리스의 봉기는 "유럽 전역에서 체계적으로 전파되고, 통치력이 어떤 이유로든 약화되는 곳이면 어디든 급격히 증가하는 조직적 반란 정신의 표식"을 띠고 있다는 것이었다. 바로 그 혁명에 맞서 싸우려는 차르의 노력을 일컬어 캐슬레이 자신이 "영국으로서는 추구할 수 없는 아름다운 망상"이라고 규정했던 때로부터 채 9개월도 지나지 않은 시점이었다.

캐슬레이는 투르크인들이 자행한 만행이 "인류를 전율케 만들었다"는 사실을 부인하지는 않았다. 그러나 그는, 메테르니히가 그랬듯이, 인도주의적 고려사항들은 그 어떤 진보적 혁신에 의해서도 충격을 받을 수 있는 유럽의 "신성한 구조"를 유지하는 일에 비하면 부수적이라고 주장했다. 따라서 그는 알렉산드르에게 "그처럼 도발적 상황에서라면, 폐하께서 유럽 내에서 신장시키는데 크게 기여하셨던, 체제에 대한 종교적… 존중을 통해서만 가능한… 정도의 너그러움을, 반쯤은 야만적인 그 나라에… 베풀어 줌으로써… 후세가 폐하의 원칙이 당당히 선언되었음을 볼 수 있게" 해 달라고 호소했다. 그리고 그 서한은, 동맹 내부에서 벌어지고 있는 최근의 의견 불일치는 공동 목표를 둘러싼 사소한 논란에 불과하며, 차르에 대한 영국의 애정은 변함이 없다는 주장으로 끝을 맺었다. "본인은… 각국이… 저마다 독특한 행동 관습을 유지하고 있음에도 불구하고 동맹의 근본적 의무에 변함없이 충실할 것이며, 유럽의 현 체제가… 오래도록 지속되어 유럽의 안전과 평안을 지켜줄 것이라고 확신합니다."[11]

근년의 상황에 비추어 보았을 때, 이 서한은 만약 무미건조한 사무적 어투가 캐슬레이의 정신 상태를 진솔하게 드러내 주지 않았다면 비할 데 없는 뻔뻔함의 본보기가 되었을 터였다. 이제 영국의 국익이 위협당하는 상황에 직면하자, 그는 한 해 전에 동맹 내에서도 다양한 해석이 있을 수 있다는 사실을 인정할 용의가 있었던 것처럼 위험이 자명하게 드러나지 않을 수도 있다는 점에 이해를 표명할 수는 없었다. 그토록 자주 거론되던 "압도적 위험"이 닥쳐온 마당에, 캐슬레이가 처음 결성되었을 때의 영광을 간직한 동맹이 평화의 수호자 역할을 하는 모습을 다시 한 번 보고 싶어 한 것은 당연한 노릇이었다.

비록 캐슬레이의 서한에 대한 알렉산드르의 첫 반응은 그다지 고무적이지 않았지만, 그가 중요한 두 동맹국의 공세에 저항할 수는 없었다. 유럽이 감사에 겨워 그를 인정하는 상황은 그가 10년 이상 추구했음에도 성취하지 못한 것이었는데 이제는 요구만 하면 얻을 수 있는 것이 되었다. 처음으로 그가 내세운 공리의 보편적 적용이 사소한 고려사항에 의해 제약을 받지 않을 수 있게 되었으며, 그의 이상에 대한 캐슬레이의 호소는 실상에 있어서는 무제한적 자기절제를 요구하는 것이기는 했지만, 그래도 그것은 뒤늦기는 했을망정 궁극적으로 그가 옳았음을 입증해주는 것이었다. 한편, 메테르니히는 프로이센의 외교장관으로 하여금 안킬론의 각서는 그의 "개인적 견해"일 뿐이라고 선언하게끔 유도했다. 그 결과, 아무리 우의를 주장해도 러시아가 또다시 고립되었다는 사실을 감출 수는 없게 되었다. 이런 상황이 복합적으로 작용해 알렉산드르는 물러서지 않을 도리가 없었다. 8월 초에 카포디스트리아가 발칸 반도에서의 전쟁이 동맹을 이전의 단결 상태로 되돌려놓아 줄 것이라고 주장하자 알렉산드르는 메테르니히식 언어를 사용해 답신을 보냈다. "우리가 투르크에 전쟁으로 화답한다면 파리의 혁명위원회가 승리할 것이며 남아나는 정부가 없을 것이다." 그런 다음 그는 카포디스트리아에게 전쟁 운운하는 서한을 일체 보내지 말도록 금했다. 스트로가노프는 콘스탄티노플에서 돌아와 왕궁에 출두했을 때 알렉산드르의 결정을 들었고 거기에 따르라는 지시를 받았다. 8월 29일 알렉산드르는 캐슬레이에게 다소 모호하기는 하지만, "짐은 가능한 한 자제력을 발휘하고자 한다"는 답신을 보냈다.[12] 메테르니히가 9월 3일 다음과 같이 쓴 것은 옳았다. "나는 매일 알렉산드르 황제가 점점 더 나와 같은 '파벌'로 입장을 굳히고 있다는 새로운 증거를 접한다. 카포디스트리아는 행동을 원하지만 황제는 그렇지 않다."[13]

비록 전쟁의 즉각적인 발발을 막음으로써 얻은 것은 많았지만, 긴장을 유발했던 요소들은 여전히 남아있었다. 그리스의 소요는 지속되고 있었고, 양측은 헤아릴 수 없는 만행을 자행했다. 카포디스트리아는 여전히 러시아의 장관이었고, 결정적인 행동을 간청하는 그의 주장에 거의 모든 러시아의 외교관들이 가담했다. 알렉산드르는 정신적인 압박을 겪다가, 모든 우호적인 행위를 호전적 선언으로 상쇄시키려는 듯한 신비주의적 모호성 속으로 도피했다. 따라서 알렉산드르의 결정은 캐슬레이와 메테르니히에게 숨 쉴 공간을 주기는 했지만 그 이상은 아니었다. 알렉산드르는 영국 대사에게, 함께 전쟁을 막기 위한 노력을 겨우내 기울여 볼 수 있겠지만, 피치 못하게 전쟁에 돌입하게 될 경우에 대비해 동맹국들이 행동 방침을 검토해 두는 편이 현명할 것이라고 말했다.[14] 메테르니히의 해결책은 비엔나에서의 대사급 회의라는, 예전과 같은 비상수단으로 되돌아가는 것이었는데, 그것은 알렉산드르에게는 연대감의 상징을, 메테르니히에게는 러시아의 야심을 꺾을 수단을 제공해줄 터였다. 그러나 캐슬레이는 메테르니히가 지나치게 수용적인 태도를 보일까봐 우려했고, 어찌 되었든 이 문제는 대사들에게 일임하기에는 너무 복잡하다고 생각했다.[15] 영국 국왕은 자신의 신민을 만나기 위해 조만간 하노버를 방문할 계획이었는데, 메테르니히는 캐슬레이에게 이 방문을 구실로 개인적인 면담을 갖자고 제안했다.

메테르니히는 비엔나 주재 영국 대리대사 고든Gordon[역주15]에게 이 이야기를 꺼냈지만 반응은 냉담했다. 아직도 지난해에 캐슬레이가 취했던 신중한 무관심의 정책에 물들어 있던 고든은 별도 협상이 "남들의 그릇된 해석과 시기와 악의적인 보고만을 야기할 것"[16]이라고 주장했다. 그러나 그는 상황을 따라잡지 못하고 있는 것이었다. 동맹에 대한 그의 시각은 영국의 직접적 이해가 걸려있지 않았던 트로파우나 라이바흐 회의 당시라든지, 프랑스가 유일한 위협이었던 엑스라샤펠에서와 같았다. 그러나 투르크의 경우는 달랐으며, 캐슬레이는 그 특징이 실질적 문제와 추상적 이론 문제 사이의 차이에 있다고 생각했는데, 나폴리 혁명에 대한 그와 같은 해석은 메테르니히를 틀림없이 깜짝 놀라게 만들었음직한 것이었다. "우리의 주의를 촉구하는 주된 문제가 (최근 이탈리아의 나폴리에서처럼) 유럽의 일부 지역에 영향을 미치는 정부의 형태와 직접 연관된 *평범한* 성격의 문제라면 본인도 메테르니히 공작과의 면담에 관해 귀하와 같이 느꼈을 것입니다… 그러나 투르크 문제의 성격은 전혀 다르니 우리 영국이 *이론적* 문제가 아니라 *현실적 문제로 간주하는 것입니다*…"[17](저자 이탤릭) 그리하여, 예전에 자주 그랬던 것처럼 유럽의 균형상태를 보전할 공동의 행동 계획을 마련하기 위해, 1821년 10월 안정을 옹호하는 두 명의 위대한 정치가는 마지막 만남을 가졌다.

III

메테르니히의 독일 순방은 승리의 여행이었다. 독일의 모든 궁정은 그를 혁명을 정복한 인물로 환영했고, 그는 독일 각국의 정부가 조언이 아닌 명령을 받고자 하더라고 보고했다.[18] 영국 국왕의 환대도 그의 자신감을 손상시킬만한 성질의 것이 아니었다. 그와 조지 4세의 첫 면담에서 그리스의 내란보다 오히려 영국의 국내 정세에 관한 대화에 더 많은 시간이 할애되었다는 사실은 유럽의 보수주의적 양심이라는 메테르니히의 입지를 잘 보여주는 일화였다. 조지 4세는 리버풀에게 사임을 강요하려 했는데, 가급적 소란을 일으키지 않고 그것을 성취할 최상의 방법에 관해 "혁명의 의사"로부터 조언을 듣고자 했던 것이다. 메테르니히로서는 리버풀이야 어떻게 되든지 상관없었지만, 내각의 개편으로 인해 캐슬레이가 사임하지 않도록 못 박아 두고 싶어 했다. 그래서 그는 캐슬레이에게 리버풀을 사임시키고 스스로 내각을 꾸미라고 권유했다. 캐슬레이는 리버풀이 자발적으로 사임한다는 조건부로 그러겠노라고 답했고, 그렇지 않다면 자신도 동반 사퇴하겠노라고 했다.[19]

캐슬레이와 메테르니히가 마침내 그리스의 봉기 문제에 관해 협의를 시작하자, 두 사람은 서로의 견해가 기본적으로 일치한다는 사실을 깨달았다. 메테르니히는 러시아-투르크 분쟁을 세 부분으로 다룬 각서를 휴대하고 왔다. 각서는 협상의 기초를 확보하기 위해서는 동맹이 "실제 완전한 모습으로 엄존하고 있는 것으로 여겨져야" 한다고 주장했는데, 이것은 캐슬레이더러 한 해 전과 같이 독선적인 비난을 삼가라는, 조금은 우회적인 암시였다. 또한 그 각서는 카포디스트리아가 문제 해결의 주된 장애물이라고 주장했으며, 콘스탄티노플에 주재하는 오스트리아와 영국의 대표는 전쟁의 모든 명분을 제거하기 위해 오스만 왕실로부터 몇 가지 양보를 얻도록 노력해야 한다고 주장했다.[20] 캐슬레이는 여기에 공감을 표했고, 두 장관은 평화를 유지하기 위한 노력을 함께 기울일 것과, 전쟁이 발발하는 경우 영국과 오스트리아의 태도를 명확히 밝히라는 러시아의 요청을 회피할 것, 그리고 러시아에 주재하는 오스트리아와 영국 대사에게 동일한 훈령을 하달한다는 데 합의했다. 단, 오스트리아와 영국이 러시아에 대해 공동보조를 취하는 모양새를 피하기 위해 두 장관은 각각 자국의 독특한 상황에 적절히 부합하는 논점을 사용하기로 했다.[21] 투르크 주재 영국 대사인 스트랭포드 경이 오스만 왕실과의 협상을 맡게 되었다. 그리하여 10월 말에 이르자 메테르니히의 거미줄은 그 어느 때보다 튼실해졌다. 라이바흐에서 그는 외교적 단독행위를 하지 않겠다는 차르의 약속을 받아낸 바 있었고, 하노버에서 그는 영국과의 협조를 조율한 것이다. 1813년 봄의 결정적인 시기에 그랬듯이, 메테르니히는 양측으로부터 인정받는 정통성 원칙을 확보했기 때문에 그들을 이어주는 역할을 맡을 수 있었다. 그는 캐슬레이에게는 정치적 균형을, 알렉산드르에게는 사회적 균형을 호소했던 것이다.

캐슬레이가 먼저 알렉산드르에 대한 호소에 나섰다. 그는 영국 특유의 논점을 사용할 자유라는 것을 너무 문자 그대로 실천한 감이 있었는데, 동맹의 고귀한 원칙에 호소하는 대신, 성급한 조치가 "비합리적"임을 증명함으로써 차르를 설득하려고 시도했던 것이다. 게다가 그는 알렉산드르의 도덕적 공리를 자기 논점을 뒷받침하는 방향으로 해석한 것이 아니라, 그 적용가능성을 통째로 부정했다. 캐슬레이는 하노버에서 합의한 대로 전쟁 발발시 영국이 취할 태도를 묻는 러시아의 질문에 대해서는 논의를 거부하면서, "그 어느 국가도 그처럼 엄중한 싸움이 발생할 경우에 대비한 태도를 사전에 예단할 수는 없기 때문"이라는 이유를 들었다. 그는 설사 전쟁이 발발하더라도 "황제께서 그토록 책망했던 반란의 구조에 뿌리를 두는" 그리스 국가의 수립을 전쟁의 목표로 삼는 데는 동의할 수 없다고 했다. 캐슬레이는 덧붙이기를, 만약에 러시아의 장관이 그런 계획을 건의했다면, 오히려 그런 계획에 대해 항의할 수밖에 없는 러시아의 동맹국에 조언을 구할 것이 아니라, 그자로 하여금 명확하고 알아들을 수 있는 계획을 수립하도록 지시해야 할 것이라고 말했다. 그러나 카포디스트리아에 대한 이런 식의 직접적인 공격은 유감스러운 결과를 초래했는데, 내각의 책임이라는 영국적 허구를 이해하려들지 않았던 차르가 그것을 자기 자신을 겨냥한 공격으로 받아들였기 때문이었다. 캐슬레이의 서한에 들어있는 여타 내용도 상황을 개선하는 데 별 도움이 되지 못했다. 캐슬레이의 각서는 모든 만행이 투르크가 저지른 것임을 인정하고는 있었지만, 감정과 경세의 상관관계에 대한 훈계를 늘어놓는 바람에 알렉산드르는 그것을 자신이 누차에 걸쳐 천명한 모든 공리에 대한 도전으로 받아들일 수밖에 없었다 "…만약에 정치가가 자신이 이해하는 바의 명령에 따르지 않고 자신의 가슴의 권고에 따라 자신의 행동을 규율하는 것이 허락된다면, 아무런 제한도 가능하지 않다고 생각합니다. 제한이 정치가의 충동에 맡겨질 것이기 때문입니다… 그러나 우리는 정치가가 직접 맡아 관리하는 이익의 안녕과 안보를 확보하는 것이 그의 엄중한 임무라는 사실을 기억해야만 하고, 장차 다가올 것을 개선하느라 추정적인 노력을 기울임으로써 현 세대의 운명을 위험에 빠뜨려서는 안 된다는 사실도 염두에 두어야만 합니다…"[22]

캐슬레이는 차르가 사용하는 신성한 언어를 경멸하는 만큼 그를 설득할 수 있는 능력도 잃었던 셈이다. 그해 가을 내내 그들의 관계는 악화되었다. 그 대부분은 카포디스트리아 탓이었는데, 그는 캐슬레이나 메테르니히가 부주의한 답신을 쓰도록 유도하려는 기대를 품고 계속 서신을 쓰면서 차르의 의도를 가능한 한 날카롭게 표현했다. 게다가 알렉산드르 자신이 점점 더 조바심을 내고 있었다. 그는 유럽은 필요할 때면 언제나 러시아군을 사용해 왔다는 점을 지적했고, 자신의 군대와 함께 있을 때 자신은 오스트리아, 프랑스, 영국, 프로이센의 대표가 자신을 둘러싸고 있는 것처럼 행동하겠노라는 불길한 맹세를 했다. 그러나 메테르니히는 이 맹세만큼은 굳이 시험해보지 않겠다는 확고한 생각을 가지고 있었다. 그래서 그는 12월 5일, 캐슬레이의 지루한 논리보다 차르가 이해하기 쉬울 법한 언어를 사용해 알렉산드르에게 호소했다. 메테르니히는 동방의 위기가 최종적인 패배를 앞둔 악의 세력이 최후의 발악으로 행하는 습격이라고 단언했다. 그는 알렉산드르에게 자신의 독일 순방이 1818년과는 매우 달랐음을 설명하면서, 그가 경험한 평온함은 대체로 차르가 라이바흐에서 보여준 태도 덕분이라고 했다. 이것은 약간 과장이었으나, 알렉산드르가 평판을 지킬 수 있도록 해주었고, 상대의 일관된 신념을 도덕적 행위로 격상시켜 줌으로써 불안정한 상대방이 품고 있는 의심을 해소하고자 메테르니히가 그 뒤에 이어서 전개한 내용에 대한 적절한 도입부가 되기도 하였다. "아무것도 우리를 정도에서 벗어나게 하거나 우리의 주의를 분산시키지 못하도록 해 주시기 바랍니다. 이름에 어울리는 지조와 고귀한 노력을 보여주는 군주만이 명성을 얻게 되는 법입니다. 그것은 비뚤어진 성정을 가진 자들이… 오랫동안 감히 조장해온 전반적 재난으로부터 문명을 구해내는 것이나 마찬가지의 일입니다. 폐하, 역사는 도덕적 정복에 관해서는, 도성의 점령이나 제국의 함락 이외에는 아무런 다른 목표도 없는 행위에 대한 것과는 사뭇 다른 설명을 남기는 법입니다."[23]

그런 연후에 그는 알렉산드르 앞에 기다리고 있는 도덕적 정복을 선명하게 부각하기 위해 지난 해 여름의 성과를 반복해 언급했다. 사자들은 연이어 독일과 이탈리아에서의 혁명 음모에 관한 방대한 보고서를 지참하고 오갔다. 심지어 캐슬레이조차 남미와 에게해 연안에서 흘러나오는 혁명적 조류를 공들여 기록한 보고서에 역성을 들었을 정도였다.[24] 이 보고서들은 긴장을 직접 개선시키는 효과를 가져 오지는 못하고 차르의 우유부단함을 증폭시켰다. 렙첼테른은 "그에게는 모든 것이 불신과 의심을 불러일으킨다"고 보고했고, 그 후 머지않아 알렉산드르가 오스트리아식 비밀

경찰을 설립하고 있다는 첩보가 서유럽에 당도했다.

그 다음으로 메테르니히는 알렉산드르의 갑옷에 뚫린 또 다른 틈새라고 할 수 있는 그의 총리에 대한 공격을 시작했다. 메테르니히는 이렇게 썼다. "카포디스트리아는 전쟁을 원하면서도, 그것을 원치 않고 있습니다. 그는 그리스 문제에 결말을 짓기 위해 러시아의 지원을 원하고 있지만… 러시아의 목표를 위한 것은 아닙니다. 그는 막중한 책임에 직면하고 있으며 바로 그러한 특별한 상황과 관련된 당혹감을 느끼고 있을 터이니, 한 분의 주인과 두 개의 명분에 봉사하고 있기 때문입니다… 게다가 이 두 가지의 명분만큼 상호 모순적인 것도 없을 것입니다. 그리스 국가를 수립했다고 생각해 보십시오. 그 나라는 러시아를 자국이 두려워할 유일한 적으로 간주할 것입니다."[25] 이런 모순을 폭로하기 위해, 메테르니히는 1월 28일에 마침내 카포디스트리아의 위협적인 서신에 대한 답신을 보냈다. 뛰어난 기교로 섬세하게 쓴 서한을 통해서 그는 오스트리아가 라이바흐 회의의 정신을 지키지 못한다는 비난을 부정했다.[26] 그 반대로, 오스트리아는 투르크 사태에 말려들기를 거부함으로써 서유럽에서 또 다시 혁명이 일어날 상황을 예방했다는 것이었다. 그러나 메테르니히는 혁명과 혁명의 무신론적 옹호자에 대한 이러한 의례적인 규탄에 덧붙여, 러시아가 이행을 일방적으로 주장할 권리를 가진 러시아와 투르크 사이의 기존 조약을 투르크가 위반함으로써 야기된 문제와 유럽의 전체적인 문제이자 유럽 회의의 의제로 다루기에 적절한 그리스의 봉기에서 비롯된 문제를 구분함으로써 양난을 해소하는 방안을 제시했다. 메테르니히는 순수한 "러시아의" 불만을 옹호함으로써 오스트리아의 우정을 증명하겠다고 약속하면서, 이를 네 가지 조치로 대별했다. (1)그리스 교회의 복구 (2)그리스 종교의 보호 (3)그리스인 중 죄가 있는 자들과 무고한 자들의 구분 (4)다뉴브 공국들의 소개疎開 등이 그것이었다. 메테르니히는 "러시아의" 요구를 지지함으로써 알렉산드르의 장관이 "그리스"에 관해 품고 있는 동기를 드러냄과 동시에, 알렉산드르로 하여금 그리스 봉기에 개입할 그 어떤 *특수한* 권리도 결국 포기하도록 꼬드기려 했던 것이었다.

그러나 차르는 2월 내내 침묵 속에 침잠하고 있었다. 만약에 카포디스트리아의 신랄한 서한이 그의 심리 상태를 조금이라도 반영하는 것이었다면 전쟁은 불가피한 것이었다. 투르크의 비타협적 태도로 인해 콘스탄티노플에서 스트랭포드의 협상이 실패하자, 카포디스트리아가 승리한 것처럼 보였다. 그가 메테르니히의 서한에 어찌나 서슬이 퍼런 답신을 보내왔던지 오스트리아 대사는 그것이 관계 단절의 전주곡일 것이라고 생각했을 정도였다. 그러나 카포디스트리아의 답신은 메테르니히에게 그가 가한 마지막 공박으로 드러났다. 그 답신이 발송된 지 불과 사흘 뒤에 알렉산드르는 지난해 8월과 마찬가지로 고립된 행동을 하게 될 전망 앞에서 움츠러들었다. 그는 해협의 통제라는 러시아의 전통적 정책 목표를 위해서조차 인류의 화합이라는 자신의 이상을 좀처럼 포기하지 못했다. 알렉산드르는 그답게도 동맹의 단합 속으로 도피했다. 그는 렙첼테른에게 자신은 이제 서신 교환에는 신물이 나니 메테르니히와 교섭할 전권대표를 비엔나로 파견하겠노라고 했다. 그가 선택한 인물은 그다지 상서롭지 못했는데, 전 마드리드 주재 대사였던 타티체프Taticheff는 1817년에 영국을 상대로 꾸민 책략으로 유명세를 탄 인물이었기 때문이다. 차르가 여전히 모든 대안이 가용하다고 멋대로 생각하고 있었을 무렵, 메테르니히는 근본적인 대목에서 자신이 승리했음을 확신했다. 도덕적 분쟁을, 자신이 달인의 솜씨를 발휘할 수 있는 궁정외교라는 수단으로 해결할 정치적 분쟁으로 변모시켰기 때문이다. 그는 냉소적으로 다음과 같이 적었다. "폭탄이 터졌는데 그것은 솜으로 가득 채워져 있었다… 가지고 있던 어리석음을 다 소진하고 뭐라고 *말해야* 좋을지 모르는 사람은 그 다음엔 *토론하고* 싶어 하기 마련이다. 그 사람은 그저 이 시점에 우연히 가용한 사람을 선택했는데, 그가 선택된 이유는 러시아에 사람만큼 귀한 것이 없다는 단순한 이유에서였다… 이제는 상황에 진전이 있을 것이다."[27]

그러나 상황은 진전되지 않았다. 타티체프의 행동이 그를 파견한 궁정의 동기만큼이나 모호했던 탓이었다. 그는 카포디스트리아가 기초한 각서를 지참하고 당도했는데, 각서는 오스만 제국 내의 기독교인을 러시아가 보호하겠다는 것과 그리스에 대한 투르크의 통치권sovereignty을 종주권suzerainty으로 변모시킬 것을 주장하고 있었다. 그러나 타티체프는 카포디스트리아의 각서가 자신이 받은 훈령의 전부가 아니며, 그에 덧붙여 동맹과의 일치된 협력 하에서만 행동하겠다는 러시아의 결의를 강조하라는 알렉산드르의 지시도 받았다는 사실을 시인했다. 이것은 좀 더 메테르니히의 마음에 드는 내용이었다. 단합의 요건은 오스트리아에 러시아의 행동에 대한 거부권을 부여해 주기 때문이었다. 하급자인 전권대표를 보내 메테르니히와 협상을 시키는 것은 위험한 짓이었는데, 그 협상을 비엔나에서 한다는 것은 이중으로 위험한 일이었다. 더군다나 그 전권대표에게 두 종류의 훈령을 지참시키는 것은 합의를 성취하겠다는 굳은 결의를 드러내는 효과밖에 없다는 점에서 치명적인 행동이었다.[28] 게다가 타티체프의 비상한 허영심은 그로 하여금 메테르니히를 속여 넘길 수 있다고 믿게끔 만들었고, 메테르니히는 자신을 과소평가하는 자들을 어떻게 이용할지를 언제나 잘 알고 있었다. 그는 타티체프에 관해서 이렇게 말했다. "자기가 총명하다고 착각하는 사람들을 얼마나 유리하게 이용할 수 있는지를 이해하는 사람은 드물다… 완전히 정직한 상대만이 정복하기 어려운 법이다."

이리하여 메테르니히는 목표가 주어져 있고 상대방의 심리를 제대로 활용하는 데 모든 것이 달려 있는 협상에 관한 그의 숙달된 솜씨를 보여줌으로써, 순수한 궁정외교의 거장다운 활약상을 다시 한 번 펼쳐 보일 기회를 얻었다. 그 이후로 그는 두 번 다시 영국이라는 대안의 확실성에서 비롯되는 뻔뻔함을 가지고 행동할 수 없었기 때문에, 이것은 그가 보여준 그와 같은 마지막 활약이 되었다. 그리 오래지 않아 타티체프는 메테르니히와 협상을 벌인

후에 자신이 노련함에 완벽하게 압도당했거나 교활한 오스트리아 장관의 대변인으로 전락했다는 사실을 뒤늦게 깨달았던 나르본, 애버딘, 카라망, 하르덴베르크, 스튜어트 등의 빛나는 대열에 동참하게 되었다. 그 다음 면담에서 메테르니히는 타티체프에게 카포디스트리아의 훈령보다는 차르의 훈령을 기초로 삼아 협상을 하자고 설득했다. 그로써 단합이라는 요건이 확고히 수립되자 그 다음에 메테르니히는 타티체프에게 오스트리아의 내각을 거쳐 동맹국들에 제시할 러시아의 최대한의 요구사항을 성안해볼 것을 요구했는데, 타티체프의 방안은 끝내 메테르니히의 손을 벗어나지 못했다. 메테르니히는 타티체프의 요구사항을 하나씩 둘씩 제거해 나갔다. 메테르니히는 그리스가 러시아의 "피보호국"이라는 데 동의해 주지 않았고, 투르크의 종주권에도 동맹의 군사행동에도 동의하지 않았으므로 타티체프는 빈손이 되었다. 타티체프가 메테르니히에게 그렇다면 대안을 제시해 달라고 하소연조로 부탁했을 때, 메테르니히는 단합 자체는 목표가 아니라 일련의 조건들에 불과하다는 자신의 양난을 설명했을 뿐이다. 단합이 목표가 된다면 정치는 실종되고 자신의 목표를 명확이 알고 있는 한 나라가 결국 동맹을 지배하게 될 터였다. 메테르니히는 다음과 같이 적었다. "단 두 가지 경우만이 가능하다. 그들이 나를 속이고 싶어 하든지, 그렇지 않으면 그들은 자기가 원하는 것이나 할 수 있는 것이 무엇인지조차 알지 못하는 경우다. 전자는 생각하기조차 우스꽝스러운 일이고, 후자는 그들의 나라에 관해 내가 알고 있는 내용에 너무나도 잘 부합하는 것이므로 나는 주저 없이 후자를 올바른 설명으로 여긴다."[29]

이 시점에서 메테르니히의 절묘한 활약은 오스만 왕실의 비타협적 태도로 인해 거의 좌초될 뻔 했다. 그들은 러시아의 요구를 거부했을 뿐 아니라, 카포디스트리아에게 관계를 단절할 구실을 주기에 딱 알맞아 보일 정도의 어조로 러시아가 그리스의 혁명을 사주하고 있다고 비난했다.[30] 그러나 메테르니히의 재주는 아직도 소진된 것은 아니었으며, 그는 러시아와의 연대감을 과시함으로써 이 양난을 벗어났다. 그는 타티체프에게 투르크의 서한과 더불어, 그런 내용을 러시아에 전달하는 것은 오스트리아의 품위상 도저히 허용될 수 없다는 오스트리아의 답신을 함께 읽어주었던 것이다. 따라서 메테르니히가 최초로 취한 편파적 행동은 전쟁 선포의 구실을 제거한 조치였다. 타티체프는 메테르니히가 둘러대는 설명에 넘어갔고, 실제로 그는 투르크의 무례한 태도가 러시아의 차분한 결의에 아무런 영향을 미치지 못하리라는 자신의 확신을 표명했다. 그리하여 비엔나에서의 협상은 러시아의 목적을 달성하기 위한 것이 아니라 타티체프의 어리석은 유순함을 이용하는 속고 속이는 경기로 전락하고 말았다. 마침내 3월 27일 타티체프는 메테르니히가 실제로 알렉산드르와 카포디스트리아 사이에 균열을 만드는 데 성공했다는 사실을 드러내고 말았다. 그 동안 타티체프는 카포디스트리아를 건너뛰고 알렉산드르에게 직접 보고해 왔던 모양이었다. 그리고 타티체프에 따르면 알렉산드르의 유일한 희망은 여름 동안 버틸 수 있는 명예로운 방도를 찾는 데 있었고, 그럼으로써 행동의 자유를 구속당하지 않는 상태로 가을의 유럽 회의에 참석하는 것이었다. 메테르니히는 이렇게 적었다. "오늘에야 모든 일이 시작되었다. 전 세계로터 몇 달간의 평화를 강탈한 후에야 알렉산드르 황제는 자기 머리를 감싸 쥐고 내 앞에 나타나, 나더러 자기 머릿속에 들어있는 내용을 설명해 달라고 요청한다… (그는) 미궁 속에서 길을 찾으려고 오래 전에 알던 아리아드네[역주16]에게 실타래를 부탁하고 있는 것이다."[31]

그리고 실타래는 다량으로 제공되었다. 이제 메테르니히가 협상의 양측을 모두 맡았다. 우선 그는 카포디스트리아의 훈령에 대한 오스트리아의 묵인을 확보하기란 불가능함을 카포디스트리아에게 설명하는 타티체프의 공식보고서를 기초했다. 이것을 보완하기 위해, 메테르니히는 카포디스트리아 앞으로 공한을 작성했으며 여기에는 1월 28일자 각서로 제시한 바 있는 오스트리아의 입장을 다시 설명했고 러시아-투르크 분쟁과 그리스의 봉기를 별개의 문제로 다루는 관점을 견지했다. 그 다음 준비한 것은 차르 앞으로 보낸 준 공식semi-official 서한으로, 여기서는 차르의 조바심을 달랠 요량으로 유럽 회의의 일시를 8월로 앞당겼다. 마지막으로 타티체프는 네셀로데를 경유하여 알렉산드르 앞으로 메테르니히가 쓴 비밀 서한을 전달받았는데, 이 서한에서 메테르니히는 무엇보다도 비밀을 지켜줄 것을 요청하면서 엉큼하게도, 순수한 오스트리아의 정책을 추구한 자신의 죄를 인정했으며, 그러나 순수한 오스트리아의 정책이라 함은 친구들을 위한 힘의 지주가 되고 싶었던 자신의 순수한 갈망을 의미하는 것이라고 적었다.[32] 그리고 오스트리아의 우의의 가치를 증명할 모종의 증거를 알렉산드르에게 제시할 필요가 있었기 때문에, 메테르니히가 기초한 프란츠 황제 명의의 서한은 투르크가 기존의 조약에 근거한 러시아의 요구를 계속 거부한다면, 오스트리아는 투르크와의 관계를 단절하겠다는 결정을 선언했다. 다만, *모든 동맹국이 동의하는* 경우라는 조건이 붙어 있었는데, 캐슬레이의 비타협적인 입장을 감안하면 충분히 안전한 약속이었다. 그리고 동맹국들의 의향을 판별하기 위해 6월부터 비엔나에서 장관급 회의를 개최하겠다고 되어 있었다. 외교적 활동의 시기를 좀 더 느긋하게 보낼 수 있도록, 알렉산드르는 유럽의 연대감이라는 영양식을 대접받은 셈이었다.

IV

카포디스트리아는 패배했다. 그리스는 투르크 문제로부터 분리되었고, 카포디스트리아가 무려 7년간 최대한 확대해석하려고 애써 왔던 바로 그 동맹의 이름으로 러시아의 야심은 저지되었다. 카포디스트리아는 동맹을 이런 식으로 해석하는 것은 거창한 표현을 동원해서 자제의 원칙에 대한 알렉산드르의 동의를 얻겠다는 이중성일 뿐이라는 점을 증명하려고 애썼지만 허사였다. 또한 그는 영국과 오스트리아를 이간시킬 목적으로 스페인 혁명에 대항할 유럽군의 소집을 주창했지만 그것도 소용이 없었다. 메테르니히는 이 제안도 장관급 회의의 의제로 추가했고, 그로써 알렉산드르에게 회의에 참석할 동기를 더해주었을 뿐이었다. 메테르니히의 주된 관심사는 더 이상 카포디스트리아가 아니라 캐슬레이의 현학적인 고집이었다. 메테르니히는 이렇게 적었다. "캐슬레이는 핵심 쟁점을 결코 이해할 수 없을 것이다. 알렉산드르 황제는 투르크 문제에 개입하기를 원치 않으며, 카포디스트리아가… 스페인 문제를 투르크의 상황을 결정적 국면으로 몰고 갈 수단으로 여기고 있다는 사실을 캐슬레이는 이해하지 못한다… 그러므로 캐슬레이와 내가 서로 완전히 다른 방향으로 나아가는 사례가 다시 생긴 셈이다… 캐슬레이는 불합리한 사람은 결코 합리적이 될 수 없음을 증명하려고 각서를 써 보낼 것이고, 반면에 나는 회신요망R.S.V.P.이라고 적힌 간소한 초대장을 보내는 데 그칠 것이다… 알렉산드르를 구제하고 합리적 명분을 구제할 수 있는 것이 있다면 그것은 초대장이지 각서가 아니다."[33]

이것이야말로 캐슬레이와 메테르니히의 차이였다. 한 사람에게는 위험과 정책 과정의 자명성이라는 관념이 있고, 다른 사람에게는 지속적인 관계의 틀을 끊임없이 창출하려는 노력이 있었다. 영국의 도서국가라는 외양이 취약성을 부정하는 확신과 연관되어 있었기 때문에 캐슬레이의 정책은 경험적이었다. 따라서 영국은 오로지 자국이 설정한 조건으로만, 자국이 정의할 권리를 보유한 위협에 대항해서만 동맹의 행동에 동참할 수 있었다. 그리고 공동행동의 필요성에 관한 인식은 확정적 범위를 지닌 구체적 쟁점에서 비롯되기 때문에, 영국은 장래에 초래될 결과에 대해서는 별다른 고려 없이 당면한 과제에 모든 정력을 집중하는 경향이 있었다. 그러나 이런 임시방편적인 접근법은 외교정책상의 문제가 일시적 위협이 아니라 지속적 취약성에 기인하는 대륙국가에는 너무 위험한 것이었다. 메테르니히는 행동의 시점을 선택하거나 자기만의 전투를 치를 수가 없었다. 그는 끊임없이 지지를 필요로 했기 때문에, "주장"을 성립시키는 정책, 근본적인 적대감을 초래하지 않거나 최소한 되도록 많은 잠재적 동맹을 확보할 틀을 창출하기 위한 정책을 추구해야 했다. 영국의 위험이 고립이라면 오스트리아의 위험은 해체였다. 캐슬레이에게는 해결책의 내용이 전부였지만, 메테르니히에게는 문제해결의 방식도 그 못지않게 중요했다. 캐슬레이는 회의가 끝난 뒤 해협을 건너가면 그만이었기 때문에, 해결책을 외교적 활동의 끝으로 보았다. 그러나 메테르니히는 참가자들과 긴밀한 접촉을 유지해야 했기 때문에 해결책을 지속적인 관계에 대한 정의로 간주했다. 이러한 이유로 캐슬레이가 취한 정책의 주된 경향은 러시아 측 주장의 "비합리성"을 증명하고, 그것이 실패하면 우세한 힘을 결집하는 방식이었다. 비슷한 이치로, 메테르니히의 정책을 지배한 경향은 변덕스러운 상대방에 대비해 퇴로를 마련하고, 분쟁의 해결이 항복이 아니라 자발적 의지의 몸짓으로 보이도록 만드는 데 있었다. 그러므로 캐슬레이와 메테르니히의 최후의 논쟁도 여느 때와 마찬가지로, 실질적 내용에 관해서는 두 사람의 견해가 완벽히 일치하는 조치의 *형식*에 관한 것이었다.

동맹을 활용하는 메테르니히의 비상한 솜씨에 캐슬레이가 개인적으로 얼마나 공감하든지 간에, 영국의 국내 구조는 그가 과도하게 직접적으로 관여하는 것을 금지하고 있었다. 엑스라샤펠 회의 이후 처음으로 동맹의 목표에 영국이 동의할 수 있었던 이 시점에 있어서조차, 캐슬레이는 자신의 정책을 유럽의 행동이 아닌 영국의 정책으로 포장하기 위해 무진 애를 써야 했다. 그는 메테르니히에게 다음과 같이 썼다. "라이바흐에서 그러했듯이, 오스트리아와 대영제국이 *공동의 목적을* 추구하면서도 각기 자국 정부의 성격과 자원에 따라 사뭇 다른 태도를 취하도록 강요하는… 위기가 다가오는 것이 보이기 시작합니다. 투르크 문제는 그 독특한 성격으로 인해… 우리가 초기에는 더 적극적으로 대응할 수 있었으나, 문제가 최종적 결정의 순간에 다다랐을 때 우리의 정책은… 협상의 전 과정을 의회에 가져가야 할… 필요성에 우리를 연루시키지는 않는 것이어야 합니다."

이 장황한 말이 의미하는 바는, 러시아를 장관급 회의로 유인해줄 것으로 메테르니히가 기대하고 있던, 콘스탄티노플 주재 대사들의 소환에 관한 *논의*를 약속하는 조치에 영국이 협조할 수 없음을 시인하는 것이었다. 흡사 1813년에 온건한 것처럼 보인다는 데 의의가 있었던 강화조약에 관한 논의를 영국이 거부했던 것처럼, 이때도 영국은 차르의 체면만을 살려주도록 고안된 책략에 참여할 수 없었던 것이다. 목적의 확실한 단일성을 부여한다는 경험적 외교정책의 강점은 그에 상응하여 모든 조치를 액면 그대로 받아들이는 약점을 수반한다. 메테르니히가 투르크와의 관계 단절을 제안한 목적은 러시아에 대한 그의 애착을 과시하고, 회의에 대한 유인을 제공하고, 무엇보다도, 시간을 벌기 위한 것이었다. 그러나 의회로 인한 어려움을 안고 있던 캐슬레이는 이 조치에 관한 *논의에조차* 동의할 수 없었다. 메테르니히는 자신의 제안에 대한 영국의 반대를 각료급 회의에서 다루기 원했다. 그러나 캐슬레이는 위장을 시도할 여유가 없었고, 의회가 불간섭 원칙의 위반으로 간주할 회의에 영국 전권대표를 참석시키기를 꺼렸다. 따라서 그가 메테르니히에게 제공할 수 있었던 것은 콘스탄티노플에서 스트랭포드 경이 시행하는 중재를 지속함으로써, 메테르니히에게 "귀하가 작동시킬 지렛대의 받침대"[34]를 마련해주는 것뿐이었다.

이 표현은 캐슬레이와 메테르니히 사이에 이루어진 협력의 기초를 보여주는 것이었다. 오스트리아와 영국 간의 양해는 영국에 자국의 정책을 대륙적 관점에서 지켜줄 대륙의 옹호자를 제공해 주었고, 메테르니히에게는 그의 정책의 유연성을 위한 조건에 해당하는 선택가능성을 열어 주었다. 메테르니히는 답신을 통해 자신이 그런 사실을 인식하고 있음을 밝혔다. 그는 양국 왕실이 비록 각기 자국의 목표를 추구함에 있어서 때때로 상이한 경로를 선택하기는 했지만 근본적인 정책 원칙에 관한 이해는 일치한다고 상정했다. 그러나 영국의 각료급 회의 참석에 관한 캐슬레이의 망설임에 대해 메테르니히가 보인 반응은, 뛰어난 명민함에도 불구하고 *그*가 영국의 국내 상황이 *그 어떤* 유럽 회의라 할지라도 참석한다는 *사실* 자체를 정당화하기가 어렵게 되어가고 있다는 근본적인 사정은 이해하지 못하고 있었음을 시사하는 것이었다. 그는 캐슬레이의 망설임이 회의로 인해 초래될 *결과*에 대한 두려움 때문이라고 보고, 회의는 "전쟁"이라는 운명적 단어를 발설하는데 대한 차르의 망설임을 강화시켜 줄 것이라고 설명함으로써 그 두려움을 달래보려고 애썼다. 물론 러시아 궁정 내의 "그리스파"는 협상이 본래의 목적에 부응하도록 만들기 원할 것이 분명했다. 그러나 메테르니히는 다음과 같이 덧붙였다. "경기에는 우리 두 사람이 임하는 것이며, 본인은 1821년에도 러시아 내각이 이기는 것을 보지 못했습니다. 알렉산드르 황제가 우리 제안을 받아들이는 것을 보게 되는 날, 본인으로서는 1822년에도 모든 일이 1821년처럼 진행되리라는 느낌을 받을 것입니다. 요컨대 잘 될 것이라는 말씀입니다."[35)]

알렉산드르는 제안을 받아들였다. 몇 주간의 침묵 끝에 러시아군은 프루트Pruth 강[역주17)]을 건너지 않을 것이며, 그 대신 새로운 협상가인 불운한 타티체프가 비엔나로 파견되었다는 소식이 도착했던 것이다. 알렉산드르의 우유부단한 태도는 투르크가 취한 첫 회유적 조치로 끝을 고했고, 그 조치를 덥석 받아들인 그의 민첩함은 동맹국의 호소에 응하고 싶어 안달하던 그의 속내를 드러내 주었다. 5월 초에 오스만 왕실이 원칙적으로 "4개 항목"을 수용하겠다는 입장을 밝히자, 투르크 측이 그 이행시기에 관해서는 의도적으로 침묵을 지키고 있었음에도 불구하고 스트랭포드는 투르크의 의사를 즉각 상트페테르부르크로 전달했다. 양난에서 벗어나고 싶었던 차르는 거기서 외교적 관계를 재개하기에 충분한 명분을 찾았다고 천명했다. 차르의 결정을 유도한 것이 각서였는지 초대장이었는지는 분명치 않지만, 그것이 이루어진 방식을 야기한 것이 무엇이었는지에 관해서는 의심의 여지가 없었다. 알렉산드르는 프로이센 사절에게 다음과 같이 말했다. "본인은 그리스를 위한 열의에 휩쓸려버릴 수도 있었소. 그러나 본인은 그 반란의 불순한 기원과, 본인의 개입이 동맹국들에 초래할 위험을 결코 잊은 적이 없소. 이기주의는 더 이상 본인의 정책의 근간이 아니오. 진정으로 신성한 우리 동맹의 원칙은 순수한 것이오." 6월 25일 카포디스트리아는 장기휴가를 떠났고, 다시 돌아오지 않았다.

이 승리에 대한 메테르니히의 반응은 무엇이었을까? 그것은 의기양양한 승리감, 자신의 공리의 타당성에 관한 자랑스러운 재확인, 그리고 자신의 기술을 확신하는 기술자의 만족감이었다. 그는 이렇게 적었다. "이 공리들은 이제 진리로 판명되었다. (정책의 기초는) 소설이 아닌 역사이며, 믿음이 아닌 지식이다."[36] "나는 다른 사람들보다 고집이 센 것은 아니지만 더 집요하다." "알렉산드르 황제는 나만 신뢰한다고 주장한다. 그런 말을 들으면 내가 어떤 반응을 보일 것으로 생각하는가? 미소, 그뿐이다."[37] 추상적 이론에 관한 토론이나 조화로운 인류의 이상에 대한 몰입은 메테르니히의 몫이 아니었다. 18세기의 산물이었던 그는 정책은 과학이지 감정적 행동이 아니라고 여겼다. 차르가 좌절감을 느끼고 있었다는 것은 도덕적 사실이 아니라 정치적 사실이었다. 러시아가 스스로의 묵인을 통해 자국의 모든 전통이 멍하는 조치를 비껴갔다는 것은 윤리적 사건이 아니라 역사적 사건이었다. 그는 황제에게 다음과 같이 보고했다. "표트르 대제의 위업은 허물어졌습니다. 이제 모든 것은 새로운 기초 위에 놓이게 되었습니다."[38] 비엔나의 냉정한 조종자는 라이바흐에서 알렉산드르가 저지른 실수를 반복하려 하지 않았다. 조만간 소집될 회의는 연대감을 과시하는 것 자체를 목적으로 삼는 장이 아니라 차르의 돌이킬 수 없는 공약을 확보하는 수단이 될 터였다. 영국 내각이 투르크 문제가 당분간 해소된 것으로 간주하고 차르는 유럽의 구세주로 인정받기를 고대하고 있는 동안 메테르니히는 회의 준비를 시작했는데, 그는 이런 회의를 도덕적 상징으로 변모시키는 방법을 너무나도 잘 알고 있었으며, 그 과정에서 발칸 반도에 관한 러시아의 구상에 완전한 종지부를 찍을 참이었다. 그러나 지난해와는 달리, 회의는 오스트리아와 러시아 간의 합의를 보여주는 것이 아니라, 동유럽에서 차르를 좌절시키면서도 그를 동맹의 열성적인 일원으로 유지한다는 하나의 역설을 일반적 원칙으로 승화시킬 터였다. 이러한 목표를 실현하자면, 오스트리아가 알렉산드르에 반대하는 선봉에 서지 않도록 최대한 광범위한 도덕적 합의를 과시할 필요성이 있었다.

따라서 메테르니히의 모든 책략은 베로나에서 개최되기로 예정된 회의에 캐슬레이가 등장하도록 유도하는 데 집중되었다. 그는 캐슬레이에게 다음과 같이 썼다. "러시아는 결정적인 좌절을 맛보았습니다. 그러나 알렉산드르 황제는 자신이 패배했다고 생각하지는 않을 것입니다. 그는 자신의 내각이 저지른 엄청난 실수를 유럽의 이익을 위해 치른 큰 희생으로 해석할 것입니다. 그는 러시아의 정책이 동방에서 잃은 영향력을 서방에서의 활발한 활동으로 대체하려 할 것입니다… (그러나) 이제는 (쟁점이) 물질적 행동에 적합하지 않은 국면에 있기 때문에, 각국 정부가 감수해야 할 위험은 상당히 감소한 셈입니다. 국가들을 지배하는 가장 강력한 법칙은 지리적인 법칙입니다… 그 덕에 4개 (서방) 국가들은 주체적으로 행동할 수 있게 되었지만, 지속적으로 그러기 위해서는 서로를 이해해야만 합니다." 따라서 모든 것은, 할 일은 없고 회피할 일은 많을 다가오는 회의에 캐슬레이가 참석하느냐에 달려있었다. 그리고 그 서한은, 메테르니히의 정책은 복잡한 치밀함을 갖추고 있음에도 거미줄처럼 연약하며 카드로 지은 집처럼 단명할 것임을 인정하는 내용으로 끝을 맺었다. "귀하가 본인의 기대에 부응해주지 않으신다면, 본인은 외톨이가 될 것이며… 불리한 싸움이 될 것입니다. 신께서는 본인에게 싸움을 거부하지 않을 용기를 부여해 주셨지만, 정치적 관점의 일치로 미루어 보아 서로를 가장 잘 이해하고 있는 것으로 판단되는 두 나라 정부가 감당해야 할 싸움을 만약에 본인이 혼자 지속해야 한다면 입지가 유리하지는 못할 것입니다."[39]

그러나 신들은 오만을 싫어하는 법. 가장 큰 승리의 순간에 메테르니히는 정신적 자만에 빠져 있었다. 캐슬레이는 베로나에 오기로 결정했지만, 그 결정은 그의 입장에 내포된 부조화를 명백히 드러내는 데 기여했을 뿐이었다. 유럽의 어느 한 쪽 지역에 대한 개입의 전망으로써만 다른 쪽 지역에서의 행동을 예방할 수 있는 동맹, 그리고 억압과 지속적 혼란을 먹고 사는 유럽의 협조라는 것은 파리에서 그토록 희망차게 그려지던 회의 체제와는 실로 천양지차의 현실이었다. 매 회의는 조화의 선한 이익을 드러내기보다는 점점 더 교묘하게 입장을 조종하는 경기가 되었고, 조작 기술의 시험장이 되었다. 캐슬레이는 국내에서 점점 더 외톨이가 되어갔다. 그는 내각의 구성원 중에서 전시 동맹의 위대한 나날을 경험해 본 유일한 인물이었고, 손상되기 쉬운 짧은 시기 동안 유럽은 일체가 된 것처럼 보였으므로 그 결속을 제공한 것이 공동의 위험이었다는 사실은 망각되었다. 그는 혼자서 회의 체제를 성립시켰다. 하지만 이제 그 뒤로 7년이 흘렀고, 그가 창출한 안정성으로 말미암아 캐슬레이 자신의 조국이 유럽에 대한 그의 이상을 이해하는 것이 불가능해졌다. 회의의 전망은 그의 정책이 타당했음을 증명하기는커녕, 그의 업적은 당연시되고 그가 생각했던 진정한 의미는 갈수록 불가해한 것으로 변해가는, 그의 양난만을 부각시켜 주고 있었다. 캐슬레이가 베로나에서 무엇을 성취할 수 있었겠는가? 메테르니히의 모든 외교는 알렉산드르에게 실질을 허용하지 않으면서 형식을 준다는 데 입각한 것이었다. 그러나 1822년 당시 영국 여론의 기본적 실상은, 유럽의 협조를 추구하는 데 필요한 *그 어떤* 형식적인 양보도 영국의 관심사로 여겨지기가 불가능한 상태였다. 영국은 여전히 대륙과 협력할 수는 있었지만 협력을 위한 협력은 더 이상 곤란했고, 한정된 범위의 구체적 쟁점에 관한 협력만이 가능했다. 요컨대, 캐슬레이가 초월하고자 그토록 무진 애를 썼던 도서국가의 외양으로 돌아감으로써만 협력이 가능했던 셈이다. 캐슬레이에게 회의는 여전히 유럽의 단합을 과시하기 위한 것이었지만, 영국 내각에는 회의가 유럽 문제에 대한 위험한 간섭을 의미했다. 이러한 관념의 격차는 메울 수 없는 것이 되었다. 국왕을 마지막으로 알현했을 때 캐슬레이는 이렇게 말했다. "전하, 유럽에 작별인사를 고할 필요가 있습니다. 전하와 소신만이 유럽을 알고, 유럽을 구했습니다. 소신 이후의 그 누구도 대륙의 문제를 이해하지 못하고 있습니다."

나흘 뒤에 그는 자살했다.

주

1) N.P. III, p.444.

2) Text, Prokesch-Osten, Anton von, *Geschichte des Abfalls der Griechen*, 5 Vols. (Vienna, 1867), Vol. III, p.61f.

3) N.P. II, p.164f.

4) Schwarz, p.216.

5) N.P. III, p.444.

6) Text, N.P. III, p.416 (메테르니히 앞 서한); Prokesch-Osten, III, p.124f. (황제 앞 서한)

7) Stern, II, p.217; Webster, II, p.355.

8) Schwartz, p.234.

9) Text, Prokesch-Osten, III, p.156f., 1821년 8월 22일.

10) Webster, II, p.361.

11) C.C. XII, p.403f., 1821년 7월 16일.

12) Text, Prokesch-Osten, III, p.191f.

13) N.P. III, p.448.

14) Webster, II, p.373.

15) Webster, II, p.365.

16) C.C. XII, p.439, 1821년 10얼 3일.

17) Webster, II, p.366.

18) N.P. III, p.492.

19) N.P. III, p.494; Webster, II, p.356f.

20) Schwarz, p.239; Phillips, W.A., *The Confederation of Europe* (London, 1913), p.225.

21) N.P. III, p.492f.; Webster, II, p.375f.

22) Webster, II, p.376f., 1821년 10월 28일.

23) Stern, II, p.561. (text).

24) C.C. XII, p.443, 1821년 12월 14일. 이 보고서는 실제로 송부되지는 않았다. 거기 포함된 일부 위협적 문구가 의도와는 상반된 효과를 초래할까봐 영국 대사가 우려했기 때문이었다.

25) Schwarz, p.246.

26) Text, N.P. III, p.531f.; 또한 Webster, II, p.379를 보라. 메테르니히에 대한 유보적 태도를 견지한 웹스터조차 이 서한의 "빈틈없는" 솜씨를 칭찬했다.

27) N.P. III, p.505.

28) 메테르니히와 타티체프 간의 협상에 관해서는 Prokesch-Osten, III, p.303f와 N.P. III, p.549f를 보라. 메테르니히의 설명은 그가 자국의 대사들, 특히 투르크 주재 대사에게 쓴

서한에 포함되어 있다. 그 내용을 윤색할 동기는 없어 보이고, 정확하게 기록할 동기는 확실히 있었던 것으로 보인다.

29) N.P. III, p.506.

30) Text, Prokesch-Osten, III, p.278f.

31) N.P. III, p.507, 1822년 4월 3일.

32) N.P. III, p.539f. 모든 서신은 1822년 4월 19일자로 기록되어 있다. 또한 Prokesch-Osten, III, p.363f 참조.

33) N.P. III, p.512.

34) Text, Webster, II, p.537f. (Appendix), 1822년 4월 30일.

35) Text, Webster, II, p.538f., 1822년 5월 16일.

36) N.P. III, p.542

37) N.P. III, p.520.

38) N.P. III, p.554.

39) Text, Webster, II, p.541f. (Appendix)

역주1) 로마노프 왕조의 러시아 황제였던 표트르 1세(Пётр IАлексеевич 1672-1725). 1682-1725년간 차르로 재위했던 표르트 1세는 현대화 정책과 영토 확장을 통해 러시아 제국을 근대화하고 강대국으로 변모시켰다.

역주2) 루마니아의 현 수도인 부쿠레슈티(Bucharest)에서 1812년 5월 28일 오스만 제국과 러시아 사이에 체결된 조약을 가리킨다. 이 조약은 1806-12년간 러시아와 투르크 사이에서 벌어진 전쟁의 결과, 투르크가 45,630㎢에 이르는 베사라비아(Bessa rabia)지역을 러시아에 양도하는 내용을 담고 있었다.

역주3) 1564-1859년간 몰다비아 공국의 수도였다가 1859-62년간 연합 공국의 수도, 1916-1918년간 루마니아의 수도였던 이아시(Iaşi). 현재 이아시는 루마니아의 대도시다.

역주4) 사트라프는 메디아 및 페르시아 제국 이래 헬레니즘 제국에 이르기까지 지방 총독을 일컫는 명칭이었다.

역주5) 호스포다르는 "주인님"이라는 의미의 슬라브 어원을 가진 단어로, 고관을 일컫는다. 오스만 제국 당시 제국의 봉신들이 이 호칭을 사용했다.

역주6) 피에몬테는 이탈리아 20개 주의 하나로, 주도는 토리노다. 이탈리아 북서부 포강 중류 및 상류 지역의 기름진 평원과 알프스 산지로 이루어졌다. 11세기 이후 사보이 왕조가 이곳을 지배했다. 1820-21년과 1848-49년 두 차례에 걸친 오스트리아와의 전쟁에서 패했지만, 피에몬테는 1859-61년간 이탈리아 통일의 발판이 되었고, 그 결과 통일 직후 한때는 토리노가 이탈리아의 수도가 된 적도 있었다.

역주7) 모레아는 중세 이래 근대 초까지 그리스 남부 펠로폰네소스 반도를 일컫는 명칭이었다.

역주8) 베이는 오스만 제국의 지방 장관, 또는 투르크 고관에 대한 경칭으로 사용된 용어이나, 특별히 튀니지에서 베이는 1705년부터 1957년간 존속했던 통치자를 일컫는 명칭이었다.

역주9) 아랍 부족의 족장을 일컫는 명칭이다.

역주10) 문무를 총괄하는 투르크의 고관.

역주11) 프로이센의 역사학자이자 정치가였던 요한 페터 프리드리히 안킬론(Johann Peter Friedrich Ancillon 1767-1837). 그의 고조부는 프랑스의 법학자였으나 그 자신은 프랑스 혁명의 대의에 반감을 품고 복고주의 정치가가 되었다.

역주12) 1762-96간 러시아의 황제였던 예카테리나 2세(Catherine the Great; Екатерина II Великая 1729-1796)를 말한다. 로마노프 왕조의 8번째 군주인 그녀는 스스로 남편 표트르 3세를 폐위한 후 제위에 올랐고, 법치주의 원칙을 도입하고 귀족들과의 협조를 강화하였으며, 영토를 크게 확장했다. 말년에 자유주의 사상에 환멸을 느끼고 전제적인 통치를 시행하기 전까지는 대표적 계몽군주로 손꼽혔다. 1768-74년 투르크와의 전쟁을 통해 콘스탄티노플에 성당을 재건하고 오스만 제국의 지배 하의 정교도에 대한 보호권을 갖게 되었다.

역주13) 스웨덴, 스페인, 투르크 주재 러시아 대사를 역임하고 후일 국무위원이 된 그리고리 알렉산드로비치 스트로가노프 남작(Grigory Alexandrovich Stroganov 1769-1857).

역주14) 영국 외교관이었던 스트랭포드 제6대 자작 퍼시 스마이스(Percy Clinton Sydney Smythe, 6th Viscount Strangford 1780-1855). 그는 포르투갈과 스웨덴 대사를 거쳐 오스만 제국 주재 대사를 역임했으며, 그 후에는 주 러시아 대사로도 근무했다.

역주15) 영국의 외교관이었던 로버트 고든 경(Sir Robert Gordon 1791-1847). 그는 후일 브라질, 오스만 제국, 오스트리아 등지에 전권 대사로 근무했으며, 제6장과 8장에 등장하는 제4대 애버딘 백작 조지 해밀턴 고든과는 형제지간이다.

역주16) 그리스 신화에 등장하는 크레타 왕 미노스의 딸. 미노스는 그의 아내 파시파에가 황소와 관계하여 머리는 소이고 몸은 사람인 괴물 미노타우로스를 낳자 미궁을 건설해 그곳에 가두고 아테네에 해마다 젊은이들을 미노타우로스의 제물로 바치게 했다. 아테네의 왕자 테세우스가 미노타우로스를 죽이려고 크레타에 도착했을 때 아리아드네는 그에게 반해 미노타우로스를 죽일 수 있는 칼과 붉은 실타래를 주었다. 그 칼로 미노타우로스를 죽인 테세우스는 실타래를 이용해 무사히 미궁에서 탈출했고, 아리아드네와 함께 크레타섬을 빠져나왔다.

역주17) 동유럽을 남동쪽으로 가로질러 다뉴브 강에 합류하는 강으로, 현재 그 수역의 일부 구간은 루마니아와 몰도바의 국경을 이루고 있다.

| 제17장 |

경세statesmanship의 본질

회의 체제의 종언—캐슬레이와 메테르니히의 경세가 남긴 교훈—경세의 본질

I

캐슬레이의 죽음은 유럽 정치의 전환점이 되었다. 캐슬레이와 더불어 대영제국을 동맹과 이어주던 마지막 끈도 사라졌고, 전시 연합에 관한 기억도 사라졌다. 그 후로는 외교정책과 그것을 국내적으로 정당화할 가능성 사이의 현격한 차이를 유지할 동기는 사라졌고, 영국의 정책은 그 국민의 사고방식처럼 도서국가적인 경향을 띠어 갔다. 메테르니히는 이렇게 썼다. "(캐슬레이의 죽음은) 불행한 사건이었다. 내가 보기에 그는 대체할 수 없는 인물이다. 총명한 인간은 모든 것을 보완할 수 있지만 경험만은 보완할 수 없다. 캐슬레이는 자신의 나라에서 외교문제를 경험한 유일한 인물이었다. 그는 나를 이해할 수 있었던 인물이었다. 다른 누군가

가 그와 같은 정도의 신뢰를 얻기까지는 여러 해가 걸릴 것이다."[1] 메테르니히는 자신의 가장 위험한 적을 패배시킨 순간, 가장 의지할 수 있는 친구를 잃은 셈이었다.

그 후에 벌어진 상황은 메테르니히의 교묘한 술책이 궁극적으로 영국이라는 대안에 의존하는 것이었음을 드러내 주었다. 그가 위대한 승리를 거둘 수 있었던 것은 탁월한 외교 기술을 발휘해 사건에 대한 도덕적 틀을 규정함으로써 그 사건을 뜻대로 조종할 수 있었기 때문이었다는 점은 틀림없었다. 그러나 그가 과감한 수단을 취할 수 있었던 것은 대결의 순간에 영국이 오스트리아 편에 설 것으로 확신할 수 있었기 때문에 비로소 가능한 것이었다. 그 덕분에 메테르니히는 어떨 때는 러시아의 제안에 대한 검토를 다음 회의로 미룸으로써, 또 어떨 때는 자제의 원칙에 호소함으로써 알렉산드르의 야심을 저지하면서 오스트리아의 목적을 모두 달성할 때까지 모든 협상에서 집요한 주장을 펼칠 수가 있었던 것이다. 메테르니히가 과연 이런 방식을 무한정 지속할 수 있었을지, 그리고 아무리 시간이 흘러도 미래의 목표이기만 한 것처럼 보이는 유럽의 통합이라는 신기루를 위해서 알렉산드르가 과연 언제까지 양보할 용의가 있었는지는 의문스러운 것이 사실이다. 같은 동맹의 일원이면서도 동맹의 의무에 관해서는 정반대의 해석을 하고 있던 영국과 러시아라는 난해한 조합은, 설령 메테르니히가 재주를 부려서 양립 불가능한 것을 상호보완적으로 만드는 해결방식을 고안했더라도 아마 오래도록 지속하기는 어려웠을 것이다. 그러나 눈에 드러나지 않던 분열은 캐슬레이의 죽음으로 표면화되었고, 메테르니히의 정책 조건이었던 동맹의 단합이라는 환상은 일거에 무너지게 되었다. 캐닝이 영국의 외교장관이 되면서, 오스트리아에 있어서 러시아와의 우호관계는 정책적 행위가 아닌 생존의 조건으로 변했다. 메테르니히는 다른 나라가 오스트리아의 곤란으로부터 이득을 취하는 사태를 막기 위해 영향력을 행사해주던 캐슬레이의 호의적 중립정책에 더 이상 기댈 수 없게 되었다. 도리어 고립주의적이고 남을 의심하는 영국은 균형자로서의 전통적인 역할을 열심히 수행하는 가운데 대륙의 분열을 완화하기보다는 격화시키는 역할을 하게 될 가능성이 컸다.

이렇게 안전의 여지가 축소됨에 따라, 메테르니히는 위험을 예방하기 위해 갈수록 경직된 정책을 추진하지 않을 수 없게 되었다. 이제 모든 것은 러시아를 동맹의 일원으로 유지하는 데 달려 있었기 때문에, 메테르니히에게는 동맹의 단합이라는 요건이 협상 무기가 아닌 목적이 되었다. 이제부터는 오스트리아가 불화를 감당할 수 없게 되었다는 사실을 러시아가 알게 되었기 때문에, 협상의 입지가 약화된 쪽은 메테르니히였다. 신들은 인간의 소망을 완벽하게 이루어줌으로써 인간을 벌하는 법이다. 메테르니히는 그가 추구하던 모든 것을 손에 넣었다. 웰링턴이 베로나에서 보고한 내용처럼, 메테르니히는 사실상 러시아의 총리였으며, 유럽의 열쇠를 쥔 인물이었다. 그러나 더는 알렉산드르의 신뢰를 저버릴 엄두를 내지 못하게 되었다는 점에서, 자신이 만든 신화의 포로가 되어버린 상태이기도 했다. 의심 많은 영국에 직면하게 되자, 그는 성전을 열망하는 차르의 비위를 맞추지 않을 수 없었고, 그 과정에서 영국이 가지고 있던 신중함을 적의로 변화시키고 말았다. 유동적인 정세에 기민한 책략으로 오스트리아의 안전을 도모하던 멋진 솜씨는 과거지사가 되었다. 그 대신 점점 더 정통성의 찬양에 경도되면서 가급적 완고한 태도를 취하게 되었으며, 그 결과로 야기된 관계의 경직성은 변화가 불가능한 현실을 상징하게 되었다. 후세의 사람들은 비엔나 회의 이후의 모든 기간이 그랬다고 생각하지만, 그가 어떤 희생도 감수하면서 현상유지에 교조적으로 집착했던 것은 실상은 캐슬레이가 사망한 이후에 일어난 일이었다. 그 순간부터 메테르니히는 "동유럽" 3개국의 동맹에서 피난처를 찾았다. 오스트리아, 프로이센, 러시아 3개국은 사회적 동란에 대한 두려움으로 결속을 이루었으며, 이제 와서는 이 세 나라만의 신성동맹이라고 일컬어지게 된 원칙에 대해서 대체로 공개적인 반대 입장을 표하면서 제한적인 목표를 추구하는 영국과 대립하게 되었다.

영국이 대륙에 연루될 가능성을 차단하고자 했던 캐닝이 결과적으로 자신이 그토록 개탄하던 원칙을 온전히 실행한 처지가 된 반면에, 후세에 비난받는 이유가 되었던, 공공연한 결렬에 대한 캐슬레이의 거리낌이 비록 고의는 아니었을지라도 사회적 억압을 개선하는 수단으로 작용했다는 사실은 역설적이다. 확실히 캐슬레이와 캐닝의 차이는 본질적으로 강조점을 어디 두었느냐의 문제였다.

동맹을 자신의 창작품으로 여겼던 캐슬레이는 동맹이 영국의 정치가라면 누구도 찬성할 수 없는 조치를 취하는 주체가 된 이후에도 동맹의 형식은 유지할 의사를 가지고 있었다. 반면 동맹의 조치만이 아니라 동맹의 원칙에도 반대했던 캐닝은 모든 가능한 기회에 확연한 입장차를 드러냈다. 그러나 메테르니히의 정책의 성패는 바로 이런 미묘한 차이에 달려있었다. 샤토브리앙Chateaubriand역주1)만큼 캐슬레이의 죽음의 의미를 잘 요약한 사람은 없었다. "본인은 유럽이 영국의 가장 중요한 장관의 죽음으로 득을 볼 것이라고 믿습니다. 본인은 지금까지 여러 차례 그의 반대륙적인 정책을 지적한 바 있습니다. 런던데리 후작Lord Londonderry(캐슬레이)이 생존해 있었다면 그는 비엔나에 많은 해악을 끼쳤을 것입니다. 그와 메테르니히의 관계는 명료하지 못하고 우려스러운 부분이 있었습니다. 위험한 후원자를 잃은 오스트리아는 우리에게 더 가까이 다가올 수밖에 없을 것입니다."[2] 유럽의 단합을 추구하던 캐슬레이의 정책이 반유럽적이라고 해석되는 것은—비록 정확한 해석이기는 했지만—그의 생애 최후의 아이러니였다.

메테르니히가 오스트리아와 영국 간 협력의 새 시대를 열 것으로 기대해 마지않았던 베로나 회의[3]는 이렇게 끝이 났다. 캐슬레이 자신이 사용하려고 초안했던 훈령을 휴대한 웰링턴이 영국의 전권대표로 회의에 출석했던 것은 사실이다. 그러나 훈령은 저절로 이행되는 것이 아니다. 웰링턴의 능력이 모자라는 것은 아니었지만, 그에게는 훈령을 실행할 국내적 지지가 없었다. 웰링턴은 자신이 회의에 출석하는 이유는 단지 갑작스러운 죽음을 맞이한 캐슬레이의 정책성향을 완전히 바꿀 여유가 없었기 때문이라는 점과, 영국이 그 어떤 공동조치에도 참여하겠다는 약속을 해서는 안 된다는 점을 분명하게 이해하고 있었다. 따라서 베로나에서 웰링턴의 역할은, 이제는 불화가 영구적인 것이 되었다는 점만 제외한다면, 트로파우에서 스튜어트의 역할과 별로 다를 바가 없는 것이었다. 이리하여 메테르니히는 자신의 기질로 보나 신념으로 보나 전혀 어울리지 않는 입장, 즉 동맹의 활동에 관해 혼자서 공공연히 차르에 맞서는 입장에 처하게 되었다. 메테르니히가 예측했던 대로, 알렉산드르는 동유럽에서 자제하는 대신 서유럽에서의 공동행동을 시도했다. 그리고 메테르니히로서는 이제 모든 것이 러시아를 동맹으로 유지하는 데 달려있었기 때문에, 한 해 전에 오스트리아가 이탈리아에서 맡았던 역할을 이베리아 반도에서 프랑스에 맡기는 조치를 한 걸음씩 용인하지 않을 수 없었다. 그러나 그와 동시에 필연적으로 스페인에 대한 개입은 영국이 공공연하게 동맹과 결별하게 만들었다.

이로써 조화라는 자명한 요건으로 단합을 이룬 유럽이라는 캐슬레이의 이상은 종말을 고했다. 그러나 그의 이상은 유럽의 질서가 당연한 것으로 여겨지기에 충분할 만큼은 오래 지속되었고, 그것이야말로 질서가 영속성을 얻기까지의 과정에서 가장 어려운 단계였다. 유럽의 단합이 1815년부터 1821년까지만큼 현실감을 띠었던 시대는 두 번 다시 찾아오지 않았다.[역주2] 비엔나 회의에서 합의가 이루어졌을 당시에 겐츠는 5년 내로 큰 전쟁이 재발할 것이라고 예언했고 캐슬레이조차 이후 십년간이나마 또 다른 전쟁을 막을 수 있다면 다행일 것으로 여겼다는 불길한 느낌은 망각되었을 정도였다. 하지만 실제 유럽은 이후 한 세기 동안이나 큰 전쟁을 모르고 지냈다. 그것은 그 기간에 유럽의 단합이라는 신화가 정치적인 단어로 환원됨으로써 메테르니히가 우선 유럽을 도덕적으로 지배할 수 있었고, 그런 다음에는 그가 대규모 전쟁을 불가능하게 만들 열강의 집단을 구축할 수 있었던 덕분이었다. 영국이 동맹에서 이탈할 무렵에는 균형상태의 요건이 이미 성립되어 있었다. 라이바흐 회의에서 수립된 정통성 원칙은 프로이센, 러시아, 오스트리아 등 동유럽 3개국을 결합하는 끈이 되었고, 프랑스는 이 세 나라의 일치된 반대를 무릅쓰면서 대륙 정책을 시행할 수는 없었으며, 이들과 맞선 영국은 갈수록 유럽 바깥에서 스스로의 역할을 인식하게 되었다. 이 동유럽 진영의 도덕적 틀을 오스트리아가 규정하고 있었기 때문에, 지배적 국가집단의 정책은 보수적이면서 현상유지적인 것이었고, 따라서 영국의 적극적인 적대행위를 초래하지 않을 수 있었다. 알렉산드르의 죽음[역주3] 이후 짧은 시기에 러시아가 영국과 결탁하여 발칸반도에서 독자적인 정책을 추진한 적은 있었다. 그러나 1830년 서유럽에서 일어난 혁명[역주4]은 새로 즉위한 차르[역주5]에게 사회적 동란이 초래하는 위험에 관한 메테르니히의 공리가 온당한 것이었음을 증명해주었다. 그리고 유럽의 세력구도는 그 이후 한 세대 이상에 걸쳐 대륙에서 우세한 "신성동맹"과 바다 건너편에서 우세한 대영제국이라는 형세로 유지되었다.

II

러시아에서 나폴레옹이 패했을 무렵부터 베로나 회의에 이르는 기간만큼 인물들의 개성이 극적인 대조를 이루었던 시대나, 정통적 질서를 구축하는 데 따르는 문제점이 명확히 드러난 시대는 없었다. 나폴레옹이 유럽을 지배하는 동안에는 각국의 전략이라는 개념에 기초한 정책은 불가능했다. 각국의 운명은 정복자의 의지에 달려있었고, 프랑스의 체제에 순응하는 것이 안전을 확보할 유일한 방도였다. 그러나 나폴레옹이 러시아에 패배함으로써 유럽은 더는 힘으로 통치할 수 없다는 것이 분명해졌고, 의지의 사나이도 한계를 인정함으로써 안전을 모색하지 않을 수 없게 되었다는 점도 분명해졌다. 프랑스 육군이 해체되자 유럽 국가들은 국제질서 속에서 자국이 차지할 위치를 새롭게 정의해야만 했고, 장래의 침략을 저지할 세력균형을 구축해야 했으며, 18세기적 구조가 붕괴된 혼돈 속에서 안정을 보장해줄 모종의 조직 원리를 애써 찾아내야만 했다.

이 시기에 활약한 주요 인물들이 강한 개성의 소유자였으며 개개의 인물이 질서의 문제에 대한 저마다의 해답을 상징한다는 사실은 이 시기로부터 교훈을 얻고자 하는 후세의 사람들에게는 행운이다. 나폴레옹은 힘의 주장을, 알렉산드르는 절대적 도덕을 주장하는 정책의 불확정성을, 캐슬레이는 평화의 자명한 이득에 관한 인식으로 유지되는 균형상태의 개념을, 그리고 메테르니히는 정통성 원칙에 관한 합의로 유지되는 균형상태를 각각 상징했다. 나폴레옹과 알렉산드르는 유럽을 자신의 의지대로 조직하려 했다는 점에서 둘 다 변혁가들이었다. 나폴레옹은 보편적 지배를 통해 질서를 추구했고 알렉산드르는 인류의 화합으로 그것을 추구했다. 하지만 예언자의 주장은 종종 정복자의 주장만큼이나 파괴력이 강한 법이다. 예언자의 주장은 완벽을 지향하는 권고이며, 완벽은 획일성을 암시하기 때문이다. 이상향은 모든 것을 평준화하고 제자리에서 이탈시키는 과정을 통해서만 달성되는데, 이런 과정은 반드시 모든 의무의 형태를 침식하기 마련이다. 정복자와 예언자, 보편성의 추구와 영속성의 추구, 무기력에 빠진 평화와 천국으로부터의 평화, 이 두 가지는 공히 정통적 질서에 대한 공격을 상징하는 거대한 힘이다.

그러나 무릇 정치가는 항상 그런 식의 노력을 의심하는 자세를 견지해야 한다. 사소한 조작이 즐거워서가 아니라, 최악의 상황에 대비해야 하기 때문이다. 다른 주권국가의 지속적인 선의에 대한 의존은 사기를 저해한다. 그것은 무능의 고백을 의미하며, 스스로의 의지대로 사태를 좌우할 수 없다는 확신에서 빚어지는 무책임을 초래하기 때문이다. 한편, 전적으로 개인의 도덕적 순수성에만 의존하는 것은 자제의 가능성을 저버리는 것이나 다름없다. 도덕적 주장은 절대성의 추구, 미묘한 차이의 부정, 역사에 대한 거부를 수반하기 때문이다. 이것은 근본적인 의미에서 정복자 및 예언자라는 한쪽과 정치가라는 다른 쪽 사이에 존재하는 쟁점이다. 그 한쪽은 개념과 가능성을 동일시하지만 다른 쪽은 개인의 의지가 우발적임을 고집스레 주장한다. 한쪽이 시간을 초월하려는 노력을 상징하고, 다른 쪽은 시간 속에서 살아남아야 할 필요성을 상징한다. 이 싸움은 비극적이며, 필연적으로 승부가 나지 않는 싸움이다. 정치가는 예언가를 하나의 정치적 징후로 다루는 반면에 예언자는 정치가를 초월적 기준으로 판단하려 들 것이기 때문이다. 예언자는 제아무리 순수한 동기를 지녔더라도, 이전에 활동하던 "거짓" 예언자들이 저지른 잘못 때문에 벌을 받기 마련이고, 바로 그런 거짓 예언이야말로 경세statesmanship가 대처하고자 하는 대상이다. 반면에 정치가는 자신의 계산을 빗나가게 만드는 것들과 부딪히게 된다. 인간에게 영감을 불러일으키는 것은 균형이 아니라 보편성이며, 안보가 아니라 불멸성이기 때문이다.

이처럼 영감과 조직의 갈등은 역사의 불가피한 요소다. 영감은 자신을 사건의 의미와 동일시하는 태도를 의미한다. 조직은 집단의 의지에 대한 복종이라는 규율을 필요로 한다. 영감은 시간을 초월하고, 그 정당성은 개념 자체에 본래적으로 내재되어 있다. 조직은 역사적인 것으로, 주어진 시기에 가용한 재료에 의존한다. 영감은 위대함을 추구하는 반면, 조직은 비범함이 지도력의 통상적인 형태임을 인식하는 데서 출발한다. 정치적 효율을 위해서 조직이 필요한 것이며, 그렇기 때문에 예언자적 이상을 정치적 조건으로 변환시키면 그 과정에서 언제나 제안자의 의도를 왜곡하게 된다. 종교 운동이나 예언자적 운동의 가장 위대한 정신적 성취는 아직 반대운동의 단계에 있을 때, 요컨대 운동의 관념이 운동의 *유일한* 현실일 때 이루어진다는 사실은 우연이 아니다. 또한 이미 확립된 종교나 예언적 운동이, 이미 예전에 사라져버린 '진정한' 내향성을 열망하는 태도를 시현하는 것도 이상한 일이 아니다. 개인적 성찰의 자발성은 제도화될 수 없다는 깨달음이 바로 대중적 광란이나 성스러운 전쟁, "개혁", 또는 숙청 따위의 원인이 된다.

정복자가 자신의 의지와 의무의 구조를 일치시키려 하고, 예언자가 일시적인 초월적 분위기 속에서 조직을 해체하려 한다면, 정치가는 조직과 영감 사이의 긴장관계가 표면화되지 않도록 유지하는 데 진력한다. 아울러 정치가는 힘을 행사할 필요성을 최소한으로 억제하기에 충분할 정도로 자발적인 의무의 구조를 창조하는 동시에, 열광의 순간에 정통성을 부여할 필요가 없을 정도로 충분히 견고한 의무의 형태를 만들고자 노력한다. 캐슬레이와 메테르니히가 세력균형 속에서 안보를 추구하는, 균형의 정치가였다는 사실은 놀랍지 않다. 그들의 목표는 완벽이 아니라 안정이었으며, 세력균형은 침략에 대한 물리적 방어 장치가 없이는 어떠한 질서도 안전할 수가 없다는 역사적 교훈의 고전적 표현이었다. 따라서 새로운 국제질서는 힘과 도덕성, 그리고 안보와 정통성 사이의 연계성에 관한 충분한 인식을 바탕으로 수립되기에 이르렀던 것이다. 전적으로 정통성 원칙에만 의존해서 국제질서를 수립하려는 시도는 일어나지 않았다. 그런 시도는 예언자가 추구하는 것으로서, 신성한 자제를 전제로 하기 때문에 위험하다. 그렇다고 해서 권력이 자기제한적인 것으로 여겨진 것도 아니었다. 정복자와 관련된 경험은 오히려 그 반대의 사실을 증명해준다. 실제로 창출된 세력균형은 상대적 안보를 제공함으로써 일반적으로 받아들여지고, 그 정통성이 당연한 것으로 여겨짐에 따라서 관계가 점점 더 자발성을 띠게 되는 식의 질서였다.

실은 이 국제질서는 일종의 오해와 실수에 기반을 두고 수립되었다. 오해라 함은, 캐슬레이가 조화의 상징으로 창조한 회의 체제를 메테르니히는 적을 고립시키기 위한 외교적 무기로 이용했음을 말한다. 그리고 실수라 함은, 캐슬레이가 안정을 화해의 *의식*consciousness과 동일시했다는 뜻이다. 그러나 보편적 지배의 위협만이 아닌 *모든* 위협을 모든 국가들이 똑같이 해석하리라고 믿었던 것은 비극적인 실수였다. 변혁적 시기의 핵심은 "정통적" 질서에 대한 공격이 그 내부의 견해차를 모두 덮어버린다는 점에 있고, 반대로 안정적 시기의 본질은 정통성이 수락됨으로써 국지적이거나 지엽적인 문제에 관해 다툼이 벌어지더라도 안전이 유지된다는 사실이다. 나폴레옹의 퇴위 이후로는 국제질서에 변혁적 국가가 존재하지 않았기 때문에 영국으로서는 회의에 계속 참가할 진정한 동기가 사라진 셈이었으며, 영국은 국제질서를 위협하는 주요한 동력이던 자유주의 운동과 민족주의 운동을 위험으로 간주하지 않았기 때문에 더더욱 그러하였다. 그리하여 회의 체제는 캐슬레이에게는 사소하고 혐오스럽게만 보이던 지엽적인 문제에 관한 논쟁을 다루거나, 그렇지 않으면 영국으로서는 국제문제라고 도저히 인정할 수 없는 위협에 관해 만장일치를 도출할 뿐이었다. 유럽의 단합이 이루어진 것은 캐슬레이가 상상한 것처럼 자명한 필요성 때문이 아니라, 사회적 억압을 정당화할 원칙을 정하는 데 회의라는 도구를 냉소적으로 이용했기 때문이었다. 요컨대 그것은 캐슬레이의 선의에 의해서가 아니라 메테르니히의 조작으로 이루어진 것이었다.

그러나 이런 사정을 감안하더라도, 영국이 방관자처럼 행동한 데다 그 자체가 비록 보잘 것 없긴 했어도, 유럽 정부 비슷한 무언가가 어떻게 성립할 수 있었는지를 검토해볼 필요는 있다. 메테르니히가 유럽의 총리로 부상할 수 있게 만들어 준 요인은 무엇인가? 메테르니히에게는 원칙에 있어서든 정책에 있어서든 메테르니히라면 질색을 하는 그의 반대자들이 19세기 후반의 역사를 썼다는 사실이 불운이었다. 그들은 메테르니히가 어떻게 그 시대에 자신의 이름을 각인시켰는지는 해명하지 않고, 그의 업적을 간계와 행운, 그의 범속함과 적들의 무능함이라는, 모순적인 조합의 탓으로 돌렸다. 그 시대의 공문서를 살펴보면, 한 세대 이상의 기간에 걸쳐서 직접적으로든 반대를 통해서든 메테르니히가 모양새를 정하지 않은 일은 유럽에서 한 건도 일어나지 않았다는 사실에는 의심의 여지가 없다. 물론 메테르니히가 차르의 불안정한 성품과 프로이센 왕의 우유부단함 덕을 보았다는 것은 틀림없는 사실이었다. 그러나 차르의 변덕스러운 성격이 새로운 성전을 초래할 수도 있는 일이었고, 누구라도 그의 불안정한 성품을 이용할 수 있는 노릇이었음에도 불구하고 알렉산드르를 개인적으로 지배할 수 있었던 사람은 오로지 메테르니히뿐이었다. 자신의 철학적 공리가 우월하다는 메테르니히의 해석은 그 공리가 실은 진부한 것에 불과하다는 논박에 부딪혔지만, 다른 한편으로는 단순히 교활함만을 가지고 십 년 이상에 걸쳐 전 유럽을 속일 수는 없었을 것이다. 메테르니히의 성공은 다음과 같은 두 가지 요인에서 비롯된 것이었다. 첫째, 유럽의 단합은 메테르니히의 발명품이 아니라 당시 모든 정치가의 신념이었다는 점이고, 둘째, 메테르니히가 18세기의 위대한 전통을 따르는 최후의 외교관이었으며, 갈수록 점점 더 "명분causes"으로 정책을 수행하는 시대를 살면서도 감정에 좌우되지 않고 냉정하게 자신의 정책 조합을 준비하는 정치의 "과학자"였다는 점이었다. 따라서 그가 그토록 자랑스럽게 여긴 공리는 철학적이기보다는 심리적인 의미를 지닌 것이었다. 그는 자신이 올바르다는 독선에 가까운 자신감을 가지고 있었기 때문에 다른 이들이 주장하던 원칙을 냉정하고 냉소적으로 평가하고, 자신의 이익을 위해 그것을 이용할 수 있었던 것이다. 또한 그는 정책을 과학으로 여겼기 때문에 어떠한 감정적인 애착도 자신의 조치에 개입시키지 않았다. 메테르니히의 외교에서는 목표를 선택할 때 그가 보여준 경직된 교조주의도, 알렉산드르의 행동에서 나타난

제멋대로의 감상주의도 찾아볼 수 없었다. 또한 그는 자신의 허영심에도 불구하고 해결의 실질을 위해서는 언제든지 형식을 희생할 준비가 되어 있었기 때문에, 그의 승리는 관계의 상처로 귀결되지 않고 지속적인 관계를 규정하는 것이 되었다.

메테르니히는 상황의 근본적 본질을 파악하는 비범한 능력과 자신의 적을 지배할 수 있는 심리적 통찰력의 덕을 보았다. 1805년에 그는 프로이센이 더 이상 프리드리히 대왕 시절의 나라가 아니라는 점을 지적한 거의 유일한 인물이었고, 1812년에는 나폴레옹의 패배가 초래하는 변화의 핵심을 최초로 인식한 인물들 중 한 명이었다. 또한 그는 1815년 이후 유럽에서 막 벌어지려 하고 있던 사회적 변화의 본질을 누구보다 잘 이해하고 있었다. 그리고 그는 그 변화의 조류를 거역하기로 결정한 것이 자신의 정치가다움을 반영하는 것일지언정 자신의 통찰력을 반영하는 것은 아니라는 사실을 잘 이해하고 있었다. 그러므로 그는 자신이 무엇을 추구하는지 알고 있었다는 점에서 그의 적들보다는 훨씬 더 유리한 입장에 설 수 있었다. 그의 목표는 달성할 수 없는 것이었을지 몰라도 최소한 확고한 것이었다. 메테르니히는 그리스 위기가 절정에 달했을 무렵 다음과 같이 썼다. "모두들 뭔가를 원하면서도 어떻게 그것을 손에 넣을지에 관해서는 아무런 생각도 없다. 현 상황의 진짜 흥미로운 측면은 자신이 원하는 바를 달성하는 방법을 아는 사람이 한 명도 없다는 사실이다. 그러나 나는 내가 원하는 것과 다른 사람들이 무엇을 *할 수 있는지를*(메테르니히의 이탤릭)

알고 있으므로, 완벽한 대비가 되어 있다."[4] 이것은 자화자찬인데다 허영과 자만에 찬 언급이지만, 그렇다고 해서 거기 포함된 진실이 훼손되는 것은 아니었다.

그러나 만약에 메테르니히가, 유럽의 단합에 관한 그의 호소를 단지 오스트리아의 국익을 완곡하게 표현한 것이 아닌 다른 무언가처럼 보이게끔 만들어주는 틀 속에서 행동하지 않았더라면, 그는 대단한 외교적 수완에도 불구하고 아무런 성과도 거두지 못했을 것이다. 19세기 초엽은 전환기적 시대였으며, 모든 전환기가 그러하듯, 새롭게 출현한 의무의 형태는 낡은 가치관을 한동안 돋보이게 만드는 역할을 했을 뿐이었다. 18세기의 정치 구조는 이미 붕괴되었으나 18세기의 이상은 아직 친숙한 것이었다. 그리고 그 이상은 진실에 의해 유효함을 인증받는 합리주의 철학에서 파생된 것이었기 때문에 보편적 적용을 요구하고 있었다. 메테르니히의 동시대인들에게 유럽의 단합은 하나의 현실이었고, 유럽의 단합에 대한 호소가 의식주의적儀式主義的으로 이루어졌다는 것 자체가 그것이 일반의 의식을 지배하고 있었음을 말해준다. 지역적인 차이는 인식되기는 했지만, 더 큰 전체 속에서 발생하는 국지적 변이로 취급되었다. 아직까지 단합이 정체성과 동일한 것으로 간주된다거나, 민족적 주장이 도덕적 명령으로 간주되지는 않고 있었다. 메테르니히의 동료들은 모두 같은 이상과 비슷한 교양의 소유자들이었고, 본질적으로 같은 문화의 소산이었다. 그들이 서로를 이해할 수 있었던 것은 프랑스어로 용이하게 대화를 주고받을 수 있었기 때문만이 아니었고, 그 보다 더 깊은 의미로 자신들이 공유하는 것이 서로 간의 차이를 야기하는 쟁점보다 훨씬 더 근본적인 것이라는 인식을 가지고 있었기 때문이었다. 메테르니히가 비엔나에 이탈리아 오페라를 소개했을 때나 알렉산드르가 러시아에 독일 철학을 도입했을 때 그들은 의식적인 관용을 발휘한 것이 아니었으며, 심지어 "외국의" 문화를 들여온다는 자각조차 가지고 있지 않았다. "탁월함"을 지향하는 관념은 아직 출신지라는 관념보다 훨씬 더 큰 중요성을 지니고 있었다. 가령 러시아의 총리인 카포디스트리아는 그리스인이었고, 파리에 주재하던 러시아 대사 포조 디 보르고Pozzo di Borgo역주6)는 코르시카인이었으며, 프랑스 총리인 리슐리외는 오데사Odessa역주7) 총독을 역임한 인물이었다. 웰링턴은 오스트리아가 뮈라를 상대로 전쟁을 치를 때 군사적 자문을 제공했고, 1815년에는 프로이센과 오스트리아 두 나라가 슈타인에게 독일연방의회에서 대사로 일해 달라는 부탁을 하기도 했다. 국제적 교육을 받고 이성적 철학을 소유한 메테르니히도 봉건적 관계에 따라 우연히 오스트리아인일 뿐이었으므로, 그가 다른 어느 나라의 장관이 되었다 한들 이상한 일이 아니었을 것이다. 그가 오스트리아와 뭔가 특별한 연결고리를 가지고 있었다손 치더라도 그것은 민족적 정체성이 아니라 철학적 정체성에서 파생된 것이었다. 오스트리아가 대표하는 원칙들이 그 자신의 공리와 가장 가까웠고, 다언어 제국인 오스트리아는 그의 세계주의적 가치관을 실체화한 하나의 거대한 복합체였기 때문이다. 그는 1824

년 웰링턴에게 이렇게 적었다. "지금까지 오래도록 유럽은 본인에게 *조국*patrie과도 같은 존재였습니다."

그러므로 메테르니히가 효과적으로 자신의 목적을 달성할 수 있었던 것은 단지 그의 설득력이 강했기 때문만이 아니라, 무엇보다도 그가 타당성을 확보했기 때문이었다. 그가 자신의 동료들 가운데서 18세기의 공리를 가장 잘 호소할 수 있었던 것은 그것이 자신의 신념에 상응하는 것이었기 때문이기도 하지만, 그보다 더 중요하게는 오스트리아의 이익이 유럽의 안정을 통해 얻을 수 있는 이익과 일치했기 때문이었다. 메테르니히의 정책이 궁극적으로 지향한 것은 안정이었고 오스트리아가 획득한 것은 언제나 무형의 것이었기 때문에, 그의 비상한 냉소주의라든지 적의 신념을 냉혹하게 이용하는 그의 방식도, 후일 비스마르크Bismark역주8)가 똑같은 전술을 채택했을 때처럼 모든 자제력의 해제를 초래하지는 않을 수 있었던 것이다. 그러므로 메테르니히의 정책은 탁월한 현상유지 정책이었고, 우세한 힘을 결집함으로써가 아니라 자신이 규정하는 정통성에 대한 자발적 복종을 얻음으로써 실행하는 정책이었다. 그의 정책은 군비경쟁이나 큰 전쟁의 위협도 없이 한 세기 이상에 걸쳐 평화를 유지하는 성과를 성취했다. 따라서 1848년에 이르러 변화가 닥쳐왔을 때, 그 변화가 오스트리아의 해체나 영구적 혁명을 초래하지 않고 기존의 체제로 통합될 수 있었던 것이다.

그러나 그의 정책의 실패 역시 그 성공의 이면을 이루는 것이었다. 변혁적 시대의 한복판에서 현상유지와 안정을 동일시함으로써 오스트리아 국내체제의 경직적인 경향이 강화되었고, 결국 국내체제는 돌처럼 굳어져 버리고 말았다. 메테르니히의 뛰어난 외교 수완은 그가 이룩한 성취의 진정한 본질을 흐렸다. 사실 그는 민족주의와 자유주의의 세기에 도리어 점증하고 있던 오스트리아의 시대착오적 성격을 단지 감추었을 뿐이며, 필연적으로 다가올 심판의 날을 연기했을 뿐이었다. 물론 민족주의의 세기를 맞은 다언어 제국에 진정한 의미에서 성공적인 정책이란 어차피 불가능했던 것은 분명하다. 게다가 황제는 국내적 개혁을 추진하려는 그 어떤 진지한 노력에 대해서도 그 특유의 우둔하기까지 한 완강함으로 반대했을 것이 틀림없다. 그럼에도 나폴레옹 전쟁의 종식은 오스트리아가 아무리 고통스럽더라도 과거와 결별하고 시대에 적응함으로써 닥쳐올 태풍에 맞서기 위한 시도를 할 수 있었던 마지막 기회였다. 그러나 메테르니히의 놀라운 외교적 수완 덕택에 오스트리아는 국내적 개혁과 혁명전쟁의 사이에서 어려운 선택을 회피할 수 있었다. 그럼으로써 오스트리아는 행정 합리화의 세기에 기본적으로 옛날과 변함없는 국내 구조를 가지고도 살아남을 수 있었고, 민족주의의 시대에도 다민족 제국을 유지할 수 있었다. 메테르니히의 작업이 어찌나 능란했던지, 그 작업의 기반이 외교적 수완이었다는 사실, 그것이 근본적 문제를 아무것도 해결하지 않았다는 사실, 그리고 그것은 조작이었지 창조는 아니었다는 사실 등은 망각되어 버렸다. 무릇 외교란 국제관계의 제반 요소를 제대로 평가하고 그것을 교묘하게 이용함으로써 큰 성과를 거둘 수 있는 수단이다. 그러나 외교가 개념을 대체할 수는 없는 법이다. 궁극적으로 외교적 성취란, 외교의 범주 바깥에서 규정되어 외교에서는 주어진 조건으로 다룰 수밖에 없는 목표들에 의존하는 것이다. 그럼에도 메테르니히는 뛰어난 지략으로 잠시 동안이나마 여러 개의 공을 공중으로 던지고 받는 식의 곡예가 마치 국제관계의 자연스러운 양식인 것처럼 여겨지게끔 만들었으며, 그가 만들어낸 조합이 너무나도 교묘했기 때문에 십년 동안 보편적 원칙의 적용이라고 생각해왔던 것이 실은 한 인간이 부린 묘기였다는 사실은 드러나지 않았다.

성공적인 정책이 언제나 가능하다는 주장은 천박한 역사주의의 산물일 뿐이다. 오스트리아의 비극적인 양난을 간단히 해결할 방법은 없었다. 오스트리아는 시대에 적응하자면 자국의 정신을 포기해야 했고, 자국의 가치체계를 지키자면 그 과정에서 가치체계의 경직화가 초래될 처지였다. 따라서 메테르니히에 대한 진정한 비판은 그가 결국 실패했다는 점에 대해서가 아니라, 그가 거기에 어떻게 반응했는지에 관해서 가해야 마땅하다. 메테르니히가 사안에 관여한 과정을 감안한다면, 그가 가질 수 있었을지도 모르는 비극적 위상을 결국 갖지 못하게 된 것은 본질적으로 기술적인 기교에 대한 그의 독선적인 자만심 때문이었다. 메테르니히가 결여한 것은 역사상 무수한 위기가 찾아왔을 때 사람들에게 난국을 초월할 정신력을 갖게끔 만들어 주었던 자질, 요컨대 바닥없는 심연을 응시하면서 과학자처럼 초연한 태도를 취하는 대신 그것을 극복하지 못하면 자신이 죽게 될 수도 있는 도전으로 대하는 능력이었다. 대신 그에게서 찾아볼 수 있었던 것은 일종의 시원섭섭한 체념이었는데, 거기에도 그 나름의 위엄이 깃들지 않았던 것은 아니었지만, 그 때문에 이 시대착오적 제국의 정치인이 후세에 보수주의의 상징으로 남고자 했던 1차적인 야망은 좌절되고 말았다. 인간이 신화적 존재가 되는 것은 무엇을 안다거나 무엇을 성취함으로써가 아니라, 무엇을 자신의 과업으로 삼느냐에 달려있는 것이다.

메테르니히는 18세기적 궁정외교의 교훈을 너무나도 잘 습득했던 것이다. 18세기 궁정외교의 능숙한 균형감각은 체제가 도전받지 않고 체제의 구성요소들이 안전에 관한 자각에 의해 활성화되던 시대에는 적절했지만, 유동성이 상시화된 시대에는 무용지물이었다. 동맹을 결성한다거나 분쟁의 해결을 협상해야 하는 등, 이미 고정된 틀에서 작업에 임해야 했을 때 메테르니히의 솜씨는 거장다운 것이었다. 그러나 그가 스스로 목표를 창출해내지 않으면 안 되었을 때에는 그의 주변에는 무엇을 해도 소용없는 무망함의 기운이 서렸다. 그는 주어진 것으로 여기던 여러 요소를 조작함으로써 평온을 추구했기 때문에, 안정의 정치가였던 그는 결국 사건의 포로가 되어버렸다. 그는 이길 승산이 분명치 않은 싸움은 절대로 하지 않았기 때문에 상징이 될 수는 없었던 것이다. 그는 다른 어떤 그의 동시대인보다 당시에 작용하고 있던 힘을 잘 이해하고 있었지만, 그 지식은 거의 아무런 도움도 되지 않았다. 그가 자신의 지식을 건설의 과업에 임할 도구로 삼는 대신, 오로지 냉혹한 힘의 작용을 피하는 데만 사용하다시피 했기 때문이었다. 그리하여 18세기의 마지막 흔적에 해당하던 인물이, 지식은 곧 힘이라는 계몽주의의 한 가지 공리가 오류였음을 몸소 증명한 셈이었다. 메테르니히가 취한 정책의 최종적 결과가 일련의 반어적 성격을 띠게 된 것도 그런 이유에서였다. 자신의 공리의 보편성을 가장 자랑스럽게 여기던 정치가의 정책이 한 인물의 죽음으로 인해 유연성을 잃어버린 점이 그러했다. 메테르니히가 추구하던 체제가, 그가 체제를 지탱해줄 기둥의 하나라고 여겼던 프로이센에 의해 붕괴되었다는 점도 그러했고, 그 체제의 정통성이 사회혁명이나 중산계급을 대표하는 자들의 노력에 의해서가 아니라 프로이센 사회의 가장 전통주의적 계층의 노력에 의해 붕괴되었다는 사실도 그러했다. 프로이센 왕실보다 더 오래된 가계의 출신인 오토 폰 비스마르크가 메테르니히가 억눌러왔던 무익한 혁명의 과업을 완성했다는 사실 또한 반어적인 것이었다.

그러므로 평온을 추구했던 두 정치가는 결국 각자의 국내 체제 때문에 패배를 당한 셈이었다. 캐슬레이의 경우는 국내 체제를 무시했기 때문이었고, 메테르니히는 국내체제의 취약성을 과도하게 의식했기 때문이었다. 그러나 그들의 업적은 그들이 초래한 장기간의 평화만이 아니라, 당대에도 큰 영향을 미쳤다. 나폴레옹 전쟁을 통해서 출현한 유럽의 협조체제는 그들이 생각하던 균형상태의 개념과 거의 일치하는 것이었고, 그것을 유지한 회의 체제는 캐슬레이 개인의 창조물이었다. 대불동맹 내부의 견해차를 조정한 인물이 캐슬레이였고, 심지어 점점 더 소극적인 역할밖에 할 수 없게 된 이후에도 평생토록 동맹의 양심으로 존속한 인물이 그였다. 그는 거의 혼자 힘으로 영국의 안보와 유럽의 안정을 일치시켰다. 비록 때가 되자 도서국가적 정신이라는 현실이 다시 모습을 드러내기는 했지만, 영국의 참여는 새로운 질서가 파국을 맞지 않고 수립되기에 족할 만큼 오래 지속되었다. 한편 메테르니히는 비록 "메테르니히 체제"라는 표현은 거부했을지 몰라도, 한 세대에 걸친 항쟁의 의미를 압축적으로 보여주는 인물이었다. 1809년부터 1848년 사이의 기간 중에는 그에게 반대하거나 그를 혐오할 수는 있었지만 그에게서 벗어날 수는 없었다. 그는 신성동맹의 대사제였고 그 공리의 공인된 해석자였다. 그는 회의 체제의 조종자였고, 회의석상에서는 반대자들이 제안한 내용을 교묘하게 이용해 그들을 고립시킨 경우가 다반사였다. 그에 대한 비난의 신랄함이야말로 그의 역할이 중심적인 것이었음을 증명한다. 그는 지식이 정책의 기초가 될 수는 있을지 몰라도 정책의 실행은 기예art라는 점을 익명으로, 완곡하게, 그리고 간접적으로 보여주었다.

III

그렇다면 경세의 역할은 무엇인가? 사회적 결정론은 정치가의 역할을 "역사"라는 기계의 손잡이에 불과한 것으로, 운명의 대리인으로 축소시켰는데, 정치가는 운명을 막연하게 알아차릴 수도 있지만, 그렇다 하더라도 자신의 의지와 무관하게 운명을 완성하는 역할을 맡게 된다는 것이었다. 상황의 침투성과 개인의 무력함에 관한 이러한 믿음은 정책결정의 개념에까지 영향을 미친다. 요즘 우리는 사실관계를 확인할 수 없기 때문에 계획이 우발성을 지닌다거나, 지식이 제한되어 있기 때문에 행동이 어렵다는 이야기를 자주 들을 수 있다. 물론, 정책은 무에서 생겨나는 것이 아니라든지, 정치가는 주어진 것으로 간주할 수밖에 없는 재료와 직면하게 된다는 점을 부정할 수는 없다. 가령 지리적 조건이라든지 가용한 자원만이 아니라, 국민의 기질이나 국민의 역사적 경험도 정치인에게 제약을 가하는 요인이 된다. 그러나 정책이 저절로 정책내용을 창조하지는 않는다는 것과, 정책내용이 자동적으로 이행될 힘을 가진다는 것은 별개의 문제다. 나폴레옹의 제국이 기울어 간다는 인식은 1813년에 있어서 정책의 *조건*이었지 *그 자체*가 정책은 아니었다. 균형상태의 질서가 혁명의 시대를 대체해야 한다거나, 의지의 주장이 정통성의 주장에 자리를 내주어야 한다는 "막연한 분위기"는 감돌고 있었는지도 모른다. 그러나 당시 대부분의 국가가 취한 우유부단한 조치만 보더라도, 이 균형상태의 본질이나 그것을 창출할 수단이 즉각적으로 명백해진 것은 아니었음을 알 수 있다. 지금 와서 돌이켜볼 때 국가이익이 아무리 "자명한" 것처럼 보인다 하더라도 그 당시의 사람들은 선택 가능한 수

많은 정책에 중압감을 느끼면서 여러 가지 상충되는 행동방침을 논의했던 것이다. 1813년에 무조건적 중립을 옹호하지 않았던 오스트리아의 정치가 대다수는 무적의 정복자와 관계를 확고하게 만들기 위해 프랑스와의 동맹을 유지하자고 주장했거나, 또는 유럽을 휩쓸고 있던 민족주의 열정을 좇아 당장이라도 편을 바꾸어야 한다고 주장하고 있었다. 거의 메테르니히 혼자서만 확고한 태도를 견지했는데, 그것은 그가 나폴레옹 제국과 균형상태의 체제가 양립할 수 없다는 사실이 다언어 제국과 민족주의의 시대가 양립 가능함을 의미하지는 않는다는 확신을 가지고 있었기 때문이었다. 같은 시기에 영국 정부는 나폴레옹의 퇴위를 촉구했고, 그 후에는 가혹한 강화를 요구했는데, 그것은 대중의 여론을 반영한 것일 뿐이었다. 보복을 위한 강화가 아니라 균형상태를 위한 강화를, 무력화된 프랑스가 아니라 융화된 프랑스를 실현한 사람은 캐슬레이였다. 이와 같은 정책의 선택은 "사실" 속에 내재된 것이 아니라, 사실에 대한 해석에 의해 이루어졌다.[5] 그것은 본질적으로는 가치를 평가하는 도덕적 행위와 관련된 것이었다. 그 평가의 유효성은 가용한 재료에 대한 이해에 못지않게 목표라는 관념에 달려있었으며, 그 평가 행위는 지식에 기초한 것이었지만 지식과 동일한 것은 아니었다.

그렇다면 정치가에 대한 평가기준은 진정한 역학관계를 인식하는 능력이고, 그 지식을 자신의 목적에 도움이 되도록 만드는 능력이어야 할 것이다. 안정을 추구하는 오스트리아의 경향은 오스트리아의 지리적 위치와 그 국내 구조에 내재된 것이었다. 그러나 오스트리아가, 비록 일시적이고 어리석은 일이었을지는 몰라도, 자국의 국내적 정통성 원칙과 국제질서의 정통성 원칙을 일치시키는 데 성공한 것은 그 외교장관의 솜씨 덕분이었다. 영국이 세력균형을 통해 안보를 추구한 것은 23년간 단속적으로 이어진 전쟁의 결과였다. 그러나 영국이 유럽 협조체제의 일원으로 부상한 것은 한 명의 고독한 인물이 기울인 노력 덕분이었다. 어떠한 정책도 그것이 지향하는 목표보다 더 나은 것이 될 수는 없는 법이다. 자기 업적의 형식과 실질을 결코 혼동하지 않았고, 중앙제국의 존속이 승리가 아닌 화해에 달려있다는 점을 이해했다는 것이 메테르니히가 보여준 경세의 척도였던 것처럼, 정통적 질서를 수립하는 데 있어서 보복보다 통합이 우선임을 인식했던 것이 캐슬레이가 보여준 경륜이었다. 주어진 재료 이상의 과업을 스스로 짊어진 것이 그들이 실패한 이유였다. 캐슬레이는 국내체제의 관념을 넘어선 구상을 보유함으로써, 메테르니히는 민족주의의 세기에 결실을 맺을 수 없었던 노력을 기울임으로써 실패한 것이었다.

그러나 정치가를 그의 생각만으로 재단하는 것은 충분치 않다. 철학자와는 달리 정치가는 자신의 이상을 실행에 옮겨야 하기 때문이다. 그래서 정치가는 주어진 재료의 타성과 불가불 맞닥뜨리게 되고, 다른 나라는 조종할 요소가 아니라 화해해야 할 세력이라는 사실이라든지, 안보의 요건은 그 나라의 지리적 위치나 국내 구조에 따라 차이가 난다는 사실에 직면하게 된다. 정치가의 도구는 외교인데, 외교는 무력의 행사보다는 합의를 통해, 다시 말해 특정한 열망을 일반적 합의와 조화시키는 행동의 기초를 제시함으로써 국가들이 서로 관계를 갖도록 만드는 기술이다. 외교는 강요가 아닌 설득에 의존하기 때문에 명확한 틀의 존재를 전제로 한다. 그 틀은 정통성 원칙에 관한 합의를 통해 만들어지거나, 또는 비록 실제로 달성하기란 몹시 어렵지만 적어도 이론상으로는, 역학관계에 관한 일치된 해석을 통해서도 만들어질 수 있다. 캐슬레이와 메테르니히가 이룩한 업적의 적잖은 부분은 그들이 외교관으로서 비범한 능력을 발휘함으로써 이룩한 것이었다. 두 사람은 공히 자신들이 참여한 모든 협상을 지배했다. 캐슬레이는 서로 대립하는 견해를 조정하는 능력과 경험주의적 정책이 초래하는 외골수적 성실로써, 그리고 메테르니히는 자신의 적을 개인적으로 지배하는 묘한 능력과, 양보가 항복이 아니라 공동의 대의를 위한 희생으로 보이게끔 만드는 도덕적 틀을 규정하는 기술로써.

하지만 어떤 정책의 가장 적나라한 시금석은 그 정책이 국내적 지지를 확보할 수 있는가이다. 여기에는 두 가지 측면이 있다. 하나는 통치기관의 *내부에서* 정책의 정통성을 수립하는 것으로, 그것은 관료주의적 합리성의 문제다. 두 번째는 정책을 민족적인 경험과 조화시키는 것으로, 역사적 발전과정의 문제다. 역설적이지만, 1821년 메테르니히가 러시아의 장관들보다도 오스트리아의 장관들을 상대로 훨씬 더 악전고투했고, 캐슬레이가 외국의 동료들보다도 자국의 내각을 상대로 더 필사적으로 싸워야 했던 것은 우연이 아니었다. 정책 입안의 정신과 관료주의의 정신은 정반대의 것이기 때문이다. 정책의 성패는 부분적으로 추정에 근거해서 내리는 평가의 정확성에 달려 있다는 점에서, 정책의 진수는 그 우발성에 있다. 반면에 관료주의의 성패는 예측 가능성에 있기 때문에 관료주의의 본질은 안전성의 추구에 있다. 심오한 정책은 부단한 창조와 상시적인 목표의 수정이 가능할 때 잘 만들어진다. 훌륭한 행정은 범속함을 견뎌낼 수 있는 관계를 규정하는, 판에 박힌 관행 속에서 이루어진다. 정책은 위험의 조절과 연관되는 반면, 행정은 일탈의 회피와 관련이 깊다. 정책은 수단과 균형감각의 관계에 의해 정당화되지만, 행정은 주어진 목적에 비추어 개개의 행동이 지니는 합리성으로 정당화된다. 정책을 관료적으로 시행하려는 시도는 예측 가능성에 대한 집착으로 이어지고, 결과적으로 사건의 포로가 되기 쉽다. 반면에 행정을 정치적으로 운영하면 완전한 무책임을 초래한다. 관료기구는 집행하도록 고안되었지 입안하도록 만들어진 것이 아니기 때문이다.

정책을 행정적으로 수행하려는 유혹은 언제나 존재한다. 대부분의 정부는 일차적으로 국내정책을 집행하기 위해 조직되었고, 정부가 다루어야 할 주요한 문제는 사회적 결정을 실행에 옮기는 것이며, 이러한 과업은 기술적 타당성에 의해서만 제약을 받기 때문이다. 그러나 국제관계를 다룸에 있어서 기술적 문제에 골몰한다면 달성한 목표보다 회피한 실패를 평가의 기준으로 삼게 되고, 기회의 발견보다는 파국의 예측을 기준으로 능력을 평가하는 사고방식을 낳는다. 그러므로 1814년 비엔나 회의 당시 논란의 정점에서 밴시타트Vansittart가 러시아의 위협이라는 현실을 간단히 부정한 것이라든지, 1821년에 피에몬테에 대한 작전이 오스트리아의 재정에 과도한 부담을 초래한다고 슈타디온이 항의한 것은 놀라운 일이 아니었다. 그 각각의 경우에 위기가 발생했다는 것이 당장 분명했음에도 그 위험성은 상징적이거나 미래에 관한 것으로 간주되었고, 확실성에 대한 추구는 위험성의 실체에 대한 부정이라는 행태로 나타났던 것이다.

계획의 입안을 실행의 책임과 분리하는 것이 위험한 이유는 그 때문이다. 책임은 판단의 기준, 즉 정통성과 연관이 있다. 그러나 관료주의의 기준은 사회적 노력의 기준과는 다르다. 사회적 목표는 국내 체제의 정통성 원칙에 의해 정당화되며, 그 원칙이 합리성이 되었든, 전통이든, 또는 카리스마든, *궁극적인* 가치로 간주된다. 한편 관료주의적 수단은 주어진 것으로 여겨지는 목적을 달성하기 위한 행동의 적절성이라는, 본질적으로 *도구적인* 기준에 의해 정당화된다. 한 사회의 가치체계는 상대적으로 고정적이기 마련이므로 그 사회는 제한적인 범위의 결정만을 내릴 수 있지만, 이상적인 관료기구는 행정적으로 가능한 *그 어떤* 결정도 실행할 수 있다. 그러므로 사회적 목표를 관료주의적으로 결정하려는 시도는, 수단의 합리성을 목적의 결정에 적용하려는 과정에 본질적으로 수반되는 왜곡현상을 언제나 초래하기 마련이다. 캐슬레이의 정책이 그토록 유연하고 메테르니히가 그처럼 섬세한 유연성을 가지고 행동할 수 있었던 것은 많은 부분에 있어서 입안과 실행의 책임을 공히 가지고 있었기 때문이었다. 캐슬레이도 메테르니히도 행정적 관행에서가 아니라 사회적 노력의 목표에서 정통성을 취했기 때문에 정책을 장기적인 국가전략으로서 입안할 수 있었다. 그리고 그들은 재임기간이 길었기 때문에 자신들이 입안한 정책을 각각의 합리성으로만이 아니라 조치들 사이의 관계에 관해서도 적절한 주의를 기울이면서 집행할 수 있었다.

관료주의적 타성이라는 장애물 외에도, 국민의 국내적 경험과 국제적 경험이 서로 상응하지 않을 때 정치가는 국내적으로 자신의 정책에 정통성을 부여하는 데 큰 어려움을 겪게 되는 경향이 있다. 국민의 전반적인 국내적 노력은 정의의 본질에 관한 합의라는 수단을 통해 힘을 의무로 변화시키고자 하는 노력을 보여준다. 의무의 형태가 자발적일수록 사회적 가치는 더 "자연스럽고" "보편적인" 것처럼 보이게 된다. 그러나 국제 문제에 대한 국민의 경험은 그 국민이 가진 정의관의 보편성에 대한 도전으로 작용한다. 국제질서의 안정은 자제력에, 정통성에 관한 상이한 견해의 조화에 달려있기 때문이다. 국민으로서는 다른 마땅한 판단기준이 없기 때문에 국내적 정통성을 기준으로 정책을 평가하기 마련이다. 그러나 국제질서의 정통성 원칙과 정의에 관한 편협한 해석을 일치시키려는 노력은, 특히 국내적 정통성 원칙이 국제적 관념에 상응하지 않는 면이 충분히 크다면, 반드시 변혁적 상황을 초래한다. 만일 어떤 사회가 보편성과 아울러 배타성을 주장하는 원칙으로 스스로의 정통성을 확보한다면, 요컨대 만약 그 사회의 정의 관념이 여타 정통성 원칙의 존재를 포용하지 않는다면, 그 사회와 다른 사회의 관계는 힘에 기초한 것이 될 수밖에 없다. 그런 까닭에 서로 경쟁하는 정통성 체제는 서로를 양해하기 지극히 어려우니, 그것은 "정당한" 요구의 본질에 관해 서로 합의할 수 없기 때문일 뿐 아니라, 아마도 더 중요하게는, 달성 가능한 국제적 합의에 국내적 정통성을 부여할 수가 없기 때문이다.

그러나 심지어 근본적인 이념상의 간격이 존재하지 않을 때에도, 일국의 국내적 경험은 국제문제를 이해하는 데 장애를 초래하는 경향이 있다. 국내적으로 가장 어려운 문제는 "정의"의 본질에 관한 합의를 도출하는 일이다. 그러나 국제관계에서는, 정책의 정의에 내재된 국내적 합의를 종종 다른 국가들의 유사한 국내적 합의와 타협하지 않으면 안 된다. 국내정책의 수단이 의지와 실행의 합치를 상징하는 관료기구인 반면에, 국제적 정책 수단은 적용의 우발성을 상징하는 외교라는 사실은 우연이 아니다. 그토록 수많은 국가들이, 성과 없는 결정에 도달할 때 수반되기 마련인 정신적 고통을 남기는 외교정책에 대한, 그리고 국내적으로 "정의"로 규정된 것이 국제적으로는 협상의 대상으로만 여겨지는 이중 기준에 대한, 무의식적일지는 몰라도 매우 강력한 반발을 괜히 경험하는 것이 아니다. 그리고 그토록 많은 사회가 지닌 자화상이 외국인의 교활한 행동 때문에 스스로의 타고난 권리를 박탈당한 모습으로 그려지는 것도 우연한 일이 아니다. 국내정책의 추진력은 직접적인 사회경험인 반면에, 외교정책의 추진력은 실재적인 경험이 아니라 정치가가 그 실현을 회피하고자 하는 잠재적 경험, 즉 전쟁의 위협이기 때문이다.

그런 고로 정치가란, 장래에 대한 선견지명을 가지고 있으면서도 그것을 동족들에게 직접 전달할 수도 없고, 그 "진실"을 확인시켜줄 수도 없는 고대 연극의 영웅과도 같다. 국민은 경험을 통해서만 배움을 얻기 때문에, 행동하기에는 이미 늦었을 때에야 비로소 "알게" 된다. 그러나 정치가는 자신의 직감이 이미 하나의 *경험인 것처럼*, 자신의 포부가 진실인 것처럼 행동해야 한다. 정치가들이 왕왕 예언자와 같은 운명을 겪는 것은 바로 이러한 이유 때문이다. 그들은 자기 나라에서 영예를 얻지 못하고, 자신의 계획에 국내적으로 정통성을 부여하는데 곤란을 겪으며, 그들의 위대함은 보통 그들의 직감이 경험으로 변한 이후에 돌이켜볼 때에만 분명히 드러나는 것이다. 따라서 정치가는 교육자가 되어야 한다. 정치가는 인민의 경험과 자신의 이상 사이에 존재하는 간격, 국가의 전통과 자신의 미래 사이에 존재하는 간격을 메워야만 하는 것이다. 이런 과업에 있어서 정치가의 가능성은 일정한 제한을 받는다. 캐슬레이가 보여주었듯이, 국민의 경험을 너무 멀리 벗어나는 정치가는 그의 정책이 제아무리 현명하더라도 국내적 합의를 달성하는데 실패하고 만다. 또한 메테르니히가 보여주었듯이, 자신의 정책을 국민의 경험에 한정시켜버리는 정치가는 결국 아무것도 만들어내지 못하는 상황을 자초하고 마는 것이다.

대다수의 위대한 정치가가 본질적으로 보수적인 사회 체제의 대표자이거나 그렇지 않으면 혁명가 둘 중 한 쪽이었던 것은 이와 같은 이유에서다. 보수주의자의 강점은 국민의 경험을 이해하고 안정적 국제질서의 열쇠가 되는 지속적 관계의 본질을 이해하는 데 있다. 한편 혁명가의 강점은 경험을 초월하고 정의로운 것과 가능한 것을 동일시하는 데 있다. 보수주의자는 (특히 본질적으로 보수적인 사회 체제를 대표하는 경우에는) 사회적 노력의 기본적 목표와 사회적 경험의 본질에 관한 합의를 통해 정통성을 얻기 때문에, 목표로 다가가는 각각의 단계를 매번 정당화할 필요는 없다. 혁명가는 자신의 카리스마적 자질을 통해, 자기 개인이나 원칙의 정통성에 대한 합의를 통해 정통성을 얻는다. 그러므로 혁명가의 수단은 우발성을 수반한다. 그의 목표나 그 자신이 그의 수단에 정통성을 부여하기 때문이다. 보수주의적 체제는 웅대한 이념의 틀을 제공하는 *고급한 자질*이라는 관념을 만든다. 한편 변혁적 질서는 기술적인 한계를 제거하는 *열광적 흥분*이라는 관념을 낳는다. 그리하여 양쪽 모두, 정책의 *실체*에 관한 이해를 얻기가 불가능할 때 과연 어떻게 정책의 *복잡성*에 관한 이해를 얻을 것인가라는, 경세의 근본적인 문제와 씨름하게 된다.

본서는 전통적 사회구조를 가진 국가, 충분한 응집력을 가진 사회의 보수주의적 정치가들을 다루어 왔다. 그런 사회에서라야 국내적 논란은 본질적으로 기술적인 것이자 합의된 목표의 달성에 관한 것이라는 확신에서 비롯되는 확실성을 가지고 정책을 집행할 수 있기 때문이다. 그 덕분에 메테르니히는 반역자라는 비난을 받지 않고 1809년부터 1812년까지 "제휴" 정책을 수행할 수 있었던 것이고, 캐슬레이도 "나라를 팔아먹는다"는 비난을 받지 않으면서 나폴레옹과 협상할 수 있었던 것이다. 따라서 경세란 관념의 문제일 뿐만 아니라 이행의 문제에 관한 것이며, 바람직한 이상 못지않게 달성 가능한 것의 진가를 알아보는 능력에 관한 것이기도 하다. 정의로운 것과 가능한 것을, 국제적 정통성과 국내적 정통성을 조화시키려던 캐슬레이와 메테르니히의 노력에 관한 묘사는 정치가로서의 그들에 관한 이야기다. 반면에 그들이 가장 소중하게 여기던 것의 영속성을 성취하는 데 있어서 그들이 경험한 실패는 인간으로서의 그들에 관한 이야기다.

IV

역사적 경험으로부터 도출하는 결론의 유효성에 관한 의문은 여전히 남는다. 때로 그 의문은, 역사적 사건은 본질적으로 일회적이라는 주장으로 표현되기도 한다. 사건은 완전히 동일한 형태로 반복되지는 않는데, 그런 의미에서 역사는 "되풀이"되지 않는다고 말할 수도 있을 것이다. 조악한 육체적 경험에 있어서도 마찬가지다. 코끼리를 처음으로 보는 인간은 자신이 대면하고 있는 것이 무엇인지 알 수 없을 것이다. (그가 경험을 대신할 그림이나 묘사를 접한 적이 없다면 그럴 것이다.) 그는 두 번째 코끼리를 볼 때 비로소 그 독특한 외관을 추상화하고, 유사성의 기준을 설정함으로써 그 동물에게 이름을 부여할 수 있게 될 것이다. 따라서 개념은 대상에 관해 "모든 것"을 말해주지 않으며, 분류에 관한 "법칙"을 제시하지도 않는다. 뉴턴의 법칙이 사과에 관해서 의미 있는 아무런 이야기도 해주지 않는다고 비난할 수는 없는 법이다. 왜냐 하면 뉴턴의 법칙이 가지는 의미는 "낙하하는 물체들"의 형식적 관계에 관한 인식을 통해서, 사과로부터 시간 속에서의 개별적 외양을 의미하는 사과의 "특수성"을 제거하고, 어떤 종류에 속하는 물건으로서의 외양을 의미하는 "사과다움"을 제거했다는 바로 그 사실에 있기 때문이다. 마찬가지로, 나폴레옹이 히틀러와 완전히 동일하지는 않다거나, 캐슬레이가 처칠과 완전히 동일하지 않다는 점을 지적한다 해도 그것이 역사적 관점에서 국제관계를 연구하는 데 대한 반론이 되는 것은 아니다. 무엇이 되었든 관련성이 있다면 그것은 정확한 일치가 아니라 직면하고 있는 문제의 유사성에 달린 문제인 것이다. 그러므로 다른 모든 일반화와 마찬가지로, 결론은 개별적 경험의 특수성을 추상화하는 능력을 반영하게 된다.

물리의 법칙은 설명이지 묘사는 아니고, 역사가 주는 교훈은 유추에 의한 것이지 일치에 의한 것이 아니다. 이는 역사의 교훈이 결코 저절로 얻어지는 것이 아니라 다양한 경험의 중요성을 인식하는 기준에 의해서만 얻어진다는 사실을 의미하고, 우리가 얻는 해답이 우리가 던진 질문보다 더 나은 것이 될 수는 없다는 사실을 의미한다. 자연과학에서도 감각적 경험의 *의미*를 승인한다는, 본질적으로 정신적인 행위가 있기 전에는 그 어떤 심오한 결론도 도출되지 않는다. 각각의 단위로 행동하는 국가를 연구하는 국제 문제의 연구에서는 역사적 맥락에 관한 인식 없이 의미 있는 결론을 도출하기란 불가능하다. 사회는 공간 속이 아닌 시간 속에 존재하는 것이기 때문이다. 실증주의 철학자들이 지칠 줄 모르고 지적해온 것처럼, 어떤 순간에 있어서도 국가는 개인의 집합에 지나지 않는다. 그러나 그 집단은 공통의 역사를 자각함으로써 정체성을 획득한다. 이것이야말로 국민이 소유하는 유일한 "경험"이고, 스스로 배움을 얻을 수 있는 유일한 길이다. 역사는 국가들의 기억인 것이다.

국가들이 쉽게 잊어버리는 경향을 가지고 있는 것은 틀림없다. 국가가 과거로부터 배움을 얻는 것은 흔치 않을 뿐더러, 그 과거로부터 올바른 결론을 도출하는 경우란 더더욱 드물다. 개인의 경험과 마찬가지로, 역사적 경험이 주는 교훈은 우발적인 것이기 때문이다. 역사적 교훈은 어떤 특정한 행동의 결과가 무엇인지는 가르쳐주지만, 비교할 만한 상황에 관한 인식을 강요하지는 못한다. 어떤 사람이 뜨거운 난로에 덴 경험을 가지고 있다 하더라도 그 사람이 일정한 크기의 금속 물체를 마주쳤을 때 자기 지식의 도움을 받으려면 그것이 정말 난로인지 그때그때 판단해야만 하는 것이다. 국민은 변혁적 상황이 초래할 개연성이 있는 결과를 알고 있을 수도 있다. 그러나 변혁적 상황을 *알아보지* 못한다면 그 지식은 공허한 것이 되고 만다. 한 세대에는 단지 한 번의 추상화抽象化만 허락될 뿐이며, 그 세대가 해석과 실험의 주체이기 때문에 한 가지 해석과 한 번의 실험만이 허용된다는 데 바로 물리적 지식과 역사적 지식의 차이가 있다. "운명"이 세상에서 이런 모습으로 나타난다는 점이야말로 역사의 도전이자 역사의 비극이다. 그것을 해결하는 것, 아니 심지어 그것을 인식하는 것조차가 경세의 가장 어려운 과제다.

주

1) N.P. III, p.522.
2) Webster, II, p.488; d'Antioche, Chateaubriand, pp.342, 348.
3) Webster, II, p.541 (Appendix).
4) N.P. III, p.511.
5) 정책이 안보의 요건을 반영하기 때문에 "객관적"이라는 주장은 이미 완료된 행동에 동기를 설정하는, 하나마나한 말이 된다. 경세에 있어서 긴요한 문제는 완료된 정책에 공식적 의미를 부여하는 것이 아니라, 주어진 시기의 정책 *내용*을 이해하는 것이다. 정책에 관한 논란은 안전의 지혜로움을 둘러싼 것이 아니라 그 본질에 관한 것이며, 안보가 바람직한지에 관한 것이 아니라 안보를 가장 잘 달성할 수 있는 수단에 관한 것이다.

역주1) 프랑스의 작가, 정치가, 외교관 겸 역사가였던 프랑소와-르네 드 샤토브리앙(François-René de Chateaubriand 1768-1848). 프랑스 낭만주의 문학의 선구자다. 프랑스 혁명 당시 반혁명군에 가담했다가 영국에서 망명 시절을 보냈으나 나폴레옹 휘하에서 로마 공사를 지냈다. 후일 그는 왕당파의 일원으로서 왕정복고 후 두 번의 장관직과 세 번의 대사직을 수행했다.

역주2) 이 책이 1954년에 쓰였다는 점을 감안하면, 1993년 마스트리히트조약 이후의 유럽연합은 과거 그 어떤 시기의 유럽보다 굳건한 단합을 이룩했다는 부연설명이 가능할 수도 있다. 그러나 유럽의 주요국들이 자국 영토가 전장이 되는 전면전 상황을 맞이하더라도 과연 1815-21년에 필적할 정도로 강한 결속을 유지할 수 있을 것인지는 아직 증명되지 않았다.

역주3) 알렉산드르 1세는 1825년 11월 19일 (또는 12월 1일) 흑해 연안의 요양지인 타간로크에서 급사했다. 티푸스로 사망한 것으로 알려졌으나, 워낙 갑작스럽고 비밀스러운 죽음이었기 때문에 한동안 그가 죽음을 가장하여 수도원에 들어갔다는 소문이 퍼지는가 하면 그를 사칭하는 가짜가 나타나기도 했다.

역주4) 1830년 프랑스에서는 샤를 10세를 퇴위시키고 루이-필립이 즉위한 7월 혁명, 플랑드르에서는 벨기에 독립왕국의 수립을 초래한 벨기에 혁명, 폴란드에서는 청년장교단이 러시아에 저항한 11월 폭동 등이 일어났다.

역주5) 알렉산드르 1세의 동생으로서 1825-55간 러시아를 지배한 니콜라이 1세(Николай I Павлович 1796-1855).

역주6) 코르시카의 정치인 출신으로 러시아 외교관으로 활동한 카를로 안드레아(Carlo Andrea, count Pozzo di Borgo 1764-1842). 코르시카에서 정치를 하던 그는 나폴레옹에 의해 축출된 후 아담 차르토리스키의 소개로 1804년부터 러시아에서 외교관 생활을 시작했다.

그는 일생의 대부분을 고향인 코르시카 밖에서 떠돌며 파란만장한 삶을 살았지만, 개인 자격으로도 유력인사들과의 친분을 매개로 상당한 영향력을 발휘했다.

역주7) 흑해 연안의 항만도시로, 지금은 우크라이나에 속해 있다.

역주8) 이른바 철혈재상으로 알려진 1871-90년간의 독일제국 총리 오토 에두아르트 레오폴트 폰 비스마르크(Otto Eduard Leopold von Bismarck 1815-1898). 그는 프로이센의 외교관이자 정치인으로서 독일을 통일하여 제2제국을 건설한 장본인이다. 1851년 프랑크푸르트에서 열린 독일연방의회에 프로이센 대표로 참석하면서부터 독일통일을 위해서는 오스트리아를 배제해야 한다는 소(小)독일주의를 추구했다. 1862년 빌헬름 1세의 지명으로 프로이센 총리에 취임한 후 군비확장을 추진했으며, 1864년 및 1866년 전쟁에서 오스트리아를 제압한 후 1870-71년의 프랑스-프로이센 전쟁에서 승리해 독일 통일을 이룩하고 독일 제국의 수립을 선포하는 데 성공했다.

역자의 글

프랑스 혁명은 유럽에서 국가의 관념을 바꾸었다. 그리고 혁명은 그것을 일으킨 사람들의 의지와는 무관하게, 나폴레옹의 집권과 전 유럽을 휩쓴 전쟁으로 이어졌다. 1803년부터 1815년 사이에 벌어진 '나폴레옹 전쟁'은 유럽의 근대국가가 현대국가로 변모하는 과정에서 겪은 혹독한 성장통이었다. 이 전쟁의 여파로 유럽에서 국민개병제가 일반화되었고, 프랑스에서 군주제가 부활했으며, 신성로마제국은 해체되었고, 영국은 다가올 한 세기를 선도할 강대국으로 부상했다.

이 책은 헨리 키신저Henry Kissinger의 하버드대 박사학위 논문을 바탕으로 한 《A World Restored: Metternich, Castlereagh, and the Problems of Peace 1812-22》(1957년, Houghton Mifflin)의 번역본이다. 키신저는 이 책을 통해서 나폴레옹이 러시아를 침공했다가 패함으로써 급격히 쇠락하기 시작하던 1812년부터 10년간의 유럽 정치사에 현미경을 들이댔다. 그것은 유럽 국가들이 복잡다단한 외교를 통하여 새 질서를 인위적으로 수립해 가던 기간이었다. 미숙한 눈이 '왕정의 복고'라는 반동적 현상만을 관찰하기 쉬운 지점에서, 키신저는 평화를 지탱할 원칙이 형성되었음을 보았다. 회복된 구질서의 외관은 얼마 가지 못했지만, 이 기간에 마련된 원칙은 이후 백년 간 평화를 지탱했다.

키신저의 논문이 쓰인 1954년은 제2차 세계대전이 끝난 후 새로운 국제질서가 수립되던 시절이었다. '정통성legitimacy이 무너진 곳에 전쟁이 찾아온다'는 키신저의 명제는 구성주의 정치학constructivism에서 널리 받아들여졌지만, 그것은 종종 '안정이 사라진 곳에 불안정이 찾아온다'는 식의 동어반복적 표현으로 오해되기도 하였다. 그러나 그러한 오해는 '정통성'이라는 관념이 국가 구성원들의 심리 상태와 깊은 관계를 가진다는 사실을 간과한 데서 비롯된 것일 뿐이다. 케인즈가 경제학의 대양에서 '기대expectation'라는 열쇠를 건져낸 것처럼, 키신저는 질서를 가능케 하는 심리적 요소에 착안했고, 그것을 정통성이라고 불렀다.

저자의 원래 의도가 무엇이었든, 《회복된 세계》에 기술된 내용은 오늘날에도 크나큰 함의를 가진다. 2013년 현재, 지금까지 국제질서를 지탱해 오던 정통성은 강하고 집요한 도전에 직면하여 눈에 띄게 쇠퇴하고 있기 때문이다. 브레튼 우즈 체제의 변용을 통해 유지해 오던 국제금융체제가 한계를 노정하고 있으며, 핵 비확산체제도 근간을 유지하기 버거워 보인다. 특히 동반구의 여러 곳에서는 수십 년간 현상유지 양상을 보이던 해양의 경계와 관련된 문제도 수면으로 부상하고 있다.

나폴레옹 전쟁 직후 유럽 국가들이 정통성 회복을 위해 노력한 결과, 유럽은 역사상 가장 긴 평화를 누렸다. 그러나 모든 오늘은 어제의 업보이고, 모든 내일은 오늘의 업보다. 오래도록 유지된 평화는 전쟁의 고통을 망각의 강 저편으로 떠내려 보냄으로써 각국의 무분별한 군비경쟁을 촉발했고, 결국 세계대전을 불러왔다. 긴 평화의 시대를 누린 후 군비경쟁이 심화되는 현상은, 불행한 일이지만, 2010년대의 아시아 태평양지역에서 낯설지 않다. 그런 점에서, 이 책이 담고 있는 교훈은 어쩌면 저자가 이 책을 저술한 1950년대보다 오늘날 더 큰 적실성을 가지고 있을지도 모른다.

이 책을 번역하면서, 키신저 박사의 격조 높은 문체를 가급적이면 살리고 싶은 욕심은 결코 작지 않았다. 그러나 이 책을 한국어로 번역한 취지는 훌륭한 저서가 몇몇 지성인들의 먼지 쌓인 서가에서 더 많은 사람의 손으로 옮겨갈 수 있는 기회를 만들어 보자는 데 있었으므로, 되도록 일상적인 낱말과 표현의 범주를 넘지 않으려 노력했다. 번역자의 재량이란 최소한의 자유에 불과하므로, 내가 번역자에게 항용 허용되는 분량 이상의 자유를 누린 것은 아마도 아니었을 것이다. 그럼에도, 참맛을 잃고 메말라 버린 문장에 관한 책임은 전적으로 역자의 몫이다.

번역 과정에서 'revolution/revolutionary'는 문맥에 따라 '변혁(적)'으로, 또는 '혁명(적)'으로 번역했다. 우리말의 '권력' 또는 '세력'은 국가적 실체를 의미하지 않으므로, 'power(s)'는 '국가(들)'로 번역했으며, 약소국과 대비하여 쓰인 경우에는 '강대국'으로 번역했다. 'nation' 또한 그것이 분명이 민족을 의미하는 맥락에서만 민족으로 번역하고, 다른 경우는 '국가'로 번역했다. 이 책에서 키신저 박사는 현대의 공개외교와 대응하는 비밀궁정외교를 지칭하는 의미로 cabinet diplomacy라는 표현을 사용했다. 이것을 '내각외교'라고 번역하면 의미가 생경할 터이므로 불가불 '궁정외교'로 번역했다. 'dispatch'는 요즘이라면 '전문(cable)'이라고 부를 외교당국의 내부 문서를 의미하나, 당시에는 서한의 형태로 오고 갔으므로 '서한'으로 번역했다. 보고서와 지시 서한을 통칭하는 dispatch를 상대국에 보내는 문서를 의미하는 '외교문서'로 번역하는 것은 부적절하였으며, 서한보다 나은 용어를 생각하기는 어려웠다. statesmanship이라는 영어는 '경세'로 번역했지만, 우리말 '경세가'는 지위보다는 자질을 (나아가, 많은 경우에는 지위가 없는 자질을) 의미하므로, 이 책에서 메테르니히나 캐슬레이 등을 지칭하는 'statesman'은 부득이 '정치가'로 번역했다. 그리고 Alliance, Coalition 등이 대문자로 표기된 경우에는, 예컨대 오스트리아와 프랑스 간의 동맹 등과의 혼동을 피하기 위해 '대불동맹'으로 번역했다. 정책의 목표이자 최종적 상태를 의미하는 equilibrium과 정책적 수단이자 일시적 현상인 balance를 공히 '균형'이라고 번역할 수밖에 없다는 점도 문제였다. 그 두 가지를 구분하고자, 키신저 박사의 핵심적 개념에 해당하는 equilibrium은 '균형상태'로 번역했다. 따라서 이 책에서 '균형상태'는 언제나 equilibrium을 의미하고, '세력균형'은 거의 언제나 balance of power, balance of forces, 또는 balance의 번역에 해당한다. 키신저 박사가 종종 사용한 incommensurability는 통약불가능성이 라는 본연의 뜻이 너무 복잡하므로, 문맥상 무난하다고 보아 불일치 또는 상위성으로 번역했다.

2006년에 시작한 일이건만, 업무를 수행하는 틈틈이 하느라 번역에는 무려 7년의 세월이 소요된 셈이다. 역자 개인으로서는, 좋은 책은 세월이 흐를수록 오히려 더 큰 울림을 전해준다는 사실을 실감한 7년이었다. 감사드릴 분들이 많다. 흔쾌히 한국 독자들을 위한 서문을 써 주신 키신저 박사님께 감사드리고, 출판을 기꺼이 수락해준 북앤피플 김진술 대표님께 감사드린다. 이 책의 번역을 격려해 주시고 키신저 박사를 만날 수 있게 해 주신 김숙 대사님께도 특별히 감사드린다. 제10-12장과 참고문헌의 초벌번역을 자청해 맡아줌으로써 중도에 포기할 뻔했던 번역작업을 재개하도록 도와준 표정화 서기관, 교정을 보아준 이유림 박사, 빛나는 조언을 제공해준 나의 벗 심준보 판사에게도 감사한다. 지난 수년 간 《회복된 세계》와 관련된 토론의 상대가 되어주었던 여러 선배 동료들께도 감사의 마음을 전한다. 국제정치사를 공부하는 독자라면, 이 번역으로 책의 대강을 개관한 후 원문으로 키신저 박사를 다시 만나, 그 사상의 여러 켜와 깊이를 음미하면서 역자가 느낀 감동을 함께 누려볼 것을 권하고 싶다.

2013년 11월, 뉴욕에서

박용민

참고문헌

I. 기록문서

A. 영국 관련 자료

CASTLEREAGH, Viscount, *Correspondence, Dispatches and Other Papers* (12 vols.) Edited by his brother, Marquess of Londonderry. (London, 1848-52) 각주에서는 C.C.로 표기

이 전집의 내용은 제목만큼이나 잡다하다. 제8권에서 제12권은 캐슬레이의 외교정책을 다룬다. 2차 자료에 대해서는 활용도가 높은 보충서이나, 이 자료만 가지고 사건을 재구성하기는 불가능하며, 1815년 이후로는 더더욱 그렇다.

British and Foreign State Papers. Edited by the Librarian of the Foreign Office. (London, 1841) B.F.S.P.로 표기

1841년까지 출간된 공식문서다. 의회에 대해서는 캐슬레이가 솔직하지 않게 대처한 측면이 있으므로 주의가 필요하다. 제1권에서 제9권이 본서의 주제가 되는 시기를 다루고 있다.

Parliamentary Debates. Hansard로 표기

주로 캐슬레이가 자신의 정책을 국내에서 정당화하는 과정에서 겪었던 어려움을 확인하는 데 유용하다. 제1집의 제20권부터 제41권과 새로운 전집의 제1권부터 제7권이 본서의 주제가 되는 시기를 다루고 있다.

TEMPERLEY, Harold, and Lillian PENSON, *Foundations of British Foreign*

Policy. (Cambridge, 1938)

실증적인 주요 문서를 모아둔 자료다. 본서의 주제가 되는 시기를 다루는 문서들은 분량은 적지만 엄선되어 있다.

WEBSTER, *Charles, British Diplomacy*, 1813-15. (London, 1921) B.D.로 표기

외교공문서를 수집해 캐슬레이의 서한에서 발췌한 내용을 보충한 자료로, 본서의 주제가 되는 시기를 훌륭하게 묘사하고 있다.

WELLINGTON, Duke of, *Dispatches* (13 vols.) Edited by Gurwood. (London, 1837) Gurwood로 표기

웰링턴은 본서의 주제가 되는 시기의 사건에 군인으로서, 또한 외교관으로서 깊이 관여하고 있었기 때문에 그의 서한은 유용한 배경 자료가 된다. 제8권부터 제13권이 본서의 주제가 되는 시기를 다룬다.

——, Supplementary *Dispatches, Correspondences and Memoranda* (15 vols.) Edited by his son. (London, 1858-76) W.S.D.로 표기

제6권부터 제14권이 본서의 주제가 되는 시기를 다룬다. 웰링턴 공작과 직·간접적으로 연관된 여타 주요 인사들의 자료를 모은 것이다. 캐슬레이의 서한과 각서도 다수 포함하고 있어서, 잡다하지만 귀중한 자료다. 여러 면에서 캐슬레이의 서한집보다도 유용하다.

B. 오스트리아 관련 자료

GONSALVI AND METTERNICH, *Correspondance 1815-23 du Cardinal Gonsalvi avec le Prince de Metternich*. Edited by Charles Van Duerm. (Louvain, 1899)

메테르니히와 교황청 외교장관 사이에 오고 간 서한. 메테르니히의 이탈리아 정책과 교회에 대한 냉정한 태도를 파악하는 데 유용하다.

GENTZ, Friedrich von, *Depêches Inédites aux Hospodars de Valachie* (3 vols.) Edited by Anton Prokesch-Osten. (Paris, 1876-77) Depêches Inédites로 표기

——, *Briefe von Friedrich von Gentz an Pilat* (2 vols.) Edited by Karl Mendelson-Bartholdy. (Leipzig, 1868)

——, *Tagebuecher, aus dem Nachlass Varnhagen von Ense* (4 vols.). (Leipzig,

1873-74)

메테르니히의 최측근 중 한 명이 작성한 사료로서, 메테르니히가 작성한 메모들도 포함되어 있다. 겐츠가 자신의 역할을 과장한 경향은 있으나, 이 문서들은 특히 1815년 이후의 사건에 대한 유용한 묘사를 담고 있다.

HANOTEAU, Jean, *Lettres du Prince de Metternich à la Comtesse de Lieven.* (Paris, 1909)

런던 주재 러시아 대사의 부인 앞으로 쓴 메테르니히의 연애편지다. 메테르니히의 자신에 대한 묘사, 그리고 무엇보다 그의 합리주의적 철학이 흥미롭다.

KLINKOWSTROEM, Alfons, *Oesterreich's Theilname an den Befreiungskriegen*. (Vienna, 1887)

오스트리아의 1813년 전쟁 참전 경과를 겐츠가 기록한 것. 특히 메테르니히와 슈바르첸베르크가 교환한 서한들이 포함된 부록이 유용하다.

KUEBECK, Max, *Metternich und Kuebeck, Ein Briefwechsel*. (Vienna, 1910)

1849-50년간 메테르니히와 독일 문제를 담당한 오스트리아 외교관 간의 서한집. 특히 독일의 통일에 대한 메테르니히의 시각이 유용하다.

METTERNICH, Clemens, *Aus Metternich's Nachgelassenen Papieren,* (8 vols.) Edited by Alfons v. Klinkowstroem. (Vienna, 1880) N.P.로 표기

메테르니히가 자서전 대신 남긴 기록. 제1권은 메테르니히의 자기 만족적이고 종종 부정확한 전기적 유고, 그리고 나폴레옹과 알렉산드르에 대한 그의 훌륭한 묘사를 담고 있다. 나머지는 외교문서, 개인 서한, 각서 등을 모은 것이다. 문서의 정확성에 대한 의문이 있기는 하나 불일치는 모두 사소하고, 외교문서는 지금까지 밝혀진 메테르니히의 다른 집필들과 일관성이 있다. (Baillieu, Section III D. 참조) 프랑스어로는 Mémoires라는 제목으로 간행되었고, 영어로도 제1권부터 제5권까지 간행되어 있으나, 상기 판본에서만 프랑스어와 독일어 필사본을 포함한 원문의 형태를 볼 수 있다.

——, *Briefe des Staatskanzlers Fuerst Metternich-Winnebug an den Oesterreichischen Minister des Aüsseren Graf Buol-Schauenstein aus den*

Jahren, 1852-59. Edited by Carl. J. Burckhardt. (Munich, 1934)

메테르니히가 그의 후임 외교장관 앞으로 쓴 서한으로, 오스트리아의 정책에 관한 조언을 담고 있다. 메테르니히 외교정책의 기본 원칙을 이해하기에 매우 좋은 자료다.

——, *Metternich-Hartig, ein Breifwechsel*. (Vienna, 1923)

1848년부터 1851년에 이르기까지 메테르니히가 오스트리아의 전임 롬바르디아 총독과 주고받은 서한. 경세와 행정의 본질에 관한 메테르니히의 견해가 흥미롭다.

ONCKEN, Wilhelm, *Oesterreich und Preussen im Befreiungskriege* (2 vols.) (Berlin, 1880)

1813년 전반 6개월간 오스트리아와 프로이센의 정책에 관한 기술. 주요한 외교문서 외에도 원문을 독일어로 번역한 여타 문서가 매우 풍성하게 첨부되어 있다. 체계가 없는 기술이지만 귀중한 문헌이다.

PROKESCH-OSTEN, Anton von, *Geschichte des Abfalls der Griechen* (5 vols.) (Vienna, 1867)

오스만 제국에 정통한 오스트리아 외교관이 쓴 그리스 독립사. 제1권과 제2권은 서술이며, 나머지는 외교문서다. 후자는 1821–22년의 복잡한 외교관계를 이해하는 데 유용하다.

——, *Aus dem Nachlass Prokesch-Osten's* (2 vols.) (Vienna, 1881)

제2권은 메테르니히 휘하의 동방문제 전문가인 저자가 메테르니히와 교환한 서한을 담고 있다. 1848년 이후의 시기가 특히 유용하다.

C. 기타 자료

ANGEBERG, Comte d', *Le Congrès de Vienne et les Traités de 1815* (2 vols.) (Paris, 1863-64)

비엔나 회의에 대한 기본적인 자료로서, 샤티용 회의와 엑스라샤펠 회의의 외교문서도 포함하고 있다.

Acte du Congrès de Vienne. (Vienna, 1815)

비엔나 회의의 공식 최종의정서

CAULAINCOURT, *Mémoires*. Edited by J. Hanoteau. (Paris, 1933)

나폴레옹이 러시아에 파견한 대사이자 마지막 외교장관이었던 저자의 회고록이다. 심오하지는 않지만 잘 쓴 기록이며, 제국의 최후 국면을 잘 설명하고 있다.

KLÜBER, Johann, *Acten des Wiener Congresses* (9 vols.) (Erlangen, 1815)

쇼몽조약과 비엔나 회의의 광범위한 의정서에서 시작해 잡다하지만 방대한 문서를 수집해놓은 자료집.

MARTENS, G. F., *Nouveau Récueil de Traités* (16 vols.) (Göttingen, 1817-1842) Recueil로 인용.

1808년부터 1839년까지 러시아가 당사국인 주요 조약을 망라한 것으로, 여타 주요 문서의 모음집이 부록으로 수록되어 있다. 제3권에서 제10권이 본서의 주제가 되는 시기를 다루고 있다.

MUENSTER, Ernst, Count von, *Political Sketches of the State of Europe,* 1814-1867. (Edinburgh, 1868)

1814년부터 1815년까지 하노버 특사가 당시 하노버 왕의 지위에 있던 영국 섭정왕세자를 위해 작성하여 동맹군과 비엔나 회의에 보낸 보고서들을 담고 있다. 주로 독일 문제에 관한 부분이 유용하다.

NESSELRODE, Graf von, *Lettres et Papiers* (11 vols.) Edited by A. von Nesselrode. (Paris, 1904)

장기간 러시아 외교장관을 역임한 저자가 남긴 기록. 제3권에서 제7권이 본서의 주제가 되는 시기를 다루고 있다.

PASQUIER, Duc du, *Mémoires du Chancellier Pasquier* (6 vols.) Edited by d'Audiffret-Pasquier. (Paris, 1893-94)

라이바흐 회의와 트로파우 회의 시기의 프랑스 외교장관이 작성. 편파적이기는 하지만, 이 시기에 관한 유용한 자료다.

Sbornik of the Imperial Russian Historical Society (vols. xxxi, civ, cxii, cxix, cxxvii) (St. Petersburg, 1880-1904)

148권에 달하는, 압도적으로 포괄적인 러시아의 간행물. 정리되어 있지 않아서 유용성은 그저 그런 정도.

TALLEYRAND, C. M. de, *Mémoires de Talleyrand* (5 vols.) Edited by the Duke of Broglie. (Paris, 1891-92)

동시대인들 중 메테르니히와 가장 유사한 인물이었던 위대한 프랑스 외교관의 회고록. 메테르니히의 자서전과 마찬가지로, 제1권과 제2권의 일부는 단편적 기술로 이루어져 있으며, 나머지 부분은 공식적인 서한들로 구성되어 있다. 특히 비엔나 회의 시기에 관해 중요한 자료다. 그럼에도 탈레랑이 국왕 앞으로 쓴 보고서는 나폴레옹의 전 외교장관이었던 그가 자신의 필요불가결함을 과시하고자 했다는 점을 염두에 두고 읽을 필요가 있다.

——, *Correspondance Inédite pendant le Congrès de Vienne.* Edited by G. Pallain. (Paris, 1905)

따로 설명이 필요 없는 내용이다.

참고 : 웹스터[Webster], 푸르니에[Fournier], 또는 루크발트[Luckwalt]의 부차적인 저작물 중 일부에도 상당수의 1차 자료를 포함하는 부록이 딸려있다. 해당 목록에서 표시를 찾을 수 있다.

II. 전기 및 전기체 논문

A. 캐슬레이

ALISON, Sir Archibald, *The Lives of Lord Castlereagh and Sir Charles Stewart* (3 vols.) (London, 1861)

캐슬레이를 재평가한 최초의 저작으로, 그의 이복동생인 찰스 스튜어트 경이 의뢰했다. 주로「캐슬레이 서한(*Castlereagh Correspondence*)」과 당시의 자료에 기초하고 있으며, 부적절한 문서정리와 무딘 분석으로 가치가 손상되었다. 캐슬레이와 스튜어트에 동일한 중요성을 부여한 것만 보더라도 저자의 통찰력의 수준을 짐작할 수 있다. 런던데리 기록물관리소의 일부 자료를 제외하고는 앨리슨의 모든 자료를 동일하게 활용한 웹스터의 명저로 인해서 가치를 잃었다.

HYDE, H. M., *The Rise of Castlereagh.* (London, 1933)

아일랜드 시절 캐슬레이의 경력과 아일랜드 혁명 진압 과정에서 그의 역할을 파악하는 데 매우 유용한 설명. 캐슬레이에게 매우 동정적이다.

LEIGH, Jane, *Castlereagh.* (London, 1951)

상당히 피상적인 전기. 외교문제를 연구하기에는 적절치 않다. 캐슬레이의 성격과 그가 자살하기까지의 경과에 관해서는 그럭저럭 유용하다.

MARRIOTT, Sir J. A. R., *Castlereagh, The Political Life of Robert, Second Marquess of Londonderry*. (London, 1936)

젊은 시절에 캐슬레이를 맹렬하게 공격했던 역사가의 뒤늦은 해명. 외교사적 기술은 빈약하지만, 캐슬레이의 개성과 그의 국내적인 어려움을 훌륭하게 묘사했다.

SALISBURY, Marquess of, *Biographical Essays*. (London, 1905)

후일 외교장관이 된 저자가 〈쿼털리 리뷰(*Quarterly Review*)〉(1862년 1월)에 기고한 캐슬레이에 대한 탁월한 옹호의 글이다. 웰링턴의 〈보충 서한집(*Supplementary Dispatches*)〉이 아직 간행되기 이전이었으므로 불충분한 정보에 기반을 두어 다소 논쟁의 소지가 있는 내용도 있으나, 캐슬레이의 유럽에 대한 비전을 최초로 인정했다는 점에서 가치를 지닌다.

WEBSTER, Sir Charles, *The Foreign Policy of Castlereagh* (2 vols.) Vol. I, 1812-15 (London, 1931); Vol. II, 1815-22 (London, 1925)

캐슬레이의 외교정책 연구에 표준이 되는 저서로, 주로 외교부 기록물 관리소의 자료를 활용했으며 여타 기록물에 대한 연구로 보충했다. 자료들은 현학적일 정도로 객관적으로 활용되었으며, 사건에 대한 설명보다는 매우 풍부한 인용의 1차적 출처로서 유용성이 더 클 정도로 분석을 삼가고 있다. 영국적 시각이 다소 과도하게 드러나는 측면은 있지만 캐슬레이에 대한 묘사는 매우 공정하다. 캐슬레이의 탁월한 지성과는 대조적으로 메테르니히의 둔감한 소심함을 지속적으로 언급한 것은, 대륙의 동기에 대한 웹스터의 전반적인 기술이 그러하듯이 오해에서 비롯된 것이다. 다른 곳에서는 쉽게 구할 수 없는 1차 자료가 포함된 훌륭한 부록이 첨부되어 있다.

B. 메테르니히

참고 : 메테르니히에 대한 저작물은 방대하지만 그중 상당수는 논쟁의 대상이므로, 가장 대표적인 작품들만 참고문헌 목록에 포함했다.

AUERNHEIMER, Raoul, *Metternich, Statesman and Lover*. (New York, 1940)

아부阿附조의 전기. 메테르니히의 연애사건을 외교와 관련지으려는 어리석은 심리학적 시도.

BIBL, Victor, *Metternich, der Dämon Österreich's*. (Leipzig, 1936)

제목이 말해주듯이 저명한 역사학자가 쓴 논쟁적 소책자. 저자는 개개의 문장을 문자대로 해석하고, 메테르니히의 모든 책략을 액면 그대로 받아들여야 한다고 보았기 때문에, 메테르니히를 거짓말쟁이, 반역자, 겁쟁이, 어리석은 자로 묘사하는 데 아무런 어려움을 느끼지 않았다. 자유주의적 역사학자들이 메테르니히에게 어떻게 반응하는지를 잘 보여주는 현대의 저작.

——, *Metternich in Neuer Beleuchtung*. (Wien, 1928)

저자가 보수주의적 정치가에게 그칠 줄 모르고 가하는 비판을 담고 있는 또 한 권의 저서. 이 책에서 비블은 1831년에서 1834년까지 메테르니히와 바이에른 총리인 베르데Werde가 주고받은 서한을 다루고 있다. 비블은 정교한 솜씨로 메테르니히가 거짓말쟁이, 반역자, 겁쟁이, 멍청이임을 증명한다.

CECIL, Alger, *Metternich*. (London, 1933)

짧고 동정적인 전기. 외교적 경력이나 오스트리아의 국내정치에 대한 부분은 빈약하지만, 메테르니히의 동기에 관해서는 적절한 설명을 담고 있다.

DU COUDRAY, Helen, *Metternich*. (New Haven, 1936)

스르비크Srbik의 기념비적인 작품으로부터 영감을 받은 전기들 중의 하

나. 다소 감정적이기는 하지만 메테르니히의 성격을 섬세하게 묘사하고 있다.

MALLESON, C.B., *Life of Prince Metternich.* (London, 188-)

영어로 쓴 첫 메테르니히 전기. 자유주의적 역사관의 전형적인 반응으로서, 메테르니히를 군인황제를 타도한 음모가이자, 아틸라*를 추종한 예수회 수사처럼 묘사하고, 그 결과 그가 한 세대 이상 유럽을 예종 상태에 묶어두었다고 보았다.

MAZADE, Ch. de, *Un Chancellier d'Ancien Régime. Le Règne Diplomatique de Metternich*. (Paris, 1889)

메테르니히와 비스마르크를 후자에 불리하게 비교하려는 프랑스의 시도. 다소 빈약하지만, 메테르니히의 18세기적 뿌리에 대한 분석은 뛰어나다.

PALEOLOGUE, Maurice, *Romantisme et Diplomatie*. (Paris, 1924)

탈레랑, 메테르니히, 샤토브리앙에 대한 연구. 특히 메테르니히에 관한 부분이 유익하다.

SANDEMANS, G. A. C., *Metternich*. (London, 1911)

영어로 쓰인 것으로는 최초로 메테르니히에 동정적인 전기. 자료를 충분히 입수할 수 없는 시기에 썼음에도, 아마도 영국 역사학자가 쓴 가장 균형잡힌 전기일 것이다.

SOREL, Albert, *Essais d'Histoire et de Critique*. (Paris, 1883)

메테르니히에 대한 장이 뛰어나며, 특히 메테르니히의 외교술을 강조한 부분이 훌륭하다. 나폴레옹을 칭송하기 위해서는 그의 최대의 적에게 경의를 표해야 하기 때문에, 프랑스의 역사학자들은 일반적으로 독일 역사학자들에 비해서는 메테르니히에 관대하다.

SRBIK, Heinrich von, *Metternich der Staatsmann und der Mensch* (2 vols.) (Munich, 1925)

엄청난 박식함과 비범한 분석력을 보여주는 기념비적 저서. 여러 면에서 메테르니히 전기의 결정판이다. 다만 안타깝게도 스르비크는 메테르니히의 철학적 통찰력을 강조함으로써 그의 외교적 수완을 경시했는데, 그

* 5세기 유럽을 정복한 훈족의 왕

결과 나타난 모습은 메테르니히가 스스로 18세기 철인왕으로 묘사한 자화상 그대로다. 이 작품은 오스트리아의 국내적 어려움에 대한 탁월한 분석도 포함하고 있다.

——, *Meister der Politik* (Vol. 3). Edited by Erich Marcks. (Stuttgart, 1924)

이 시리즈에 스르비크가 메테르니히에 관해 길게 쓴 장은 본격적인 저작을 위한 개관에 해당하며, 모든 면에서 경탄스럽다.

WOODWARD, E. L., *Three Studies in European Conservatism*. (London, 1929)

거의 전적으로 N.P.의 "신념의 고백Profession of Faith"에서 인용한 메테르니히의 사상에 대한 유용하고 간략한 설명서. 심오하지는 않지만, 적절한 개론.

III. 특수 연구서 및 논문

참고 : 티에르Thiers, 비뇽Bignon, 우쎄Houssaye, 팽Fain 등의 저서와 같이 1814년의 연합을 프랑스의 시각에서 설명하는 나폴레옹에 대한 방대한 분량의 자료가 있으나, 접근법이 다소 편파적이어서 여기에는 포함하지 않았다.

A. 1812-15년

BRYANT, Arthur, *Years of Victory*. (London, 1944)

1802년부터 1812년까지 영국 쪽 시각에서 나폴레옹 전쟁에 대해 서술한, 그리 대단치 않은 작품으로, 제2차 세계대전에서 영국이 경험한 충격 아래 기술되었음이 확연히 드러난다.

BUCKLAND, C. S. B., *Metternich and the British Government*. (London, 1932)

1809년에서 1813년까지 메테르니히가 영국에 대해서 취한 신중한 정책과, 그가 공식적이거나 그에 준하는 지위를 지닌 영국 사절단을 능숙하게 다룬 과정을 매우 흥미롭게 설명했다. 제4차 대불대동맹의 형성이라는 결정적인 시기에 이르기까지 오스트리아의 불안정하고 복잡한 국내 상황을 이해하는 데도 좋은 자료다.

DEMELITSCH, Fedor von, *Metternich und Seine Auswaertige Politik*. (Stuttgart, 1898)

메테르니히의 외교정책에 대한 연구의 결정판을 지향했으나, 저자의 사망 이전에 제1권밖에 완성되지 못했다. 1809년부터 1812년까지 메테르니히의 외교정책에 대한 탁월한 분석. 주로 비엔나의 자료에 의존.

FOURNIER, August, *Der Congress von Chatillon*. (Vienna, 1900)

테플리츠 조약에서부터 나폴레옹의 몰락에 이르기까지 메테르니히의 외교에 대한 현학적이고 신중한 연구. 매우 유용한 부록에는 메테르니히와 후델리스트Hudelist간의 서한, 동맹국들의 군사행동에 관한 논의, 트로아 위기에 관한 자료, 하르덴베르크Hardenberg의 일기, 뮌스터 백작이 섭정왕세자 앞으로 보낸 보고서 등이 포함되어 있다.

LUCKWALDT, Friedrich, *Oesterreich und die Anfänge des Befreiungskrieges von 1813*. (Berlin, 1898)

오스트리아가 대불동맹에 참가하기까지 메테르니히의 교묘한 정책을 예리하게 분석한, 매우 탁월한 연구. 주로 비엔나 기록보관소의 자료를 이용했다. 분량은 적지만 유용한 외교사료가 부록으로 첨부되어 있다.

MACUNN, F. J., *The Contemporary English View of Napoleon*. (London, 1914)

OMAN, Carola, *Napoleon at the Channel*. (New York, 1942)

전시에 간행되는 시시한 저작의 하나로, 영국이 경험한 히틀러와 나폴레옹을 비교하는, 상투적인 결론을 도출하고 있다.

ONCKEN, Wilhem, *Oesterreich und Preussen im Befreiungskriege* (2 vols.) (Berlin, 1880) 상기 참고문헌의 IB 참조

——, *Die Krisis der letzten Friedensverhandlungen mit Napoleon.* Raumer's Historisches Taschenbuch VI, 5. (Leipzig, 1886)

나폴레옹과의 최종적 강화협상에 대한 유용한 논문. 하지만 푸르니에Fournier의 저작만큼 풍부하지는 않다.

——, *Aus den letzten Monaten des Jahres 1813*. Raumer's Historisches Taschenbuch VI, 2. (Leipzig, 1883)

1813년의 마지막 석 달에 걸친 메테르니히의 외교를 다룬 탁월한 논문.

ROSE, John Holland, *Napoleonic Studies*. (London, 1904)

나폴레옹 시대의 다양한 측면을 다룬 소론으로, 그다지 상세하지는 않으나 1813년 메테르니히의 정책에 관한 유용한 장이 포함되어 있다.

——, *The Revolutionary and Napoleonic Era,* 1789-1815. (Cambridge, 1894)

조사Survey 형식의 유용한 해설서. 다른 시기보다는 1812−15년 간의 시기가 상대적으로 상세하다.

SOREL, Albert, *L'Europe et la Revolution Française*. (Paris, 1904)

이 저명한 저서의 제8권이 제4차 대불동맹을 다루고 있다. 마키아벨리적인 측면을 지나치게 강조하다 보니 책략과 수완으로 영웅을 파괴하는 모습으로 메테르니히를 그리고 있으나, 전체적으로 존경할만한 저작이다. 캐슬레이에 대해서도 동정적이고, 그에 관한 전반적으로 높은 평가를 포함하고 있다.

B. 비엔나회의

FERRERO, Gugliemo, *The Reconstruction of Europe*. (New York, 1941)

비엔나 회의를 잘 기술한 저서. 거의 전적으로 탈레랑의 회고록에 기초하고 있으며 그 내용을 액면 그대로 받아들였다. 필치가 다소 과도하게 교훈적이고 현대와의 연관성을 너무 그럴듯하게 묘사하기는 했다. 전반에 걸쳐 탈레랑은 거의 인간을 초월하는 능력의 소유자로 등장한다.

FOURNIER, August, *Die Geheimpolizei auf dem Wiener Kongress*. (Vienna, 1913)

비엔나 회의 기간 중 오스트리아 비밀경찰의 대단히 효율적인 활동에 관한 흥미로운 설명으로, 비밀경찰이 가로챈 비밀문서도 포함되어 있다. 대부분의 경우 비밀문서는 훔칠만한 가치가 없다는 점을 증명하는 데 유용하다.

LA GARDE-CHAMBONAS, Comte A. de, *Souvenirs du Congrès de Vienne*. (Paris, 1901)

프랑스 대표단의 일원인 저자가 비엔나의 활기찬 사교계를 묘사한 회고록. "춤추는" 회의에 관한 전통적 글쓰기의 연장선상에 있다. 노년의 리뉴 공작Prince de Ligne과 같은 사교계의 유명인사에 대한 흥미로운 묘사도 있다. 영어 및 독일어판도 출간되어 있다.

NICOLSON, Harold, *The Congress of Vienna*. (London, 1945)

제4차 대불동맹과 회의 외교에 관한 연구. 세련되었으나, 직업외교관의 관점에서만 쓴 관계로 다른 여러 요인에서 비롯되었을 것들을 협상 기술의 탓으로 돌린다. 탈레랑을 칭송하는 수많은 찬가에 속하는 한 권이다.

WEBSTER, Sir Charles, *The Congress of Vienna*. (London, 1934)

평화를 창출한 예전의 중요한 시도에서 교훈을 얻어 베르사유 회의를 준비하기 위해 외교부의 요청으로 작성되었다. 직설적이고 현학적인 설명으로 캐슬레이의 역할을 다소 과장했다. 역사의 교훈이 수학 공식처럼 단순하지 않으며 성공이 반드시 실패의 정반대를 의미하는 것은 아니라는 것을 입증하는 데 유용하다. 프랑스가 교섭에 참여하도록 허용한 것은 비엔나 회의의 실수 중 하나였다는 웹스터의 결론이나, 독일에 대해 이와 같은 과오를 반복하지 말라는 그의 조언이 받아들여진 것은 베르사유 조약의 골칫거리들 중 하나가 되었다.

WEIL, Commandant M-H, *Les Dessous de Congrès de Vienne* (2 vols.) (Paris, 1917)

오스트리아 비밀경찰이 입수한 비밀자료를 간행한 출판물 중 하나다. 상기 푸르니에의 작품에 대한 일반적인 평이 그대로 적용된다.

C. 비엔나회의 이후 1822년까지

참고 : 비엔나 회의와 그 여파에 관한 일류급 연구물은 존재하지 않는다. 사료를 구할 수 있게 되었을 때까지, 역사학자들은 이 시기에 대한 독선적인 비난에 몰두했다.

BRYANT, Arthur, *The Age of Elegance*. (London, 1950)

1812년부터 1822년까지 영국의 사회상에 대해 잘 기술한 유용한 저작이다. 대단히 중요하다고 할 수는 없지만 배경 자료로서는 유용하다.

CRESSON, W. P., *The Holy Alliance*. (New York, 1922)

신성동맹과 신대륙의 관계를 다룬 연구로, 먼로주의Monroe Doctrine의 선포까지 다루고 있다. 유럽에서 발생한 주요 사건들을 이해하는 데는 그다지 유용하지 않다.

MARRIOTT, Sir J. A. R., *The Eastern Question*. (Oxford, 1925)

동방문제에 관해 유용한 연구이나, 본서가 다루는 시기와 연관된 내용은 별로 없다. 배경을 이해하는 데 좋은 자료다.

MOLDEN, Ernst, *Zur Geschichte des Osterreichisch-Russischen Gegensatzes.* (Vienna, 1916)

1815년부터 1818년까지 오스트리아와 러시아 간의 긴장관계에 대한 유용한 설명으로, 이 책이 출간된 원인이 된 제1차 세계대전의 분위기에 영향을 받은 것으로 보인다. 비엔나 사료에 기초하고 있다.

MUEHLENBECK, E., *Etude sur les Origines de la Sainte Alliance*. (Paris, 1887)

알렉산드르의 깊어지는 신앙심과 크뤼데너 남작부인Baroness Kruedener과의 관계에 대해 능숙하게 집필한 흥미로운 연구.

NAEF, Werner, *Zur Geschichte der Heiligen Allianz.* (Bern, 1928)

신성동맹의 기원을 다루는 뛰어난 논문. 알렉산드르의 초안에 대한 메테르니히의 수정문안의 본질과 의미에 대해 매우 훌륭한 분석을 하고 있다.

PHILLIPS, W. A., *The Confederation of Europe*. (London, 1913)

체계적으로 캐슬레이를 재평가한 최초의 저작. 외교부 문헌에 기반을 두고 있으며, 웹스터의 저서만큼 철저하지는 않지만, 분석은 그보다 명석한 측면이 있다.

RIEBEN, Hans, *Prinzipiengrundlage und Diplomatie in Metternich's Europapolitik, 1815-48*. (Bern, 1942)

메테르니히의 정책의 기본개념을 매우 잘 설명하고 있으며, 그의 외교를 적절히 요약한다.

SCHENK, H. G., *The Aftermath of the Napoleonic Wars*. (London, 1947)

비엔나 회의 이후의 사회적 투쟁에 대한 신마르크스주의적 해석. 일방적이기는 하나 박사논문으로는 잘 쓴 책이다. 외교사 자료로는 쓸모가 없다.

SCHMALZ, Hans, *Versuche einer Gesamteuropäischen Organisation, 1815-20*. (Bern, 1940)

트로파우 회의에 초점을 맞추어 메테르니히의 개입정책을 설명한 유익한 논문. 주로 비엔나의 사료에 기초하고 있다.

SCHWARZ, Wilhelm, *Die Heilige Allianz*. (Stuttgart, 1935)

비엔나 회의 이후 시기에 관한 대단히 잘 쓴 논문이지만, 신성동맹과 4국동맹의 차이를 인식하지 못한 점이라든지, 저널리즘적인 효과를 위해 정확성을 희생한 것이 흠이다.

WARD, Sir A. W., *The Period of the Congresses*. (New York, 1919)

D. 기타 자료

BAILLIEU, Paul, *Die Memoiren Metternich's*. Historische Zeitschrift, 1880.

N.P. 제1권에 포함된 메테르니히의 자전적 단편의 내용을, 나머지 권에서 발췌한 문헌에 근거하여 철저히 공격한다. 메테르니히 자서전의 심리적 가치는 아니더라도 역사적 가치는 무너뜨린다. N.P.의 나머지 부분은 거기에 포함된 기록문서 때문에 여전히 귀중하다.

BRINTON, Crane, *The Lives of Talleyrand*. (New York, 1936)

간혹 뛰어난 부분이 눈에 띄는 잘 기술된 책이나 진지한 연구를 위해서는 빈약하다.

COOPER, Duff, *Talleyrand*. (London, 1932)

지극히 일방적이고 탈레랑의 자신에 대한 평가를 액면 그대로 받아들이기는 하지만, 탈레랑에 관한 훌륭한 전기.

CROWE, Eyre Evans, *History of the Reigns of Louis XVIII and Charles X*, (2 vols.) (London, 1854)

제1권에 들어 있는 두 번의 왕정복위에 대한 설명이 특히 유용하다. 부록은 분량은 적지만 유용하다.

HALL, John R., *The Bourbon Restoration*. (London, 1909)

잘 기술되었으며, 유용한 문헌이 설명을 뒷받침한다.

LOCKHARDT, J. G., *The Peacemakers*. (London, 1932)

탈레랑, 메테르니히, 알렉산드르, 피트, 캐슬레이, 캐닝, 윌버포스Wilberforce 등에 관한 수필집. 평범하며 피상적이다.

MEINECKE, Friedrich, *Weltbuergertum und Nationalstaat*. (Munich, 1928)

19세기 사해동포주의와 민족주의의 가치 간의 갈등에 대한 저명한 역사학자의 비범한 연구.

MIKHAILVITCH, Le Grand Duc Nicolas, *L'Empereur Alexander I* (2 vols.) (St. Petersburg, 1912)

기이한 인물에 관한 가장 포괄적인 전기. 분석이 좀처럼 대단한 깊이를 보여주지 않지만, 자료로는 귀중하다.

—*Les Rapports Diplomatiques du Lebzeltern*. (St. Petersburg, 1913)

매우 흥미로운 논의를 포함하고 있다. 상트페테르부르크에 파견된 오스트리아 대사의 보고서를 편찬하였으나 메테르니히의 정책에 대한 분석은 빈약하다.

ONCKEN, Wilhelm, *Das Zeitalter der Revolution, der Kaiserreiches und der Befreiungskriege* (2 vols.) (Berlin, 1886)

혁명전쟁 시기에 대한 탁월한 설명. 제2권은 1800년과 1815년 사이 시기를 다루고 있다. 오스트리아의 정책에 대한 분석이 특히 훌륭하다.

SCHIEMANN, Theodor, *Geschichte Russlands unter Nikolaus I* (4 vols.) (Berlin, 1904)

제1권은 매우 훌륭한 알렉산드르의 전기이며, 1차 자료들이 수록된 부록은 유용하다.

SCHMIDT-PHISELDEK, *Die Politik nach den Grundsätzen der Heiligen Allianz*. (Kopenhagen, 1822)

신성동맹에 대한 당대의 변론. 그래서 흥미롭다.

SRBIK, Heinrich von, *Deutsche Einheit* (4 vols.) (Munich, 1936)

독일 통일의 추구와 오스트리아와 프로이센의 투쟁을 다룬 심오한 연구. 제1권은 메테르니히 시기를 다루고 있다.

TEMPERLEY, Harold, *The Foreign Policy of Canning*. (London, 1925)

VIERECK, Peter, *Conservatism Revisited*. (New Yrok, 1949)

메테르니히, 프란츠 황제 및 그 외의 다양한 동시대인들에 대한 논쟁적 논문으로, 모든 등장인물이 저자 특유의 악마적 인물론을 대표하는 인물로 묘사되어 있다. 프랑스 수필의 전통으로 보자면 흥미로운 시도지만, 역사적 연구의 측면에서는 그렇지 못하다.

Ⅳ. 기본 참고자료

Cambridge History of British Foreign Policy (5 vols.) Edited by A. W. Ward. (Cambridge, 1907)

제2권이 본서가 주제로 삼은 시기를 다루고 있다. 1816-22년 사이를 다룬 부분은 W. A. 필립스가 저술했고, 그것은 그의 저서 〈유럽연방(*Confederation of Europe*)〉의 기초가 되었다. 유용한 참고문헌을 포함하고 있다.

Cambridge Modern History. Edited by Sir A. W. Ward and G. P. Gooch. (New York, 1922-23)

제9권과 제10권이 본서가 다루고 있는 시기에 해당한다. 여러 면에서 C.H.B.F.P.보다는 나은 설명을 담고 있으며, 참고문헌도 훨씬 풍부하다.

SCHNABEL, F., *Deutsche Geschichte im Neunzehnten Jahrhundert* (3 vols.) (Freiburg, 1929-37)

19세기 독일 역사에 관한 탁월한 조사. 외교사 자료로는 빈약하나, 국내 제도와 학문의 발달에 관한 분석은 매우 유용하다.

SPRINGER, Anton, *Geschichte Oesterreich's seit dem Wiener Frieden von 1809* (2 vols.) (Leipzig, 1863)

탁월한 저서로, 특히 오스트리아의 국내문제에 관한 부분이 훌륭하다. 메테르니히와 오스트리아 제국에 관한 분석은 치우치지 않고 분별력이 있다.

STÄHLIN, Karl, *Geschichte Russlands von den Anfängen bis zum Gegenwart,* (4 vols.) (Berlin, 1935)

제3권이 본서가 주제로 삼은 시기를 다루고 있다.

STERN, Alfred, *Geschichte Europas seit den Vertraegen von 1815 bis zum Frankfurter Frieden von 1871* (10 vols.) (Munich-Berlin, 1913-24)

설문조사 방식을 활용한 중요한 저서로, 문서자료와의 조합도 탁월하다. 분량이 적지만 유용한 부록은 실증적 문헌자료를 포함하고 있다. 제1권과 제2권이 본서가 다루는 시기에 해당한다.

TREITSCHKE, Heinrich von, *Deutsche Geschichte in Neunzehnten Jahrhundert* (5 vols.) (Leipzig, 1880)

독일 민족주의의 역사에 관한 고전. 두말할 필요도 없이, 저자는 메테르니히의 범汎세계주의적 가치관에 질색했고, 메테르니히의 정책에 대한 묘사는 독기를 뿜는다. 제1권과 제2권이 본서가 주제로 삼은 시기를 다루고 있다.

V. 기타 참고자료

BRINTON, Crane, *Anatomy of Revolution*. (New York, 1938)

FERRERO, Gugliemo, *The Principles of Power*. (New York 1942)

JOUVENEL, Bertrand de, *On Power*. (New York, 1949)

MORGENTHAU, Hans, *Politics among Nations*. (New York, 1950)

PETTEE, George, *Process of Revolution*. (New York, 1938)

찾아보기

ㄱ

ㄴ

ㄷ

ㄹ

ㅁ

ㅂ

ㅅ

ㅇ

ㅈ

ㅊ

ㅋ

ㅌ

ㅍ

ㅎ

헨리 키신저의

회복된 세계

1판 1쇄 발행 2014년 1월 10일
1판 2쇄 발행 2014년 5월 10일

지은이_ 헨리 키신저
옮긴이_ 박용민

펴낸곳_ 북앤피플
대 표_ 김진술
펴낸이_ 맹한승
디자인_ 김왕기

등록_ 313-2012-117호
주소_ 서울시 마포구 신촌로 196-1 이화빌딩 502호
전화_ 02) 2277-0220 팩스_ 02) 2277-0280
이메일_ jujucc@naver.com

ISBN 978-89-97871-09-4 03340

* 잘못된 책은 바꾸어 드립니다.
* 값은 뒤표지에 있습니다.

EUROPE IN 1815
GERMAN CONFEDERATION
GREAT BRITAIN
LONDON
HAGUE
ANTWERP
BRUSSELS
WATERLOO
AIX LA CHAPELLE
PARIS
FONTAINBLEAU
CHAUMONT
CHÂTILLON
LANGRES
DIJON
FRANCE
BORDEAUX
GENEVA
TURIN
GENOA
ELBA
SPAIN
MADRID
CADIZ

MOSCOW
R U S S I A
S I A
VISTULA
WARSAW
RESLAU
REICHENBACH
TZ
TROPPAU
CRACOW
AUSTERLITZ
NA
RIAN EMPIRE
JASSY
OTTOMAN
EMPIRE
CONSTANTINOPLE
PLES